영어, 한국어
언어 전쟁

영어, 한국어 언어 전쟁

발행일   2019년 4월 30일

지은이   천병석
펴낸이   손형국
펴낸곳   (주)북랩
편집인   선일영   편집 오경진, 강대건, 최승현, 최예은, 김경무
디자인   이현수, 김민하, 한수희, 김윤주, 허지혜   제작 박기성, 황동현, 구성우, 장홍석
마케팅   김회란, 박진관, 조하라
출판등록   2004. 12. 1(제2012-000051호)
주소   서울시 금천구 가산디지털 1로 168, 우림라이온스밸리 B동 B113, 114호
홈페이지   www.book.co.kr
전화번호   (02)2026-5777   팩스 (02)2026-5747

ISBN   979-11-6299-548-8 03700 (종이책)   979-11-6299-549-5 05700 (전자책)

이 도서의 국립중앙도서관 출판예정도서목록(CIP)은 서지정보유통지원시스템 홈페이지(http://seoji.nl.go.kr)와
국가자료공동목록시스템(http://www.nl.go.kr/kolisnet)에서 이용하실 수 있습니다.
(CIP제어번호: CIP2019017106)

(주)북랩 성공출판의 파트너

북랩 홈페이지와 패밀리 사이트에서 다양한 출판 솔루션을 만나 보세요!

홈페이지 book.co.kr · **블로그** blog.naver.com/essaybook · **원고모집** book@book.co.kr

영어, 한국어 언어 전쟁

☆ The study of English, Korean.
☆ 한국어와 영어의 기원에 관한 이야기.
☆ 딱, 하나(1)의 법칙!

vol. 1

천병석 지음

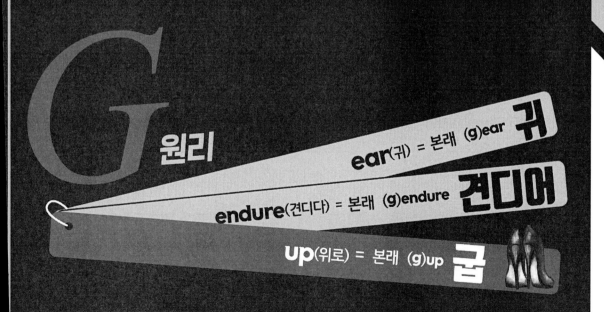

G 원리

ear(귀) = 본래 (g)ear **귀**

endure(견디다) = 본래 (g)endure **견디어**

up(위로) = 본래 (g)up **굽**

북랩 book Lab

들어가는 글

한국말(Korean)과 영어(English), 혹은 영어와 한국말 사이에는 밀접한 친연성이 존재한다.
이 땅에 신학문이 도입된 지 100여년이 넘어가고 있지만 이에 대한 본격적이고 체계적인 연구가 없다시피 한 것은, 이 두 언어 간에 존재하는 간단한 음운변화원리를 아무도 발견하지 못한 것에 기인한다.

한국말과 **영어** 사이에 존재하는 **음운변화 원리의 핵심** 중 하나는, 아래에 보인 것처럼, '모음'이란 말소리 성분 앞에 연구개음 g(k) 성질이 본래 존재했었다가 오랜 세월을 거쳐 오는 동안 이 말소리 성분 g(k)가 점차 사라지고 말았다는 점이다.

■ 현대 영어 [g **소멸 형태**] ← ■ 현대 한국어 [g **존재 형태**]

<뜻: 귀> ear   (g)ear = '**귀**'

<뜻: 견디다> endure   (g)en-dure = '**견디어**'

<뜻: 바꾸다> alter   (g)al-ter = '**갈다**'

<뜻: 나누다> allot   (g)al-lot = '**갈르다**(가르다)'

필자는 이러한 음운 원리를 유럽어와 아시아 제 언어들, 그리고 찬란한 문명을 꽃피워 세계적으로 유명해진 고대 중동 지역의 수메르어, 그리고 인도 중남부에 자리한 드라비다어 등에도 적용해보았다. 그 결과, 유라시아 대륙에서 탄생한 대다수의 언어들이 우리 한국말과 대단히 밀접한 관계에 있음을 알 수 있었으며, '**g**' 탈락 원리를 적용해 몇 가지 국적 언어들을 서로 비교할 때 한국어가 항상 그 검증의 매개가 될 수 있음을 확인하였다.

'언어'가 본질적으로 함유할 수밖에 없는 역사성, 고대사의 문제를 보다 깊이 있게 연구하는데 보탬이 되었으면 하는 바람과 **우리말의 인류사적 가치**, 그리고 까마득한 과거 언젠가 존재했음에 분명한 세계 공동문명에 대한 연구에 보탬이 되고자 이러한 놀라운 언어

원리를 신문 연재와 책을 통해 세상에 알리려고 노력하던 차, 연구 분량 중 일부인 영어 단어 1,400여 개 및 이들과 기원적 동일성을 가진 우리말 어휘들을 서로 비교 연구한 바를 이렇게 독자들에게 선보이게 되었다.

필자의 16년간에 걸친 언어 비교 연구에 의하면, 인류가 사용하는 모든 말(어휘)들은 『**위대한 태양**』을 소리로 표현하기 시작하던 바로 그 최초의 의미 덩어리/음절 덩어리에서 출발해 의미적으로나 음운적으로나 점진적으로 분화해 나온 결과물이다.

석유환국(昔有桓國) "옛날에 환국이 있었다!"에서와 같은 공동의 문명을 일구었던 상고대(上古代) 시절의 우리네 조상들은, 어둡고 무서운 밤이 어서 지나가고 밝고 따뜻한 '태양'이 빨리 떠올라주었으면 하는 간절한 바램의 삶을 매일 매일 살았던 까닭에 자연히 태양을 숭배할 수밖에 없었을 걸로 미루어 짐작할 수 있겠으며, 고대문명에 산재한 태양신 숭배, 그리고 춘분이나 동지와 같은 태양 관련의 특별한 절기를 기념해온 풍속 등을 보아도 그러한 태양 숭배적 관념의 뿌리 깊음을 알 수 있다 하겠다.

그런 맥락에서 『**위대한 태양**』이 어휘들의 주요한 모태였었다고 추정하게 되고, 그렇게 함으로써 다종다기한 어휘들의 상호 연관성 및 그 계열성을 보다 잘 이해할 수 있다는 점 또한 대다수 어휘들이 '태양' 지칭어에 기원을 두고 있다는 추론을 합리적으로 뒷받침해주고 있다.

이를테면 현대어 "태양"의 원초적 1음절 〈**태**, tr〉가 있다면 이로부터 불-타다(태우다)의 〈**타**〉/〈**태**〉라든가, 산 너머로 해가 뜬다의 〈**태**(태어남)〉〈**뜨**-〉라든가, 따뜻한 해의 역할을 대신하는 존재 즉 '불'을 피울 수 있는 재료로서의 나무 〈tree〉 등등이 동시다발적으로 분화해 나온 것이다.

하나 더 예를 들면 무엇을 하는데 필요한 '연장'이라는 뜻의 〈**도구**(道具)〉라는 말도 바로 이 나무로서의 〈tree〉 즉 그 원형적 재구성인 〈tr-(g)ee〉와 동일한 것인바, 언뜻 추상어(관념어)라고 생각하기 쉬운 이 "**도구**"라는 말의 기원 역시 '**태양**'에서 출발한 '**나무**'인 것으로, 오늘날 〈道〉와 〈具〉라는 문자로 표기하고 있음은 표기의 편의상 그렇게 된 것에 지나지 않는다!

원시 적에 열매를 따기 위해서는 주변에서 구한 긴 막-대기 곧 〈tr-(g)ee〉를 사용해야했던 것인데, 바로 이때의 막-'**대기**'가 다름 아닌 '**도구**(道具)'라는 말과 본래 같은 어휘라는 얘기다.

나무 막대로 열매를 따는 동작인 〈**때려-**〉/〈**따-**〉라든가 〈때릴-'**타**(打)'〉라는 말들도 모두 이러한 기원에서 생겨난 동근어들임을 알아야 한다.

[태양] **태**, tr→ [태양처럼 뜨거운 불] **뜨**(뜨거움), **따**(따스함), **타**(불이 탐), **태**(태움)

　　　　→ [불 피우는 나무] tr-(g)ee/tree, **대기**(막대기)/**대**(막대)/**떨기**/(그루-)**터기**

　　　　　　└, [불처럼 따스한 옷, 옷감] **털**, **터래기**, **터럭**, **투**(외투)

　　　　→ [열매 열리는 나무, 행위] **딸기**/**다래**/**대**(대추)/(열매)**따**, **털어**, **타**(打), **때려**

　　　　→ [열매를 따는 나무 연장] 도구(道具) / 대기(막대기)(작대기)

　　　　→ [나무가 자라는 땅] **터** 〈tr-ee〉/ 대지(大地), **토지**(土地) *〈tr-(zh)ee〉

언어를 대할 때 이처럼 인류의 구체적 삶의 환경, 종교를 구심점으로 한 정치체제를 가졌었다든가 하는 문화적 환경을 염두에 두고 관찰한다면 비교 언어학 및 필자의 'G'음운 이론에서 언어낼 성과들이 참으로 무궁무진하다.

다시 강조하지만, 한국어와 영어의 밀접한 언어적 상관관계를 필자의 'G'음운이론을 중심으로 찬찬히 살펴보면 바로 앞서 〈tr-(g)ee〉/〈**도구**(道具)〉/〈막-**대기**〉의 예에서 암시한 바와 같이, 이른바 한국인에게 세뇌가 되다시피 한 '**한자어**' 같은 것은 처음부터 존재하지 않았음이 확실하다.

모쪼록 학계에서도 이러한 연구내용을 적극적으로 수용해 우리말의 인류사적 가치뿐 아니라 인류의 고대사 연구 등에도 잘 활용해주기를 바라는 마음 간절하다.

끝으로 16년간의 힘든 작업을 곁에서 격려해준 아내에게 고마움을 전하며, 필자의 첫 번째 책을 보시고 '신비한 한국어 산책' 연재를 기꺼이 허락해주신 〈뉴스 민〉의 노태맹 시인께도 감사의 마음을 전하고 싶다.
아울러 좋은 책이 되도록 긴 시간 편집에 힘써주신 북랩 편집부 분들께도 감사의 마음을 표하고 싶다.

2019. 3. 31. 천병석

CONTENTS >>>

□ 들어가는 글 • 004

□ 이 책의 편제에 대하여 • 014

□ 일러두기

 - "어족(語族) 규명의 전통적 방법론"과 관련하여 • 016

 - 책에 사용된 '약어' 및 '기호'에 관하여 • 017

□ 음운이론

 - 한 페이지로 간결 압축한 '언어 비교 이론' • 018

■ 신비한 「한국말」 산책

001.   tool(연장)은 돌-칼, 돌-도끼의 <돌>이다! • 022

002.   '굽'이 높은 신발 • 025

003.   소문 좀 '귀띔'해다오! • 027

004.   'ear'가 '귀'라네! • 029

005.   '그리다'가 '글을 쓰다'였던 시대! • 030

006.   '고르다' or / '걸러다' elute, elite • 032

007.   '골골'거리다! / old • 034

008.   '과거'를 묻지 마세요! '나이'를 묻지 마세요! / ago, noetic • 035

009.   헌 때 꺼, 골동품, antique / 내꺼여! require • 037

010.   연탄불을 '갈다' / alter • 039

011.   괜찮다! enchant / 참하다! charm / 예쁜 even • 040

012.   '가관'이다!, 뻐기다! / grand, pride • 042

013. 한 '떨기' 장미 / tree / 막-대기, 막-대 • 045
014. 가까이(agree) 사귀어(socio), 기꺼이(agree) 사귀어(socio). • 048
015. '그르'치다 err / 낭설(浪說) wrong / 농땡-이 wrongdoing • 049
016. "개기다" wag • 051
017. 견디어(endure), 버틴다(patient) • 053
018. 가꾸고(agri-), 골을 타! (-culture) / agriculture • 055
019. '스무고개'라는 말의 배경은? • 057
020. 퇴폐(頹廢) / (방언) 데펴['뎁혀'라고 적음] : 더펴['덥혀'라고 적음] / 읍(邑) / 서울 • 060
021. 없음! / 당직대장, 이상(異常) 무! • 063
022. 약국에서 '독(毒)'을 판매한다고? / drug (약, 약품) • 066
023. '걸레'가 'clear' 라구? • 068
024. '붓'은 bush로 만든다! • 069
025. '먹(mark)'으로 표시하다! / mark • 071
026. 바꾸다. 바꿔(buy) ~ 먹다! // 바치다. 배상(賠償) • 074
027. 아침 / 중세어 [아 참] '아침' • 078
028. '봄'은 ~ from으로부터! • 081
029. 조가비(조개), 화폐(貨幣) / '조개' 패(貝) ~ 알 • 084
030. turn이 '돈'이다! • 089
031. 신(神)의 사자(使者)였던 '새' / 가볍다! • 090
032. '가마'솥 / 까마귀 / 의무(義務) / 업(業) • 096
033. '끗발' 날리다! / '재수-빨'이 좋다! / '깃'을 빼 점치다. • 103
034. '갈라' 나누어 주다 • 107
035. 시간이 '걸리'고 '더뎌(tardy)' • 108
036. 영어에도 '개수(wash)'대가 있다! / '굽이'쳐 • 110
037. '굽이'쳐 / 구부-려 / 교수대(絞首臺), 형(刑) / 고사(枯死)되~ • 111
038. 교대(交代) 근무자를 기다려(wait) • 113
039. '기우'뚱, '갸우'뚱 / '기우'다 • 115
040. 엮어, 질곡(桎梏) / 경(硬) '단단할' • 117

041. 방귀 '뀐다' / 스물 스물(smell) 냄새 · 119

042. 이불을 '개다' / 거둬(거두어) 들이다. · 122

043. 이삭을 '거둠' / 모아(more), 규합(糾合) · 124

044. '아껴' 모으다 · 126

045. '거저' 먹다! / '금'이 가다! / '별거' 하다. · 128

046. '건들' 거리는 건달 / '거부(拒否)'하다 / '궐기(蹶起)'하다 · 130

047. 교육(教育), 깨우기, 깨우쳐~ · 132

048. 고될(ordeal) / 실력이 '는'다! / 꼰대(선생님) · 135

049. 기술 '닦아' / 도(道) '닷가(task)' / 놔(놓아) ~둬라! · 137

050. 풀어~ / 이끌어~ / '이글'거려~ · 139

051. 열매 '열~' / 결(結) '열매 맺을' / 겨루어~ · 141

052. 실력(實力) / '가래'다 / 골라~ · 143

053. 고의(故意)로 / 쓰려(sore) / 자귀 / 서러워(sorrow) / '매캐'한 · 145

054. 물[水] '뿌려~' / 기(旗) / '펄럭'이다 / 수포(水泡) · 148

055. 꺼려 / 유의(留意) '조심' / 거품이라! · 150

056. 우려(憂慮) / 괴이(怪異) / '가위' 눌림 · 152

057. 우산-국(國), ocean -국(國) '울릉도' · 154

058. care // 신-기료 장수, 신-기워 · 155

059. 꿰매다 / 아물리다 / 엮다 · 158

060. 기술을 '구사(驅使)' 하다! / 구세(くせ) '버릇' / 실사구시(實事求是) · 161

061. 가무(歌舞) / Muse 여신은 '가무(歌舞)'에 능하다! · 163

062. '기뻐' 여신(女神) · 165

063. 아르키메데스의 외침 = 유레카! "그래가!, 그렇게!, 요렇게!, 그렇지!" · 166

064. 기러기 · 168

065. 겉(coat), 껍질(capsule), 씌울~, 감쌀~. · 169

066. 겉(out), 태도(態度), 겉치레 · 172

067. 두겁(cap), 설핏(surface), 살포시(surface) · 173

068. 씌우다(seat) / 관(冠) · 175

069. 관(crown), 권(own), 규원사화(揆園史話) • 177

070. (진흙) 묻다 / 불~ 피워 • 179

071. 안(내부), 들여 밀다, 뚫어 / 인(人) '사람' / 죽여 • 181

072. 거간-꾼, agent, 기관(機關) • 184

073. 가게(점포) / [그위], [구위], [구외], [구의]: 관청(官廳) / 허가(許可) • 186

074. 꼭-걸으다, 쇠-걸어, 쇠고리(secure), 간수(看守) • 188

075. 연쇄(連鎖) / 연달아(잇달아) / 얼기설기 / 결연(結緣) • 189

076. 끈-거다(engird), 끈-놔줘(enlarge) / 견인(牽引) • 191

077. 꼭-끼이다(accurate) / 아귀(agree) • 192

078. 소떼- 몰다(자극하다) • 194

079. 검(劍), arm, 팔-아름(arm) / 끌려, 홀려, 올레-길 • 195

080. 깎아, 예민(銳敏) • 197

081. 큰, 혼인(婚姻), 혼연일체(渾然一體), 끈-이은, 연계(連繫), 연관(連貫) • 198

082. '귀여' 워 / 약(弱) '연약' / 부러질 / 소물(小物), small • 201

083. '가엽'다 / 고대로(그대로)~ / 옥(屋) '가옥' / 궤(軌) '길' / 기지(機智) • 203

084. 가버리다(afraid), 코피(fear), 비키다(vacate), 기피(忌避) • 205

085. 감아 대어~ / 묻어 / 무덤 • 207

086. (옷)껴-입다 / 의류(衣類) / 기(旗) / 갈라 ~ 주다 / 부럽다, 부러워 • 209

087. (내려)걸리다 / (걸어)가다 / (문을)연다 / (가시)낀다 • 212

088. (끼니)걸러다 / 골고루 / '울'타리 / 크게 ~만들다 • 214

089. 깊이(keep) / 뺨(palm) / 고분고분(govern) • 216

090. 꼼꼼히 박다 / (손가락)곱아 / (숨)가빠 / 꾸어~ / 꼴, 꼬라지 • 218

091. 보글보글(끓다) / 익어 / 역겨워~ / 어근 비근 • 220

092. 하얗다, 허옇다 / (눈알)굴려 / '욱'하다! / 꾸그러, 쭈그러 • 222

093. 쉬자(cease) / 시들어, 기어들어 / 애꿎어 / 왜가리 • 224

094. 어언~ / 바뀌다 / 파릇파릇, (논밭)갈아 / 익히다 • 226

095. (딱-)그만이다! / 구비(具備) / 겸비(兼備) / 쏠리다 / 끼이다 • 228

096. 표구(表具) / 가위(-눌리다) / (그림)그려 • 230

097.   (함께)거들다 / 품-앗이 • 232

098.   예(禮)-지키다, 건-씌우다, 코로(aura), 김[증기] -나다, 간-키우기 • 233

099.   앞 ~ 때 / 따라(본받아) / (영향을~) 끼친 • 235

100.   대접(deserve) / -이 되자구!(desire) • 236

101.   외어(암기해) / 골르다(고르다) / 어그러져, 어긋~ • 237

102.   가버려, 가물가물, 부러질, 앞으로, 규율(規律), 계율(戒律) • 239

103.   글을 '그리다' / 서기(書記) / 글-쓰다 / 새기다 / 써-갈기다 / 글귀 • 241

104.   사 '사다' / 세- '세다' / 수(數) / 셈 / 금(가격) / 사(사업·사무) '事' /
       시(市) '시장·장사·거래·번화가·도시' / 교(交) '교환' / 계(契) '계약' / 계(計) '계산' • 246

105.   연탄불을 ~ 갈다(alter) / '갈대'처럼 흔들리는 마음 • 251

106.   다리미로 '다리'다 / 때리다 / 닳다 / 불 ~ 달구다 • 258

107.   넌지시: 고어 [넌즈시]: 넌지시 엉터리, 괜스레~, 운수(運數), 운세(運勢). • 262

108.   '마뜩'치가 - 않다 / (일을-)마치어, 마쳐 • 266

109.   갈다. 알다. 새-알. 철따라. 절대(絕對). 밝다. • 268

110.   거울, 고어 [거우루], [거우로] '거울' / 고어 [그우다], [그울다], [구울다] '구르다' • 278

111.   아귀 / 엮어~ / 아리까리 '방' / ~끼리(동류) / 기꺼이 / 가까이 / '오랏'줄 / 화기애애 • 286

112.   '가렵'-다. 긁어. 갉아. '부럽'다. '바라'다. (~하고)싶어라! • 291

113.   갈아 '갈다', 긁어 '긁다', 갉아 '갉다' / (베개를)베다, (알이-)배다. • 297

114.   '귀'와 'ear' // 이(耳) '귀' • 304

115.   볶아(-먹다), (수레-)바퀴 • 309

116.   새끼-줄 / 엮어 / 잘개이(자루) '방' / 잘리(자루) '방' • 314

117.   깨(참깨/들깨), 유(油) '기름', 비계(기름 덩어리) • 319

118.   ~와(과) '추가' / 끼(끼니) / 과(果) '열매' / 비계(건축용 덧널) • 322

119.   구리(ore), '으리으리'한, 개발(開發)하다, 꾸려(흐려), 극악타! • 326

120.   '떨기'(~나무) / 막-대기, 작-대기 // 세(3) • 328

121.   바늘-'귀' / 시야(視野) • 332

122.   고기(괴기 '방') / 가시(뼈) / '아가'리, '아구'통 • 336

123. (구두·발-)굽, 굽어(-보다), 굽어(-살피소서!), 엎어~, 게워~. • 342

124. 어쩜(어쩌면) '추측' / 웃짜마(어쩌면) '방' • 350

125. 복(服), 복무(服務), 복(卜), 목(牧) / 덮어, 도포, 치마 / <풀~ 엮어> • 354

126. 여래(如來). 야훼, 女神-여와 / 거리껴, 우려(憂慮), 비기다(parity) • 362

127. 개밥바라기 - 별('금성, 샛별'의 다른 이름) • 367

128. 보내(수송해) / 시골[농사짓고 사는 농촌] / '소용'돌이 / 얼레 / 고와(곱다) • 369

■ 어휘 비교 검증, 「G원리 검증」

모음으로 시작하는 단어들, G원리 검증(850단어) • 375

□ 이 책을 쓰는데 도움이 된 책들 • 454

□ 색인 (알파벳순, 수록연번) • 455

≪**본 글**≫ 중 「**한국말 산책**」이란 제호로 1부터 128까지 차례로 번호를 붙여 실은 글들은 온라인 신문 '뉴스-민'의 지면을 빌어 필자가 "**신비한 우리말 산책**"이란 칼럼으로 2014년에 연재했던 글들과 그 밖의 미발표 산문들을 함께 수록한 것이다.

내용적으로는 한국어, 수메르어, 드라비다어, 영어 간의 기원적 동일성 혹은 이 언어들 간의 상호 밀접한 친연성에 기초해 오늘날 우리가 사용하고 있는 한국말 어휘들이 어떻게 생성되었는지, 그리고 그 의미적(어원적) 기초는 무엇인지 등을 살펴본 것이다.

국적(國籍) 언어 간의 비교연구에서 도출된 '**음절적 모음**'과 같은 음운 개념을 아울러 설명함으로써 서로 무관한 언어로만 여겨왔던 각 국적언어들이 기원적으로 동일한 것임을 보다 잘 이해할 수 있도록 하였다.

≪**본 글**≫ 중 「**어휘 비교 검증**」이란 제호에서는 현대 영어와 현대 한국어가 본래는 하나의 동일한 언어였다는 점을 **1,400여 개** 영어단어와 한국어 간의 비교를 통해 보여준다.

책의 들어가는 글에서 이미 말한 것처럼 매우 <u>**간단한 하나의 언어 비교 원리**</u>, 즉 '모음'이란 말소리 성분 앞에 본래 존재했었던 연구개음 g(k)를 복원함으로써 영어와 한국어, 한국어와 영어가 고대 어느 시기까지는 완전히 동일한 언어였음을 누구나 수긍할 수 있도록 입증해보인 것이다.

이러한 관점에서 제시한 **1,400여 개** 영어단어들은 편의상 Ⅰ, Ⅱ부로 나누어 살펴보았다.

제Ⅰ부는 '<u>**모음으로 시작하는 영어단어들**</u>'을 중심으로 살펴본 것이다. 즉, 'alter'라든가 'ear'와 같이 모음으로 시작하는 영어 단어들이 필자가 주장하는 바의 '**G-원리**'를 적용할 때 이들이 어떻게 한국어와 본디 동일한 어휘들이었는지를 관찰한 것이 **제Ⅰ부**로, 700여 개의 단어들이 여기에 수록되었다.

제Ⅰ부에서 관찰한바 한국어와 영어, 영어와 한국어간에 이처럼 명백한 음운대응 법칙이 존재하는 점에서 보건대 이들 두 언어는 기원적으로 동일한 것이거나 혹은, 매우 오랜 기간 대단히 긴밀한 언어적 영향을 서로 주고받았다는 결론을 내릴 수밖에 없다.

그러하다면 **'자음으로 시작하는 영어 단어들'** 가운데에도 한국어 어휘와 본디 동일한 것임을 알 수 있는 단어들이 상당량 존재할 가능성이 많은바, 그러한 관점에서 살펴본 것이 **제Ⅱ부**에서 제시한 **700여 개**의 단어들이다.

Ⅰ·Ⅱ부를 통틀어 1,400개 이상의 영어단어가 그 **다음절 구성 그대로** 한국어와 완전히 동일한 어휘임을 확인할 수 있으며, 사정상 이번 책에 싣지 못한 1천 여 개의 나머지 영어 단어들까지 더해 줄잡아 2,500개 이상의 단어들이 기원적으로 한국어 어휘와 동일하다고 보는 것이 필자의 추론이다.

※참고※

- "수메르어는 일정 부분 우랄 알타이어를 연상시킨다!"
  - **사무엘 노아 크레이머**(수메르 점토문 연구의 권위자)

- "백성이 하나요, 그들 모두가 한 언어를 가졌기에 이런 일을 시작하였으니, 이제는 그들이 하기로 구상한 일은 아무것도 막을 수 없을 것이라. 가자, 우리가 내려가서 그들의 언어를 혼란시켜 그들이 서로의 말을 알아듣지 못하게 하자" 하시고 ~ 온 지면에 멀리 흩으시니 그들이 도성과 탑 짓는 것을 그쳤더라."
  - **구약성경 창세기**, 바벨탑 사건.

- "오래 전 모든 인류에겐 한 가지 언어밖에 없었으나, 하늘에 올라가기 위해 탑을 쌓으려던 계획이 언어의 혼란을 가져오게 되었다고 믿는 (조선의) 스님들이 많다."
  - **'하멜표류기'**에서 (강준식, 웅진지식하우스, 2007)

"어족(語族) 규명의 전통적 방법론"과 관련하여

- 국적이 서로 다른 어떤 언어들끼리의 관계(어족)를 규명하는 일은 전통적으로 수(數) 어휘나 가족 호칭어 등이 서로 같은지를 비교하는 방법이 널리 쓰인다. 이 책의 주된 논점인 '**한국어**'와 '**영어**'가 본래 같은 언어라는 주장 역시 그러한 전통적 검증 방법을 통하더라도 상호 동계의 언어임이 확인된다는 것을 강조하지 않을 수 없다.

  뿐만 아니라 〈**견디어**〉 등과 같은 문화어까지도 동일한 경우가 두 국적 언어 사이에 1천 개 이상을 헤아린다는 점은 일반적으로 짐작할 수 있는 이상의 밀접한 친연성이 이들 사이에 분명히 존재한다는 것을 보여주고 있기에, 이와 같은 기초 어휘상의 동일성을 검증하는 데에도 새로운 음운론적 방법을 적용해 살펴보는 것이 마땅하다는 것을 강조하고 싶다.

- **수**(數) 어휘에서는 **한**(one)/**두**(two)/세·**서이**(three)/**여덟**(eight)이 서로 같고, **열**(all)이 의미상 서로 일치한다!

- **호칭어**에서는 〈**어버이**(over)〉가 의미상 일치하며 여기서 → **아비**, **부**(父)/**pat**er, **fa**ther/어미, **모**(母)/**mo**ther 등의 어휘가 음절탈락, 자음변화 등을 입으며 갈라져 나온 것이다.

- **신체부위** 명칭은 **귀**(ear)/**코**(aura)/팔-**아름**(arm)/**뼘**(palm_손바닥)/**입**(lip) 등이 서로 동일하다.

※ 이처럼 판단하는 데에는 연구개음(g) 변화라는 음운작용 및 의미적 동일성이 일정부분 고려되었다. 가령 〈**귀**〉와 〈**(g)ear**〉, 그리고 〈**코**〉와 '향기'의 〈**(g)aura**〉 즉 '**코로-**'가 본디 같은 어휘라고 상정함이 그 예이다. 이 책에 제시한 1,400여 단어의 동일성이 이러한 추론의 증빙이 되기에 충분할 것이다.

책에서 사용된 '약어' 및 '기호'에 관하여

- 이 책에 실은 수메르어는 캘리포니아(California) 대학의 수메르어 기초어휘 사전(2008년, 개정판)에 수록된 어휘들이다.

- 이 책에 소개된 드라비다어, 몽고어, 몽고문어, 만주어, 아이누어 등은 강길운 교수님과 김형수 교수님의 책에서 인용하였다. 두 분의 연구와 어휘자료 덕분에 필자의 음운이론이 광범위한 국적언어에 부합함을 폭넓게 확인할 수 있었던 점에서, 두 교수님께 태산과 같은 은혜를 입었음을 말씀드리지 않을 수 없다.

- '방'으로 표시한 것은 경상도 방언이 주이며 그 밖의 지역 방언도 일부 포함된다.

- [ ]안에 넣은 것은 예외적인 것을 제외하고는 모두 한국중세어(고어)다.

- 굵은 [ ]안은 알파벳으로 적은 국적(國籍) 언어들과 상통하는 한국어 어휘다.

- { }로 묶인 것은 한국어와 비교하고 있는 해당 단어의 사전적 뜻이다.

  - 각 나라의 국적(國籍) 언어는 단어 앞이나 뒤에 다음과 같이 나타낸다.

  * 수메르어: (수)　　* 라틴어: (라)　　* 포르투갈어: (포투)　　* 러시아어: (러)

  * 아이누어 : (아누)　* 드라비다어: (드)　* 몽고어: (몽)　　* 몽고문어: (몽문)

  * 프랑스어: (프)　　* 스페인어: (스페)　* 만주어: (만)　　* 스웨덴어: (스웨)

  * 이란어 : (이란)　　* 덴마크어: (덴)　　* 독일어: (독)

  * 별도로 표시하지 않은 것은 영어사전에 있는 단어들. 영어는 게르만어(독어)에 속하지만 라틴어로부터 많은 어휘들이 차용된 것으로 알려져 있다.

- k를 비롯한 재구성된 자음 및 그 자음변화형들은 ()안에 적었으며, 이렇게 추정된 어형은 대부분 ≪≫로 묶는다.

- 이 책에서 연구개음(g·k)을 재구성하여 표현할 때는 유성음 /g/를 대체로 사용하였으며, 무성음 /k/는 /s/ 등의 자음변화의 원천임을 나타낼 때 주로 사용되었다.

  k는 음성학에서 무성 연구개음을 표현하는 기호이지만 한국어 독자들은 /k/를 기식성이 강한 'ㅋ'으로 인식할 개연성이 높아 연구개음 재구성에는 대체로 /g/를 사용했다.

- 이 책에서는 어휘 비교연구의 기초가 되는 '음운론'을 1페이지의 분량으로 압축할 수밖에 없었다. 보다 자세한 내용에 관심이 있는 분은 필자의 첫 번째 책 ≪한국어 충격(보교기획, 2014)≫에 실은 음운론을 참고하시기 바란다. 700여 개 가량의 수메르어를 한국어와 비교 연구한 내용이 수록되어 있기도 하다.

한 페이지로 간결 압축한 '**언어 비교 이론**'

1. 모음 앞에는 자음성질 /g/가 본래 존재하였었다.

'들어가는 글'에서 말한 바와 같이 모음 앞에는 본디 자음성질 /g/가 존재하였었다. 그리고 오랜 세월에 걸친 조음운동의 변화, 즉 입을 크게 벌려 발음하게 된 **개구확대 경향** 및 발음의 구강 앞쪽 이동인 **전향화**를 겪게 됨으로써 점차 이 /g/라는 말소리 성질이 약화 또는 소멸하는 어휘들이 생겨나게 되었던 것이다. 이 책에서는 이러한 점을 '**G-원리**'라 부른다.

      에 현대 영어 [g 소멸 형태]　　　　현대 한국어 [g 존재하는 어형]
                    <뜻: 귀> ear　　　　←　　　(g)ear = '**귀**'

2. 'R' 뒤의 모음 앞에도 자음성질 /g/가 본래 존재하였었다. * ['모음'역할의 R]

'R'이란 말소리 성질은 일종의 떨림소리(**전동성** or **후굴성**)로, 그 떨림성질이 약화하는 음운갈래에서는 모음적 역할로 변한다. 이때의 모음적 역할이 된 /r/ 뒤에 오는 모음은 자연히 독립된 「**음절적 모음**」일 수밖에 없으므로, 이 음절적 모음 앞에도 위 1의 경우처럼 자음성질 /g/가 본래 존재하였음을 추론할 수 있다.

      에 현대 영어 [g 소멸 형태]　　　　현대 한국어 [g 존재하는 어형]
                    <뜻: 자랑> pride　　　←　　　pr – (g)i – de = '뻐**기**다'
                                ※ 이때의 /i/ 는 「음절적 모음」

3. 'R' 이 자음성질로 실현된 어휘갈래도 존재한다. * ['자음'역할의 R]

일종의 떨림소리(전동성 or 후굴성)였던 'R'은 그 떨림성질이 강화되는 변화를 입어 자음 /r/ 로 실현되기도 하였다.

    예 현대 영어 [g 소멸 형태]   현대 한국어 [g 존재하는 어형]

         <뜻: ~혹은 -> or   ←   (g)o – r = '고르–' [고르다, 선택]

4. 'L'은 자음성질 'R'의 강화를 통해 발달하였고, 이 'L'뒤에 위치한 모음에도 /g/가 존재하였었다.

    예 현대 영어 [g 소멸 형태]   현대 한국어 [g 존재하는 어형]

         <뜻: 풍부한, 푸짐한> galore   ←   gal –(g)ore = 골고루 [고루고루]

영어,

한국어

언어 전쟁

신비한
「한국말」
산책

001

tool(연장)은 돌-칼, 돌-도끼의 <**돌**>이다!

책의 '**들어가는 글**'에서 말하기를 道具라고 적는 <**도구**(道具)>라는 말은 <-**대기**> 즉 막-대기, 작-대기라고 할 때의 {나무}라는 뜻을 가진 <-**대기**>와 본디 동일한 것이라고 했으며, 그리고 이 "**대기**"는 {나무}라는 뜻을 가진 현대영어 <tree>의 본래 원형, 즉 연구개음(**g·k**)을 복원(재구성)한 아래의 ㉮와 동일하다고 했다.

tree 나무, 목제 물건(기둥, 말뚝)　←　㉮ ≪tr-(g)ee≫ **떨기**(나무)/(그루-)**터기**

　　　=【**대**(막-대)】　　　　　　　　(막-/작-)**대기** // **도구**(道具) ㉯

기술이 발달하지 못한 원시 적의 "**도구**(道具)"라는 것은 복잡한 가공과정을 거치지 않은 것, 즉 생활 주변에서 가장 쉽게 손에 넣을 수 있고 곧바로 사용할 수 있는 것이었으리라 여겨진다.

그러한 물건 즉 도구를 꼽으라고 하면 세 살 먹은 아이들조차도 '**나무**' 아니면 '**돌**'을 지목할 것임이 분명한데, 바로 그러한 점에서 {나무}의 ≪*tr-(g)ee≫는 <막-**대기**>일뿐만 아니라 <**도구**(道具)>라는 말과 기원적으로 동일한 것일 가능성이 매우 높다.

나무망치

급한 대로 짐승을 쫓거나
과일을 따는 도구로 쓸 수 있는 막대

절구통

오늘날은 道具라고 적는 탓에 "**도구**(道具)"가 막-'**대기**', 작-'**대기**'라고는 아무도 생각지 않을 것이다. 입으로 말해지는 언어라는 것은 문자로 표기되어질수록, 그리고 오랜 세월을 거쳐 오면서 이와 같이 본래의 지시 대상을 잃고 추상화되어진 측면이 매우 강하다.

이 번 장의 표제어로 삼은 현대 영어 〈tool〉 역시 언어의 그러한 추상화를 겪었음이 분명하다. {도구·연장·수단}의 뜻을 가진 〈tool〉을 어휘로 사용하는 동서양 사람들 가운데 이 말의 본래 지시물이 들판이나 강변에서 쉽게 손에 넣을 수 있는 〈돌〉이었다는 것을 아는 이가 몇이나 될지를 생각해보면 필자가 말하는 〈tool〉의 언어적 추상화가 무슨 의미인지를 곧장 이해할 것이다.

> tool [툴-] : 연장, 공구, 도구, 수단, (대패·송곳 등의)날 부분, (돌을)정으로 다듬다,
> (구어) (마차 따위)를 몰다, **탈**것으로 나르다. **탈**것으로 가다, 걸어 **돌**아다니다.
> ※ tool = 〈**돌**〉 "돌-칼, 돌-도끼" ㉮

㉮줄에 적은 바처럼 {도구·연장·수단}의 〈tool〉이 현대 한국어 〈돌〉인 것은 바로 앞서 막-'**대기**'가 **도구**(道具)와 본래 같은 말임을 설명한 내용, 즉 생활 주변에서 가장 쉽게 손에 넣을 수 있고 곧바로 사용할 수 있는 것이 원시적인 도구, 연장이었을 개연성이 매우 높다는 점에서 그러하고, 우리가 실증적으로 알고 있기로도 구-석기(石器) 시대니 신-석기(石器) 시대니 하는 상고시대의 도구들이 **돌-칼**이라든가 **돌-도끼**와 같이 모두 '**돌**'로 되어 있기에 그러한 것이다.

다른 한편, 영어 〈tool〉과 한국어 〈돌〉이 기원적으로 동일한 것이라는 주장은 tool이 가진 또 다른 의미요소에서도 한국어와의 어휘 대응 가능성을 발견할 수 있는 점에서 그 신빙성이 한층 더 커지는 것인지도 모른다. 또 다른 의미요소에서의 어휘 대응 가능성이라 함은 아래 ㉯줄에 적은 "**돌아다니다**"에서의 〈**돌**〉과 "**탈 것으로 가다**"에서의 〈**탈**〉이다.

> tool [툴-] (구어)걸어 **돌**아다니다; **탈**것으로 나르다, **탈**것으로 가다, (마차 따위)를
> 몰다.
> ※ tool = 〈**돌**〉 "돌아다니다" / 〈**탈**〉 "탈 것으로 가다" ㉯

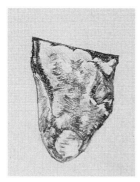

검은모루 동굴유적 출토 구석기: 긁개

이 그림은 1966년 평안남도 중화군 흑우리(검은모루) 동굴유적에서 발견된 구석기 시대의 석기(石器)를 서투른 솜씨나마 한 번 모사해본 것이다.

검은모루 유적은 지금으로부터 60만~40만 년 전의 원인(遠人) 단계의 전기 구석기시대 유적으로, 우리나라에서 발견된 구석기 유적 중 시기적으로 가장 앞선 것이라 한다. 구석기 초기의 대단히 원시적으로 제작된 석기를 비롯해 뾰족끝 찍개, 주먹도끼, 긁개 등의 많은 구석기가 여기서 발견되었다고 한다.

이러한 구석기 유물과 유적이 만주 지방에서 10여 군데, 그리고 한반도에서 지금까지 100여 군데가 발견되었다고 하는데, 우리에게 가장 널리 알려진 것이 1978년 경기도 연천 전곡리 한탄강 강둑에서 발견된 구석기 유적일 것이다.

전곡리 유적에서 발굴되거나 채집된 석기는 무려 4천여 점이 넘는다고 하며 아슐리안형의 주먹도끼류, 가로날도끼(cleaver), 한 면 가공된 주먹도끼(handaxe), 뾰족끝찍개(pick), 긁개, 다각면 원구 등의 다양한 석기가 발견되었다고 한다.

필자가 어느 글에서 읽기를 20세기 중반까지만 해도 유럽에서는 동양을 문명이 늦게 시작된 지역 즉 유럽보다 문명이 뒤진 일종의 미개한 지역으로 간주하는 경향이 강하였다고 한다. 다시 말해, 이미 구석기 유물이 발견된 유럽에 비해 동양에서는 아직 구석기 유물이 나온 바 없음으로 문명은 유럽에서 먼저 시작되어 동양으로 전파되었다, 라는 식의 문화적 우월주의에 빠져 있었다는 것이다.

이처럼 '돌' 하나가 어떤 한 나라 혹은 어떤 한 민족의 자긍심을 높일 수도 있고 내릴 수도 있음이 엄연한 현실이라 아니 할 수 없겠고, 그러한 점에서 석기 시대의 {도구·연장}을 지칭한 "tool" 즉 〈돌〉이라는 어휘를 간직하고 있는 '**한국말**'이라는 무형적 자산에게도 유형적 유물 못지않은 관심과 애정을 기울여야 하는 게 아닌가 싶다.

002

'굽'이 높은 신발

앞 장에서 소개한 영어 〈tool〉이 한국어 〈돌〉과 기원적으로 동일한 어휘라는 추론은 {도구}와 {연장}이라는 〈tool〉의 그 의미적 바탕, 그리고 이 tool이라는 말이 만들어졌으리라 믿어지는 특정한 시대의 역사적 환경 내지 고고학적 배경을 아울러 참고한 결과 도출되었다고 할 수 있다.

영어와 한국어의 어휘대응이라는 관점에서 이 번 장에서 소개할 〈up〉이란 단어는, 이들 〈tool〉/〈돌〉의 기원적 관계를 탐구하는 것과는 달리, 음운적 법칙 혹은 음운 현상을 그대로 적용해봄으로써 한국어 〈굽〉이란 말과 기원적으로 같은 어휘임을 알 수 있다.

> <u>up</u> 「위로의 방향」 (낮은 위치에서)위로, 위에, 올라가; 토하여, 게워.
> 　위쪽의 위치」 높은 곳에(서), 위에(서); (천체가)하늘에 떠올라. ※ <u>over</u> 참고!
> ↖ ≪(g)u -p≫ 구프, 구브, 굽오 〈굽〉: 말굽, 구두 굽 ㉮

㉮의 줄에 보인 바와 같이 〈up〉은 어두에 연구개음(g)을 재구성하면 **"말굽, 구두 굽"** 이라고 할 때의 한국어 〈굽〉과 본디 같은 말임이 드러난다.

어두 모음뿐 아니라 웬만한 모음 앞에 연구개음(g)을 복원(재구성)해 살펴볼 수 있음은 이 책 서두의 **'들어가는 글**'과 **'음운이론**'에서 소개한바 있고, 영어를 필두로 한 유럽제어와 한국어에 공통적으로 나타나는 음운현상이기에 비교언어학에서 진즉에 활용이 되었어야만 하는 보편적 언어 현상이라 하겠다.

키를 위로 높이는 '굽'

〈up〉의 {낮은 위치에서 **위로**, **위에**, **올라가**}라는 말뜻은 〈굽〉의 의미적 배경과 아주 잘 어울린다고 하겠는데, 당초에 이 두 말이 같은 하나의 어휘였기에 이러한 의미상의 동일성은 매우 당연한 것이 아닌가 싶다.

　　구두에 굽을 대는 이유는 키를 "**위로**" 올리고 싶고, 내 키가 남들 키보다 "**위에**" 있었으면 하는 소망 때문이겠지만, 그런 욕심이 지나쳐 저러다 넘어질까 걱정되는 사람들도 간혹 있기는 하다.

　　음운적 방법론을 사용한 어휘 대응 가능성을 책의 두 번째 순서로 소개하는 이유는, 이 책의 주된 주제가 이러한 음운적 방법을 이용해 영어와 한국어, 한국어와 영어가 기원적으로 동일한 언어임을 밝히는 것이기 때문이다.

　　필자가 모음 앞에 /g/를 복원하여 한국말과의 동일성을 확인한 영어단어들 가운데 이 책에서는 대략 700여 단어를 소개할 생각이다. 그 외에 자음으로 시작하는 영어단어를 한국어와 비교하고 이 책에서 소개하는 것이 대략 700여 단어 쯤 된다.

003

소문 좀 '**귀띔**' 해다오!

앞의 글에서 살펴본 ⟨**up**⟩과 마찬가지로 모음 앞에 /g/를 복원해 한국말과의 동일성을 확인할 수 있는 영어단어들 가운데 '**소문**'이란 뜻을 가진 단어를 하나 살펴본다. 아래의 ⟨**item**⟩이 그것이다.

> **item** [아이템, 아이팀] (신문 등의) **기사**, [속어] 이야기 거리, **소문 거리**.
> ① ↖≪(g)i‒tem≫ **귀띔** (소식·소문)
>> "내게도 소문을 좀 **귀띔** 해다오!" ㉮

㉮줄에 적은 예문에서와 같이 ⟨**귀띔**⟩이란 말은 소문, 소문으로 들려오는 이야기, 어떤 사람이 자신이 들은 소문을 다른 사람에게 전해주는 행위 등을 뜻한다.

⟨**귀띔**⟩이란 말의 의미가 대체로 그러하므로, 모음 앞의 연구개음⒢ 복원이란 방법으로 관찰한 ①줄의 ⟨*(g)i-tem⟩ 즉 {소문 거리}라는 뜻의 ⟨**item**⟩은 한국어 ⟨**귀띔**⟩과 본래 같은 말일 가능성이 높다.

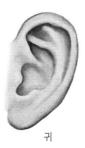

귀

소문이라고 하면 가장 먼저 연상되는 것이 우물이다. 근대화가 진행되기 전의 농촌 풍경을 기억하고 있는 분들은 아시겠지만 사람이 사는 동네라고하면 물을 길어먹는 우물이 한두 군데 이상은 다 있기 마련이었다.

야채를 씻거나 마실 물을 길어가기 위해서였겠지만 아무래도 우물에 자주 모여드는 사람들은 아낙네들이기 마련이었다. 아낙네들은 그런 자리에서 누구 집에 부부싸움이 났다는 둥, 누구 집의 시어른이 아프다는 둥, 그러할 땐 무슨 무슨 약초를 달여 먹으면 씻은 듯 낫는다더라… 등등 온갖 마을 소식과 소문을 주거니 받거니 했던 것이다.

신문이란 게 없던 옛날의 시골에서 그런 소문에 둔감했다가는 마을이, 혹은 세상이 어떻게 돌아가는지를 모르는 사람으로 취급받던 그런 시절이었다.

우물과 두레박

well [웰] 우물·샘·사방이 막힌 깊은 공간, **솟아** 나오다. "**샘**의 깊이는 한-**길**, 두-길"

↖ ≪(k)ell≫ **굴**(堀) '동굴/땅을 파다' : 우물물-'**길**'어 : **콸**콸(−샘솟다)

우물에 가면 귀띔해 들을 소문도 무성했을 뿐 아니라 여름철엔 아이들 등목을 해주느라 늘 사람들로 들끓었다.

두레박을 드리워 길어 올린 찬 물 한 바가지를 등판에 붓노라면 제아무리 무더운 혹서도 그 차가운 물맛에 십리는 달아나버렸었다.

welter [웰터−] (**많은** 사람·물건이) **혼란하다**, (파도·바다가) **넘실거리다**, 혼란상태, 뒤범벅.

↖≪(g)el−ter≫ 끌타 <(들−)**끓다!**> "많은 물건과 사람들로 들끓어 **혼란하다**"

004
'ear'가 '귀'라네!

앞의 제3장에서는 영어단어 〈item〉이 한국어 〈귀띔〉과 기원적으로 동일한 어휘임을 살펴보았다.

이번 장에서도 잇달아 '귀'와 관련된 영어단어를 하나 더 관찰해보기로 한다.

책의 서두, 1페이지로 간결 압축한 **'언어 비교 이론'**편에서 **1번**으로 소개했던 〈ear〉라는 단어를 기억할 것이다.

$$\underline{ear} \ [iər, \ 이어] \ '귀, \ 청력' \leftarrow *(g)ear = '\mathbf{귀}' \ ㉮$$
$$\llcorner \ \mathbf{의}(耳) \ '귀' \ ㉯$$

㉮의 줄에 보인 것처럼 〈ear〉는 어두에 연구개음 'g'를 재구성해 읽을 경우 한국어 〈귀〉가 된다.

다시 말하면, 〈*(g)ear〉라는 어떤 고대의 원형으로부터 출발해 어두의 연구개음 성질 /g/가 약화된 음운갈래에서는 현대 영어 〈ear〉로 되었으며, 또한 ㉯의 줄에 적은 〈耳(이)〉도 그와 동일한 음운갈래에서 출현한 어휘일 것이다.

이에 비해 현대 한국어 〈귀〉는 처음의 어두 연구개음 성질이 소멸되지 않고 그대로 존재하고 있는 어형이라고 해야겠다.

귀

이처럼 영어단어 'ear'의 앞에, 혹은 어두 모음 /e/ 앞에 연구개음 /g/를 재구성해 살펴볼 수 있는 음운적 근거, 그리고 어휘 변천사에서의 실증적 사례 등은 나중에 다른 글로 다시 한 번 다루어보기로 하고, 여기서는 가볍게 지나가기로 하겠다.

005

'그리다'가 '글을 쓰다'였던 시대!

※ **상형문자**(象形文字) 시대.

오늘날 지구촌에서 사용되는 문자의 대부분은 일종의 사회적 약속에 의해 통용되는 '**기호**'라고 할 수 있다. 예를 들어 'ㄱ'이라 적고 [기역]으로 읽는다든지 'a'로 적어 [에이]로 발음한다든지 하는 것은 모두 그렇게 하기로 한 사회적 약속에 기인한 것이고, 이때의 'ㄱ'과 'a'는 그러한 약속에 기초한 기호문자(기호)인 것이다.

이러한 기호 문자들 가운데 'w'나 'y'로 적는 말소리 값들은 자음성질과 모음성질을 아울러 가지고 있어 **반모음**으로 불리기도 한다.

반모음들은, 모음과 마찬가지로, 연구개음(g)으로 환원(재구성)되어질 수 있으며 이를 통해 동서양의 많은 어휘들이 본래 같은 말이었음을 밝혀 드러낼 수 있다고 필자는 믿고 있다. 이번 장에 소개하는 **write**, **wash** 등의 단어도 그러한 예들 가운데 하나다.

> write [rait, 라이트] (글자를)**쓰다**, **기록하다**.
> ↖ * (g)r – i – te = (그림)**그리다** ㉮ "(형상을)**그리다**"

마야 상형문자

㉮줄에 적은 바와 같이, 영어 **write**의 첫 번째 음운요소 /w/를 연구개음 /g/로 환원할 경우, 본래 이 **write**라는 단어가 "**나무를 그리다**" 혹은 "**둥근 달을 그림으로 그리다**"에서의 한국어 〈**그리다**〉와 동일한 것임을 알 수 있다.

무슨 말인가 하면, 앞에서 말한 기호문자가 창안되어 쓰이기 전의 인류의 문자라는 것은 '산'이나 '나무' 혹은 둥근 '태양' 등과 같은 실제 물상(사물)을 벽면이나 돌에 '**그림**'으로

그려 남긴 상형문자(象形文字)였다는 점에서 |**글자를 쓰다, 기록하다**|라는 것은 〈**그림을 그리다**〉와 동일한 행위였다는 것이다.

　가령 사람의 형상이나 각종 동식물을 그림으로 그려 문장을 표현한 **이집트의 상형문 자**, 그리고 산(山)을 그려 '山'의 뜻을 나타내거나 반달 모양을 그려 '月'로서 달(moon)의 뜻을 적은 초기의 **원시 상형문자**, 그리고 사람의 얼굴이나 발 모양의 그림으로 문자를 삼은 **수메르 초기문자** 등등이 모두 '**그림**'이다!

　그밖에도 지중해의 크레타 섬에서 발견된 석제인장과 점토원판에 새겨진 문자, 그리고 칠면조·앵무새·재규어와 같은 동물을 형상화한 남미 유카탄 반도에 사는 마야인의 마야 문자 역시 '그림'이 아닌가!

　write의 첫 번째 음운요소 /**w**/가 초기현대영어(서기 1500년경) 이전 시기까지 발음되었다는 사실, 그리하여 이때의 반모음 /**w**/를 연구개음 /**g**/로 환원(복원)해 살펴볼 수 있다는 점 등등 더 자세한 이야기는 제103장에서 다시 한 번 다루어보기로 하고, 이 **write**가 그러한 것처럼 한국어와 기원적으로 동일한 어휘임을 알 수 있는 다른 단어 〈**wash**〉를 간단히 한 번 살펴본다.

　　　　wash [wɑʃ 와쉬, wɔ(ː)ʃ 워시] **씻다, 씻어내다**, 빨다, 세탁하다.
　　　　　↖ * (g)a − sh = **가새**(씻어) '**방**' // **개수**- 대[씻는 대(설비)] ㉯
　　　　asseio (포투) 깨끗함, 말쑥함, 청결 ⌈￢ ≪(w)a-ssei-o≫ 영어 **wash** '씻다'
　　　　　↖≪(g)a-ssei-o≫ **가새어**(씻어) '**방**' // '**개수**'대

　㉯줄에 적은 방언형 "**가새다**"에서의 〈**가새**-〉는 **wash**의 뜻과 완전히 동일하다는 것, 그리고 방언형으로서의 〈**가새**-〉는 표준어 "**개수대**"에서의 〈**개수**-〉와 동일한 어휘라는 점 등을 참고해 관찰한다면, **wash**의 어두음 /**w**/가 '**g**'에서 산생된 것이라는 점을 보다 잘 알 수 있을 것이다.

　이처럼 모음이나 반모음을 연구개음(**g·k**)으로 환원해 영어와 한국어의 기원적 동일성을 관찰한 것이 이 책의 주된 내용이다.

　책에 소개한 1,400여 단어를 일일이 산문체의 글과 함께 재미있도록 구성해보고는 싶지만 여러 여건이 불비하여 훗날을 기약할 수밖에 없는 점 독자들에게 양해를 구하는 바이고, 산문체의 글 뒤에 잇대어 실은 ≪**어휘 비교 검증**≫ 편에도 흥미로운 어휘 사례가 많다는 점을 아시고 끝까지 읽어주었으면 하는 바람이다.

006

'고르다' or / '걸러다' elute, elite

'**모음**'이란 말소리 성분 앞에는 본래 연구개자음(**g·k**) 성질이 존재했었다. 그러던 것이 입을 크게 벌려 발음하게 된 경향, 즉 개구확대 등과 같은 조음 상의 변화와 더불어 처음에 있던 자음성질 /**g**/가 차츰 약화, 소멸한 경우들이 나타나기 시작했던 것이다.

아래에 소개하는 영어단어 〈or〉도 그러한 예에 해당한다.

> <u>or</u> [오어] ~혹은 -, ~ 또는 -. 「**선택의 상황**」
> ↖≪(g)or≫ **고르** (고르다·선택하다) ㉮ // **골** (골르다) '**방**' ㉯

어두에 연구개음을 재구성한 경우의 〈or〉는 ㉮의 줄에 적은 것처럼 현대 한국어 "**고르다**"에서의 〈고르~〉이다.

영어단어 뜻 {~혹은 -, ~ 또는 -]이라는 것은 둘 중 하나를 선택해야 하는 상황, 혹은 셋 이상의 어떤 무엇 가운데 내가 필요로 하거나 조건에 적합한 몇 가지를 골라내야 하는 상황을 뜻하므로 한국어 〈고르~다〉와 의미상 동격임을 알 수 있다.

> "사과 **혹은**[또는] 포도 가운데 하나만 **고르라!**"

"**고르다**"와 뜻에서 비슷한 말 가운데 〈걸러다〉라는 것이 있다. 이 "**걸러다**"와 기원적으로 동일한 영어단어는 아래에 보인 〈elute〉라고 생각된다.

> **elute** [일루-트] **뽑다**, 추출하다.
> ↖≪(g)el - u - te≫ '**방**' 골르다 ㉰ //
> **걸러다** [걸러 뽑아내다, 뽑다] ㉱

자갈 등 굵은 것을 체질해 걸러내는 어레미

㉰줄에서의 〈**걸러다**〉는 "체질하여 자갈을 **걸러내다**"라든가 "상한 과일은 **걸러내고** 잘 익은 것만 가져가자!"와 같은 용례를 통해 선택 즉 "**고르다**"의 의미임을 알 수 있다.

> elite [일리-트, 에일리-트] 엘리트, **선발된 것**, 소수정예.
> = [el - i -te] ← ≪(g)el - i -te≫ **걸러다**, **골르다**

우리와 친숙한 〈elite〉라는 단어도 elute와 동일기원의 어휘로, 각각 모음 /i/, 모음 /u/로 갈린 모음상의 이형태 관계라고 생각된다.

「**모음 이형태**」라는 측면에서는, 첫 째 단락에서 살펴본 〈or〉의 연구개음 복원 형태로서의 〈**고르~**〉와 모음이형태 쌍을 이루는 〈**가르~**〉를 언급하지 않을 수 없다.

"체질해 자갈을 **가려내다**"라든가 "상한 과일은 **가려내고** 잘 익은 것만 담자!"와 같은 용례에 나오는 선택의 〈**가려~**〉이다.

> **or** [오어] ~혹은 -, ~ 또는 -. 「**선택의 상황**」
> ↘≪(g)or≫ **고르** (고르다·선택) "사과 혹은 포도 가운데 하나만 고르라!"
> **가르** (선택) "**가려~내다**" ①

아래의 〈aristo-〉라는 단어에 ①줄의 〈**가려-**〉라는 한국어가 포함되어 있다.
"**가르-**"를 방언에서는 "**가리~**"라고도 한다.

> **aristo-** 최적(最適)의, 최상위의, 귀족(제)의 ※ **가려**낸(골라낸) 최적의, 최상위의 것
> ↘≪(g)ar- i ~ s-to≫ **가려**(뽑아·선발해) ~ **쓰다** // **골라** ~ **쓰다** 『선발』

가려 씀은 {최적(最適)의} 것을 골라내 사용함이고, 인재를 **가려** 쓰면 {최상위의} 성적을 거둔 인물을 휘하에 둘 수 있다.

고르는 목적은 {최적(最適)의} 것을 **가려**내기 위함이고, 인재를 **고르**는 목적은 {최상위의} 성적을 거둔 인물을 휘하에 두기 위함이다.

"**고르-**"는 [고]에서 /오/ 모음이고, "**가르-**"는 [가]에서 /아/ 모음으로, 서로 모음상의 이형태 관계일 것으로 생각된다. 마치 고대영어에서 /a, o, u/가 서로 이형태 관계였던 것과 동일한 음운적 정황이다.

007

'골골'거리다! / old

앞의 제6장에서는 영어단어 〈or〉를 중심으로 살펴보았었다.

그와 같이 모음 /O/ 앞에서 소멸한 연구개음(g·k)을 복원, 관찰해볼 수 있는 영어단어를 이번 장에서 다시 하나 더 제시한다. 아래의 〈old〉가 그것이다.

> old [오울드] **나이 많은**, **늙은**, 노년의, **낡은**, **오래된**.
> ↖《(g)ol－d》 **골다** (쪼글쪼글 골다) ㉮

과일이나 야채를 **오래 두면** 수분이 날아가 쪼글쪼글 골아버리는 것을 더러 보았을 것인데, 이때의 〈**골다**〉는 'old'의 [늙은, 오래된]이라는 말뜻과 등가관계임에 틀림없으리라.

이러한 의미적 등가관계에 기대어 살펴보면 연구개음 /g/를 복원한 ㉮줄의 어형 〈*(g)ol-d〉는 [늙은, 오래된]이란 뜻으로의 한국어 〈**골다**〉일 가능성이 매우 크고, 그 점에서 'old'의 본래 모습이 이 연구개음적 〈*(g)ol-d〉, 즉 한국어 〈**골다**〉였음을 추정하게 된다.

한편 "**골다**"에서의 [골]은 'old'의 [낡은, 오래된]이라는 뜻을 참고하면 "골동품(骨董品)"이란 말에서의 [골]을 연상시킨다.

이때의 [골(骨)]은 《뼈-골》인데 왜 "**골다**"라든가 "**골동품**"이란 말과 연관이 있을까 생각해보게 된다.

아마도 [늙은, 노년의]라는 뜻을 들여다보면 의문이 풀릴지도 모른다. 사람이든 짐승이든 자기 수명이 다한 막바지가 되면 몸에 붙은 지방질(살)들은 거의 소모되고 앙상하니 '**뼈**'만 남은 모습을 드러내게 되므로 《뼈-골》이 [늙은, 오래된]이라는 의미를 가지게 되었을 수도 있으리라.

뼈만 앙상히 남은 사람에게 "어쩌다 이렇게 비쩍 **골았단** 말이오?"라고 할 때의 [골]에서 《뼈-골》을 연상할 수 있음도 좋은 참고가 될 수 있을 것이다.

한편 'old'에서의 [올]은, "사람이 **올되다**!" 혹은 "**올된** 벼"와 같은 표현에서의 《철이 들다, 제철보다 일찍 익다》라는 뜻을 지닌 [올]과 관련이 있어 보인다.

'old'의 [**나이 많은**, **늙은**]이란 뜻에서의 나이 먹음은 '**철듦**'이나 '**연륜이 깊다**' 혹은 '**성숙하다**'로 연결될 수 있기에 그러하다.

008

'**과거**'를 묻지 마세요! '**나이**'를 묻지 마세요! / ago, noetic

앞의 제7장 말미에서는 'old'에서의 [올]이 "사람이 **올되다**!" 라고 할 때의 철듦 혹은 성숙의 뜻으로서의 [올]과 관련이 있다고 추정했다.

그러한 추정의 의미적 문맥에 대해 잠시 다시 들여다보면 'old'가 {나이 많은, 늙은}이란 뜻을 가진 점에서 "사람이 **올되다**!"에서의 [올]이 가진 철듦과 성숙은 한 살 두 살 먹은 '**나이**'와 관련이 있음을 알 수 있다.

'**나이**'에서 산생될 수 있는 어휘적 의미들 가운데 이 철듦과 성숙이란 개념이 주요한 의미영역을 차지할 것이라는 점을 어렵지 않게 수긍할 수 있겠는데, 이러한 의미영역을 다르게 표현하면 연륜(年輪)과 경륜(經綸) 즉 '**나이**'를 통해 습득하게 된 경험적 지식이라고 말할 수도 있다.

이 '**나이**'가 **경험적 지식**으로 언어화[의미화]되었음을 보여주는 영어단어를 소개한다.

> noetic [노우에틱] **지식인**, 지력(知力)의.
> = [no- e ~] **나이** '경험적 지식' ~ '**방**' 택/**덕**(tic) ㉮
> = [no- e ~ tic] **뇌**(腦) ~ **덕**(덕분) ①

현대적 언어개념으로는 ①줄의 〈**뇌**(腦)-**덕**〉으로 이 단어를 읽고, "**뇌**(腦) -**덕**에 **지력**(知力)의 사용이 가능하다."라는 활용을 더하여 이 단어의 {지력의}라는 뜻으로 연결해낼 수 있다.

이러한 어휘 활용이 자연스럽게 느껴지는 것은 '**뇌**(腦)'라는 해부학적 용어 및 '**뇌**(腦)'가 가진 기능에 대해 현대인인 우리는 이미 학습을 통해 충분히 익숙해져 있기 때문일 것이다.

이와는 반대로, '**뇌**(腦)'라는 해부학적 지식 즉 뇌(腦)의 기능에 대해 몰랐던 원시적이라면 〈noetic〉은 ①줄과 같이 읽거나 이해할 수 없을 것임은 자명하다.

그리하여 필자는 이 〈noetic〉의 어휘 원천을 ㉮줄 〈**나이**〉라고 추정하며 "**나이** -**덕**에 **지력**(知力)의 사용이 가능하다." 혹은 "**나이** -**덕**에 **지식인**이 존재한다." 라고 활용하고 싶다. 아래의 〈noesis〉도 마찬가지.

noesis [노우이-시스] **지성[이성]의 인식 작용**. = [no-e ~si-s] **뇌**(腦)~ **써서**

= [no-e ~si-s] **나이~ 써서**

"**나이 -써서 지성의** 인식작용이 가능하다." ㉺

※ [no - e ~] 누이, 늬 <**뇌**(腦)> // 누이, 누이 <**나이**>

결국 ㉺줄에서의 "**나이 -써서**"라든가 혹은 "**나이 -덕**에 **지식인**이 존재한다."에서의 〈**나이**〉는 경험적 지식 즉 연륜과 경륜을 통해 쌓은 지식이란 의미다.

맹수를 비롯해 수많은 위험이 도사린 거친 자연환경 속에서 하루하루 버티며 생존을 이어가야했던 까마득한 옛날, 사냥이 중요한 생계수단이었던 그 시절엔 **경험이 풍부한 어른들로부터** 화살촉이나 창을 만드는 법, 활을 쏘는 법, 덫을 놓는 방법, 일격에 사냥감을 쓰러뜨릴 수 있는 독성이 강한 풀은 어떤 것들이며 어디서 찾아내어야 하는지 등등을 하나하나 배우며 지식(知識)을 쌓았던 것인데, 그와 같이 풍부하고 노련한 경험을 전수하고 가르칠 수 있는 '**나이**' 든 어른이 다름 아닌 〈noetic〉의 {**지식인**}이었던 것이다.

나이 든 사람은 '**과거**'가 많은 사람일 터인데, 이때의 〈**과거**(過去)〉라는 말도 영어에 존재한다는 것을 아는 사람은 필자 말고는 없을 듯싶다. 아래에 보인 〈**ago**〉가 그것으로, 모음 앞에 /**g**/를 복원하는 방법론을 사용할 경우에 드러난다.

ago [어고우] (지금부터) ~전에. 이전에 = [a - go] **아까** [아까 전에 '과거'] ㉺

↖≪(g)a- go≫ **과거**(過去) ②

{**지금부터 ~전에. 이전에**}는 시간적으로 과거(過去)임에 분명하다!

㉺줄의 〈**아까~**〉와 ②줄의 〈**과거**(過去)〉라는 말이 동일 기원어일 가능성에 주목해야 할 것인데, 필자가 특별히 이렇게 말하는 이유는 이른바 한자어니 순수 한국말이니 하는 구별이 과연 학문적 타당성을 지닌 통설인가에 대해 다시 고민하고 성찰해보자는 취지에서다.

이 책을 끝까지 읽고 나면 이 문제를 대하는 자신의 관점에 서서히 변화가 일어나고 있음을 독자 분들 스스로 느끼게 될 것이라 믿는다.

009

헌 때 꺼, 골동품, antique / 내꺼여! require

앞의 제8장에서 영어단어 〈**ago**〉가 〈**아까~**〉/〈**과거**(過去)〉와 본디 동일한 말임을 살펴보았으므로 **과거**라는 시간대와 관련이 있는 어휘를 하나 관찰해본다.

ante- '~의 **전**의, ~보다 **앞의**' = [an- te] **안 ~ 때**(시간) // **원**(原)**때** ①
antique [앤티:크] **골동**[고미술]**품**의; 시대에 뒤진·고대풍의; **구식**(취미)**의**.
= [an-ti -que] **안 -때**(과거) ~ **꺼**(것) '**방**' ※ 현재보다 '**안**'쪽의 때 ㉮
╲ ≪(g)an-ti -que≫ **간**(지나 간)- **때 ~ 꺼**(것) [한물 **간** 것] ㉯
└ ≪(h)an-ti-≫ **헌**(낡은)**때 ~ 꺼**(것) ㉰

〈ante-〉와 관련지을 수 있는 ①줄의 〈**안~때**〉는 지금보다 안쪽의 시간대를 지칭하는 말이다. 현실 화법에서 현재보다 앞선 과거를 "**안쪽**"이라고 표현하는 경우도 더러 있다는 점을 참고하면 〈**안~때**〉라는 말이 성립할 수 있다 하겠다.

"이보게, 저번에 마을 큰잔치가 열렸던 게 동짓날보다 **안쪽** 맞지?"

이때의 〈**안~때**〉는 "모음 앞에 연구개음(g·k)을 재구성할 수 있다!"라는 법칙을 적용해 관찰하면 ㉯줄의 〈**간-때**〉 즉 "**지나간-때**" 내지 "**한물 간-때**"가 되고, 그런 의미에서 {골동품}의 〈antique〉는 ㉯줄의 어휘구성임이 드러난다.

〈**간-때-**〉에서의 "**간-**" 즉 [gan-]은 그 음절 어두의 연구개음(g)이 기식음 /h/로 바뀔 경우 "**헌 것**"이라고 할 때의 〈**헌-**〉이 된다. 이 기식음 되기는 유럽어와 한국어 모두에서 어휘변천사를 통해 보편적으로 나타나는 현상이다.

〈**간-때-꺼**〉에서의 "**-꺼**"는 어떤 일이나 물건을 지칭하는 "**것**"의 뜻인데, 분석해보면 "**것**"

이란 말과 동일기원에서 나온 변화형태다. 이 "꺼"가 영어에 나타난 다른 예로 〈require〉를 추정하게 된다.

> require [리콰이어] **요구하다**, 명하다, **규정**하다, 필요로 하다.
> = [re - quir - e] (리)**내~꺼여**[**꺼야**]! "내 것이야!" ②

단어 뜻 {**요구하다**}의 원형은 어떤 무엇이 내 것이므로 내게 내어놓으라는 요구, 주장이라고 추리되기에 ②와 같이 추정한다. /r/은 구강 앞쪽에서 조음되면 한국음 /ㄴ/과 가깝다. 일본어에서의 라(ら), 리(り), 루(る) 등이 그러하다.

010

연탄불을 '갈다' / alter

앞장에서 소개한 〈antique〉와 마찬가지로 모음 /a/ 앞에 연구개음(g·k)을 재구성해 한국어와의 친연성 내지 기원적 동일성을 확인할 수 있는 영어 단어를 하나 소개한다.

> alter [올터, 얼터] **바꾸다, 변경하다,** 바뀌다, 개조하다.
> ＼≪(g)al － ter≫ **갈다**(바꾸다) ㉮
>
> ※ '**갈대**'처럼 흔들리는(변하는) 이 마음!

㉮줄에 적었다시피 〈alter〉는 한국어 〈**갈다**〉와 동일한 어휘일 가능성이 매우 높다. 연탄불을 "**갈다**", 꽃병의 물을 "**갈다**", 옷을 "**갈아**-입다"라고 할 때의 ≪변경·교체≫의 뜻인 그 〈**갈다**〉와 동일한 어휘로서의 〈alter〉다.

〔**바꾸다**〕라고 하니 생각나는 것이 어릴 적에 살던 시골집의 초가지붕이다.

초가지붕은 비바람을 몇 년 맞고 나면 낡아져 보기가 흉하다. 해서 몇 년에 한 번씩 헌 지붕을 걷어내고 새 지붕으로 바꾸어주곤 했던 것 같다.

새로 덮을 지붕을 미리 엮어 마련해둔다 하지만, 밑에서 그것을 지붕 위로 던져 올려준다든가, 갈아 끼운 지붕 덮개가 바람에 날아가지 않도록 새끼줄을 힘껏 잡아당겨 묶는다든가 하는 작업들은 혼자 하기보단 누군가 거들어주며 함께 해야만 일이 제대로 되고 수월했을 것으로 생각된다.

그래서였겠지만, 미리 날을 정해 이웃 어른들의 품앗이 도움을 받아 지붕 갈이를 했던 것으로 기억이 난다. 그 일이 지금도 기억이 나는 것은 학교를 갔다 집에 돌아와서 먹었던 점심상에서의 닭고기 맛이 여전히 기억에 새롭기 때문일 것이다.

우리 집의 지붕을 갈던 날, 함께 도우러 오신 이웃 어른들을 대접하느라 어머니께서 평시와는 다른 푸짐한 밥상을 차리셨던 것이다.

짚으로 엮어 덮은 초가지붕

011

괜찮다! enchant / 참하다! charm / 예쁜 even

enchant [엔챈트, 엔찬트] -**이 몹시 마음에 들다**, 매혹하다, 황홀케 하다.

ˋ≪(g)en- chan-t≫ **괜찬타!** (괜찮다) = 매우 좋다!, 그럭저럭 좋다! ㉮

여기 소개한 〈enchant〉는 지난 제4장에서의 〈ear〉와 마찬가지로 모음 /e/ 앞에 연구개음(g·k)을 재구성해 한국어와의 친연성 내지 기원적 동일성을 확인할 수 있는 영어 단어들 가운데의 하나다.

㉮줄의 〈**괜찮다**〉는 그럭저럭 좋거나, 사실은 단어 뜻에 있는 [**몹시 마음에 들다**]의 감정을 느끼지만 속마음을 들킬까봐 안 그런 척하며 그럭저럭 좋다고 말할 때 쓰는 어휘다. 즉 〈**괜찮다**〉는 "**매우 좋다!**"는 의미를 담아 쓰는 경우가 많은 어휘이기에 〈enchant〉와 본디 동일한 말일 확률이 높다는 것이다.

이 단어의 "몹시 마음에 들다, 매혹하다"라는 것과 동일한 뜻을 가진 단어가 아래에 보인 〈**charm**〉이다.

charm [참-] 매혹하다, 황홀하게 하다, 아름다운 용모, 요염함; 아름다운 점, 매력,

= [charm] **참** (참하다·매력적이다, 아름답다, 예쁘다) ㉯

위의 두 단어는 용모가 예쁜 얼굴에 대해 쓸 수 있는 보편적인 표현이라 볼 수 있는데, 아래에 소개한 〈even〉이란 단어도 이들 못지않게 그러한 의미를 직접적으로 담아낸다.

even [이-번] (승산 등이)**반반이다**, 균형이 잡힌; **반반의, 반반한**, 울퉁불퉁하지 않은.

= [e-ven] **이분**(二分) / **예쁜·이쁜** (반반한)　　　 ※ 얼굴이 '**반반**'하다(예쁘다)!

ˋ≪(g)e- ven≫ 고본(고운·곱다) 「비례, 균형미」

흔히 쓰는 표현인 《예쁘다》는 뜻의 **"얼굴이 반반하다"**에서의 〈반반〉은 "균형이 잡힌 아름다움"임을 이 단어를 통해 깨달을 수 있다. {**승산이 반반이다**}라는 단어 뜻에 호응하는 〈**이분**(二分)〉이란 어휘대응으로써 이 점을 알 수 있으며, 〈**이쁜**〉/〈**예쁜**〉이란 말도 같은 의미맥락에서 산생된 어휘로 추정된다.

012

'가관'이다!, 뻐기다! / grand, pride

grand [그랜드] **웅대한**, **장대한**, 호화로운, **성대한**, 규모가 큰, **대**(大)~,
높은, **고위**(高位)의, 최고위의.

영어단어들에는 grade, pride, crown, grand… 등에서 보는 것처럼 첫 부분이 /g, p, c/
와 같은 자음성질이고 그 뒤에 곧바로 /r/이 결합한 경우가 유달리 많다.

책 앞머리의 1페이지로 간결 압축한 **'언어 비교 방법'** 2번에서 말한바 있듯, 이처럼 자음
과 결합한 'r' 형태, 즉 ≪**자음**+ 'r'≫ 형태는 말소리의 최소단위인 <u>1음절</u>이고, 그 뒤에 연속
되어진 /a, i, o/ 등의 모음은 별개의 음절 즉 제2음절이다.[1] **'언어 비교 방법'** 2번으로 제시
한 내용을 아래에 다시 가져온다.

'자랑하다' <u>pride</u> ← p<u>r</u> – (g)<u>i</u> – de = '**뻐**-**기**-다'

※ 이때의 /i/ 는 「**음절적 모음**」

이 재인용을 통해 잘 알 수 있다시피 ≪**자음**+ 'r'≫ 형태 다음에 오는 모음은 별개의 음
절 즉 제2음절이므로, 그 음절적 모음 앞에 과거 언젠가 존재했던 **연구개음** /g/를 복원하
여 어휘를 관찰할 수 있다.

이번 장의 표제 단어 〈grand〉도 이러한 방법으로 재구성해 살펴보면 상당히 많은 수
의 한국어와 기원적 연관을 가진 어휘임을 깨닫게 된다.

---

[1]   "모음 앞에 있는 /r/은 **모음**과 유사한 **이동음이다**" ≪영어음성학 · 음운론, 탑출판사(1990), 원경식≫

grand [그랜드] **웅대한**, **장대한**, 호화로운, **성대한**, 규모가 **큰**, **고위**(高位)의, 대(大)~,

　＼《gr -(g)an -d》 **가관**(장관)~이다! ① / **고관**(高官)~이다!『최고위의』②

　　└, 《gr -(h)an -》 **거한**(巨漢) ③

대응어휘로 추정한 ①의 〈**가관**〉은 단어 뜻 {**웅대한**, **장대한**}에 호응한다. 하늘에 닿을 듯 높이 치솟은 깎아지른 봉우리를 바라보거나, 세계최대의 폭포로 알려진 남미의 이과수 폭포에서 떨어지는 물줄기를 구경하는 사람들이 이구동성으로 "정말, **가관**일세, 정말 **장관**일세!" 하며 내뱉는 탄성이 바로 이 {**웅대한**, **장대한**} 것에 대한 언어적 표현이다.

　②의 〈**고관**(高官)〉은 단어 뜻 {**고위**(高位)의}에 호응한다. "고관대작(高官大爵)"이라는 표현에 나타난 고위직이다.

　③의 〈**거한**(巨漢)〉은 거대한 사람, 거인(巨人)과 같은 의미로 단어 뜻 {대(大)}와 같은 맥락이다. 〈*gr-(h)an〉에서 상정한 /h/음은, 한국어나 대다수 유럽어에 나타난 **g → h** 변화, 즉 **기식음화**를 참고할 수 있음에서 고려되었다.

grand [그랜드] **웅대한**, **장대한**, 호화로운, **성대한**, 규모가 **큰**, 대(大)~, **높은**.

　= [gr -an -] 그r은, 그은, 근 〈**큰**〉 ④ / 그r인, 그인 〈**거인**(巨人)〉 ⑤

　　그r인두, 그인두, 기은다 〈**키운다**〉 ⑥

　　그r은두, 그룬두 〈**거란다**〉: 키운다 '**방**' ㉮

여기에 제시한 ④, ⑤, ⑥줄 및 ㉮줄의 어휘들도 영어단어 〈grand〉와 기원적으로 동일한 어휘라고 생각된다.

　④, ⑤, ⑥줄의 어휘들은 'grand'의 제1음절 〈gr-〉에 존재하는 /r/이 약화, 소멸되어진 어휘갈래이고,

　㉮줄의 방언형 〈**거란다**〉는 제1음절 〈gr-〉에서의 'r'이 자음 /r/로 활성화되면서 'grand'의 제2음절 즉, 본래의 연구개음 'g'가 약화된 후의 제2음절 [-an]으로 옮겨간 형태의 어휘다.

　※ [gr -an -] 그 r 은 → 그룬, 그룬 〈**거란다**〉 '방언'

이처럼, pride, grand… 등에서의 《**자음+ 'r'**》 형태를 말소리의 최소단위인 1음절로 파악해 어휘들을 다시 관찰하면 서로 무관한 언어로 알고 있던 영어와 한국어, 한국어와 영어가 기원적으로 동일한 언어일지도 모른다, 라고 하는 새로운 시각을 가질 수 있다.

뿐만 아니라 〈큰〉/〈거인〉(巨人)의 동일성에서도 알 수 있듯, 이른바 한자어니 순수 한국말이니 하고 구별을 한다는 것이 얼마만큼의 학문적 타당성을 가진 것일까, 하는 의문을 가져보게도 되는 것이다.

앞쪽에서 재인용한 〈뻐기다〉와의 대응어휘 〈pride〉와 관련해 생각나는 속담 중에 "**젊어 급제한 사람은 옷 앞섶을 길게 만들어야 하고, 늙어 급제한 사람은 뒷섶을 길게 만들어야 한다!**" 라는 것이 있다. 젊은이는 몸을 뒤로 젖혀 뻐기기가 쉽고 늙어 겸손한 사람은 몸을 숙여 낮추는 경향이 있음을 빗댄 속담이지 싶다.

013

한 '떨기' 장미 / tree / 막-대기, 막-대

앞의 제12장에서 현대영어 〈pride〉를 아래 글상자 안의 내용과 같이 소개한 바 있다.

'자랑하다' <u>pride</u> ← p<u>r</u> - (g)<u>i</u> - de = '**뻐**-**기**-다'

※ 이때의 /i/ 는 「음절적 모음」

이 pride에서와 같이 /r/ 뒤에 본디 존재하고 있던 연구개음이 탈락(소멸)한 어휘들은 수백을 헤아릴 정도로 많다. 오늘은 그러한 사례들 가운데 책의 들어가는 글에서 언급한 적이 있는 '나무' 관련의 〈tree〉를 한 번 살펴보려 한다.

이처럼 탈락한 연구개음(g·k)을 복원해 살펴봄으로써 다양한 국적(國籍) 언어들이 상고시대에는 본래 동일한 언어였을 가능성을 엿볼 수 있다.

① <u>tree</u> 나무, 목제 물건(기둥, 말뚝)　　　←　　　≪tr-(g)ee≫ **떨기**(식물/나무)　㉮

　　= 트r이, 틔【대(막-대)】　　　　　　　　(막/작-)**대기** / (그루)**터기**　㉯

② <u>tūru</u> (드라비다어) 관목 숲【대(막-대)】　←　　　≪tūr-(g)u≫ 떨기(식물)　㉮'

　　　　　　　　　　　　　　　　　　　　(막-/작-)대기 /(그루)터기　㉯'

영어 〈tree〉 및 드라비다어 〈tūru〉는, 한국 중세어라든가 영어 변천사 등에 나타난 /r, l/ 뒤에서의 연구개음 탈락(소멸)이란 음운현상을 적용해 ㉮, ㉮'줄의 ≪tr-(g)ee≫, ≪tūr-(g)u≫ 형태로 재구성해볼 수 있다.

이 두 단어는 이러한 재구성 없이 관찰하면 현대 한국어 "**막대**"라고 할 때의 〈-**대**〉와 상통하고, 이처럼 연구개음재구성 형태로 관찰하면 ㉮줄의 〈**떨기**〉나 ㉯줄의 〈-**대기**〉/ 〈-**터기**〉와 기원적으로 같은 말임이 드러난다.

현대 한국어 〈떨기〉는 아래 예문에서 보듯 대체로 키가 자그마한 나무에만 쓰이는 경향이 있고 키가 큰 나무, 가령 소나무나 참나무와 같이 쭉 뻗어 높이 자라는 교목(喬木)에는 쓰지 않는 편이다.

드라비다어 〈tūru〉의 {관목 숲}이란 뜻에서의 '관목'이란 진달래나무 등과 같이 키가 낮고 여러 줄기가 다발 져 자라는 나무를 가리키는 말인 점에서 아래 예문에서의 한국어 〈떨기〉와 잘 어울린다. 물론 원시어휘에서는 교목이니 관목이니 하는 구별이 없었을 것이기에 '나무'의 총칭으로서의 〈떨기〉가 성립할 것이다.

■ 장미 한 **떨기** / 한 **떨기** 장미나무

장미

tree 나무, 목제 물건(기둥, 말뚝) ← ≪tr-(g)ee≫ **떨기**(식물/나무) ㉮

=【**대**(막-대)】   (막/작-)**대기**:(그루)**터기** ㉯

                                   도구(道具) '연장'

㉯줄의 "**막대기**"라고 할 때의 〈**대기**〉는 책의 들어가는 글에서 말한 바 있듯, 道具라고 적는 〈**도구**〉와 기원적으로 같은 말이라고 필자는 믿고 있다.

{도구·수단}의 뜻을 가진 영어 〈tool〉이 돌-칼, 돌-도끼니 하는 석기시대의 연장(도구)이었던 한국어 〈돌〉과 같은 말인 이치에서 그러하다.

다시 말해, 달려드는 늑대를 쫓기 위해 다급하게 집어든 '**돌**'이나 '막-**대기**' 혹은 배가 고프던 참에 눈에 띄게 된 나무 위의 열매를 따려고 집어 든 '**막-대기**'가 가장 원형적인 '**도구**(道具)'였다고 보기 때문이다. 道具를 이처럼 원형적으로 보지 않더라도 산업화 이전의 우리 생활주변의 **도구**라는 것은 절구통, 말구유, 지개, 가래-삽, 망치, 쟁기, 바퀴, 써래, 디딜방아, 물레방아 등등 10중 8할은 '나무'로 만들어진 것이기에 tree의 원형 ≪tr-(g)ee≫가 '**도구**(道具)'일 가능성은 매우 높다 하겠다.

※ 영어 tool [툴-] : 도구, 연장, 공구 = <u>**돌**</u> "돌-칼, 돌-도끼"

나무 막대 (짐승을 쫓거나 과일을 딸 수 있는 막대)

나무를 파서 만든 절구통

쪼갠 나뭇대로 만든 바구니

나무 속을 파내 만든 설거지 통
(이상화 시인의 고택)

나무로 만든 수레바퀴

※ 겉면에 쇠를 대어 닳는 것을 늦추는 역할을 하지만 수레바퀴의 몸체는 나무다.

쇠를 발견해 가공할 수 있었던 시대 이전의 수레바퀴라면 100% 나무제품일 것이다.

나무로 만든 망치

014

가까이(agree) 사귀어(socio),
기꺼이(agree) 사귀어(socio).

agree [어그리-] **사이가 좋다** • 마음(의견)이 맞다 • **승낙**(동의)하다 • **호응**[일치]하다.

↖ *(g)a - gr - ee   <**기꺼이**(승낙하다, 동의하다)>   ㉠

<**가까이**(사이가 좋아, 가까이 지내다)>   ㉡

※ **agreeably** = **기꺼이**, 쾌히, 일치하여.

  모음 앞에 연구개음(g,k)을 재구성할 수 있다는 이 책의 음운원리를 적용해본 결과 ㉠㉡ 줄의 한국어와 〈agree〉라는 단어가 본래 동일한 어휘일 가능성을 보게 된다.

  특히 ㉠줄의 〈**기꺼이**〉는 ※표로 나타낸 〈agreeably〉의 {**기꺼이**}라는 단어 뜻과 동일한 점이 눈길을 끈다.

  〈**agree**〉의 제2음절 〈**gr-**〉에 있는 연구개음 '**g**'는 제5장 〈**write**〉편에서 언급했듯이 반모음 /w/로 약화되기도 한다. 그 점을 참고하면 agree는 아래 ㉢줄의 한국어 〈**어울려**〉와도 관련이 있을 수 있다.

agree [어그리-] **사이가 좋다** • 마음(의견)이 맞다 • **호응**[일치]하다.

└ ≪a - (w)r - ee≫ 함께 **어우러**(-지다) / (함께)**어울려** ㉢

  〈**어울려**〉는 서로 ≪**잘 맞다**≫는 의미의 "**일치하다**"라는 뜻, 그리고 서로 사이가 좋아 "**함께 어울리다**"라는 뜻을 가진다. 후자의 뜻은 ≪**서로 사귀다**≫와 같은 의미맥락이기에 이러한 의미요소를 가진 단어를 아래에 하나 소개해본다.

sócǐo (라틴) **함께 같이** 하다, 참여시키다, 연합하다 =【**사귀어** / **사교**(社交)】

society [서사이어티] **사회**, **집단**, 세상, 사교계, **사교**, 교제, 협회, 단체.

= [so - ci - e - ty] 스키으투 <**사귀다**> ① / **사교**(社交)**타!** ② / (서로-)**섞이다** ③

  ①, ②, ③줄의 어휘들이 모두 〈society〉의 뜻과 정확하게 맞아떨어진다는 점을 눈여겨볼 일이다. 아마도 이들 모두 society와 기원적으로 동일한 어휘들일 것이다.

015

'**그르**'치다 err / **낭설**(浪說) **wrong** / **농땡**-이 **wrongdoing**

error [에러] 잘못, 틀림. ← ≪(g)err -(g)or≫ '**그르**'-게
err [어러, 에러, 에어러] **잘못하다**, **실수하다**, 그르치다, 틀리다.
  ↖≪(g)err≫ 그르~ (그르치다) // 가로 '**방**' (잘못) = 가로 넘김(잘못 넘김)

보다시피 영어 〈err〉는 "일을 그르치다"에서의 〈그르-〉와 같다. 즉 ≪**잘못하다, 실수하다**≫의 "**그르**-치다"이다.

★ 일을 그르쳤다고 "**비꼬지**"는 말자!
parody [패러디] **야유적**으로 가사를 고쳐 부른 노래, (**풍자적·해학적**) 모방 시문.
  ↖ ≪par -(g)o - dy≫ **비꼬다** [비꼬아 풍자하다, 야유하다]

★ 다음부터 잘 하라고 '**격려**'하고 '**권고**'하자!
encourage [엔커-리쥐] **격려하다, 용기를 돋우다**; **권하다**.
  ↖ ≪(g)en- cour -a-ge≫ '**간**(담력)' -**키우기**(기르기) "**용기를 돋우다**" ①
    ≪(g)en-cour -(h)a-ge≫ **권고**(勸告) -**하기** "**권하다**"

흔히 담력이 센 사람을 일러 "**간이 크다, 간 큰 사람**"이라고 하는데, 그 점을 참고해서 보면 {**용기를 돋우다**}의 〈encourage〉가 ①줄의 〈**간-키우기**〉와 잘 맞아 떨어진다는 것을 알 수 있다. 담력(膽力)에서의 '**담**'은 "쓸개"로서, '**간**'의 바로 아래에 붙어 있는 장기다.

wrong이란 단어도 위의 〈err〉와 마찬가지로 {**그르치다, 틀리다**}의 뜻을 갖고 있다.

wrong [롱-, 랑] **그른, 잘못된, 틀린**, 올바르지 못한, **나쁜**, 부당한, **악**, 부정, **사악**.

= 룽, 능 <**낭**(狼)> ※ **낭**설(浪說) = 잘못된 이야기, 틀린 이야기 ㉮

↖ ≪(g)r- on- g≫ **그른** - **거**[것]『잘못된 것』 ㉯

<**껄렁**-패>/ <**깡**-패>: 불량배 ㉯

책 제5장 〈write〉편에서도 말한 바 있듯 반모음 /w/는 연구개음 'g'의 약화로 인해 출현하였다. 때문에, **wrong**의 어두 /w/를 본래의 /g/로 환원해 살펴보면, ㉯줄에 적은 어휘들과 wrong이 서로 밀접한 관계를 가짐을 알 수 있다.

"**껄렁패**" 혹은 "**깡패**"는 단어 뜻 {**올바르지 못한, 나쁜, 악**(惡)}과 잘 호응하는 말이다. 〈**깡**-〉은 2내지 3음절이 1음절로 축약된 경우를 상정함이다.

wrong [롱-, 랑] 그른, 잘못된 ← ≪(g)r- on- g≫ **그른** -**거**[것]『잘못된 것』 ㉯

㉯줄의 〈**그른** -**거**〉라는 어휘대응 가능성은, **wrong**의 뒷부분 〈**-ng**〉가 고대영어에서 /n/과 /g/로 각각 분리된 형태였다는 점을 고려할 때 가능하다.

/n/과 /g/가 입안에서 상호작용(연동)한 결과 [ŋ] 즉 '**잉**' 또는 '**옹**'이란 말소리가 산생되었다는 것이 영어학계의 **정설**이다.

이 **wrong**과 결합한 아래의 〈wrongdoing〉도 한국어와의 대응이란 측면에서 매우 흥미로운 단어다.

wrongdoing [롱두-잉] **나쁜 짓을 함, 비행**, 악한 짓, 범죄, 가해.

= 룽뒹, 능뒹 <**농띵**-이, **농땡**-이>: 비행을 저지르는 사람. ②

※ doing = 동(動) '행동'

흔히 청소년기의 학생이 자주 말썽을 피우고 "**비행**"을 저지르는 경우 이를 "**농땡이**~친다" 혹은 "**농땡이**~부린다"라고 하는데, ②줄에 적은 어휘가 바로 그것이다. 〈wrongdoing〉의 {**나쁜 짓을 함, 비행**}에 호응하는 말이다.

wrongdoing은 아래 ③줄의 어휘구성이다!

※ wrong [롱-, 랑] **그른, 잘못된, 올바르지 못한, 나쁜**, 부당한, **악**, 부정, **사악**.

<wrongdoing> = wrong (나쁜) ~ doing (동, 행동) ③

016

"개기다" wag

> wrongdoing [롱두-잉] **나쁜 짓을 함**, **비행**, 악한 짓, 범죄, 가해.
> = 롱뒹, 능뒹 <**농띵**-이, **농땡**-이>: 비행을 저지르는 사람.
>
> ※ doing = 동(動) '행동'

앞장에서 청소년기의 아이들이 저지르는 비행을 가리키는 표현 "**농땡**이~친다" 혹은 "**농 땡**이~부린다"라고 할 때의 <**wrongdoing**>을 살펴보았으니 내친 김에 의미적으로 그와 비슷한 단어를 하나 살펴보아야겠다.

청소년기의 아이들은 자기주장이 매우 강하고 기성세대의 권위에 도전적으로 맞서려 하는 경향이 강하다.

어른들이 만들어놓은 규칙이나 규범도 그것이 타당한지 합리적인지, 자기의 기준을 내세워 따져본 다음에야 수긍할지 말지를 결정할 정도로 본인들 스스로는 성숙한 나이라고 자부하는 것일 게다.

때로는 그러한 태도가 지나쳐 어른들이 시킨 합당한 일조차 말을 들으려 하지 않거나, 심지어는 학교수업마저 빼먹는 아이들이 있을 정도다.

바로 이 경우 "**말을 듣지 않다**"라는 태도는 다른 말로 <**개기다**>라고 표현할 수 있다. 한국어 <**개기다**>는 아래에 소개한 [**일을 게을리 하다**]라는 뜻의 <**wag**>라는 영어단어 와 본디 같은 것이라고 생각된다.

wag [왜그, 웩] (꼬리 따위)**흔들다**. 흔들리다, (시세가)**변하다** = 역(易)'바꾸다·바뀌다'
(영국속어) **학교**를 **빼먹다**, **일** 등을 **게을리** 하다.
↖≪(g)a – g≫ **개기**-다 '해야 할 것을 하지 않고 게으름 피우다' ㉮ ※개음절
wag = 역(易)'바꾸다·바뀌다' ㉯ ※폐음절

㉮줄의 〈**개기**-〉는 [왜그]와 같은 개음절 상에서의 대응이며, ㉯줄의 〈**역**〉은 [웩]과 같은 폐음절 상에서의 대응이다.

〈**역**(易)〉은 "**주역**(周易)"이라는 말에서의 운명의 '**변화**'라는 의미를 띄기에 단어 뜻 [(시세가)**변하다**]와 호응하게 된다. 무역(貿易)이나 교역(交易)이란 말에서의 "**바꾸다**"라는 그 뜻도 의미근본에서는 '**변화**'와 동일한 것이다.

이 단어의 어두음 /w/를 ㉮의 줄과 같이 연구개음(g·k)으로 복원해볼 수 있음은 제5장 〈**write**〉편에서 이미 소개한 적이 있고, 바로 앞 제15장의 〈**wrong**〉도 그런 관점에서 살펴보았었다.

이와 같이 w → g 로의 음운 복원(환원)이 가능하다면 이와 반대의 음운추정 즉, 자음 '**g**'가 /w/로 약화된 g → w 로의 음운변화를 적용해 어휘를 관찰할 수도 있다.

그런 관점으로 살펴본 것이 아래 〈**gag**〉라는 단어에서의 ①, ②줄의 어휘추론이다.

　　gag [개그] **개구기**(開口器)로 **열다**, **게우게 하다**, **웩웩거리다**.
　　　　= [ga- g] **개구**(開口) // ※폐음절화 [gag] **꿱꿱**! "**게우다**"
　　└, ≪ga-(w)≫ **게워**~ ① // └, ≪(w)a-g≫ **웩**! : **역**(구역질) ② "**게우다**"

①줄의 〈**게워**~〉는 〈**gag**〉의 제2음절 자음 '**g**'가 /w/로 약화됨을 상정한 경우이고, ②줄의 〈**웩**〉은 〈**gag**〉의 제1음절 자음 '**g**'가 /w/로 약화됨을 상정한 경우의 어휘 관찰이다.

여기까지 살펴본 두 단어 〈**wag**〉, 〈**gag**〉의 음운추론을 나란히 놓아보면 '**w**'를 /g/로 소급하는 추론, 그리고 '**g**'가 /w/로 약화되는 갈래를 상정한 추론이 영어와 한국어 두 언어 사이에 양방향으로 모두 가능하다는 점을 깨달을 수 있다.

　　wag [왜그, 웩] **일** 등을 **게을리 하다** ← ≪(g)a - g≫ **개겨**- '게을리 해~'
　　gag [개그] **게우게 하다**, **웩웩거리다** → ≪(w)a - g≫ **웩**- '게우다'

〈**wag**〉는 아래에 다시 나타낸 것처럼 [**익살꾸러기**]라는 뜻도 가지고 있다.

　　※ wag [왜그] 익살꾸러기, 까불이 = [wa-g] **우꺼**(웃겨) '**방**' // **익**(諡) '익살'
　　　　↖≪(g)a-g≫ **개그**(gag) "개그-맨"

017

견디어(endure), 버틴다(patient)

모음 /e/ 앞에 연구개음을 복원해 관찰할 수 있는 영어 단어 〈endure〉를 살펴본다. 제 4장에서 관찰한 {귀}란 뜻의 〈ear〉를 참고하면 좋겠다.

> endure (사람·물건이)**견디다**, 인내하다; 참다; 지탱하다, **지속하다**.
> ↖≪(g)en – dur – e ≫ **견디어~** ①
> └, ≪(g)en –(zh)ur –e≫ '**견지**(堅持)'하다! ②

②줄의 **견지**(堅持)'는 한국어에서 통시적으로나 공시적으로 흔한 음운현상 가운데 하나 라고 볼 수 있는 d → 'zh'로의 **구개음화**를 상정함이다.

가령 '**점심**'의 중세어가 [**뎜심**]이고 '절'의 중세어가 [**뎔**]이며, '접다'의 중세어가 [**뎝다**]인 것 이 이러한 예를 보여주는 사례다.

> (중세어) **뎜심, 뎔, 뎝다** → (현대어) **점심, 절, 접다** 『구개음화』

'**견지**(堅持)'는 어떤 입장이나 행위 따위를 계속 "**유지/지속**"하는 것을 가리키는데, 여기 서 제시한 endure와 ①, ②간의 어휘적 동일성에서 보건대 이른바 한자어니 순수 한국말 이니 하는 구별이 허구임을 다시 한 번 깨닫게 된다.

다음에 보인 영어단어들이 가지는 한국어와의 어휘대응 가능성 또한 현대영어 'endure' 가 한국어 〈**견디어**〉와 동일한 말임을 입증해주고 있다 하겠다!

> contain '참다·억제하다, (감정 따위를)안으로 억누르다' = **견딘**-
> continence 자제·절제·극기·금욕 = [con-ti-nen ~] **견뎌낸**-
> undergo '견디다·참다' ← 재구성 *(g)un-der-go **견디고**-
> ※ kentan (드라비다) 강인하다·강인한 사람 = [ken-tan] **견딘**-다

견디기

한편 {참다}의 'contain'은 아래에 보인 〈container〉와 어절이 같은 점에서 이 두 어휘 사이에 모종의 의미적 연관이 없을까를 생각하게 한다.

아마도 'contain'의 {안으로 억누르다}라는 뜻은 〈container〉의 {그릇, 상자}라는 말뜻 곧 "무엇을 안(속)에 넣을 수 있는 것"이라는 의미요소와 무관하지 않은 듯하다.

{참다}의 'contain' 즉 한국어 〈견딘~〉은 고통 등을 밖으로 표현하지 않고 "속에 담고 있다"라는 의미 기초를 가진 말이라고 생각된다.

contain '참다·억제하다, (감정 따위를)안으로 억누르다' = 견딘–
container [컨테이너] 그릇, 용기(容器), 컨테이너(화물 수송용의 큰 금속 상자).

이번 장의 표제어휘인 〈endure〉와 의미적으로 상통하는 것에 "버티다!"라는 한국말이 존재하는데, 아래에 보인 것처럼 이 〈버틴다〉와 음절구성에서 동일한 영어 단어가 존재함에서도 유라시아공동조어가 실존했음을 짐작해볼 수 있다.

■ patient [페이션트] 잘 견디는, 견딜 수 있는, 끈기 있는 = [pa-tien-t] 버틴다
■ patience '인내, 참을성, 끈기'
   = pa – ti – en ~ 버틴 (버틴다!) / '버둥·바둥' 거리다!

018

가꾸고(agri-), **골을 타**! (-culture) / agriculture

growth [그로우쓰] **재배**, 생장물, 성장 ← ≪gr -(g)o -w~th≫ **가꾸어서**
agriculture [애그리컬처] **농업**, **원예**, **임업**, 목축.

※'목축'도 작물을 먹이로 먹인다!

↖≪(g)a – gr – i ~ cul – ture≫ **가꾸어** ~ **골**(밭골) - **타** ㉮

〈agriculture〉의 {**농업**, **원예**}라는 것은 밭에 **골**을 타 씨를 뿌리고, 싹이 튼 작물에 물도 주고 거름도 뿌리고 하는 등 온갖 지극정성을 다해 **가꾸어** 나가는 수고로움이 따르는 일이다. 그러한 구체적 노동활동을 잘 담아내고 있는 어휘가 이번 장의 영어 단어 〈agriculture〉라고 추정하는 바이다.

골을 타 놓은 밭

"**모음 앞에 연구개음**(g·k)을 재구성할 수 있다!"라는 법칙을 적용해 관찰하면 비단 이 〈agriculture〉라는 영어에서만 한국어 "**가꾸어~**"를 발견할 수 있는 것은 아니다.
아래의 수메르어 또한 G-원리로써 관찰하면 동일한 결과를 볼 수 있다.

á - è ⟨수⟩ **기르다**·사육하다, **일으키다**, (회당을)**세우다**, (차가)멎다, **토해** 내다,

↖≪(k)á- è≫ **키워**[키우다] / (잠)**깨워** / **게워**(토해) ㉮

↖≪(k)á- (g)è≫ **가꿔**(가꾸어) '길러' ㉯

↖≪á- (g)è≫ **야기**(惹起) '발생' ㉰

㉮, ㉯줄의 ⟨**키워~**⟩/⟨**가꿔~**⟩가 이번 장의 주제인 "**가꾸어~**" 관련어다.

이 수메르어와의 대응으로 추정해 나타낸 나머지 어휘들은 나중에 다른 글에서 다시 살펴보기로 하고, 한 가지만 강조해둔다면, 수메르어의 단어 뜻 {**일으키다**}에 호응하는 ㉮줄의 ⟨**깨워~**⟩ 그리고 ㉰줄 "**사건을 일으키다**"의 ⟨**야기**(惹起)⟩가 기원적으로 동일한 어휘일 가능성을 눈여겨봐야겠다는 것이다.

이 책 전반의 어휘 비교 사례를 들여다보고 나면 이렇게 주장하는 것이 그냥 허투루 말하는 것이 아님을 알 수 있을 것이다.

019

'스무고개'라는 말의 배경은?

앞에 앉아 있는 손자가 심심해하자 뭐든 재미있는 이야기를 해주어 손자를 즐겁게 해주어야겠다고 생각한 할머니는 마음속으로 **'디딜방아'**를 떠올리며 다음과 같은 대화를 시작한다.

할머니 : 철수야, 나무는 나문데 방귀를 뀌는 나무는 뭘까?

손자 : 할머니도 참, 그렇게 쉬운 것도 제가 모를 것 같아요! 뭐긴 뭐예요, '뽕'나무지!

할머니 : 아이고 내 새끼, 누굴 닮아 이렇게 똑똑한고!
(빙그레 웃으며 손자를 바라보던 할머니는 다시 묻는다)

할머니 : 그럼, 이번에는 좀 어려운 문제를 내보마. 나무는 나문데 먼 산을 보며 절하는 나무는 뭘까?

손자 : 할머니, 진짜 그런 나무가 있긴 있어요? 나무가 어떻게 절을 한다지?

할머니 : 암, 있고말고! 네가 먼저 질문을 하면 내가 조금씩 힌트를 줄 테니 한 번 맞추어보렴. (손자는 잠시 뜸을 들인 후 할머니에게 묻는다)

손자 : 할머니, 그건 산에서 자라는 나무인가요?

할머니 : 글쎄, 처음에는 산에서 자랐던 것이 틀림없구나. 하지만 지금은 더 이상 자랄 수가 없단다.

손자 : 자라지 않는다면, 지금은 죽은 나무란 말씀이군요. 죽은 나무가 어떻게 절을 한담, 그게 우리 마을에도 있나요, 할머니?

할머니 : 우리 마을에도 있긴 있는데 딱 한 군데만 있단다.

손자 : ?

※ **스무―고개**: 스무 번까지의 질문으로 문제를 맞히는 놀이 (사전풀이)

어렸을 때 누구나 해보았을 위의 스무고개 놀이에서 **'스무'**는 정확히 무엇을 뜻하는 말일까? 아마도 '스무 번'의 **20**을 떠올리는 사람이 대부분일 것이고, 사전 역시 그렇게 풀이하고 있다.

어떤 것에 대해 궁금증이 생기면 답을 대강이라도 알아야지 안도감을 갖는 이상한 방어본능을 우리들 대부분이 가지고 있어서 그런지는 몰라도, 어쩐지 연관이 있어 보인다고 생각하는 정황적 추리, 혹은 이렇게 생각하는 것 말고는 달리 결론을 낼 수 없겠다, 하는 적당주의에 의해 이처럼 **스무**가 **스물**(20)'이 되고만 것일 게다.

'말'이란 것이 생겨나 지금까지 흘러온 까마득한 세월을 고려할 때 하나의 낱말이 지닌 본래의 뜻과 유래를 정확히 짚어낸다는 것이 여간 어려운 일이 아니라는 생각이 드는 한편, **스무**를 〈**스무**(20)〉로 이해하는 것과 같은 민간어원설의 범주를 크게 벗어나지 못한 풀이가 여전히 바로잡아지지 않고 있는 이유가 무엇인가를 또한 생각해보건대, 그것은 무엇보다 한국어 전체에 대한 깊이 있는 조망이 부족한 탓이라 여겨진다.

우리 국어 전체에 대한 깊이 있는 조망 가운데 가장 우선적으로 해야 할 일은 오늘날 지구촌에서 쓰고 있는 다른 언어들과의 관계 속에서 우리말의 정체성을 찾으려는 노력이다.

'말'은 그것을 쓰는 사람, 민족의 이동과 밀접한 것이기에 오늘날 우리가 삶의 터로 삼고 있는 국토에 한정해 우리 모국어의 영역을 좁힐 필요는 없다. 식량을 찾아 혹은 먹잇감이 되는 동물을 따라 넓은 지역을 이동해야 했던 수렵과 채집의 시기를 고려하면 오늘의 한국어는 아득한 그 옛날 시베리아는 물론이거니와 더 멀리 유럽 땅에 존재한 언어였을 수도 있고 혹은 수메르(중동)에 존재한 적도 있는 언어일 수 있기 때문이다.

그러한 관점에서 지구촌 전체의 언어와 우리말을 비교해보는 과감하고도 새로운 시각, 실천이 필요하고 또한 그렇게 할 수 있는 방법론을 탐구해나가야 한다. 그렇게 할 때만이 우리 모국어가 가진 낱말들에 대하여 올바른 이해를 할 수 있다.

그런 맥락에서 스무고개에서의 **'스무'**가 [**말**(언어)]의 뜻을 가진 라틴어 〈sermo〉와 본디 동일한 어휘일 가능성을 제시해본다.

■ sermo (라틴) **말**, 이야기, 담화, 이야깃거리, 화제(거리); 예언.

= [ser-mo] 스 r 므 <**스무** (-고개)>★ ① * 개음절

쓰므 ~ 씀ㅇ <말-'**씀**'/ 중세어 [말'**슘**']:말씀, 말 ② * 폐음절

<**점**(占)> '점치다' ㉠

①줄의 <**스무**>와 ②줄의 <**씀**>의 차이는 수 만 단어 이상을 들여다본 필자의 추론에 의하건대 '**개음절**' 형태를 그대로 가지고 있느냐, 아니면 현대 한국어의 중요한 특징인 '**폐음절**' 형태로 진행하였는가의 차이에 불과하다.

㉠줄의 <**점**(占)>은 라틴어에 나타난 {**예언**}이란 뜻을 염두에 둘 때 생각해볼 수 있는 어휘대응이다. 이 책에서 살펴본바, 상당수 자음들의 기저음이 /k/인 경우가 많다는 점을 고려하면, [**말슘**]에서의 [**슘**]이나 '占'의 [**점**]에 있는 초성 자음성질은 동일한 연구개음 /k/의 변화형으로서 나타난 것일 수 있기에 ㉠과 같이 추정하는 것이다.

마르셀 꼬엥이 쓴 《**불어사**(佛語史)》에 나오는 내용, 곧 프랑스어에서의 **k** → 전향화 **ts** (ㅊ, ㅉ), **S** …로의 변화가 이러한 음운내용을 보여주는 좋은 사례가 될 것이며, 아래에 예로 든 '**가을**'의 두 가지 방언형 및 영어 '**grease**'도 이러한 /k/의 변화를 알게 해주는 좋은 사례이다!

　　※ 현대어 <가을> / 경상도 방언 <가**실**> / 충청도 방언 <거**질**>

　　※ grease [gri:Z, gri:S]

<**스무**> 혹은 <**씀**>이 {**말**(언어)}의 뜻인 라틴어 <sermo>와 본디 동일한 것일 가능성은 다음에 보인 라틴어의 추정을 통해서도 짐작할 수 있지 않나 싶다.

■ sermocinor (라틴) 말하다, 이야기하다.

= [ser-mo-ci ~] 스므키 ~ 슴ㅇ키 <주워-'**섬기**'-네: 이것저것 말하네(나열하네)

= [ser-mo-ci - nor] 스므키니 ~ 슴ㅇ키니 ≪말'**씀**'- **꺼내어**~≫

이번 장의 주제인 <**스무-고개**>라는 어휘는 '**말**'로 하는 수수-**께끼** 놀이, 즉 <스무 (sermo)~**께끼**>라는 어휘구성일 것으로 생각된다. 즉 "**고개**"는 "-**께끼**"와 이형태 관계에 있는 어휘일 것으로 짐작된다는 것이다.

　　※ 스무 – '**고개**' = 스무 – '**께끼**'　　[*스무(sermo) ~**께끼**]

020

퇴폐(頹廢) / (방언) 데펴['뎁혀'라고 적음] ∶ 더펴['덥혀'라고 적음] / 읍(邑) / 서울

"**퇴폐적**(頹廢的)"이라고 할 때의 〈**퇴폐**〉와 본디 같은 말로 추정되는 라틴어가 존재하는 바, 이 라틴어의 뜻 전반을 고려하건대 **퇴폐**는 남녀 간의 사랑의 정도가 한창 달아올라 '뜨거워'짐을 빗대어 생겨난 말로 여겨진다.

그런 이유에서, 그 표기문자 '頹廢'가 가진 뜻 곧 {**무너지다, 무너뜨리다, 쇠하다, 닳다**}에서 생각건대 '頹廢'라고 적는 것은 이 말이 가진 원초적인 뜻과 그리 부합한다고는 생각되지 않는다.

왜 이런 현상이 나타나는가는 유창균 교수님의 책《文字에 숨겨진 民族의 淵源》에서 논구된 바처럼 소위 한자(漢字)라는 것이 처음에는 한국말을 기반으로 만들어졌다는 것, 그리하여 그 문자를 외래적인 것으로 인식치 않았던 일정 기간의 관습에 의해 어떤 어휘이든 이른바 한자[**원시동북아시아문자**]로 적는 버릇이 발현된 것이라 봄직도 하다.

이러한 관점에 참고가 되는 것이 필자의 다른 글에서 살펴본 〈**읍**(邑)〉이라는 말과 그 표기이다.

〈**邑**〉이라는 문자는 본원적으로 'ㅁ(구)'와 'ㅂ(파)'라는 두 개의 개음절을 적기 위한 표기 형태였고, 제1음절 'ㅁ(구)'의 자음설질 /k/의 약화와 더불어 처음의 2음절어가 점차 폐음절인 1음절어 〈**읍**〉으로 축약된 것이다.

그 본래의 개음절 2음절어 'ㅁ(구)'와 'ㅂ(파)' 즉 〈*ku-pa(r)〉의 추론으로 살펴볼 때 이와 동일 계열어들로는 '서울'의 중세어 [서**볼**] 및 오늘날의 경북 상주에 해당하는 고대 한반도의 소국명 〈**사벌**〉, 그리고 같은 맥락의 지명으로 짐작되는 〈**사비**〉, 〈**사월**〉 등이 있다.

〈**邑**〉이 '서울' 곧 수도(首都)로서의 {**국도**(國都)}라는 뜻을 가지고 있음도 그 음운추이를 살피는데 일정 부분 좋은 참고가 되어준다.

■ 영어 <u>urb</u> [어브, 업] **도시**, 읍(邑).　　　√＊ 읍(邑) = 고을, 서울, **국도**(國都)

= [ur- b] 읍(邑)　　※폐음절로 진행하여 '읍'이라는 음절이 되었다.

↖≪(k)ur- b≫ **즉** ≪(k)ur- p≫ = 'ㅁ(구)' + '巴(파)' = 문자 <邑>★

＊ 전동성 재구성 ≪(k)ur- p(r)≫ ※본래 개음절 2음절어였다.

└, ＊ ≪(sh)ur- b(r)≫ 중세어 [셔볼]: 서울

이른바 한자어(漢字語)의 정체성에 관한 문제는 영어와 한국어의 기원적 동일성을 논할 경우 필연적으로 등장할 수밖에 없다. 이는 한국어의 영역 내지 한국어의 정체성과 직결되는 문제이기 때문이다.

이번 장의 표제어 <**퇴폐**(頹廢)>와 어휘적 연관을 보여주는 라틴어는 <tepeo>이다.

tepeo (라) **더워지다**·따뜻하다·미지근하다, **(사랑에) 불타다**, 사랑에 빠지다.
tepefacio (라) 뜨뜻하게 하다, 데우다, 미지근하게 하다.
tapes (라) 요·**담요**·융단, 양탄자. 모전(毛氈).

<tepeo> te - pe - o {더워지다}
　　투(티) 퓌오, 디퓌오 <뎁히어->: 덥히어 '방'
　　디퓌오, 두포오　　<더버>: 더워 '방' ②

<tapes> ta - pe - s {담요} ③
　　투퓌스, 두포스 <'덮어'서>

<tepeo> te - pe - o **티퓌오 <퇴폐**(頹廢)>: 퇴폐적인 {(사랑에)**불타다**} ①

'**퇴폐**(頹廢)'는 남녀 간의 불타오른 사랑의 행위를 표현한 말이기에 인용한 라틴어 <tepeo>에 함유된 {**사랑에 불타다**}에 근거할 때, 이 <tepeo>가 ①줄에 적은 것처럼 <**퇴폐**(頹廢)>와 본디 같은 말이 아니라고는 보기 어려울 것이다.

동일한 어근과 동일한 어원에서 나온 걸로 보이는 다른 단어들 <tepefacio>/<tapes>까지 아울러 참고하건대 <tepeo>는 '**불**'에 기반한 어휘임이 분명하고, 그런 의미에서 글상자 ②의 칸에 적은 한국어 <**뎁히어**>/<**더워**> 및 ③의 칸에 적은 <**덮어**>라는 말도 그 음형태나 의미상의 동일성에서 보았을 때 이 <tepeo>와 본디 같은 말이었을 가능성을 부정하

기 어려워 보인다.

　그러하다면 '頹廢'라고 적는 이 표기법은 과연 어디서 유래한 것이며, **(사랑에 불타다)**라는 말뜻을 '**불**'과는 아무 관련도 없는 문자 '頹廢'로 적는다는 것이 과연 합당한 일인가를 생각해보지 않을 수 없다.

　책의 '들어가는 글'에서도 말한바 있듯, '연장'이라는 뜻의 〈**도구**〉라는 말도 그 본래는 나무로서의 〈**tree**〉 즉 그 원형적 재구성인 〈**tr-(g)ee**〉에 다름 아니며, 이 〈**도구**〉를 나무와는 관련 없는 '道'와 '具'라는 문자를 써 〈**도구**(道具)〉라고 적고 있음은 역사의 어느 시기인가부터 발생했음이 분명한 표기법상의 심각한 오류가 그대로 답습되고 있음이다.

　이러한 표기상의 혼란은 소리를 그대로 받아 적는 문자(표음문자)가 나오기 이전, 이른바 한자라 칭하는 「**원동북아시아문자**」외엔 달리 마땅히 적을 문자가 없었던 시기의 나름으로는 최대한 머리를 짜낸 궁여지책에서 비롯된 것임이 분명하다.

　어떤 의미에서는 이처럼 말의 본뜻과는 무관한 문자로 '말'을 표기함으로써 '말' 그 자체는 조상대대로 이어져 온 「**한국말**」이라는 것을 역설적으로 드러내고 있는 것은 아닐까?

　라틴어 〈**tepeo**〉라든가 영어 〈**tree**〉에 대한 관찰, 그리고 이 책에 실은 1,400여 개 이상의 어휘 비교 작업이 한국말과 세계 제(諸) 언어들 간의 올바른 관계 정립의 시발점이 되었으면 하는 바람을 가져본다.

021

없음! / 당직대장, 이상(異常) 무!

<table>
<tr><td colspan="4" align="center">당직 대장(2018.12.5)</td></tr>
<tr><td>소등</td><td>□ 불량</td><td>☑ 양호</td><td>지적 사항</td></tr>
<tr><td>냉난방기 소거</td><td>□ 불량</td><td>☑ 양호</td><td rowspan="2" align="center">없음(이상 무)</td></tr>
<tr><td>시건장치</td><td>□ 불량</td><td>☑ 양호</td></tr>
</table>

회사에서 누군가가 당직대장 표기 방법을 바꾸었다.

〈**지적사항**〉을 적는 난에 늘 "**이상 무**"라고 적었었는데 언제부턴가 "**없음**"이라고 적기 시작한 것이다.

글자 수는 '**이상 무**' 세 글자에서 '**없음**'의 두 글자로 줄어들었지만, 아침마다 볼펜으로 실제 적어야 하는 획수는 두 획 정도 늘어난 데다, '**이상 무**'에 비해 '**없음**'이란 두 글자는 흘림체로 적기가 영 불편해 가끔씩 짜증이 나곤 했다.

그때마다, 이상(異常)이나 무(無)라는 말이 한자말이므로 우리말을 아끼는 차원에서 순우리말인 "**없음**"으로 바꾸는 게 좋겠다, 라는 상부(?)의 애국적인 지시가 있었구나, 하는 생각을 잠시 하는 한편으로 대체 '한자-말'이라고 할 때의 [한]을 왜 〈한나라-한(漢)〉으로 표기하는지 답답한 심정이 되곤 했다.

한자라고 칭해지는 원동북아시아 문자의 원류는 산동(山東) 반도 부근의 은[상]나라 갑골문자이고, 그보다 더 이른 시기의 문자 원형까지도 요하(遼河) 부근의 요하문명[홍산문명]에서 발굴되는 실정에 한(漢)나라가 웬 말이냐, 하는 심정이었던 것이다.

위 당직대장에서 애국심의 발로로 고쳐 적기로 한 "**없음**"이란 말은 순수 한국말일까?

<u>absum</u> (라틴) 있지 않다, 이 자리에 **없다**, 없다, 결석하다.

= [a-b -sum] **없음** '無' ㉮ // ※ 중세어 [**업**-다]: **없**-다 ①

㉮줄에 보인 바와 같이 "업슴" 즉 〈**없음**〉은 필자가 보기에 라틴어 〈absum〉과 본디 같은 말이다. 한국 중세어에 "없-다"의 [**업**]이란 말이 존재하고, 라틴어와 한국어의 어휘 비교에서 서로 동일 기원으로 추정되는 것들이 상당수 존재하기에 그렇게 보는 것이다.

위의 〈absum〉과 같은 어근에서 나온 말로 여겨지는 아래의 라틴어를 그런 맥락에서 한 번 살펴보기로 한다.

<u>abscind</u> [애브신드] 잘라내다 → ≪a-b- s- (w)in -d≫ 업신다 〈**없앤다**〉 ②

㉮ ※ (발음) **애브**신드, **앱**신드 ≪**업신다**≫ → 〈**없앤다**〉

<u>abscindo</u> (라틴) 찢어내다·잘라내다, 잡아 뜯다·떼다.

= [a-b ~ s - **cin** -do]

└, ≪a-b ~ s -(w)**in** -do≫ 으부~스**인**드, 읍신다 〈**없앤다**〉 ③

↖≪(k)a-b-s-cin-do≫ → ≪(zh)a-b -s-(w)in-do≫ **잡아** (쉰다)**짼다.**

언어학 일반론을 따를 때 ②줄의 영어 〈abscind〉는 라틴어 'abscindo'에 기원한 것이다. 하여, 오늘날 사어가 된 라틴어 'abscindo'의 발음을 추정하는 데엔 현대 영어 〈abscind〉의 발음을 참고할 수밖에 없고, 또한 그렇게 하더라도 라틴어 'abscindo'의 발음을 대강이라도 이해하는 데에 크게 무리가 없을 것이다.

그런 바탕에서 영어 〈abscind〉의 발음 [**애브신드**]를 한국어와의 어휘비교란 측면에서 관찰할 때, 〈abscind〉는 ㉮줄에 적은 것처럼 한국어 〈**없앤다**〉와 관련이 깊다고 생각된다.

㉮줄의 음운추정에서의 핵심은 한국어 언어음의 가장 큰 특징인 「**폐쇄음 되기**」 내지 「**폐음절화**」를 적용했다는 점이다. 즉, 현대영어에서 [**애브**-]로 된 고대의 어떤 원형 〈*abscin-do〉에서의 제1음절, 제2음절 〈**a-b ~**〉는 한국어 갈래로 와서 하나의 폐음절 [**읍**], [**업**]으로 되었을 개연성이 크므로, 현대영어 [**애브신드**]를 현대 한국어 〈**없앤다**〉와 기원적으로 동일한 어휘로 추정하는 것이다.

〈a-b ~〉가 한국어 갈래로 와 하나의 폐음절 [읍],[업]으로 되었을 개연성은 위에서 라틴어 〈absum〉과 한국어 〈없음〉의 동일성을 언급할 때 소개한 적이 있는, "없다"의 한국 중세어 [업다]의 [업-]으로부터 증빙을 얻을 수 있다.

　현대영어에서의 [애브신드] 혹은 한국어 〈없앤다〉가 나타난 음운과정에는 ③줄에 나타낸바 〈~s- cin-do〉에서의 'C' 즉 연구개음 /k/가 유성음 /g/로 된 후 다시 반모음 /w/로 약화·소멸된 단계가 존재함을 말해두어야겠다.

　자, 이제, "**이상무**(異常無)"는 한자말이라서 꺼려지고, "**없음**"은 라틴어에서 온 말이라 저어되니 오늘부터 당직대장을 적지 말아야 할 것인가?

　필자가 제시한 음운 방법론을 적용해 각종 다기한 지구촌 언어들을 한국어와 비교해본 다면, 한국어의 영역이 생각보다 넓다는 점을 깨달을 수 있으리라 확신하는 바이다.

022

약국에서 '**독**(毒)'을 판매한다고? / drug (약, 약품)

※ **독**(毒) = (옥편 풀이) "독, 해악, **작은 분량으로 병을 고치다**"

<u>drug</u> [drʌg, 드럭] 약, 약품, 마취약, 마약, **독물**을[마취제를] **타다**[넣다].

마취제를 먹이다; 마취시키다, 마비시키다.

책의 제12장에서는 영어단어 〈**grand**〉를 살펴보면서 **pr-, cr-, gr-** 와 같은 ≪**자음+ r̈**≫ 형태가 말소리의 최소단위인 **1음절**이라는 점을 확인하였다.

이번 장의 표제 단어인 〈**drug**〉를 또한 그러한 일반적 음운론을 적용해 관찰할 경우, 〈**독**(毒)〉이란 말과 이 'drug'이 본디 동일한 것임을 추정할 수 있지 않을까 싶다.

'drug'의 음운 구성을 보이면 아래와 같다.

<u>drug</u> '약품'= [dr ~ u - g] 드r욱, 드욱, 독 〈**독**(毒)〉 ①

①줄에 보인 것처럼 ≪**자음+ r̈**≫ 형태로서 **1음절**인 <dr-> 즉, 이 'drug'이란 단어에서의 제1음절격인 〈**dr-**〉에 결부된 떨림 성질 'r̈'이 약화되어 소멸하는 경우를 상정할 수 있다.

'r̈'의 소멸 과정을 거친 후 다음 단계로서, 2음절이 1음절로 '**축약**'되는 음운과정이 존재했다면 그 결과는 〈**독**(毒)〉이었음이 틀림없다.

'drug'이 지닌 단어 뜻 {**독물**을 **타다**} 같은 경우도 ①줄의 음운과정에 의한 〈**독**(毒)〉을 뒷받침해주고 있음이 분명하다.

이 단어의 다른 의미들 {**마약, 마취시키다, 마비시키다**} 등도 병을 낫게 해주는 현대적 의미의 약품(藥品)을 연상하게 하기 보다는 독(毒)이나 **독성**(毒性)을 떠올리게 한다.

한편, 독(毒)이란 것은 옥편에서 보듯 "**작은 분량으로 병을 고치다**"의 기능을 하고 있음이 사실이고, 벌-독(毒)을 이용한 봉침 요법이 일정부분 약효가 있다는 점에서도 이를 알 수 있으니 'drug'과 '독(毒)'의 긴밀한 어휘적 상관성을 이해할 수 있다 하겠다.

뿐만 아니라, 'drug'의 단어 뜻인 {약, 약품}의 **약**(藥)이란 것도 옥편에 의하면 "독(毒)"이란 뜻을 아울러 가지고 있기에 ①줄의 음운과정에 의한 〈독(毒)〉이란 추정치가 신빙성을 가지게 된다 하겠다.

※ **약**(藥) = (옥편 풀이) **"약, 독**(毒), 치료하다"

이처럼 우리들이 시용하는 어휘적 문맥 안에 '**약**(藥)'과 '**독**(毒)'이 혼용되고 있음은 "**농약**"이니 "**쥐-약**"이니 하는 언어사용에서도 그대로 드러난다.

"**쥐-약**"은 쥐를 잡는 **독**(毒)임에도 **쥐-약**(藥)이라고 부르는 것은 태생적으로 약(藥)과 독(毒)이 쌍둥이 관계 혹은 효과의 양면으로서 인류사에 등장했기 때문일 것이다.

가령 산업화 이전의 전통적인 약들은 약효가 있다고 알려지거나 나름 약효가 검증된 어떤 나무뿌리 혹은 약초를 달이거나 우려낸 것이니만치 그것이 치료제인 약으로 정착되기까지 용량이나 용법에서 일종의 시행착오적인 독성(毒性)도 경험하지 않을 수 없지 않았겠는가?

일례로 '**부자**'라는 한약재는 달인 후 반드시 식혀 먹어야만 약효를 볼 수가 있고, 만약 이것을 뜨거운 상태에서 마시게 되면 사람이 죽게 된다 하니 '부자'라는 이 식물이야말로 **약**(藥)과 **독**(毒)의 양면성을 보여주는 바로 그 증거가 아닌가 한다.

지금까지 살펴본 이치에 근거할 때 현대영어 〈drug〉는 〈**독**(毒)〉과 본디 동일한 말임이 분명하다.

023

'걸레'가 'clear' 라구?

앞의 제22장에서는 [약, 약품]의 'drug'이란 단어를 살펴보는 가운데 약(藥)이란 것이 그저 몸에 좋은 약인 줄로만 알았는데, '약(藥)'이 지닌 어휘적 의미 안에 '독(毒)'까지도 포함되어 있구나, 하는 놀라움을 느낄 수 있었다.

이처럼 어휘들이 생겨난 배경이라든가 어휘들의 생성 환경이라고도 할 옛적의 삶을 곰곰이 생각해보노라면 어떤 어휘에 대하여 "아~그랬었구나!" 하는 경이로움과 함께 그 어휘가 지닌 뜻에 대해서도 다시금 새로이 인식할 수 있게 된다 하겠다.

이번 장에서 소개할 〈clear〉도 그러한 예 가운데의 하나가 아닌가 싶다.

> clear [클리어] 맑은, 깨끗한, 밝은. 깨끗이 하다, 깨끗이 치우다, 장애를 제거하다. 해제하다, 풀다, 헝클어진 것을 풀다, 암호를 해독하다. 토지를 **개간하다**, 개척하다. [컴퓨터 용어] 지움, 지우기.
> = [cl-ear] 클이우, 클러우, 글러우 〈**걸레**〉: 청소 걸레 ㉮
> 　　　　　　　〈**끌러~**〉: 빗장을 끌러 ㉯
> 　　　　　　　〈**갈아~**〉: 토지를 갈아 개간해 ㉰

'clear'의 단어 뜻 [깨끗이 하다, 깨끗이 치우다]에 근거하면 clear는 ㉮줄의 한국어 〈**걸레**〉와 기원적으로 같은 말일 가능성이 매우 높다. ㉯㉰줄에 적은 한국어들과의 친연성을 함께 고려하면 그렇게 추정하는 것이 무리는 아니라고 생각된다. [깨끗이 하다]를 실행하는 도구가 바로 '걸레'가 아닌가!

㉯줄의 〈**끌러~**〉는 'clear'의 단어 뜻 [해제하다, 풀다]에 호응한다. "자물쇠를 끌러~, 빗장을 끌러~"와 같은 표현에서의 그것이다.

㉰줄의 〈**갈아~**〉는 'clear'의 단어 뜻 [토지를 **개간하다**]에 정확히 호응하는 말이다.

이처럼 ㉮, ㉯, ㉰줄의 한국어 어휘들과 잘 맞아떨어지는 것을 보건대 영어단어 〈clear〉는 기원적으로 한국어와 무관한 어휘가 절대 아니다!

024

'붓'은 **bush**로 만든다!

bush [부쉬] 더부룩한 **털**, 덤불, 수풀.
= [bu-sh] 부싸, 부스, 붓ㅇ <(털을 묶어 만든) **붓**> ㉮

　영어 'bush'가 가진 단어 뜻 {더부룩한 **털**}에 착안하면 bush는 현대 한국어 <**붓**>이란 말과 무관한 것이 아니라는 생각이 든다.

　아시다시피 붓글씨를 쓸 때의 바로 그 '붓'이란 물건은 족제비와 같은 작은 동물의 '**털**'을 다듬어 만들기 때문에 {더부룩한 **털**}의 'bush'는 ㉮줄에 적은 음운과정을 통해 현대 한국어 <**붓**>으로 탄생했을 것임이 분명하다.

　㉮줄에 적은 음운과정 추정의 핵심은 한국어 언어음의 가장 큰 특징인 「**폐쇄음 되기**」내지 「**폐음절화**」를 적용했다는 것이다. 즉, 개음절 형태로서의 2음절인 "**부스**"는 "**붓ㅇ**"를 거쳐 최종적으로 [**붓**]이란 폐음절 형태의 현대 한국음으로 진행했다는 추정이다. 이러한 폐음절화는 한국 언어음의 가장 큰 특징이라고 해도 과언이 아니다.

　'**붓**'은 필자가 듣기로 돼지-털 같은 값싼 재료가 주이고 족제비-털로 만든 것은 상당히 고가라고 알고 있다. 여담이지만 {더부룩한 **털**}은 돼지-털과 더 잘 어울린다는 생각이다.

　{더부룩한 **털**}이란 단어 뜻은 "**부시시**-헝클어진 머리"라고 할 때의 <**부시-**>가 다름 아닌 'bush'가 아닐까, 라는 생각을 하게 만든다.

붓

'bush'의 [**덤불**, **수풀**]이란 뜻은 오래 전에 상영한 〈부시-맨〉이란 영화를 떠올리게 한다. 영화를 본 지 꽤 오랜 세월이 흐른지라 지금은 기억나는 것이 하늘에서 떨어진 콜라병을 보고 신기해하던 장면, 그리고 부시-맨이 활을 들고 수풀에서 사냥을 하고 다니던 장면 정도다. 아마도 주인공이 정글이나 숲속에 사는 사람이라 영화의 제목을 〈**부시**-**맨**〉이라 지었던 것 같다.

단어 뜻 [**덤불**, **수풀**]이 식물관련어인 점에서 아래의 ①줄 〈부기〉라는 말도 〈bush〉와 기원적 연관성을 가진 어휘라고 생각된다.

bush [부쉬] 더부룩한 **털**, **덤불**, **수풀**　　※ 'Sh'는 /k/에서 변화된 것!
　↖≪bu -(k)≫ (보리) 깜 - **부기** [식물·풀]　①

①줄의 〈**부기**〉는 "보리- 깜부기"라고 할 때의 그것이다.

보리-깜부기는 보리 줄기 상단에 열리는 보리-알이 정상적이지 않고, 어떤 병에 걸린 탓이겠지만 보리 열매 덩어리(이삭) 전체가 <u>새카맣게 되어 있는 것</u>을 그렇게 부른다. 5월 중순경, 보리를 벨 때쯤 눈에 띄곤 한다.

"깜-부기"에서의 〈**깜**〉은 "**검다**, **까맣다**"의 뜻인 듯 하고, 뒷어절 〈**부기**〉가 이번 장의 표제 단어인 bush 즉 [**덤불**, **수풀**]과 연관이 있겠다는 추정이다.

다시 말해 **깜-부기**는 "**검은~식물**(작물)"이란 뜻을 담아낸 말로 여겨진다는 것이다.

이처럼 "**깜-부기**"에서의 〈**부기**〉와 〈bush〉를 연관지어보는 것은 bush의 제2음절 〈'sh'〉 음이, 다른 글에서도 설명해놓았지만, 기저음 /k/의 구강 앞쪽 이동 즉 **전향화**에 의해 산생된 것이라는 추론을 바탕으로 하고 있다.

[더부룩한 **털**]과 마찬가지로 [덤불, 수풀]이란 단어 뜻에서도 "**부시시**-덤불처럼-헝클어진 머리"라고 할 때의 〈부시-〉가 다름 아닌 'bush'가 아닐까, 라는 생각을 해보게 된다.

025

'먹(mark)'으로 표시하다! / mark

앞의 제24장에서 붓글씨를 쓰는 '붓'을 살펴보았으니 이제 '붓'을 적셔 글씨를 쓰기 위한 먹물 관련어를 살펴볼 차례다. 이렇게 함으로써 선비들의 4가지 벗이라고 칭하는 문방사우(文房四友) 즉 붓, 종이, 벼루, 먹 가운데 두 가지를 살펴보는 셈이다.

이번 장의 표제어 〈mark〉가 바로 검은 먹물을 만드는 도구인 〈먹〉이다.

벼루 위에 놓인 먹

mark [마-크] 표, **표시**, 표지, 기호, 부호, 각인, 흔적, 자국, 표정, 특색, 평점, **점수**.
-에 표를 하다, 흔적[오점]을 남기다; 인장을 찍다, **득점을 기록하다**.
= **먹** '먹줄을 쳐 표시하다' / **묵**(墨) '먹' ㉮
= [mar - k] (점수를)**매겨**~ ㉯

옛날의 수업시간을 떠올리면 청색 바탕의 칠판에다 선생님께서 분필, 즉 백묵(白墨)으로 수학공식이나 영어단어를 필기하시던 모습이 생각난다.

당번인 학생은 쉬는 시간에 칠판을 닦고 지우개를 털어놓아야 했었는데, 백묵(白墨)이란 명칭 그대로 온통 하얀 가루가 날리는 통에 찡그린 채 코를 움켜쥐어야만 했었다.

산업화가 되면서 석회석 가루를 압착한 분필이 생산되었는데, 이것을 분필이라고만 하지 않고 '**백묵**(白墨)'이란 명칭도 함께 쓴 것은 그 이전에 검은 '**흑묵**(黑墨)'이 있었기 때문일 것이다.

이때의 '흑묵(黑墨)'이 무엇인지 알아내는 것은 붓글씨를 쓰는 전통을 가진 우리에겐 너무 쉬운 문제이니, 물을 적신 벼루에다 대고 갈아 먹물을 만드는 '먹'이 바로 그 '흑묵(黑墨)'이리라.

숯가루를 접착 성분이 있는 다른 재료와 혼합하고 압착해 '먹'을 만들었는데, 이 먹을 갈아 만든 검은 먹물은 글씨를 쓰는데 쓰였을 뿐 아니라 실에 적셔 사람의 몸에 문신을 뜨기도 했다.

영화 같은 데에 나오는 장면, 즉 사랑하는 이의 몸에다 사랑의 약속이나 맹세의 표시로 문신을 새기는 장면이 나오는데 이 경우가 다름 아닌 <mark>의 {표, 표시}에 해당할 것이다.

책에서 배운 내용이지만, 아주 옛날에는 죄수의 이마에 먹물을 새겨 넣어 죄수임을 식별했다고도 한다. 이러한 예도 <mark>의 {표, 표시, 자국} 그리고 {표를 하다}에 해당할 테다.

'먹'이 이처럼 {표, 표시}의 중요한 수단이고 대대로 이어온 전통임은 오늘날의 건축 현장을 가보아도 잘 알 수 있지 않나 싶다.

무슨 말인가 하면, 한옥 건축과 같이 목재로 집을 짓는 현장에 가보면 목수들 곁에 먹물 먹은 실을 감아놓은 먹통이 있음을 볼 수 있다. 대들보 등의 목재를 켜기 전에 목수들은 먼저 이 먹통에 장착된, 먹물을 잔뜩 머금은 실을 튕겨 목재의 켤 자리를 재단하는 것이다.

이처럼 {표, 표시}의 중요한 수단이 되어왔던 <먹>은, 현대영어 <mark>과 본래 같은 말이었을 가능성이 매우 높다.

mark [마-크] 표, **표시**, 기호, 평점, **점수. 득점**을 **기록하다**. –에 표를 하다.
　　= **먹** '먹줄을 쳐 표시하다' ㉮
　　= [mar - k] (점수를)**매겨~** ㉯ {득점을 기록하다}

㉮줄의 <먹>은 한국어 언어음의 가장 큰 특징인 「**폐쇄음 되기**」 내지 「**폐음절화**」가 진행된 갈래에서의 어휘이고, ㉯의 <**매겨~**>는 개방음 형태 그대로의 2음절로서의 어휘대응이다.

먹물이 만들어지려면 물을 부은 벼루에 '먹'을 문질러 갈아야 한다. 자꾸 갈면 먹은 닳아 없어진다. "벼루-**연**(硯)"이란 어휘가 "갈-**연**(硏)"이나 영어 <worn>과 무관해보이지 않는 것도 이 '**먹**'을 가는 행위와 관련지을 때 그러하다.

worn [워언] 닳아빠진, **야윈**, 초췌한 = 'wear'의 과거분사형 = **연**(硏) '갈다' / **야윈**

↖≪(g)orn≫ **갈**(갈아서 닳게 한)   ↖ *음위전환 ≪wr- on≫ **야윈, 여윈**

곤 (비쩍 곤, 비쩍 마르고 야윈) : **건**(乾) '건조하게 마른'

026

바꾸다. 바꿔(buy) ~ 먹다! // 바치다. 배상(賠償)

현대 음운에서 /y/는 자음성질과 모음성질을 아울러 가지고 있다 하여 흔히 반(半)모음이라 불러진다. 어휘변천사를 들여다보면 이러한 성격을 지닌 /y/는 아래에 보인 'day'의 예에서와 같이 처음에 연구개음 /g/였음을 알 수 있다.

※ 현대영어 da**y** ← dæ**g** 고대영어

오늘은 **y**의 이러한 음운 내용을 적용할 경우에 드러나는 한국어와 영어의 기원적 동일성, 즉 영어와 한국어가 고대 어느 시기에는 동일한 언어였음을 보여주는 사례를 하나 소개할까 한다.

■ **바꿔**(buy)~ 먹다.

"얘, 네가 신고 있는 그 고무신하고 엿하고 **바꿔**먹어 보련?"

필자가 6~7살 되었을 때의 일이다. 산골에서 자란 필자는 고갯마루를 두 개나 넘어야 하는 산길을 걸어 외가를 가끔 다니곤 했다. 늑대가 나올까 조마조마한데다 시퍼렇게 고인 물이 나를 삼킬 것만 같은 커다란 연못을 지나야만 하는 산길을 따라 어찌어찌 외가에 닿으면 외할머니가 나를 무척이나 반겨주셨던 어렴풋한 기억이 떠오른다. 그리고 외삼촌께서도 마당에 높게 자란 대추나무에서 대추를 따 어린 내게 먹어보라고 주셨던 것 같다.

그런 날 들의 기억 속의 하루는 외삼촌께서 내게 소주병인지 뭔지 하여간 빈 병을 하나 주시면서 아이스크림을 사먹으라고 하셨던 것 같다.

수십 년이 흐른 내 기억 속에 외가의 대문과 잇닿은, 돌들이 듬성듬성 박힌 토담 길로 10리도 더 떨어진 면소재지에서 아이스크림 장수가 어깨에 나무로 만든 아이스크림 박스를 메고 "**아이스 께끼**(cake), **아이스 께끼 사려!**"하고 외치며 지나가고 있다. 나는 외삼촌이 주신 빈 병을 들고 그 아저씨에게 달려가 빈 병을 내민다. 아이스크림 장수가 박스 뚜껑을 열자 하얀 얼음 김이 동그란 구멍 밖으로 내비치고 그 속에서 아이스크림 장수는 아이스 께끼를 하나 꺼내 내 손에 쥐어준다. 나는 그것이 녹아 바닥으로 흐를 새라 혀로 날름날름 핥아먹으며 의기양양하게 외갓집 골목을 누비고 다닌다.

산골에서 자란데다가 나이로도 한 참 어린 60년대 후반의 내가 아이스 께끼가 맛나다는 것을 어찌 알았는지 지금 생각해도 고개가 갸웃거려지는데, 하여간 그것이 세상에 태어나 처음 먹어 본, 세상에서 제일 맛있는 아이스크림으로 기억되고 있으니…

지금도 그런 경향이 있지만 알다시피 그 시절의 시골이라는 데는 현금이 무척이나 귀하였을 것임이 분명하다. 요즘이야 조카가 오면 하다못해 천 원짜리 1장이라도 손에 쥐어주고 "가게에 가서 아이스크림 하나 사 먹고 오너라!"하면 되지만, 그때야 5일마다 열리는 10리가 넘는 장터까지 가서 무엇을 좀 팔아야만 현금이 생기는 것인데, 그 마저도 바쁜 농사철이 되면 장에 나갈 엄두도 내기 어려운 법이니 현금이 안 귀할 내야 안 귀할 수가 없었던 시절이었던 것이다.

하여간 그런 시절 덕분에 나는 빈 병과 아이스 께끼를 서로 '**바꾸어**' 먹을 수 있었던 것인데 오늘날 정신 차리고 한국어/영어/라틴어/수메르어 등을 자세히 들여다보니 그 때의 그 '**바꾸다**'가 바로 영어 사전에 {**물건을 사오다**}로 풀이 된 〈buy〉가 아닌가!

'물건을 사오다' <u>buy</u> ← ≪bu -(k)≫ **바꿔**(바꾸어) ㉠

※ 현대영어 <u>day</u> ← dæg 고대영어

※표시로 인용한 것은, 이번 장의 주제인 〈buy〉와 마찬가지로, 끝음절이 'y'로 된 현대영어 〈day〉가 출현한 음운 변천사다.

'y'가 본래 /g/ 즉 연구개음이었음을 보여주는 이러한 역사적 실증자료를 통해 'buy'를 ㉠과 같이 재구성할 수 있다는 것이고, 그렇게 한 결과 'buy'는 화폐가 귀한 시절이거나 더 거슬러 올라가면 돈이란 것이 아예 없었던 상고시대에 내 물건과 네 물건을 서로 맞-'**바꾸**'는 행위 곧 물물교환을 가리키는 말이었음을 파악할 수 있게 된다.

무엇과 무엇을 맞바꾸는 행위는 필자가 빈 병으로 아이스크림을 맞바꿔 먹던 나이를 제법 지나서도 되풀이되었으니 그것이 버릇(?)이 되어 부모님께 된통 혼나기까지 하였다.

초등학교 3~4학년 쯤 된 기억인 듯한데, 또래의 아이들이 대개 그렇듯 나도 유달리 단 것을 좋아했던지 마을에 가끔씩 들르는 엿장수에게 마당에 널어 둔 빨간 고추를 한 줌씩 집어주고 엿으로 몇 번 바꾸어먹다가 어머니께 혼 난 적이 있었다. 그 탓인지는 몰라도 5일 장에서 돌아오실 때는 엿을 자주 사다주시곤 했는데, 친구 녀석 중엔 나보다 더한 아이도 있었으니 학교에서 집으로 돌아가다가 "얘, 네가 신고 있는 그 고무신하고 엿하고 바꿔 먹어 보련?" 하는 엿장수 말에 그만 신고 있던 검정 고무신이랑 엿이랑 바꾸어버린 친구도 있었던 것이다.

이러한 교환행위인 〈**바꿔**(바꾸어)〉는 그 제2음절 연구개음의 변화를 입어 현대영어 "**buy**"로도 되었지만, 그 제1음절 순음 /b/의 변화(비음화)를 겪어 "**매매**(賣買)"라는 말에서의 [매]로도 되었다.

> **buy** 구입하다, (물건을)사다 = [bu-y] **배**(賠), **보**(報) 「배상, 보상」
>
> ↖≪bu-(k)≫ **바꿔**(물물교환)
>
> ∟, ≪(m)u-y≫ **매**(買) '사다·매수' : **매**(賣) '팔다·매도'　ⓒ

ⓒ줄에 적은바 [사다]와 [팔다]가 동일한 [매]로 표현되어왔던 것은 상업행위라는 것이 화폐가 없던 시절의 내 물건과 네 물건을 서로 '**바꾸**'는 행위로부터 출발했음에 기인한다. 즉 밀림에서 바나나 묶음을 갖고 약속 장소(장터)로 나온 사람은 그 바나나를 생선을 팔러 나온 어민에게 '**파**(매도)'는 **동시에**, 어민이 가져온 생선을 '**사**(매수)'야만 하는 **하나의 동시적 행위**를 하는 것이기에, 동일한 하나의 [매]라는 음성기호만으로도 이러한 물물교환을 충분히 언어화할 수 있었던 것이다.

당연한 이야기이지만 '買' 및 '賣'로서 문자를 달리해 [사다] 아니면 [팔다]인 그 상대적 의미를 표현하게 된 것은 화폐가 생겨난 이후의 일임이 분명하다.

이러한 음운 추론에서 보건대, 이른바 '한자'라는 문자 때문에 '매매(賣買)'라는 말이 한반도에서 쓰이기 시작한 것은 아닐 가능성이 훨씬 크다 하겠으며, 다음에 소개하는 드라비다어의 추론을 통해서도 이러한 점에 확신을 가질 수가 있다.

maru (드) **바꾸다, 물다** = [mār-u] **매**(賣) '팔' / **매**(買) '살' (ㄹ)

= 【**물어**[배상해]~ (강길운)】

↖《(b)ār-u》 **배**(賠) '물어줄' ; **보**(報) '갚다' (ㅁ)

↖《(b)ār-(k)u》 **바꿔** (물물교환, 등가물로 바꿔) (ㅂ)

손해 배상(賠償)이니 손실 보상(報償)이니 할 때 쓰이는 ㅁ줄의 어휘들은 영어 'buy'의 재구성이라든가 **연구개음(g·k) 재구성**의 원리를 고려하면 ㅂ줄의 〈**바꿔**〉가 그 원형이다.

화폐가 없던 시절까지 소급해서 생각하면, 고의로 그랬던 실수로 그랬던 남의 집 물동이를 깼으면 그와 똑같은 물동이로 **바꾸어** 주었던 일이 '**배**(賠)'이고 '**보**(報)'였던 것이다.

---

11) **purchase** : 사다·구입하다, (노력·희생을 치르고) 획득하다, 매수하다

= [pur-cha-se] **바쳐서** (노력을 바쳐, 금품을 바쳐) (ㅅ)

↖《pur-(k)a-se》 **바꿔서** (교환 행위) (ㅇ)

'ㅊ' 곧 [tʃ]가 연구개음 /k/의 전향(前向)에서 발생한 점을 고려하면 ㅅ줄의 〈**바쳐서**〉로 대응이 가능한 영어 단어 〈**purchase**〉는 그 본래가 ㅇ의 〈**바꿔서**〉임이 분명하다. 이 〈**바꿔서**〉의 제1음절 및 제2음절 구성은 위에서 살펴본 영어 'buy'의 재구성과 동일한 형태가 된다.

"**부처님(하늘님)께 바치다**"라는 것은 나의 정성스런 마음 혹은 그 정성을 담은 헌물과 부처님(하늘님)으로부터 받고 싶은 어떤 무엇을 서로 '**바꾸**'는 행위에 다름 아니다.

이러한 내용들에서 주목해야 할 것은 〈**매**(賣)〉/〈**매**(買)〉/〈**배**(賠)〉/〈**보**(報)〉/〈**물어~**〉 등이 근원적으로 〈**바꿔**〉와 동일한 어휘라는 점, 그리하여 이른바 '한자어'라는 것이 성립할 수 있는가 하는 점에 대해 심각한 고민이 따라야한다는 것이다.

한국어 〈**바꿔**〉와 대응이 가능한 영어 단어 중에는 다음과 같은 것도 있다.

12) **vary** '변하다, 바뀌다'

↖《var-(g)》 **바꿔, 바꾸**(-다), **바뀌**(-다)

027

아침 / 중세어 [아춤] '아침'

〈**아침**〉이란 우리말은, 한국어가 유럽계 어휘와 기원적으로 동일하다는 관점을 참고해서 볼 경우, 아래에서 분석한 바와 같은 형태[의미]로 결합한 2음절어로 추정되어질 수 있다.

"arche" ar – che + **ma**(마) "시간" → ᄋ치ᄆ → (축약) 〈**아침**〉 ①
└ (시작하는 때, 때의 시작)　　　고어 [**아춤**]

- arche (라틴) "**시작·기원**" // archi (라틴) "원(原), 원(元), 지배자, 제일"
- arch– [접두사] '**첫째의**·수위(首位)의·대(大)'의 뜻
- mu (수메르) = **year** '년, 연도, 연령, 시대'
- 일본어 〈**마**(ま)〉 '겨를·동안'

즉, {**시작·기원**}의 〈arche〉에다 수메르어 〈mu〉라든가 일본어 〈마(ま)〉 등에서 확인되는 '시간' 어휘 〈*ma〉가 결합한 후 음절축약 과정을 거쳐 만들어진 것이 현대 한국어 〈**아침**〉 및 그 중세어 [**아춤**]이라는 것이다.

①줄에 적은 **ma**(마)가 **시간**'의 뜻으로 나타나는 어휘사례는 수메르어나 일본어뿐만 아니라, "오랜만이다!"라는 뜻으로 쓰는 한국어 방언형 "오랜 **마**'이다!" 라는 표현에서의 [**마**], 그리고 다른 장에서 소개하게 되는바 {**완성·만기가 되다**}의 뜻을 가진 영어 〈mature〉 및 그 한국어 대응 〈(일을)**마치어**-〉에서의 [ma, 마] 등이 있다는 것을 참고하면 좋겠다.

①줄의 관찰에다 "**자립적**(음절적) **모음 앞에는 연구개음을 재구성할 수 있다!**" 라는 이 책의 기본적 음운이론을 적용하면 다음의 ②줄과 같이 된다.

* (g)ar – che **지치** + **ma**(마) '시간' → 지치ᄆ → (축약) 〈**기침**〉 ②

여기서의 〈**기침**〉은 '**아침·기상**(起床)'의 뜻을 가진 방언으로 "선생님 벌써 **기침**하셨습니

까(일어나셨습니까)?" 등으로 쓰인다.

〈**아침**〉이란 우리말의 단초가 된, 〔**시작·기원**〕의 뜻을 지닌 라틴어 〈arche〉는 음운적으로 보면 '아침'의 뜻이 일본어 〈**あき**(아사)〉라든가 '아이' 또는 '작다'는 의미의 〔**아△**〕라는 한국 중세어, 그리고 '첫·처음'의 뜻을 가진 방언형 〈**아시**〉와도 동일계열의 어휘로 판단된다.

라틴어 'arche'가 한국어 〈**아침**〉/〔**아춤**〕과 관련이 있다는 점, 그리고 〔작은 섬〕의 뜻을 가진 중세어 〔**아춤-섬**〕에서의 "**아춤**"에 근거해 유추해볼 때, 〔**아이·초**(初)〕 또는 〔**작다**〕는 의미의 중세어 〔**아△**〕 역시 라틴어 〈arche〉와 동일기원어 관계임을 추정할 수 있다.

〈**애초-**〉라는 우리말이나 "애시-당초"라고 할 때의 〈**애시**〉도 이 'arche' 관련어들과 기원적으로 동일한 것임이 분명하다.

> (라틴) arche '시작·기원' = 〈**애초-**〉 / 〈**애시-**〉 / 일본어 〈**あき**(아사)〉: 아침 ㉮
>
> 고어 〔**아△**〕: 아이, 작은, 초(初) / 〈**아시**〉: 첫 '**방**' ㉯

'시간' 표현과 연관된 이러한 어휘들을 언급한 김에 이 어형들의 **제2음절 자음** 'ch'를 그 본래형태인 연구개음 /**k**/로 환원해 아래와 같이 살펴볼 수도 있다.

> (라틴) ar- che '시작·기원'
>
> ↖≪ar- (k)e≫ **아까** "아까 전에·조금 전에"
>
> └ ≪ar- (zh)e≫ **어제** 'yesterday'
>
> ↖≪(g)ar- ke≫ **과거**(過去) ③ = 영어 〈ago '과거'〉

③줄의 〈**과거**(過去)〉는 조금 앞서 언급한 적이 있는 "자립적(음절적) 모음 앞에는 연구개음을 재구성할 수 있다!" 라는 이 책의 기본적 음운이론을 적용해 관찰한 것이다.

이처럼, 이 책에서 700여 개 이상의 단어를 통해 확인한 바의, 연구개음(k)이 상당수 언어음들의 기저(基底)라는 점을 적용해 관찰하면 이른바 한자어로 알고 있던 것이 한자어가 아니고, 순수 한국어라고 생각했던 어휘가 한반도를 훌쩍 뛰어넘어 라틴어와 수메르어까지 연결이 되는 참으로 난감하면서도 신기한 광경을 목도하게 되는 것이다.

> (라틴) ar- che '시작·기원'
>
> ↖≪ar- (k)e≫ **아까** → * ar-(zh)e 〔**아△**〕 '아이·처음·작다'
>
> └ * ar-(sh)e ㅇ r 쏫, 이쏫 〈-**에서** '기점, 기원'〉 ④
>
> 일본어 〈**あき**(아사)〉/〈**아시**〉: 첫 '**방**' / 〈**애시**-당초〉

④줄의 〈-**에서**〉는 [**기점, 기원**]의 뜻이므로 [**시작·기원**]의 라틴어 〈arche〉 및 이 arche와 어휘적 상관성이 큰, 앞에서 ㉮, ㉯줄로 적었던 〈**あさ**(아사)〉/〈**아시**'방'〉/〈**애시**-〉 등과 동계의 어휘가 아닐까 하는 추정이다. arche와 밀접한 〈**아침**〉이 가진 **시간적 시초성**과도 의미적으로 상통하는 점이 있다 하겠다.

[**아시**]의 경우 "**작은**-아들"이라는 뜻의 중세어 [**아ᅀᆞ**-아둘]에서의 '**아ᅀᆞ**'라는 어형, 그리고 "**작은**-아버지(삼촌)"라는 뜻으로 쓰는 현대어 방언 〈아제〉/〈아지아〉라는 어형들과의 **모음적 이형태**를 관찰해볼 수 있음이 흥미롭다.

※(모음 이형태 관찰) 아ᅀᆞ / 아ᅀᆞ / 아**제** / 아**지아** / 아**사**(あさ)/ 에**서** / 애**시** / 아**시**

이러한 모음 이형태 관계를 참고하면서 위의 ②줄에서의 어휘재구성을 다시 살펴보면, 아래 ⑤줄의 〈**기초**(基礎)〉 역시 arche와 연관성이 높은 어휘일 것으로 추정해보게 된다.

(라틴) **ar- che** '시작·기원'

  ↖*(g)ar - che **지치** + **ma**(마) '시간' → **지치무** → (축약) 〈**기침**〉 ②

    └, 〈**기초**(基礎)〉: 어떤 일이나 사물의 **시초**, **시작점**, 밑바닥 ⑤

기초로서의 주춧돌

'**기초**'는 이러한 유형적인 것만을 의미하지 않으며, 오히려 시간적 시초성에서 비롯된 어휘일 가능성을 이 책의 어휘관찰 전반을 통해 추정하게 된다!

028

'**봄**'은 ~ **from**으로부터!

■ from [프럼, 프람, 프롬] '-**에서, -로부터**'

「때 · 시간 · 공간의 **기점**, 출처 · **기원 · 유래**, **모범 · 본 뜸**, 원인 · 이유 · 동기, 근거」

<from> fr – om 프(브) r 옴 <**봄** '春'>: 첫 번째 계절, 1년의 시작 ①

fr –o – m 프(브) r 으므, 프(브)옴 <**봄** '春'> ②

<**범**(範)>: 본 · 골 · 틀 · 법식 ㉮

책 제12장 <**grand**> 편에서 살펴본 것처럼 ≪**자음**+ '**r**'≫ 형태가 말소리의 최소단위인 1음 절 역할을 하기에, 위 ① 또는 ②의 분절에 의한 음절축약 과정을 거칠 경우 현대영어 'from' 은 현대 한국어 <**봄**>으로 될 수 있었을 것이다.

'from'의 {-**에서, -로부터**}라는 뜻이 가진 **시작 · 기점**이란 의미 요소는 한국어 <**봄**>이 가 진 의미 즉 "4계절의 시작"과 동일한 것이기에 그러한 추정이 가능하다. 한 해의 시작은 '**봄**' **으로부터** 시작된다!

㉮줄의 <**범**(範)>이란 어휘도 동일한 음운과정을 통해 가능하며 'from'의 {**모범, 본뜸**} 이란 뜻에 호응하는 어휘라고 하겠다.

한편 ① 또는 ②줄의 과정을 통해 <**봄**>이란 어휘가 출현할 수 있음은 아래에 소개한 {**봄**}이란 뜻을 가진 **터키어, 이란어, 아이누어**들을 증거로 내세울 수 있는지 모른다.

※ 수메르 <u>mu</u> '년, 연도, 연령, 시대'

bahar (터) 봄 = ba -(∅)ar + ma '시간' → (음절축약) <**봄**>

bahar (이란) 봄 = ba -(∅)ar + ma '시간' → (음절축약) <**봄**>

paykar (아이) 봄 = pay -(w)ar + ma '시간' → (음절축약) <**봄**>

모두 {봄}이란 뜻을 가진 이 **터키어, 이란어, 아이누어**들은 한국어 〈**봄**〉이란 어형과는 달리 {**시간·때**}의 〈mu〉 혹은 〈*ma〉가 결합하기 이전의 형태들이라고 생각된다. 〈mu〉 혹은 〈*ma〉라는 것은 제27장에서 살펴본 한국어 〈**아침**〉이나 그 중세어 [**아춤**]이란 어형이 탄생하는데 함께 참여한 바로 그 단음절 어휘다.

> ※ arche (라틴) '**시작·기원**'
> 시작·기원 ar – che + ma(마) "시간" → ᄋ치무 → (축약) 〈아침〉
> └, (시작하는 때, 때의 시작) = 고어 [아춤]

한국어 〈**아침**〉과 〈**봄**〉에 이처럼 {**시간·때**}의 〈mu〉 혹은 〈*ma〉가 결합되어 있다고 보는 추론은 '**여름**'의 중세형 [**녀름**]이 헝가리어와 상관성이 높음을 통해서도 그 증빙을 찾을 수 있지 않은가 싶다.

> nyar (헝가리) 여름 : nyar + ma '시간' → (음절축약) 고어 [녀름] '여름'

'from'의 {-**에서**}라는 뜻으로부터 기억을 떠올려 볼 것은 {**시작·기원**}의 뜻을 가진 라틴어 〈arche〉가 현대한국어 〈-**에서**〉와 기원적으로 동일한 어휘임을 살펴본 제27장에서의 내용이다.

> arche (라틴) "시작·기원" = **애초 / 애시** 당초
> ↖≪ar- (k)e≫ **아까**~ "아까 전에·조금 전에"
> └, * ar-(sh)e ᄋr 쌌, 이쌋 〈-**에서**〉 '출발, 기원'

> ※ from [프럼, 프람, 프롬] 「때·시간·공간의 기점, **출처·기원·유래**, **모범·본뜸**,
> 〈from〉 fr – om 프(브)r 음, 프(브)음 〈**범**(範)〉: 본·골·틀·법식·모범 ㉮
> ↖(재구성) * <u>fr –(g)om</u> = **빠꼼** (박학·해박) '**방**' ㉯

{**기원, 모범, 본뜸**}이란 단어 뜻에 기초해 유추할 수 있는 ㉮줄의 〈**범**(範)〉이란 대응은 이곳 ㉯줄에 적은 〈**빠꼼**〉이란 말과도 무관치가 않다.

이 세 가지 단어 뜻 가운데 특히 {**본뜸**}이란 것은 조상 윗대로부터 시행되어 온 규범, 혹은 관혼상제와 같은 중요한 일에서의 절차와 법식 같은 것이 선조대로부터 정해져 있어 이

를 어긋남이 없이 그대로 따르고 본뜬다는 의미를 담고 있는바, 바로 이 의미문맥에서 쓰고 있는 말이 〈빠꼼〉인 것이다.

　　　"이 선생한테 물어보게! 장례 절차와 예법에 관해선 그 양반이 **빠꼼**하다네!"

　일반적으로 〈**빠꼼-이**〉라고 하면 어떤 일에 해박한 사람을 가리키는데 그 말뜻의 원천은 {**기원, 모범**}에 정통해 모르는 것이 없을 정도로 박학한 사람일 테다.

029

조가비(조개), 화폐(貨幣) / '조개' 패(貝) ~ 알

'조개' 즉 '패(貝)'가 어휘구성에 참여한 현대영어 두 개를 한국어와 비교해본다.

■ pearl　　**진주**, 진주 목걸이, (철·석탄 따위의) 작은 알맹이,

　　　　　　진주와 비슷한 것(이슬·눈물 따위)

\<pearl\> pe ＋ arl 　　　　　　⑦	\<pearl\> pe－arl "진주와 비슷한 것"
'조개' **패**(貝) ＋ **알** (알맹이·알갱이)	퓌올, 비올, 빌 \<**별**\>: star

　아시다시피 자연산 '**진주**'는 진주조개에서 채취된다. 조개의 껍질을 만드는 외투막이 모래 등의 이물질에 자극 받아 액체를 분비함으로써 만들어지는 것으로, 은빛의 우아하고 은은한 광택이 있어 예로부터 귀중한 보배로 대접받았다. 이처럼 많은 고통을 견디며 만들어진다고 해서 로마인들은 진주를 진주조개의 눈물이라고 생각했다고 한다.

　진주 '**조개**'에서 만들어진다는 점에서 [진주]의 현대 영어 \<pearl\>은 표 안의 ⑦와 같은 어휘구성으로 추정되어질 수 있다.

　진주의 주성분은 탄산칼슘이며 건강, 부귀. 장수를 가져다주는 행운의 보석으로 여겨지고 있다.

조개껍질

보석으로서의 진주를 생산할 수 있음에서 '**조개**'는 귀중한 대접을 받았으리라 짐작할 수 있겠는데, 그러한 측면을 반영한 것인지는 알 수 없으나 조개는 고대세계에서 '**돈**'으로 통용되기도 하였다. 그러한 점이 직접 음형에 반영되었음을 살펴본다.

'돈'이라는 뜻으로 쓰는 〈**화폐**(貨幣)〉라는 말과 이때의 [**화**]와 [**폐**]라는 음형이 어휘구성에 참여한(!) 아래의 〈capital〉이 바로 그것이다.

■ capital 자본, 자본금, 원금, 밑천, 자재(資材)

〈capital〉 ca – **pi** + tal ㅋ퍼, ㄱ비 〈조-'**가비**'〉 ㉯	〈capital〉 ca – pi　　　~ tal ㉯ 　ㄴ, (h)a – pi ㅎ퍼 〈**화폐**(貨幣)〉 ㉰

역사상 가장 먼저 알려진 '**돈**'은 진귀한 모양으로 생긴 '**조개**'였다. 기원전 16세기경 동북아시아 하(夏)나라에서 사용했다는 '**자안패**'가 그것으로 그 아름다운 모양과 휴대하기가 간편한 점에서 돈의 역할을 했다 한다.

화폐(貨幣), 외**자**(外資), **자**본(資本) 등과 같이 '돈'의 뜻으로 쓰는 말들 중에 〈貨(화)〉나 〈資(자)〉와 같은 문자표기에 [조개]의 뜻인 '貝(패)'라는 글자가 들어가게 된 것도 이러한 배경에서라고 한다.

그런 맥락에서 '돈'의 뜻인 〈capital〉을 분석해보건대, 앞의 2음절까지가 그 음변화에서 표 안의 ㉰로 적은 〈화폐(貨幣)〉로 될 수 있음이고, 이는 다시 ㉯에서 보다시피 '조개껍데기'로 통하는 "조가비"의 〈가비〉임을 알 수 있다.

〈capital〉 ca – pi ~ 〈조-'**가비**'〉　　㉯
　　　 ㄴ (h)a – pi 〈**화폐**(貨幣)〉 ㉰

현대 한국어 〈**조개**〉는 ㉯줄의 이 '**조가비**'가 아래의 음운추이와 같은 변화, 즉 순음(입술소리) P의 약화를 입어 나타난 것으로 언어학 일반에서 받아들여지고 있다.

※ 조-**가비** → 조-**가비**(ᄇ|) → 조-**가이**(가이) → 〈조-**개**〉
　　　　　　　　　*자음약화　　*음절 축약

이처럼 "조가비"의 <**가비**>가 'capital'의 <capi->이자 <**화폐**>라고 본다면, '**貨**(화)'라는 문자 하나에 이 <**가비**>라는 2음절이 모두 표현되었으리라는 추론을 해볼 수도 있다.

즉, 오늘날 [화]라는 1음절로 읽는(발음하는) 이 '**貨**(화)'라는 문자는 본래 우리 민족(동이족)이 만든 문자로, 원래는 2음절인 <**가비**>로 읽었을 가능성을 탐색해볼 수 있다는 것이다.

(1) 貨 = 化 (화) + 貝 **패** (픠, 비) ⇒ <**화폐**>

     ↑

(2) 貨 = ca (ka) + **비** ⇒ **가비**　　<(조-)**가비**>

(3) 貨 = ca　　　+ pi ⇒ '**capi**' ~　<ca-pi ~tal>

(2)줄의 제1음절 [ka]는 'capital'의 <ca->와 동일하고, 이 /k/음의 기식음화(h)로 (1)줄의 '**화**(化)'가 나왔을 개연성**2)**이 매우 높으므로 <**貨**>라는 문자 하나가 옛날에는 <'**가비**'> 또는 <'**화폐**'>라는 2음절로 읽혔으리라는 추정이 가능하다.

'**化**(화)'의 본래 음이 'capital'에서의 <**ca**->인 것은 '**化**(화)'를 일본음에서 <**カ**(가)>라고 하는 점에서 그 증거를 찾을 수 있다!

이와 같이 보는 것은 유창균 교수님의 관점을 참고할 때도 그러하고, 필자가 나름으로 원동북아시아문자(한자)들을 틈틈이 살펴본 바에 의해서도 그러하다.

유창균 교수님의 관점을 간단히 소개하면 초기 한자음들이 한국어에 기반하고 있다는 내용으로, 어느 시기엔가 한족(漢族)들이 우리의 문자를 차용해가면서 '발음' 문제 등과 같은 그 문자의 운용에서 상당한 왜곡이 있었다는 주장이다. 이분의 연구서인 《**문자에 숨겨진 민족의 연원**(집문당)》은 **칼구렌**과 같은 상고대 문자음 연구자들의 연구내용과 충분히 비교하면서 쓴 역작이다.

아래에 소개한 <**점**(漸)>이란 문자 표현도 문자 하나에 보통 2음절 이상의 어휘를 표현했던 고대 우리 민족의 문자 운용 방식을 보여주는 사례가 아닌가 싶다. 유창균 교수님의 말씀처럼 초기 한자음들이 한국어에 기반하고 있다는 점을 뒷받침해주는 중요한 어휘 사례라고 생각된다.

　　※ <**점**(漸)>: 점점. 차츰. 차차. **차근**. "차츰 나아가다, 천천히 움직이다"
　　　　'점' 漸 = 《**문자결합**》 水 [수] + 車(**차**) + 斤(**근**)

---

2)　k의 기식음화는 각국의 언어음에 보편적으로 나타나는(나타났었던) 현상이다.

(4) 車(차) + 斤(근) ⇒ **차근**-> cha -gan

└, cha -wan 초온 <**천**> "천천히"

※ '漸'의 중국음 = [jian 찌앤]

(5) 미·믜('물'/ 水) + 車(지) + 斤(근) ⇒ **미-지근**: 화끈하지 않음. 느림.

떳떳 미지근함

<漸(점)>은 {**차츰, 차근차근**}등의 뜻을 가지고 있는데, 이 1문자의 구성이 (4)에서 보듯 본래는 2음절 어휘인 <**차근**>일 수 있다는 것, 그리고 <**차근**>의 {근}이란 음절의 연구개음(g·k) 성질이 약화되어 음절축약이 일어나는 갈래에서는 "천천히~"의 <**천**>으로도 될 수 있음을 추정하게 된다.

※ <**차근**> '차근차근' * cha - gan → cha - wan 초온 <**천**> "천천-히"

'漸'의 현대 중국음이 [jian 찌앤]으로 된 것도 이런 과정이 작용하였을 가능성이 매우 높다 하겠는데, 결국 오늘날 1음절로 여기고 있는 '漸'이 사실은 한국어 <**차근**>을 표현한 2음절 이상의 한민족(동이족) 문자였을 개연성이 높다는 말이다.

한편 이 '漸'이란 문자 구성은 기본 3문자의 결합이라는 점에서 (5)로 나타낸 바의 3음절 어휘 <**미지근**>일 가능성까지 고려될 수 있다. <**미**>가 물인 점은 미나리, 미꾸라지… 등에서 그리고 고구려어 <**미**>가 물인 점을 참고할 수 있다.[3]

오늘날 '한자(漢字)'라고 잘못 불리고 있는 '**원동북아시아문자**'의 실상이 이러하다는 추론에서, 위에서 말한 "**조개**"의 '**조가비**' 즉 <**가비**>와 본디 같은 어휘인 <**화폐**>라는 2음절어가 다시 분석되어야 하는 것이다.

다시 말해 '漸(점)'이 그러하듯, '貨(화)'라는 문자 하나가 본래는 <**가비**>/<**화폐**>라는 2음절을 모두 적은 것이었고, 오늘날 "**화폐**(貨幣)"라고 하여 '폐(幣)'를 다시 덧붙임은 단음절어를 쓰는 한족(漢族)에 의해 어쩔 수 없이 그렇게 되었거나, 혹은 <**가비**>/<**화폐**>라는 2음절어를 쓰던 언어관습은 그대로 이어왔으나 본디 '貨(화)'가 2음절어였음을 망각한 후세대에 의해 '폐(幣)'라는 문자를 덧붙여 쓰게 되었을 것이라는 추론이다!

'폐(幣)'는 {비단, 돈}으로 모두 쓰이는데, 비단은 몰라도 돈은 좀 억지스럽지 않은가?

---

3) 《고구려어 연구》, 도서출판 박이정, 최남희.

※ 貨 = 化(화)/ca [ka] + 貝 (패), pi ⇒ **가비**(조가비)/ capi- <capital>

化(화) + 貝 (패) ⇒ (2음절로 발음?) **화폐** <貨>

지금까지 살펴본 {진주}의 〈**pearl**〉과 {자본·자본금}의 〈**capital**〉의 분석을 참고하면, 아래에 소개한 영어 〈**prey**〉라는 다음절 어휘 구성에도 조개 즉 〈**패**(貝)〉라는 어휘가 포함되었을 가능성을 엿볼 수 있는지 모른다.

prey [prei] 먹이, (먹이로서의)밥, 포획, 포식(捕食); 잡아먹다, 먹이로 하다.
↖ * pr－(k)e－y **패**(貝) '조개' + **캐어** (캐다)

인류학자들에 의하면 고대 인류의 전파속도는 해안가를 따라 이동한 그룹이 훨씬 더 빨랐다고 하는데, 비교적 쉽게 채취할 수 있는 조개 등의 먹거리가 풍부한 해안가가 종족 번식 및 종족의 이동에 유리한 환경이었기 때문에 그런 결과가 나오지 않았을까 싶다.

김해나 부산의 동삼동 등에서 발견된 조개무지들은 어쩌면 까마득한 고댓적에 있었던 우리 조상들의 해안 이동의 흔적인지도 모를 일이다.

비오는 날 끓여먹기에 제격인 바지락 칼국수도 이때 시작되었을까?

prey [프레이] **먹이**, (먹이로서의) **밥**, 포획, 포식(捕食); 잡아먹다, 먹이로 하다.

〈**prey**〉 pr-e-y ← pr-(k)e-y ← * pr－(k)e－y ㉠ '조개' **패**(貝) + **캐어**(캐다) '초목' [플] + **캐어**(캐다)	* pr-(k)e－(k) └, pr-(h)e ~(k) **[불휘]** '뿌리' + **캐** ㉡ └, pr-e ~(k) = 뿌리 ~캐 └, (m)r-e-k ㅁ r ㄱ 〈**먹이**〉

㉡줄의 〈뿌리~캐〉는 원시 적의 채집 활동, 곧 산이나 들로 다니며 야생 고구마나 칡 따위를 캐먹던 일을 떠올리게 한다.

이 어형에서의 순음 /p/가 비음(콧소리) /m/으로 변하면서 〈먹이〉/〈먹어-〉와 같은 어휘가 생겨났을 것으로 추정된다.

030

turn이 '돈'이다!

현대 한국어 〈돈〉이란 말이 지닌 어휘적 의미 혹은 유래에 관해 간략히 살펴볼까 한다.

> turn [턴-] -으로 **바꾸다**, -으로 만들다; (머리를)**돌게** 만들다.
> = **돈** [바꾸는 수단으로서의 돈] ㉮ / **돈** (돈다) [머리가 돌다] ㉯

앞의 제29장에서 살펴본 화폐 즉 '조개'라는 뜻의 〈패(貝)〉를 기초로 한 '**화폐**'라는 말은, 고대 세계에서 교환의 매개 역할을 하게 되었던 '**조개**' 즉 '**패**(貝)'라는 그 실물의 명칭에서 유래된 것이라 할 수 있다.

이에 비해 이번 장의 표제어 〈돈〉이란 명칭은 위의 ㉮줄에 적은 바의 영어 〈turn〉과의 어휘적 동일성에 비추어보건대 화폐가 가진 기능적 측면, 곧 화폐를 주면 내가 필요로 하는 어떤 물건으로 "**바꿀 수 있다**"라고 하는 그 교환 기능을 표현한 말임을 알 수 있다.

이 책에서 제시한 영어와 한국어간의 광범위한 동일성을 고려해보건대 {-으로 **바꾸다**}의 뜻을 가진 〈turn〉이 한국어 〈돈〉과 본래 같은 말이라는 것을 추정하지 않을 수 없다.

{(머리를)**돌게** 만들다}에 호응하는 ㉯줄의 "**빙빙 돈다**"에서의 〈**돈-**〉이 존재함도 이러한 추정을 돕고 있다.

영어 〈turn〉이 가진 다양한 의미들과 호응하는 아래의 ㉰㉱와 같은 어휘사례들 또한 화폐로서의 〈**돈**〉을 뒷받침해주고 있다고 생각된다.

> turn [턴-] **돌다, 돌리다**, 뒤엎다, 거꾸로 하다, 구부리다, 구부러지다,
> (날을) 무디게 하다. (스위치·마개 따위를) **틀다, 켜다**.
> = **튼** (튼다) [방향을 튼다(돌리다)] ㉰ / **돈**(-다) [선풍기가 돌다]
> **튼** (튼다) [스위치를 튼다(켠다)]　/ **둔**(鈍) [무디고 둔하다] ㉱

031

신(神)의 사자(使者)였던 '새' / 가볍다!

오래 전에 티베트의 조장(鳥葬) 풍습을 다룬 모 월간지의 취재기사를 읽은 적이 있다.

티베트는 한반도 남쪽에서 제일 높다는 제주도 한라산의 높이 1950m의 무려 두 배에 달하는 평균 해발 고도 3,800미터의 험한 고원지대인데다, 남쪽으로는 히말라야 산맥이 북쪽으로는 쿤룬 산맥이 둘러싸고 있어 연중 춥고 건조한 날씨가 이어진다고 한다. 그런 환경 때문에 산림다운 산림이 존재하지 않아 매장이나 화장(火葬) 문화가 발달할 내야 발달 할 수가 없었고, 그 대안으로서 조장(鳥葬) 풍습이 이어져오고 있는 것이 아니겠느냐는 취재였던 것으로 기억이 나는 한편, 그 기사를 읽으면서 또 하나 강한 인상으로 다가왔던 것은 그러한 장례 의례를 치르며 티베트인들이 가지는 죽음을 대하는 마음이 대단히 우주론적이었다는 점이다.

무슨 말인가 하면, 불경 구절을 옮겨 적은 색색의 깃발(타르쵸)이 바람에 나부끼는 산등성이를 따라 올라간 장례 터에서 망자는 평생의 소임을 다한 자신의 육신을 독수리들에게 마지막으로 보시를 한 후, 하늘 높이 날아오르는 그 독수리의 힘을 빌어 높이높이 하늘 세계로 간다고 믿고 있는, 삶과 죽음의 연속으로 이루어진 인생을 바라보는 티베트인들의 그러한 종교적 관념이 물질계에 지나치게 속박되어 있는 이방인인 나의 뇌리에 꽤 충격적으로 다가왔다는 것이다.

상당히 오래 전에 읽은 그 기사가 여전히 나의 기억에 남아있는 까닭은 범상치 않은 장례의 장면들 못지않게 독수리에 실려 하늘나라로 올라간다고 믿고 있는 티베트인들의 그러한 독특한 사후관(死後觀)이 꽤 인상 깊었던 데다, 티베트 사람들의 그러한 종교 관념이 그 기사를 읽은 이후 언어에 대한 공부를 하면서 간접자료로서 접했던 신화와 민속학적 자료들에서의 새'鳥' 숭배 관념과 근원적으로 무관치 않아 보인다는 판단을 줄곧 하고 있기 때문일 것이다.

솟대

'새' 숭배 관념이 나타난 대표적인 예는 우리 주변에서 비교적 쉽게 확인 되는 **솟대**가 아닌가 한다. 솟대는 나무로 깎아 만든 '기러기'나 '오리'를 기둥(조간 '鳥竿') 위에 고정시킨 것으로 대개 마을 어귀에다 세운다.

이 솟대가 가진 문화적 함의를 국립민속박물관 한국민속신앙사전을 인용해 간단히 살펴보면 다음과 같다.

"솟대는 삼한시대의 종교적 성지인 소도(蘇塗)의 유풍으로 '솟아 있는 대'로 인식하기도 한다. 세우는 목적에 따라 세 종류가 있지만 둘만 소개하면, 하나는 마을의 액막이와 풍농·풍어 등을 기원하여 세우는 것이고, 다른 하나는 풍수지리 상으로 행주형(行舟形)인 마을에 비보(裨補)로서 세운 솟대가 있다.

솟대는 원래 긴 장대 끝에 오리 모양을 깎아 올려놓아 하늘과 땅을 연결하는 '신간' 역할을 하여 화재, 가뭄, 질병 등 재앙을 막아 주는 마을의 수호신으로 모셨다. 새는 오리라고 호칭하는 마을이 대부분이지만 지역에 따라 기러기, 갈매기, 따오기, 왜가리, 까치, 까마귀 등으로 부르기도 한다."

이처럼 마을 어귀에 세워 재앙을 막아 주는 수호신으로 여긴 '기러기'와 같은 새들은 신화나 인류학적 관점에서 보면 하늘이나 태양의 상징물에 다름 아니다. 위의 사전에도 나오듯이 솟대가 신간(神竿)의 역할을 했다는 것에서도 이를 유추할 수 있으니, 솟대의 주물(主物)인 새는 하늘-님이 계신 하늘 위로 높이 날아올라가 땅(마을)에서 일어난 화재, 가뭄, 질병 등의 재앙을 순조롭게 해결해 주십사 하는 인간의 희망을 전할 수 있는 존재로서 하늘(신)과 땅 사이를 연결하는 일종의 신의 대리자로 여겨졌을 것이라는 이야기다.

이러한 맥락에서 우리의 전통문화에서 중요한 코드로 자리하고 있는 까마귀를 주목하지 않을 수 없다. 아시다시피 고구려 벽화 가운데는 삼족오 즉 세발 달린 까마귀가 태양 속에 그려진 것이 있는데, 태양이 고대문화에서 신과 동의어인 점에서 볼 때 벽화 속의 삼족오 즉 까마귀는 신의 사자(使者)로서의 위상을 가진다는 것을 이로써 분명히 알 수 있다 하겠다.

위의 사전에서 솟대 위의 새를 지역에 따라 기러기, 까치, 까마귀 등으로 부르기도 한다고 했는데, 이 내용에 등장하는 까마귀는 아마도 기원적으로 고구려의 삼족오와 의미적 등가 관계에 있다고도 짐작해 볼 수 있지 않나 싶다. 필자가 예전에 읽은 어떤 월간지에서는 시베리아 지역의 솟대에는 박제된 까마귀가 모셔진다고 했으니 위 사전의 내용과 더불어 생각할 적에 우리도 어느 지역에선가, 혹은 어느 시기에서는 까마귀를 신의 대리자 내지 상징으로서 솟대 위에 올렸었다고 충분히 짐작할 수 있는 일이다.

여기에 인용한 국립민속박물관의 한국민속신앙사전에 소개된 솟대 위의 새들의 종류 혹은 명칭은, 어휘가 세분화되지 못한 고대어휘의 특성을 고려하면, 이들 중 중요한 몇 개는 본디 동일한 명칭에서 출발해 음운변화를 따라 후대에 나누어진 것으로 보인다.

오리/기러기/왜가리/까치가 그것들로서 필자가 아래에 1)로 소개한 {거위·기러기}라는 뜻의 프랑스어 〈oie〉를 음운변화 원리에 따라 재구성해보면 이를 알 수 있다.

1) 프랑스 **oie** '거위·기러기'

    ↖≪(k)o-i-e≫ **거위** : ㉠ 전동성 ≪(k)oʳ-i -(k)e≫ **기러기**

                                [그려기]: 기러기

                              ↙ ≪oʳ-i-e≫ **오리**

'**오리**'는 원형적 말소리의 특징인 전동성(r)을 제1음절 'O'에 재구함으로써 나타나고 '**거위**'는 제1음절 'O'에 약화되었으리라 추정되는 연구개음(k)을 재구함으로써 나타난다. 그리고 '**기러기**'는 이들 오리나 거위가 나타난 음운적 방법에 더하여 제3음절 'e'에도 연구개음(k)을 재구함으로써 확인된다. 야생 기러기를 잡아 집에 가두어 두고 길들인 것이 거위이고 오리가 아니겠는가? 집에서 키우는 {**거위**}와 야생에 사는 {**기러기**}의 뜻을 함께 가진 프랑스어 〈oie〉가 그러한 점을 뒷받침해주고 있다.

솟대

'**기러기**'와 비교할 수 있다고 추정한 ㉠ ≪(k)oʼr-i-(k)e≫에서의 제3음절 자음이 전향화 [(ch)e]로 될 수 있다는 가능성에서 보면 '**까치**'를 고려해볼 수도 있다.

㉠ ≪(k)oʼr-i-(k)e≫ **기러기** → ≪(k)o-i-(ch)e≫ **까치**

생김새가 별로 비슷한 데가 없음에도 어떻게 '기러기'나 '까치'가 동일한 말로 표현되었겠는가, 라는 의문을 가질 법도 하지만 기실은 생물로서의 '새'가 중심이 되어 생긴 명칭이 아니라 신(神)의 사자(使者)라는 의미적 기초 즉 고대의 종교적 관념에 기초해 생겨난 원시적 어휘 단계에서는 그것이 가능할 수도 있었겠다 하는 짐작이 드는 것이다.

연재 앞부분부터 너무 많은 것을 이야기하기는 그렇지만, 몇 만 단어를 종합적으로 비교해본 결과 어휘들의 대다수가 그러한 고대 종교적 의미문맥을 바탕으로 형성되어졌다는 판단이 선다는 점을 말해두어야겠다.

한국어 '**기러기**'와의 동일성을 확인한(㉡) 제3음절 'e'의 재구형 [(k)e]는 {거위의 뜻인 아래의 수메르어 ⟨kur-gi⟩의 제2음절 [gi]를 통해 확인된다고 봐야 할 것이다.

⟨**기러기**⟩와의 대응인 ㉠의 전동성(r)이 재구된 제1음절 역시 아래의 수메르어 제1음절 [kur]를 통해 입증된다 하겠다.

2) 수메르 kur-gi16, kur-gi(4) "길들여진 **거위**·거위고기" // (>아카드어. kurkû)
　　※ **kur-gi(4)** = [kur-gi] **기러기** / 고어 [**그려기**]: 기러기
　　※ **kur-gi(4)** → ≪kur- (y)i≫ **거위** / 고어 [**거위**]: 거위
　　※ 아카드어 kurkû → ≪kur- (sh)u≫ 영어 **goose** '거위, 거위 고기'

신의 심부름꾼 역할 내지 신의 상징적 존재로서의 새들 가운데 으뜸은 단연 **까마귀**가 아닐까, 라는 생각을 잠시 해본다. 앞서도 말했지만 고대세계에서 태양은 신과 동격이어서, 그 하늘 높이 떠 있으면서 지상을 따뜻하게 덥혀주는 태양=신에게 제일 가까이 날아가 몸이 새까맣게 탄 증거를 까마귀는 직접 가지고 있으니 그럴 법도 하질 않겠는가?

아마도 고구려 벽화에 그려진 **까마귀**(삼족오)가 태양=신의 대리자로서의 위상을 갖게 된 것도 그러한 원시적 관념과 무관치 않을 것이라 생각된다.

고대인들에게 까마귀가 태양=신의 사자로 여겨졌음은 건국신화를 통해서도 알 수 있으니 상나라 시조 '설'의 어머니 '간적'이 현조(玄鳥)가 떨어뜨린 알을 삼켜 '설'을 낳았다고 적은 『史記(사기)』 은본기의 기록도 그 중 하나일 터이다.

태양감응설화의 일종인 이 이야기에 등장하는 새를 제비로 보는 학설도 있으나, 위에서 소개한 솟대 위의 까마귀라든가 태양 안에 살고 있는 것으로 여겨진 고구려 벽화에서의 삼족오를 염두에 두고 생각하면 이야기의 본래 원본에서는 틀림없이 까마귀였을 것임을 짐작하지 않을 수 없다.

삼족오를 그린 고구려인들이 그들의 건국자였던 주몽왕(추모왕)을 광개토왕릉비에서는 천제(天帝)의 아들로, 그리고 모두루의 묘지(墓誌)에서는 태양과 달의 아들 곧 일월지자(日月之子)로 기록하였음에 비추어보더라도 '상'이라는 나라의 건국과 관계된 시조의 탄생 이야기에 등장하는 '검은 새' 곧 현조(玄鳥)는 까마귀일 가능성이 높다 하겠다.

현(玄)은 옥편에서 {**검은 색, 하늘 빛, 하늘**}이라 풀이하고 있는데 '하늘'이란 의미요소와 '검다'라는 의미요소는 태양=신의 사자인 까마귀가 모두 충족하고 있다고 봐야 할 것이다.

어쨌거나 현조가 제비든 까마귀이든 간에 새들이 하늘=신의 상징으로 자리 매김할 수 있었던 것은 이들이 하늘 저 위로 훨훨 날아다닐 수 있다는 점에 있음은 아무도 부인 할 수 없을 것이다. 이러한 새들이 위로 나는 모양을 표현한 어휘 가운데 한국어와 비교할 수 있는 것으로는 아래에 소개한 러시아어가 있다.

3) 러시아어 <u>uletet</u> (새가 날아가다) = [ul - e - te - t] **올라**(올려) – **뜨다**

　　　　　　　　　　　　　　　　　　울로(위로) – **뜨다** '**방**'

　　　　　　　　　　　　　　ⓛ '새' **을**(乙) – **이** '주격' ~ **뜨다**

이 러시아어에서의 동작의 주체가 '새'인 점에서 ⓛ줄의 〈새-을(乙)〉이 불가능하지만은 않을 것이다. 방향성이나 공간(위치)성을 표현하는 〈올-(올라)〉/〈울-(울로)〉과 같은 것도 고대어휘가 의미-덩어리라는 점에서 보면 사물어인 〈을(乙)〉과 밀접한 관계를 지녔을 것으로 보게 된다. {넘다}의 뜻인 〈월(越)〉도 같은 맥락이다.

의미적으로나 음형태적으로 다음의 포르투갈어도 동일 계열어로 보인다.

4) 포르투갈 **alar** (높이다·끌어올리다·끌려올라가다) = [al-ar] **올려, 올라**

　　　　　　　　　　　　　　　　　　　　　[**울월**] [**울위**] '**높이 우러러**'

　　↖≪(g)al-ar≫ **끌어**(끌어올려)

새의 위로 날아오르는 성질은 한국어 〈**가볍다**〉를 만들어낸 모태가 되었을 것이다!

5) 포르투갈어 __avião__ (비행기)

포르투갈어 __ave__ (새·날짐승)

ⓒ ↖≪(g)a -ve≫ 가비 = 고어 [**가비**] –압다] '가볍다'

'가볍다'의 중세고어인 [**가비**-압다]에서의 '**가비**'는 포르투갈어와 연관해서 보면 일차적으로 새를 가리키는 말임을 알 수 있다. 물론 대다수 고대어들의 어휘적(의미적) 기원이 태양=신에 있다는 필자의 추론에서 보면 '**가비**'의 맨 처음 의미기저는 ≪**태양=신**≫인데, 이러한 점은 약화되었으리라 추정한 연구개음(k)을 재구성한 ⓒ ≪(k)a-ve≫의 제2음절 순음(脣音) 〈-ve〉의 변화를 상정해봄으로써 확인되는 바가 있다.

※ ⓒ ≪(g)a- __ve__≫ → ≪(g)a -__(m)e__≫ ⓔ 일본어 <かみ(가미)> "신(神),

궁궐이 있는 곳"

중세고어 [**가비**-압다]에서의 뒷부분 '**압다**'는 강길운 교수님의 연구를 참고하면 접사(接辭) 역할의 드라비다어 〈__uva__〉와 견주어볼 수 있고, 필자의 영어 연구에 의하면 [~하는 경향]의 〈apt〉와도 밀접한 관계에 있다. 이러한 점을 대강 종합하면 〈**가볍다**〉 즉 [**가비**-압다]는 다음과 같은 어휘구성이 된다.

[**가비**-압다] = **가비** ≪(g)a- ve≫ '새' + **옵다** ≪ap ~t '~하는 경향'≫

__u-va__(드라비다) + **다**

즉 [**가비**-압다]는 ≪'새'와 같은 경향/성질≫ 혹은 ≪'새'와 같다≫로서 새와 같이 하늘(공중)을 날아오르거나 날아오르기 쉽다는 뜻을 나타내는 말로 형성되었을 가능성이 커 보이는 것이다.

032

'가마'솥 / 까마귀 / 의무(義務) / 업(業)

앞의 제31장에서는 고구려벽화에 등장하는 삼족오 및 생활주변에서 비교적 쉽게 접할 수 있는 솟대 등의 이야기를 통해 태양조(太陽鳥) 즉 고대의 종교적 삶에서 신(神)의 대리자 내지 사자(使者)로서의 위상을 가진 '까마귀'에 대해서 살펴보았었다. 그리고 한국어 <**가볍다**>가 고어를 통해 살펴볼 때 [**가비-압다** '접사']의 구조로서 '**새**'를 기반으로 한 어휘라는 점을 밝혔었다.

- 포르투갈 **avião** (비행기)
  포르투갈 **ave** (새) ← ㉢ ≪(g)a -ve≫ 가비 = 고어 [**가비-압다**] '가볍다'

이와 같이 새가 신(神)의 사자(使者)였음은 <가볍다>의 어근인 ㉢의 '가비'의 제2음절 순음(입술소리) /**v**/가 콧소리 /**m**/으로 변화되는 비음화를 상정해 신(神)의 뜻인 일본어 <**か み**(가미)>로 됨을 통해서도 드러나는 바가 있었다.

- ※ ㉢ ≪(g)a- **ve**≫ '새'
  └, ≪(g)a -(**m**)e≫ = 일본어 <**かみ**(가미)>: 신(神), 궁궐이 있는 곳 ㉣

  까마 + **귀**

  검·깜(-다) / **검어~** '黑'

필자는, **かみ**(가미)로 읽을 수 있는 바로 이때의 어형 재구성 ㉣이 고구려 벽화에 등장하는 삼족오 즉 '까마귀'의 <**까마**->이고, 폐음절 축약 형태로서는 '검다·깜다'의 <**검**>/<**깜**> /<**검어**~>라고 추정하는 바이다. 특히 '검다' 관련어들은 앞의 제31장에서 본 '**현**(玄)'이 옥편에서 [**검은 색, 하늘 빛, 하늘**]이라 풀이하고 있는 점에서 알 수 있듯이 그 의미적 기초가 하늘과 닿아 있다 볼 수 있는데, 이는 하늘 내지 태양의 상징인 까마귀를 매개로 그렇게 되었을 개연성이 크다 할 것이다.

이처럼 새의 한 지칭인 〈**까마**-귀〉와 신(神)의 뜻인 일본어 〈**かみ**(가미)〉 그리고 〈**검어**〉가 동일한 종교적 의미기초에서 비롯하였다고 보면 〈검을-**검**(黔)〉이란 문자 표현 또한 이른바 한자어가 아닐 가능성이 높다 하겠다.

뿐만 아니라 〈밝을-**금**(昑)〉/〈비단-**금**(錦)〉/〈황금-**금**(金)〉 그리고 '임금'이라고 할 때의 〈금〉과 같은 어휘들도 하늘이나 태양이란 의미기초에서 생겨났다고 보면 그 언어음적 발생기원에서 서로 별개가 아닐 가능성이 다분하다 할 것이다.

■ 가마 솥

{새·날짐승}의 포르투갈어 〈ave〉의 제2음절 [ve]가 앞 장의 ㉐과 같이 콧소리 /m/으로 변화될 수 있다고 보는 관점은 "가마-솥" 혹은 "숯-가마"라고 할 때의 그 '**가마**'의 뜻 아래의 드라비다어를 통해 실증이 된다.

---

6) 드라비다 āvi, ā̲ma 가마 '釜' ← ≪(g)ā-ma≫ 가마 '釜'

　　드라비다 āvi 가마 '釜' ⇒ * ā -(m)i = 드라비다 ā̲ma ㉠

　　　　　　　　　　　　　※ "**순음**(脣音)**의 비음화**" 입증!

즉, 드라비다어 〈ā̲ma〉의 제1음절인 음절적 모음 /a/ 앞에 약화·탈락되었으리라 추정되는 연구개음(k)을 재구함으로써 〈ā̲ma〉는 한국어 〈**가마**〉의 제1음절 변화형태라고 추정할 수 있는데, 이 〈ā̲ma〉와 함께 쓰인 같은 드라비다어에 〈āvi〉라는 어형이 존재하고 있음으로써 ㉠줄로 적은 바의 콧소리로 된 순음변화 v → m이 실증적으로 입증된다는 것이다!

이 b, v → m 변화를 보이는 한국어 사례로 가장 먼저 떠오르는 것은 현대어 〈'**더부**'-살이〉와 그 고어형 [**다**브-사리] 혹은 [**다**므-사리]와의 관계이다.

　　　※ 더'**부**'-살이 : /v, b/ → 다'**브**'/ 다'**므**' -사리(살이) : /m/

물론, 조심할 것은, 고어형 '**다므**사리'라는 것은 고어 시절 여러 지방에서 쓰이던 약간씩 다른 형태의 어형 가운데 어느 하나가 우연히 문헌상에 포착된 것으로 이 '**다므**-'형을 사용하던 지역에서는 b, v → m 변화를 이미 그 당시에 거쳤던 것으로 되며, 오늘날의 표준어로 채택된 서울지역 방언 〈**더부**-〉에서는 이 변화가 나타나지 않은 것으로 봐야 한다는 점이다.

가마 솥

가마 '釜'는 나무를 베어 숯을 구워내는 "숯-가마", 그리고 흙을 이겨 성형한 기와나 질그릇을 굽는 "기와-**가마**" 내지 "그릇-**가마**"라는 말이 흔히 쓰이는 점에서 보아 {무엇을 만들기 위해 불을 때는 곳(화덕)}이나 {불을 때어 무엇을 만들 수 있는 도구(장치·설비)}라는 원형적 의미를 지닌 것으로 보인다.

아마도 가마-솥이란 말은 불을 때는 가마(화덕)에 거는 솥이란 말에서 유래한 것인지도 모른다. 이 가마솥과 관련된 속담을 국어사전에서 찾아보면 다음과 같은 것이 있다.

"가마솥이 검기로 밥도 검을까!" = 가마가 검다고 해도 가마 안의 밥까지 검겠느냐는 뜻으로, 겉이 좋지 않다고 해서 속도 좋지 않을 것이라고 경솔하게 판단하는 것을 경계하는 말.

"가마가 많으면 모든 것이 헤프다!" = 일이나 살림을 여기저기 벌여 놓으면 결국 낭비가 많아진다는 말.

"가마솥이 노구솥더러 검정아 한다!" = 남 못지않은 잘못이나 결함이 있는 사람이 제 흉은 모르고 남의 잘못이나 결함만을 흉보는 일을 빗댄 말. 똥 묻은 개가 겨 묻은 개 나무란다, 라는 속담과 일맥상통한다.

하여간, 〈**가마**'釜'〉라는 말은 "숯-가마"와 "기와-가마"에서 보듯 '**불**'과 불가분의 관계에 있는 말이 분명한 점에서 제4장에서 살펴본 태양=신 관련어휘들인 〈**かみ**(가미)〉나 〈**까마**(-귀)〉 등과 그 원초적 발생 기원에서 동일한 것일 가능성이 높아 보인다. 왜냐하면 {불}이나 {열(熱)} 관련어 들은 캄캄하여 아무 것도 보이지 않는데다가 기온마저 내려가 추운 밤을 새고 난 후 대면하게 되는 밝고 따뜻한 {태양}과 밀접한 관련을 가지고 만들어졌을 개연성이 크기 때문이다.

그렇게 본다면 사람의 머리에서 머리털이 한곳을 중심으로 빙 돌아 나서 소용돌이 모양으로 된 부분을 가리키는 〈**가마**〉라는 말도 이들 "숯-가마"나 "**かみ**(가미)" 혹은 "까마(-귀)"라는 말들과 마찬가지로 {태양}에 그 어휘적 기원이 있다고 봐야 할 것이다. 무슨 얘기인가 하면, 고대인들의 삶에 있어 하늘에 떠오르는 태양만큼 완벽한 원형은 따로 존재하지 않았을 것임이 분명한 점에서 사람 머리의 '**가마**'가 가진 그 소용돌이 내지 둥근 {원(圓)} 형

태]를 표현하는 어휘는 마땅히 이 태양을 전사하여 생겨났음이 틀림없다는 것이다.

같은 맥락에서 오늘날에는 TV 사극 같은 데서나 가끔 볼 수 있는 사람이 타는 〈가마〉라는 말도 바로 이러한 태양 관련어일 수가 있다. 즉 옛날의 사람이 타는 가마라는 것은 임금이나 고관들이 사람(하인)을 부려 타고 다니는 것인 점에서 그것을 타는 사람의 그 [높은 신분]과 연관되어 생겨난 말일 가능성이 높기에 그러하다.

다시 말해 높은 신분의 가장 원형 되는 것은 '임금'이며, 또한 임금 자리의 상고시대의 원형은 종교적 지도자 곧 제사장이나 신무(神巫)이기에 이에 관한 어휘 연원은 궁극적으로 태양=신으로 연결되어질 수밖에 없다는 관점에서 임금이나 고관의 탈것인 **가마**라는 말 또한 태양관련어일 수 있다는 것이다.

앞에서 소개한 〈**かみ**(가미)〉가 [신(神), 궁궐이 있는 곳, 위의 뜻으로서 '신(神)'과 '임금'의 의미요소를 아울러 지녔다는 것, 그리고 고구려를 비롯한 유력한 고대 국가의 왕들이 태양/달의 아들 곧 일월지자(日月之子)로 여겨진 점 등도 이러한 관점을 뒷받침해준다 아니할 수 없다.

가마

제사장이나 임금과 밀접한 언어개념이 [직책]이라는 점에서 다음과 같은 라틴어를 떠올리게 된다.

---

7) ab (라틴, 전치사) [소속·직책] ~에 속하는, **~직책의**; [원인] **~때문에**

       = 대응어 〈**업**(業)〉 '직업·업보·원인'

  └, ≪a -(m)≫ **의무**(義務) ㉡

여기 소개한 〈a-b〉는 수 만 단어 가량을 관찰한 필자가 볼 때 업보(業報) 및 농업/임업/직업…이라고 할 때의 〈**업**(業)〉과 본디 같은 말이고, 원래의 개음절(2음절) 형태로는 ㉡의 〈**의무**(義務)〉라는 말로도 변화했다고 생각된다.

물론 이때의 변화라는 것은 ⟨**a-b**⟩의 제2음절 순음 /b/가 위의 6)에서 소개한 드라비다어 ⟨**āvi**⟩/⟨**āma**⟩에서처럼 비음화 작용을 입게 되었다는 뜻이고, ⟨'더**부**'살이⟩가 ['다**므**' 사리로 된 것과 동일한 음운현상을 겪었다는 의미이다.

이처럼 ⟨**ab**⟩가 폐음절 ⟨**업**(業)⟩이나 개음절 ⟨**의무**(義務)⟩로 될 수 있음은 영어사전에 나오는 ⟨absolve⟩라는 단어를 들여다보아도 잘 알 수 있다.

---

8) 영어 **absolve** '(책임·**의무**)를 해제하다, 면제하다, 죄를 용서하다'

※ ab   + solve = **업**(業)   ~ solve(풀다) {용서}

　 a-(m) + solve = **의무**(義務) ~ solve(풀다) {의무 해제}

'**의무**(義務)'와의 대응인 위 ⓛ에다 연구개음(g·k) 재구성의 원리 및 원형적 음절 실현 방식인 전동성(r)을 재구하면, 지명(地名) 어휘들인 다음의 ⓒⓡ을 각각 생각해볼 수 있는지도 모른다.

　　　　※ ≪(g)a -(m)≫ (지명) **개마** -고원   ⓒ

　　　　※ ≪a -(m)'**r**'≫ (지명) **의무려** -산(山)   ⓡ

개마-고원(高原)은 함경남도 북서부에 위치한 평균 1340m의 고원지대로 우리나라에서 가장 높고 넓은 고원으로 한국의 지붕이라고도 불린다.

의무려 산은 각종 기록에서 공통적으로 오늘날의 '난하'의 서쪽에 위치한 산이었다고 하는데, 이 산의 이름에 특별히 관심이 가는 까닭은 여기서부터 동쪽이 고조선의 땅이었다는 설이 강하게 대두되고 있다는 점에다, 한국콘텐츠진흥원의 문화원형용어사전에 따르면 순임금이 봉해진 곳으로서 세시(歲時)에는 **하늘에 제사를 지내던 진산**이었다고 하니 "**임금의 산**(山)" 즉 궁극적으로 그 어휘 연원이 태양=신으로 연결될 수밖에 없는 지명일 것으로 믿어진다는 것이다.

위 7)의 라틴어 ⟨**ab**⟩가 {~**직책의**}라는 뜻을 가지며, 그 음운변화에서 ⓛ ⟨**의무**(義務)⟩와 상통하게 됨은 하늘이 맡긴 왕의 소임/의무를 다하겠노라고 고하는 천제(天祭) 의식을 치르던 장소 곧 ⟨'**의무려**'⟩산이라는 지명이 그와 무관치 않으리라는 추정을 하게 만든다.

자고로 지명이란 것은 씨족이나 부족의 이동을 따라 옮겨 다니는 것인 점에서 이 '의무려'라는 지명이 난하의 서쪽에만 유일하게 존재했다고만 보는 것은 이치에 맞지 않다는 것과 그 의미론적, 어휘 형태론적 스펙트럼이 멀리 {소속·직책}의 라틴어 〈ab〉까지 연결된다는 점을 강조해 두고 싶다.

이번 장의 음운적 주제인 p, b, v → m으로의 **「순음(脣音)의 비음화」**를 적용해볼 수 있는 단어 가운데 비교적 쉽게 접할 수 있는 것으로는 다음의 9)줄에 적은 영어 〈cave〉 및 그와 어휘대응이 가능한 한국어들이 있다.

영어 cave와 어휘대응이 가능한 한국어들 가운데 **[구무][구모]**는 개음절(2음절) 형태로의 대응이고, 〈**감**(坎)〉과 〈**홈**〉은 제2음절의 모음성질이 약화/탈락함으로써 1음절의 폐음절로 발달한 경우의 대응이다.

9) <u>cave</u> : 굴을 파다, 꺼지게 하다·함몰시키다 = [ca-(p)e] **캐**(캐어) ~**파** '파다'
  └ ≪ca-(m)e≫ **감**(坎) '구덩이' / **[구무][구모]**: 구멍

9) <u>cave</u> : 굴을 파다, 꺼지게 하다·함몰시키다 = [ca-(p)e] **캐**(캐어) ~**파** '파다'
  └ ≪(h)a-ve≫ **후벼**~/ **히비**(후벼)~ '**방**' → ≪(h)a-(m)e≫ **홈**(패인 구멍)
                                          함(陷) '함몰'

구멍, 홈

이번 제32장의 의미적 주제를 한 문장으로 정리하면, 〈ave〉/〈āvi〉/〈ab-〉 등은 본디 어두가 /k/음 실현이었던 것으로, 근원적으로 태양을 가리키던 이 원형적 어휘는 일종의 **'의미-덩어리'**로 존재했다가 후대 어휘상의 {**까마**(-귀)}, {**가빈**-압다(가볍다)}, {**검·깜**(-다) '黑'}, {**かみ**(가미) '신·궁궐'}, {**가마**(-솥)}, {(머리-)**가마**}, {**업**(業)}, {**의무**(義務)} 등등으로의 참으로 다양한 의미 실현을 이루었다는 것이다.

이와 같은 언어적 추론이 가능함은 이 책의 핵심 주제인 연구개음(g·k) 탈락과 그 재구성의 원리에 의해 그러하다는 점을 거듭 말해두어야겠다.

이 음운 추론을 적용한 수많은 예들 가운데 앞에서 미처 언급하지 못한 내용을 보충하면서 이번 장을 마치고자 한다. 그 때 언급하지 못했던 것은 아래 글상자에 소개하는 러시아어 및 포르투갈어다.

여기서의 〈(발을)**굴려**~〉는 도움닫기를 하듯 사람이 발에 힘을 주어 '**위**'로 뛰어오르는 동작의 형용인 점에서 이 단어들이 지닌 의미요소와 일맥상통한다고 보겠다.

포르투갈어 〈alar〉의 한국어 대응들 중의 하나로 추정한 〈**올려**~〉의 경우는 다음과 같은 영어 어휘들에서도 어휘대응으로서 확인되고 있다.

angel 천사

angelolatry 천사숭배 = [(천사) + ol–a–tr–y] ~ **올려드려** '숭배'

울로(위로)~ **띄워**

icon 우상

iconolatre 우상숭배 = [(우상) + ol–a–tr–y] ~ **올려드려** '숭배'

울로(위로)~ **띄워**

ichthyic 물고기의

ichthyolatry 물고기숭배 = [(물고기) + ol–a–tr–y] ~**올려드려** '숭배'

울로(위로) ~ **띄워**

033

'꿋발' 날리다! / '재수-빨'이 좋다! / '깃'을 빼 점치다.

지난 회에서는 "가마-솥" 혹은 "숯-가마"라고 할 때의 그 **가마**의 뜻인 드라비다어의 두 가지 형태 즉 〈āvi〉와 〈āma〉라는 두 어형이 공존하고 있음을 통해 b, v → m으로의 순음(입술소리) 변화(비음화)가 존재했었다는 점을 실증적으로 확인할 수 있었다.

---

6) 드라비다어 **āvi, āma** 가마 '釜' ← ≪(g)ā-ma≫ **가마** '釜'

　　드라비다어 **āvi** 가마 '釜' ⇒ * ā -(m)i = 드라비다어 **āma** ㉠

　　　　　　　　　　　　　　　　↖※ "순음(脣音)의 비음화" 입증!

이처럼 문헌에 남은 어휘들을 통해 추론되어진 음운 원리를 광범위한 유라시아 어휘들에 하나하나 적용해 비교해봄으로써 우리가 미처 깨닫지 못하고 있던 여러 국적 언어들 간의 상호 동일성이 확인된다고 보는 것이 필자의 관점이고, 상당한 시간을 투자해 이를 실천한 바의 그 결과물이 필자의 첫 번째 책 ≪한국어 충격≫이라고 할 수 있다.

나름의 폭넓은 어휘비교를 시도해본 필자의 책에 실린 각각의 국적(國籍) 어휘들은 필자의 「**연구개음(g·k)의 재구성**」이란 음운 원리 하나만을 적용해보더라도 기왕의 학계에서 상상해본 바 없는 놀라운 친연성을 드러내게 되는데, 바로 앞 제32장에서 보인 다음의 5)의 경우 및 위의 재인용 글 상자 6)에서의 〈**가마**〉는 바로 그러한 무수한 예들 가운데 하나다.

---

5) 포르투갈 **ave** (새) ← ≪(g)a -ve≫ 가비 = 고어 [**가빅**]-압다 '가볍다'

6) 드라비다 **āvi, āma** 가마 '釜' ← ≪(g)ā-ma≫ **가마** '釜'

이처럼 5), 6)에 적용된 음운 원리 즉 "**모든 음절적(자립적) 모음 앞에는 연구개음(g·k)을**

재구성할 수 있다!"라는 「**연구개음(g·k) 재구성**」의 원리를 역사적·실증적으로 입증해 주는 경우로 아래에 소개한 수메르어를 또한 빼놓을 수 없다.

앞서 언급한 필자의 졸저에 실은 ≪음운론≫ 편에는 기왕의 영어 및 프랑스어 변천사 연구 등에서 밝힌 연구개음 탈락의 역사적 사례들이 많이 소개되어 있지만, 독자 분들도 관심을 많이 가지고 계실 법한 '**수메르어**'에서의 예를 드는 것도 글의 재미를 더하는 일이 아닌가 싶어 소개해본다.

> ① 수메르어 giš - bar, ga-eš8 -bará- è : (승부를) 정하다, 결정(판결)하다
> ② 수메르어 ka-aš(-bar) : 신성한(종교적) ~ 결정·판결
> ③ 수메르어 eš -bar, èš-bar : 신의(신성한) 결정·계시

①, ②, ③으로 인용한 이 수메르어들은 **[신(神)에 의한 신성한 결정(판결)]**이라는 동일한 의미를 가지는 점에서 어휘 형태적으로도 본디 동일한 것이었다고 추론함이 이치상 합당하고, 음운론 일반의 견지에서 볼 적에 어두에 연구개음(g·k) 성질이 존재하는 ①, ②가 앞선 형태로서 이로부터 연구개 자음 성질이 약화된 ③이 나중에 나타났다고 생각할 수 있다.

이러한 관점을 반영해 ③의 어두에다, 본디 존재했다가 오랜 세월에 걸쳐 약화·탈락되었을 개연성이 높은 연구개음(g·k)을 소급 재구성하면 다음과 같이 된다.

---

7) 수메르 eš -bar ← ≪(k)e-š -bar≫ **끗발**(승부 운·재수) / {승부를 정하다}
　　　　　　　 ≪(k)e -š -bar≫ 계시(啓示) + **빨**

다시 말하지만 수메르어 〈eš -bar〉를 이 글상자 7)에서와 같이 어두에 연구개음을 재구성해 관찰할 수 있음은 의미상 완전히 동일한 위 ①, ②와 같이 어두에 연구개음이 존재하는 어형이 존재하고 있음을 통해 그 음운적 방법론의 타당성을 일차 확보할 수 있으며, 뿐만 아니라 그러한 방법론을 적용하였을 때 〈**끗발**〉과 같은 현대 한국어로써 그 어휘적 대응이 충분히 확인 가능하다는 점을 통해서도 입증되어진다 하겠는데, 이러한 가능성들을 일반화한 것이 바로 필자가 주장하는 "**모든 음절적(자립적) 모음 앞에는 연구개음(g·k)을 재구성할 수 있다!**"라는 「**연구개음(g·k) 재구성**」의 원리인 것이다.

이러한 음운 원리를 적용해 살펴보면 각기 다른 언어라고 생각했던 국적(國籍) 어휘들이 사실은 기원적으로 동일한 것이라는 점을 알 수 있으며, 오늘날 우리가 사용하고 있는 어휘들의 의미론적 배경에 대하여도 보다 합당한 추론을 할 수 있게 된다.

가령, 승부결정 내지 재수와 관계된 <끗발>이란 한국어는 운명이라 불리는 어떤 거창하고 거대한 일의 향배, 혹은 대다수 인간사란 것이 **"신이 결정하고 정해 주는데 달린 것이다!"**라는 고대인의 종교적 사고방식을 배경으로 만들어진 어휘라는 것을 「연구개음(g·k) 재구성」의 원리 및 수메르어와의 비교를 통해 알 수 있다.

이러한 고대인들의 종교적 사고방식은 나라의 일이나 왕손의 탄생 등에 관해 점을 치고 이를 소뼈에 새겨 기록으로 남긴 은[상]나라 갑골문 유물, 그리고 그런 관습이 존재했음을 어렴풋이 드러내고 있는 구약 성경에서의 기록 등을 통해 실증이 되고 있다 아니할 수 없다.

"초반 끗발은 개-끗발이다!"라든가 **"끗발이 좋은 걸 보니 마누라 속곳이라도 몰래 입고 온 겐가?"**, 혹은 세도나 연줄/인맥이 탄탄하다는 뜻과 연결된 **"끗발이 좋으니 출세도 빠르군!"** 등에서의 <끗발>은 모두 신(神)에 의해 인간사가 결정된다는 옛적의 믿음에 그 의미적 바탕을 두고 있다 하겠다.

불규칙하고 거친 자연(自然)에 대응하는 능력이 오늘날에 비해 현저히 뒤떨어진 시대 배경에서는 이러한 원시 종교적 관념이 불가피한 것이었겠지만, 문명이 발달했다고 자부하는 요즈음에도 초자연적인 힘에 기대는 관습은 여전히 남아 있으니 고대인들을 나무랄 처지가 못 되는 것이 오늘날의 우리가 아닌가 한다.

우리가 즐겨 보는 '점(占)'이라는 것도 그와 같은 것으로, 내가 하려는 '어떤 일이 잘 될 것인지 안 될 것인지' 혹은 내게 '재수가 따를 것인지 아닌지'를 미리 알고 싶어 하는 행위는 나의 일을 도와줄 것인지 아닌지를 신께 물어보던 고대적의 관습에서 비롯되었을 것이다.

8) 수메르 **giš – bar** (승부를) 정하다, 결정(판결)하다 = <끗발>

  └ ≪(zh)i-š – bar≫ **재수 – 빨**

점(占)을 치는 여러 가지 방법 중에 전통이 오래 된 것을 말해보라 하면 단연 '새'를 이용한 점술이 아닌가 싶다.

그런 맥락에서 위에 소개한 수메르어 ①, ②, ③을 다시 보면 아래의 9)와 같이도 풀어볼 수 있다. '끗발'이니 '재수-빨'이니, 혹은 '계시(啓示)-빨'이니 하는 다소 추상적으로 여겨지는 말들이 나타내는 바의 그 어휘적 의미가 구체적 행위어로서 나타난 것이 이 9)에서의 대응이 아닐까 짐작해볼 수 있다는 말이다.

> 9) 수메르 **giš – bar** = (승부를) 정하다, 결정(판결)하다.
> └, [giš - bar] (새털) **'깃'** + **빼**

한국어 〈**가볍**-다〉 및 그와 기원적 동일성을 지닌 {새 '鳥}라는 뜻의 포르투갈어 〈ave〉를 살펴본 지난 제31장에서 말했듯이, 하늘을 훨훨 날아다니는 '**새**'라는 존재는 높은 하늘에 있는 신(神)의 대리자 내지 사자(使者)인 점에서, 내가 하려는 일에 '**재수가 따를 것인지 아닌지**'를 미리 알고 싶어 하는 행위 곧 '신께서 나의 일을 도와줄 것인지 아닌지' 미리 답을 얻어 보려는 점술에 가장 적합한 매개라 아니할 수 없다. 즉 신에게 가까이 날아가 내가 하려는 일을 신께서 도와줄 것인가, 하는 답을 얻어올 수 있는 존재는 신의 사자(使者)인 '새'를 빼고는 생각하기 어렵다는 것으로, 새를 이용한 점술의 전통이 유구함도 바로 이러한 까닭이 아닐까 한다.

아래 10)으로 소개한 '새점(占)' 관련의 영어 단어 〈**auspice**〉도 이러한 역사적 배경 그리고 **연구개음(g·k)** 재구성의 원리를 적용하면 위에서 소개한 수메르어 ①, ②, ③과 기원적으로 동일한 어휘일 가능성이 높다.

오늘날 우리가 흔히 쓰는 "이사 갈 날을 **빼보다**"라든가 "결혼 날짜를 **뽑다**(빼다)"와 같은 표현들 또한 이 '**새점**(占)' 관련의 말일 가능성이 농후해 보인다.

> 10) **auspice** 새점(占)에 의한 전조, (특히) 길조
> ↖≪(g)au-s ~ pi- ce≫ (새의 털) **'깃'** + **빼기** / **빼서**

이러한 어휘 관찰을 가능하게 하는 것은, 다시 말하지만, "**모든 음절적(자립적) 모음 앞에는 연구개음(g·k)을 재구성할 수 있다!**"라는 「**연구개음(g·k) 재구성**」의 원리이고 이러한 음운추론은 역사적, 실증적 어휘자료를 통해 뒷받침되어지고 있다.

034

'갈라' 나누어 주다

allot [얼랕, 얼라트] 나누다, 할당하다, 분배하다.
　↖≪(g)al-lo-t≫ **갈르다** (가르다) ㉮ // **갈라~** (갈라주다, 나눠주다)

"**가르다**"를 음절말에 /l/이 첨가된 〈**갈르다**〉라고 하는 경우도 많다. 이때의 [갈]은 "갈라-가다" 혹은 "갈라-주다"에서의 [갈]이므로, 이번 장의 표제 단어 〈allot〉가 지닌 {나누다, 분배하다}와 의미상 동일한 내용을 가진 어휘가 되겠다.

　그런 맥락에서 "모음 앞에 연구개음(g·k)을 재구성할 수 있다!"라는 법칙을 적용해 관찰한 〈allot〉라는 단어는 ㉮줄의 한국어 〈**갈르다**〉와 다음절 그 자체로 완전히 동일한 어휘로 추정하게 된다.

　"**갈라주다**"가 {분배하다}의 뜻인 것은 원시 공동체에서의 주요한 먹이 확보 수단이었던 사냥에 기인하는 바가 클 것이다.

　다시 말해 부족민들 중 건강한 사람들은 모두 사냥에 참여하게 되고, 한패가 사냥감을 길목으로 몰아오면 숨어 기다리던 다른 한패가 창으로 사냥감을 공격하고 포획하는 공동의 사냥과정을 거치기에 그 잡아온 먹잇감을 사냥에 참여한 사람 수나 역할의 경중에 따라 자르고, **갈라**야만 했기에 {분배하다}로서의 〈**갈르다**〉란 말이 생겨난 게 아닌가 싶다.

　'칼'의 중세 고어 [갈]도 이러한 의미기초를 가지고 있는지 모른다.

　아무튼 "콩 한 조각도 **갈라** 먹는다!"는 말이 있듯, 서로 나누어 먹으면 좋은 일일 테다.

　〈allot〉와 어근에서 동일한 어휘로 아래에 소개한 단어가 있다.

allocate [앨러케이트] 할당하다, 배정하다, 배분하다.
　↖≪(g)al-lo – ca-te≫ **갈라 ~가다**
　　└ ≪(g)all-o – (zh)a-te≫ 갈라 -주다

035

시간이 '**걸리**'고 '**더뎌**(tardy)'

계속하여 "모음 앞에 연구개음(**g·k**)을 재구성할 수 있다!"라는 법칙을 적용, 영어단어와 한국어 간의 밀접한 어휘적 친연성 내지 동일성을 살펴본다.

arrear [어리어] 늦음, 더딤, 지체, 연체금.
 ↖≪(g)arr- ear≫ (시간이) **걸리어** ㉮

"시간이 많이 **걸리어** 도착한 배달 음식" 「늦음」
"석 달이나 **걸리어** 겨우 받게 된 연체금" 「지체·연체금」

예문을 읽어보면 ㉮줄의 〈걸리어〉가 이번 장의 표제 단어 〈arrear〉와 기원적으로 동일한 말임을 알 수 있다.

늦음·지체의 뜻을 가진 단어에는 아래와 같은 것도 있다.

tardy [타 –디] 지각, 늦은, 느린, 더딘.
 = [tar –dy] (시간이) **더디** [더디다] ㉯
  "버스가 어찌 **더디** 가는지, 이러다 학교에 **지각**하고 말겠군!"

waive [웨이브] 보류하다, 미루어놓다.
 = [wai – ve] **유보**(留保) 【유보 = 보류】 ①

이 〈waive〉의 단어 뜻 {보류하다}에서의 "**보류**(保留)"는 첫 번째 음절과 두 번째 음절의 순서가 바뀐 "**유보**(留保)"라는 말로도 흔히 쓰이는 점에서 ①줄의 어휘대응 가능성은 결코 적지가 않다.

이번 장에서 본 〈arrear〉/〈tardy〉와 ㉮, ㉯의 어휘대응, 〈waive〉와 ①의 어휘대응이 시사해주는 바가 무엇일까?

과연 ①의 〈**유보**(留保)〉는 한자말인가, 영어가 한자말인가, 한국어가 이 둘을 모두 포함하고 있는가? 아니면 이러한 구분이 없었던 고댓적의 인류 공동문명이 존재했던 것인가?

036

영어에도 '**개수**(wash)'**대**가 있다! / '**굽이**'쳐

앞의 장에서 /w/로 시작하는 영어단어를 살펴보았으니 내친 김에 W로 시작하는 단어를 좀 살펴보련다.

굽이치는 파도

지난 제5장에서 "(그림)그리다"가 글쓰기였었던 점을 보인 〈write〉라는 단어를 기억해주면 좋겠다. 그 제5장 말미에 소개한 바 있는 "씻다"의 〈wash〉라는 단어도 글의 재미를 더하는 의미에서 재인용하겠다.

> wash [와쉬, 워시] **씻다**, **씻어내다**, 빨다, 세탁하다.
> ↖* (g)a – sh = **가새**(씻어) '**방**' // **개수**-대 [씻는 대(설비)] ㉮

㉮줄에 적은 방언형 "**가새다**"에서의 〈가새-〉는 wash의 뜻과 완전히 동일하다는 것, 그리고 방언형으로서의 〈가새-〉는 표준어 "**개수대**"에서의 〈개수-〉와 동일한 어휘라는 점 등을 고려하고 관찰하면 된다.

write, wash에서 보는 바와 같이 /w/는 연구개음 /g/의 약화로 나타난 것으로서, 반모음 'w'를 본래의 연구개음으로 복원해 살펴볼 수 있는 단어들은 그 수효가 줄잡아 100여 개가 훨씬 넘는 것으로 추산 된다.

> wavy [웨이비] **굽이치는**, 물결 이는 ← ≪(g)a -vy≫ '**구비**(굽이)'치는 ㉯
> ☞한국식 분절 ≪(g)av -y≫ 굽이(X)

이 단어는 ㉯줄에 적은 것처럼 〈**구-비**〉라는 2음절어 대응임이 틀림없다. 공동조어시대는 개방음 즉 '개음절' 언어시대였기에 현대 한국어에서의 [**굽**]과 같은 폐쇄음(폐음절)은 존재하지 않았다고 보는 것이 수 만 단어 이상을 관찰하고 내린 필자의 결론이다.

다음 장에서 보게 될 〈warp〉/〈curve〉의 〈**구부-려**〉라는 대응을 봐도 "**굽-후**(우)-**려**"가 아니라 "**구푸/구부~려**"라고 하는 게 자연스러운 것도 그와 같은 이치에 의해 그런 것이다.

037

'굽이'쳐 / 구부-려 / 교수대(絞首臺), 형(刑) / 고사(枯死)되~

wavy [웨이비] 굽이치는, 물결 이는 ← ≪(g)a -vy≫ '구비'(굽이)'치는

warp [워-프] (목재 등을) 휘게 하다, **구부리다**. □굽혀서 <구부리다, 휘게 하다>

↖≪(g)ar-p≫ (구펴)**굽혀**~ / **구부**-려, **구푸**-려 // **굽어** // curve ㉮

↓

①※ 전동성 : gar -p'r' 구푸[부]려~　　　　　= [cur-ve] 구브, **굽어**

　㉮줄은 <warp>의 어두음 즉, 반모음 /w/를 연구개음(g·k)으로 복원해 살펴본 것이다. ①줄은 p라는 자음성질에 본원적으로 결부된 전동성(r)을 표시해 나타낸 것으로, 제12장에서 살펴본 pride에서의 <pr->를 떠올려보면 이해가 갈 것이다.

　"구부리다"의 <warp>라고 하면 생각나는 것이 아인슈타인의 '**워핑 효과**'이다.

　물체의 중력에 의해 시공간이 휘는(굽는) 현상을 워핑 효과 또는 워핑 현상이라고 부르는데, 중력이 큰 별을 지나오는 빛이 휘는 것을 관찰해냄으로써 아인슈타인의 이 이론이 사실로 입증되었다고 한다. 막대한 중력에 의한 시공간 휨 현상은 블랙홀 주위에서도 관측되고 있으며, 우주에서 관측 가능한 물질 중 가장 밀도가 높은 중성자별의 주위를 도는 초고온 상태의 금속원자의 스펙트럼선을 연구한 결과로도 이 워핑 현상이 입증된다고 한다. 수 만 광년 떨어진 먼 곳까지도 이 워핑 기술을 이용해 단숨에 갈 수 있다, 라는 상상력을 펼치는 사람도 더러 있는 듯하다.

　앞의 제36장에 나온 "**개수대**"와도 관련이 있는 <waste>를 잠깐 살펴보자.

waste [웨이스트] **구정물**; **죽이다**; **쇠약**해지다, **약화되다**, **때가 지나다**,

　　　　　　　　　　　　　　　　　= [wa-s-te] **잊으다**(망각)

↖≪(g)a-s~te≫ **교수**(絞首)~**대** ㉯ / **고사**(枯死)~**되** ㉰

↖≪(g)a-s-te≫ **개수-대**(씻는 곳)『구정물』/ **가시다**(가다·지나다, 한물가다) ㉱

㈏, ㈐, ㈑와 이 〈waste〉의 비교를 통해 유추해보면, 한자말이니, 영어-말이니, 한국-말이니 하는 구분이 없었던 고댓적의 인류 공동문명이 존재했을 것이라는 생각이 들지 않을까?

㈏줄의 교수대(絞首臺)라고 하면 떠오르는 단어가 "**형벌**(刑罰)"이다. 이때의 '**형**(刑)'은 아래에 보다시피 현대 영어 〈hang〉과 기원적으로 동일한 말일 것으로 추정된다.

> **hang** [행] **매달다**, 걸다, 늘어뜨리다, 목매달다, **교수형에 처하다.**
>
> 　　　　매달리다, 늘어지다, 걸리다, 허공에 뜨다, 공중에 떠돌다.
>
> =**【형**(刑)**】**: 형벌, 형벌하다, 죽이다.

한자말이니, 영어-말이니, 한국-말이니 하는 구분이 나타나기 이전의 고대 유라시아 공동문명이 존재했을 거라고 보는 것이 언어 비교 연구에 16년가량 몰두해본 필자의 입장이다.

038

교대(交代) 근무자를 **기다**려(wait)

앞의 장에 나왔던 "**굽다**" 혹은 "**구부리다**" 관련어를 연속해 살펴본다.

curve [커-브] **굽음**, **휨**. 곡선, **만곡부**, 만곡물.

= [cur-ve] 구브, **굽어** / **구부**-정 ※ 전동성 : cur-ve'r' **구부려**~ ①

구배(句配) "물-구배" ㉮

(손가락)**곱아** "추위로 둥글게 오그라듦" ㉯

㉮줄의 〈**구배**〉는 "물-구배"라고도 한다. 부엌과 같이 물을 많이 쓰는 곳에 물이 고이지 않고 잘 **빠지도록** 바닥의 중앙부를 약간 두둑하니 배가 부르게 하고 가장자리를 낮춰 물이 흘러내리도록 바닥 미장을 하는 것을 말한다. 단어 뜻 {**만곡부**}에 해당하는 것이다. 句配라고 적는 것은 글자를 빌려 쓴 가차(假借)에 해당한다. ①줄과 ㉯줄의 어휘대응을 아울러 고려하면 그렇게 볼 수밖에 없다.

㉯줄의 〈**곱아**〉는 "추위로 손가락이 곱아~"라는 표현에서처럼 추운 날씨에 노출된 손가락이 열량 손실을 방지하려는 신체작용 때문이겠지만 점점 오그라들어 휘게 되는 것을 뜻한다.

군복무 시절 초소 경계병을 했었던 때의 일이다. 연못이 꽁꽁 얼어붙은 한 겨울 어느 날, 그날따라 방한 장갑을 수선부에 맡겨 놓고 찾지를 못해 얇은 목장갑만으로 급히 경계를 나간 적이 있다. 두 시간 가량 근무를 서는데 나중에는 손가락이 **곱아** 아무리 입김을 호호 불어 펴려고 해도 펴지지가 않고, 굳은 채 **휘어**버린 손가락으로는 물건을 쥘 수도 없어 애를 먹었던 일이 생각이 난다.

그때는 정말 **교대** 근무자가 얼른 오기만을 **기대**하며 **기다리**는 수밖에 없었다.

wait [웨이트] **기다리다**, **대기**하다,【영국】정차하다.

　　　　　　　　　　┌ 전동성 ≪(g)a- i -t'r'≫ **기다려** ②

　　↖≪(g)ai- t≫ **기대**(期待) '기대감' ↔ (음절도치) **대기**(待機)

　　　　　　교대(交代) "교대로 오는 무엇을 기다리다"

　　②줄의 〈**기다려**〉는 위에 나온 〈curve〉의 ①줄 "**구부려**~"와 같이 자음성질에 본원적으로 결부된 전동성(r)을 표시해 나타낸 것이다.

　　제12장에서 살펴본 **pride**에서의 〈pr-〉를 떠올려보면 이해가 될 것인데, 이처럼 ≪자음+'r'≫ 형태가 원형적인 1음절임을 꼭 기억했으면 좋겠다.

039

'기우'뚱, '갸우'뚱 / '기우'다

앞의 장에 나왔던 "물-구배" 즉 **구배**(句配)와 의미적으로 동일하면서 모음 앞에 연구개음을 복원했을 때 한국어와 본디 같은 말임이 드러나는 단어를 살펴본다.

weather [웨더-] (물이 흘러내리게)**경사지게** 하다, 기후, **날씨**. (운명의)**변천**.
　　↖≪(g)e-a-ther≫ **기우다**(기울다) ㉮ // (기ㅇ타r) **까탈**(변덕) ㉯
　　※ 전동성 ≪(g)e- a'r'- ther≫ 기울다 ①

㉮줄 〈**기우다**〉는 단어 뜻 {물이 흘러내리게 **경사지게** 하다}에 상응하며, ①에서처럼 원형적 전동성(r)을 표시해 나타내면 〈기울다〉가 된다.
㉯의 〈**까탈**〉은 성정이 까다롭고 이랬다저랬다 변덕이 심함을 이르는 말이니 변덕이 심한 {기후, 날씨}와 견줄 수 있겠으며 변화와 기복이 심한 {운명의 변천}과도 연결 지을 수 있으리라.

yaw [요-] 한쪽으로 **흔들리다**, 침로에서 벗어나다, 흔들리며 나아가다. = **요**(搖) '흔들릴'
　　↖≪(g)a -w≫ **기우**(-다), **기우**(~뚱), **갸우**(~뚱) ㉰

단어 뜻 {한쪽으로 **흔들리다**}는 균형이 맞지 않아 어느 한 쪽으로 쏠리거나 기울어진 현상에 다름 아니기에 ㉰줄의 어휘대응을 고려하게 된다. 〈**갸우-뚱**〉은 이상하다는 듯 고개를 한쪽으로 기울여 생각에 잠긴 모습을 떠올려 보라.
"기울다"가 앞장의 주제인 "구부리다"와 무관치 않음은 아래의 〈oblique〉를 보면 알 수 있다.

oblique [오우블리-크] **구부러**지다; **굽은**, 바르지 못한; 빗나간, 벗어난, **기울어진**.

↖≪(g)o ‐bl ‐i ‐que≫ **구**[꾀]**불이가**(구부리어) **'방'** : 고어 [**기블어**]: 기울어

지반이 기울어지면 결국 땅이 꺼지고, 흔들흔들하다가 무너질 것이다.

crazy [크레이지] (건물 따위가)**흔들흔들하는**, **무너질 듯한**. 비뚤어진; 얼빠진 짓의,
미친.

= [cr‐a‐zy] 크으지 <(땅이‐)**꺼져**~> "건물이 흔들흔들, 무너질 듯한"

040

엮어, 질곡(桎梏) / 경(硬) '단단할'

앞장에서 〈yaw〉를 통해 관찰한 것처럼 반모음 /y/도 W처럼 연구개음(g·k)으로 복원해 어휘를 비교해볼 수 있다. 그런 단어를 하나 더 살펴보기로 한다.

> yoke [요우크] 멍에, (멍에로 맨)**한 쌍, 연결**·이어 매는 것, 인연; 멍에로 **연결**하다,
> **결합**하다; (마소를 수레·쟁기에)매다; 이어 맞추다; -을 **결혼**시키다,
> **일**을 시키다, **짝**이 되다, 동행이 되다; (고어)**속박**[압박]**하다**.
> = [yo -ke] **엮어** / **역**(役) / **욕**(수고함) ㉮ ※전동성 ≪yoʹr-ke≫ 얽어
> ↖≪(g)o- ke≫ 곡(梏) '묶다·쇠고랑·· 차꼬와 수갑·속박' ㉯
> ↖≪(k)o- ke≫ (같이)꼬기 ㉰ → ≪(ch)o -ke≫ 차꼬(수갑)

㉮줄의 어휘들 중 〈**엮어**〉는 단어 뜻 {**연결, 결합**하다}에 호응하는 말이다.

〈**역**(役)〉은 병역 또는 노역이니 {**일**을 시키다}와 호응하고, 수고롭게 일 하는 사람에게 하는 인사말 "**욕**보십니다!"에서의 〈**욕**〉이란 말도 이 뜻과 잘 어울린다 하겠다.

㉯, ㉰줄의 어휘가 연구개음(g·k)을 복원해 관찰한 것들이다. 〈**꼬기**〉는 "새끼를 꼬다"에서처럼 두 가닥 이상의 결합이니 {**연결, 결합**하다}에 호응한다.

〈**곡**(梏)〉은 "속박해 자유를 가질 수 없게 하다" 혹은 "차꼬와 수갑"의 뜻인 질곡(桎梏)이란 말로 쓰이는데 고어에서의 단어 뜻 {**속박**[압박]**하다**}와 호응한다.

> young [영] 젊은, **어린**, 나이가 아래인. 새로운, 된 지 얼마 안 되는; 젊은이들. **새끼**.
> 한창 젊은, **쌩쌩한, 기운찬.** 경험 없는, **미숙한.** (과일·술 따위가) **익지 않은**,
> = young, **영**(嬰) '갓난아이·영아' ① // '**용**'을 쓰다 [기운찬·쌩쌩한]
> ↖≪(g)oung≫ **경**(硬) '단단할'[익지 않은] = ≪중국음: ying 잉≫ ②
> **경**(輕) '가벼울·경솔'

{**새끼**}라는 단어 뜻은 "영유아"라고 할 때의 ①줄 〈**영**(嬰)〉과 호응한다.

"용을 쓰다"에서의 〈**용**〉은 기운을 내다, 라는 의미이기에 {기운찬}이란 단어 뜻과 어울린다고 생각된다.

②줄 〈**경**(硬)〉은 단어 뜻 {**익지 않은**}과 어울린다. 익지 않은 과일은 단단하기 때문이다. '硬'의 현대 중국음이 ≪**ying** 잉≫이라는 것은, /**w**/가 그러하듯, 반모음 /**y**/가 연구개음 (**g·k**)으로부터 산생되었음을 증거하고 있는 것이다.

041

방귀 '뀐다' / 스물 스물(smell) 냄새

smell [스멜] 냄새, 향기. 악취, 후각, 냄새 맡다, –의 냄새가 나다, 악취를 풍기다,

= [s – mell] **스물** "스물 스물 냄새가 피어오르다" ※방언 <**스멀**~>

"스물 스물 냄새가 피어오르다"에서의 <**스물**>은 현대 한국어에서 악취라는 뜻으로 의미가 축소된 경향이 있지만, 본래 <smell>과 동일한 말일 가능성이 커 보인다.

'**냄새**'라고 하면 방귀-냄새를 빼 놓을 수가 없다.

wind [윈드] **바람**, 바람에 **풍겨오는 냄새**, **위장 안의 가스**; **누설**, 소문, 낌새.

바람에 **쐬다**. 냄새 맡아 알아내다. ♣break wind : 방귀 뀌다; 트림하다.

↖≪(k)in –d≫ (방귀)**뀐다** ㉮ → ≪(sh)in –d≫ (소문)**샌다**! ①

(바람)**쐰다**! / **쐰다 '방'**

연구개음을 복원한 경우의 <wind>를 ㉮와 같이 추정함은 단어 뜻 **[위장 안의 가스]** 그리고 **[바람에 풍겨오는 냄새]**에 근거하고 있고, **[방귀 뀌다, 트림하다]**라는 뜻의 관련 숙어 ≪break wind≫가 존재하기 때문이다.

방귀 관련 표현에 "그 동네에서 **방귀 꽤나 뀐다**"라는 것이 있다. 이때의 방귀는 힘 꽤나 쓴다, 영향력이나 세도가 있다는 비유다. 식량이 귀했던 원시 적에 방귀 꽤나 뀌려면 삼시 세끼 거르지 않고 식구들 밥 안 굶길 정도의 사냥 솜씨나 완력이 필요했을 법도 하다. 완력이 세면 작은 세도는 따르던 시절이었으리라.

"**방귀가 길 날만하니 양식 떨어진다**"라는 속담도 있다. 먹거리가 흡족해 방귀 뀌는 일이 잦던 차에 보릿고개가 와 양식이 떨어짐을 이르는 표현이니 이 속담 에서도 방귀가 먹거리의 비유로 쓰였다 하겠다.

①줄의 <**샌다**>는 단어 뜻 [누설]에 호응하며, 연구개음 /k/의 구강 앞쪽 이동 즉 전향

화(前向化)로 인한 변화형 /ʃ/ 혹은 /S/의 출현을 상정한 결과이다.

'**냄새**'는 후각기관인 '**코**'를 통해 느껴진다.

> aura [오-러] 물체에서 발산하는 기운, **방향**(芳香) 따위의 감각적 자극
> aromatic [애러매틱] 향기 높은, **향기**로운. 향료; 향기 높은 식물.
>   ↖≪(k)ar- o- ma- t~≫ **코로** ~ (마튼)**맡아** ㉯

위에서 예로 든 "방귀 꽤나 **뀐다**"에서 <**꽤나**->라는 말도 영어에 본래 존재했음을 보자!

> enough [이너프] 충분, **충분한 양**·수, 많음; 상당히, **꽤**.
>   ↖≪(g)e- nou- gh[흐]≫ **꽤나** (많이도·퍽도) *{충분한 양}
>   **꽤나** ~퍼 "**꽤나** 퍼주고도 남는 충분한 양"

> inert [이너-트] **둔한**, 활발하지 못한, 생기가 없는, 활동력이 없는.
>   ↖≪(k)i- ner-t≫ **꽤**(많이·제법) ~**느리다** → ≪(sh)i- ner~≫ **시나** (-브로)
>   '천천히'

> ※ "방귀 꽤나 뀐다고 남을 **업수이'방'** 여기지 마라!" ②

이 예문 ②에서의 방언형 <**업수이~**>는 남을 "깔보아-, 낮추어-, 멸시해-"라는 뜻이다. 이 예문을 완전히 같은 의미의 아래 예문 ③과 같이 바꾸어 적을 수도 있다.

> ※ "방귀 꽤나 뀐다고 남을 **새피하게'방'** 여기지 마라!" ③

> shabby [쇄비] **초라한**, 누더기를 걸친. 입어서 낡은, 더러운, 꾀죄죄한, 비열한, 인
>   색한.
>   = [sha- (P)y] **새피** (새피-하게 = 초라하게) '**방**'

예문 ③에서의 <**새피~**>가 영어 <shabby>일 가능성이 크다고 생각된다.

> ※ "방귀 꽤나 뀐다고 남을 **초라하다** 여기지 마라!" ③'

〈shabby〉 즉 〈새피~〉는 모음이형태 및 제2음절 순음(脣音) 약화를 상정해 아래 ④줄과 같이 추정할 수 있는지도 모른다.

※ 고어 [**수비**]: 쉬

*[sha- Py] 새피, 새피, **시비** ~ **수비** > **수이** > 쉬 ④

다시 말해, 예문 ②에서의 방언형 〈**업수이~**〉의 뒷부분 "**-수이**"는 이 ④줄의 가정에 의하면 〈**새피~**〉 즉 〈**shabby**〉일지도 모르는 것이다.

042

이불을 '**개다**' / **거둬**(거두어) 들이다.

반모음 /w/가 연구개음(**g·k**)으로부터 산생되었음을 보여주는 단어를 다시 소개한다.

wad [와드] (작은 덩이로) **뭉치다**, (충전물을) **채워 넣다**, (탄환·화약을) **재다**.
↖≪(k)ad≫ (이불·흙을)**개다** ㉮ → ≪(zh)ad≫ (탄알을)**재다** ㉯
≪(ch)a-d≫ (알)**차다**, 채우다 ①

㉮줄의 〈**개다**〉는 단어 뜻 {뭉치다}에 호응한다. 이불을 **개는** 것은 이불을 덩이지게 뭉치는 것이고, 이를 장롱에 차곡차곡 재어 넣는 것이 단어 뜻 {재다}이고 {채워 넣다}이다.
흙을 개어(뭉쳐) 담장 빈틈에 채워 넣는 일도 같은 의미맥락일 것이다.

㉯줄 "**재다**"의 {재}는 **k** → 'zh'로의 구개음화에 의한 결과이고, ①줄 "**차다**"의 {차}는 **k** → 'ch'라는 연구개음 /k/의 구강 앞쪽 이동 즉, 전향화(前向化)로 인한 변화형 /ㅊ/의 출현을 상정한 결과다.

"뭉치다"의 〈**개다**〉는 아래의 〈**gather**〉와도 의미상으로나 어형상으로 모두 관련이 있어 보인다.

gather [개더-] 그러모으다, **모으다**, **거두어**들이다, 수확하다, 얻다, 수집하다, 따다, 채집하다, **걷어** 올리다, 점차 늘리다, 모이다, 증가시키다, 주름을 **잡다**.
= [ga-ther] **거둬·거두어**(-들이다), **걷어** ㉰/ (이불을-)**개다** [그러모으다] ㉱

이 단어는 ㉰줄의 어휘들과 본래 같은 말일 가능성이 매우 높다.

{그러모으다}라는 뜻으로는 ㉰줄 〈**개다**〉와도 기원적 동일성을 추정할 수 있겠다. 그 점에서 위의 〈**개다**〉와의 대응어휘로 상정한 〈**wad**〉를 연구개음(**g·k**) 복원으로 관찰함에 대한 음운적 증거를 이 **gather**가 제공하고 있다고 봐도 좋다.

<gather> ga -ther **개다** (그러모으다)

   └ *(g 약화) ≪(w)a-ther≫ wa-ther → wa-th → wad <u>wad</u>

              (이불)**개다** ≪(g)ad≫ ↗

043

이삭을 '**거둠**' / **모아**(more), **규합**(糾合)

앞장의 〈gather〉는 수확물을 거두어들이거나 이삭을 그러모으는 등의 가을철 수확과 밀접한 단어임에 분명하다.

> gather [개더-] 그러모으다, **모으다**, **거두어**들이다, 수확하다, 얻다, 수집하다,
> 따다, 채집하다, **걷어** 올리다, 점차 늘리다, 모이다, 증가시키다.
> = [ga-ther] **거둬·거두어**(-들이다) "벼를 거두어들이다, 이삭을 그러모으다"

{가을}의 뜻을 지닌 영어 autumn도 바로 이때의 곡식을 거두어들임을 표현한 어휘로 여겨진다.

> autumn [오-텀] 가을, 가을의 **수확**, 성숙기, 초로기(初老期).
> = [au - tumn] 어톰, 어둠 <**얻음**> "만물을 **거두어** 얻는 가을, 수확"
> ↖≪(g)au- tum ~ n'r'≫ **거둠** ~ 날(계절) ※ 원형적 전동성(r) 재구성.

가을 들판에서 이삭을 줍는 일은 프랑스 사실주의 화가 밀레(1814~1875년)의 유명한 그림 **'이삭줍기'**에 잘 나타나 있다. 파리에서의 생활을 접은 밀레가 바르비종으로 이사를 한 후 농사일도 같이 하면서 그린 그림이라고 한다.

이삭을 주워봐야 얼마나 모을까 싶지만 끈기 있게 꾸준히 하다보면 gather의 단어 뜻에 있는 {점차 늘리다, 모이다}가 불가능하지만은 않을 것이다.

> more [모어] ※ many, much의 비교급 = 더 **많**은, 더 큰, 더 훌륭한, 더 높은,
> = [mor - e] **모아**, **모여** 「증가」 ㉮   "모여 증가 되어 더 많은"

｛더 많은, 더 큰｝ 것은 모아서, 모여서 됨이니 ㉮줄 〈모아〉/〈모여〉와 **more**가 기원적으로 동일한 어휘일 것으로 여겨진다.

모으는 대상이 **'사람'**일 때는 〈**규합**(糾合)〉이라고 한다. 아래의 **group**이란 단어가 사실은 바로 그 **규합**(糾合)이라는 어휘와 동일한 것임을 누가 알리오?

> **group** [그룹, 그루-프] **떼**, 그룹, 집단, 단체, **기업 그룹**, 당파, 떼를 짓다, **모이다**, 모으다.
>
> ↖≪gr -(h)oup≫ **규합**(糾合) "세력을 **규합**하다" // = [gr-oup] **기업**(企業)

044

'아껴' 모으다

앞장에서 본 "**모이다, 모으다**" 관련어를 계속해 살펴본다.

> accumulate [어큐 –멸레이트] 조금씩 **모으다**, 재산을 **축적**하다, 쌓이다, **모이다**;
> (불행이) **겹치다**.
> = [ac – cu – mul– a – te] '**방**' 액껴(아껴) ~ **몰리다**(모이다)/ [**몰위다**]: 모이다 ㉮
> ㉯ **악귀**(惡鬼) ~ **몰리다**(모이다) "악귀 몰려 불행이 겹침"
> = [acc – u – mul– a – te] '**돈**' 액(額)이 ~ [**몰위다**]: 모이다 / **몰리다**(모이다) ①
> '**재앙**' 액(厄)이 ~[**몰위다**]: 모이다 / **몰리다**(모이다)

바로 밑에서 보게 될, 다른 단어 〈economy〉의 분석 등을 참고할 때 이 단어는 ㉮줄로 추정한 바의 어휘구성일 것으로 본다. 물론 참고로 적어놓은 ①줄의 경우도 의미내용상으로는 ㉮줄과 크게 다르지는 않다.

단어 뜻 {불행이 겹치다}와 관련해 ㉯줄 〈**악귀**(惡鬼)~**몰리다**〉를 추정함은 고대인들이 그렇게 생각했을 것으로 보기 때문이다. 즉 현대적 의료가 없이 맞닥뜨리게 되는 질병이나 전염병, 그리고 영문도 모른 채 맞게 되는 화산폭발에 의한 대규모 재난 같은 것은 "**악귀들이 몰려와 해를 끼친다!**"라는 주술적 해석 말고는 달리 이해할 방법이 없었던 시대임을 감안한 어휘추정이다.

㉮줄에 드러난 "**아끼다**" 즉 그 방언형 "**애끼다**"는 단어 〈economy〉에 그대로 나타난다.

> economy [이카너미, 이코너미] **절약**, 절검(節儉), 값싼, 경제적인.
> = [e –co – nom – y] '**방**' 애껴 [아껴] ~ **남아** ㉰
> ↖≪e –co – nom –(g)≫ '**방**' 애껴 [아껴] ~ **남겨** ②

단어 뜻 [절약, 절검]은 양식이나 물건 등을 덜 쓰고 아껴서 남기는 것이리라.

어머니들이 밥을 할 적에 쌀을 한 숟가락씩 덜어내 따로 단지에 모아두었다가 집안에 긴요한 일이 생기면 그것을 팔아 보태곤 했던 그런 절약이 생각나는 단어다.

단어의 맨 끝 /y/를 연구개음(g·k)으로 복원해 살펴볼 수 있음은 제26장에서 관찰한 영어단어 〈buy〉 및 제39장의 〈yaw〉를 떠올려보면 된다.

045

'**거저**' 먹다! / '**금**'이 가다! / '**별거**' 하다.

앞장에서 본 "**모으다**"는 노력하여 열심히 살아가려는 태도라고 할 수 있다. 이번에는 이와 반대되는 관련어를 한번 살펴본다.

> easy [이-지] **쉬운, 힘들지 않는**, 편안한, 평이한, 마음 편한, 느긋한; 무사태평하게.
>
> ↖≪(g)ea -sy≫ **거저**~(힘들이지 않고) // **거지** (노력하지 않고 얻어먹는 사람)

"거저먹으려 든다!"라는 표현에서의 〈**거저**~〉는 easy의 단어 뜻 {**쉬운, 힘들지 않는**} 자리만 골라가며 옮겨 다니거나, 동료들이 힘들게 이루어놓은 업적에 슬그머니 숟가락만 얹으려 드는 태도를 가리킨다.

이처럼 노력하지 않는다는 의미에서는 동냥으로 먹고사는 사람을 가리키는 〈**거지**〉라는 말도 이 easy와 기원적으로 관련성이 큰 어휘라고 추정할 수 있다. 옛날에는 먹을 수 있는 식물이 산야에 늘려있어 열심히 다니고 채집하면 아쉬우나마 끼니를 해결할 수 있었기에 동냥으로 먹고사는 사람을 게으르다거나 노력하지 않는 사람이라 나무라기도 했었다.

앞의 제42~43장에서 〈**gather**〉를 살펴볼 때 언급했던 가을철 추수와 같이 바쁘기 이를 데 없는 농사철에 이처럼 거저먹으려 드는 사람이 있다면 나머지 사람들이 얼마나 힘들고 속이 상할까? 어딜 가나 의무를 다하지 않고 빠져나가거나 옆길로 **새버리**는 사람들이 있기 마련이다.

> separate [세퍼레이트] **떼어**[갈라]**놓다**, 별거시키다, **분리**하다, 구별하다. **이탈하다.**
>
> = [se - par-a-te] **새**(사이)~ **벌리다** / **새버리다** ㉮ **별거**(別居)**타!**
>
> ↖≪se - **par**- (g)a-te≫ 새(사이) ~ **벌기다**(벌리다) '**방**'

㉮줄의 〈새버리다〉가 자신의 의무를 다하지 않고 빠져나간다는 뜻이고 이 단어의 {이탈하다}에 호응하는 말이다. 이런 사람들이 많을수록 공동체 구성원들 사이에 "금"이 가기 시작하고, 급기야 서로 갈라서는 사태가 벌어진다.

worm [웜-] (금속·도자기 따위에) **금**이 가다. ← ≪(g)or-m≫ **금**(-가다)
└,≪(h)or-m≫ 흠(흠집)

collision [컬리젼] 충돌, 대립, 불일치 = [col-li-sion] **갈라선, 갈라진~**
collide [컬라이드] **충돌하다**, 충돌시키다, **상충되다, 대립**하다.
= [col-li-de] **갈리다**　□의견이 갈려 <**충돌하다, 대립**하다, **상충되다**>

046

'건들' 거리는 건달 / '거부(拒否)'하다 / '궐기(蹶起)'하다

앞장에서는 〈separate〉 즉 〈새버리다〉를 자신의 의무를 다하지 않고 빠져나가거나 이탈하는 사람들로써 단어를 풀어보았다.

이 단어가 남의 눈을 피해 은근슬쩍 자리를 이탈한다는 의미를 가진 반면, 아래에 소개할 〈object〉는 노골적으로 드러내어 어떤 일에 대해, 혹은 공동체가 함께 하는 일에 대해 반대한다는 의미를 가진다.

object [어브줵트, 업줵트] **반대하다**, **항의하다**, **이의**를 말하다,

↖≪(g)o -b ~ je -c -t≫ **거부**(拒否)~ **제끼다**(보이콧·거절) **'방'** ㉮ ※개음절

단어 뜻 {반대하다, 항의하다}는 ㉮줄의 "거부(拒否)" 및 "제끼다"와 잘 호응한다. 방언 〈**제끼다**〉는 무엇을 하자는 권유 혹은 무엇을 하라는 지시를 따르지 않고 거부한다는 뜻으로, 이 단어의 뒷어절 〈-ject〉에서의 'c'가 개방음 즉 개음절로 실현되었을 경우에 가능한 어휘이다.

이러한 거부(拒否)가 단체행동으로 나타난 것이 무엇을 반대하거나 촉구하는 대중 집회 즉 "**궐기대회를 열다**"에서의 〈**궐기**(蹶起)〉이다.

urge [어-쥐] ~하도록 **촉구하다**, 재촉하다, 주장을 **역설하다**.

= [ur- ge] **우겨**~ (우기다·역설하다) ㉯ ↖ ※〈-ge〉는 영어에서 **구개음화**되었다!

↖≪(g)ur- ge≫ **궐기**(蹶起) '궐기하다·촉구하다' ㉰ : (어-)**거지** '억지' ①

㉯줄 〈**우겨**〉는 주장을 굽히지 않는 태도로, 단어 뜻 {**주장을 역설하다**}에 호응한다.

urge의 〈-ge〉가 영어에서 [-쥐]인 것은 본래 '**g**'가 가진 /k/음에서 구개음화된 결과이고, 이는 ①줄의 〈어-거**지**〉도 마찬가지다. 반면에 ㉯줄 〈우-**겨**〉 및 ㉰줄 〈궐-**기**〉는 본래의 /k/음이 유지된 어휘갈래다.

wander [완더-] (걸어서)돌아다니다,　배회하다,　**어슬렁거리다**,　옆길로　빗나가다.
헤매다,

㉥　↖≪(g)an‒der≫ **건달** '놀기만을　즐기는　사람' // **건들**건들 '일없이　다니는　모양'

　자신의　의무를　다하지　않는다는　의미로는　㉥줄의　건들건들　일없이　돌아다니는　〈**건달**〉
이　연상되기도　한다.　제16장에서　살펴본　〈**개겨~**〉　즉　**wag**라는　단어도　떠오른다.

047

교육(敎育), 깨우기, 깨우쳐~

앞의 장 말미에 나온 **"건달"**들은 참된 인간이 되도록 교육을 시키고 잘못을 깨닫도록 함이 마땅하리라.

> awake [어웨이크] (잠에서)**깨우다**·깨어나다·눈뜨게 하다; **각성시키다, 각성**[자각]**하다.**
>
> 깨닫게 하다, **깨닫다.** (**기억·의구**·호기심 따위)불러일으키다.
>
> = [a-wa-ke] (으이키, 이기) **의구**(疑懼) '의구심'
>
> ↖≪(g)a-wa-ke≫ (잠)**깨우기** ★ ㉮ / (기이키, 기익이) **기억**(記憶)**이** ㉯
>
> └,≪(g)a-wa-(ch)e≫ **깨우쳐** ㉰ / **교육**(敎育)**이** ㉱
>
> ※≪(g)a-wak-e≫ 기억이, 교육이 ① (X)

"모음 앞에 연구개음(g·k)을 재구성할 수 있다!"라는 법칙을 적용해 관찰하면 ⟨awake⟩는 ㉮줄의 ⟨**깨우기**⟩와 본디 같은 말임을 확인할 수 있다.

㉯줄 ⟨**기억이**~⟩와 ㉱줄 ⟨**교육이**~⟩는 한국어의 주요한 특징인 **폐음절 되기**를 상정함으로써 추정이 가능한 어휘대응이다. 맨 밑 ①줄과 같이 분절해 이러한 어휘들을 발견할 수 있지만, 영어와 한국어 비교 일반론에 비추어 타당한 분석은 아니다.

"**교육**(敎育)"을 어휘대응으로 추정함은 단어 뜻 {**깨닫게 하다, 각성시키다**}에 근거한 것인데, 각성(覺醒)의 "각(覺)"이 ≪깨닫다, 터득하다, 깨우치다, 깨달음, 깨닫게 하다≫인 점도 이에 대한 충분한 근거가 되리라 본다. 교육이 사람을 {**눈뜨게 한다**}.

연구개음을 복원한 형태 ≪(g)a-wa-ke≫에서의 제3음절 ⟨-ke⟩는 k의 구강 앞쪽 이동 즉, 전향화(前向化)로 인해 /tʃ/ 곧 /ㅊ/으로의 변화가 일반적이므로 ㉰줄의 ⟨**깨우쳐**~⟩도 연관어가 될 수 있다. "각(覺)"의 ≪깨우치다≫와 의미상 동격임을 눈여겨봐야 하겠다.

이 3음절어 〈awake〉의 부분이라고도 할 〈wake〉는 아래와 같다.

wake [웨이크] **야기**시키다·**잠깨다**·**일어나다**, **각성**하다, **소생시키다**,
　　　　(기억·노염)**불러일으키다**.　　　　　　　　　= **약**(藥) '소생'
= [wa-ke] **야기**(惹起) // **욕**(慾) '마음이 일어나다, 욕망' // **억**(憶) '기억'
↖≪(g)a-ke≫ (잠)**깨기** // **각**(覺) '각성' → ≪(g)a -(w)e≫ **깨어**

이처럼, 수학공식을 적용하는 것과 다를 바 없이 연구개음(g·k) 재구성이란 법칙을 적용해 영어와 한국어를 비교 관찰해보면 언제나 눈에 띄는 한 가지 두드러진 점이 있으니, 그것은 바로 〈**깨우기**〉와 〈**교육**(敎育)〉이란 어휘에서처럼 이른바 순수 한국말이라는 것과 한자어라 불리는 말이 본디 동일한 하나의 어휘로 수렴된다는 것이다!
　영어에서 교육(敎育)의 뜻으로 주로 쓰는 단어를 관찰해보자.

educate [에쥬케이트] 기르다, 훈련하다, (동물을)**길들이다**. **교육하다**.
↖≪(g)e-du ~ ca-te≫ → ≪(g)e-du ~(h)a-te≫ 계도(啓導)**하다** ★ ㉱
② ※ ca~te = **카다**(하다) '방' // 가두ㅎ다 〈**가두으다**〉 "가둬 길들임" ㉲

　㉱줄 〈**계도하다**〉는 단어 뜻 {**교육하다**}에 잘 호응하는 말이다.
　㉲줄 〈**가두다**〉는 단어 뜻 {**기르다, 동물을 길들이다**}에 상응하는 어휘라고 생각된다. 야생의 말이나, 야생 염소 등을 잡아와 울에 "**가두어**"두고 먹이를 주면서 길들인 것이 오늘날의 가축임이 분명하므로 이러한 어휘추론이 가능한 것이다. 즉 {**동물을 길들이다**}를 원형적 측면에서 더 정확히 표현하면 {동물을 가두어 놓고 길들이다}가 된다. **가두**지 않으면 도망 가버려 **길들일** 수가 없다!
　이 ㉱, ㉲의 추론이 가능한 것은, 이 단어의 뒷어절 〈**~ca-te**〉가 ②로 적었다시피 한국어 방언형 "**카다**"와 기원적으로 동일한 것이기 때문이다.

　방언형 "**카다**"는 무엇 무엇을 "**하다**"라는 행위(行爲)/동작의 뜻, 그리고 어떤 것을 "**말하다**"라는 언어표현, 이렇게 두 가지 뜻을 가진다.

　"그 **카**지 마라!" = 1) 그렇게 행동(동작)**하**지 마라!
　　　　　　　　　　2) 그렇게 **말**하지 마라!

"**카다**" 즉 〈~ca-te〉에서의 'c' 곧 /k/음의 기식음화(h)에 의해 중세 한국어 [**ᄒ**다] 및 현대 한국어 〈**하**-다〉가 출현했음이 틀림없다.

인터넷 다음 까페 《한국고대사》에 의하면, 전 세계에 존재하는 모든 개(dog)들의 유전자 원형이 동아시아의 늑대라고 미국 찰스턴대학 연구팀이 2004년 미국과학진흥회에 보고서를 냈다고 한다. 늑대들 중 비교적 순한 품종을 집안 울에 가두어 두고 오랜 기간 먹이를 주어가며 사람을 따르도록 길들였음을 입증해주는 과학적 뒷받침이 아닐 수 없다.

그렇게 가두어 두고 길들임이 곧 {**기르다**, **길들이다**, **교육하다**}의 원형이다.

048

고될(ordeal) / 실력이 '는'다! / 꼰대(선생님)

앞장의 주제인 계도와 교육은 사회에 나가 적응할 수 있는 기량과 스스로 삶을 개척해 나갈 수 있는 역량을 갖추도록 하는 훈련이다.

그런 훈련과 지도를 마다 않고 애써주시는 선생님의 노고가 얼마나 크고 고될 것인지 마음에 새기고 있다면 1분 1초도 공부에 소홀할 순 없으리라.

> ordeal [오-디얼, 오-딜-] **고된** 체험, 호된 시련.
>   ↖≪(g)or -deal≫ **고될** (고되다)   →   ≪(h)or -deal≫ 호될
>   ※ arduo (포투) 고된 ← ≪(g)ar-du-o≫ **고되어**

선생님께서는 수업하러 오실 때 늘 책과 함께 훈육용 막대를 휴대하고 오셨다. 요즘은 어떤지 모르지만 필자가 중고등학교를 다닌 1970년대는 그랬었다.

> wand [완드, 원드] **장대**, 막대기, **권표**[직권을 표시하는 관장(官杖)], **지휘봉**.
>   ↖≪(g)an -d≫ **간대**(장대) '**방**' ㉮ ※ '장대' 간(竿)
>   **꼰대**(선생) '**방**' ㉯ // 관(官)·권(權) ~ **대**(막대) {권표}

'선생님'을 가리키는 비속어로 다들 알고 있는 〈꼰대〉라는 말의 어원은 ㉯줄에서 보다시피 선생님께서 가지고 다니시는 훈육용 막대에 기인한다. **wand**의 전반적 뜻에서 짐작하면 막대는 원래 직권을 나타내던 권표(權標) 즉, 권한을 상징하는 지휘봉이었다. 쉬는 시간, 자욱한 먼지를 일으키며 수업종이 칠 때까지 복도에서 장난을 치다 "야, **꼰대** 떴다! **꼰대** 온다!"하며 교실로 뛰어 들어가던 기억을 다들 가지고 있을 테다.

그런 기억과 더불어 선생님의 권표(權標) 즉, 지휘봉으로 손바닥을 맞았던 기억 또한 남학생으로 청소년기를 지나온 사람들이라면 다들 가지고 있을 것이다. 선생님의 그런 훈육 덕분에 우리의 실력이 늘었으리라!

unlearn [언런-] (배운 것을) 잊다. = [un~ learn] **안** ~ **는** (숙달된·향상된)

learn [런-] **배우다**, 익히다, **공부**하다, **연습하다**, **암기하다**, 기억하다, 듣다, 체득하다.

들어서 알다. 겪어 알다,

=**[는]**'실력이 늘어난'

실력이 "는" 것은 {배우다, 연습하다, 암기하다}의 과정이 있었기 때문이고, 실력이 "**안**(un)-는" 것은 {배운 것을 잊다}의 결과일 것이다!

049

기술 '**닦아**' / 도(道) '**닷가**(task)' / **놔**(놓아) ~**뒤라**!

지나고 보니 선생님의 훌륭하신 지도 덕분에 우리의 실력이 갈고 닦아진 것임을 알겠다.

technique [테크니-크] **기술**, 전문기술, 수완, **솜씨**, 역량, 수법, 기법, 기교.
= [te - ch - ni - que] 특크니크, 톡으니까 <**닦으니까** ~>: 닦으므로

자꾸 **닦으니까**, 닦을수록 {기술, 수완, 솜씨, 역량, 기교} 가 날로 느는 법이다!
산에서 도(道)를 닦는 것도 **닦기**는 마찬가지일세!

task [태스크, 타-스크] (일정 기간에 완수해야 할)일, **임무**, **작업**, **과업**. 노역, 고된 일.
= [ta - s - k] (투스크, 톳카) = 고어 [**닷가**]: 닦아 "도를 ~ **닦다**"

※ 폐음절 되기!

그냥 "**놔 두라**!" 하고 방치했다면 오늘과 같은 멋진 기량과 실력을 갖출 수 있었겠는가?

natural [내처럴] 천연의, 자연 그대로의, 자연 발생적인, 가공하지 않은, 타고난.
nature [네이처] **자연**, 자연현상, 자연 상태, 천성, 본성, 본래의 모습, 미개상
태, 충동,
= [na - tur-e] **놔**(놓아) ~ **두라**! / **뒤라**! 「자연 상태 그대로 내버려 두라」
내(놓아) ~ **뚜라**! '**방**' 「내버려 두라!」

{**자연 상태**} 그대로 {**미개상태**} 그대로 놔(놓아) 두거나, {**자연**} 그대로 살게 내버려 두면
실력이 늘지 않고 가량이 닦이지가 않는다!

native [네이티브] **타고난**, 선천적인, 나면서부터의, 본래의, **자연 그대로의**, 원
산의, 출생의, 출생지의, 제나라의, 토착의, 그 지방 고유의,
원주민, 토착민, 자생종.
= [na – ti –ve] **놔**(놓아) ~ **두** -**삐** -라! [놔 둬버려!] **'방'**
놔(놓아) ~ **둬** -**버** -려!

050

풀어~ / 이끌어~ / '이글'거려~

앞장에 연결해서 말하는 바이지만 자연 상태로 풀어놓기만 해선 기량이 늘지 않는다.

free [프리-] 자유로운, **속박 없는**, 얽매이지 않는, **구속 없는**, 마음대로의, **방종한**,
해방돼 있는, 면한, **비어** 있는, 쓸 수 있는. 무료의, 입장 무료의.
= [fr - ee] 플이, 플오 <**풀어**~>　　※속박 없이 살도록 노예를 **풀어**주다.
퓌오, 비오 <**비어**~>: 시간 따위가 비어 있는
※ 'r'은 떨림(후굴) 성질의 **모음**역할 또는 **자음** /r, 1/로 된다.

선생님께서 교육으로 이끌어 주셔야 미래를 개척할 역량이 생긴다.

escort [에스코-트] **호송**하다, **파트너**[상대] **노릇을 하다**.
= [e-s- cort] 이스쿠투, 잇크두 = 고어 [**잇그다**]: 이끌다 ㉮
⤷ ※ 폐음절로 축약된 경우임!

{호송하다}를 참고해 단어 뜻 {파트너 노릇을 하다}를 생각해보면 "파트너로서 **이끌어** 주다"이다. 예를 들어 초보인 사람에게 춤을 **이끌어**주어 **지도**하는 파트너의 뜻인 셈이고, 그런 맥락에서 ㉮줄 [**잇그다**]가 어휘대응으로 가능한 것이다.

교육은 교육을 받는 각 개인의 자질과 특성에 맞는 맞춤식 교육이 최대한의 효과를 낼 수 있지만 그렇게 할 수 있는 현실적 뒷받침은 말처럼 쉬운 건 아니리라.

each 각각의, 각자의, 제각기의, 각~ ← ≪(g)ea-ch≫ **개체**(個體) '각각의 개체'

환경보다 더 중요한 것은 목표를 향한 불타는 집념과 끈질긴 노력이다!

eager [이-거] **간절히** 바라는·간절히 하고 싶어 하는; **열망하는**; 살을 **에는** 듯한.

= [ea-ger] **애걸**(-복걸)/ '**이글**'거리는~(눈빛) → ≪ea-(zh)er≫ 애절(哀切)

↖≪(g)ea-ger≫ **게글**~스럽게 , 먹다 → ≪e-a-(w)er≫ (살을)**에이어**~

alkat (러) 강하게 구하다·갈망하다·굶주리다. ← ≪(g)al-ka-t≫ **갈구**(渴求)~**타**

"애타게 구하다"

051

열매 '**열~**' / **결**(結) '열매 맺을' / **겨루어~**

교육 환경이란 외적 요소와 학생의 노력이라는 내적 요소가 어우러져 마침내 교육의 결실이 나타날 때가 선생님들의 기쁨이 제일 클 것이다.

> ear [iər, 이어] (**보리** 등의)이삭, (옥수수의) **열매**.
>
> =【**열**~(열매·열다) / [**여름**] '열매' 】
>
> ↖≪(k)ear≫ **결**(結) '열매 맺다': **과**(果) / '**개**'떡(보리떡)/ **과**(稞) '보리·알곡식'
>
> ∟, ≪(sh)ear≫ **실**(實) '열매'

지금까지 보아왔다시피 연구개음(**g·k**)이 원형적 자음성질이다. 이를 기초로 추정컨대 〈**결**(結)〉/〈**실**(實)〉이나 〈**열**(열매·열다)〉이 모두 동일 기원에서 산생된 어휘들이고, 현대영어 〈ear〉도 이들과 동일 기원어임이 분명하다.

배움의 과정에는 실력이 어느 정도 향상되었는지를 시험 쳐 평가하는 것이 포함된다.

> test [테스트] 성능·정도 따위를 **시험**[검사]**하다**. 조사하다. 가치[진위]를 판단하다, 검사를 받다, **시험**, **검사**, **분석**, 시험의 수단[방법], **시험결과**, 평가.
>
> = [te‐s‐t] 퇴시투, 투시두 〈(입맛-) **다시다**〉 ㉮
>
> 퇴스투, 되스두, 딧으두 〈**됐다!**〉 ※'**대**'나무-**서다** [무속 테스트]
>
> = [tes‐t] 퇴ㅅ투, 딧두 〈**됐다!**〉 ㉯ ↖ ※폐음절 축약!

㉯줄 "**됐다!**"라는 {시험결과}를 얻기 위해 끈기로 매진해온 날들이 그 얼마인가!

실력의 정도를 상대적으로 평가, 측정하는 것을 다른 말로 "**겨루다**" 즉 서로 "**겨루어보다**"라고도 한다. 무술수업에서의 "**겨루다**"는 실제 전투와 진배없다.

<u>war</u> [워-] 전쟁, **싸움**, 교전상태, 병법, 전략, 다툼, 불화, 투쟁; (고어)전투.

ㅏ≪(g)ar≫ **겨뤄**~ ※(독일) Wehr ※(중세불어) guere = **겨루어**

위 ㉮줄 〈(입맛-)**다시다**〉라는 것도 맛의 측정·평가의 뜻을 담은 말인 듯싶다.

<u>taste</u> [테이스트] 조금 먹다, **맛보다**, **시식하다**, 맛을 느끼다, 맛이 나다, 맛, 맛
　　　보기, 한 입,
　　= [ta-s-te] (입맛을-)**다시다** 「맛을 느끼다」// (한 입-)**다시다** 「맛을 보다」

052

실력(實力) / '가래'다 / 골라~

서로 비교하고 평가한 결과 값을 '**실력**(實力)'이라고 한다. 물론, 일시적으로 실력이 나쁘다고 하여 실망하고 좌절할 필요는 없다. 현재를 반성하고 더욱 노력하면 얼마든지 원하는 목표를 이룰 수 있기 때문이다.

> selection [실렉션] **선발**, 선택. **정선**, 엄선, 선정, **선발된 사람**[것], 발췌, 정
> 선 된 것.
> = [sel - ec- tion] 실익션, 실력-선 <**실력**(實力) - 선(選)> ㉮

> select [실렉트] 고르다, **선발하다**, 선택하다, **뽑다**, 가려낸, 고른, **정선한**, 극상
> 의, **극상품**.
> =【실력(實力)타!】: ↖≪(k)el - e- c - t≫ 걸러크트, 걸러흐트 <**걸러다**> ①

{**선발, 선발하다**}는 유사 이래 '**실력**(實力)'을 기준으로 행해져왔으므로 ㉮와 같은 어휘추정이 가능하리라 생각된다. 물론 -**tion**이 명사화 접사로 통하기에 ㉮줄 <**선**(選)>은 어떤지 모르지만 말이다.

기본형 <select>는 ①줄 <**걸러다**>가 보다 앞선 형태일 수도 있다. 'S'와 'sh'는 지금까지의 글에서 한두 번 이상 언급한 바와 같이 기저음 /k/의 구강 앞쪽 이동에 의해 산생된 것이 많기 때문이다.

이 ①줄의 <**걸러다**>는 제6장 <elute>/<elite>의 재구성과 음형적으로, 의미상으로 동일하다.

이와 같은 선발/선별/엄선(嚴選)은 <or> 즉 제6장의 주제인 "**고르다**"와 동일한 의미맥락이고, "**가르다**" 및 그 방언형인 "**가래다**"와도 동일한 의미맥락의 어휘군이다.

grade [그레이드] (달걀 등을) 골라 **가려내다. 등급**을 매기다.

    = [gr-a-de] **고르다**(선별), **가르다**(분리), **가래다**(선별)'**방**'/ **걸러다**(걸러내 선별함)

    ② 그r이드, ㄱr이드, ㄱ**리**드(길이드), ㄱ르다

        ↖≪(k)r-a-de≫ → ≪(ch)r-a-de≫ **추리다**(추려내다)

여럿 가운데 골라내 엄선한 것은 수적으로 "**소수**"일 수밖에 없다.

oligo (프) 소수의 ← ≪(g)ol-i-go≫ **골라가**(골라서) / **골리가**(골라서) '**방**'

053

고의(故意)로 / 쓰려(sore) / 자귀 / 서러워(sorrow) / '매캐'한

선발(選拔)이라고 하니 생각나는 추억이 한 토막 있다.

산골 초등학교를 다니던 어릴 적, 교무실 한켠에 자리한 서가에 꽂힌 책들을 방과 후에 집에도 가지 않고 열심히 찾아 읽곤 했었다. 그래서 선생님의 눈에 띈 것인지는 모르지만 어느 날 읍내에 있는 큰 초등학교에서 열리는 독후감 경시대회를 반대표로 나가게 되었다. 여러 골짜기에 산재한 초등학교에서 한 학년 당 1명씩 대표를 선발해 치르는 독후감 시험이었는데, 어렴풋한 기억으로는 조웅전, 박씨부인전 등을 읽은 후 그 책 내용을 다룬 선다형 문제를 맞히는 시험이었던 듯하다.

집에서 싸간 도시락까지 먹었던 기억이 어렴풋이 나는 걸 보면 시험은 오후에까지 이어졌었던 것 같다.

그렇게 시험을 마치고 상급 학년의 형 두엇과 함께 10리가 넘는 길을 걸어 집으로 돌아가던 중에 큰 사건이 생기고 말았었다.

어렴풋한 기억으론 누군가 목이 마르다고 해 길 가 밭에 있던 무를 뽑아 먹기로 했던 것 같다. 그렇게 무를 씹어 먹으며 길을 재촉하고 있던 중, 뒤에서 어떤 어른이 "네 이놈들, 거기 서지 못할까!"하고 쫓아오시는 것이었다.

남의 밭 무를 허락도 없이 뽑아 먹은 죄로 우리는 길가에 무릎을 꿇은 채 울며불며 용서를 빌어야 했었다. 그 때 상급반 형이 한 말이 **"고의로 그런 게 아니니, 용서해주세요!"** 였었다.

aware [어웨어] **깨닫고**, **의식**하고, **알고**; (~에 대한) **의식**[인식]이 **있는**.
↖≪(g)a- war-e≫ **깨이어~** 『의식이 깨어 있는』 // **고의**(故意)**로**~『알고서』★

지금 생각하면 그때의 그 상급반 형이 말한 〈고의(故意)〉가 과연 그 상황에 맞는 말이었는지 아닌지 알쏭달쏭하다. 남의 밭인 줄 모르고 무를 캐 먹었던 것은 아니었을 테고, 큰 고의는 없었으니 용서해달란 뜻이었으리라!

{깨닫고, 알고} ~하면 〈**고의**(故意)〉인데, 이는 의식이 〈**깨이어~**〉와 본디 같은 어휘라고 생각된다.

아무튼 돌멩이 박힌 길가에 무릎 꿇고 있느라 무릎이 얼마나 아프던지!

> sore [소-, 소어] 상처가 **아픈**, 욱신욱신[따끔따끔]**쑤시**는, 피부가 까진, **쓰라린**,
> = [sor- e] **쏘여**(벌에 쏘여) // (상처가) **쓰려**

다시 또 지금 생각해보면 어떻게 그리 빨리 무를 캐먹은 일이 발각이 되었는지, 무를 캐먹은 악동들이 어디로 갔는지 하는 행방을 무 밭 주인은 어떻게 알아내었을까 하는 궁금함이 생긴다.

아마도 무 속살을 먹으려 이로 갉아 함부로 뱉아낸 무 껍질을 따라 추적했거나 밭에 찍힌 악동들의 발자국 "자귀"를 따라오셨으리라.

> wake [웨이크] 지나간 자국, 배 지나간 자국, 항적 =[**'지날' 역**(歷)**-이]** "역사"
> ↖≪(g)a -ke≫ ┌'≪(zh)a-(ch)e≫ **자취**
> └ ≪(zh)a-ke≫ **자귀**(짐승의 발자국) / **적**(跡)**이** '흔적·자취·항적'

> pare [페어] **잘라**[떼어] 내다, **껍질을 벗기다**, 깎다 = [par-e] **베어**(깎아·잘라내)
> ↖≪par-(g)e≫ **버꺼** / **베꺼**/ **비껴**(벗겨) **'방'**
> **박**(剝) '벗길' : 영어 <**bark**>: 벗기다

> bark [바-크] 나무껍질을 **벗기다**; 나무껍질로 **덮다**[싸다]
> = [bar-k] **'방' 버꺼**(벗겨·벗어) "**버꺼**-지다" ※ 개음절!
> **박**(剝) '벗길' : **복**(覆) '덮다' ※ 폐음절!

잘못을 하고선 뭐가 그리 서러웠던지 집으로 돌아오는 길에 저학년인 나는 찔끔찔끔 울었던 기억이 난다. 아마도, 상급반 형들을 따라 한 것이지 내겐 고의(故意)가 없었다는 그런 심리적 반응이었을까?

> wail [웨일] 소리 내어 울다, 울부짖다, 구슬픈 소리 = **울**- (울다) / **열**(咽) '오열'
> sorrow [사로우, 쉬로우] **슬픔**, 비애, 비통. = [sor-ro-w] **서러워~**

그러저러한 일들을 치르느라 귀가가 꽤 늦어졌나 보다. 눈앞에 우리 동네가 내려다보이는 언덕길에 오르자 몇몇 집에선 저녁밥을 짓는지 굴뚝 위로 매캐한 연기가 막 올라오는 중이었다.

> smoke [스모우크] 연기, 매연, 흐린 잿빛, 연기 비슷한 것(김·안개·물보라); **연기를 내다, 잘 타지 않고 연기를 내뿜다**, 담배를 피우다, **훈제**로 하다,
> = [s ~ mo-ke] '물·물기' **수**(水) ~ **매캐**(매캐한- 연기)

바싹 마른 나무는 연기 없이 잘 타는 반면, 덜 말라 물기가 많은 나무를 태울 때는 연기가 많이 나는데 여기서 "**매캐**~하다"라는 말이 나온 건지도 모르겠다.

054

물[水] '**뿌려~**' / **기**(旗) / '**펄럭**'이다 / **수포**(水泡)

바로 앞의 〈smoke〉라는 단어를 볼 때 물-수(水)라는 어휘가 이 단어, 즉 현대영어 smoke에 포함되었다고 추정했었다. 이러한 점을 못 믿겠다는 독자 분들이 계실 듯 해, 같은 맥락의 단어를 먼저 소개하면서, 앞장의 이야기를 이어간다.

> spray [스프레이] **물보라**, 비말(飛沫), 물안개, 분무, 분무기, **뿌리-개**, **물을 뿌리다**, 끼얹다. 물을 뿜다. 물보라를 날리다.
> = [s ~ pr -a – y] '물' **수**(水) ~ (쁘리어)**뿌리어** / '물' **수**(水)~보라
> ↖《s-pr-a-(g)》 수(水) ~ **뿌리기**, **뿌리-개**

이른바 한자어라는 〈**수**(水)〉와 순수 한국말이라는 〈**뿌리어~**〉가 융합되어 하나의 다음절 어휘를 이루고 있다는 점, 그리고 그런 결합형태가 국적(國籍)이 다른 영어(English)의 어휘로 자리 잡고 있다는 점 등을 눈여겨보아야 하겠다.

다시, 앞장에서 이야기한 추억 한 토막으로 돌아온다.

고전 경시 대회를 치르고 돌아와 예전과 같이 학교를 다니던 중, 그 시험결과를 받아오셨는지 교장 선생님께서 조회 시간에 성적을 발표해주셨다.

우리 학교가 읍내 전체 학교 가운데 2등을 하셨다고 칭찬해주시면서 상품으로 받아오신 커다란 깃발을 전교생들 앞에서 펄럭펄럭 흔들어 보이셨다.

> **e** (산업 단체에 주는) **표창기**(旗), 선급(船級) **제2등급**. = **[이**(二)**]**'2등급'
> ↖《(g)e》 **기**(旗) '깃발' ※ flag(깃발) 참고!

> flag [플래그] **기**(旗), **깃발**, 표지, 기 모양의 것; 날개; 기를 세우다[신호하다]
> = [fl-æ-g] 플인그, 플익, 플릭 〈**펄럭~**〉: 깃발이 나부껴 **펄럭**이다.

교장 선생님은 조마조마한 경시대회 참가자들의 마음을 모르셨을 것이다. 만일 남의 밭무를 뽑아먹은 사실이 알려지기라도 하면 2등으로 받은 깃발이 무색하도록 큰 창피를 당할 터인지라 다들 마음이 조마조마했었던 것이다.

spoil [스포일] **망쳐놓다**, 결딴내다, **못쓰게 만들다**, 손상하다, 해치다, 상하다.

= [s‒po‒il] **수포**(水泡) **‒일**~ 「수포로 돌아갈」

055

꺼려 / 유의(留意) '조심' / 거품이라!

앞의 장 마지막에 등장한 〈spoil〉 즉 "수포(水泡)"는 다른 말로 "거품"이다.

> spumo (라) **거품** 내다 // spuma (라) 거품·포말(泡沫) ← ≪(k)-pum-a≫ **거품**이
> ephemera [이퍼머러] **덧없는 것**, 아주 단명한 것.
> ↖≪(g)e - phem - er-a≫ **거품일어~** / **거품이라**! ㉮

덧없고 단명한 것을 흔히 "**거품**"에 비유하곤 한다. ㉮의 줄은 그런 맥락의 어휘대응이다.
이제, 앞장에서의 이야기를 마무리할 차례다.

읍내 학교에서 열린 고전 경시대회에 참가했던 일, 집으로 돌아오는 길에 남의 밭 무를
뽑아먹다 들키고 벌을 섰던 일 등도 머리에서 서서히 잊혀져갈 무렵이었지만, 무를 뽑아먹
은 일이 마음에서 완전히 사라진 것은 아니었다.

간혹 아버지, 어머니를 따라 5일에 한 번씩 서는 읍내 장에 가는 경우가 있었는데 그런
날이면 은근히 그 기억이 되살아나곤 했던 것이다. 왜냐하면 읍내 장으로 가려면 대개 그
무 밭 앞으로 난 길을 지나가야만 했기 때문이다.

그 길을 지나는 동안 무 밭 주인을 만날까 은근히 불안한 마음이 들어 그 앞을 지나기
가 무척 꺼려졌었던 기억이 난다.

> care [케어] 걱정, 근심. 걱정거리. 주의, **조심**; **배려**; 돌봄, 보살핌, **간호**; 관심,
> **염려**하다, **거리끼다**, 걱정하다, **관심을 갖다**, 마음을 쓰다; **병구완**
> 을 하다.
> = [car- e] (꺼리어)**꺼려** [조심해] / **개의**(-치 않다) [염려-않다] / **고려**[배려]
> **가려** [삼가 조심해] / **가료**(加療)[병구완] ↖≪car-(g)e≫ **거리껴**

이 단어 ⟨care⟩의 어두 자음 'C' 즉 연구개음 /k/가 약화되어 반모음 /W/로 된 어휘 증거가 있으니, 그것은 아래의 ⟨ware⟩라는 단어다.

> ware [웨어-] 주의[조심]하다, 삼가다, 신중하다; **눈치 채고 있는**(aware)
>   = [war- e] **유의**(留意) '조심' / **우려**(憂慮) / **알아**
>   ↖≪(k)ar-e≫ **꺼려, 가려**(삼가해)/ **기우**(杞憂) / 영어⟨**care**⟩★/ **고의**(故意): 알고서
>   └,≪(sh)ar-e≫ (몸)**사려**·(몸)서리 /↘≪(zh)ar-e≫ 주의(主意)/ **쫄아** / **저어**(–함)

내가 무 밭 주인을 만날까 불안해하든 말든, 내가 그 앞을 지나기를 꺼리 든 말든, 내가 원하든 원치 않던 읍내로 가는 큰 길은 그 무 밭 앞으로 난 길뿐이었다.

> want [원트, 완트] –을 **원하다**, 해 줄 것을 바라다, 생활이 **군색**스럽다·**곤궁**
>   =【'원할·바랄' **원**(願) ~**타**!】
>   ↖≪(g)an -t≫ **간**(懇) '간절하게 바람' / **곤**(困) '곤궁' / **군**(窘) '군색'
>   **간**(艱) '어려울, 간난신고'

> yen [옌] **열망하다**·**간절히 바라다**; 열망·야심; 강한 욕구. ※ '**want** (원하다)' 참고!
>   =【연(戀) '그리움' / **원**(願) '바라다'】
>   ↖≪(g)en≫ **간**(懇) '간절하게 바람'

"**연모**(戀慕)"의 ⟨**연**(戀)⟩이 **[열망하다, 간절히 바라다**]의 뜻임을 이 단어를 통해 새삼 알 수 있다.

056

우려(憂慮) / 괴이(怪異) / '가위' 눌림

앞의 장에 나온 〈care〉/〈ware〉와 의미적으로나 음형상으로 밀접한 관련이 있는 단어를 몇 개 더 살펴본다.

worry [워-리] **걱정**, 고생, 골칫거리; **걱정하다**, **고민하다**; 안달하다. 달려들어 물다,

= [worr - y] **우려**(憂慮) '걱정' ↖≪(g)orr - y≫ **꺼려** [조심해]

"**우려**(憂慮)함"은 단어 뜻 {걱정, 걱정하다}와 의미상 동격이고, 앞장에서 관찰한 〈care〉/〈ware〉와 기원적으로 밀접한 관련성을 지닌 어휘임을 알 수 있다. 아래에 보인 〈eery〉/〈weird〉 등의 단어도 마찬가지다.

eerie, eery [이어리] **섬뜩한**, 무시무시한, 기분 나쁜, **기괴한**, (미신적으로)**두려워**하는.

↖≪eer- i -(h)e≫ **우려**(憂慮)~**해** ↖≪(g)eer- i- e≫ **꺼리어~**

↖≪(g)eer- y≫ **꺼리**(-다) / **괴이**(怪異) / **가위**(-눌려)

weird [위어-드] 수상한, **섬뜩한·무시무시한**, 기묘한·이상한 = [weir~] **우려**(憂慮)

↖≪(k)eir ~ d≫ **꺼리다** // '**꺼림**'-직 → ≪(sh)eir ~ d≫ (몸을)**사리다.**

한지를 발라 바람을 막은 등

무시무시한 괴물이 나올까 두려워 한지를 바른 등으로 밤길을 비추며 이웃 마을로 놀러 가던 옛날이 생각이 난다. 간혹 괴물이 꿈속에 나타나 **'가위'**가 눌리기도 했던 어린 시절이 었다.

awe [오-, 어-] 경외(敬畏), 두려움; ~에게 두려운 마음을 일게 하다.

↖≪(g)a -we≫ **'가위'**-눌림 (공포) = 【**외**】(畏) '두려워할'】

〈**외**(畏)〉나 〈**가위**〉나 본디 같은 말임을 영어단어 〈awe〉를 통해 깨닫게 된다!

057

우산-국(國), ocean -국(國) '울릉도'

※ ocean [오우션] 대양(大洋), 해양, 바다.
※ 우산국(于山國) = **ocean ~국**(國) ㉮

삼국사기(三國史記) 신라본기 지증왕 13년조(512년)에 "여름 6월에 우산국을 복속한다. **우산국**(于山國)은 명주(溟洲)의 정동에 있는 바다 가운데 섬으로 혹은 울릉도라고 한다"라는 기록이 있다 한다.

명주(溟洲)는 지금의 강릉 지방으로, 내물왕의 4세손인 이사부(異斯夫)가 그곳의 군주(軍主)로 있을 때 우산국을 정벌할 계획을 세우고 그것을 실행하였다고 한다. 지증왕은 신라 제22대 임금이다.

필자는 삼국사기 신라본기에 나오는 이 "**우산국**(于山國)"이 ㉮줄에 적은 바와 같이 ≪**ocean** ~국(國)≫이라고 생각한다.

지증왕 13년조의 기록에 있는 것처럼 "**울릉도**"라는 섬 이름이 있음에도 ≪울릉~국(國)≫이라 하지 않고 군이 별칭의 "**우산국**(于山國)"으로 부른 점, 즉 섬 이름 대신 특정한 하나의 고유명사로서의 나라이름을 적을 때는 나라이름에 대한 유래를 간략하게나마 기록하는 법임에도 그에 관한 언급이 없는 것을 보면 그렇게 불러도 일반적으로 식별될 수 있을 정도의 보통명사적인 국명이었을 가능성이 크다고 보기 때문이다. 이를테면 "**바다 가운데 있는 나라**"라는 의미로 ≪**ocean** ~국(國)≫이라 하고 그 표기 수단이 한자라 부르는 동아시아 상형문자밖에 없었기에 "于山國(우산국)"이라 기록했다는 추정이다.

2015년 기준 울릉도의 인구는 1만 명가량 되고, 면적은 72.9제곱km, 해안선 길이는 64.43km, 최고봉인 성인봉의 높이는 986m이다.

강릉에서 울릉도까지의 직선거리는 약 160km, 포항에서 울릉도까지의 직선거리는 약 217km이다. 울릉도에서 독도까지의 직선거리는 92km.

울릉도는 숲이 울창하다 하니 예전엔 땔나무 즉 '섶'나무를 하기에 수월했겠다, 하는 생각이 든다.

> shrub [슈압, 슈으브] 키 작은 나무, 관목(떨기나무).
> = [shr - u - b] 쓰으브, 쓰읍 <**숲**>: 삼림 ※ 음절 축약!
> <**섶**>: 땔나무

058

care // 신-**기료** 장수, 신-**기워**

※ 'R'의 음운 전개 양상!

검정 고무신

제55장에서 살펴본 〈**care**〉를 좀 더 세밀하게 관찰하기로 한다. 어휘대응이란 관점에서 영어와 한국어를 비교함에 있어 매우 중요한, 전동성 /R/의 음운 전개 양상을 설명하기에 아주 적합한 단어이기 때문이다.

care [케어] 걱정, 조심; 배려; **돌봄, 보살핌**, 보호, **간호**; 염려하다, **거리끼다**.

돌보다, 보살피다, **병구완을 하다**, 기계 따위를 유지하다, **좋아하다**.

↖≪car -(g)e≫ **거리껴** ① → ≪car -(h)e≫ **기호**(嗜好) "기호식품" ②

가호(加護) "신의 가호, 돌봄" ③

= [car- e] (꺼리어)**꺼려** [조심]/ **개의**(-치 않다) [염려-않다] / **고려**(考慮)[배려]

↓ **가려** [삼가하고 조심해] / **가료**(加療) [병구완] ㉮

↓ **기료**(신-기료, 장수) ㉯ / (신발을~)**기워** [수선·수리] ㉰

└ ≪(ch)ar- e≫ **치료**(治療) ㉱ // **차** '차도(병세호전)'

제55장에서 〈**care**〉와 기원적으로 밀접한 연관이 있으리라 여겨지는 한국어 어휘들을 1차 소개한 적이 있으므로 여기선 필요한 몇 어휘만 언급할 것이다.

①줄 〈**거리껴**〉는 단어 뜻 {**거리끼다**}에 호응하고, 책 제12장 〈**grand**〉편에서도 관찰한 것처럼 /r/ 뒤에서 사라진**4)** 연구개음(g·k)을 복원함으로써 드러나는 어휘대응이다.

---

4) /r/ 뒤에서의 연구개음 소멸은 **영어**와 **한국 중세어** 모두에서 나타나는 음운현상이다!

이를 근거로 뒷어절 〈-ge〉의 g → h 변화 즉, 연구개음의 기식음화(h)를 또한 적용해볼 수 있으므로 그에 의한 ②〈**기호**(嗜好)〉, ③〈**가호**(加護)〉라는 어휘대응을 아울러 추정할 수 있게 된다.

단어 뜻 |**돌봄, 간호, 병구완을 하다**|에 근거하면 ㉮줄 〈**가료**(加療)〉를 care의 어휘대응으로 추정할 수 있다. 진단서를 떼어보면 "**2주간의 가료를 요함!**"과 같은 문구가 있음을 보게 되는데, 이때의 **가료**(加療)는 "**치료**(治療)"라는 뜻이므로 〈car-〉의 'C' 즉 /k/의 구강 앞쪽 이동에 의한 /ㅊ/ 변화를 고려해 ㉱줄 〈**치료**(治療)〉라는 말 또한 care의 기원적 연관어로 추정해볼 수 있을 것이다.

이 ㉮줄 〈**가료**(加療)〉 및 ㉱줄 〈**치료**(治療)〉에 근거할 때 어휘대응으로 가능하다고 본 것이 ㉯줄 〈**기료**〉와 ㉰줄 〈**기워~**〉이다.

care [케어] **돌봄, 보살핌, 간호; 병구완을 하다.** 기계 따위를 유지하다.
　　　↖≪car -(k)e≫ **거리껴** ①　　　→　　　≪car -(ch)e≫ **고쳐~** ④
　　= [car- e] **가료**(加療) [병구완] ㉮
　　　　　　　기료(신-기료, 장수)　㉯ / (신발을~)**기워** [수선·수리] ㉰

〈**기료**〉는 예전의 시골 5일장 같은 데서 고무신을 수선해주던 신기료~장수라고 할 때의 그 "**기료**"이고, 〈**기워~**〉는 신발 수선 장수가 찢어진 고무신 따위를 때워주거나 바늘로 기워주는 바로 그 행위를 나타내는 말로서, 이 둘은 의미상 동일한 것이다.

이 두 어휘가 가진 ≪**의미**≫라는 것은 〈**가료**(加療)〉/〈**치료**(治療)〉라는 말에 담긴 "**낫게 하다**" 혹은 "**고치다**"와 동일한 것이기에 |**돌봄, 보살핌, 기계 따위를 유지하다**|의 care와 〈**기료**〉 〈**기워~**〉를 기원적 관련어로 추정하게 된다.

　　　<care> car- e **기료**(신-기료, 장수)　㉯ // (신발을~)**기워** [수선·수리] ㉰
　　　　※ 자음 /r/ 실현!　　　　　　　　　　※ /r/의 소멸!

바로 이 대목에서 〈car-〉에 있는 'R'의 두(2) 가지 음운 전개 양상을 확인할 수 있다.

'R'의 두(2) 가지 음운 전개 양상 중 첫 번째는 〈car-〉에서의 'R'이 〈**기료**〉 혹은 〈**가료**(加療)〉에서와 같이 자음 /r/ 즉 자음성질 /ㄹ/로 발현됨이다.

'R'의 두(2) 가지 음운 전개 양상 중 두 번째는 〈car-〉에서의 /r/이 〈기워~〉 혹은 "**개의**-치-않다"의 〈**개의**〉에서처럼 탈락·소멸하는 경우다.

'R'의 이러한 두 가지 음운 전개 양상을 이해하고 나면, 영어와 한국어 간에 기원적으로 서로 동일한 어휘들이 상상 이상으로 많다는 것을 깨달을 수 있다.

5일마다 열리던 예전의 시골 장, 뻥 소리와 함께 강냉이나 쌀을 튀겨내던 튀밥기계 소음도 아랑곳 않고, 쉼 없이 잘그닥 거리는 엿장수 가위질 소리도 아랑곳 않고 정성을 다해 찢어진 고무신을 때우고 기워주던 신기료장수, 뿔테 안경을 낀 그 아저씨가 수선해준 고무신은 1년을 거뜬히 더 신을 수 있었다.

certain [서-턴] (일이)**확실한, 신뢰할 수 있는, 반드시 –하는**.
※ **certainly** 확실히, 틀림없이.
= [cer – tain] **거뜬**(~하다) "**거뜬**히 해내는~ **신뢰할 수 있는, 확실한**"
※ 'C'는 본래 /k/음이다!

059

꿰매다 / 아물리다 / 엮다

앞장에서 고무신을 수선해주던 신기료장수 이야기를 하다 보니 그와 비슷한 "**수선·수리**" 관련어가 생각이 난다.

amend [어멘드] **고치다, 수정하다.** ← ≪(g)a-mend≫ **꿰맨다**(기워 수선하다)

"**꿰맨다, 꿰매다**"라고 하면 양말을 꿰매다, 옷을 꿰매다, 라는 말부터 먼저 떠오를 것이다. 이처럼 ≪**수선·수리**≫ 관련어로서 대표성을 띨 정도로 이 어휘가 우리에게 친숙한 것은, 불과 얼마 전까지의 우리네 삶이란 것이 사람 일손에 의지한 영세 농업을 기반으로 하고 있었고, 그리하여 보릿고개라는 말까지 있을 정도로 넉넉지 못한 환경 탓에 옷 하나라도 기워가며 오래 입는 것이 미덕이었던 그런 시대적 배경 때문만은 아니다.

다시 말해 "**꿰맨다, 꿰매다**"가 대표적인 수선 관련어로 자리 잡게 된 기원은 수 천 아니 수 만 년 전서부터의 우리네 생활환경에 기인할 거라는 이야기다.

tree **나무, 목제 물건**(기둥, 말뚝) ← ≪tr-(g)ee≫ (막-)**대기**, (그루-)**터기**
=【대(막-대)】 　　　　　　　　　　　　　　　　　　**도구**(道具) '연장'

지난 제13장이나 책의 들어가는 글에서 대강 말한 바의 '나무'가 도구(道具)로 쓰일 때는 빨래방망이, 홈을 파 만든 절구통, 지게, 여물통 등과 같이 비교적 내구성이 있는 생활용품이 되었었다.

절구통

나무로 만든 바퀴

이처럼 나무로 만든 도구들 이상으로 우리네 생활에 필수적으로 쓰인 것이 짚이나 새끼를 꼬아 만든 각종 생활용품들이었다. 예를 들면 발에 신는 필수품 짚신이 대표적인 물건이고, 마당에 펴고 앉아 밥을 먹거나 혼례와 같은 잔치 때 바닥에 펴는 멍석, 초동들이 풀을 베어 지고 오는 꼴망태 등도 모두 짚이나 새끼로 엮은 물건이다. 뿐만 아니라 아궁이에서 재를 퍼내거나 거름을 밭에 낼 때 쓰는 바소쿠리, 과일이나 감자를 담아두는 바구니 등도 그러했다.

짚신　　　　　짚으로 짠 바구니

예전의 생활상이 이러하다보니 오래 사용하여 헤진 짚신이나, 낡아 옆구리가 터진 바구니, 사냥을 다니다 나뭇가지에 걸려 찢어진 삼베 옷 따위를 깁고 꿰매고 하는 일이 다반사였을 수밖에 없었으리라!

그런 삶의 배경에서 "**수선하다·고치다**"라는 뜻의 일반적 어휘로 〈amend〉 곧 〈**꿰맨다**〉가 자리 잡게 되었을 것으로 여겨진다.

※ 짚신을 꿰매다, 옷을 꿰매다, 바구니를 꿰매다, 멍석을 꿰매다.

이렇게 꿰매고 나면 찢기거나 헤진 곳이 말끔히 아물어 한동안은 문제없이 사용할 수 있었으리라!

ameliorate [어밀-려레이트] **좋아지다, 고쳐지다.**
= [a-mel-i-or-a-te] 아물리ᄋᄋ두 〈(상처 따위가) **아물리다**〉
↖≪a-mel-i-or -(g)a-te≫ 아물리어~가다 ★

생활도구들 중에는 버들과 같이 유연성이 좋은 나뭇가지, 혹은 대소쿠리를 만들 때처럼 잘게 쪼갠 나무를 **엮어** 만든 제품들도 많았었다.

대나무 소쿠리

complect [컴플렉트] (고어) 함께 **엮다**, 섞어 짜다.

    ↖≪com(함께) ~ **pl** – <u>ec</u> – t≫ 함께(com) + 플(풀) – **엮다**

        ※ 고어 [셋**콤**]: 셋씩, 셋씩 묶음.

plait [pleit, plæt] **땋다, 엮다**; –에 주름잡다, 접다.

    ↖≪**pl** ~ (g)**ai** – t≫ 고어 [플] '풀' + **꼬**ᇫ두 <**꼬다**>

060

기술을 '**구사**(驅使)' 하다! / **구세**(くせ) '버릇' / 실사구시(實事求是)

앞장에서 언급한 짚신이나 짚으로 짠 바구니, 사리나무를 엮거나 대나무를 잘게 쪼개 만든 대소쿠리 같은 생활도구들은 논밭이나 인근의 산야에서 쉽게 구할 수 있는 재료들을 이용해 사용하기 편하게 만든 물건들이다.

> use [유-스] **사용하다**, 이용하다, **습관적으로 쓰다**, **사용**, 행사, **습관**, 관습, 이용, 쓸모.
> = u- se **예사** (방언: 여사) ㉮
> ↖≪(g)u-se≫ **구사**(驅使) '사용' ㉯ ※ 일본 <**구세**(くせ)>: 버릇·습관 ①

㉮줄 <**예사**>는 다음과 같은 예문을 통해 단어 뜻 {습관적으로 쓰다}와 일맥상통하는 말임을 알 수 있다.

> "그릇을 씻을 때 **예사**로 세제를 쓰게 된다"

㉯줄 <**구사**(驅使)>는 다음과 같은 예문에서 단어 뜻 {사용하다}와 일맥상통하는 말임을 알 수 있다.

> "그는 바나나킥을 가장 잘 **구사**[사용]하는 선수다"

단어 뜻 {사용하다}와 연관성이 크고 ㉯줄 <구사(驅使)>와도 형태상 비슷한 것이 "**실사구시**(實事求是)"라고 할 때의 <**구시**(求是)>가 아닐까 필자 혼자 잠시 생각해본다. 물론 사전에 있는 풀이와는 다르지만 말이다. "실사(實事)"는 ≪실제적인 일≫이라 해석하는 대로 그냥 두자. "**구시**(求是)"는 사전에 있는 진리를 구한다, 가 아닌 **use** 즉 ≪사용하다, 구사하다≫로 추정하면 안 되는 것일까? 실제적인 일을 탐구하여 실생활에 사용하자!, 이런 표방이라면 주자학적 관념론에서 탈피코자 한 조선후기 실학(實學)의 취지에도 잘 어울리고 말이다!

①줄의 일본어 〈구세(〈せ〉〉는 단어 뜻 [습관적으로 쓰다]에 잘 호응하는 말이다.

used [유스트] -하는 것이 **예사였다**, 늘 -했다, -하는 **버릇[습관]**이 있었다;
원래는[이전에는, 옛날에는] ~했었다.
= [u-se-d] **예사** (방언: 여사) ~**다**!

※ usio (라틴) 자주 사용하다 = [u-sio] **예사** (방언: 여사)

061

가무(歌舞) / Muse 여신은 '가무(歌舞)'에 능하다!

amuse [어뮤-즈] **즐겁게 하다, ~의 기분을 풀게 하다.** 재미나게 하다,

↖≪(g)a -mu ~se≫ **가무**(歌舞) ~**지!** ※ 가무(歌舞) = 노래와 춤

우리 민족은 예로부터 노래와 춤을 즐기는 민족이라고 중국 사서에까지 기록될 정도였다는 것은 익히 아는 바다.

노래로 치자면 슬플 때나 기쁠 때나 부르는, 가히 민족의 대표곡이라 칭해도 손색이 없을 '**아리랑**'이라는 노래가 전국 각지에 그 고장의 정서와 풍토를 반영한 60여종 이상의 버전이 있을 정도이고[5], 민요에 이르러서는 길쌈할 때 부르는 노래, 모내기할 때 부르는 노래, 밭을 맬 때 부르는 노래, 방아 찧을 때 부르는 노래, 노 저을 때 부르는 노래, 그물 당길 때 부르는 노래, 상여 맬 때 부르는 노래… 등등 노래가 없으면 어찌 살았을까 싶을 정도로 정서가 넘치는 민족이 아닐 수 없다.

춤으로 치자면 관아의 공식적인 여흥에서부터 민가의 여흥에까지 그 번성의 정도가 따로 언급할 필요가 없으리만치 너무도 보편적인, 우리네 삶과 도저히 떼어낼 수 없는 생활문화의 중요한 한 부분이 아닐 수 없다.

종묘 예악(禮樂)이나 사찰의 승무(僧舞)처럼 정신문화 차원의 격조 높은 춤까지 보유하고 있으며, 고구려 무용총(춤무덤)에서 보듯 생을 넘어 사후 세계로 가는 중요한 길목에서마저 춤과 노래로 배웅하는 세련된 문화를 향유하였을 정도이니, 세상에 우리 민족과 같이 춤과 노래를 아끼고 사랑하는 민족이 또 있을까 싶다.

그런 맥락의 춤과 노래가 언어화 되고 의미화 된 경우가 이 단어의 {**즐겁게 하다, 기분을 풀게 하다**}라고 생각된다.

단어 뜻 {**기분을 풀게 하다**}는 모심기를 하거나, 그물을 당기거나 할 때 민요 한 가락을 부름으로써 힘든 시름을 잠시 달랠 수 있는 그런 풍경과 잘 맞아떨어지지 않는가!

---

5) 진도, 밀양, 정선, 강원, 영암, 경기, 함경, 서도, 단천 아리랑 등 60 여종을 헤아린다.

<u>Muse</u> [그리스신화] **뮤즈** (**시·음악**·학예를 주관하는 **9여신**(女神) 중의 하나)

amuse [어뮤-즈] 즐겁게 하다, 재미나게 하다, ~의 기분을 풀게 하다.

음악을 주관한 아홉 여신女神) 중 한명인 **뮤즈**(Muse), 즉 <u>Muse</u>라는 이름은 이번 장의 표제 단어 〈**amuse**〉와 기원적으로 밀접한 연관이 있어 보인다.

〈**Muse**(뮤즈)〉는 'a'가 없는 형태, 즉 〈**amuse**〉에서 'a'를 생략해서 쓰게 된 어휘일 것으로 추정된다는 것이다.

이러한 추정은 아래에 나열한 어휘 쌍들이 완전히 동일한 뜻으로 쓰이는 점에서 그 근거를 찾을 수 있다.

의미적으로 동일한 단어쌍들 →	〈**anear**〉/〈near〉, 〈**anew**〉/〈new〉, 〈**aware**〉/〈ware〉, 〈**await**〉/〈wait〉, 〈**awake**〉/〈wake〉, 〈**amend**〉/〈mend〉, 〈**amount**〉/〈mount〉, 〈**깨-물다**〉/〈물다〉

이처럼 어두에 'a'가 있는 형태와 없는 어형이 공존하는 현상은 다음절 어휘의 어두에 /a/ 내지, 이 'a'와 기원적 동일체인 [ga]가 원형적으로 존재했던 흔적일 것으로 생각된다.

한국어 독자인 경우 〈**물**(-다)〉와 〈**깨-물**(-다)〉가 의미적으로 동일한 것인 점을 생각해보면, 글상자 안에 소개한 이 단어 쌍들의 의미적 동일성과 이렇게 된 음운현상에 대해 보다 잘 이해할 수 있을 것이다.

춤과 노래, 곧 {**즐겁게 하다, 기분을 풀게 하다**}엔 뭐니 뭐니 해도 **가무**(歌舞)**지**! 술까지 곁들이면 "**음주가무**"지!

062

'**기뻐**' 여신(女神)

앞의 장에서는 음악을 주관한 아홉 여신(女神) 중 한 명인 뮤즈(Muse)를 〈**가무**(歌舞)〉와 관련지어 살펴보았다.

아마도, 못 믿겠다는 독자가 백에 아흔아홉은 될 터인데, 이런 분들을 위해 다른 여신(女神)의 명칭을 하나 더 살펴보기로 한다.

> euphoria [유-포-리어] **행복감**. [심리학] **도취**(증).
> ↖≪(g)eu -phor- ia≫ **기뻐~여**!(기뻐서 '방') // **기뻐~ 이야**!(경탄) ㉮

단어 뜻 {**행복감**}은 행복하다는 느낌, 기뻐다는 느낌이다.

기다리고 기다리던 합격통지서를 받았을 때라든가, 몇 번이나 떨어진 끝에 겨우 아파트에 당첨되었다든가, 몇 년이나 짝사랑하던 애인에게 간신히 사랑 고백을 했는데 와우~ 당신이 고백해주길 여태껏 기다렸다는 말을 듣게 되었을 때라든가… 등, 이처럼 정말, 정말 기쁠 때 "**이야**!"하고 탄성을 내지르지 않는 사람은 아무도 없으리라!

㉮줄의 경탄은 바로 그러한 때의 {행복감}을 표현한, 포효 같은 경탄이다.

아래의 여신(女神) 이름도 이러한 '**기뻐**!' 관련어임에 분명하니, 이게 대체 어떻게 된 조화속이란 말인가!

> Euphrosyne [유-프라서니-] 【그리스신화】 **기쁨의** 여신 (Graces의 한 여신).
> ↖≪(g)eu -phr- o- syne≫ **기뻐~ 여신**(女神) // **기뻐~의~신**(神) ㉯

063

아르키메데스의 외침 = **유레카!**
"그래가!, 그렇게!, **요렇게!**, 그렇지!"

기원전 3세기, 그리스의 일부인 시칠리아 섬에 살던 아르키메데스는 어느 날 왕에게 불려가 왕이 쓴 금관이 순수한 금으로 만든 것인지 아니면 은과 합금된 것인지를 알아내라는 명령을 받게 된다. 왕관을 부수지 않고 이 문제를 풀어야 했던 그가 얻어낸 해답은 오늘날 아르키메데스의 원리라 부르는 유체 정역학의 원리다.

어느 날 공중목욕탕에 들렀을 때의 일이다. 그가 몸을 탕 안으로 넣자 탕 속의 물이 밖으로 흘러넘치는 것이 아닌가! 물이 흘러넘치는 이 현상이 자신의 문제를 해결할 열쇠라고 생각한 그는 너무 흥분한 나머지 옷도 입지 않은 채 거리로 뛰어나가며 "**유레카**(답을 찾았다)!"라고 외쳤다 한다.

그는 왕관과 같은 무게의 금과 은을 준비한 다음, 저울 한쪽은 금관을 올리고 나머지 한쪽은 각각 금과 은을 번갈아 올려 함께 물속에 넣었을 때의 밀어내는 물의 양에 차이가 있음을 보고 금관이 순금이 아니라 은과 섞어 만든 것임을 알아내었다 한다.

오늘날 아르키메데스의 원리라 부르는 유체 정역학의 원리라 함은, 유체 속에 잠겨 있는 물체는 그 물체의 부피와 동일한 부피의 유체가 가진 무게만큼의 부력을 받는다는 것이다.

```
                                      ┌ ≪e-u-re-(ch)a≫ (울으치)옳지! ①
  eureka [유어리-커] (그리스)알았다, 됐다! = [e-u-re-ka] '방' 요래-가(요렇게 되어서) ㉮
                    = [e-u-re-ka] (요러케)요렇게 되는 거로군! ㉯
              ↖ ≪(g)e-u-re-ka≫ (그러케)그렇게! : 그래가! (그렇게 되어, 그랬구나!) '방' ㉰
                    ※"그렇게 하면 되겠군! 바로 그렇게 되는 이치였군!"
              └ ≪(g)e-u-re-(ch)a≫ (그러치)그렇지! ② "옳지, 바로 그렇지!"
```

아르키메데스가 왕관의 순금도를 재는 방법을 발견했을 때 내지른 "**유레카!**"라는 탄성은, 이곳에 나열한 ㉮, ㉯, ㉰줄의 한국어와 동일한 것이라고 필자는 생각한다. 바로 앞장에 소개한 그리스 신화에서의 기쁨의 여신 〈Euphrosyne〉이란 이름도 함께 아울러 관찰해보기 바란다.

①, ②의 〈**옳지!**〉/〈**그렇지!**〉는 무엇을 알아내었을 때의 탄성인 "**바로 그렇지!**"의 뜻을 지닌다. 〈eureka〉의 마지막 음절 [ka]의 k → /ㅊ/ 변화를 상정하여 추정할 수 있는 어형들이다.

ⓑ, ②는 이 책의 핵심적 음운이론인 "**모음 앞에 연구개음(g·k)을 재구성할 수 있다!**"라는 법칙을 적용함으로써 추정이 가능한 어형들이다.

064

기러기

제62장에 소개한 그리스 신화에서의 기쁨의 여신 〈Euphrosyne〉 및 바로 앞 제63장의 "유레카!" 즉 〈eureka〉와 어형적으로 비슷한 다른 단어를 하나 살펴보기로 한다.

euroky [유어로우키] **광범한 환경변화**에도 생존 **가능한 성질**(광환경성)
↖≪eu-ro-ky≫ **여러 ~기**(여기·저기) '장소' "여러 여**기**저**기**서 생존 가능한 성질"
↖≪(g)eu-ro-ky≫ **기러기** [철새] : 고어 [**그려기**]: 기러기

광범한 환경변화, 라는 말이 지닌 원형적인 뜻은 순록을 따라 이동하며 생활했던 것처럼 어느 한 곳에 정주하지 않고 다양한 장소를 옮겨 다니며 산다는 것, 그리하여 그 이동 거리에 비례하는 만큼의 다양하고 광범한 환경에 맞닥뜨리게 되는 그러한 환경적 변화를 뜻한다고 보면 틀리지 않을 것이다.

그런 의미에서 〈euroky〉의 단어 뜻 [**광범한 환경변화에도 생존 가능한 성질**]이란 것은 "기러기"처럼 살기 좋은 곳을 골라 멀리 이동하는 성질과도 일맥상통하는 것이라 여겨진다.

'**기러기**'는 오리과에 속하는 대표적인 겨울 철새다. 몸길이는 40cm 가량으로 큰 오리와 고니의 중간 정도 된다고 한다. 시베리아, 사할린, 알래스카 등에서 번식하고 겨울이면 한국, 일본, 몽골 등으로 날아와 월동을 한 후 봄이 되면 다시 돌아간다. 이동 시 V자 대형을 이루고 날아가는 이유는 에너지 소모를 최소화해 오래 날기 위해서라 한다.

철새

〈euroky〉와 음형상 비슷한 아이누어를 연구개음 재구성의 관점에서 소개한다.

uruya (아이누어) 가지가지 ← ≪(g)ur-u -(g)a≫ **개개**(個個) '여러 낱낱'
↖≪ur-u- (g)a≫ **여러-개**(個)   └, ≪(g)ur-u-(zh)a≫ **가지**(가지가지)

065

겉(coat), 껍질(capsule), 씌울~, 감쌀~.

철새들 이야기를 하노라니 새들의 깃털이 연상이 된다. 겨울 저녁 저수지를 가서 보니 철새들은 얼음 위에 둘러 모여 잠 잘 준비들을 하고 있었다. 밤엔 기온이 더 내릴 텐데 어찌 잠들까, 몸에 붙은 깃털만으로 추운 날씨를 견뎌낼 수 있을까 하는 생각이 드는 한편 사람인 우리들은 깃털이 없으니 옷이란 걸 만들어 착용하고 그로써 추위를 이겨낸다는 초보적인 자연공부를 함께 온 어린 조카에게 해주게 되었다. 찬바람이 부는 겨울엔 '겉'을 잘 감싸야 한단다, 하며 조카 녀석의 외투를 여며주며 말이다.

coat [코우트] 상의, 외투, **외피**·모피·털·깃털, **가죽, 껍질**, 칠, 도금, 막, 외막, **덮다**, (상의를)입히다, 가리다, **씌우다**. 칠하다, 표면을 덮다.
= [coa - t] ㅋ터, ㄱ터, 겉이 <**겉에**~>, <**겉**> : 외부, 외피 ※ 폐음절 되기
<(콩)**꼬투** ─리> : 콩 껍질   ※ 개음절

콩꼬투리를 연상케 하는 도토리 껍질

{덮다, 가리다, 씌우다} 관련어로 빼놓을 수 없는 것이 '**껍질**'이다.

capsule [캡슐] (약·우주 로켓 등의) 캡슐, **덧싼** 박(箔); **피막**(被膜).
= [cap - sule] **콥실**, **굡실** <**껍질**>

캡슐이라고 하면 제일 먼저 떠오르는 것이 쓴 가루약을 먹기 좋도록 말랑말랑한 껍질로 감싼 캡슐 약이다. 이런 방법이 나오기 전엔 쓴 약을 아이에게 먹이려면 사탕이나 꿀을 항상 준비해두어야 했다.

> shell [쉘] 딱딱한 외피, 겉껍데기, **껍질**, 깍지, 조개, 조가비, 갑각류, (거북의)등
> 딱지.
> = (껍질로-) **씌울, 쌀** [싸다] / (껍질을-) **쓸**

씌우거나 싸는 것은 속에 든 내용물을 습기나 외부의 공격으로부터 보호하는 기능을 한다. 조개껍질이 연한 조개의 살을 보호하는 것처럼.

> shield [쉴-드] **보호물**, 방어물, 차폐물, 방패, 차폐. 보호, 감싸다, 막다, 보호하다.
> = [shi-el ~d] **씌울, 쌀**(감쌀) ~**다**!

〈shell〉에 {거북의 등딱지}라는 뜻이 있다시피 껍질은 속의 내용물을 보호하기 위해 대개 딱딱한 것들이다.

거북의 등껍질은 딱딱하고 두꺼워 그 갈라지는 금의 모양을 보고 점을 치기도 했다. 산뚱(山東) 반도 부근에 자리했던 은[상]나라 왕실에서는 거북이 등껍질에 열을 가해 그 갈라지는 모양으로 점을 치고 점괘를 소의 뼈에 기록하였다. 오늘날 갑골문(甲骨文)이라 부르는 것이 그처럼 점괘를 기록하던 문자로, 현재 사용되는 이른바 한자(漢字)의 원류가 그 것임은 오래전에 공인되었다. 그런 점에서 한자라고 칭하고 한나라-한(漢), 이라 적음은 아주 잘못된 것이다.

흔히 느리게 걷는 모양을 거북이걸음, 혹은 터덜터덜 걷는다, 라고 한다.

한자(漢字)라고 칭하고 이를 바로잡지 않는 것에 대해 터덜터덜 걷는 거북이조차 비웃을지도 모른다.

> turtle [터-틀] 바다거북. = [tur - tle] **터덜**터덜 [느리게 걷는 거북이]
> ※ tardy [타-디] 느린, 더딘. = [tar -dy] **더디**~다! (느리다)

> swathe [스웨이드, 스와드] **싸다, 감다, 감싸다**, 붕대로 감다 = **싸다, 씌우다**

unswathe 감은 천을[붕대를] **벗기다**   ↖ [s-wa-the] 씌우다

    = [un ~ s - wa- the] **안**('부정') ~ 씌우다 → "**벗기다**" ㉮

  ㉮줄에 보이는 부정어(不定語) "**안**"은 〈넌지시〉에 나타난 "**넌(non)**"과 함께 한국어와 영어의 기원적 동일성을 나타내는 중요한 어휘 지표다. 제48장에서 살펴본 〈learn〉/〈unlearn〉을 통해서도 확인한 바 있다.

  아래에 소개할 〈done〉/〈undone〉을 통해서도 확인되고 있다.

    done [던] 'do'의 과거분사 형태 [문법적으로 완료형 등에 쓰임]

    <u>done</u> [던] 끝난, **다 된**. 일을 끝낸(마친) = **된**(~가 된, 완료된) "다 **된** 밥"

    <u>undone</u> [언던] 다 되지 않은, 미완성의 = [un- done] **안** (부정어) ~ **된**

066

겉(out), 태도(態度), 겉치레

앞장에서 살펴본 {싸다, 씌우다} 관련의 어휘를 이어나간다.

> **out** [아우트] **바깥쪽**, 외부, 출현, 외출; **밖에 나가**, 밖으로. 나타나다, **드러나다**.
>   ↖≪(g)ou-t≫ **겉**(바깥쪽) ㉮
>   ↖≪(k)ou-t≫ **겉**(바깥쪽) ※ coat [코우트] 상의·외투·외피·털·깃털·가죽·껍질

㉮줄에서 보다시피 "**모음 앞에 연구개음(g·k)을 재구성할 수 있다!**"라는 법칙을 적용하면 〈out〉은 한국어 〈**겉**〉과 본디 같은 말임을 알 수 있다.

한국어 〈**겉**〉과 연관이 있는 영어단어는 이뿐만이 아니다. 고대영어에서 모음 /a, o, u/는 그 뿌리가 같은 이형태라고 하니, 〈out〉의 /o/나 아래 단어의 /a/나 연구개음을 복원하면 모두 〈**겉**〉이란 말과 통함이 조금도 이상하지 않다.

> **attitude** [애티튜드] **태도**, 몸가짐, 자세, 마음가짐.
>   ↖≪(g)at-ti- tude≫ 겉테(**겉에**) ~ **태도**(態度)

겉으로 드러난 태도가 {태도, 몸가짐, 자세}이고 {마음가짐}은 겉으로 드러난다고도 한다. 그래서이겠지만 어른을 찾아뵐 때, 혹은 면접시험을 보거나 할 때면 다들 옷을 말끔히 차려입곤 한다.

> **attire** [어타이어] 의복, **옷차림새**, 복장; (문어) **차려** 입히다.
>   ↖≪(g)a-t ~tir-e≫ → ≪(g)a-t ~(ch)ir-e≫ **겉치레** ; **겉- 차려**

067
—
두겁(cap), 설핏(surface), 살포시(surface)

앞의 두 장에서 살펴본 {싸다, 씌우다} 관련의 어휘를 다시 잇는다.

> cap [캡] **뚜껑**, 칼집, **두겁**(붓-두겁), 속 딱지, 마개, 버섯의 갓, 모자, 두건, 표면
> 을 **덮다**, 모자를 **씌우다**, 마개를 하다.
> = **겁** [두겁, 붓-두겁, 인-두겁] / **껍**(껍질) / **갑**(甲) '껍질' ㉮
> **갑** [갑갑-한] ㉯   └, **갑각류**(甲殼類)

이 단어는 제65장에서 관찰한 "**껍질**" 즉 capsule의 첫음절인 바로 그 〈cap-〉이다. ㉮의 〈갑(甲)〉은 점괘를 기록하던 문자 즉, 갑골문(甲骨文)이란 명칭에 나오는 거북의 등짝이며 마개나 뚜껑을 씌웠을 때의 "답답하다/갑갑하다"의 ㉯줄 〈갑〉과도 본디 동일한 말이다.

㉮줄의 〈겁〉은 붓 뚜껑인 "**붓 두겁**"과 사람 껍질의 "**인두겁**"으로 나타나고 있다. 인두겁을 쓰고 그런 짓을 할 수 있단 말인가?, 라는 표현이 있다.

> surface [서-피스] **표면**, 외면, 외부, 외관, **겉보기**, 표면의, **피상의**; 표지를 달다,
> = [sur - fa - ce] ㅅr퍼시, 슬퍼시 〈**살포시**〉: 살며시 표면에 **'방'** ㉮
> ㉯ ㅅr퍼시, 슬퍼시, 설핏이 〈**설핏~**〉: 대강 피상적으로 보는 모양

방언형의 "눈이 **살포시** 오다"라는 표현은 눈이 **표면**에 살짝 내린 것을 말함이다. "슬며시"와 비슷한 이 〈**살포시**〉가 ㉮줄에 적은 그것으로 {표면}이란 뜻을 가진 걸로 추정이 된다.

"**피상적**으로 겉만 보다"의 뜻으로 "**설핏**~보다"라는 표현을 쓰기도 하는데 이때의 ㉯줄 〈**설핏**〉도 ㉮줄 및 〈surface〉와 동일한 말일 걸로 여겨진다.

지금까지 본 "**겉**" 관련어들이 {덮다, 씌우다}의 뜻을 가졌다면 이와 반대의 {**벗기다**}의 뜻으로 영어/한국어의 동일성을 확인시켜주는 어휘가 없을 수가 없다!

bark [바-크] 껍질을 벗기다; 나무껍질로 덮다[싸다] = **박**(剝) '벗길' : **복**(覆) '덮다'

= [bar-k] **'방' 버꺼**(벗겨·벗어) **"버꺼**-지다" ※개음절! ↰ ※폐음절!

pare [페어] **잘라**[떼어] 내다, 껍질을 벗기다, 깎다 = [par-e] **베어**(베어내)

↖《par-(g)e》 **버꺼, 베껴, 비껴** (벗겨) **'방'**

└,《par-(h)e》 고어 [**버히다**]: 베다

068

씌우다(seat) / 관(冠)

제66장 말미에서 살펴본 **"겉치레"**는 **"의관**(衣冠)**을 정제하다"**라는 흔히 쓰는 표현과 밀접하다.

이때의 옷[衣]과 관(冠)이 지닌 문화적 원류 내지 기원과 관련이 있는 단어를 소개한다.

> seat [시-트] 자리, **좌석**, 엉덩이, 의석, 의원의 지위; **왕좌, 왕권**; **앉히다,**
> **취임시키다**, 있는 곳, 위치; -에게 **지위를 주다**, -에 자리 잡게 하다.
> = [se -a- t] 시이다, 싀다 <**쉬다**>: 휴식　　※<엉덩이> 걸쳐 앉는 <**자리, 좌석**>
> 시이다, 싀우다 <**씌우다**>: 착용하게 하다 ㉮　　　※ throne 참고!

흔히 **"감투를 씌워주다"**라고 하는데 이때의 <**씌우다**>가 바로 단어 뜻 {**지위를 주다, 취임시키다**} 관련의 ㉮줄의 그것이다.

　어휘 전반을 관찰해보면 단어 뜻에 있는 {**왕권**}과 같은 서임(敍任)의 어휘는 **"쓰다, 씌우다"**라는 어휘로 뜻이 형성된 사례가 많다. 서구의 교황이나 왕이 취임하는 대관식에서 보듯 서임(敍任)이란 것이 왕관을 '**씌우**'는 형식을 필히 동반하기에 그러한 걸로 추정된다.

　이처럼 귀한 보석을 박거나 금으로 장엄하게 꾸민 관(冠)을 씌움으로써 권위를 더하는 전통은 아프라시압 궁전벽화에 그려진 1c~3c 무렵의 고구려(신라?) 사신의 머리를 장식한 조우관(鳥羽冠)이라든가, 출(出) 자(字) 모양의 신라 금관[왕관]까지 거슬러 올라갈 수 있을 것이다.

아프라시압 궁전 벽화

비취색의 곡옥이 달린 신라금관

throne [쓰로운] 왕위, 제위; 왕좌, 옥좌. 왕권; 군주. 교황; 왕위에 앉히다[앉다]

enthrone [엔쓰로운] **왕위에 앉히다**, 즉위시키다.

↖≪(g)en- thr-one≫ **관**(冠) ~ **씌운**

enthrone은 왕관을 씌워주며 왕위에 앉히는 대관식을 떠올리게 하는 단어다.

069

관(crown), 권(own), 규원사화(揆園史話)

앞장에서 언급한 "관(冠)"을 좀 더 직접적으로 파악할 수 있는 단어를 살펴보기로 한다.

> crown [크라운] **왕관**, **왕권**, 왕의 통치, 왕의 영토, −에게 왕관을 씌우다; 왕위
> 에 앉다.
> [cr − own] **관**(冠) '왕관·벼슬' ㉮ // **권**(權) '왕권·권세·권력·권리' ㉯
> 규원 → ※ **규원**−사화(史話) ①

㉮의 〈**관**(冠)〉은 직접적으로 [왕관]을 가리키고, ㉯의 〈**권**(權)〉은 왕관을 물려받음으로써 갖게 되는 왕권·권력·권한으로서 추상화된 개념어다.

①의 〈**규원**〉은 "**규원사화**"라는 역사서의 제목에 등장하는 말이다. ≪揆園史話(규원사화)≫는 조선 숙종 2년(1675년)에 북애노인이라는 호를 가진 이가 **고조선** 47대 단군의 재위기간과 치적을 기록한 **역사책**, 즉 다른 말로 풀이하면 임금 곧 "**왕권**"을 중심으로 시대별로 서술한 사서이므로 이때의 **규원**은 [왕권]의 〈crown〉일 가능성이 크다고 본다. 다시말하면 ≪揆園史話≫는 '**왕권**'이 전해 내려온 것에 관한 역사 이야기인 셈이다.

crown에서의 뒷 어절 〈-own〉은 별개의 독립된 어휘이기도 하다.

> own [오운] 「**소유**를 강조해」(남의 것이 아니라) 자기 자신의, **자신의 것**.
> 「독자성을 강조하여」(자기 자신에게) **고유한**, 특유한.
> 「명사적으로」자신의 **소유물**. · This is my own car. 이건 내 소유의 차다.
> ↖≪(g)own≫ **권**(權) '권리·권한·권력·권세' ※ 〈crown〉 참고!

권리 중에서 가장 원초적인 권리는 소유권일 것이다. 그런 의미에서의 [소유하다, 자기자신의, 소유물]이라는 뜻이 존재하고 있다.

단어 뜻 [(자기 자신에게)고유한]이라는 것은 crown의 '왕권'이 그러하듯 남을 배제한 **배타적 권한**을 의미한다. 같은 하늘 아래 왕이 둘 일수 없다는 말이 의미하는 바로 그것이다.

양반들이 쓰던 '**갓**'도 왕관에서 유래했음이 틀림없다!

070

(진흙) 묻다 / 불~ 피워

호수의 차가운 얼음 위에 앉은 철새들 이야기에서 시작해 **[덮다, 씌우다]**의 뜻을 가진 단어들 그리고 왕관 이야기까지 나아왔다. 이 이야기를 하는 동안 얼음 위에 앉아 잠든 새들은 무사히 잘 있을까 궁금하다.

그들의 발가락이 혹시 진흙에 묻어 더러워지진 않았을까?

mud [머드] **진흙, 진창**, 찌꺼기; 흙투성이로 하다, **더럽히다**.
　　　= **묻** // **묻어**~ "묻다"

호수의 얼음 위에 앉은 철새들

얼음 위에 불을 지펴 새들의 몸을 따뜻하게 해 줄 수도 없는 노릇이다.

fire [파이어, 화이어] 불, 화염, 숯불, 연소, 화재, 불꽃, 섬광, 번쩍임, 광휘, 정열,
　　　　불을 붙이다, 불 때다, 불태우다, 빛나게 하다.
　= [fir- e] (불을-) **피워**! ※불이 있어~ → (사물이, 눈에-)**보여**, **뵈어**(보여)

fuel [퓨-얼] **연료, 장작**, -에 장작을 지피다. -에 연료를 공급하다, 연료를 보급 받다.

= [fu - el] (불)**피울** ~   "불을 피울려면 <**연료, 장작**> 이 있어야!"

피일, 필, 폴, 불 <**불**>

071

안(내부), 들여 밀다, 뚫어 / 인(人) '사람' / 죽여

제65장~68장을 통해 "겉"이나 "밖"과 관련된 단어들을 살펴보았으니 이제 "안"과 관련된 단어들을 살펴볼 차례다.

in [인, (때때로 약하게) 언] –의 안[속]에, 속[안]의, 안에서; –동안, –에 관해; 연줄.
door [도어] 문, 문간, 현관, 방문, 문짝, 출입구
indoor [인도-, 인도어] **실내의**, **옥내의**. ※≪in = 인 ~ 인, 온, 안≫ ① ★
　　= [in ~ door] '내부' **안** ~ door[문] "문을 열고 들어간 안쪽, **실내의**"

한국어 〈안〉과 대응하는 현대영어는 〈in〉이다.

영어 [인]과 한국어 [안]이라는 음절의 모음과정은 ※표 ①줄에 대강 적은 바와 같은 역사적 변화를 통해 서로 분화된 이형태로서 파악할 수 있을 것이다. 특히 〈in〉의 발음 종류 중 나머지 하나는 ≪(때때로 약하게) **언**≫ 즉 [언]이므로 양성(陽性) 모음실현인 현대 한국어 "안"의 쌍(雙)으로서의 음성(陰性) 모음 실현 "언"으로 이해할 가능성이 있는 점, 그리고 원형적 [언]에서 현대영어 "언"과 현대한국어 "안"으로 분화되었을 가능성을 또한 추정할 수 있는 점에서 [in]과 한국어 [안]의 기원적 동일성을 추론할 수 있다 하겠다.

```
             ┌ 인(in), 인(因)
in /인, 온 → 언(in) '약하게'
             └ 안, 연(緣)
```

in [인, (때때로 약하게) 언] –의 속에, –의 **안**에, –속의, –안의, 속에서, 안에서.
intromit [인트러밑] (고어) **들어가게** 하다, **삽입**하다. "안으로 들여 밀어 **삽입하다**"
　　= [in-tr- o-mit] **안**(안으로)~ **들여 미다**(밀다)

intrude [인트루-드] **밀고 들어가다**, 밀어 넣다, **침입하다**.

= [in-tr-u-de] **안**(안으로) ~ **들오다**   "안으로 뚫어 **침입하다**"

↖≪in- tr-(g)u-de≫ **안**(안으로) ~ **드가다**(들어가다) '**방**'

└, ≪in- tr-(h)u-de≫ **안**(안으로) ~ **뚫으다**(뚫다)

영어 〈**in**〉은, 영어 의미체계에서 그렇게 규정된 바는 없을 테지만, '사람'의 뜻인 〈**인**(人)〉과 어휘대응관계인 것으로 추정된다. 아래에 보인 단어들을 통해 그렇게 여겨진다.

incarnate [인카네이트] 육신을 갖게 하다, 사람의 모습을 한, 화신(化身)한.

= [in-car-na-te] '사람' **인**(人)~ **갈아** **-나다**

invite [인바이트] 초청하다, **초대하다**. 청하다, 요청하다, 부탁하다.

= [in-vi-te] '사람' **인**(人) ~ **받아** [부득, 붙이] // **인**(人) ~ **보다**

indulge [인덜쥐] (**사람** 따위를)**즐겁게[기쁘게] 하다**, **만족시키다**, **충족시키다**,

-에게 베풀다; (떠받들어) **버릇을 잘못 들이다**.

= [in-dul-ge] '사람' **인**(人) ~ **달개**(달래) '**방**' ㉮

└, ≪in-dul-(w)e≫ **인**(人) ~ **달래**

㉮줄은 아이를 따끔하게 벌주지 않고 달래기만 하는 상황을 표현한 것일 수 있다. 단어 뜻 {**떠받들어 버릇을 잘못 들이다**}를 근거로 그렇게 추정한다.

injure [인줘] **해치다**, **상처를 입히다**, 다치게 하다, 손해를 주다, 손상시키다.

↖≪in - jur-(g)e≫ '사람' **인**(人) ~**죽여**[주겨]   "사람을 죽이려고 해치다"

현대영어 〈**in**〉이 접두사로 쓰일 때 가지는 의미 중 하나는 {**무**(無), **불**(不)}이라는 부정어 역할인데, 이 부정어(否定語) 역할로의 〈**in**〉은 한국어 부정어 "**안** **되**~"라고 할 때의 〈**안**〉과 어휘대응관계인 걸로 추정된다. 부정어 〈**un**〉과 같다.

in- (접두사) = '**무**(無), **불**(不)'의 뜻 (il-, im-, ir-로도 됨).

vary [베어리] 바꾸다·바뀌다·변화를 주다·변하다 ← ≪var-(g)≫ **바꿔**(-어), **바꿔**

variable 변하기 쉬운, 변덕스러운.

invariable [인베어리어벌] 변화하지 않는, 불변의 ← ≪in-var-(g)ia ~ ble≫

ㄴ **안**(부정) ~ **바꿔어**

종합하면, 영어 〈**in**〉은 현대한국어 〈**안**(속)〉/〈**안**('부정어')〉/〈**인**(人)〉과 대응하고 있다! 그밖에 〈**인**(因)〉/〈**연**(緣)〉이라는 어휘, 그리고 연구개음 복원으로는 〈**간**(間)〉/〈**관**(關)〉 등과 기원적 동일성을 가지는데 이에 대해서는 따로 살펴보기로 한다.

072

거간-꾼, **agent**, 기관(機關)

계속해서 "**모음 앞에 연구개음(g·k)을 재구성할 수 있다!**"라는 법칙을 적용해 영어단어와 한국어 간의 밀접한 관련성을 확인해 본다.

<blockquote>

agent [에이전트] **주선인**, **대행자**, 대리인, 취급인, 대리점,【미국】**정부 직원**, **관리**.

agency [에이전시] **매개**, **주선**, 대리 행위, 대리, 매개 수단, 매체, 매개자. 대리점.
【미국】 (정부 따위의) **기관**, 청(廳), 국(局).

↖≪(g)a‐gen‐t≫ **거간 ~타**! "거간 노릇을 하다" ㉮

↖≪(g)a‐gen‐cy≫ **거간 ~ 사**(事) [중개해 거간해주는 일]

㉯ **기관**(機關)**~ 사**(事) ※ 정부기관이 직접 상업에 관여하였다!

</blockquote>

농산물 도매시장이나 수산물 도매시장에 가면 협회에 등록된 경매인들이 경매라는 절차를 통해 생산물들의 값을 정하고 매매를 중개하는 모습을 볼 수 있다. 도시에 사는 인구가 훨씬 많아진 현대사회, 즉 탈농업화 시대인 탓에 농수산물 유통이 대량으로 이루어지기에 나타난 풍경이다.

이처럼 매매를 중개하는 경매인들이 단어 뜻 {주선인, 대행자}인데, 농업이 주산업이었던 몇 십 년 전엔 5일장과 함께 열리는 우(牛) 시장, 즉 소를 사고파는 장에나 가야 볼 수 있었다. 소를 팔겠다는 사람과 사겠다는 사람 사이에 소 가격을 제시하며 흥정을 붙이는 이들을 〈**거간**〉 또는 〈**거간꾼**〉이라고 불렀다.

이때의 〈**거간**〉이 바로 이 단어 〈**agen-**〉의 연구개음(g·k) 복원형태 ㉮이다.

agent의 뜻에 {**정부 직원**, **관리**}라는 것이 있고 agency에도 {**정부 따위의 기관**(機關)}이란 뜻이 있다. 한 때 기관(機關)에서 나왔다고 하면 벌벌 떨던 시절이 있었는데 매매를 주선하고 매개해주는 {**주선인**, **대행자**}가 왔는데 왜 떨어야만 했을까?

아직도 시장 난전 같은 곳에 와서 음성적으로 자릿세를 뜯어가는 이들이 있는지 모르겠지만 거래가 있고 돈이 오고가는 곳에 따라붙는 것이 '세금'임은 유사 이래 인간사의 어쩔 수 없는 풍경이 아닌가 싶다. 사서(史書)에도 기록된 것처럼 정부, 즉 관청에서 상업을 직접 지배하고 세금을 거둔 역사가 매우 오래고, 때로는 시장에서 파는 물건의 종류까지 법으로 정해졌다고 한다. 이로써 유추컨대 더 오랜 옛날 소규모 씨족사회 시절엔 관아를 통해서만 매매하게 하고, 교환 가격(비율)도 관에서 정하며, 세금[곡물]도 현장에서 즉시 거두었으리라는 추정을 하게 된다. 다시 말하면 [주선인, 대행자]가 바로 관청이었던 것이다.

'시전(市典)'이라는 기구를 두어 관에서 각 시장을 감독하였던 신라 시대의 예, '경시서(京市署)'를 설치하여 물가나 상품의 종류를 통제했던 고려 때의 일들, 특히 고려 때는 시전들이 세인(稅印)을 찍은 다음에야 상품을 판매할 수 있었다는 점 등은 상업행위에 따라오는 세금이란 요소 및 그것을 징구해가는 관청 곧 위 ㈐줄의 <기관(機關)>이란 어휘 요소를 입증해주는 예라 할 것이다.

세인(稅印)이라고 하면 생각나는 것이 십여 년 전까지 맥주병의 뚜껑 안쪽에 찍던 국세필이든가 납세필이든가 하는 도장이다.

조선시대의 '시전(市廛)'은 궁중에 소요되는 각종 물품과 중국에 파견하는 사절들의 세폐(歲幣)와 수요품을 공급하는 대신 상품독점에 관한 전매권과 난전을 금할 수 있는 권리를 가졌다고 하는데, 이러한 예도 상업행위의 허가적 요소 내지 상업에 관청이 개입하였음을 보여주는 사례일 것이다.

곡식 수매 현장 사진인지는 모르겠으나, 곡식을 쌓아두고 판매하는 점포(가게)를 연상시키는 장면이다.

각종 생활용품을 팔던 근대식 잡화점(가게)

073

가게(점포) / [그위], [구위], [구외], [구의]:
관청(官廳)/ 허가(許可)

앞장에서 말한 바의 상업 행위가 허가나 관(官)의 요소와 대단히 밀접하다는 점을 수메르어 단어를 통해 다시 한 번 살펴보려 한다.

⑨ gur7, guru7 : grain store '**곡식 가게**'; granary '곡물창고'
grain-heap '**곡식 더미**'·곡식 쌓아올린 것'; heap '쌓아 올린 것'

■ 대응어휘 = **가게** / (볏)**가리** '쌓아올린 것'/ **재어**~ '쌓아' / **지위**(地位) / 허가(許可)

※<gur7> gur ㄱ r <(낫-)**가리**>: 벤 벼를 쌓아올린 더미 ㉮
※<guru7> gur-u7 ㄱ r 이 <(볏-)가리> : ㄱ r이 [**그위**][**구외**]: 관청 ①
↖≪gur- (g)u≫ ㄱ r 지 <**가게**>: 상점·점포 "곡식가게" ㉯

이 수메르어의 단어 뜻 {**곡식더미**}에 호응하는 대응어휘는 ㉮줄 <(볏)**가리**>이다.

대응어휘로 추정한 ㉯줄 <**가게**>는 단어 뜻 {**곡식 가게**}에 호응하며 "**볏-가리**"가 높이 쌓아올려진 것인 점, 그리고 다른 뜻 {**곡물창고**} 등을 고려하여 추정할 때 "**가게**"라는 것은 곡물을 쌓아두고 팔던 데서 유래했을 것으로 여겨진다.

앞의 제72장 끝에 게재한 쌀가마니를 쌓아놓은 사진을 참고하면 좋겠다.

"관청"의 뜻인 ①줄의 고어 [**그위**][**구외**] 등은, 앞의 제72장에서 살펴보았듯이, 세금 징수의 목적으로 예로부터 관청(官廳)이 상업 행위에 긴밀히 개입하여 왔던 점을 고려함으로써 추론이 가능한 어휘대응들이다.

그런 의미 연관을 바탕으로 구개음화와 기식음화(h)라는 음운변화를 적용하면 아래의 ②, ③줄로 적은 것들 또한 수메르어 <**guru7**>와의 어휘대응일 가능성이 크다.

※<**guru**7> gur–u7 ᄀr 이 <(볏-)**가리**> : ᄀr이 [**그위**][**구외**]: 관청

↖≪gur– (g)u≫ ᄀr 지 <가게>: 상점 · 점포 "곡식가게"

└→ ≪(h)ur– (g)u≫ **허가**(許可) ②

└→ ≪(zh)ur– u≫ **재어**~ '높이 쌓아' ㊂ // **지위**(地位) ③

㊂줄 〈**재어**~〉는 위 ㉮줄 "볏-**가리**"처럼 높이 쌓아올린 모양을 나타낸다.

074

꼭-걸으다, 쇠-걸어, 쇠고리(secure), 간수(看守)

occlude [어클루-드, 오클루-드] **못 나오게[들어오게] 막다;** **폐쇄**하다, **방해**하다.

= [oc ~ cl–u–de] '감옥' **옥**(獄) ~ **걸**으**다**(걸다) 『옥에 넣어 걸어 잠그다』

↖≪(g)oc ~ cl–u–de≫ **꼭**(꼭꼭) ~ **걸**으**다**(걸다) 『꼭꼭 걸어 잠그다』 ㉮

모음 앞에 연구개음(g·k)을 복원한 ㉮줄이 이번 장의 주제어다.

"못 나오게" 혹은 **"못 들어오게"** 꼭꼭 막는 데엔 쇠고리가 많이 쓰인다.

secure [시큐어] **쇠고리**를 **걸다;** 단단히 잠그다. 채우다. 가두
다; **안전한.**

= [se–cur–e] **쇠** ~ **걸어** // **쇠-고리** "**쇠-고리**로 단단히 잠그다"

쇠고리

security [시큐어리티] 안전, 무사, 보호, 보안, 방어, 방호물.

= [se–cur–i–ty] **쇠** ~ **걸어** ~ **다** // **쇠-고리다!**

{안전, 무사, 보호, 보안}이라는 일견 추상적으로 보이는 단어가 알고 보니 **"쇠고리"**라는
말에 기초한 어휘였다니! 이처럼 지키는 일을 **"간수하다"**라고도 한다.

ensure [엔슈어] **지키다,** 안전하게 하다, 책임지다.

↖≪(g)en – sure≫ **간수** (지키기·지키는 사람) ㉯ // **건사**(지키기) '**방**'

㉯줄 **"간수"**는 감옥을 지키는 사람으로서의 간수뿐만 아니라 지키는 일 그 자체를 뜻
하는 말이기도 하다. **"간수 잘 해 두게!"**라는 표현이 그것이다.

075

연쇄(連鎖) / 연달아(잇달아) / 얼기설기 / 결연(結緣)

바로 앞장의 참조 그림으로 나온 '**쇠사슬**' 사진을 보니 생각나는 것이 쇠사슬의 연쇄고리이다.

ensue [엔수-] **계속해서**[잇따라] 일어나다 = [en-sue] **연쇄**(連鎖)

사건이나 일이 계속해 잇따라 발생하는 것을 "**연쇄**(連鎖)"라고 하는데, 이때의 〈쇄(鎖)〉는 옥편에서 ≪**쇠사슬, 자물쇠, 잠그다, 닫아걸다**≫로 풀이하고 있으므로 "**연쇄**(連鎖)"라는 말은 위 사진에서와 같이 고리 모양으로 이어 계속 연결한 쇠사슬과 밀접한 어휘라고 하겠다. 이와 같이 계속 이어진 고리처럼, 앞의 어떤 물건이나 앞의 어떤 계기에 잇달아, 연속하여 일어나는 것을 "**연달아~**"라고도 표현한다.

entail [엔테일] (필연적 결과로)일으키다, 수반하다 = [en-tail] **연달**(연달아/**수반**하여)

연결은 두 개체를 서로 묶거나 "**걸어**" 놓은 것을 뜻한다.

ally [얼라이, 앨라이] **연합하다, 동맹하다, 결연하다**, 제휴하다; 동맹국, 협력자, 친척.
= **고어** [**얼의**-다]: 엉기다

↖≪(g)all- y≫ **걸어** (서로 걸어·결합하여) ㉮　　　※≪(g)all- (g)≫ **걸기**

↖≪all- (g)≫ **얼기** (얼기-설기 엮어) // 고어[**얼거**]: 얽혀 : [**얼기**다]: 얽히다

↖≪all- (k)≫ 얼켜 <**얽혀**>: 서로 얽히어 ㉯

〖**연합하다, 동맹하다**〗라는 뜻과 관련해 ㉮줄 〈**걸어**〉에서 연상되는 것은 맹세/약속의 표시로 "손가락 **걸고** 맹세하다"라는 표현 그리고 "목숨을 **걸고** 동맹하다"라는 표현이다.

㉯줄 〈**얽혀**〉에서 연상되는 것은 고려 충신 정몽주를 회유하기 위해 나중에 조선 제3대 임금 태종이 된, 이방원이 읊었다는 ≪**하여가**≫이다.

"이런들 어떠하리 저런들 어떠하리 만수산 드렁칡이 **얽혀**진들 어떠하리"

ally의 과거분사형 〈**allied**〉를 보자.

    allied [얼라이드] **결연**(結緣)**한**, **동맹한**, **연합**[제휴]**한** = [얼우다]: 혼인하다
                                       = [all-i-ed] 고어 [**얼의다**]: 엉기다
     ↖≪(g)all-i-ed≫ **결**(結)~ **이으다**(잇다) ㉰
     ↖≪all-(g)i-ed≫ 고어 [**얼기다**]: 얽히다 // **얼기**(-설기)

㉰줄 〈**결**(結)〉은 위 ㉮줄의 〈**결**-〉 즉 "**걸다**"와 기원적으로 같은 어휘임을 꼭 기억했으면 좋겠다. 책에서 계속 강조하고 있지만, 유라시아 공동조어가 있을 뿐 한자말이니 순수 한국말이니 하는 경계는 본래 없는 허구일 따름이다!

그런 관점을 세우고, 아래 〈**alliance**〉의 ㉲줄 〈**결연**(結緣)〉이란 어휘대응 그리고 ㉳줄 〈**결혼**(結婚)〉이란 어휘대응을 관찰해야 할 것이다.

    alliance [얼라이언스] 동맹·맹약(盟約), **결혼**, **결연·인척 관계**, **협력·제휴**.
                                      = [all-i ~] (고어)**얼우**-다 '혼인'
     ↖≪(g)all- i-an ~≫ **결**(結) ~ **이은** '잇다' // **결연**(結緣) ㉲
     ↖≪(g)all- (g)i-an ~≫ **결**(結) ~ **끼운** '끼다' ㉳
     ↖≪(g)all- (h)i-an ~≫ **결혼**(結婚) ㉴: ↖≪(h)all- i-an ~≫ **혈연**(血緣)

㉲줄 〈**결연**(結緣)〉은 단어 뜻 〖협력, 제휴〗의 의미를 지닌 "**자매결연을 맺다**"라는 표현으로 많이 쓰인다.

076

끈-거다(engird), 끈-놔줘(enlarge) / 견인(牽引)

앞장에서 관찰한 **"걸다"**나 **"결**(結)**"**은 〈끈〉과 밀접한 어휘이다.

>   **engird** [엔거-드] **띠**로 감다, 에워싸다, **둘러싸다**.
>   ↖≪(g)en -gir-d≫ **'끈'-거**(걸)**다** / **낀기다**(사이에-끼다)**'방'**/ **'사이' 간**(間)**-끼다**

방언형 〈**낀기다**〉는 "사이에 끼다"로 단어 뜻 {둘러싸다, 에워싸다}라는 상황에 처한 모습을 표현한 말이다. 함께 적은 〈**간**(間)**-끼다**〉와 동일한 의미다.
단어 뜻 {띠로 감다}를 근거로 〈**끈**〉이란 어휘대응을 추론할 수 있겠다.

>   **enlarge** [엔라-쥐] (고어) **방면하다**(release)
>   ↖≪(g)en- lar-ge≫ **끈 -놔저**(놓아줘) **'방'**

묶인 **끈**을 놓아주는 것에서 단어 뜻 {**방면하다**}가 산생되었을 것이다.
아래에 소개한 〈**win**〉은 "끈"이라는 물상이 동작의 "**끌다**" 즉 〈**견인**(牽引)〉이란 어휘로 파생되었음을 보여준다.

>   **win** [윈] **끌어당기다**, (노력해)손에 넣다·확보하다, 닿다·나아가다, (광석을)찾아
>   **파내다**; 경쟁에서 이기다, 쟁취하다, **겨우** -할 수 있다, (곤란을 물리치고)
>   -에 도달하다, 이득·이문
>   ■ win =【**윤**(潤) '이윤'】【**인**(引) '끌'】
>   ↖≪(k)in≫ **견**(牽) '끌' / **'끈'** / **근**(근근이) / **간**(간신히) / **캔**(캐다)

"끌다"를 단어 뜻 {**이기다, 쟁취하다**}와 연결해서 생각하면 내기(시합)에서 이겨 **"돈을 끌다"** 혹은 **"돈을 끌어오다"**라는 말을 떠올리게 된다.

화학섬유로 꼬은 끈/밧줄

077

꼭-끼이다(accurate) / 아귀(agree)

지난 제74장에서 보았던 〈occlude〉와 연구개음 재구성의 측면에서 동일한 단어를 하나 소개하겠다.

accurate [애켜리트] **빈틈없는, 정확한; 정밀한**, 신중한.
↖≪(g)ac - cur - a - te≫ **꼭**[꽉] ~ **끼이다**!

물건이 "**꼭(꽉) 끼이다**"라는 것은 단어 뜻 {빈틈없는}과 매우 잘 맞아떨어진다. "**빈틈없이 꽉 끼이다**"라는 표현에 드러난 의미 그대로다.

한 짝으로 이루어진 물건의 이쪽과 저쪽이 서로 "**꽉 끼이다**"로 되면, 이것은 {정확한; 정밀한} 가공이나 작업이 이루어졌음을 뜻하게 된다. 마치 아래 사진의 속의 문틀과 문짝이 빈틈없이 꽉 끼인 것과 같이.

문틀과 문짝

이 단어에서의 [꼭], [꽉]은 지난 제74장의 〈occlude〉에서도 확인되었다.

occlude [어클루-드, 오클루-드] **못 나오게**[들어오게] **막다; 폐쇄**하다.
↖≪(g)oc ~ cl-u-de≫ **꼭**(꼭꼭) ~ **걸**으**다**(걸다)　　『꼭꼭 걸어 잠그다』

"**꼭**"이란 음절이 두 단어 모두 동시에 대응이 가능한 것은 고대 영어에서 그러했듯이 모음 /a, o, u/는 본디 같은 뿌리에서 나와, 점차 분화된 이형태 관계이기 때문에 그러하다!

이 단어에서의 "**꼭(꽉) 끼이다**"라는 물상은 서로 "**아귀가 잘 맞다**"라는 것과 매우 비슷하다.

agreement [어그리-먼트] **동의**·승낙·협정·협약, 합치·부합·일치·**호응**.

agree [어그리-] **합치**하다, 일치[부합]하다, **마음이 맞다**, **동의하다**, 의견이 맞다, **응하다**,

= [a - gree] '**아귀**' 맞다

↖≪(g)a- gr-ee≫ **기꺼이**~ "기꺼이 응하다"

가까이 "마음이 맞아 가까이 지내다"

agree는 지난 제14장에서 이미 살펴보았던 단어다.

078

소떼- 몰다(자극하다)

stímŭlo (라틴) **찌르다**, 쏘다, (짐승을) **막대로 찔러서 몰다**, **자극**하다, 격려하다.

stimulate [스티멀레이트] **자극하다**, 북돋우다, 격려[고무]하다, -의 격려가 되다.

= [s - ti - mul- a -te] **소떼 ~ 몰으다** 『막대기로 소떼를 몰고 가며 찌르다』㉮

소 ~ 떠밀으다 『막대기로 소를 떠밀어 찌르다』㉯

{**자극하다**}라는 뜻을 가진 영어 〈**stimulate**〉는 바로 윗줄에 적은 라틴어에서 왔을 가능성이 크다. 그리하여 라틴어에서의 뜻 {**짐승을 막대로 찔러서 몰다**}를 참고해 관찰할 때 〈**stimulate**〉는 ㉮ 또는 ㉯줄의 한국어 구성일 개연성이 매우 높아 보인다.

단어 뜻 {**자극하다**}의 "**자극**(刺戟)"이 ≪찌를-**자**(刺)≫ 및 ≪찌를-**극**(戟)≫인 점도 이 ㉮, ㉯줄의 추정에 신빙성을 더해주고 있다. '**짐승**'을 막대로 찌르다간 공격받기 십상이고 순한 가축인 **소**가 제격이다.

라틴어에 한국어와 친연성을 가진 단어가 왜 이리 많은지 모르겠다.

(라틴) **ostendo** 과시하다 = o - s - ten - do 〈**으스댄다**〉, 〈**으시댄다**〉 '**방**' ①

(라틴) ŏs '**뼈**'　　←　　*재구성 (g)ŏ - s 〈**가시**〉: 생선가시, 생선-**뼈**

①줄의 〈**으스댄다**〉는 제12장에서 관찰한 영어 〈**pride**〉와 그 한국어 어휘대응 "**뻐기다**"를 생각나게 한다.

079

검(劍), **arm**, 팔-**아름**(arm) / **끌려, 홀려, 올레**-길

arm [암-] **팔**, 앞발, **무기**, 무력, **전쟁**; (정부·법률 따위의) 힘, 권력.
= [ar-m] **아름** (두 팔을 벌린 길이) ㉮ : ↖≪(g)arm≫ **검**(劍) '칼' ①

"**아름드리나무**"라고 하면 나무의 굵기(둘레)가 사람이 양팔을 벌려 안을 수 있는 정도를 말하기에, 이때의 〈**아름**〉은 arm의 단어 뜻 {**팔**}과 동일체라 할 수 있다. "꽃을 한 아름 안고 왔다!"에서의 '**아름**'도 마찬가지다.

{팔}의 **arm** 즉 〈**아름**〉이 떨림 성질 /r/이 약화되지 않고 자음 'r'로 활성화된 어휘라면, 이에 비해 연구개음(g·k)을 복원한 어형인 ①줄의 〈**검**(劍)〉은 떨림 성질 /r/이 약화되고 소멸한 어휘에 해당한다.

총포가 없던 시절엔 돌로 만든 돌칼, 돌창이나 나무로 깎은 목창·목검이 제일 강력한 무기였을 것임은 어렵지 않게 짐작할 수 있겠고, 그것으로 전투를 벌였을 것임에 틀림없다.

유소년 시절에 시골에서 자랐으면 다들 목검으로 전쟁놀이를 해보았을 것이다. 집에서 밥을 먹는 중에도 친구들은 대문 앞에서 기다리며 놀러가자고 꾀어내곤 했을 테다.

uda (러) 낚싯대, 꾀다 = [u-da] **유도**(誘導)   *≪성경의 가롯~'**유다**'≫
↖≪(g)u -da≫ **꾀다** "꾀어내다"

allure [얼루어] 꾀다, 부추기다, 유혹하다 =【**을러**~ (달래고 꾀어)】
↖≪(g)al-lur-e≫ **끌리어**~ / **꼴려**(유혹되어) '**방**'
└ ≪(h)al-lur-e≫ **홀리어**(홀려)

밥도 먹는 둥 마는 둥 하고 광에 넣어둔 목검을 들고 친구들을 따라 나서면 골목길이든 들이든 온 천지 사방이 우리의 놀이터가 되었었다.

unde (라틴) **사방**(四方), 출발한 곳 =【**온데**(온 사방) / **온 데**(출발해온 곳)】

　↖≪(g)un-de≫ **군데**(군데군데) '여러 곳·여러 군데'

alleyway 샛길·골목길, (건물 사이의) 좁은 통로
alley [앨리] **오솔길·샛길·**좁은 길·뒷골목 = 【**올레**-길 '오솔길'】

　↖≪(g)all – ey≫ **갈래** -길(샛길) // **갈래이 '방'**

골목길, 샛길

　목검으로 전쟁놀이를 하며 사방을 쫓아다니는 사이 어느덧 해가 뉘엿뉘엿 기울면 옷은 흙이 잔뜩 묻어 아무렇게나 구겨져 있고, 집에 돌아가 엄마에게 꾸중을 들을 생각에 슬슬 걱정이 밀려들기 시작했었다.

corrugo (라틴) **꾸김살지게[주름지게] 하다**, 쪼글쪼글하게 하다.

　↖≪corr– (g)u – go≫ **구기고~** (구겨서·구기어)

earn (생활비)벌다. (명성 등을)획득하다, (비난 등을)**받다** = [e-arn] **여론**(與論)

　↖≪(g)earn≫ **견**(譴) '꾸지람·견책'

　걱정하는 내 마음을 아는지 모르는지 논배미 옆 개울에선 개구리가 시끄럽게 울어대고 있었다.

ikra (러) ('**개구리**' 등의 양서류의) 알 ← ≪(g)i-kr-a≫ **개구리**

　남자 아이들이 전쟁놀이로 정신없이 뛰어다니는 동안 착한 여학생들은 집에 앉아 골똘히 공부만 하고 있는지 가끔 궁금해지곤 했었다.

ardeur (프) 열정·열성·열렬·작열(灼熱)·극성스러움
ardor, ardour [아-더-] 열정·열의·열성·열렬·작열 =【**알뜰**~히 / **열 띄어**】

　↖≪(k)ar-dor≫ **골똘**~히

　　└, ≪(sh)ar-dor≫ **살뜰** ~히 (알뜰살뜰 열정과 열의를 다해)

080

깎아, 예민(銳敏)

    앞장에서 이야기한 유년시절의 전쟁놀이를 하려면 멋진 목검을 장만해야 했었다. 형이 있는 아이들은 형에게 졸라 목검을 만들어달라고 하면 해결되는 문제였지만 형이 없는 나로선 직접 목검을 만들고 다듬어야 했었다.

    아버지가 일 나가신 틈을 타 미리 감추어 둔 나무를 꺼내 낫으로 깎다가 손을 다친 적도 있었던 것 같다. 남을 다치지 않을 정도로 검(劍)의 날끝을 적당히 잘 다듬어야 했는데 그것이 어린 나에겐 여간 어려운 작업이 아니었다. 자칫 너무 많이 깎으면 끝이 너무 날카로워지곤 해, 애써 구해 온 나무를 버려야 했던 적도 있었다.

> acumen [어큐-먼] **예민**, 총명, **날카로운** 통찰력, **뾰족한 끝**.
>
> ↖《(g)a -cu -men》 가끄면(**깎으면**) ∟《a-(w)u-men》 (이ㅇ민)**예민**(銳敏)

    나무 따위를 **깎으면** {**뾰족한 끝**}이 되고 {**날카로운**} 물건이 된다. 단어 뜻 {**예민**}은 이처럼 신경이 날카롭고 뾰족하게 곤두선 모양이다.

    제2음절 〈-cu-〉의 'C' 즉 연구개음 /k/의 약화(w) 및 음절축약에 의해 〈예민(銳敏)〉이 산생될 수 있다.

> acute [어큐-트] 살을 **에**는 듯한·격심한; 날카로운·**뾰족한**, 모진; 예형(銳形)·예두(頭)의.
>
> = [a-cute] **애**(창자)~**cut**(끊다)/ [**긋**-다]:끊다 ※[**애긋다**][이긋다]: 창자를 끊다
>
>   ∟ 《a-(w)u-te》 (살을) **에이다** '에다'
>
> ↖《(g)a-cu-te》 (날카롭게-)**깎으다** / (날카롭게-)**꺾으다** / **각**(角) "각지다"

> acuminate [어큐-머네이트] (잎·잎끝이) **뾰족한 모양**의; 뾰족하게[날카롭게] 하다.
>
> ↖《(g)a-cu - min ~a-te》 **깎으면**~이다
>
>   깎으면 {**뾰족한 모양**의} 물건이 된다!

081

큰, 혼인(婚姻), 혼연일체(渾然一體), 끈-이은, 연계(連繫), 연관(連貫)

지난 제75장에서 살펴본 〈걸어(ally)〉/〈결연(alliance)〉, 그리고 제76장의 〈끈-거다 (engird)〉와 비슷한 의미맥락에 있는 단어들을 조금 더 살펴볼까 한다. '끈'과 같은 물상 어휘가 추상적·개념적 어휘로 발달한 증거들이기 때문이다.

> uniform [유-니폼-] 한결같은, **같은**(형상·빛깔); 제복. ┌ ≪(h)un-(g)i≫ **한 개**(個)
> **uni** - [유-니] '일(一), 단(單)'의 뜻 ← ≪(k)un-(g)i≫ (분리되지 않은) **큰 거**(것) ㉮
> ↖≪un-(g)i≫ **온 거**(것) '방' / **온 - 개**(個) ㉯ : **연계**(連繫) "서로 연계된~" ①

단어 뜻 {일(一), 단일(單一)}은 여럿으로 분리되기 전의 상태이므로 〈uni ->를 ㉯줄의 한국어와 연관성이 큰 어휘로 추정할 수 있다. 연구개음 복원형인 ㉮줄의 〈**큰~거**〉라는 어휘 및 ①줄 〈**연계**(連繫)〉도 같은 맥락이다.

〈uni ->를 이와 같이 추론함으로써 "uni"로 시작하는 아래의 단어들도 모두 같은 관점에서 관찰되어질 수 있다 하겠다.

> united [유-나이티드] **하나가 된**, **결합**된, 맺어진, 합병한, 연합한, 제휴한, 단결된, 일치한.
> ↖≪un-(g)i-ted≫ 연계되다 // **온 거**(것) ~ **되다** ㉰   ※(서로)**엉기**~다.
>   ※≪(h)un-(g)i-ted≫ **한 개**(個) **되다**.
> ↖≪(k)un-(g)i-ted≫ (분리되지 않은) **큰 거**(것) ~**되다** ㉱

이 과거분사형에서 관찰된 어휘 대부분이 아래의 본동사 〈unite〉에서도 그대로 관찰된다.

unite [유-나이트] **하나**가 되다, **결합**[결속]하다, 연합[합병·합체]하다; 결혼-하
다[시키다], 하나로 **묶다**·맺다.

⤣《un-(g)i-te》 **온 거 되**(되다) : **연계**(連繫)-**타!** : **연**(連) - **끼다!** ②

※ 연결해 끼다

⤣《(k)un -(g)i -te》 **끈 -거다** '걸다' ㉳ // **큰~거**[기] - **되**(되다) ㉑

└, 《(h)un -(g)i -te》 **한 개**(個) **되~**. ※ '**한**'은 **크다**는 뜻! ㉛

지금 여기까지 관찰한 ㉮에서 ㉛까지의 어휘대응 내용을 한 마디로 정리하면 "**큰 거 되**,
온 거 되"려고 {**결합하다, 합체하다, 하나가 되다, 하나로 묶다**}로 된다.

{**결합하다, 하나로 묶다**}인 점에서는 〈un-〉은 ㉳줄에 보인 것처럼 "**끈**"이란 말로도 연결
이 될 수 있겠으며, 그런 맥락에서 〈union〉에 대한 아래 ㉔, ㉜의 추론이 성립하게 된다.

union [유-년] **결합**·동맹, 병합·**합체**·융합·**혼인** = [un-i-on] **연**(連/緣)~**이은** '잇다'

⤣《(g)un - i -on》 **끈- 이은** '잇다' ㉔ ← 《(g)un- (g)i-on》 **끈-끼운** ㉜

└, 《(h)un - i -on》 **혼연**(渾然)-일체 // **혼인**(婚姻) ③

⤣《un-(g)i-on》 **연**(連) ~ **끼운**『연결해서 끼운』 // **연관**(聯關)

지금 여기까지 관찰한 ㉮에서 ㉜줄까지의 어휘대응 내용을 다시 정리하면 "**끈~ 이은**[끼
운]" 즉 끈을 이어 {**결합, 동맹, 융합, 혼인**}의 징표로 삼았던 것인데, 그러한 문화적 유습을
어휘 추론을 통해 어렴풋하게나마 유추할 수 있어 보인다.

특별히 언급되어야 할 것은 ①줄의 〈**연계**(連繫)〉, ③줄의 〈**혼연**(渾然)〉/〈**혼인**(婚姻)〉 등
도 ㉮에서 ㉜줄까지의 어휘대응과 동일 관련어일 가능성이 크다는 점이다. 한자라 불리는
원동북아시아 문자를 차용함으로써 어휘가 함께 유입되어진 '외래어' 같은 것이 아니라는
의미에서 특별히 강조해 두려는 것이다!

아래에 소개한 〈unary〉 역시 〈union〉과 어형적으로나 의미적으로 동일계열의 단어
라고 생각된다. 〈un-〉으로 분절해야만 어휘 기원에 합당한 해석이 가능한 것이다!

┌《(h)un-(g)ar-y》 **한~ 겨레, 갈래**

unary [유-너리] **단일체의, 단일 요소로 된** ← ≪(k)un-(g)ar-y≫ **큰-거**[것]-**의**

↖≪un-(g)ar-y≫ **온 ~거**(것)-**의** / **온 ~개**(個)-**의** / **온**(분열되지 않은) **~겨레**

연계(連繫)**의. 연결**(連結)**의.**

↖≪(k)un -ar-y≫ 큰 - **우리** → ≪(h)un- ar-y≫ 한 ~ 우리

지금까지 이번 장에 등장한 어휘대응 "크다"의 〈**큰~**〉을 증명해주는 영어 접미사
〈-<u>oon</u>〉을 보자!

※ -<u>oon</u> (접미사) **'큰 것'** 따위의 뜻의 명사를 만듦 : balloon.

↖≪ ~(k)oon≫ **큰** [크다']

082

'**귀여**' 워 / **약**(弱) '**연약**' / **부러질** / **소물**(小物), small

앞의 장에서 큰 것, 서로 연결되어 하나가 된 관련어를 관찰하였으니 이제 작은 것을 표현한 어휘를 살펴볼 차례다.

wee [위-] (소아어·방언)작은 =**[유**(幼) '어릴' / **왜**(矮) '왜소/ **애**(아이) '애-벌레/호박'**]**㉮
ↆ<(g)e-e> **귀여**(-운) ① ↖≪(k)ee≫ **깨**(깨알) ⇨ ≪(ch)ee≫ **치**(稚) '어릴'
겨우   일본 <**코**(こ)>: 작은

㉮줄의 어휘들은 연구개음 복원형태인 ①줄의 2음절 형태에서 변화된 단음절 어휘로 추정이 된다. "**귀여**"움을 느낀다는 것은 아이들처럼 앙증맞고 어린 것에서 느끼는 사랑의 감정이기도 하다.

고슴도치도 자기 새끼는 귀엽다, 라는 말은 어미라서 제 새끼가 귀여울 수밖에 없다는 의미가 강하기는 하지만, 사람인 우리가 볼 때에도 앙증맞은 어린 애만큼은 아니지만 부드러운 털에 덮인 고슴도치 새끼가 밉지만은 않다.

아무리 깨알같이 작은 미니어처를 사 모으는 취미를 가진 사람도 '애'벌레나 '애'호박은 사 모으지 않겠지?

small [스몰 -] **작은**, **적은**, 소형의, 비좁은, 소규모의, 하찮은, (지위가) 낮은, 천한,
약한, 도량이 좁은, 얼마 안 되는, 사소한, 작은 것, 가늘게, **약하게**.
= [s - mall] '작을' **소**(小, 少) ~ **물**(物) ⇔ 대물(大物)

미니어처는 작아서 귀여운 맛은 있지만 약해서 부러지기가 쉽다. small에 [**약한, 약하게**]란 뜻이 있음을 참고할 일이다.

weak [위-크] **약한**, 무력한, 연약한, 박약한, 힘**[박력]이 없는**, 가냘픈, 희미한,
　　　묽은.

　　= [weak] **약**(弱) '연약·허약·쇠약' ※ 음절축약

　　= [we – ak] **유약**(柔弱)

fragile [프래절, 프래자일] **망가지기 쉬운**, 무너지기 쉬운, 무른, **허약한**.

　　　= [fr – a – gile] **부러질**

083

'**가엽**'다 / **고대로**(그대로)~ / **옥**(屋) '가옥' / **궤**(軌) '길' / **기지**(機智)

부러지기 쉽고 약한 것은 가엽다. 가여움은 눈물을 자아낸다.

> weep [위-프] **눈물을 흘리다**, **울다**; (물기 따위를) 스며나오게 하다.
> = [we-e-p] 어여삐~ = 고어 [**어엿비**](가엾게)
> ↖≪(g)e-e-p≫ **가엽**- ㉮ → ※(개음절로~) **가여ᄫᅳ** > **가여워**

연구개음 복원형태인 ㉮줄 〈**가엽**~〉은 앞장에 나온 '**귀여**'워, 라는 어휘와 어형상 서로 좋은 참고가 되는 관계라 할만하다.

귀여움과 가여움이 뒤섞인 장면은 어릴 때 오줌을 싸고 이웃집에 소금을 얻으러 가야만 했던 풍경이다. 오줌을 싼 댓가로 머리에 키를 뒤집어 쓴 채 이웃집으로 소금을 얻으러 나서면 누나는 어린 동생이 귀엽다고 깔깔 웃어댔었다.

> urine [유어린, 유린] 소변, 오줌.
> ↖≪(g)u -rine≫ **구린** (구린-내) → ≪(zh)u -rine≫ '**지린**'내

> ark [아-크] (고어·방언) **상자**, 궤, 언약궤, 방주; 【미국】집.
> = [ar -k] **옥**(屋) '가옥·집' ↖≪(g)ar -k≫ **곽**(성냥-곽/상자)

벌을 주신 엄마가 야속했지만 지시하고 명한 그대로 따를 수밖에 없는 어린 나이였으니.

> order [오-더] **명령**, **지휘**, 규칙, 준법, **질서**, 순서. [상업] **주문**; 명령하다, **지시**하다,
> ↖≪(g)or-der≫ **고대로** '방' (그대로)   "그대로 따르도록 명령하다"

누가 볼 새라 길을 냅다 달려 옆집 문간에 다다라, 제 딴에는 기지를 발휘한답시고 "엄마가 소금 좀 빌려오라고 하시던데요!" 라고 말해본 사람 여기 있을까?

way [웨이] **길**, 도로, 통로, 진로; 언제나 하는 방식.
   ↖≪(g)a－y≫ 지이, 지 <**궤**(軌)>: 길·도로·궤도·법칙 "지구-궤도"

wise [와이즈] **슬기로운**, 현명한, 총명한, 사려[분별]있는. 박식의, 현인 같은, **교활한**.
  = [wi－se] **이지**(理智) / **예지**(叡智)
      ↖≪(g)i－se≫ **기지**(機智) '슬기·지혜'

084

가버리다(afraid), 코피(fear), 비키다(vacate), 기피(忌避)

지난 제79장에서는 팔의 "한-**아름**"과 "검(劍)"으로 대응하는 〈**arm**〉을 살펴보면서 목검을 깎아 전쟁놀이에 흠뻑 빠져들었던 유년시절 이야기를 했었다.

그 이야기 가운데 빠진 한 토막은 놀이를 하는 와중에 생기기 마련인 부상에 관한 것이다. 장난감이긴 하나 아무래도 나무를 깎아 만든 칼이다 보니 자칫 얼굴에 맞아 다치는 일도 있기 마련이었던 것이다. 목검에 코를 맞아 코피가 터져버리는 경우도 있었던 것 같다. 같이 놀던 아이 중에 나이가 상대적으로 어린 동생뻘 되는 아이의 코에서 코피가 터지자, 그 아이는 '**피**'가 두려웠던 것인지 울음을 터뜨려버리는 것이었다.

> fearful [피어-펄] 무서운, **무시무시한**, 무서워, 두려워 = [fear-ful] **피**-**볼**
> **fear** [피어] **두려움**, 무서움, **공포**; 두려워하다, **무서워하다**, 근심[걱정]하다,
> = **피** [血] / **피**(避) '피할·숨을' / **포**(怖) '떨다·두려워하다·공포'

일이 그렇게 되자 같이 놀던 아이들도 '**피**'가 두려웠던 건지 그 아이 엄마에게 혼이 날까 두려웠던 건지 모르지만 슬금슬금 자리를 피하며 가버리는 녀석들도 나오기 마련이었다. 어릴 때 경험으론 '**피**'가 나면 누구나 무섭기부터 했었던 것 같고, 어른들 또한 "**피 볼 일이 생길 것 같다!**"라는 말로써 두려움과 불안감을 표현하는 걸 보면 '**피**'가 나는 것은 사람에게 두려운 일임에 분명하다!

{**두려움·공포**}를 느끼면 인간은 본능적으로 자리를 "**피**(避)"하기 마련이다.

> avoid [어보이드] **피하다**, 회피하다. ← ≪(g)a- voi -d≫ **가뿌다**(가버리다) '**방**'
> afraid [어프레이드] **두려워하는**, **무서워하는**, -하기를 겁내는, 주저하는, 불안한.
> ↖≪(g)a- fr- ai -d≫ **가버리다** '도망 가버리다'

abeo (라틴) 가다·가버리다, 사라지다 ← ≪(g)a-be-o≫ **가삐어**(가버려) **'방'**

aufero (라틴) **사라지다**, 없어지게 하다, **떠나가다**, 떼어 놓다, (죽음이)데려가다.

= [au - fer - o] **이별**(離別) ~ **이**

↖≪(k)au - fer- o≫ **가버려** :**고별**(告別)**이**

↳ ≪(sh)au - fer- o≫ **새버려**~ / 사별(死別)이~

evade [이베이드] 벗어나다, **빠져나가다**, (의무·지급 등을)**회피**하다, **피하다**, 비키다.

↖≪(g)e-va-de≫ **가삐**[뿌]**다**! '가버리다' (방) : **기피**(忌避) ~**타**!

vacate [베이케이트, 버~] (짐 따위를)비우다, 물러나다, 떠나가다 = **비키다**

085

감아 대어~ / 묻어 / 무덤

목검을 근사하게 허리춤에 차고 친구들끼리 편을 나누어 놀던 전쟁놀이는 뭐니 뭐니 해도 벼를 베어내고 빈 들판이 된 겨울 논에서 뛰어다니는 것이 제일 재미있었던 것 같다. 논 한 쪽에는 나락을 털고 남은 볏짚을 높다랗게 쌓아둔 더미가 있어 몰래 숨기에도 안성맞춤이었고, 쌩쌩 부는 겨울 찬바람을 피하기에도 좋았기 때문이다. 게다가 산골인지라 활짝 트여 뛰어다니기에 안성맞춤인 곳으로 빈 논만큼 적당한 곳을 찾기도 어려웠다.

겨울철의 논

겨울 논이 우리들의 놀이에 단 하나 방해가 되었던 점은 추운 날씨에 살짝 언 곳도 더러 있어 달리다가 꽈당 하고 미끄러지기도 한다는 것이었다. 그냥 넘어지면 옷을 털고 일어서면 그만인데, 얼음이 깨져 물구덩이에 발이라도 빠지는 날엔 양말이 물에 젖는 것은 물론 바짓단에까지 검은 흙물이 묻어버렸었다.

친구들 중엔 약삭빠르고 꾀 많은 녀석들이 있어 물 논에 빠질 것을 대비해 신발 위를 새끼줄을 칭칭 감아 두른 채 나타난 녀석들도 있었다. 제 딴엔 방비를 철저히 하느라 그랬었던 모양이다.

armature [아:머츄어] (군함 등의)**장갑판**(裝甲板), **보호 기관**(껍질 등);

(고어)**갑옷·갑주**

↖≪(g)ar- ma ~tur-e≫ **감아** ~**대어** / **감아** ~ **둘러**

mud [머드] **진흙, 진창,** 찌꺼기; 흙투성이로 하다, **더럽히다.**

= **묻** / (무드, 묻으)**묻어**~ "묻다" ㉮

새끼줄을 발에 감으니 물에 빠져도 큰 피해를 보지 않는 것을 목격한 또래들은 너도나도 그렇게 따라하게 되었었다. 심지어는 마치 갑옷(갑주)처럼 가슴둘레에 새끼줄을 감아 두르고 나타난 녀석마저 있어, 친구들에게 놀림을 받아야만 했었다.

armor, 【영국】armour [아:머] 갑주를 입히다, **장갑하다;** (전깃줄의) **외장**(外裝);

방비 · 갑옷 · 갑주 · 장갑

↖≪(g)ar-mor≫ 감아 ~

위 ㉮줄의 〈묻어〉가 아래의 "묻어"와 상관없는 줄은 아실 터이고……

ante - mortem [~모-텀]【라】**죽기** (직)**전의**　　※**무덤**(죽음)보다 **안 때**('이전')

= [an-te ~ mor-tem] **안** - **때**('전/이전') + **무덤**(죽음) "무덤에 가기 전의"

086

(옷)껴-입다 / 의류(衣類) / 기(旗) / 갈라 ~ 주다 / 부럽다, 부러워

겨울 논을 뛰어 다니며 목검으로 전쟁놀이에 열중하던 어느 날은 유난히 바람이 많이 불고 추웠었다. 옷을 많이 껴입고 나왔지만 옷소매를 파고드는 매서운 겨울바람을 이겨내기 어려운 지경이었다.

wear [웨어] **의류**; **입고**[신고· 쓰고] 있다, **기**(旗)를 **내걸다**, 수염을 **기르고** 있다, −의 **지위**에 있다; 때가 **서서히** 지나다; 길을 **뚫다**; **기억을 간직**하다.

= **의류**(衣類) / **외어**(암기·기억) / **위**(位) '지위'
↖≪(g)e-ar≫ **끼어**(껴) '착용' / **기**(旗) / **길**(도로), **궤**(軌) '길' / **계**(階)'계급·지위'
(몸을)**가려**, **걸**(걸쳐) / (시간)**끌**, **걸**[시간 걸려] / **과**(過) '지날'
(수염)**기르**~, **구레**(-나룻) / **괘**(掛) '내걸다'

게다가 동네 친구 중 하나가 그만 얇게 언 얼음을 밟고 물구덩이에 빠진 탓에 젖은 양말을 신은 채 계속 뛰어놀기에도 흥이 나지 않는 그런 날이 되고 말았었다.

그만 놀고 집으로 돌아가자는 분위기로 굳어질 무렵, 또래 중 한 두 살 위인 어떤 아이가 "추운데 불 좀 쬐고, 양말도 말리고 집에 가자!" 라고 하더니 우리를 하천으로 데리고 가는 것이 아닌가.

형뻘 되는 그 아이는 나뭇가지를 주워 모으더니 주머니에서 성냥을 꺼내 불을 붙이는 것이었다. 연기가 좀 나는가 싶더니 어느새 모닥불이 되어 물에 빠진 친구의 양말도 말리고, 언제 가져왔는지 주머니에서 감자를 꺼내 불에 굽고는 우리더러 먹어보라고 나누어주는 것이었다.

개울(하천)

allow [얼라우] **주다**, 지급하다.
　↖≪(g)all-o -w≫ (갈아여) **갈라 여**(갈라줘서) **'방'**

allot [얼랕, 얼라트] 나누다, 할당하다, 분배하다.
　↖≪(g)al-lo-t≫ **갈르다** (가르다) // **갈라~** (갈라주다, 나눠주다)

　밖에서 놀더라도 불장난은 절대 안 된다는 주의를 부모님한테서 듣고 있는 터라 개울 가로 내려설 때부터 나는 왠지 기분이 썩 내키지 않았었다.

acquiesce [에퀴에스] **마지못해 따르다**, 묵묵히 따르다, 묵인하다.
　↖≪a- c - qu-i- e- s ~ce≫ **엮이어서**[억지로 연루되어] ~ **가**
　※ ┗, ≪a- c- (zh)ui - e- s'r' ~(w)e≫ 억지-스레

　하지만 그런 기분도 잠시, 추위를 가시게 해주는 따뜻한 모닥불과 구운 감자 맛에 정신이 팔려 그런 불안감도 차츰 잊어버리게 되었던 것 같다.
　오히려 나를 포함한 친구들은 요즘 말로 캠핑이라도 나온듯한 기분이 되어 이런 신기한 경험을 하게 해 준 형뻘 되는 그 아이에게 감지덕지한 마음까지 들었던 것은 아닌지 모르겠다.

alms [암-즈] 보시(布施), **의연금**, (고어) 자선행위.
　↖≪(g)alm-s≫ **감사** (感謝), **감지**(-덕지)

　이런 간 큰 짓을 할 줄 알다니, 형 참 대단해!, 하고 마음속으로 감탄을 금치 못한 친구마저 있었을지도 모른다.

admire [애드마이어] ~에 **감복**[찬탄·**감탄**]하다; 칭찬하다; (고어) **놀라다**.
　= [a-d -mir-e] **아따메요!** / **어따메!** / **와따메요!** ※ '감탄·놀라움' 의 탄성

　그러나 캠핑이라도 온듯했던 우리들의 들뜬 기분은 겨울 강풍으로 산산조각이 나고 말았다. 휘몰아친 바람에 모닥불의 불꽃이 개울 가 마른 풀에 옮겨 붙더니 개울 둑 위로 불길이 번지는 것이 아닌가! 그대로 두면 인접한 야산으로 불이 옮겨 붙을 판이었다.

혼비백산한 우리들은 누군가의 다급한 제안으로 윗도리를 벗어들고는 개울물에 옷을 적신 후 타들어가는 개울 둑을 마구 두드려 간신히 불을 끄게 되었다.

덕분에 윗옷은 만신창이가 되어버렸고, 온 몸에 불 냄새는 배이고, 집에 돌아가 부모님께 혼날 생각을 하니 정신은 반쯤 넋이 나가고…

일찍 가봐야 한다고 먼저 집으로 돌아간 옆집 친구가 그때는 얼마나 부러웠던지…

(ㄷ) pār '바라다'

(ㄷ) bēr '바라다·사랑하다' = "**바라**-다", "**블**-(부러워하다)" ≪강길운≫

　　　※ bēr ~ 압 [접사] → '**부럽**'다!

087

(내려)**걸리다** / (걸어)**가다** / (문을)**연다** / (가시)**낀다**

앞장에서의 이야기를 좀 더 해야겠다.

불을 간신히 끄고 나니 어느덧 해가 빠질 시각이 다가오고 있었고, 부모님께 혼이 날 땐 나더라도 집으로 돌아가지 않을 수 없기에 다들 마을을 향해 걷기 시작했다. 불을 끄느라 젖어버린 윗도리 탓에 몸은 으슬으슬 춥고 발바닥도 아팠다. 함께 데리고 온 동생뻘 되는 아이가 걷기 힘들다고 칭얼대는 통에 교대로 업어주다가, 내려서 걸리다가를 반복하는 힘 겨운 귀가 길이었다.

> **alight** [얼라이트] 말이나 탈것에서 **내리다**, **하차하다**, 착륙하다, (새가 나무에)내
> 려앉다, 〖문어〗 **발견하다**, **우연히 만나다**.
>
> ↖ ≪(g)al - i - gh- t≫ **걸리**(ㅎ)**다** [걸리다, 걷게 하다] :(우연히 얼어)**걸리다**

어느 한 명이 계속 업고 가면 힘들기에 1인당 100걸음씩 동생을 업어주기로 했는데, 추운 날씨에 몇 걸음 업고 왔는지를 헤는 것도 피곤한 노릇이었다. 이럴 때 보수계라도 있었 더라면 걸음 수를 헤는 수고는 덜었으련만.

> **meter** [미-터] **계량기**, (가스·수도 따위의)**재**는 사람, 계량하다. 미터로 재다.
> **odometer** [오우다미터] **주행**(走行) 거리계. ※ go : 가다.
>
> ↖≪(g)o -do ~ meter≫ **가다**(이동) ~계량기(meter) 『나아간 거리를 재는 계량기』

> **graph** [그래프, 그라-프] 그래프, 도식, 도표; 기록한 것, 쓰는 도구. 도표로 나
> 타내다.
> **odograph** [오우더그래프] 항행 기록계. **보수계**(步數計) ※ go : 가다.
>
> ↖≪(g)o -do ~ graph≫ **가다**(이동) ~ 기록(graph) 『나아간 거리를 기록하기』

이래저래 파김치가 된 우리들은 부모님께 야단맞을 걱정을 하느라 다들 침울한 얼굴이 되어 마을 어귀를 들어서고 있었다.

불을 끄느라 정신이 없을 때는 몰랐지만, 손톱 밑에 가시가 끼어들었는지 따끔 따끔 손가락마저 쓰려왔다.

enter [엔터] ~에 **들어가다**, (**가시** 등이)**박히다**. **가입**[참가]**하다**, **새 시대**에 들어가다. (새로운 생활을) 시작하다, 입회[입학, 입대]하다; 넣다, 박다.

= [en - ter] **연다** "문 열고 ~에 **들어가다**, **시대를 연다**"

↖≪(g)en - ter≫ **낀다** [-에 끼이다·참가하다·가시가 **끼다**(박히다)]

088

(끼니)걸러다 / 골고루 / '울'타리 / 크게 ~만들다

개울에서 불을 피우고 놀다 강풍 때문에 불이 옮겨 붙어, 하마터면 산 하나를 태울 뻔했던 그날 저녁은 아버지의 불호령이 떨어지고 종아리가 멍이 들 정도로 회초리를 맞아야만 했다. 거기서 그치지 않고 이참에 단단히 버릇을 고쳐놓아야 한다면서 저녁까지 굶기시는 것이 아닌가!

> elide [일라이드] **빠뜨리다, 생략하다**, 무시[묵살]하다, 삭감하다.
>
> ↖≪(g)el - i - de≫ **걸러다** '빠뜨리다, 빼먹다' // **꿀리다** [월반 등에서 빼다]

저녁을 걸러서 그런지 잠은 오지 않고 누운 채 보이는 천정에는 골고루 푸짐하게 차린 생일날의 밥상이 자꾸만 어른거리는 것이었다.

> galore [걸로-] 「명사 뒤에 쓰여」 **풍부한, 푸짐한**.
>
> ※ /r, l/ 뒤의 모음 앞에 'g'를 재구성할 수 있다.
>
> ↖≪gal -(g)or-e≫ **골고리**[골고루] '방'

쪼르륵 거리는 배를 참고 어찌 어찌 잠든 그날 밤의 꿈에선 내가 닭장 울타리 안으로 들어가 닭을 뒤쫓기도 하고, 어느 새 뜨거운 김이 무럭무럭 피어오르는 삶은 통닭이 먹음직스럽게 눈앞에 펼쳐지기도 하고 그랬었다. 손으로 들기도 힘겨울 정도로 커다랗게 만든, 책에 실은 광고 그림에서만 보던 햄 소시지도 먹어보고 그랬었다. 꿈속의 그것은 먹어도 먹어도 양이 줄지 않고 증가되기만 하던 희한한 소시지였었다.

> wall [월-] 벽, **담**, 방벽·성벽, **높이 솟은 것**; 칸 막다, 경계 짓다, **담을 싸다**.
>
> = **울**(울타리) ※ **울**-이 > **우리** '돼지우리' ※ **울**-이> **우리** '산봉우리'
>
> ↖≪(g)all≫ **갈**(갈라놓다)

augment [오-그멘트] 늘리다, 증대시키다, 증가시키다, 늘다, 증대하다; 증대.

augmented [오-그멘티드] **증가된**.

※ instrument 참고

↖≪(g)au – g – men –ted≫ **크게~ 맨드다** [만드다] **'방'**

089

깊이(keep) / 뼘(palm) / 고분고분(govern)

하마터면 산 하나를 태워먹을 뻔했던 날의 저녁, 아버지의 불호령으로 저녁도 굶은 채 잠들어야 했던 그날 일에 대해 한 가지 빼 먹은 사실이 있음을 고백해야겠다.

배가 고파 잠은 오지 않고, 골고루 푸짐하게 차린 생일날의 밥상이 천정에 어른거리는 것도 괴로운 일이었지만 자꾸만 배 속에서 꾸르륵 거리는 소리 때문에도 잠을 들 수 없었던 것 같다.

하여, 꾀를 낸 것이 소변을 보는 척하고 마당으로 일단 나오는데 성공한 것이었다. 그 다음엔 마당 한 쪽, 펌프를 박아 만든 우물로 가 냉수를 소리 내지 않고 바가지로 떠 마시는 일이었다.

그런데, 의도치 않은 일이었지만, 우물 건너 마당의 또 다른 한 켠으로 나의 눈길이 자연스레 옮겨가는 것이 아닌가! 나의 눈길이 멈춘 곳은, 무나 고구마를 깊이 넣어두기 위해 마당을 파고는, 흙을 두두룩이 올려 쌓은 후 서리를 막으려 짚으로 작은 지붕을 해 덮어놓은 일종의 부식창고용 토굴이었다.

> keep [키프, 킾] **간수하다**, 지키다, **간직하다**, 유지[보유]하다, 보존하다, 관리하
> 다, **가두어놓다**, 감금하다, (남에게)알리지 않다, **비밀**로 해두다,
> **틀어박히다**.
> = 키프, 기프, 깊으 <**깊어~**>

상상하시겠지만 당연히 나의 발걸음은 살금살금 그쪽을 향했다. 입구를 막은 돌을 치우고 팔을 안으로 밀어 넣었지만. 아뿔싸, 너무 깊어 어머니가 간수해놓으신 무나 고구마가 하나도 손에 잡히질 않는 것이었다. 딱 한 뼘만 더 손을 안으로 넣으면 될 듯한 기분이 들었지만 더 이상은 무리라 생각하고 그만두고 말았다. 나도 고분고분 말 잘 듣는 아이가 되고 싶지, 안 고분고분하게 말썽만 피우는 아이는 되고 싶지 않았다.

palm [팜-] 손바닥, **손목에서 손가락 끝까지의 길이**, 손바닥 모양의 물건; 장갑의 손바닥,

　= **뼘** [한 뼘 두 뼘]: 손목에서 손가락 끝까지의 길이, 즉, 손바닥을 활짝 편 길이

government [거번먼트] 정부, 통치, 지배; 규제.

govern [거번] 통치하다, 다스리다; 제어하다 = [go‐vern] **고분**(고분고분하게)

ungoverned [언거번드] 제어되지 않는, 방임된, 미친 듯이 날뛰는.

　= [un ~ go‐vern] **안**('부정') ~**고분** 하여~ 미친 듯이 날뛰는 말, 제어되지 않는

090

꼼꼼히 **박다** / (손가락)**곱아** / (숨)**가빠** / 꾸어~ / **꼴**, 꼬라지

앞장에서 한 이야기의 연속이다. 사실대로 말하자면 부식창고용 토굴에서 일찌감치 발길을 돌린 것은 추위 때문이었는지도 모른다. 언제였는지 날은 기억이 나지 않지만 어머니가 분명히 무나 고구마, 감자 등을 토굴에 빼곡히 채우시는 걸 본 적이 있는 터라 좀 더 애를 쓰면 요기 꺼리를 꺼낼 수 있었을 터이지만 추위로 손가락이 곱아 견디기 어려웠었다.

compact [컴팩트] **빽빽이 채워 넣다**, 압축하다, 죄다; 천이 **촘촘한**.
　　= [com - pact] **꼼**(꼼꼼히)~ **박다**(박아 넣다)　　※ ~pa-c-t : **빽**빽~**타**!
　　└, ≪(ch)om -pa-c-t≫ **촘**촘 ~박다(박아 넣다)

orb [오-브] **둥글게 하다**, 공 모양으로 하다, 둘러싸다.
　　= [or-b] **오바**(에워싸·말아 오므려) '**방**' → ≪or-(m)≫ **오마**['**방**'], **여며**, 오므려
　　↖ ≪(g)or-b≫ **굽어**[휘어] // (손가락이)**곱아** : curve

만약 대낮에 무언가 꺼내먹고 싶었다면 숨 가쁘게 옆집으로 달려가 쇠갈고리라도 꾸어왔을 것이 틀림없었다. 동네의 제일 끝집까지 달려가서라도!

apace [어페이스] (문어) **급히**·빨리 ← ≪(g)a-pa -ke≫ (숨-)**가쁘게** / **급**(急)**하게**~
　　　　　　　　　　　　　　　≪(g)a-pa -(sh)e≫ (숨이-)**가빠서**

credit [크레디트] 신용, 신용거래, **외상 판매**, 채권, 신망, 명성, 면목, 신용하다, 신뢰하다
　　= [cr - e - di-t] 크의딭, 쿠ᄋ되다 <**꾸어대다**> / 쿠ᄋ디다 <**꾸어지다**>

uttermost [어터모우스트] **가장 멀리 떨어진, 가장 끝의**; 극도의.
　↖≪(g)ut‒ter～mos‒t≫ **'방' 끝티**(끝에)/ 끝테(**끝에**) ～ [**못**] '가장' 『가장 끝에』

　그날 밤 내가 고구마를 꺼내 먹는 걸 단념한 이유 중 하나는 저녁 때 꾸중을 하실 때의 아버지 말씀이 귓전을 맴돌았기 때문인지도 모른다. "저놈 저, 옷 꼬라지 좀 보렴! 저게 거지중의 상거지 꼴이지, 배우는 학생이라 할 수가 있간!"

air [에어] 공기·**바람, 하늘**·공중; **모양·외견**·풍채 ← ≪(g)air≫ **꼴** '모양' /**꼬라** ‒지
　↖≪(g)ai‒r≫ **기류**(氣流)/ **기**(氣) '공기' // **가라**(から) '하늘' / **가라**(がら) '몸집·체격'

091
보글보글(끓다) / 익어 / 역겨워~ / 어근 비근

아버지한테서 다시 그런 꾸중을 듣느니 이쯤에서 고구마 꺼내 먹는 걸 단념하는 게 낫겠다 싶었다. 찬 물을 들이 키고 나니 허기도 어느 정도 가신 듯 하고 보글보글 끓는 아랫목이 그립기도 했다.

> **broil** [브로일] **불에 굽다**, 쬐다; **쨍쨍 내리쬐다**, 타는 듯이 **덥다**, **발끈하다**; 염열, **혹서**.
>
> = [br- oil] (브을) 땀을-**뻘뻘**『혹서』　※ **boil** 끓다 <펄펄-'끓다'>
>
> ↖≪br-(g)oil≫ **보글**보글, **부글**부글『(속이)끓다』

방 안엔 아버지가 드시려는 것인지, 아니면 동네 잔칫날에 내놓으려는 것인지 모르지만 술이 익어가며 보글거리는 소리가 나는 큰 독이 시큼 달콤한 내음을 풍기고 있었다. 표현은 잘 못하겠지만 분명히 역겨운 냄새는 아니었었다.

> **age** [에이쥐] (술 등이)**익다**, 원숙하다; **나이 들다**, 노화하다; 늙다; **나이·햇수**.
>
> = [a- ge] 이ㄱ <**익어**-> *≪(h)a- ge≫ **해**(해가) **가**(가다)『나이 들다, 늙다』

> **aggravation** [애그러베이션] 짜증, 화남, 짜증나게 하는 것[사람], 악화[격화]시킴,
> **aggrieve** [어그리-브] **기분을 상하게 하다.**
>
> 『기분이 더러워』
>
> = [ag- gr-ie-ve] 역그이브, 역겨ㅸ <**역겨바** ~'**방**'>: 역겨워

헌 이불을 감아 방 안 윗목에 놓아 둔 그 술독에서 나는 냄새는 어쩌면 연한 식초 냄새와도 어근 비근 비슷한 것 같기도 했다.

akin [어킨] **유사한**, 가까운, **같은 종류의**; **혈족**[동족·친척]의.

　　= [a- kin] **어근**–비근(어금–비금) '어슷비슷함' : 이근, 익은 <(낯)**익은**>

　　　　↖≪(g)a –kin≫ **가**(家) – **근**(近) = 가까운 집안(家) "친척의·혈족의"

acid [애시드] 신, 신맛의, 산성의·언짢은. = <**아, 시다!**>

acidulous [어시절어서] 다소 **신맛이 도는** = [~dul-ou-s] 신맛(aci)~**돌아서, 들어서**

　　　　↖≪(g)a ~ ci-dul-ou-s≫ (과일)**과**(果)~ **시들어서** "다소 신맛이 도는"

acidulate [어시절레이트] 다소 **신맛을 가하다**[갖게 하다]

　　= [~ dul-a-te] 신맛(aci) ~ **들이다**(가미하다)/ **절이다**

092

하얗다, 허옇다 / (눈알)굴려 / '욱'하다! / 꾸그러, 쭈그러

하품을 하며 방으로 다시 들어가다 뒤돌아 본 마당은 어느덧 하얀 달빛에 은은히 젖어 있었다.

> white [h-wai-t : 화이트] 흰, **백색의**, 무색의, 투명한, 백인의.
> ↖발음 [h-wai-t] = **하얀**[허여]**타!** (하얗다·허옇다)

외양간의 어미 소도 달빛을 구경하는지 커다란 눈망울을 굴리고 있었고, 바둑이 집 앞의 쭈그러진 밥그릇도 달빛을 받아 묘한 느낌을 주고 있었다.

> wall [월] 【미국】 (눈알을) 굴리다 ← ≪(g)all≫ '**굴**'-리다
> wallow [왈로우] (진창·물에서)**뒹굴다**, (주색 따위에)**빠지다**, 남아돌아갈 만큼 있다.
> [월로우]
> ↖≪(g)all- ow≫ **굴러**(-다니다) '흔함' / **굴러**(-먹다)/ **글러**(-먹다) /(짝-)**깔리어~**

뒤틀린 심사로 욱 하고 한두 번 걷어찬 적이 있는 강아지 밥그릇에도 왠지 미안한 마음이 순간 들었던 것 같다. 하루를 망쳐버리고 우울해진 내 기분 같아서였을까?

> ugly [어글리] **모양이 보기 흉한**, 추한, 보기 싫은, 못생긴.
> = [u- gl - y] 어글어 <**어그러** ~진> // <**우글어** -진> "우그러져 보기 흉한"
> ↖≪(g)u - gl - y≫ **꾸글어** (쭈글어, 구겨져) '방' →≪(zh)u- gl - y≫ **쭈글어**

> wax [왁스] (영국구어) 불끈함, 욱함, 불뚱이 = 【**욱**~하는】
> ↖≪(g)ax≫ **격**(激) '격함'

방으로 들어와 다시 눕자 오늘 하루 겪은 일들이 학예회 때 본 한 편의 연극처럼 눈앞에 펼쳐졌고, 객석에 앉아 연극을 바라보듯 나는 슬며시 잠 속으로 빠져들었다.

act [액트] **하다, 직무**를 다하다; –의 **흉내**를 내다, –처럼 행동하다, **연기**하다.
 = [ac–t] **역**(役)~**타**! (직무·역할을 하다) // **익**(익살)타! '익살·흉내 냄'
  ↖≪(g)ac–t≫ **겪다** "–하다(경험)" // **극**(劇)**타**! '연기하다'

enact [이낵트] –의 **역**(役)을 **무대**에서 **공연**하다
 ← ≪en–(g)ac–t≫ **연극**(演劇)~**타**!

093

쉬자(cease) / 시들어, 기어들어 / 애꿎어 / 왜가리

sto (라틴) 서 있다; 서다; 일어서다; 보초서다; (건물이) 서다, 공사가 끝나다.

incessant [인세선트] **끊임없는**, 그칠 새 없는 = [in ~ ce- ssan-t] **안~쉬잖다!**

cease [시-스] **멈추다**, 그만두다, ~하지 않게 되다, **그치다**, 끝나다; 중지, 정지.

※ ceaseless [시-슬리스] 끊임없는, 부단한

= [ce -a- se] **쉬어서~** // **쉬세!** ※ **계셔!**(가만히 계셔!)

불이 옮겨 붙어 산을 태울 뻔한 그날 이후, 누가 나서서 이제 그만 하자, 라고 말을 꺼낸 적도 없었지만 목검을 들고 빈 논을 뛰어다니며 전쟁놀이하던 것도 자연히 시들해져버렸다.

sideror (라틴) **별**의 악영향을 받다, **말라서** 마비되다, 일사병에 걸리다.

= [si-der-or] **시들어~** ← ≪si-der-(k)or≫ **시들카**(시들게 해) **'방'**

wither [위더-] **시들다**·이울다·말라[시들어] 죽다·쇠퇴하다·쇠약해지다, **움츠러들게 하다.**

= [wi - ther] **위**(萎) ~ **다!** "위축"

↖≪(k)i -ther≫ **기**(기어) **들어** '의기소침·움츠려' → ≪(sh)i-ther≫ **시들어**

함께 뛰어놀던 아이들 모두 그날 저녁 부모님으로부터 된통 혼이 난데다, 자신들은 성냥 같은 위험한 물건을 만지지도 않았는데…하는 애꿎게 벌을 받았다는 기분 때문에 다들 마음이 위축되어 있었던 것이리라.

accuse [어큐-즈] ~에게 **죄를 씌우다**, 고발하다·**고소하다**, 비난하다.

↖≪a-(c)-cu-se≫ 애꾸즈/액꾸즈 <**애꿎어**> "애꿎은 **누명을 쓰다**"

아이들의 그런 사정을 아는지 모르는지, 아이들이 뛰어놀지 않는 빈 논엔 목이 길고 다리가 긴 흰 새들만 한가로이 오가고 있었다. 그 새들이 해오라기과의 조류인 **왜가리**인지, 아니면 **황새**인지 어린 내겐 분간이 되지 않았다.

egret [에그리트] **해오라기**; 해오라기의 깃털 = [e- gr- e ~t] **왜가리** ~**다**!
aigret(te) [에이그레트] **해오라기**(egret), 백로.
   = [ai - gr- e ~t] **왜가리** "해오라기과의 새" ~**다**!

094

어언~ / 바뀌다 / 파릇파릇, (논밭)**갈**아 / 익히다

aeon, eon [이-언] 무한히 긴 시대; 영구 = [e-on] **어언**... 300년! ★

↖ ≪(g)e-on≫ 기~인, **긴**   "무한히 긴 시대, 영구(永久)한 시간"

그렇게 긴 겨울이 끝나고 계절이 바뀌려는지 밭두둑과 논둑엔 파릇파릇 냉이 새싹이 올라오는 것이 보이기 시작했다.

vary [베어리] 바꾸다·**바뀌다**·변화를 주다·변하다 ← ≪var-(g)≫ **바뀌**(-어), **바꿔**
variety [버라이어티] **변화**, 다양, 다양성, 상이, 불일치. 가지각색의 것; 종류.

↖ ≪var -(g)i-e-ty≫ 바뀌어~타 <**바뀌다!**>

fresh [프레쉬] 새로운, **갓** 만들어진[생긴], **싱싱한**, 신선한, 맑은; 선명한, 생생한,
    생기 있는, 기운찬, 건강한, 이제까지 없는, 경험 없는, 싱싱하게
    만들다.

= [fr-e-sh] 프r 으시 (플-**아시**), 프릇이 <**파릇->**, **<푸릇->**
        프웃이 <**풋** (풋풋)>

아버지는 소를 몰아 밭을 갈러 가시고, 나는 방학이 끝난 학교로 가 새로 받은 교과서로 구구단을 익히기 시작하였다.

arar (포르투) **밭갈이하다**, 이랑을 만들다 ← ≪(g)ar - ar≫ (밭을)**갈아**
al -a (수메르) 괭이로 파다, 갈다 ← ≪(g)al - a≫ (밭을)**갈아**

↖ ≪al -(g)a≫ (밭을) **일궈** '일구다' ← ↖ ≪(g)al -(g)a≫ (밭을)**긁어**

arable [애러벌] **경지**(耕地); **개간할 수 있는**, 경작에 알맞은.

　↖≪(g)ar ~able≫ **갈**(갈아 '경작')~ **able**(가능한) "갈아볼만한, 경작에 알맞은"

　↖≪(g)ar- a- ble≫ **갈아** + **벌** (벌판·들판) : **갈아** ~ **볼** (볼 만한)

acquire [어콰이어] (버릇·기호·학력 따위) 몸에 **익히다**, **습득**하다, 손에 넣다, 획득
　　　하다.

　　= [ac – quir – e] 익키으 <**익히어**>: 배우고 익히어

　　　　↖≪(g)ac –quir– e≫ 직콰이 <**겪어여~**>: 겪어서

ecad [이-캐드, 에캐드] 【생태학】 **적응형**, 환경에 **적응**해서 변화된 생물.

　　= [e – ca – d] 이키드, 익히다 <**익히다**>: 환경에 적응하려고~ **익히다**.

　　　　↖≪(g)e – ca –d≫ 기크드, 직으다 <**겪으다**>: 겪으면서 익히다.

095

(딱-)**그만**이다! / **구비**(具備) / **겸비**(兼備) / **쓸**리다 / 끼이다

신학년에 올라 구구단 익히기에 한참 재미가 들 무렵, 들판에 아지랑이가 피어오르기 시작할 무렵 드디어 봄 소풍을 가게 되었다. 소풍을 가기에는 딱 그만인 날씨였었다.

amenity [어메너티] (장소·기후의)기분 좋음·쾌적함. **쾌적한** 설비[시설]; (교제상의) **예의**.

↖≪(g)a-men-i-ty≫ **그만이다!**(썩 마음에 들고, 좋다!) "소풍장소론 딱 **그만이다!**"
가면(假面)~**이다!**『꾸며 차림·가식』

사이다 한 병과 빵, 삶은 계란을 사들고 나선 소풍길이 얼마나 신이 나던지! 삼촌이 사 준 생전 처음 신어보는 운동화가 비록 발에 맞지 않아 고생하긴 했지만.

accurate [애켜리트] 빈틈없는. 정밀한 ∗≪(g)ac- cur-a-te≫ **꼭**(꽉) -걸리다/끼이다
inaccurate [인애켜리트] **정밀하지 않은**, 부정확한, 틀린.

↖≪in- (g)ac - cur-ate≫ **안**('부정') - **꼭**[꽉] -**끼이다**

소풍장소는 보물찾기를 하기에도 널찍하니 좋았고, 군에서 지어준 작은 휴양시설이 있어 좋았다. 물 마시는 곳과 화장실까지 구비되어 있었다.

ubiety [유-바이어티] 일정한 **장소에 있음**, 소재 = [u-bie-ty] **유비**(有備)~ **되**

↖≪(g)u- bie- ty≫ **구비**(具備) ~**되**   (준비가 된) "유비무환"

그 휴양소는 규모는 작지만 재난시엔 피난시설로도 겸하여 쓰인다고 했다. 작년 여름 산 사태가 났을 때 휩쓸려 내려간 목재를 재활용해 지었다고 한다.

ambi- (접두사) '**양쪽**' 의 뜻 ← ≪(g)am-bi~≫ **겸비**(兼備) '아울러 갖춤'

amphi- (접두사) '**양**(兩)~, 두 가지' ← ≪(g)am-phi~≫ **겸비**(兼備)

slide [슬라이드] **미끄러지다**, 미끄러져 가다, 미끄럼 타다, 흐르다, 활주하다,
　　　　　　 미끄러짐, 활주, 부지중에 **빠지다**, 어느새 -이 되다; 비탈길, 미
　　　　　　 끄럼길; **사태**.

　= [sl - i - de] 슬이두, 슬리다 <**쓸리다**>: 휩쓸리다 "나쁜 친구와 휩쓸리다"
　　　　　　　 슬이두, 술이다, 술리다 <**쏠리다**>: 기울다, 기울어 미끄러지다.

096

표구(表具) / **가위**(-눌리다) / (그림)**그려**

    제85장에서 소개한 마지막 단어 〈ante-mortem〉에서의 뒷 어절은 현대 한국어 "**무덤**"과 같은 말임에 틀림없다.

    무덤이라고 하니 어릴 적의 몇 가지 추억이 떠오른다. 같은 무덤이라도 무서움을 모른 채 동네 친구들과 동네 뒷동산 무덤 위에 올라 비료 포대를 엉덩이 밑에 깔고 주르륵 미끄럼 타고 놀던 무덤이 있는가 하면, 외갓집에 심부름 갈 때 혼자 고개를 넘어가며 만나는 오솔길 옆 무덤은 왜 그리 무섭던지!

    게다가 동네 어귀 쪽 개울 하나 건너 있던 상여 집은 왜 또 그리 무섭던지, 그 앞을 지나 이웃 마을로 놀러라도 갈라치면 혹여나 귀신이라도 나올까 조마조마 마음을 졸이며 냅다 달려 그 앞을 지나거나, 손에 돌멩이를 움켜잡고 상여 집을 힐끔힐끔 경계하며 지나곤 했었다. 그런 나를 언제 눈여겨보셨는지 하루는 삼촌이 나를 부르시더니 대청에 걸린 호랑이 그림의 액자를 보여주며 말씀하셨다.

    "보아라! 저 표구 안에 든 호랑이 발톱과 이빨이 아무리 날카로운들 네 털끝 하나라도 다치게 할 순 없잖니? 죽은 사람은 이미 죽어 더 이상 이 세상에 나타날 수 없는 거란다!"

figure [피겨, 피거-] **그림으로 보이다**, 그림으로 나타내다, 표상; **모양**, 모습, **그림**, (그림·조각 따위의)인물, **초상**, **화상**, **조상**(彫像),형태, 표상, 도안, 외관

= [fi - gur-e] **파** [파다] ~ **그려** [그림으로 표현] // '겉·표현' **표**(表) ~**그려** ㉮

표구(表具)「그림이나 글씨를 액자에 넣음」/ '겉' **피**(皮) ~**그려**

삼촌의 그런 말을 들은 후 더 이상 가위눌리는 일이 있었는지 없었는지는 이제 기억이 나지 않을 만큼 세월이 흘렀다. ㉮줄의 "**그려**"는 **write**를 참고하자.

awe [오-] 두려움, 두려운 마음을 들게 하다; 경외(敬畏).
　↖≪(g)a -we≫ **가위** (가위눌리다)　　"두려움이 커 가위까지 눌리다"

097

(함께)거들다 / 품-앗이

　바로 앞 두개의 글에서 무덤과 상여 이야기를 언급하고 보니 어릴 적에 보았던 장례식 장면이 떠오른다. 그렇게 자주 본 것은 아니지만 그래도 서너 차례 이상은 본 것 같고, 대개의 기억은 종이로 만든 꽃을 위에 장식한 꽃상여를 메고 가는 풍경이다. 어린 우리가 듣기에도 구성진 가락을 뽑아내는 선도자를 앞세우고 마을 어른들은 양쪽에 일렬로 무리지어 상여를 어깨에 메고 천천히 마을 골목을 지나 들판 길로 나아갔었더랬다.

　마을 어른들이 그렇게 서로 거들어 합심하지 않았다면 언덕진 길이나 산길을 어떻게 올라갔을까 싶다.

> cartel [카-르텔] 카르텔, 기업 연합 = [car-tel] **거들~**(서로 도울·합동·연합)
> **끼어-들** (함께 참여)

> artel [아-르텔] (옛 소련의)**협동**조합 ← ≪(k)ar-tel≫ **거들~** (서로 도울·협동)
> **cartel**(카르텔) // **끼어-들**(함께 참여)

　함께 "**거들다**" 함은 ≪협동·협력·연합≫이다. 지난 제10장 〈alter〉편에서 말한 "갈다" 즉 우리 집 초가지붕을 갈 때에도 마을 어른들이 함께 작업을 거들어주셨었다. 책에 이르기를 이러한 마을 공동 작업을 두레 혹은 품앗이라 한다고 했고, 실생활에서는 "**품앗이 서다**(선다)"라고 말한다.

> assisto (라) **곁에 서 있다**, 옆에 서다, 옆에서 **거들다**·도와주다, 참석하다.
> as - (접두사) = AD - (s 앞에서)
> **assist** [어시스트] **거들다**, 돕다 = [a-s ~ si + s-t] 앗시(품-**앗이**) ~ **서다**
> 　↖≪(g)a-t ~si-s-to≫ **곁에/같이** ~ **서시다**

098

예(禮)-지키다, 건-씌우다, 코로(aura), 김[증기] -나다, 간-키우기

무덤은 묘(墓)라고도 한다. 묘(墓)와 관련된 어릴 적 기억 가운데 묘사(墓祀)에 관한 추억을 또한 빼놓을 수 없다. 묘사는 5대조 이상의 제사를 묘[산소]에 찾아가 모시는 것인데 대개 10월에 문중 사람들이 모여 지낸다. 죽은 조상에게 예(禮)를 갖추는 일에 우리 민족을 따라올 사람들은 지구촌에 또 없을 것이다.

    etiquette [에티퀕] 에티켓, **예절**, 예법, **예의**(禮儀).

        = [e ~ ti-que- tte] **예**(禮) ~ (디키다)**지키다**   ※ 구개음화 d(t) → zh

아버지와 삼촌, 그 밖의 집안사람들을 따라 산에 있는 묘에 도착해 제를 지내고 나면 시루떡을 나누어 먹었었다. 보자기에 잘 싸서 음식을 장만해온 것인지 떡에서 김이 모락모락 올라왔던 것도 같다.

    enshroud [엔스라우드] **덮다**, 가리다   ┌ **건사/간수** ~하다 (가려 숨기다·보관하다)

        ↖ ≪(g)en-shr-ou-d≫ **건**(巾) '헝겊' + **씌우다**

    emanate [에머네이트] (냄새·빛·소리·**증기**·열 따위) 나다. "**김**이 나다, **증기** 나다"

        ↖ ≪(g)e-ma ~ nate≫ '**김**'이 ~ **나다** // **기미**(幾微)「냄새·소리」~ **나다**

시루떡을 받아들고 살짝 냄새를 맡아보면 말로 형언키 어려운 고소한 맛이 코로도 느껴지는 것 같았었다 .

    aura [오-러] **향기**·방향(芳香); (발산하는)기운. (주위를 감싸고 있는) 분위기, 느낌

        = [aur -a] '**우러**'나옴 (우러나오는 기운) / (기운이-)**어리어**

          ↖ ≪(k)aur-a≫ **코**로 '냄새기관' /(기운이-)끼어 / 기(氣) '기운·공기 · 분위기'

이상한 것은, 남의 무덤 앞을 지날 때나 상여 집 앞을 지날 땐 등골이 오싹했었는데 이렇게 어른들과 함께라면 묘[산소] 앞에 있어도 하나도 무서울 게 없다는 것이었다. 사람 여럿이 모이면 없던 용기도 절로 생기는 것일까?

encourage [엔커-리쥐] **격려**하다, **용기를 돋우다**; **권하다**.

↖≪(g)en- cour -a-ge≫ '**간**(담력)' -**키우기**(기르기) "용기를 북돋우기"

≪(g)en- cour -(h)a-ge≫ **권고**(勸告) -**하기**

099

앞 ~ 때 / 따라(본받아) / (영향을~) 끼친

제85장 끝부분에 소개한 마지막 단어 〈ante-mortem〉에서의 앞 어절 ante -는 책 제9장의 "골동품" 즉 〈antique〉 편에서 이미 살펴본 적이 있다.

ante - '~의 **전의**, ~보다 **앞의**' = [an- te] **안** ~ **때**(시간) // **원**(原)**때**

antique [앤티:크] 골동[고미술]품의; 시대에 뒤진·고대풍의; 구식(취미)의.

= [an-ti -que] **안**(과거) **-때** + **꺼**(것) '**방**' ※ 현재보다 '**안**'쪽의 때 『과거』

↖≪(g)an-ti -que≫ **간**(지나 간) **- 때** + **꺼**(것)

└, ≪(h)an-ti-≫ **헌**(낡은)**때** ~ **꺼**(것)

이 단어에서의 〈ante -〉가 현재 기준보다 시간적 '**안**'쪽, 혹은 이미 지나가버린 '**간**'쪽을 나타내는 시간 어휘라면 앞으로 다가올 '**앞**'때, 라는 시간 어휘도 있다. 아래의 〈after〉가 그것이다.

after [앺터] 「순서·시간」 나중에, 뒤[후]에·다음에~지나;「모방·순응」~을 **따라**, 본받아

= [af - ter] (다가올) **앞 - 때**(시간) "다가올 앞 때, 뒤에, 나중에" ㉮

(지나간 과거의) **앞 - 따라** 『따르다, 모방하다』 ①

㉮에서의 '**앞**'과 ①에서의 '**앞**'이 가리키는 시간대가 서로 정반대임은 다들 아시는 바와 같고 과거 방향인 ①줄에 나타난 의미요소 즉, 앞에서 있었던 전례나 모범을 따르고 모방한다는 의미와 일정부분 의미적 공유가 가능한 단어를 아래에 소개할까 싶다.

ichn -, ichon - '**발자국, 자취**' 의 뜻의 결합사.

↖≪(g)i -chon≫ **끼친**- "선현들이 **끼친**(남긴) 발자국, 발자취"

"영향을 끼치다"라고 할 때의 〈**끼쳐**-〉는 발자국/발자취와 대단히 밀접한 어휘라고 생각된다.

100

대접(deserve) / -이 **되자구!**(desire)

상여 집을 무서워하는 나를 다독여 주시던 삼촌은 어느 날 툇마루에 엎드려 숙제를 하고 있던 나와 내 단짝 친구를 부르시더니 문득 이렇게 말씀하셨다.

"너희들 장래 희망이 무어냐? 나중에 어른이 되면 어떤 사람이 될 건지 생각들은 해봤니?"

갑작스런 질문에 아무 말도 못하고 머뭇거리자 삼촌은 다시 말을 이었다.

"설마하니 나중에 뭐가 되어야지, 하는 목표가 없는 건 아니지? 옛 말씀처럼 선현들이 끼치신 발자취를 쫓아 일신우일신 하진 못할망정, 위인전이라도 가끔 찾아 읽어보렴. 큰 포부를 품고 일찍부터 노력해야만 세상으로부터 대접을 받는 사람이 되는 거란다!"

> **deserve** [디저-브] **-할 가치가 있다. -할 만하다**, 보상받을 가치가 있다.
> **받을 가치가 있다**, 상당하다.
> = [de- ser- ve] 디즈브, 대줍으 <**대접~이**>: -대접을 받다.

삼촌의 말씀을 다 알아들을 순 없었지만 자못 심각한 삼촌의 이야기에 감동을 받은 단짝 친구와 나는 한동안 학교 서가에 꽂힌 성웅 이순신전이라든가 조웅전이라든가 하는 책들을 몇 권 읽었던 것 같다.

방과 후 늦게까지 책을 읽고 돌아오던 길에 친구와 난 반쯤은 장난이고 반쯤은 진심으로 이렇게 외쳐보았었다.

"나중에 커서 이순신 장군 같은 멋진 장수가 한 번 되어 보자! 꼭 되자구!"

> **desire** [디자이어] **바라다, 희망하다.** 욕구하다, 구하다, 욕망을 느끼다, 욕구, 욕망.
> = [de - sir - e] **되자요!**(되자구요) / **되 줘요!**
> ↖≪de - sir -(g)e≫ **되자구!**, **되자고!** "-이 되자구!"

101

외어(암기해) / 골르다(고르다) / 어그러져, 어긋~

소년 시절엔 그렇게 한때나마, 훌륭한 장수가 한 번 되어 보자고 큰 소리도 쳐 보았건만, 세월이 많이 흐른 지금은 장수도 영웅도 못 된 채 살고 있는 것이 아닌가!

장수 대접을 받으려면, 영웅 대접을 받으려면 장수와 영웅에 **상당하다** 혹은 "**-할 만하다**" 즉 장수와 영웅으로 불러줄만하다, 라는 학업과정과 전공을 세워야만 가능한 일이건만…

단짝이었던 고향친구를 오랜만에 만나 그런 추억을 꺼냈더니만 친구 녀석 왈,

"시험이 전부 암기식이니 당할 재간이 있어야 말이지, 외우는 건 자네나 나나 딱 질색 아니었냐구!" 하며 껄껄 웃는다.

> wear [웨어] 의류; 입고[신고·쓰고] 있다, **기억을 간직**하다; -의 **지위**에 있다.
> = **의류**(衣類) // **외어**(암기·기억) // **위**(位) '지위'

외울 수 있어야만 {기억을 간직하다}, 시험을 볼 때까지는 읽은 책 내용에 대한 기억을 간직하고 있어야만 시험을 잘 치를 수 있는데 말이지, 그래야만 품질이 우수한 학생이라고 우릴 골라갈 텐데 말이지, 하고 친구는 다시 껄껄 웃는다.

> quality [콸러티, 퀄러티] **양질**(良質), 질, 품질, 우수성; **질 좋은**.
> = [qual - i - ty] **골르다** (고르다·선별하다) '방'

아! 그때의 푸른 희망으로부터 그렇게나 멀리 와버렸단 말인가?

정녕 어그러져버린 우리들의 꿈이란 말인가!

> écrase (프랑스) 짓눌린 ← ≪(g)é-cr-a-se≫ **구겨져**, 꾸그려져, 꼬그라져.
> = [é - cra-se] 우그러져, **어그러져** ┗, ≪é-(sh)ra-se≫ 으스러져

ajar [어자-르] 조화되지 않아, **티격이 나서**.

    = [a-jar] **이지러** ~ 져 ← ≪a-(g)ar≫ **어그러**~짐

across [어크로-스] 사이가 버성겨, **엇갈리어**, **어긋**매껴, 가로 건너서[질러서].

    = [a-cr-o-ss] **어그러져**(벌어져 어긋나) : (어그 r -옷) **어긋** ※폐음절화

  └, ≪a-(sh)r-o-ss≫   고어 [**어그룻**-다]: 어긋나다

    으스읏 <**어슷**~>: 대각선으로 가로질러(칼질 따위) "**어슷 썰다**"

102

가버려, 가물가물, 부러질, 앞으로, 규율(規律), 계율(戒律)

afar [어파:] 멀리, 아득히 ←≪(g)a-far≫ **가버려**~ → ≪(g)a-(m)ar≫ **가물**가물

유년기에 꿈꾸었던 일을 실제로 이룬 사람이 세상에 몇이나 될까? 그 시절은 이미 아득히 흘러가버린 세월이요, 꿈은 비록 부서질지라도 꿈꾸었던 그 자체만으로도 아름다웠던 것을!

fragile [프래절, 프래자일] 망가지기 쉬운, 무너지기 쉬운 = [fr - a - gile] **부러질**
brittle [브리틀] 부서지기[깨지기] 쉬운, 무른, 상처입기 쉬운, (소리가)날카로운.
= [br - i - ttl - e] **부러**- (뜰여)**뜨려**

지나간 일에 연연해하면 큰 인물이 될 수 없다 들었다. 되돌아갈 수 없는 일에 에너지를 낭비할 필요는 없을 것이다.

return [리턴-] 되돌아가다, 돌아오다. 다시 (찾아) 오다, 돌려주다, 답하다, 말대꾸하다, (병 따위가) 재발하다. 다시 일어나다; 돌아옴[감], 귀가, 귀향, 귀국, 복귀, 회복; 재발, 반복. 반환, 보답, 말대꾸.
↖㉮ ≪(g)r-e-turn≫ 그r이툰, 기툰 <'돌아갈'**귀**(歸)> ~ **턴**[턴다·털다> ㉮
└, ① ≪(w)r-e-turn≫ → 현대영어 <return> ※'w' 탈락!

현대영어 <return>의 최초 어형은 ㉮였을 걸로 추정된다. ㉮의 제1음절 <(g)r->에서의 어두 연구개음 /g/가 개구확대 경향으로 인한 **폐쇄성질 약화**를 겪게 됨으로써 ①줄에 적은 바의 <(w)r->로서 반모음 /w/ 성질이 된 후, 그 /w/마저 소멸하고 말아 오늘날의 return이란 어형이 된 것이다.
return의 역사적 추이를 이와 같이 추론함은 지난 제5장에서 살펴본 <write> 즉

[rait]로서 어두 /r/ 발음으로 된 **write**의 어두 /**w**/가 초기현대영어(1500년경) 이전 시기까지 발음되었다는 사실에 기초하고 있다.

이에 대한 더 자세한 이야기는 제103장에서 다시 한 번 다루어보기로 하고, 이러한 음운관점에서 살펴 수 있는, 'r'이 어두에 위치한 단어를 두 개 더 소개할까 한당.

> **rule** [룰-] 규칙, 규정, 법칙, 공식, 통례, 관례, 습관, 지배(control), 통치, 다스리다, 통치하다, 억제하다.
> ↖≪(g)r-ul-e≫ 그r울이, 기율에 <**규율**(規律)>, <**계율**(戒律)>

> **real** [리-얼] 진실의, 진짜의. **현실의**, **실제의**, 실재하는; 객관적인, **사실상의**, 현실, 실물, 실체; [부사]정말로, 매우,   · **Really**? 정말입니까?
> ↖≪(g)re- al≫ 그r올, 그러올, 그롤 <**그럴**~리>, <**그럴**~법하다!> ㉴

real의 최초 원형은 ㉴줄의 "**그럴**"이다. "**그럴 리**~"는 ≪사실일리~≫라는 뜻이고 "**그럴 법하다**"는 ≪사실일~법하다!≫는 뜻이다.

아무튼 **return**할 수 없는 일에 에너지를 낭비할 필요는 없다. 앞으로 남은 인생을 얼마나 알차고 성실히 사느냐에 따라 우리의 미래가 결정되고 우리 사회도 보다 나은 모습으로 발전할 것이다.

"**앞으로**" 달려 나가자, 앞에 우리의 미래가 있다!

> **afore** [어포-] (고어·방언) (-의) **앞에**, [항해] 앞쪽에.
> 　　　　　　　　　　　　　　　　　┌ ≪a-(m)or- e≫ 배의 **이물에**
> = [a- for- e] 으푸r 이, 으푸러 <**앞으로**~>
> 　　　　　　　　　　　※ af- or- e 앞으r 이, 앞으러, 앞으로?

> **alpha** [앨퍼] **처음**; 그리스 알파벳의 첫 글자 (A, α; 로마자의 a에 해당)
> = [al- pha] = 고어 [알퐈][알퓌]: 앞에 '처음'

103

글을 '**그리다**' / **서기**(書記) / 글-**쓰다** / **새기다** / 써-**갈기다** / **글귀**

※상형문자(象形文字)를 그리는 행위.

■ write [rait, 라이트] (글자를)쓰다, 기록하다·써 넣다, (마음 따위에)새겨 넣다.

\<write\> wr – i – te	← (g)r-i –te ←/ (g)r-(w)i –te 그 r 이다
㉮ ↖(k)r – i – te **그리다**	↖*(k)r –(k)i –te ㉠★
"(형상·그림을)그리다"	그 r ㄱ(지)다 ~글ㄱ다, 긁으다 \<**긁다**\>
※㉠ (k)r –(k)i –te /→ (sh)r –(g)i – te \<**새기다**\>/ [**사기다**]: 새기다[刻]	
ㄱ r 지다 \<(써)**갈기다**\>: ㄴ, (h)r –(k)i – te ㅎ r 키다 \<**할퀴다**\>	
\<**글귀**\> ㄴ, (zh)r –(g)i – te ㅈ r 지다 \<**적(의)다**\> ㉯	

■ graffito [grəfí~] (고고학)**긁은 그림**[글자], 벽에 긁어서 쓴 **회화**, 글씨. **긁힌** 자국.
■ scribo (라틴) **새기다**; 긋다·**그리다**; (글자를) 쓰다·집필하다·묘사하다.

현대영어 \<**write**\>를 가장 단순하게 재구성하면 글상자 안의 ㉮ 즉 현대 한국어 \<**그리다**\>와 본디 동일한 어휘였음이 드러난다.

'글 쓰다' \<write\> wr – i – te ← * (g)r – i – te \<(형상·그림을)**그리다**\> ㉮

이는 위의 표제에도 적었다시피, '산'이나 '나무' 혹은 둥근 '태양' 등과 같은 실제 물상(사물)을 벽면이나 돌에 '**그림**'으로 그렸던 상형문자(象形文字)의 시대가 인류의 문자 발달사의 원형이라는 점을 잘 알게 해주는 어휘적 증거가 된다.

예를 들어 사람의 형상이나 각종 동식물을 그림으로 그려 문장(文章)을 표현했던 **이집트의 상형문자**, 그리고 산(山)을 그려 '山'의 뜻을 나타내거나 반달 모양을 그려 '月'로서 달(moon)의 뜻을 적은 초기의 **원시 상형문자**, 그리고 사람의 얼굴이나 발 모양 등의 기호화된 형상으로 문자를 삼은 **수메르의 초기문자** 등등이 모두 '**그림**'이다!

그밖에도 지중해의 크레타 섬에서 발견된 석제인장과 점토원판에 새겨진 문자, 그리고 칠면조·앵무새·재규어와 같은 동물을 형상화한 남미 유카탄 반도에 사는 마야인의 **마야문자** 역시 '그림'이다!

마야 상형문자   '히에로글리프'라 불리는 이집트 상형문자

이처럼 옛날에는 그림이 곧 문자(文字)였기에 {(글을)**쓰다·기록하다**}라는 뜻을 나타내는 어휘로서 〈'**그리다**'〉가 존재하였을 것임은 너무도 자명한 일이다.

이 〈**그리다**〉 즉 〈*(g)r- i-te〉에서 출발해 차츰 음운변화가 일어난 결과가 오늘날의 영어 〈write〉이고, 문자적 의미와 회화적 의미를 아울러 지녔을 처음의 〈'**그리다**'〉라는 말은 오늘날의 한국어로 와서는 "**회화적 형상을 그리다**"라는 뜻으로만 그 의미가 축소되고 말았다.

물론 가장 최초의 어형인 글상자 안의 ㉠을 통한 변화갈래로는 〈**글귀**〉, 〈(써)**갈기다**〉, 〈**서기**(書記)〉, 〈**적다**〉라는 형태로서 {(글을)**쓰다·기록하다**}라는 의미를 그대로 간직하고 있음은 유의해서 보아야 한다.

글상자 안의 ★표한 재구성 ㉠이 〈write〉의 최초형태라고 추정함은, 이 책의 음운론에서 짧게나마 논한 바와 같이 음절적(자립적) 모음 앞에는 연구개음(g·k)을 재구성할 수 있으므로 ㉮의 분절에서의 제2음절 [i]를 ㉠에서와 같이 [ki]로 환원할 수 있기 때문이다.

이에 의하면 영어단어 'graffito'의 뜻에도 나오는 것처럼 '**글을 쓰다**'라는 것은 벽(壁)을 '**긁어**' 상형문자를 '**그라**-'는 행위임을 알 수 있다.

현대 영어 'write'가 〈**글귀**〉, 〈**서기**(書記)〉, 〈**새겨**-〉 등등의 어휘와 기원적으로 동일한 것임을 드러내어주는 최초의 원형태 ㉠은, 동일계열의 어휘들 〈**graffito**〉 및 〈**scribo**〉와의 음형 비교를 통해서도 그 형태론적 근거를 확보할 수 있다.

(1) <u>write</u> 재구성 : <u>(k)r</u> – (k)i – te [서두에 제시한 글상자에서의 ㉠]

(2) scribo 재구성 : (s) + <u>cr</u> – (k)i – bo **긁어 파**

(3) graffito 재구성 : <u>gr</u> – (k)a – ffi – to **긁어 파다**

    └, <**까래비다**>: 긁다·할퀴다 '방언'

    ※ graffito **긁은** 그림[글자], 벽에 **긁어서** 쓴 **회화**, 글씨. **긁힌** 자국.

    ※ scribo (라틴) **새기다**; 긋다·그리다; (글자를)쓰다·집필하다·묘사하다.

        └, s + <u>cr</u> – i – bo <**새기어 ~파**>

이들 〈graffito〉, 〈scribo〉와의 비교를 통해 원형적 음절 [kr], [gr]의 형태가 잘 드러남을 확인할 수 있다.

이 [kr], [gr]로부터 어두위치의 음절적 모음 /a, o, u, i, e/등과 반모음 /w/, /y/등의 현대 어휘를 구성하는 대부분의 음절들이 산출되었으리라 추론함이 필자의 핵심적 음운관이다.

write를 이 책의 중심적 음운이론 즉 '**연구개음약화의 원리**'에 따라 위의 (1)과 같이 재구성함에 대한 유력한 어휘적 증거로 아래에 보인 **드라비다어** 〈**kīru**〉를 꼽을 수 있다.

    kīru (드) 글 쓰다 = **kīr –u** (상형문자를-)<u>**그려**</u>- / **기리**(그리)~ '**방**' ㉤

     ↖* <u>kīr –(g)u</u> <**긁어**> → * (h)īr– u **화**(畵) '그림' ★ ㉥

        └, * (sh)īr–(g)u **서기**(書記), **새겨**- → * (sh)īr–u (글을-)**써**~ ㉦

    kīru (드) 글 쓰다 = [kīr– u] (선을·획을)**그어**~

     ↖* kīr–(k)u **깎아**, **각**(刻) '새길' → * (h)īr –(g)u **획**(劃) '긋다' ㉧

(4) **kīru** (드) 글 쓰다 ← * kīr – (k)u

(5) **write** 글 쓰다   ← * <u>(k)r</u> – (k)i [+ te]

(4), (5)로 보다시피 'write'와 드라비다어 〈**kīru**〉는 서로 음형구조가 동일하고 ㉤, ㉥, ㉦ 등과 같은 그 한국어 대응 양상 또한 동일하다고 볼 수 있다. 이러한 예로부터 write의 제1 음절 [wr-]가 연구개음적 [kr-], [gr-]로부터 발생한 것임을 또한 추론할 수 있다 하겠다.

write의 제1음절 [wr-]의 이와 같은 음운적 배경 내지 음운변화에 관해 마지막으로 한 번 더 살펴보면서 이 번 장을 마치도록 한다.

■ write [rait, 라이트] (글자를)**쓰다**, 기록하다·써 넣다, (마음 따위에)**새겨** 넣다.

\<write\> wr – i – te ㉮ ↖(k)r – i – te **그리다** "(형상·그림을)그리다"	← (g)r-i -te ←/ (g)r-(w)i -te 그 r 이다 ↖*(k)r -(k)i -te ㉠ ★ 그 r ㄱ(ㄲ)다 ~ 글ㄱ다, 긁ㅇ다 \<긁다\>

※ 어두자음군 wr-는 초기현대영어에서 첫 자음이 탈락되면서 단순화하였다. (김석산)

중세영어 **wrīte**(n) [wrītə(n)] → 초기현대영어 [rə it]

글상자 아래에 인용해놓은 **김석산** 교수님의 영어사(英語史)에 관한 언급을 보면, 'write' 의 앞부분 〈wr-〉는 초기현대영어시기 이전까지는 /w/가 발음되는 [wr-] 형태였다가 초기 현대영어시기부터는 /w/가 탈락하게 되었음을 알 수 있다.

바로 이 초기현대영어시기(서기 1500년경) 이전까지 발음되었던 /w/ 성질을 연구개음(g·k) 으로 환원하여 재구성한 것이 글상자 안의 ㉮ 및 ㉠인 것이고, 그렇게 함에 대한 음운적 증빙 자료 가운데 하나가 바로 앞서 살펴보았던 드라비다어 〈kīru〉인 것이며, 그런 바탕 에서 영어 'write'는 현대 한국어 〈**그리다**〉와 본디 같은 어휘인 것이다.

반모음(반자음) /w/에 대하여 더 잘 이해하려면 'W'가 **철자**(문자)로서 문헌에 등장한 시기 에 대하여도 알아둘 필요가 있다.

김석산 교수님의 책에 의하면 w는 1,000년경에 등장한 것으로 알려졌다. 즉 페니키아 알파벳을 모태로 하여 출발한 **그리스 알파벳, 로마 알파벳** 시기에는 이 'W'가 알파벳 목록 에 **없었다**가 'u'의 변형 내지 'u'와 비슷한 어떤 음가를 적기 위해 대략 1,000년경 고안되었 으며, **고대영어**(700~1150년) **후반기**와 **중세영어**(1150~1500년) **초반기**가 겹치는 **12세기**에 일 반화되었던 것으로 알려졌다.

이러한 출현 배경 곧 "**u**와 비슷한 어떤 음가를 적기 위해 고안되었다." 라는 사실과 영어변 천사에 등장하는 **고대영어** sorge, boga, lagu → 중세영어 sorwe, bowe, lawe 로의 변화를 유심히 볼 때 /w/는 《**연구개자음(g·k)의 약화**》와 직접적 관련이 있음을 깨달을 수 있다.

이에 관한 또 다른 증거로서 중부불어 〈guardian〉,〈guarantee〉 및 노르만불어 〈warden〉, 〈warrant〉의 동일성을 들 수 있기도 하다. 노르만 지방의 불어는 섬나라 영국으로 건너가 영어(English)에 많은 영향을 끼친 것으로 알려진다.

고대영어 sor -ge, bo -ga, la -gu → 중세영어 sor -we, bo -we, la -we

중부불어 guar -dian, guar -antee [→] 노르만불어 war -den, warr -ant

*(편의상 가운데 줄(-) 넣었음)

/w/의 이러한 음운적 성질에 기초해 'write'의 앞부분 [wr-]를 [kr-], [gr-]로 바꾸어 놓고 보면 〈write〉는 글상자에서 ㉮로 나타낸 바와 같이, 한국어 〈**그리다**〉와 본디 동일한 어휘임을 알 수 있다.

'글 쓰다' <write> wr - i - te ← * (g)r- i - te (형상·그림을)**그리다** ㉮

이러한 사례들에 기초해 "오늘날 우리가 사용하고 있는 언어음들의 대부분은 전동성 'r'이 결부된 원형적 음절 [kr-], [gr-]로부터 출현하였다!"라고 추론하는 바이다.

104

사 '사다' / 세- '세다' / 수(數) / 셈 / 금(가격) / 사(사업·사무) '事' / 시(市) '시장·장사·거래·번화가·도시' / 교(交) '교환' / 계(契) '계약' / 계(計) '계산'

이번 장에서는 "물건을 사다"라고 할 때의 한국어 〈**사**-〉와 대응하는 수메르어 〈sa10〉, 그리고 "셈을 하다"라고 할 때의 〈**셈**〉과 대응하는 수메르어 〈**sám**〉에 대해 살펴본다.

(수) sa10 : to buy '사다·구입하다'

　　　　to sell '팔다·팔리다·판매하다; 선전하다·추천하다'

　　　　to measure out grains as equivalents for other goods

(다른 상품의 등가물로서 곡식을 측정하다)

(수) **sám, šám** : price '값·가치·가격·귀중함·대가·희생'

　└ ■ 대응어 : **셈**(-하다) / **셈**(-치다) / **금**(-매기다) [가격을 매기다] '**방**'

※ 〈sa10〉의 대응어 : **사**- '물건 구매' / **세어**- '수를 세어' / **수**(數) '계산하다'

　　　　　　　　계(計) '계산' / **교**(交) '맞바꾸다' / **재**(-다) '측정' / **헤**- '헤다'

　　　　　　　　효(爻) '괘(卦)를 이루는 가로 막대' / '**헤아**'려~ / **계**(契) '계약'

　　　　　　　　〈휘〉: 곡식을 되는 그릇의 총칭, 헤아리다. '斛곡'과 동일함.

〈sa10〉 **시**(씨) 〈**사**'다〉: 물건을 사오다 / 〈(장-)**사**〉: 상업 활동, 사업

　　　　　〈**세**'다〉: 수를 세다 / 〈**수**(數)〉㉮/ 〈**시**(市)〉: 시장·도시 ㉯

↖ * (k)a10 **지** 〈**계**(計)'계량·계산'〉/ 〈**계**(契)〉 '계약' / 〈**교**(交)〉'교환·교역' ㉠

　　　　　　　　　　　　　　　※《k 변화 → sh, ch, zh, h, W》

*(zh)a10 〈**재**'다〉 '측정' ㉡ // *(h)a10 **히** 〈**헤**~〉: 헤다 / '**휘**' 효(爻) ㉢

　　　〈**재**(財)〉 '재화·재물' ㉣ 〈**회**'계〉 ※〈**휘**〉: 곡식을 되는 그릇의 총칭

이 단어에서 가장 먼저 눈에 띄는 점은 현대어휘개념으로는 반대의 뜻이 되는 **사다**[매수], **팔다**[매도]가 동일한 하나의 어휘 〈sa10〉로 모두 표현된다는 점이다.

이는 앞의 글 〈buy〉에서 설명한 바와 같이 화폐가 없던 시절의 **매매**(賣買)라는 것이 내 것과 네 것을 서로 맞바꾸는 **교환행위**였음에 기인한다.

다시 말해 나의 생선 한 마리를 팔기(sell '매도') 위해서는 상대방의 바나나 한 묶음을 **사**(buy '매수') 주어야 하기에 현대 언어 개념에서의 **"팔다"**와 **"사다"**의 언어적 구분이 필요치 않았던 것이고, 그러한 원시 언어적 상황이 〈sa10〉라는 어휘에 그대로 남아 있는 것이라 하겠다.

이 〈sa10〉와 동일기원어로 추정되는 한국어 〈**사**-〉 역시 방언에서는 여전히 매도/매수의 양방향적 의미를 모두 담고 있으니 이 점 또한 〈sa10〉/〈**사**-〉의 기원적 동일성을 보여주는 증거 가운데 하나가 아닌가 싶다.

글상자 안의 ㉯의 〈**시**(市)〉는 도시(都市)나 시장(市場)이라는 어휘에서도 알 수 있듯이 사람들이 많이 모이는 장소로서의 '**중심지·저자**'라는 의미요소와 물건을 사고파는 장소로서의 '**시장**'이라는 의미요소가 함께 어우러져 있다.

옥편에 풀이된 '**시**(市)'의 {**인가가 많고 번화한 곳, 저자, 장사, 거래, 시장**}이라는 뜻에서도 이를 잘 알 수 있으니, 예로부터 사람이 많이 모이거나 모여 사는 곳에는 물물교환의 상업행위가 빈번하였고 이것이 시장(市場)으로 발전하였던 것이라 하겠다.

'**시**(市)'의 사전적 풀이에서 크게 관심을 가져야 할 또 다른 하나는 {**번화가**(중심지)} 및 {**시장**}이라는 유형적(有形的)인 뜻 말고도 {**장사, 거래**}라는 무형적(無形的)이고 개념적(추상적)인 의미까지도 〈**시**(市)〉라는 어휘에 함께 포함되어 있다는 점이다.

이러한 점을 고려해볼 때 글상자 안에 적은 〈**사**'다〉, 〈(장-)**사**〉, 〈**시**(市)〉가 원형적으로는 모두 동일한 하나의 어휘였다고 봄이 옳을 것이다.

어휘는 이처럼 그 시대의 생활상을 정확히 반영하며, 하나의 어휘는 그와 의미적으로 밀접하게 연관된 '**장소**'나 '**행위**' 등등의 유형적 개념과 무형적(추상적) 관념까지를 두루 담아내게 된다. 이러한 이치를 이 책에서는 ≪**원시어휘의 다의성**(多義性)≫ 혹은 ≪**의미덩어리로서의 원시어휘**≫라고 부른다.

이러한 맥락에서 표 안의 〈'세(혜)'다〉, 〈수(數)〉, 〈휘(도량형기)〉라는 어휘들이 [물건을 사고팔다]의 이 〈sa10〉와 본디 동일한 것이라고 추정하는 것이다. 고댓적의 "물건을 사고 팔다"라는 것의 구체적 장면이라는 것은 먹거리를 시장에 갖고나와 '휘' 즉 되나 말로 양을 재거나 수(數)를 세어(혜아려) 상대방의 것과 교환하는 행위이기 때문이다.

곡식 측정하는 '**말**'　　　　　　　　　　　　　　　　　　　　　　　　뒷박, '**되**'

〈휘〉는 곡식을 되는 '그릇'인데 〈sa10〉의 뜻에 있는 [다른 상품의 등가물로서 곡식을 측정하다]를 근거로 어휘대응으로 상정함이다. 쌀이나 보리의 양을 측정하는 '되'나 '말'과 같은 도량형기가 〈휘〉이다.

이 '휘'를 비롯한 ㉠, ㉡, ㉢줄은 〈sa10〉의 자음 /s/가 /k/로부터 파생된 것이라고 보는 관점에 따른 것으로, 연구개음 /k/는 구개면 앞쪽으로의 이동 곧 **전향화**(前向化)에 의해 / s/나 /sh/ 등의 자음들로, 그리고 구개음화나 기식음화(h)를 통해 몇 가지 다른 자음들로 변화되므로 글상자 안의 ㉡, ㉢줄 어휘들을 〈sa10〉의 대응으로 고려할 수 있는 것이다.

> sa10 = 〈'**사**'다〉, 〈(장-)**사**〉, 〈'**세**'다〉, 〈**수**(數)〉, 〈**시**'(市)〉
> ↖ * (k)a10　　**계**(計) '계산' / **계**(契) '계약' / **교**(交) '교환·교역' ㉠
> └ *(h)a10　히 〈**헤어**~〉: 헤다 / 〈**휘**〉, 〈'**회**'계〉 ㉢

/k/ 또는 원형적 음절 [kr], [gr]는 필자의 첫 번째 책 ≪**한국어 충격**≫에서 논한 바와 같 이 각종 현대 언어음들의 모태라 불러도 과히 틀린 말이 아니며, 아마도 그 점에서 한국어 음운체계에서 가장 앞에 나오는 것이 아닌가 한다.[6]

※ 한국어 음운(자음)체계 : **가**, 나, 다, 라...... (ㄱ, ㄴ, ㄷ, ㄹ...)

---

6) 이 /k/의 변화를 중심으로 동서양의 어휘를 관찰하는 것이 이 책의 핵심적 내용이기도 하다

이러한 /k/의 변화 가운데 연구개음(k)의 개구확대로 인한 ≪폐쇄·파열성질의 약화≫ 즉 반모음(반자음) /W/로 되는 현상은 이 책에서 **write, wry, wash** 등등의 다량의 어휘사례를 통해 입증이 가능하다.

※ 영어 <u>wash</u> '씻다' ← * 재구성 ≪(g)a - sh≫ **가새**-다 [씻다] **'방'**

개수-대 [씻는 곳]

이처럼 'k'를 선대형 자음으로 추정했을 때 나타나는 ㉠줄의 〈**교**(交)〉는 "**교환**(交換)" 등의 어휘에 쓰이고 **서로 주고받고 하다**라는 뜻이므로, 물건을 사고파는 행위가 물물교환이었음을 잘 보여주는 경우에 해당한다 하겠다. 제26장에서 살펴본 '**buy**' 즉 그 원형 〈***bu -(g)***〉가 한국어 〈**바꿔**-〉와의 대응인 점과 동일한 맥락이다.

〈sa10〉 시(쓰) 〈**사**'다〉: 물건을 사오다 / 〈(장-)**사**〉: 상업 활동, 사업

〈**세**'다〉: 수를 세다 / 〈**수**(數)〉 ㉮ / 〈**시**(市)〉: 시장·도시 ㉯

↖* (k)a10 기 〈**계**(計)'계량·계산'〉/ 〈**계**(契)〉'계약' / 〈**교**(交)〉'교환·교역' ㉠

※≪k 변화 → sh, ch, zh, h, W≫

*(zh)a10 〈**재**'다〉'측정' ㉡ // *(h)a10 히 〈**헤**~〉: 헤다 / '**휘**' / 효(爻) ㉢

〈**재**(財)〉'재화·재물' ㉣ 〈**회**〉계 ※〈**휘**〉: 곡식을 되는 그릇의 총칭

지금까지 살펴본 〈sa10〉와 의미적으로 대단히 밀접한 다른 수메르어 〈**sám**〉을 마지막으로 살펴보자.

■ 수메르어 **sám**, **šám** = price '값·가치·가격·귀중함·대가·희생'

〈sám〉 심 ㉱

= 〈**셈**〉: 값(가격)을~ 치루는 일, 계산.

〈sám〉 sá - m **시**ㅁ 〈**셈**〉 "셈을 치르다" ㉲

sá - m(r) **시**ㅁ 〈**셈**〉, 〈**세무**(稅務)〉 ㉳

↖ * (k)ám = (k)á - m 기ㅁ, ㄱㅁ 〈**금**(값)〉 '**방**' ㉴

※≪k 변화 → sh, ch, zh, h, W≫ "**금**을 매기다 = **가격**을 매기다"

〈sám〉은 "셈을 치르다" 혹은 "셈하다(계산하다)"에서의 현대 한국어 〈셈〉과 동일하다. 앞서 살펴본 수메르어 〈sa10〉가 한국어 〈사다〉, 〈세다〉 등으로 대응하였던 점에 비추어 그 가능성의 정도가 매우 크기에 〈sám〉을 〈셈〉과 동일한 것으로 확신할 수 있다.

"~하는 셈 치다!"와 같은 표현에서의 '셈'이 등가(等價)관계를 뜻하고 이 등가(等價)는 〈sám〉의 뜻 {값·가치}와 일맥상통하는 점 역시 이를 뒷받침해준다. 물론 등가(等價)의 〈셈〉은 현대 영어 〈same〉과도 본디 같은 말일 가능성이 농후하다.

※ 현대영어 **same** [세임] '같은, 마찬가지의, 같은 것' = **셈**[~하는 셈 치다]

㉣칸의 〈셈〉은 그 원형을 따져 들어가면 ㉤㉥으로 적은 바의, 각각 공히 개음절(개방음) 인 두 개의 음(音)이 결합한 2음절어로 1차 소급할 수 있다. 이는 동서양어 수만 단어 이상 을 관찰한 바를 토대로 한 추론이다.

※ 〈sám〉 **sá – m(r)** 시무 〈셈〉, 〈세무(稅務)〉 ㉥

그런 맥락에서 뒷부분 /m/은 본래의 음절(音節)로서의 원형으로 환원해야 하기에 pride, grade, from, write 등을 통해 확인한 바의 **1음절 기능**을 수행하는 《**자음+'r'**》의 결합으 로 재구성해 ㉥줄의 [m(r)]로 나타내게 된다.

㉠줄의 〈금〉은 {값, 가격}이란 뜻으로 "올해는 고추 금이 좋아 제법 돈을 벌었다!"와 같 은 표현이나 "금을 알아야 홍정을 하지!"와 같은 표현이 가능하다.

수메르어 〈sa10〉를 그렇게 추정한 것처럼, 〈sám〉의 어두자음 /s/ 역시 /k/의 전향화 에 의한 것으로 보는 관점에서 〈금〉과 〈sám〉을 동일기원어로 추정한다.

105

연탄불을 ~ **갈다**(alter) / '**갈대**'처럼 흔들리는 마음

지난 제26장에서는 연구개음(**g·k**) 탈락 및 그 재구성 이론을 적용할 경우 한국어 "바꾸다"에서의 〈**바꾸(바꿔)**〉와 기원적으로 동일한 것임이 분명한 몇 개의 영어 단어를 살펴보았었다.

<u>buy</u> '구입하다, (물건을)사다' = [bu-y] **배**(賠), **보**(報)

↖《bu-(k)》 **바꿔**(물물교환)

<u>vary</u> '변하다, 바뀌다' = [var-y] ← 《var-(k)》 **바꿔**, **바꾸**(-다)

<u>purchase</u> '사다, (노력·희생을 치르고) 획득하다, 공무원을 매수하다'

= [pur- **cha** -se] (노력·희생·금품을)**바쳐서** ㉡

↖《pur-(k)a-se》 **바꿔서** (교환 행위) ㉠

이 내용들 가운데 한국어 〈**바쳐서**〉로 대응이 가능한 ㉡줄의 'purchase'는, 그 제2음절 ['**ch'a**]가 연구개음 /**k**/의 전향화로 발생한 것일 가능성이 크다는 점에서 이를 적용할 때 그 본래의 어형이 ㉠줄에 적은 〈**바꿔서**〉였을 것으로 추정되었다.

이 ㉠, ㉡의 관계에 내재한 연구개음의 전향화를 적용하면 다음에 소개한 'anniversary'라는 다음절 어휘에도 한국어 〈**바꾸어**(바꿔·바뀌어)〉가 포함되어 있음을 알 수 있다.

anniversary '주기(周忌), 주년(週年), (해마다의) 기념일·기념제'

= [<u>an</u> -(n)- i ~] **연**(年)/년(年) ~ **이**[이]

※수메르 하늘신 '<u>an</u>' ← ↖*(k)an 〈**건**(乾)〉 '하늘' : 마야어 〈**킨**(kin)〉 '태양'

= [~ ver-<u>sar</u>-y] ← 《ver-(k)ar-y》 **바뀌어**(바꾸어) ①

= [an-(n)- i ~ ver-(k)ar-y] **연**(年) ~ **이** ~ **바뀌어** "해가 바뀌어" ㉢
└,≪(m)er-(zh)ar-y≫ 일본 <**마쯔리**(まつり)>: 축제·제사 ②
③ 미지이, 무지이 <~**맞이**>/<**맞이**~해>: 해맞이·달맞이

즉, 책의 서두 음운론에서 간략히 언급했던 것처럼 연구개음 /k/는 구강 앞쪽으로의 이동인 전향화로 인해 /ㅊ, ㅆ, ㅅ, ㅈ/ 곧 'ch', 'sh', 'zh' 등으로 변하는 성질이 있으므로, 이 단어의 뒷음절 <~ ver-sar-y>의 밑줄 친 [sar]에 이를 적용하면 위의 ①줄에 나타낸 바의 <**바뀌어**(바꾸어)>로 소급할 수 있다는 것인데, 이렇게 보면 'anniversary'는 전체적으로 ㉢줄의 "年**이** ~ **바뀌어**(해가 바뀌어)"와 같은 어휘구성으로 해석되는 것이다.

단어 뜻 [(해마다의)**기념일, 주기**(周忌)**, 주년**(週年)]이라는 것은 '해(연도)'와 같이 구획된 시간적 사이클(cycle) 즉 하나의 시간적 순환이 마무리됨과 동시에 다음의 주기(사이클)로 '**바뀌**'는 시점과 관련된 말(말뜻)이기에 의미론적으로도 ①과 ㉢의 추정에 무리가 없다 하겠다.

②줄의 일본어 <**마쯔리**(まつり)> 또한 이러한 점을 뒷받침해주고 있으니 [축제·제사]라는 것은 '수메르'의 신년축제에서 보듯이 한 해가 가고 다시 또 한 해가 시작되는 절기(節期)를 성대하게 기념하는 일에서 비롯된 것으로 추정할 수 있다는 것이고, 동서양을 막론하고 오늘날에도 여전히 새해 '**설날**'을 가장 큰 명절로 삼고 있다든지 중추절(추석)을 동양에서는 아주 큰 명절로 기념한다든지 하는 것도 모두 'anniversary'의 [(해마다의)**기념일·기념제**]라는 어의의 원천이 시간/절기의 변화, 바뀜, 주기(週期)에 있음을 보여주는 증거가 아닌가 한다.

②줄의 <**마쯔리**(まつり)>는, ①줄 [~ver-sar-y]의 원형인 "**바뀌어**"와 동일 계열어라고 할 수 있는 지난 제10장에서의 <**buy**>가 '팔다'의 <**매**(賣)>나 '사다'의 <**매**(買)>로 되었던 것과 동일한 음운 원리, 즉 p/b/v와 같은 순음이 비음(콧소리)으로 되는 현상을 적용할 경우 고려해볼 수 있는 어휘대응이다.

'anniversary'의 음운적/의미론적 연관을 이와 같이 추정해볼 수 있다는 점에서 이 단어의 제1음절 <**an-**>은 아래의 ④, ⑤와 같이 [**환**]이란 음절과 동계어일 가능성을 또한 짐작케 된다. 즉 태어난 날을 기준으로 60주년(週年)이라는 하나의 시간적 사이클(cycle)이 완성됨을 뜻하는 '**환갑**(회갑)'이라는 말에서의 바로 그 [**환**]으로서, **시간적 순환**(循環)을 가리키는 말들은 저녁 무렵이면 서쪽으로 사라졌다가 다음날 아침이면 어김없이 다시 떠오르는 태양(해)에 기초하고 있을 것이기에 이와 같은 의미변용 내지 의미 확장이 가능했을 것이다.

제1음절 <an->이 ④, ⑤의 '**환**'과 동계임은, ㉣줄에 적은바 <an->의 연구개음적 원형 ≪(k)an≫을 상정할 수 있고, 이로부터 k → h 변화 즉 연구개음의 기식음화를 또한 상정할 수 있음을 통해 드러난다.

㉣줄의 ≪(k)an≫은, 마치 태양의 '**일**(日)'을 써서 <**1일**(日)>이라는 시간단위를 만들어내었듯이, 태양의 뜻인 <**킨**(kin)>으로써 '**하루**(1일)'를 <**1킨**(kin)>이라 부르는 **마야어**와 일맥상통한다. 시간적 순환 또는 시간 단위를 나타내는 말들의 기초가 태양(해)이라는 점을 이 마야어 <**킨**(kin)>이 매우 잘 보여주고 있다 아니 할 수 없다.

아마도 부여(夫餘)에서 행한 '**영고**', 고구려(高句麗)의 '**동맹**', 동예(東濊)의 '**무천**'과 같은 집단적 제천(祭天) 의식들도 이와 같은 시간적 순환(cycle) 즉 절기(節期)의 변화를 바탕에 둔 의례임에 틀림없을 것이다.

두산백과사전에 따르면, 부여의 '**영고**'에 관한 기록은《삼국지(三國志)》위지(魏志) 부여조에 전하며, 추수를 마친 12월에 온 나라의 백성이 동네마다 한데 모여 하늘에 제사를 지냈는데, 의식 직전에 신을 맞이하는 '**맞이굿**[迎神祭]'을 벌였다고 하니 이때의 '**맞이**'가 바로 ③줄로 적은 바의 <**맞이**>이고 'anniversary'의 뒷부분 <~ver-sar-y>인 것이다!

> anniversary '주년·주기'
> = [~ver-(k)ar-y] (해가/ 年이 -) ~ **바뀌어**
> └, ≪(m)er-(zh)ar-y≫ 일본 <**마쯔리**(まつり)>: 축제·제사 ②
> 미지이, 무지이 <**맞이**~해>: 해맞이·달맞이 따위 ③

뒷부분 <~ver-sar-y>를 온전히 연구개음(k)으로 모두 환원하면 아래의 ㉢과 같이 되며, 이로써 ⑥, ⑦의 어휘대응을 생각해보게 된다.

anni ~ ver-sar-y '주년·주기'

= [~ver-(k)ar-y] (해가/ 年이 –) ~ **바뀌어**

↖≪ver-(k)ar-(k)≫ 바꾸기(바꾸다) ㉤

└, ≪ver-(w)ar-(k)≫ **복**(復) '회귀' / **back** '회귀' ⑥

└, ≪(m)er-(k)ar-(zh)≫ **모꼬지** (잔치, 여러 사람이 모이는 회합) ⑦

⑦의 '**모꼬지**'는 "**밤도 모든 목거지에 다니노라 피곤하여 돌아가려는도다**"라는 이상화 시인의 유명한 「나의 침실로」에 나오는 어휘다. 이때의 "목거지"는 다른 말로 "모꼬지"다, 그게 아니다, 라는 논란으로 많이 알려진 어휘이다.

16세기 문헌에 나오는 고어형 [몯ㄱ지]의 형태분석을 가지고도 논란이 있는 어휘로, 이에 관해 설명하자면 길어지기에 간단히 필자의 음운관에 따라 정리하면 ②줄에 적은 현대 일본어 〈마쯔리(まつり)〉 및 anniversary의 뒷부분 〈~ver-sar-y〉와 기원적으로 동일한 단어로 추정함이 타당하다.

고어형 [몯ㄱ지]의 제1음절 '몯'은 그에 이어지는 제2음절 [ㄱ] 즉 연구개음 /k/를 조음하는 과정에 불가피하게 수반되는 성문 폐쇄로서의 /t/ 종성표기가 나타난 것으로 이해하면 된다.

전부 개음절 결합으로 이루어진 〈모-꼬-지〉도 경우에 따라 제1음절 종성 폐쇄가 일어나 〈목-꼬-지〉 또는 그 표기법의 이형태인 〈못-꼬-지〉로 될 수 있는데, 이러한 음운현상은 이른바 '**자음접변**' 혹은 '**비본원적 성문 폐쇄 현상**'으로 설명할 수 있다.

연구개음(k)으로 모두 환원한 ㉤줄 〈***ver-(k)ar-(k)**〉에 의한 변화형태 ⑥줄의 〈***ver-(w)ar-(k)**〉으로부터 '**태양**'의 뜻임이 분명한 아래의 ⑧ [**복**]등을 추정할 수도 있으므로, {(해마다의)**기념일**, **주기**, **주년**} 혹은 {**축제**, **제사**}라는 것이 원초적으로 '**태양**'을 기초로 형성된 것임을 추정할 수도 있다.

anni<u>versar</u>y '주년·주기'

= [~ ver-**(k)ar**–y] (해가/ 年이 –) ~ 바뀌어

↖≪ver-(k)ar-(k)≫ **바꾸기**(바꾸다) ㉤

└, ⑥≪ver-(w)ar-(k)≫ **복·북·벽**[[방언]새-복, 새-북 = 새-벽) ⑧

⑧줄의 〈**복**〉/〈**북**〉/〈**벽**〉은 **새벽** 즉 **새로운**(새로 뜨는) "**복/북/벽**"으로서 본디 {**태양**}을

가리키는 말이었을 것이다! "복(復)"도 매일 띠오르는 '태양'에서 비롯된 말이다!

　지금까지 살펴본 **anniversary**의 [기념일, 주기, 주년]이라는 것이 하나의 시간적 순환이 마무리됨과 동시에 다음의 주기(사이클)로 **'바뀌'**는 시점에 관한 어휘인 점에서 이 '바꾸다(바꾸다)'와 동일한 뜻을 가진 〈**갈다**〉라는 어휘 역시 태양/달과 같은 천체(天體) 관련 어휘가 아닐까, 하는 호기심을 자아낸다.

　이러한 의미적 연관성에 대해서는 제108장에서 다루어보기로 하고, 오늘은 연구개음(g·k) 재구성으로써 이 한국어 〈**갈다**〉와 기원적으로 동일한 어휘임을 알 수 있는 유라시아 어휘들을 소개하는데 그친다. 영어 〈**alter**〉가 대표적인 단어다.

alter 바꾸다·바뀌다 ← ≪(k)al-ter≫ (연탄불을)**갈다** : **갈대**(-같은 마음) ㅂ

연탄

　자립적 모음 앞에 연구개음(**g·k**)을 재구성할 수 있다는 음운이론에 대해 독자분들께서도 이제 어느 정도 익숙해지셨으리라 믿어진다. 이 음운이론에 의할 때 교체의 뜻인 'alter'는 ㅂ줄에 적은 바의 한국어 〈**갈다**〉와 본디 동일한 것이다.

　이 "갈다"에서의 〈갈아-〉는 다음에 보인 수메르어에서도 확인이 되고 있고, 이 수메르어를 기초로 추정하면 [바꾸다]의 의미인 〈**교(交)**〉/〈**체(替)**〉/〈**개(改)**〉라는 어휘들도 이와 기원적으로 동일한 것들이다.

kúr (수) 바꾸다·교환하다·갈다, 낯설다·다르다 =[**교**(交) '교체·교환' / **개**(改) '바꾸다']
=[**갈아-**]'교체해' //↘≪(ch)úr≫ **체**(替) '교체' ://↘ ≪(sh)úr≫ **새로~** ㅅ
(낯아-)**설** / 고어[서오]: 생소

　"나무들이 단풍으로 옷을 **갈아**입다"라는 표현에서의 〈**갈아**〉도 이들과 같은 어휘다!

단풍나무

　"쟁기로 논밭을 **갈다!**"라는 표현에서의 〈**갈다**〉는 "연탄불을 **갈다**"라고 할 때의 위의 ㈅ 줄 〈**갈다**〉와 어형적으로 완전히 일치하며, 그 의미기층 역시 추론적 접근을 해보면 ㈅줄 'alter'의 〈**갈다**〉 관련어들과 마찬가지로 태양/달의 시간적 주기 혹은 순환과 맞닿아 있다고 짐작된다.

　의미론적 접근은 나중으로 미루고, 한국어 〈**갈다**〉가 ㈅줄의 영어 〈alter〉뿐 아니라 다른 여타의 유라시아 어휘들과도 기원적으로 동일한 것임을 보도록 하자.

---

⑨ **gàr- dar** (수메르) 토지를 **개간하다** = 【**갈다 / 캐다**】

⑩ **uru**4 (수메르) **갈아 일구다**, 홈을 파다.

　　↖≪(k)ur-u4≫ **갈아** ; **가래**(농기구)　　↖≪ur-(g)u4≫ (밭을)**일궈**

　　↳ ≪(zh)ur -u4≫ (밭을)**쪼아** //↘≪(sh)ur-u4≫ **사래**(밭골·이랑)

⑪ **al-a** (수메르) 괭이로 파다(갈다) ← ≪(g)al-a≫ **갈아**(경작해)

　　　　　　　↖≪(g)al-(g)a≫ **긁어**

　　　　↖≪al-(g)a≫ (밭을·흙을)**일궈** '일구다'

---

　⑩줄 〈uru4〉의 어두 및 어말 모음 /u/에다 연구개음을 재구성할 경우 나타나는 몇 가지 한국어 어휘대응들, 그리고 ⑪줄 〈al-a〉의 어두 및 어말 모음 /a/에다 연구개음을 재구성함으로써 확인되는 한국어 어휘대응들은 ⑨줄에 적은 **동일한 수메르어** 〈**gàr-dar**〉의 어두에 연구개음(g·k)이 존재하고 있는 점으로부터 그 음운 재구성의 증빙을 얻을 수 있다 하겠다!

논밭을 갈아 일구는 쟁기

"쟁기로 논밭을 **갈다!**"라는 표현에서의 〈**갈다**〉는, 위 글상자에서의 ⑩, ⑪줄에 적용한 음운적 방법론 즉 자립적 모음 앞에 연구개음(**g·k**)을 재구성할 수 있다는 음운 이론을 적용하면 러시아어를 비롯한 광범위한 국적(國籍) 언어들과의 기원적 동일성을 갖고 있다.

아마도 이는 신석기 시대의 농업혁명에 수반하여 언어간의 이동이 활발했다고 보는 언어학계의 정설, 곧 농법에서 우세한 지역어(국적어)가 그 농업기술의 전파를 따라 이동했다는 내용과 무관치 않을 것이다.

이러한 점과 관련해 생각해볼 수 있는 것이 충북 청원군 옥산면 소로리에서 발굴된 일명 **'소로리 볍씨'**다. 이 소로리 볍씨는 방사선탄소연대측정법으로 확인한 결과 지금으로부터 1만 7천 년 전인 구석기 시대의 것으로, 지금까지 발견된 것 중 가장 오래된 재배볍씨로 판명되었고, 반재배단계와 초기농경단계 사이의 순화가 진행되고 있던 벼로 공인되고 있다.

이로써 보면 한반도에서의 농경(農耕)의 역사가 타지역에 비해 매우 이른 시기에 시작되었을 가능성이 높고, 〈**갈다**〉와 같은 어휘적 연원 또한 그에 비례하는 만큼의 한반도 자생어로서 그 역사적 뿌리가 매우 깊다는 점을 추정할 수 있지 않겠나 싶다.

arar (포르투갈) 밭갈이하다·밭고랑을 일으키다·이랑을 만들다

　　↖≪ar-(g)ar≫ **일구어**~ ↖≪(g)ar-ar≫ **갈아**

orat (러시아) 일구다·경작하다 ← ≪(g)or-(g)a-t≫ **긁**(으)**다**, **갉**(으)**다** "긁다·갉다"

　　　　　　　　　　　↖≪or-(g)a-t≫ **일구다**

kīru (드라비다) 긁다·긋다 = **갈아**

　↖≪kīr-(g)u≫ **긁어**, **갉아**　　　/→ ≪(h)īr-(g)u≫ **할퀴어**

106

다리미로 ‘**다리**’다 / **때리다** / **닳다** / 불 ~ **달구다**

앞장에서는 한국어 ‘**바꾸다**’와 기원적으로 동일한 영어 단어들을 살펴보았었다.

---

buy ‘구입하다, (물건을) **사다**’

      = [bu-y] **배**(賠), 보(報) ← ≪bu-(k)≫ **바꿔**(물물교환)

vary ‘변하다, 바뀌다’ = [var-y] ← ≪var-(k)≫ **바꿔**, **바꾸**(-다)

purchase ‘사다, (노력·희생을 치르고) 획득하다’

      = [pur-cha-se] (노력·희생·금품을)**바쳐서**

이 글 상자 안에서의 기본 어휘형태 〈**바꾸**〉/〈**바꿔**〉는 {주년(週年), 주기(週期)} 등의 뜻을 가진 영어 단어 〈anniversary〉에도 포함되어 있음을 확인한 바 있다.

> **anniversary** ‘주년·주기’
>
>   ↖≪an-(n)- i + **ver-(k)ar- y**≫ = 연이[年이]~ + 바뀌어
>
>   ↖≪~ ver-(k)ar-(k)≫ **바꾸기** ‘바꾸다’
>
>   └, ≪~ver-(w)ar-(k)≫ **복**(復)/**back** /(새)**벽**·(새)**북**·**복**

이 anniversary의 {**주년**(週年), **주기**(週期)}라는 어의는 ‘해(연도)’와 같이 구획된 시간적 사이클(cycle) 즉 하나의 시간적 순환(循環)이 마무리됨과 동시에 다음의 주기(사이클)로 ‘**바꿔**’는 시점을 뜻하는 것으로, 이러한 시간적 순환을 가리키는 말들은 저녁 무렵이면 서쪽으로 사라졌다가 다음날 아침이면 어김없이 다시 떠오르는 ‘**태양**(해)’에 기초하고 있을 것으로 제105장에서 추정한 바 있다.

그러한 추정은 지금까지 살펴본 〈buy〉/〈vary〉 등의 단어 및 그 한국어 대응 〈**바꾸**(-다)〉/〈**바꿔**(-다)〉라는 말의 어휘 생성론적 근원이 ‘**태양**(해)’에 있다는 것으로 된다.

이러한 논리는 필자가 대략 수 만 단어에 이르는 각종 다기한 어휘들의 의미적 배경이나 그 의미적 연결고리에 관해 추론한 것에 바탕을 두고 있으므로, 앞으로 글을 전개해 나가면서 이에 관해 좀 더 자세히 풀어 설명해볼 생각이다.

---
alter 바꾸다·바뀌다　　←　≪(g)al-ter≫ (연탄불을) **갈다**

'바뀌다(바꾸다)'와 동일한 의미맥락인 〈**갈다**〉라는 어휘 또한 태양/달과 같은 천체(天體) 관련 어휘일 가능성이 크다고 한 제105장에서의 언급 역시 그러한 관점의 반영으로, 오늘은 이처럼 '태양'과 같은 하나의 어휘[의미] 근원으로부터 각종 다기(多岐)한 어휘[의미]들이 물결처럼 퍼져나간 **어휘들의 의미적 확산**의 사례 하나를 살펴보기로 한다.

그것은 "**다리미로 옷을 다리다!**(대리다 '**방**')"라고 할 때의 한국어 〈**다려-**〉 혹은 그 방언형 〈**대려·'방'**〉 및 이와 기원적 동일성 관계에 있는 라틴어 〈tero〉이다.

　　tero (라) **문지르다**, 비비다, 마찰시키다, **닳게 하다**, **마모**시키다.
　　　　　부수다, 타작하다, 분쇄하다.
　　　　= [ter-o] (뜨겁게 달군 다리미로 문질러) **다려** / **대려**(다려) '**방**' ㉮
　　　　　때려(-부수어) : **타**(打) / **태**(笞) '**때리다**' ㉯
　　　　※ tribology 마찰학·마찰 공학. : "-ology" 학문(연구) 따위.

라틴어 〈tero〉는 [문지르다, 마찰시키다]라는 그 뜻에 비추어 ㉮줄의 한국어와 대응하는 어휘로 추정할 수 있다. '다림질'이라는 것이 옷감을 마구 **문질러**[마찰시켜] 주름을 펴는 동작임을 생각하면 될 것이다.

재래식 숯불 다리미

{부수다, 타작하다]라는 뜻으로는 ⑭줄에 적은 어휘들과의 기원적 동일성을 생각해볼 수 있다. 물론 〈**타**(打)〉/〈**태**(笞)〉는 tero에서의 전동성 'r'이 약화된 갈래의 어휘이고 한국어 〈**때려**〉는 전동성 'r'이 자음 /r/로 발달한 경우다!

〈tero〉의 한국어와의 관련성은 여기에 그치지 않고, 필자가 주장하는 음운 재구성이론의 핵심인 《**연구개음(g·k) 재구성**》의 원리를 적용하면 아래에 적은 ⑭⑭⑭⑭ 등과도 부정하기 어려운 관련성을 가지게 된다.

> tero ⑭ **문지르다**, 비비다, 마찰시키다, **닳게 하다**, **마모시키다**.
> **부수다**, 타작하다, **분쇄하다**.
> ↖≪ter-(k)o≫ **달쿠**(-다) '닳게 하다' 『방언』 : **탁**(琢) '옥 다듬을' ⑭

> tero ⑭ **문지르다**, 비비다, 마찰시키다, **닳게 하다**, **부수다**, 타작하다, **분쇄하다**.
> ↖≪ter-(k)o≫ **따개**(부수어 쪼개) ⑭
> └, ≪ter-(h)o≫ (톨ㅎ)**닳아~** ⑭ ※ 기식음화
> └, ≪(zh)er-(h)o≫ **찧어** '찧다·부수다' ⑭
> ≪(zh)er- o≫ **쪼아**

⑭줄의 방언형 '**달쿠다**'는, 어린 시절 얼음을 지칠 때 쓰는 지팡이(폴대) 밑창에 박아 넣기 위해 쇠못 따위를 바윗돌이나 단단한 시멘트 바닥에 마구 문지르고 비비던 일을 떠올리게 한다.

라틴어 〈tero〉의 재구성을 통해 살펴보면 〈**탁**(琢)〉이나 〈**따개**〉라는 말도 이와 기원적으로 같은 것이다!

이처럼 물건을 문지르고 비비는 **마찰**(摩擦) 관련 어휘들은 필자가 보기에 원시 적의 우리네 조상들이 나무를 마구 '**비벼**' 거기서 나오는 열로 '**불**'을 지피던 동작에서 시작되었을 것으로 생각된다.

일종의 시급성 내지 경제성의 원리라고나 할까, 생존이나 생활에 당장 시급한 일부터 최우선적으로 하게 마련이고 바로 거기서 그와 관련된 어휘가 만들어져 차츰차츰 각종 다기한 어휘들로 확산되었을 가능성이 크기 때문이다. 다시 말해 {문지르다, 비비다, 마찰시키다}라는 행위어는 깜깜한 어둠 속에서 사람을 노리는 맹수를 쫓는다든가 사냥감을 익혀 먹기 위해 '불'을 피우는 동작, 즉 나무를 맞대어 마구 '**비벼**'대던 행위에서부터 출발했을

개연성이 매우 높아 보인다는 얘기다.

　그런 관점에서 보면 라틴어 〈tero〉 및 그 한국어 대응들은 아래의 **'불'** 관련어와 밀접한 연관이 있을 것이 분명하다!

> tero (라) 문지르다, 비비다, 마찰시키다, **닳게 하다**, 마모시키다. 부수다, 타작하다.
>   ↖≪ter-(k)o≫ (불을) **달궈** // **달쿠어**(닳게 해) **'방'** ㉠

> tero (라) **문지르다**, 비비다, 마찰시키다, **닳게 하다**, 마모시키다. 부수다, 타작하다.
>   = [ter-o] 고어 [**디르다**]: (불)지르다 「나무를 문질러(마찰) 불을 일으킴」 ㉐
>   (불을)**때어~** : (불)**태워~** : (방을)**데워~** ㉒
>   └, ≪(zh)er-o≫ (불을)**질러**, **지르**(-다)

　나무 조각을 문질러 생산할 수 있었던 '불'은 따지고 보면 위에서 살펴본 '다림질'로서의 **〈다려〉/〈대려**('방언')〉와 의미적으로도 무관치가 않다.
　전기다리미가 나오기 전에는 벌겋게 단 숯불을 쇠-그릇(옛날 다리미)에 담아 광목 천 따위를 다렸었는데, 주름을 펴는 데는 어느 정도의 '열(불)'이 필수불가결한 점에서 그러하다.

　결국 이번 제106장에서 말하고 싶은 것은 **불**'을 피우던 그 마찰의 동작에서부터 옷감을 다리는 일 따위로 의미가 확장되었다는 것, 그리고 그러한 과정을 통해 우리가 사용하는 말들이 점점 양적으로 확대 생산되어나갔다는 점이다.

107

넌지시: 고어 [넌즈시]: 넌지시
엉터리, 괜스레~, 운수(運數), 운세(運勢).

제27장에서 살펴본 한국어 〈아침〉과 마찬가지로, 오늘날 우리가 쓰고 있는 '**한국어**'가 까마득한 고댓적의 <u>유라시아공동조어</u>로부터 이어져 내려온 언어임을 보여주는 어휘 사례를 두 개 소개한다.

물론, 지금 소개하는 이 두 어휘만 그러한 어휘적 증거가 되는 것이 아니라, 연구개음(k)을 재구성해 살펴본 이 책에서의 700여 단어를 포함해 책에 수록한 각종 다기한 1,400여 단어들의 대부분이 바로 그러한 증거가 됨은 두말할 필요가 없으리라!

> **non** (라틴) ~이 아니다 (= not).
> **non-** (접두사) '무, 비(非), 불(不)'의 뜻.
> **gesture** [<u>dʒés</u>-tʃər, 제스처] = 동작·몸<u>짓</u>·손<u>짓</u>, 얼굴의 표정

> **〈넌지시〉**: 드러나지 않게 가만히. ~를 안할 것처럼 하면서 하는 것.
> └ **넌** (non, 不) + **지시·즈시** (ges~, '짓') ⇒ 〈**넌지시**〉/ [**넌즈시**] ①

{드러나지 않게 가만히}라는 뜻을 가진 한국어 〈**넌지시**〉 및 그 중세어 [**넌즈시**]는 ①줄에 적은 바와 같이, {~하지 않다, 아니다}의 뜻인 〈**non**〉에다 폐음절 형태인 〈**짓**〉의 본래형으로서의 개음절 형태라고 생각되는 〈**지시**〉〈**즈시**〉가 결합하여 만들어진 것으로 추정된다.

개음절 형태로서의 〈지시, 즈시〉는 "**짓**"과 의미적으로 동일한 '**gesture**'의 앞 두 음절 [dʒes-]일 것으로 여겨진다.

{드러나지 않게 가만히}라는 뜻으로의 〈**넌지시**〉가 쓰인 용례로 아래와 같은 것을 들 수 있겠다.

"**넌지시** 곁으로 다가갔다." = "눈치 채지 않도록 **조심스레** 곁으로 다가갔다."
"**넌지시** 말을 꺼냈다." = "기분 상하지 않게 **조심스레** 말을 꺼냈다."

true [트루-] 정확한, 틀림없는, 진짜의, 정말의, 가짜가 아닌.
un- [접두사]: 형용사, 동사, 명사 등에 붙여 '**부정**(否定)'의 뜻을 만듦.
untrue [언트루-] 거짓의, 진실이 아닌, 불실한, 불성실한
　　└, [ʌn - tr - ú] = **엉터리**(거짓·부정확) ②

　부정(否定) 어사 〈un-〉과 결합한 현대영어 〈untrue〉는 ②줄에 나타낸 것처럼 한국어 〈**엉터리**〉와 본디 같은 말일 것으로 생각된다. 음운적으로는 폐음절 말음에서 /ŋ, n, m/ 이 혼용되는 사례가 더러 존재한다는 점을 참고할 수 있는데, 필자가 알기로는 일본어에서의 [ん]이 대표적인 예다.
　필자의 관찰에 의하면, 영어사에 존재하는 /n-k/ 연속에 의한 '웅' 즉 [ŋ]의 발생이라는 현상이 방언형을 포함한 한국어에서도 동일하게 실현되고 있는바, 이처럼 규칙성을 보이는 음운에서의 동일성을 고려하면 〈untrue〉와 연결 지을 수 있는 〈**엉터리**〉에서의 [엉]은 〈un-〉의 왜곡현상이거나, [언]보다는 [엉]이 발음에 용이하여 그리된 것인지도 모른다.

　이처럼 〈untrue〉/〈**엉터리**〉의 기원적 동일성을 추정하는 데는 이 책에 수록한 각종 다기한 1,400여 단어들의 동일성에 근거하고 있기도 하지만, 아래의 〈unsure〉를 통해 보는 바와 같이 부정(否定) 어사 〈un-〉과 결합한 걸로 확신이 드는 한국어들이 다수 존재하고 있기 때문이기도 하다.

sure [ʃuər, 슈어] 틀림없는, 확실한, 믿을 수 있는, 확신하고 있는.
unsure [ʌnʃúər, 언슈어] 확신이 없는, 불확실한; 불안정한.
　　↖*(g)un-sur-e 〈**괜시리**~'**방**'〉/〈**괜스레**~〉: 확신이 없으면서 괜히 ③
　　= [un - sur - e] **운수**(運數)**에**, **운세**(運勢)**에**. "운에 맡겨 불확실한"

　③은 부정(否定) 어사 〈un-〉에 연구개음(k)을 재구성하여 살펴본 것으로, 〈**괜스레**~〉는 〈unsure〉와 의미적으로 일치하는 점에서 그 어휘대응의 가능성이 적지 않을 것이다. 어휘 용례로 다음과 같은 것을 들 수 있다.

　"차표가 매진되었을지도 모르는데, **괜스레** 길을 나섰군!"

한국어가 유라시아공동조어로부터 갈라져 나온 언어라는 관점, 따라서 유럽어에 존재하는 부정(否定) 어사 〈un-〉이 한국어 어휘 형성에도 참여하였다는 추론에 따라 아래의 〈**건성**〉이란 말도 아울러 살펴볼 필요가 있지 않나 싶다.

④ 〈**건성**〉: 어떤 일을 대강 해치우는 태도. 불성실한 태도.
　↖*(g)un [부정어사 'un'] + **성**(成) '이루다·완성' ④

즉 {어떤 일을 대강 해치우는 태도}를 가리키는 말인 〈**건성**〉은, 바로 위의 〈**괜스레~**〉에서 드러난 부정어사 'un'의 연구개음적 원형 〈*(k)un〉과 '이루다·완성'의 〈**성**(成)〉이 결합하여 만들어진 말일 가능성이 있다는 것이다.

의미적으로 풀어보면 어떤 일이나 과업을 완전하게 해내지[완성하지] 않는 태도를 표현한 말이라고 하겠으며, 다음의 〈unseeing〉 또한 한국어 〈**건성**〉과 기원적으로 같은 말이라고 보겠다.

unseeing [ʌnsíːiŋ, 언시잉] 보려고 하지 않는; 보고 있지 않는.
　↖≪(g)un- seeing≫ '**건성**'건성 보다 (제대로 보지 않다)

④줄이 연구개음(k)을 재구성해 살펴본 것이라면, 이 연구개음이 탈락한 경우로서 {어떤 일을 대강 해치우는 태도}라는 동일한 뜻을 표현한 말이 존재하는지도 모른다. 필자의 생각으로는 아래 ⑤줄의 〈**엉성**〉이 바로 그런 경우의 어휘인 듯하다.

④ ***(g)un** [부정어사 'un'] + **성**(成) ⇒ 〈**건성**〉 "건성건성 하는 둥 마는 둥"
　└, 부정어사 'un' + **성**(成) ⇒ 〈'**엉성**'한-〉 ⑤

바로 위에서 추정해본 'unsure' 즉 ③줄의 〈**괜스레~**〉의 경우에도 이 ⑤줄의 연구개음 (k) 탈락이라는 관점을 적용해 살펴볼 수 있는지 모른다. ⑥줄의 〈**왠지**〉가 그것이다.

<u>unsure</u> [ʌnʃúər, 언슈어] 확신이 없는, 불확실한; 불안정한
　③ ↖*(k)un-sur-e 〈**괜시리~** '**방**'〉/〈**괜스레~**〉: 확신이 없으면서 괜히
　└, *[un-(zh)ur-e] 인스이 〈**왠지~**〉: 확신할 순 없지만 어쩐지 ⑥

〈**왠지**〉가 'unsure'의 {**불확실한**}이라는 의미를 담아 쓰인 어휘용례로 다음과 같은 것을 들 수 있을 것이다.

"**왠지**[어쩐지] 기차를 놓칠 것만 같다"
"**왠지**[어쩐지] 합격할 것 같은 느낌이다"

{**불확실한**}이라는 어의(語義)에 대해 가만히 생각해보면 "불확실해 **운**(運)에 맡길 수밖에 없다!"라는 보편적으로 많이 쓰는 어법이 연상되어진다.

그 점에서 〈unsure〉는 ③, ⑥과의 어휘적 친연성뿐만 아니라 다음의 ⑦과도 기원적 동일성을 유추해볼 수 있을 것이며, 같은 맥락에서 연구개음(k)을 재구성한 ③줄의 〈**괜시리**~'**방**'〉/〈**괜스레**~〉라는 말의 유래가 아래 ⑧줄에 적은 바의 점성술(占星術) 내지 천문을 계측하던 일, 즉 〈**건**(乾)~**수리**(數理)〉에 비롯하고 있음을 또한 추정해볼 수 있는지 모른다.

> unsure 확신이 없는, 불확실한; 불안정한.
> = [un- sur-e] **운수**(運數) / **운세**(運勢) ⑦
> ↖*(g)un-sur-e 〈**괜시리**~'**방**'〉/〈**괜스레**~〉
> ⑧ 〈**건**(乾) ~ **수리**(數理)〉: 하늘의 수학적 규칙, 운행 이치.
> ※ **건**(乾) : 하늘, 괘 이름, 임금.

108

'**마뜩**'치가 - 않다 / (일을-)**마치어, 마쳐**

바로 앞장에서는 {어떤 일을 대강 해치우는 태도}라는 뜻의 〈**건성**〉과 어떤 일의 완성도
가 떨어진다는 의미로 쓰는 〈**엉성**〉이란 말의 어휘 구성에 관해 추론해보았다.

> *(**g**)**un** [부정어사 '**un**'] + **성**(成) ⇒ 〈**건성**〉
> 부정어사 '**un**' + **성**(成) ⇒ 〈**엉성**'한-〉

이번 장에서는 이 두 어휘가 지닌 뜻과 일맥상통하는, 어떤 무엇을 해 놓은 결과물이 기대
에 미흡하거나 혹은 '완성도가 떨어진다는 의미로 쓰는 "**마뜩**치가 - 않다!"에서의 〈**마뜩**〉이
란 어휘가 영어 〈**mature**〉와 기원적 동일성을 지녔음을 살펴본다.

> ■ mature [머츄어, 머튜어] 성숙하다. **완성되다**. (어음 따위가)**만기가 되다**.
>   = 무츄어 〈**마치어**〉: 작업을 마치어, 수업을 마쳐
>   = [ma-tur-e] =《**마**(ま) '때' + **되어**-》"만기가 되다" ①
> ↖《**ma-tur-(g)e**》 무트기, 무특이 〈**마뜩**~〉 ※(용례)"**마뜩**치 - 않다!" ②

> ■ **mu** (수메르) = **year** '년, 연도, 연령, 시대' ※ 일본어 〈**마**(ま)〉 '겨를·동안'

현대영어 〈**mature**〉는 '성숙·완성'의 뜻을 지니므로 ②줄의 〈**마뜩**~〉과 의미적으로 상
통한다 하겠는데, "자립적(음절적) 모음 앞에는 연구개음을 재구성할 수 있다!"라는 이 책
의 기본 음운이론을 적용한 ②줄의 재구성을 통해 〈**마뜩**〉이란 어휘를 발견하게 된다.
 '**마뜩**'은 어떤 일이 잘 완성되었다는 뜻이고, 이 '마뜩'이 잘 안되고 미흡함에서 "마뜩치-
않다!"라는 부정적 평가 내지 탄식이 나오는 것이다.

 ①줄의 어휘 분석은 단어 뜻 {**만기가 되다**}와 직접 연결된다.

이때의 '시간·때'의 뜻을 가진 음절은 제1음절 〈ma-〉로, 이것은 책의 제27장에서 살펴본 〈아침〉이란 어휘구성에 참여한 {시기, 연도}의 수메르어 〈mu〉, 그리고 한국어 방언 "오랜 **마**-이다!"에서의 〈마〉, 그리고 ①줄에 적은 일본어 〈ま(마)〉 등과 기원적으로 동일한 것이 틀림없어 보인다.

arche (라틴) **'시작'** <u>ar</u> – <u>che</u> + ma(마) "시간" → ㅇ치ㅁ → (축약) <**아침**>

└→ (시작하는 때, 때의 시작)   고어 [아촘]

영어 'mature'의 제1음절 [ma]가 '시간·때'의 뜻을 가진 어휘임은 'mature'의 발음을 옮긴 아래 ③줄을 보더라도 입증이 되는 게 아닌가 싶다.

<u>mature</u> [mətjúə:r],[mətʃúr, 머츄어] **완성되다**. (어음 따위가)**만기가 되다**.

③   [머츄어-] 무 + 츄어 → 한국어 <(일을)**마치어**, **마쳐**>: 완성해

        [머튜어-] 무 + 튜어 → 《**마**(ま) '때' ~ **되어**》 "만기가 되어" ①

이러한 '시간·때'의 〈ma〉/〈mu〉 등은 라틴어에서도 나타나고 있는데, 특히 라틴어는 이들의 음운적 선대형으로 추정되는 〈per〉 형태로 발견된다는 점이 특기할 만하다.

'mature'에 부정어(否定語) 'im'이 결합된 〈immature〉 즉 {익지 않은}의 뜻을 가진 〈imperitus〉가 그 예로서 이를 간단히 보이면 아래와 같다.

(라틴) '익지 않은' im-<u>per</u>- (i-tus) → (영어) '익지 않은' im-<u>ma</u>- (tur-e)

※ 순음 /P/의 콧소리 되기(비음화)

위에서 소개한 {연도, 연령, 시대}의 수메르어 〈mu〉를 포괄적인 **'시간어휘'**로 보면 이와 결합한 것이 한국어 〈**여름**〉이란 어휘인지도 모른다.

※ **nyar** (헝가리) 여름 = **nyar** + <u>mu</u> '시간' ⇒ (음절축약) 고어 [**녀름**] '여름'

녀르ㅁ, 녀름ㅇ ⇒ 고어 [녀름] '夏'

109

갈다. 알다. 새-알. 철따라. 절대(絕對). 밝다.

지난 제105장에서는 한국어 〈**바꾸**(-다)〉/〈**바뀌**(-다)〉 및 그와 대응하는 아래 글 상자 안의 영어 단어들이, 하늘에 있는 '**태양**' 즉 아침이면 동쪽으로 떠올라 저녁이면 서쪽으로 지는 태양의 그러한 매일 되풀이 되는 반복과 순환(cycle)을 기초로 만들어진 것이라고 하였다.

그리고 이들과 의미적 등가관계인 {**바꾸다**(바뀌다)}라는 뜻의 〈**alter**〉/〈**갈다**〉라는 어휘역시 이 단어들과 마찬가지로 태양/달과 같은 천체의 순환(cycle)을 토대로 생성되었을 것이라고 했었다. 오늘은 〈**alter**〉를 이러한 관점에서 살펴보기로 한다.

'물건을 사오다' **buy** ← ≪bu −(g)≫ **바꿔**(바꾸어) "물물교환"

= [bu-y] **배**(賠) '배상' / **보**(報) '갚다'

└, ≪(m)u-y≫ **매**(買) '사다·매수': **매**(賣) '팔다·매도'

'변하다, 바뀌다' **vary** = [var-y] ← ≪var-(g)≫ **바꿔, 바꾸**(-다)

---

alter 바꾸다·바뀌다 ← ≪(g)al-ter≫ (연탄불을)**갈다 : 갈대**

※ 참고 : 몽고어 **gal** '불'

└, *(w)al <일(日)>, <월(月)>, <열(熱)>

〈**alter**〉의 어두에다 -본래 존재했었다가 탈락했다고 여겨지는- **연구개음**(g·k)을 다시 복원하면, 보다시피 현대영어 'alter'는 〈**갈다**〉라는 현대 한국어로 된다.

"연탄불을 **갈다**", "옷을 **갈아**-입다", "밀물썰물이 **갈**마들다"라고 할 때의 변화 혹은 교체의 뜻을 표현하는 바로 그 말이다.

"갈대와 같은 사람의 마음!"이라고 할 때의 〈갈대〉라는 말도 이러한 변화·교체의 뜻 즉 {변하다·바뀌다}의 뜻과 직결되는 점에서 〈alter〉의 대응어휘로 짐작해볼 수 있다. 다시 말해 '변화·변덕'의 의미로 쓰는 이때의 〈갈대〉는 본래 들이나 산에 자라는 식물로서의 '갈대'와는 무관한 것이었으나 사람들이 오랫동안 그처럼 무의식적으로 해석해버린 결과 그렇게 되어버린 것으로 추정된다는 것이다.

'**변화**' 혹은 '**교체**'라는 개념은 날마다 하늘로 뜨고 지고를 반복하는 태양의 변화 즉 해가 뜨고 짐으로써 알게 되는 **낮과 밤, 밤과 낮의 변화**로서의 천체현상, 그리고 **계절적 순환**으로서의 **봄·여름·가을·겨울**이라는 그러한 주기적 자연현상을 통해 체득되어졌을 가능성이 매우 높다고 생각된다. 그런 맥락에서 보면, {**변화·교체**}의 뜻으로서의 "**갈다**(바꾸다)"라고 할 때의 [**갈**] 혹은 어두의 연구개음 성질이 탈락한 [**알**(al)]이란 음형이 본래 가리키던 대상물(지시물)은 다름 아닌 '**태양**'이 될 것이다.

이를테면 명사어휘 [**신**(신발)]에 서술적 어사 '**다**'가 결합하여 동사어휘 〈신-다〉가 만들어진 것처럼, '**태양**'의 뜻인 [**갈**(알)]에 서술적 '**다**'가 결합한 것이 이번 편의 표제어인 〈**갈-다**〉/〈**al-ter**〉라는 것이다.

※ **갈** (gal), **알** (al) "태양" + -다, ter → 〈**갈-다**〉, 〈al -ter〉

    신 '신발'   + -다   → 〈**신-다**〉 "신발 신다"

    빗 '머리빗'   + -다   → 〈**빗-다**〉 "머리 빗다"

고대세계에서는 '태양'이 신(神)으로까지 숭배된 위대한 존재였다는 점을 고려하면 다음에 보인 신(神)/종교 관련의 명칭들 또한 〈alter〉의 'al-' 즉 "**갈다**"의 [**갈**]이 '**태양**'과 밀접한 것임을 뒷받침하는 자료가 될 수 있다. 참고로 적은 수메르어 〈**il**〉도 그 '**높다**'라는 의미적 연관에서 보아 하늘/태양을 어휘기초로 삼고 있다고 여겨지는 점에서 〈**alter**〉의 '**al-**' 및 아래의 (가), (나), (다) 등과 무관해보이지 않는다.

(가) 이슬람교의 유일신 '**알라**(Allah)' → 〈Al '알'〉

(나) 신정일치적(神政一致的) 권한의 이슬람 지도자 '칼리프(caliph)' → 〈cal '칼'〉

(다) 기독교 성경에서의 "엘리(主여!) 엘리(主여!) 라마 사박다니!" → 〈El '엘'〉

                                                  (주님 =하나님)

※ (수) **il** : to raise, lift '위로 들어 올리다' = 한국 〈**올**'라-〉/〈**일**'어나〉

   (수) **líl** : air '하늘·공중·공기'

태양

위의 두 번째 글상자에 적어놓은 몽고어 〈gal〉도 이런 점에서는 같은 맥락이다. 즉 '불' 또는 '열(熱)'이란 것은 원형적으로 태양에서 비롯된 개념일 가능성이 매우 높다는 점에서 {불}의 뜻인 몽고어 〈gal〉의 어휘적 기초는 '태양'으로 추정이 되고, 바로 그 점에서 〈alter〉의 'al-' 즉 "갈다"의 [갈]이 '태양'을 가리키는 말임을 이 몽고어 〈gal〉이 입증해주고 있다는 것이다.

> 몽고어 gal '불' = 〈alter〉의 'al –' 즉 〈(g)al '갈'〉 * [태양 어휘]
> ┗, 〈결(焆)〉'불빛' / 〈결(炔)〉 '불 피우다'
> ┗, * (w)al = 〈일(日)〉 '태양', 〈열(熱)〉, 〈월(月)〉 '달'

혼히 "붉은(빨간) 불빛"이라는 표현을 쓰듯이 '불'은 {붉다}라는 색상어와도 가깝다. 때문에, 몽고어 〈gal〉을 통해 보듯이 '불'은 '태양'과 매우 긴밀한 어휘연관을 지닌다는 점에서 이 '불'과 밀접한 색상적 요소로서의 {붉다} 역시 그 어휘적 기초가 '태양'일 것으로 추정할 수 있다.

다음에 소개한 {붉다}라는 뜻의 터키어 〈al〉을 그러한 맥락에서 '태양'관련어로 추정하고 보면, 이번 장의 표제어인 〈alter〉의 'al-'과 이 터키어 〈al〉이 어형적으로도 완전히 동일하여 〈alter〉의 'al-'이 '태양'을 가리키는 어휘라는 주장에 힘이 실린다고 보지 않을 수 없다.

> 터키어 〈al〉 '붉다·적(赤)' = 〈alter〉의 al – ← "태양"

'붉다'라는 색상 어휘의 기초가 '태양'일 것으로 추정함은 아래에 소개한 {태양}의 뜻을 가진 드라비다어 〈vera〉를 "모든 음절(자립)적 모음 앞에는 연구개음(k)을 재구성할 수 있다!"라는 이 책에서의 가장 기본적인 음운이론을 적용해 살펴보더라도 확인할 수 있다.

(ㄷ) vera '태양' ← * ver −(k)a 비r크, 바r크 '방' <빨가-타>, <뻘가-타> '붉다'

비r크, 바r크 <붉어~>/ <밝아~>

비크, 바키 <백(白)> '희다·날이 새다'

터키어 <al>은 그 어형과 그 뜻 **[붉다]**로서의 태양적 의미연관의 측면에서 흔히 태양신화의 문맥으로 받아들여지는 **난생신화**(卵生神話)에서의 그 <**'알'**>과 무관해보이지 않는다.

즉 김알지, 박혁거세왕, 김수로왕 등의 탄생설화에서 태양적 요소로 해석될 수 있는 금합(金盒), 흰닭, 자색-줄(끈)등과 함께 등장하는 그 <**'알'**>과 이 터키어 <al>은 본래 **'태양'**을 가리키는 하나의 동일한 말이었다고 여겨지고, 그러던 것이 오랜 세월에 의한 의미분화를 겪은 결과 하나는 새들이 낳는 <**'알'**>을 다른 하나는 색상어로서의 <al(붉음)>만을 표현하게 되었을 것으로 추정된다는 것이다.

다시 말해, 한국어 <**알**>과 터키어 <al>은 **'태양'**을 가리키던 어떤 하나의 원형적 어휘로부터 파생된 「**동일기원어**」일 확률이 높다는 것이다.

[**알**]: '태양'에서 비롯된 어휘

대체로 '**알**'이란 것은 둥근 **원형**(圓形)이라는 형태적 특징과 더불어 '**흰색**'으로서의 그것이 지닌 [밝다]라는 요소에 근거할 때 그 어휘적 기초가 '**태양**'에 있다고 생각할 수 있겠으며, 김수로왕 등의 신화적 존재들이 모두 하늘에서 내려온 존재인 점에서 그들이 지상으로 내려올 수 있었던 일종의 운반매체로서의 '**흰-알**' 혹은 '**금빛-알**'이란 것이 태양의 표징이 될 수 있기도 하므로, [붉다]로서 역시 태양 관련어임에 분명한 터키어 <al>과 난생신화에서의 그 <**'알'**>이 기원적으로 동일한 어휘일 가능성이 높다 하겠다.

지금까지 소개한 각 단어들의 공통적 어휘기초가 '태양'이란 점을 염두에 두면서 이들을 한 자리에 모아보고, 어두자음 /g·k/의 변화형을 고려한 태양 어휘들을 몇 개 더 살펴보도록 하겠다.

몽고 **gal** [kal] '불' = "갈다"의 <**갈**>/ 이슬람 '칼리프(caliph)'의 <**cal**>/ **결**(烟)'불빛'

└, * (w)al <일(日)>, <열(熱)>, <월(月)> ← 『연구개음 탈락현상』

└, 터키 <al> '붉다' / 알 '난생신화' / 유태교 <El (하나님)> ,└ ↙

alter의 <al-> / '알라(Allah)'신의 <Al> / 수메르 <íl> '위로 들어 올림'

㉮ └, * (sh)al = 라틴 sol '태양' / 설(契) '은나라 시조' / 설 '설 명절'

마지막 ㉮줄은 'gal' 즉 [kal]에서 발생할 수 있는 음변화형을 고려한 것으로, 이러한 보편적 음운이론을 적용해봄으로써 {태양}을 뜻하는 라틴어 <sol>과의 관계를 밝힐 수 있음이 자못 흥미롭다 하지 않을 수 없다.

이러한 점을 보더라도 지금까지 살펴본 바의 {불}을 뜻하는 몽고어 <gal>이나 {붉다}의 터키어 <al> 그리고 {변화·교체}로서의 <alter>/<갈다>와 같은 말들이 모두 '태양'에서 비롯된 것임을 추정해볼 수 있지 않겠나 싶다.

"설을 맞다(세다·지내다)"라고 할 때의 <설>도 "새로운 해를 맞이하다"로서의 '태양' 어휘임을 눈여겨보아야겠다.

해(year)와 같은 큰 주기의 시간 단위도 처음에는 낮-밤-낮으로 되풀이되는 하루하루의 반복/변화 즉 '태양'의 뜨고 짐에서 비롯되었던 것이고, 그 점에서 한 해(year)의 변화를 나타내는 한국어 <설>은 {태양}의 뜻인 라틴어 <sol>과 동일기원어일 가능성이 커 보이는 것이다!

<설(契)>은 하(夏)나라를 멸하고 등장한 은(商)나라 탕(湯)임금의 선조로서 제곡(帝嚳)의 아들이다. 설(契)의 어머니 간적(簡狄)은 현조(검은 새)가 알을 떨어뜨리는 것을 보고 이를 삼킨 후 설을 낳았다 하는데, 이는 신라의 박혁거세왕이나 석탈해왕 이야기 그리고 가야국 김수로왕의 탄생신화와 마찬가지로 '알'이 등장하는 태양 숭배적 관념을 표현한 이야기라 하겠으니, 이때의 [설]이란 이름 또한 {태양}의 라틴어 <sol>과 무관치 않을 것으로 생각된다.

삼국사기 및 삼국유사에 등장하는 초기 신라의 '김알지(金閼智)'라는 이름에 [알]이란 음절이 포함된 점, 그리고 나중에 집중적으로 살펴볼 'arch'라는 단어가 태양신화적 문맥의 <알지(閼智)>와 상통하면서 어휘론적으로도 '태양'계열의 어휘로 규명되어지는 점 등도 'alter'의 [al-] 즉 '갈다'의 [갈]이 '태양'을 가리키는 말임을 살펴보는 이번 장의 주제를 뒷받침해주는 자료가 된다.

탈해왕 4년, 호공(瓠公)이 밤길을 걷던 중 시림(始林)에서 닭 우는 소리가 들려 가 보니 밝은 빛이 비치고 있는 가운데 황금궤가 나무에 걸려 있고, 흰 닭이 그 밑에서 울고 있었다. 왕에게 아뢰자, 왕이 숲에 가서 궤를 열어보았는데 그 안에서 한 사내아이가 일어났다. 마치 혁거세의 고사와 같다고 하여 이를 따라 아이의 이름을 알지(閼智)라 하고, 금궤에서 나왔다 하여 성을 김(金)씨라 하였다. (~) 신라의 김씨는 알지로부터 시작되었다.　　　　　-<삼국유사>에서.

옛날 진한(辰韓) 땅 여섯 마을의 우두머리들이 왕을 세우는 문제로 알천상류에 모여 의논을 하고 있던 중, 멀리 양산 기슭의 나정(蘿井) 우물가에 번개와 같은 이상한 빛이 드리워진 가운데 흰 말이 엎드려 절하고 있는 것을 보았다. 그곳에 가보았더니 큰 **자줏빛 알**이 있었고 말은 사람들을 보더니 길게 소리쳐 울고는 하늘로 올라가 버렸다.

　알을 가르자 안에서 사내아이가 한명 나왔는데 생김새가 단정하고 매우 아름다웠다. 아이를 동천에 데리고 가 씻기자 몸에서 광채가 나고, 하늘과 땅이 흔들리며 해와 달빛이 더욱 밝아졌다. 이로 말미암아 **혁거세왕**이라 이름 짓고 위호는 거슬한(居瑟邯) 혹은 거서간(居西干)이라고 하였다. 알이 박과 같으므로 그 성을 박씨로 삼았다.　　　　　-<삼국유사>에서.

이처럼 'alter'의 재구형 <*(k)al-ter>에서의 어두자음 /k/의 변화형을 고려해 살펴보면 이번 장의 표제어 <alter>/<**갈다**>는 다음의 ㉯, ㉰와도 연관될 수 있지 않을까 한다.

　　　alter (모양·성질 등을) 바꾸다·변경하다, (집을)개조하다, (옷을)고쳐 짓다.
　　　　↖재구성 * (k)al－ter = <**갈다**> / <갈대> "갈대와 같은 마음" ㉪
　　　　　　└, * (ch)al－ter <**철따라**~> ㉯
　　　　　　└, * (zh)al－ter <**절대**(絶對)> ㉰

서두에서 본 대로 '**변화·교체**'라는 개념이 '**태양**'에 의한 낮과 밤, 밤과 낮의 변화 혹은 봄·여름·가을·겨울로의 주기적 변화를 보이는 자연현상을 통해 체득되어졌을 가능성이 매우 높다는 점에서 'alter'는 재구(再構) 원형 <*(k)alter>에서의 음변화를 상정한 ㉯의 <**철**

따라~>와도 어휘 대응이 가능해 보인다.

단어 뜻 {(집을)**개조하다**, (옷을)**고쳐 짓다**}라는 것은 봄에서 여름으로, 여름에서 겨울로 '**철**(계절)'이 바뀜에 따라 필수적으로 해야 할 일들이 아니겠는가?

생각건대 ㉺의 <**절대**(絶對)>라는 말 또한 'alter'의 의미기초인 '**태양**'을 표현한데서 유래한 것으로 보인다. 즉 아침이면 반드시(틀림없이) 떠오르고 저녁이면 어김없이 지는 태양, 혹은 반드시 동쪽으로만 해가 뜨고 서쪽으로는 해가 진다고 하는 그 방위(方位)에서의 '**불변성**'이 ㉺의 <**절대**(絶對)>라는 개념어로 발전하였으리라는 것이다.

무언가 **절대로** 일어나기가(변하기가) 어렵다는 의미로 "**해가 서쪽에서 뜨겠다!**"라는 표현을 즐겨 쓰는 점에 비추어보더라도, 태양에 수반되어져온 방위(方位)에 대한 인식 내지 방위의 기준 됨으로서의 '**태양**'이 가질 수 있는 '**절대성**'이라는 의미내용을 수긍할 수 있다 하겠다.

이처럼 언어라는 것은, 일종의 『**언어-핵**(씨앗)』이라 부를 수 있는 동일한 하나의 '**태양**'으로부터 'alter'의 {**변하다**}라는 의미요소 그리고 이와 의미적 상극(相剋) 관계인 불변성 곧 '**절대**(絶對)'라는 의미요소까지 아울러 산생해 나온 **빅뱅**(Big bang)의 역사를 거쳐 왔다고 필자는 믿고 있다.

영어 <come>이 {**오다**}/{**가다**}로서 서로 상반(相反)된 두 가지 뜻을 모두 포함하고 있는 것도 언어의 이러한 역사적 단면을 보여주는 현상이라 여겨진다. 원형적인 하나의 사물[언어씨앗]을 어느 관점에서 혹은 어느 방향에서 언어화(의미화) 하느냐에 따라 그 현대적 의미가 달라져왔다는 것이다.

위에서 언급한 {**붉다**}의 터키어 <al>과 난생신화에서의 <**알**>도 바로 이러한 과정으로 이해할 수 있을 것이다. 즉, 이 둘은 원시언어 당시까지만 하더라도 '**태양**'을 가리키는 하나의 말이었다가, 하나는 태양이 지닌 그 {**붉다**}라는 **색상적 관점**으로 진행하였고 다른 하나는 태양이 지닌 그 {둥글다}라는 형태적 관점을 중심으로 나아감으로써 오늘날은 그 의미가 서로 달라져버리게 되었던 것이다.

다시 말하면 터키어 <al>과 한국어 <**알**>, 이 둘은 언어의 **의미적 빅뱅**에 의한 산물로서 그 최초의 언어씨앗은 동쪽 하늘을 붉게 물들이며 떠오르는 둥근 태양인 것이다.

태양이 가진 그 {**둥글다**}라는 형태성을 표현한 <**알**> 즉 [al-]은 머루**알**/포도**알**/호두**알**/팥**알**/콩**알**… 등등의 말에 존재하는 바로 그 [**알**]이란 음절이다!

포도-알

다시 강조하지만 〈alter〉의 '**변화·교체**'의 뜻은 매일매일 다시 떠오르는 태양의 신생(新生)과 재생(再生)의 이미지에 그 의미론적 기초를 두고 있다. 그 점에서 alter의 대응 〈**갈다**〉에서의 [갈]은 아래의 ㉺줄에 적은 {새것}이라는 뜻으로 쓰는 〈(새'new'-) **깔깔이**〉라는 방언형에서의 [깔]이란 음절과도 무관치 않을 것이다. 매일매일 변하고 교체된다는 것은 매일매일 '새로워'진다는 것이기 때문이다.

alter (모양·성질 등을)바꾸다, 변경하다, (집을)개조하다, (옷을)고쳐 짓다
= al - ter = **알**(태양) + **떠**(떠올라) → "재생·신생" ②
↖* (k)al - ter = 〈'**갈**'다〉 "교체·개신" = 〈'**깔깔**'- 이〉 '새것' ㉺
└, 굴투 〈**gold**〉 '황금' (빛) ㉻

㉻줄의 〈**gold**〉는 태양의 또 다른 중요한 의미요소 가운데 하나인 '**빛**'(광채)'과 연결되는 어휘이다.

alter (모양·성질 등을)바꾸다, 변경하다, (집을)개조하다, (옷을)고쳐 짓다.
= al - ter = **알**(태양·계절) ~ **때** (시간·철) "시간·계절에 대한 인식" ③
알-두 〈**알다**〉 '지식·인식·자각' ㉼
↖재구성 * **(k)al - ter** = 〈갈다〉 → * (ch)al - ter 〈**철따라**~〉 ㉽

㉼줄의 〈**알다**〉라는 말은 고대세계에서 생존을 하기 위해 필수적으로 알아야 했던 '**시간 인식**' 즉 시절/절기(節期)에 대한 지식과 그 습득이란 측면에서 -㉽줄의 〈**철따라**〉와 마찬가지로- 〈alter〉의 어휘적 기초인 '**태양**'으로 연결될 수 있다.

가령 멀리 사냥을 나갔다가 어두워지기 전에 무사히 집으로 돌아가려면 해가 언제쯤 질 것인지를 가늠할 줄 '**알아**'야 한다든가, 혹은 언제쯤이면 잡기 쉬운 연어 떼가 강으로 올라오며 맛이 좋고 영양가가 풍부한 과일들은 어느 때에 많이 열리는지, 또는 얼음이 어는 때를 '알아'야 미리 소떼를 이동시킬 준비를 할 수 있다든가 등의 먹고사는 문제가 걸린 모든 활동들이 '때(철·절기)'를 잘 '**알아**'야 원활히 이루어진다는 점에 착안하면, 고대세계에서의 지식(知識) 즉 "**알다**"라는 것의 기초는 다른 무엇보다 이 '**때**'(철·절기)'와 관련이 있을 것으로 여겨진다는 것이다.

때/절기(節期)를 셈하는 '달력'의 뜻인 **calendar**에서의 〈**cal-**〉도 이러한 맥락에서 서두에 적은 'alter'의 연구개음적 원형 〈*(k)alter〉의 제1음절 〈*(k)al-〉과 마찬가지로 '태양' 관

런 어휘일 것으로 추정하게 된다.

앞에서 언급한 신정일치적(神政一致的) 권한의 이슬람 지도자 "**칼리프**(caliph)"라는 칭호에서의 ⟨cal-⟩도 그와 마찬가지다.

alter '바꾸다·변경하다' ← * (k)al - ter ⟨갈다⟩

calendar '달력, 역법(曆法)' = cal + en-dar ≪(h)en-dar **헨다**! '헤다'≫

(태양·날짜·계절) ~ (헨다, 헤아린다)

caliph (칼리프) '신정일치적 지도자' = cal + i + ph [보] '사람'

(태양·신) (사람의 '보'=울보·곰보·먹보·뚱보)

한편, 이 '알다'는 앞에서 살펴본 바의 ⟨**절대**(絶對)⟩라는 말에 녹아있는 방위(方位)로서의 태양적 의미요소일 수도 있다. 즉 '**어디로**' 가야지만 먹이가 있느냐, 혹은 '**어디로**' 가야만 먹이를 많이 캐고·따고·잡을 수 있는가 하는 문제로서의 **태양(일출)이 기준이 된 그 방위적 의미요소**에서 산생된 개념이 지식(知識) 즉 ⟨**알다**⟩일 수도 있겠다는 말이다.

이처럼 생존조건의 제1요소인 '**먹이**' 문제를 선순위에 놓고 보면 '**먹이·먹거리**'를 구하는 활동인 "**일하다**"에서의 ⟨**일**(노동)⟩이란 어휘 또한 alter의 ⟨al-⟩과 의미상 연결점이 없겠는지를 생각해보게도 된다.

이와 관련해서는 ⟨일(노동)⟩과 음이 같은 ⟨일(日)⟩이 alter의 ⟨al-⟩과 동일 기원어로 추정된다는 점을 참고할 수 있는지 모른다. 즉 alter의 ⟨al-⟩은, 앞에서 적었듯이 '**태양**' 관련어로서 [해·햇빛·날]의 ⟨일(日)⟩이란 말과 기원적으로 동일한 어휘일 가능성이 크기에, 바로 이 ⟨일(日)⟩과 동일한 음형이면서 앞서 언급한 바의 **머루알/포도알/호두알** 등의 '**먹이**'를 획득하는 행위를 뜻하는 ⟨**일**(노동)⟩이란 말과도 어휘 기원상 무관한 것으로 여겨지지 않는다는 것이다.

'**일**(日)'이 뜨면 '**일**'이나 '**일**(노동)'을 죽도록 해야만 먹고살 수 있는 원시적이었으니만치 그렇게 생각할 여지가 있지 않겠는가?

변화·교체의 ⟨alter⟩/⟨갈다⟩나 불변(不變)의 ⟨**절대**(絶對)⟩가 의미적으로 나누어지려던 그 시점, 그리고 '**때·절기**'와 '**방향**'적 개념이 의미적으로 나누어졌던 **언어 빅뱅**(Big bang)의 시대가 까마득히 먼 과거의 일인지라 어쩌면 우리는 이 '지식·자각·인식'으로서의 ⟨**알다**⟩라는 어휘의 정확한 생성배경에 관해 영원히 알 수 없는지도 모르지만, 이 ⟨**알다**⟩가 '**태양**'으로부터 비롯된 것임은 확신할 수가 있다!

'백번 듣는 것이 한번 눈으로 보느니만 못하다'라는 뜻의 "**백문**(百聞)이 **불여일견**(不如一見)"이란 말도 있지만, 사실 '**태양**'이 떠올라 어둠이 물러가는 빛/밝음의 아침이 되어야만 나의 가족이 내 곁에 있음을 '**알**'게 되며 내 소유의 물건들이 그대로 제자리에 있음을 비로소 '**인식**'하게 되는 것이 아니겠는가!

'태양' 곧 '빛'이 [**알다/자각/인식**]의 원천적 매개물이라 아니할 수 없음이고, 기독성경의 창세기 제1장3절 말씀에 "**하나님이 가라사대 빛이 있으라 하시매 빛이 있었고···**"라고 하여 첫째 날에 우선적으로 '빛'이 창조되었음을 밝힌 것도 빛이 존재의 원천적 매개물임과 동시에 인식/자각의 매개물이기도 하다는 점을 바탕에 깔고 있는 것이라 생각된다.

> <u>alter</u> (모양·성질 등을)바꾸다, 변경하다, (집을)개조하다, (옷을)고쳐 짓다.
> = al - ter = **알** (태양·계절) + **때** (시간·철) "시간·계절에 대한 인식"
> <**알다**> '지식·인식·자각'
> ↖재구성 *<u>(k)</u>al - ter = <**갈다**> '변화, 교체, 반복'

110

거울, 고어 [거우루], [거우로] '거울' / 고어 [그우다], [그울다], [구울다] '구르다'

- 고대영어 <u>gear</u> → (현대영어) **year** '해(1월 1일-12월 31일)·역년(曆年)·시대·연령'
    * 어휘 대응 = **기**(期) '때' / **계**(季) '계절' / **께** (어저-께 그저-께) '때' ①
        ↓ (잠-)**깨**, (날이-)**개어** / **괴**(烠) '햇빛' ㉮
        └ (h)ear [히] '해' / **해** (태양·한해 두해) / **hour** '시각' ②
            휘(暉) '빛·광채' / **호**(晧) '밝음·빛남·해 뜨는 모양·햇빛 나는 모양' ㉯

- 고대영어 gear = **규**(規) '원을 그리는 제구(祭具)' / **구**(球) '둥근 물체'
    ↑   ㅈ ㅣ ㅇ r, ㄱ ㅇ r, ㄱ r, ㄱ r <**구르**-다> *<u>전동성(r) 실현</u> ③
    ↖ *<u>음위전환</u>(音位轉換) : **gr - ea** ←/ gr -(y)ea ←/ gr -(g)ea ④
    ↑   고어 [**그우**다][**그울**다][**구울**다] '구르다' ㉰
    *<u>음위전환</u>(音位轉換) : **gr- ea(r)** ←/ gr -(y)ea(r) ←/ gr-(g)ea(r) ⑤
        ㉱ ㄱ r ㅇ r, ㄱ r 이 r [**거우루**]/[**거우로**] '거울'
                                        [**그울**다]/[**구울**다] '구르다'

'year'의 고대영어 <gear>가 한국어 <**거울**>이나 그 고어 [**거우루**][**거우로**]와 의미적으로나 어형적으로 밀접함을 살펴보고, "둥근 물체" 관련어도 아울러 살펴본다.

year의 주요한 뜻이 한 해 두 해라고 할 때의 {**해**}일뿐만 아니라 이러저러한 시간개념들의 원천이 '**해**(태양)'일 수에 밖에 없음에서 시간어휘로서의 <gear>는 '해'의 중세 한국어인 [**히**], 그리고 태양의 주요한 특성 가운데 하나인 '**빛**'의 성질과 상통하는 <**휘**(暉)>/<**호**(晧)>라는 어휘, 그리고 현대 중국음으로 [hui 후이]인 <햇빛-**괴**(烠)> 등과 기원적으로 동일한 어휘임을 추정할 수 있다.

시간 어휘들의 원천이 '**해**(태양)'임은 해가 하늘 위로 떠올라 아침이 되고, 해가 서산 너머로 지면서 저녁과 밤이 되고 하는 바로 그 시간 변화의 주요하고도 의미 있는 가늠자가 다름 아닌 '**태양**'이기 때문이다.

　태양에 기초한 〈gear〉를 태양이 가진 '**빛**'의 성질을 매개로 관찰하면 '**거울**'의 고어형 [**거우루**][**거우로**] 등과 어형적으로나 의미적으로 밀접한 관계에 있을 것이라는 추정을 하게 된다.

　고대 시절의 "**거울**"이란 것은 빛을 반사해 먼 곳으로 전송하는 등의 제의적 기능을 수행하였을지도 모른다는 점, 그리고 청동으로 제작된 그 발굴 유물[7]의 놀라운 기술 수준을 고려할 때 그것이 단순한 생활용구가 아니라 -다른 글에서 살펴본 곡옥(曲玉)이 그러하듯 -**왕위계승의 표지** 또는 신(神)과 연관된 **제기**(祭器)일 가능성이 농후한 점 등에서 ≪**신**(神)/ **왕권**≫ 어휘들의 물상적 토대인 "**태양**"과 이때의 "**거울**"이 의미적으로 서로 밀접하게 연결되어 있어 보이기에 그러하다.

　칠지도(검) 및 **곡옥**(曲玉)과 더불어 **일본 왕실의 3대 보물**에 이 "**거울**"이 포함된 점을 통해 알 수 있는 '**거울**'과 왕권(王權)의 의미적 연결성, 그리고 우리가 다른 글들에서 익히 보아온 ≪**태양-神/사제/왕**≫으로 이어진 어휘계열에서 추론이 가능한 왕권과 "**태양**"의 의미적 일체성, 이 두 가지 요소를 서로 연결해보더라도 '**거울**' 즉 [**거우루**][**거우로**]가 '**태양**' 관련어에 해당함을 추정함에 부족함이 없을 것이다.

　이러한 맥락에서 태양 관련어 〈gear〉와 '거울' 즉 [**거우루**][**거우로**] 간의 음형적 관련성을 살펴볼 수 있다는 말이다.

　　　　　　　　┌ '**거울** = '**왕권**(王權)' [*태양신으로부터의~ 왕권] "**태양** 관련어"
　※ 어휘기초에서의 동일성 → **gear** = **해**(한해 두해) "**태양** 관련어"

　'**경**(鏡)'에 [**거울**]이란 뜻 말고도 [**비추다, 밝히다**]라는 의미가 포함되어 있는 점에서도 거울이 빛을 멀리 비추는 어떤 상징적 행위 내지 제의적 역할을 하였을 것이라는 짐작이 들기도 한다.

　이러한 의미적 동질성에 기초할 때 '태양'의 〈gear〉와 '거울'의 [**거우루**][**거우로**] 간의 어형적 동질성이 비로소 유의미해지고, 이들이 본래는 **신**(神)·**태양·하늘**을 지칭하던 하나의 어휘였다가 점차 의미 분화를 겪게 되었다는 추정이 가능해지는 것이다.

---

7)　조금 뒤에 나오는 다뉴세문경(多紐細紋鏡)을 참고.

■ 고대영어 gear = 규(規) '원을 그리는 제구(祭具)' / 구(球) '둥근 물체'

  * ge-ar = 기ᄋ r, ᄀᄋ r [거우루][거우로] '거울' * 전동성(r) 실현 ③

  ↖*음위전환(音位轉換) : gr − ea ←/ gr −(y)ea ←/ gr −(g)ea ④

       [그우다][그울다][구울다] '구르다' ㉰

  *음위전환(音位轉換) : gr− ea'r' ←/ gr −(y)ea'r' ←/ gr−(g)ea'r' ⑤

     그 r ᄋ r, ᄀ r 이 r [거우루], [거우로] '거울' ㉣

       [그울다]/[구울다] '구르다'

  gear와 [거우루][거우로] 간의 어형적 동질성은 ③의 줄에 적은 〈기ᄋ r〉〈ᄀᄋ r〉 즉 〈*ge-ar〉일 수도 있겠고, 아니면 ④, ⑤줄에 적은 **음위전환**(音位轉換)의 과정 안에서 그러했을 수도 있다.

  ⑤는 음위전환에 의한 재구성에서의 제2음절에다 원형적 모음성질로서의 **전동성**(r)을 추가로 재구성한 형태이다. 즉 이 ⑤에 의해서도 '거울'의 중세어 [**거우루**][**거우로**]라는 어형이 가능해진다는 뜻이다.

  이렇게 말하면 눈썰미 있는 독자는 벌써 눈치 챘을 터이지만, **고대 gear → 현대 year**⋯. 변화인데 ⑤로 재구성하면 제2음절에 벌써 〈gea(r)〉, 〈yea(r)〉가 존재하게 되는 모순(?)이 있게 된다.

  이러한 어휘구성은 다음절 어휘의 어두에 /a/ 내지 이와 동일체인 [ga][gr]가 습관적으로 존재했던 흔적으로 설명될 수 있는데, 그 뜻이 완전히 같은 아래에 제시한 상당수의 현대어휘 쌍들을 그 실증적 증거로 삼을 수 있다 하겠다.

  한국어 독자라면 〈**물**(-다)〉와 〈**깨-물**(-다)〉의 의미적 동일성에 관해 생각해보면 이러한 다음절 어휘 결합 방식에 대해 얼마간 이해할 수 있을 것이라 생각된다.

| 의미적으로
동일한
단어쌍들 → | <**anear**>/<near>, <**anew**>/<new>, <**aware**>/<ware>,
<**await**>/<wait>, <**awake**>/<wake>, <**amend**>/<mend>,
<amount>/<mount>, <amuse>/<Muse>, <**깨-물다**>/<**물다**> |

아마도 고대 영어 'gear'가 나타나기 이전의 어떤 형태에서 이러한 다음절 결합방식에서의 두 번째 어절 어두에 있는 연구개음(g·k) 및 어말에 있는 전동성(r)이 약화되는 과정이 존재하였으리라 추측되기도 하는데, 이를 아래에 ⑤, ⑤'로 대강 표현해보았다.

고대영어 \<<u>gear</u>\> ←/ * gr − ea ←/ * gr −(y)ea ⌐ ⑤'
*음위전환(音位轉換) : **gr− ea'r'** ←/ gr −(y)ea'r' ←/ gr−(g)ea'r' ⑤
└, 그이 r, 그일 [**그울**다][**구울**다]: 구르다

위에서 살펴보기를 \<gear\>는 {<u>원을 그리는 **제구**</u>(祭具)}인 \<**규**(規)\>와 동일기원어라고 했었다. 그렇게 보는 까닭은 시간어휘로서의 \<gear\>의 어휘적 원천이 '태양'일 수밖에 없다는 점, 그리하여 **태양**에서 비롯된 의미 확장 갈래 가운데 그 '**둥근 모양**'을 표현한 **형태적 어휘**가 마땅히 존재한다 할 때 \<**규**(規)\>가 바로 그에 해당할 가능성이 매우 높아 보이기 때문이다.

달리 말해 {**제구**(祭具)}가 제사를 지내는 도구라는 것, 그리고 그 제구(祭具)로서의 \<**규**(規)\>가 하필이면 둥근 '원'을 그리는 도구라는 점에서 제사를 지내 숭배하고자 하는 대상이 다름 아닌, 신(神) 즉 "둥근 태양"이었다는 합리적 추론이 가능하다는 점에서 \<**규**(規)\>는 태양(해)의 형태적 특성을 그대로 드러내는 어휘일 수 있는 것이다. '**규**(規)'는 태양신의 분신(복사물) 역할을 할 "**원**(圓)"을 그리는 도구(제구)였을 것이기에 그 의미적 토대가 태양(해)인 \<**gear**\>와 동일 기원어가 되는 셈이다.

이번 장의 주제인 '거울' 곧 [거우루][거우로] 또한 이러한 **형태적 측면**에서 태양 어휘 \<**gear**\>와 밀접한 어휘적 상관성을 관찰해볼 수 있다고 생각된다.

청동 거울인 **다뉴세문경**(多紐細紋鏡)의 사진을 보면 알 수 있듯이 '**경**(鏡)' 또한 그 형태가 완벽한 원형으로 제작되었음에서 그러하다.

다뉴세문경 (제작의 정밀성이 매우 높아, 현대기술로도 복원이 불가능하다고 함)

다뉴세문경(多紐細紋鏡)은 세문(細紋) 즉 세밀한 문양이 새겨져 있으며, 거울 뒷면에 끈('紐')을 매도록 된 고리가 여럿 있다 해서 붙여진 이름이라고 하며, 국보 제141호로 지정되어 있다.

이 다뉴세문경은 중원 대륙 동북 지방과 러시아 연해주, 그리고 한반도 전역에서 발견되고 있고 일본에서도 비슷한 종류가 발견된다고 한다. 지금까지 발견된 것이 100여 점이나 되지만 사진에 나온 **충남 논산에서 발견된 것만큼 크고 정교한 무늬를 새긴 것은 아직까지 없었다고 한다.** 이 논산에서 발견된 것의 기술적 정교함을 말해주는 것으로, 예전에 우리나라의 인간문화재급 명장(明匠)이 이와 동일한 것을 주조해보려고 몇 번을 시도했지만 결국 실패하고 말았다는 사례가 있다.

이 거울의 정밀성을 좀 더 자세히 보면, 지름이 21.2cm에 불과한데도 그 좁은 공간 안에 무려 13,000개가 넘는 정교한 선이 주조(鑄造)되어 있으며 선과 선 사이의 간격은 0.3mm, 선과 골의 굵기는 약 0.22mm, 골의 깊이는 0.07mm로 한 곳도 빈틈없이 절묘하게 새겨져 있다 한다.

사정이 이러하니 아무리 현대적 제작기법과 장비를 동원한다하더라도 이 정도로 세밀한 문양을 거푸집을 이용한 주조(鑄造) 방식으로 만들어낸다는 것은 불가능할 수밖에 없을 것이리라!

현대적 기술로도 그 **재현이 불가능하리만치 정밀한 문양을 옛날 사람들은 왜, 어떤 목적으로 만들었을까**를 한 번쯤 고민하지 않을 수 없다. 이토록 정밀한 기술력을 동원한 점을 보건대 -위에서도 말했듯이- 이 '경(鏡)'은 그저 얼굴이나 비추어보자고 만든 생활용구가 아님이 분명하고, 일반적으로 제구(祭具)가 "청동 유물"에서 차지하는 비중이 절대적임에 비추어 청동거울인 이 **다뉴세문경** 역시 신(神)께 제사를 올리는데 쓰이는 제기(祭器)일 가능성이 높다 할 것이다.

하늘이나 신(神)에게 제사를 올릴 수 있는 권한 즉 제사권이 왕에게 독점되어 있었던 점에서 제기(祭器)는 자연히 왕권이나 그 왕권 계승의 정당성에 대한 일종의 표지가 되었을 것이다. 그러한 시대적 배경을 고려할 때 "다뉴세문경"은 단순한 거울이 아니라 ≪신(神)·태양·왕권≫이라는 고대세계에서의 최고 가치와 연결된 성물(聖物) 중의 성물임에 틀림없으리라.

그러한 맥락에서 경(鏡) 즉 '거울'의 **[거우루][거우로]**는 태양에 기초한 단어인 〈gear〉와 의미적, 음형적 동일성을 지닌다고 볼 것이다.

세문경의 뒷면 문양 가운데 외곽에 배치된 **여덟 개의 동심원**에 대해 추리해보면, 이들은 8개의 은하(銀河) 또는 성단(星團)일 수도 있겠다는 생각이다. '8'이란 수는 〈**팔자**소관〉이라고 할 때의 운명·변화 양상의 그 **팔**(8), 그리고 삼황 가운데 제일 먼저인 복희씨(伏羲氏)가 지었다는 8괘(八卦), 즉 우주와 인간사의 변화를 두루 엮어내는 여덟 가지 기본 틀을 연상할 수 있기에 우리 행성(지구)의 운명에 크게 영향을 미치는 8개의 은하(銀河) 또는 성단(星團)을 떠올려볼 수 있다는 것이다.

아마도 이러한 천체현상에 관한 기록과 그 해석을 오래 보존하고자 하는 목적에서 그토록 고난도의 기술을 들여 세문경을 만들고 왕가(王家)를 통해 이를 전해 내려왔을 것으로 짐작된다. '**태양**' 즉 천구(天球)로서의 〈gear〉와 '**거울**'의 [**거우루**][**거우로**] 간의 어휘적 동일성은 이러한 천체·하늘적 문맥에서도 성립할 것이다.

"**다뉴세문경**"의 문양이 천체현상을 표현한 것이라는 관점은, 거울의 뒷면 중앙을 차지하고 있는 여러 '**쐐기**'형 문양들에 근거할 수도 있다. 즉 쐐기모양은 **수메르 문자**이고, 이 설형문자로 기록된 수 만 장의 점토판 문서들이 지금도 계속 해독작업이 진행 중으로, 그동안 알려지지 않은 많은 사실들이 이를 통해 밝혀지고 있다.

그 가운데 **다뉴세문경**과 연관지을 만한 것이 이라크 지역, 곧 티그리스강 유역의 고대 아시리아의 수도였던 니네베의 왕실 도서관 터에서 발견된 한 점토판이다. 수메르의 원본을 복사한 것이 틀림없는 이 점토판이 가진 뚜렷한 외형적 특징은 다른 것들이 대부분 사각형점토판이라면 이것은 '**원형 접시모양**'이라는 것이다.

원판은 각각 45도 각도를 이루는 사선들에 의해 **8개 부분**으로 나누어져 있으며 딜간(DIL.GAN)과 아핀(APIN)을 비롯한 많은 천체의 이름이 적혀 있어 천문학적 기록을 담은 평면천체도라는 평가를 받고 있다.[8]

천문 현상을 다루고 있는 많은 양의 수메르 기록들, 그리고 니네베에서 발견된 이 원형점토판을 참고할 때 엄청난 고난도의 기술로 탄생한 우리의 이 "**다뉴세문경**" 또한 신들을 기념하고 기억하기 위한 천체현상에 관한 기록 곧 천문도일는지도 모른다.

둘 이상의 톱니바퀴가 맞물려 돌아가는 장치를 가리키는 〈**기어**(gear)〉라는 말도 은하의 축을 중심으로 공전하고 있는 '**태양**' 즉 〈**gear**〉의 그러한 순환(cycle) 현상에 기초하고 있거나, 혹은 태양의 그 둥근 '**원**(圓)' 모양이 어떤 물체가 회전하기에 가장 적합한 형태인 점을 본 따서 지어진 것일지도 모른다.

---

8) ≪수메르, 혹은 신들의 고향≫ 제카리아 시친, 이근영 옮김. 이른아침(2004).

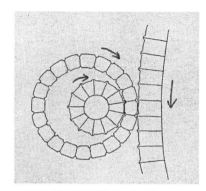

아스텍의 치차(齒車)형 달력

마야인들과 관련이 깊은 중앙아메리카의 아스텍인들은 종교력(宗敎曆)인 260일 주기의 달력과 365일 주기의 태양력이 치차(齒車)처럼 서로 맞물려 돌아가는 모양, 즉 **기어**(gear) 모양의 돌바퀴-달력을 사용하고 있는데, 이로써 볼 때 '태양'에 기초한 고대영어 〈gear〉는 순환과 운행, 운행의 주기를 아울러 표상하는 상징물로서 그리고 이를 표현하는 어휘형성의 매개로 작용하였으리라는 추정을 하지 않을 수 없다.

'거울'의 [**거우루**][**거우로**]와 어형적으로 밀접한 [**그우**-다][**그울**-다] 즉 〈**구르**-다〉가 태양의 〈gear〉와 관계가 있다고 추정하는 것도 이러한 바탕에서 그러하다. 앞서 소개했던 gear의 재구성 ⑤를 가져와 이를 다시 관찰해본다.

고대영어 **gear**
　*음위전환 **gr- ea** ←/ gr- ea‘r’ ←/ gr-(y)ea‘r’ ←/ gr-(g)ea‘r’ ⑤
　　　　　　　　　그 r 이, **그리** ~ 구르 〈**구르**~다〉
　　　　　　　　　[**그우**~다] '구르다'
　　　　　　　　　[**그울**~다][**구울**~다] '구르다'
　　　　　　　　　　　〈**거울**〉鏡

태양

라틴어 가운데 한국어 〈데구르~르〉/〈데구루~루〉와 대응하는 어휘가 있는데 이 전체 음절 구성 안에 이 ⑤의 음형태가 포함되어 있는 것도 매우 흥미로운 점이 아닐 수 없다.

dēcúrro (라틴) '열매가 떨어지다, 달리다' = "열매가 **데구루루**(데구루) 구르다" (1)

    * dē – cúr – ro = 데구루루(데-**구루**), 데구르르(데-**구르**), 데굴(~데굴)

dēcólo (라틴) '미끄러져 떨어지다' = "열매가 **데굴데굴** 구르다" (2)

    * dē – cól – o = 데-**굴러** / **데굴**(데굴데굴)

    * dē – cól – o

       └, dē – (w)ól – o 더**울**ㅇ, 딜ㅇ, 돌ㅇ 〈**떨어**(–지다)〉

                              〈**돌돌**(–구르다·말다)〉 (3)

(3)줄에 적은 "떨어지다"의 [떨]이나 "돌돌~구르다(말다)"의 [돌(둘)]과 같은 현대어에서의 1 음절들이 그 본디부터 1음절은 아니었던 것으로 추론한다. 수 만 단어 이상의 동서양 어 휘를 관찰하고 난 뒤에 내린 필자 나름의 결론으로서, 이 (3)줄의 [떨], [돌(둘)]이 그러함에 대한 직접적 증거로는 아래의 ⑥, ⑦에서의 밑줄 친 방언형을 들 수 있다.

⑥, ⑦에서의 〈두굴두굴〉/〈또굴또굴〉은 위 (2)에서의 "데굴데굴 "의 방언형으로서 "(둥글게)말다"와 "구르다"에 모두 쓰이는 것이 특징이다.

    ※ d(r) – kul **두굴** ⇒ d(r) – ul **둘**(둘둘)　　* 'k'약화, 축약

    (방언) **두굴두굴** ~ 구르다/말다 = (표준어) '**둘둘**(돌돌)' ~ 말다 ⑥

    (방언) **또굴또굴** ~ 구르다/말다 = (표준어) '**돌돌**' ~ 말다 ⑦

      * **do** – gul [**또굴또굴**]　 = (표준어) '**데굴**데굴' ~구르다 ⑦'

       └, * **do** – (w)ul 두울 ~ 둘 = 〈**돌**(돌돌)〉, 〈**둘**(둘둘)〉

도토리 알과 껍질

111

아귀 / 엮어~ / 아리까리 '방' / ~끼리(동류) / 기꺼이 / 가까이 / '오랏'줄 / 화기애애

agree <u>합치하다</u>·일치[부합]하다·조화하다·맞다, (그림 따위가) **비슷하다**·일치[호응]하다, 마음(의견)이 맞다**사이가 좋다**, 일치시키다·동의(승낙)하다·합의하다.

concord 일치·호응; (사물간의) 화합·조화, 협조·친선·협약.

<agree> a + gr – ee

㉮ 으그 r 이, 으기 <u><**아귀**></u>★

"**아귀**가 맞다" (합치·일치)

<agree> <u>a</u>'r' + gr – ee

㉯ 으 r ㄱ r 이 <u><**아리까리**></u>

"서로 비슷하여 분간 안 됨" ⌐

← a + gr–(y)e ←/ a + gr –(g)e

↑(k)<u>a</u> + **gr** –(g)e (1)★

(2) (sh)a + **gr**–(y)e ⌐⌐ (sh)a + (w)r–(g)e

⌐<u><**새끼**></u>(줄) : ㉰ '풀'[새] ~ <u><**엮어**></u> 이 r ㄱ

↓   ㉱ '풀'[새] ~ <u><**옭아**></u> 으 r ㄱ

(2) (sh)a + gr–(y)e = '풀' [새] +**꼬아** ㉲

<agree> a + gr – ee = 같이·같은(a) + **ㄱ r 이** 《같이·함께 + **꼬아**》㉠

a + gr –(y)e = 같이·같은(a) + **ㄱ r 이** 《같이·함께 + **꼬아**》㉠'

<concord> con + cor – d

함께(공, con) + **ㅋ r 드** ⇒ <u><**공고**(鞏固)></u>

<concord> con – **cor**–d

'**끈**' + '**꼬다**'

글상자에서의 ★표한 (1)은 자립적 모음 앞에 일반적으로 연구개음(g·k)을 재구성할 수 있다는 이 책의 기본 음운이론을 적용함인데, ㉰, ㉱, ㉲와 같은 어휘대응을 추정할 수 있음도 이 (1)에 기초하고 있다.

재구성 (1)에서의 제1음절 <ka->에서 발생할 수 있는 자음변화(전향화)를 적용한 (2)줄에 근거해 [**합치·일치·조화**]의 뜻인 <**agree**>의 의미적 원천을 ㉰, ㉱의 <u><**풀-엮어**></u> 혹은 ㉲의 <**풀-꼬아**>에서 찾을 수 있다고 추정해 본다.

약속·약조의 증표로 새끼손가락을 서로 <u>**꼬는**</u>(거는) 오랜 관습에서 유추하건대, 천이나 새끼줄 따위를 **꼬아** 묶는 행위는 부족간이나 사인(私人)간의 어떤 **약속·약조**의 뜻, 즉 쌍방의 의견이 서로 {일치, 부합, 조화 'agree'}를 이루었다는 표시였을 거라는 생각이 든다.

손가락을 걸어 약속하기

아마도 몽고의 '**오보(Ovo)/어워**'나 우리네 성황 나무에 묶는 천들도 나의 소망이 신(神)의 뜻과 {일치, 부합 'agree'} 하기를 바라는 일, 곧 신께서 나의 소원을 들어주기로 '**약속·약조**'하셨다는 심리적 위안과 투사에서 비롯된 것이리라.

'**꼬다**(엮다)'가 '**약속·약조**'의 징표로 통하였을 것임은 "**약속(거래)의 뜻으로 나뭇가지를 꺾다**"라는 뜻을 지닌 라틴어 ⟨**stipular**⟩를 통해 간접적으로나마 그러한 문화사적 흔적을 유추해볼 수 있기 때문이기도 하다.

　　　■ 라틴 ⟨stipular⟩ s − ti ~ pul − ar **수**(樹 '나무') **−대** − **뽈**라(부러뜨려) '**방**'

　　⟨agree⟩ a + gr − ee '마음(의견)이 맞다·사이가 좋다·일치·부합·호응'
　　　　* (sh)a + **gr** −(y)e　= [새] '풀' + **꼬아** ㉮
　　　　* (sh)a + **(w)r** −(g)e = [새] '풀' + **엮어, 옭아** ㉯

이 ㉯, ㉮는 다른 글에서 살펴보았던 ⟨**organize**⟩⟨**concord**⟩⟨**accrete**⟩로부터도 증빙을 구할 수 있다. 즉, 이 단어들이 가지고 있는 {일치·조화·융합·조직·편성}이라는 추상적 어의들은 지난 글에서 보았듯이 {짜다. 꿰매다. 엮다. 얽다. 끈}이라는 물상적(物像的) 내용으로부터 유래하였던 것이므로, 이 단어들의 뜻과 대동소이한 {합치·일치·부합·조화·호응}의 ⟨agree⟩ 역시 그러한 물상적 기초에서 이해할 수 있다는 것이다.

'이것인지 저것인지 헷갈리다'라는 뜻으로 쓰는 ㉯의 ⟨**아리까리**⟩는 'agree'의 {(그림 따위가)**비슷하다**}라는 뜻에서 유추하건대, 어떤 무엇이 서로 **비슷하게 생겨** 각각의 **분간이 잘**

안 된다는 의미인 것으로 풀이된다.

이 ㉯는 제1음절 'a'를 원형적 **전동성**(r)으로 재구성함이다!

㉠, ㉠'은 {동일한·같은}의 뜻으로 쓰는 독립어사 'a'를 참고하여 나타내 본 것이다.

> ※ a, an = 「of a- 형태로」 **동일한, 같은.**
> <agree> a̲ (같이·같은) + gr - ee <**꼬아~**>, <**갈래**> ㉠

> **agree 사이가 좋다**·마음(의견)이 맞다·**승낙**(동의)하다·**호응**[일치]하다.
> ↖*(g)a - gr - ee <**기꺼이**(승낙하다)>, <**가까이**(사이가 좋아, 가까이 지내다)> (3)

(3)줄의 어휘대응들은 자립적(음절적) 모음 앞에 연구개음(g,k)을 재구성할 수 있다는 이 책의 음운원리를 적용한 결과로, 의미상의 설명이 불필요하리만치 명백하다.

> **arrest** [어레스트] 체포[구속]하다, 막다·저지하다·억제하다, (사람 눈·주의 등을)끌다, 체포·구류·억류·정지·저지.

<arrest> ar(r) + e - s - t ㉡ {체포·구속}

ㅇ r 이스투 ⇒ ㅇ r 잇투 ⇒ 오륏두, 오룻두 <'오랏'줄>

<<arrest> ar(r) ~ ※ 'r' 덧붙음!	ar(r) + e - s + t ㉡
	'ar' + ↖ e̲ - (k) - t 이크두, 익으두 <**엮다**>★ ①
	└ <'오라' ~ 엮다>★ ㉧
	└ 'ar' + e - s - t 이스두, 잇으두 <**잇다**> ②
	③ 이스, 잇으 <**잇어->**/<**이수어~**>: 이어 '방'

이 arrest도 <**엮다**(엮어)>라는 어휘를 그 다음절 구성 속에 가지고 있다. 즉 ㉡과 같이 분절하고, ①줄에 적었다시피, 뒷부분의 /s/가 기저음 /k/로부터 유래한 것으로 상정함으로써 ①줄의 <**엮다**>를 도출할 수 있다는 얘기다.

{체포·구속하다}의 'arrest'는 이러한 맥락에서 ㉧의 의미결합인 것이다.

②줄의 〈**잇다**〉 및 방언형 ③이 ①줄의 〈**엮다**〉와 동근어임을 주목하자.

이번 장에서 살펴본 〈**엮다**〉라는 어휘는 제125장에서 소개할 '옷'의 〈**복**(服)〉 즉 영어 〈frock〉에 나타난 ≪**엮다**(엮어)≫라는 어휘를 다양한 단어들을 통해 검증하는 차원이기도 하다.

서두의 글상자에서 'agree'의 최초원형으로 상정한 (1)의 재구성으로부터 '화목·친교'의 뜻인 아래 ㉔ 및 ㉔'줄의 어휘를 추정해볼 수 있는지 모른다.

굳이 한자로 적으려다 보니 3음절어보다는 4음절어가 편한 듯해 '애'라는 음절을 하나 더 추가하게 된 것으로 여겨지지만, 그 본령은 ㉔'의 〈'**화기**(和氣)~**해**〉일지도 모르겠다.

뜻: '마음(의견)이 맞다·사이가 좋다'

〈agree〉 ←/ * a + gr -(y)e ←/ * a + gr -(g)e

          ↑ (k)a + gr -(g)e 〈가까이〉 (1)

          └, (h)a + gr - e ㉔ 〈'**화기애**'애〉? (화목)

          └, (h)a + gr -(h)e ㉔' 〈**화기**(和氣)~**해**〉

     ㉕└, (sh)a + gr -e 〈**사귀어**~〉, 〈**사교**(社交)〉

【**사이가 좋다**】라는 뜻을 참고하면 "**가까이 지내다**"의 (1)줄 〈**가까이**〉 뿐만 아니라 ㉕줄의 어휘들도 'agree'와 무관하지 않다. 이 ㉕줄의 〈**사귀어**〉/〈**사교**(社交)〉라는 말과 곧장 대응하는 라틴어 〈socio〉 및 이에 기반한 영어 〈social '사회적인'〉이란 단어가 있음은 좋은 참고가 될 것이다.

라틴어 〈socio〉 및 〈social〉은 어휘검증 편에 수록했음을 알려드린다.

【**마음이 맞다**】라는 뜻에서는 다음의 ㉗, ㉘줄도 어휘대응으로 고려할 수 있지 않은가 싶다.

〈agree〉 * (k)a + gr -(g)e /→ (zh)a + gr -e 즈그이

               〈'**짝**'-**이**~〉 (단짝) ㉗

           └, 〈(돌-)**쩌귀**〉 ㉘

㉗는 앞부분 두 음절이 **폐음절** 〈**짝**〉으로 되면서 여분으로 남게 된 뒷부분이 현대 한국어에서 주격조사 혹은 차이 보조사로 규정하는 〈~**이**〉로 됨을 보인 것이다.

유라시아 공동조어시대로부터 근·현대 한국어로 오면서 이러한 **문법화**가 일반화되었다고 추론하는 바이기에 굳이 드러내어 적게 되었다.

폐쇄음으로 된 ㉓의 〈**짝**〉과는 달리 본래의 **개음절어** 형태를 그대로 유지하고 있는 것이 ㉔줄의 〈**찌귀**〉이다.

'**돌-찌귀**'라는 것은 문짝을 문설주[문기둥]에 달아 회전식으로 열고 닫기 위한 암수 한 쌍의 쇠붙이, 혹은 문을 회전식으로 여닫기 위해 문짝의 측면 아래위로 돌출된 회전축[숫놈]을 깎아 만든 다음 그것을 문틀에 뚫어놓은 구멍[암놈]에 짝지어 넣은 것을 가리킨다.

암수 한 쌍의 '**짝**'으로 이루어진 물건으로, 암수가 서로 [**일치·부합·조화·호응**]하는 관계인 셈이다.

나무 홈을 파서 만든 돌찌귀

112

'가렵'-다. 긁어. 갉아. '부럽'다. '바라'다. (~하고)싶어라!

이번 장에서는 현대 한국어 어휘들이 형성되어진 과정들 가운데의 중요한 한 단면인 접사(接詞) 〈-압/-업〉에 대해 다시 살펴보려 한다. 한국어 〈**가볍다**〉와의 어휘적 관련성에서 영어단어 〈over〉를 살펴본 제31장에서도 이 〈-압/-업〉 접사가 소개된바 있다.

① 드 kīru '긁다·긋다' ← * 재구성 ㉮ **kīr -(g)u** ㄱ r ㄱ, 긁으, 긁ㅇ

    〈갉아〉/〈긁어〉

② 드 kōru '긁다' ← * 재구성 ㉮' **kōr -(g)u** ㄱ r ㄱ, 긁으, 긁ㅇ

    〈갉아〉/〈긁어〉

③ 드 ari '심한 가려움을 느끼다' ← * 재구성 ㉯ **(g)ar -i** ㄱ r 이 〈가려~〉 '가려워'

    ㉯' ↖***(g)ar -(g)i** ㄱ r ㄱ, 긁으 〈긁어〉

"모든 음절(자립)적 모음 앞에는 연구개음(k·g)을 재구성할 수 있다!"라는 필자의 음운원리를 적용해 여기에 소개한 드라비다어들을 살펴보면 이들 모두 한국어 〈**갉아**〉/〈**긁어**〉와 본디 같은 말임이 드러난다. 즉 위 단어들에서의 /r/ 뒤에 위치한 /u/는 자립적 모음이기에 그 앞에 연구개음(g·k)을 재구성할 수 있고, 그 결과 한국어 〈**갉아**〉/〈**긁어**〉와의 대응임이 확인된다는 것이다.

이러한 어휘적 결과물은 뒤의 제113장에서 관찰할 수메르어 〈**al- a**〉/〈**gàr-dar**〉가 한국어 〈**갈아**〉/〈**긁어**〉/〈**일구어**〉 및 〈**갈다**〉와의 대응인 것과 동일한 맥락이다.

> (수) **gàr - dar** "토지를 개간하다, 목소리를 낮추다" = (목소리를) **깔다**.
>
> (수) ka -al(-ak) '땅파기'   //   (수) **al - a** "괭이로 파다(갈다)"

{가려움을 느끼다}의 드라비다어〈ari〉의 재구성 ㉯줄 〈***(g)ar-i**〉는 한국어 "**가려워**"의 〈**가려~**〉와 같은 말이다. 이 어형에 명사화 접사 [옴], [움] 따위가 결합하면 파생명사 형

인 <**가려움**>이란 어휘가 된다.

※ 재구성 ㈏ <*__(g)ar-i__> 즉 <**가려~**> + 움 ⇒ <**가려움**> "파생명사" ㈎

한편, 위의 드라비다어들 가운데 ①, ②는 {긁다}로서 동일한 뜻을 가진 점, 그리고 ①, ②, ③ 모두 그 연구개음(**g·k**)적 재구성에서 한국어 <**긁어**>로 대응이 가능한 점 등에서 이들 ①, ②, ③은 말의 뜻과 형태를 아우른 어휘 계통면에서 본디 동일한 것 즉 '**동일기원 어**' 관계임을 추론하지 않을 수 없다.

그런 맥락에서 보면 드라비다어 ①, ②는 <ari>의 재구성 ㈏ <*__(g)ar-i__> 곧 <**가려~**>와 무관할 수 없으며, 접사 [읍], [움] 등과의 결합을 살핀 ㈎의 파생명사 형태와도 무관할 수 없게 된다. 이러한 점을 나타내면 아래의 ㈏, ㈐와 같다.

드 ari '심한 가려움을 느끼다' ← * (g)ar-i '가려' + 움 ⇒ <**가려움**> ㈎
드 kīru '긁다·긋다' = kīr - u ㄱr이 <**가려~**> + 움 ⇒ <**가려움**> "파생명사" ㈏
드 kōru '긁다'   = kōr - u ㄱr이 <**가려~**> + 움 ⇒ <**가려움**> "파생명사" ㈐

<**가려~**> 및 그 파생명사형 <**가려움**>을 통해 확인해본 드라비다어 ①, ②, ③의 동일 성은 <kīru>/<kōru>의 {긁다}라는 어의가 {가려움을 느끼다}인 <ari>의 '가려움'과 대 단히 밀접한 것인 점에서도 찾을 수 있지 않을까 싶다. 다시 말해 {가려움을 느끼다}는 곧 장 {긁다} 즉 긁는 행위로 나타날 수밖에 없는데 이러한 의미적 동일성에 기초할 때 이들 은 하나의 동일한 기원에서 나타난 이형태들일 가능성이 매우 높다. 그런 맥락에서 <ari> 는 <kīru>/<kōru>의 어두 연구개음(**k·g**)이 약화된 어형일 것으로 추정하게 된다.

이들 세 단어를 이처럼 **동일기원어** 관계로 보는 관점에서 이들이 현대 한국어 어휘를 형 성하는데 중요한 역할을 담당한 접사 <**압/-업**>과 결합하였을 수도 있음을 아래와 같이 나타낼 수 있다.

드 ari '심한 가려움을 느끼다' ← * (g)ar-i '**가려**' + [읍] ⇒ <**가렵~**> ㈑
드 kīru '긁다·긋다' = kīr - u ㄱ r 이 <**가려~**> + [읍] ⇒ <**가렵**-다> ㈒
드 kōru '긁다'   = kōr - u ㄱ r 이 <**가려~**> + [읍] ⇒ <**가렵**-다> ㈓

이 ㈜, ㈐, ㈔에서의 결합요소인 접사 [읍]을, ①, ②, ③이 드라비다어인 점에서 **드라비다어에 존재하는 접사**로 바꾸어 다시 나타내면 아래와 같다. 단어 <**kōru**>로써 설명한다.

드 **kōru** '긁다' = **kōr -u** ㄱ r 이 <**가려~**> + [읍] ⇒ <**가렵->** ㈔
드 **kōru** '긁다' = **kōr -u** ㄱ r 이 <**가려~**> + uva (드라비다어) ㉠ ⇒ <**가렵->** ㈘

㈘줄에서의 밑줄 친 ㉠의 <uva>는 -강길운 교수님의 책에 의하면- 드라비다어에서의 "**형용사화 접사**"로서, 아마도 '가볍다'라는 뜻의 한국어 중세형 [**가비압다**] 등에 존재하는 <-압->과 동일한 것으로 추정할 수 있을 것이다.

다시 말해 《무**겁**(-다), 뜨**겁**(-다), 차**갑**(-다), 반**갑**(-다), 살**갑**(-다), 상서**롭**(-다), 싱**겁**(-다), 비**겁**(-하다), 지**겹**(-다)》등과 같은 한국어 어법을 형성하는 데에 지대한 역할을 한 <-읍->이 드라비다어에서의 "형용사화 접사" <uva>와 본디 동일한 것일 가능성이 크다는 것이다.

⓿ 무거 + 읍 /uva (드) ⇒ '**무겁**'다 // 반가 + 읍 /uva (드) ⇒ '**반갑**'다
뜨거 + 읍 / uva (드) ⇒ '**뜨겁**'다 // 지겨 + 읍 /uva (드) ⇒ '**지겹**'다

접사 역할인 <-압->과 드라비다어 접사 <uva>는 유라시아공동조어설이라는 관점을 참고할 때, 아래에 ㉡으로 적은 {~하는 경향·성향}의 현대영어 <apt>와도 기원적으로 무관치 않으리라 생각된다.

드 **kōru** '긁다' = **kōr- u** ㄱr 이 <**가려~**> + [읍] ⇒ <**가렵->** "가렵다" ㈔
드 **kōru** '긁다' = **kōr - u** ㄱr 이 <**가려~**> + uva (드라비다어)㉠ ⇒ <**가렵->** ㈘
드 **kōru** '긁다' = **kōr -u** ㄱr 이 <가려~> + **apt**(영어) ㉡ "압다" ⇒ <**가렵**-다> ㈖
　　　　　　　　　　　　　　　　　└, "**가려운 성향·성질**" = "**가렵다**"★
√* 현대영어 apt = ~하기 쉬운, ~하는 경향이 있는
apt-ness = **성향·경향**, 소질·재능, 적합성·적절함

㈘줄의 ㉠으로 나타낸 드라비다어 접사 <uva>는 대개의 원형적 음절(syllable)이 개음절 형태였다고 보는 이 책의 관점에 따라 아래의 ④와 같이 나타낼 수 있으며, 아울러 비음화(鼻音化)를 고려한 ④의 변화형을 또한 추정할 수 있다. <uva>와 기원적 동일성의 관계에 있다고 상정한 위 ㉡의 영어 <apt>가 개음절로 발음되는 것도 아래 ④와 같이 보는 것에 대한 하나의 증빙이 될 수 있다.

드라비다 uva "형용사화 접사" = u − va (개음절형) ④

└, u −(m)a (비음화) ④' = ㅇ모, 우모 = [임], [움]

이 ④' 곧 〈uva〉의 비음화 형태는 앞에서 (개)로 나타낸 파생명사 〈**가려움**〉이란 어형을 산출하는데 기여한 접사 [임], [움]일 것으로 필자는 추정하는 바이다. 즉 언어의 역사를 좀 더 거슬러 올라가면 드라비다어 〈uva〉는 "**형용사화**접사"로서의 기능뿐만이 아니라 명사화 접사를 포함한 다양한 기능의 원형적 접사(接詞) 노릇을 수행하였을 것으로 추정된다는 것이다.

> (드) ari = 재구성 <*(g)ar-i> 즉 〈**가려~**〉 + **움** ⇒ 〈**가려움**〉 "파생명사" (개)

현대 한국어 〈**가렵**-다〉/〈**무겁**-다〉/〈**반갑**-다〉/〈**뜨겁**-다〉 등과 같은 어형을 형성하는 데 기여한 접사 〈-**웁**-〉이 드라비다어 〈**uva**〉와 동일한 것일 가능성, 그리고 이 두 어사가 영어 〈**apt**〉와도 기원적 동일성의 관계에 있다고 추정함은 다음에 보인 드라비다어 〈**puri**〉/〈**bēr**〉의 어휘관찰을 통해서도 증명이 된다.

⑤ 드 **puri** '바라다' = **바라**−다 ≪강길운≫ : pur − i = **부러워** ≪필자≫
⑥ 드 **bēr** '바라다·사랑하다' = "바라−다", "블−(부러워하다)" ≪강길운≫
   ↓   ※ 드 **pār** '바라다'
⑤ 드 **pur - i** '부러−' + 웁 / uva (드) ⇒ 〈**부럽**'다〉 (자)
⑥ 드 **bēr, pār** '부러−' + 웁 / uva (드) ⇒ 〈**부럽**'다〉 (차)
   드 **pur - i** '부러−' + **apt** (영어) ⇒ 부러웁다 〈**부럽다**〉 (자)'
   드 **bēr, pār** '부러−' + **apt** (영어) ⇒ 부러웁다 〈**부럽다**〉 (차)'

접사적 〈**웁**〉, 〈**uva**〉와의 결합을 상정한 ⑤, ⑥의 드라비다어 〈**puri**〉/〈**bēr**〉는 (자), (차) 등에서 추정한 한국어 〈**부럽**-다〉와 의미적 동일성의 관계로 볼 수 있다. '부럽다'는 무엇을 가지거나 무엇으로 되어야겠다는 마음 즉 〈**puri**〉/〈**bēr**〉의 뜻인 {바라다}의 심리상태이기 때문이다.

지금까지 드라비다어 〈**ari**〉/〈**kīru**〉/〈**kōru**〉 및 〈**puri**〉/〈**bēr**〉가 현대 한국어들로

대응하는 점, 그리고 이를 바탕으로 한국어 <**가렵**-다>/<**부럽**-다> 등과 같은 어형이 형성되어지는데 기여한 접사 <-**옵**->이 드라비다어 <**uva**> 및 영어 <**apt**>와 어휘적으로 동일한 것일 가능성에 대하여 살펴보았다.

이제, 접사 [**옵**]이 '가볍다'라는 뜻의 한국어 중세형 [**가비얍다**] 등에 존재하는 <-**압**->임을 기억하는 의미에서 [**가비얍다**]라는 어휘가 어떻게 구성되었는지를 간단히 살펴보기로 한다.

포르투갈 ave '새' ←/ *(**k)a - ve** '가비' + **옵**~다 ⇒ [가비얍다] '가볍다' (카)

　　　　　㉠ **uva** (드라비다어)

　　　　　㉡ **apt** (영어)

　　　　'위를 덮다'

영어 over '위쪽의' ←/ * (k)over = 현대영어 **cover** '덮다'

　　　(타) └, (k)o –ver 가비 +**옵**~다 ⇒ [가비얍다] '가볍다'

　　　　　㉠ **uva** (드라비다어)

　　　　　㉡ **apt** (영어)

한국어 중세형 [**가비얍다**]는 여기에 적은 (카) 및 (타)줄의 어휘구성일 것으로 필자는 믿고 있다. 즉 '가볍다'라는 것은 무엇을<'**위로**' 들어올리기 쉬운 상태>를 형용하는 것인 점에서 {위쪽의}라는 뜻인 <over> 혹은 그와 밀접한 자연물인 {새·날짐승}의 포르투갈어 <ave>와 어휘적으로 무관치 않을 것으로 짐작되기 때문이다.

물론 이러한 관점은 이 책의 핵심 음운원리 가운데 하나인 "모든 음절(자립)적 모음 앞에는 연구개음(k·g)을 재구성할 수 있다!"라는 음운원리를 위의 두 단어에 적용함으로써 가능하며, 특히 <over>의 경우 {덮다}라는 어의에서 동일성을 가진 영어 <cover>가 존재함에서 이러한 음운재구성이 타당함을 알 수 있다 하겠다.

다시 말하지만 [**가비얍다**]에 포함된 <-**압**->은 드라비다어 <uva> 및 영어 <apt>와 기원적으로 동일한 것일 가능성이 매우 높다.

<over> *(k)o - ver 가비 +옵다(apt) → [**가비**얍다] '가볍다'
<ave> *(k)a - ve **가비** +옵다(apt) → [**가비**얍다] '가볍다'
　　　└, ≪새(조류)의 –**성향·경향**– 이다≫, ≪새(조류) – **스럽다, 같다**≫

몸이 가벼워 멀리 나는 철새

(ㄷ) **bēr** '바라다·사랑하다' = "**바라**-다", "**블**-(부러워하다)" ≪강길운≫

(ㄷ) **pār** '바라다'

바로 앞의 단락에서 소개한 드라비다어 〈**bēr**〉/〈**pār**〉는 한국어 "**바라다**"의 〈**바라-**〉로 대응함과 동시에, 이것이 접사 [**읍**]과 결합할 경우 "**부럽다**"의 〈**부럽-**〉으로 연결된다고 보았다.

필자가 보기에 이 드라비다어 〈**bēr**〉/〈**pār**〉라는 어형은 라틴어에도 존재한다.

현대 한국어 "**~하고 싶어라!**"의 〈**싶어라!**〉와 상통하는 걸로 추정되는 아래 ㈊줄의 라틴어가 그것이다.

드 **bēr** '바라다·사랑하다' = "**바라**-다", "**블**-(부러워하다)" ≪강길운≫

※ 드 **pār** '바라다'

라틴 <u>spero</u> '바라다·갈망하다' = s - <u>per</u>- o 시ㅍ r 오, 십으르 <**싶어라!**> ㈊ ★

= s - <u>per</u> - o "**바라**-다" / = (드라비다) **bēr**, **pār**

113

갈아 '갈다', 긁어 '긁다', 갉아 '갉다' /
(베개를)베다, (알이-)배다.
※「자립적 모음」 및 「음절 종속적 모음」에 관해 설명함!

(수) **gàr - dar** : subdue "토지를 개간하다, 목소리를 낮추다"

(수) **ka -al(-ak)** : excavation '땅파기'

(수) **al - a** : hoe, work with the hoe "괭이로 파다(갈다)"

　　　↖ 재구성 * (g)al - a = **갈아**(갈다) ①

　이번 장에서는 수메르어 〈al-a〉를 한국어 대응이란 관점에서 살펴보면서, 필자의 주요한 음운이론인 「음절적 모음」 혹은 「자립적 모음」에 관해 설명한다.

　필자가 언어를 연구하면서 발견한 두 가지 종류의 모음 가운데 이 「음절적 모음」이란 개념은 다종다기한 국적 언어들끼리의 비교 연구 내지 그에 수반된 어휘재구성에 있어 매우 중요한 역할을 하는 언어원리라고 할 수 있다.

　필자의 첫 번째 책 《**한국어 충격**》의 "음운론"에서 말하기를 「음절적 모음」은 "**하나의 음절(音節) 기능을 가진다!**"라고 하였다.

　일반적으로 '**음절**(syllable)'이라 함은 어휘를 구성하는 낱낱의 말소리로 이해하면 되고, 음절핵(peak)을 중심으로 발화되어지는 '하나의 언어음' 혹은 '하나의 말소리'라고도 정의할 수 있다. 그런 의미에서 필자가 칭하는 「음절적 모음」이란 것은, 음절핵(peak)의 기능을 수행하면서 자음에 종속(연동)되어 있는 일반적 모음성질을 가리키는 것이 **아니라**, 어떤 하나의 어휘 구성 안에서 그 자체가 독립(자립)적인 하나의 음절을 이루는 경우, 그리하여 그 독립(자립)적 음절로써 모종의 어떤 어휘적 의미를 싣고 있거나 혹은 싣고 있다고 추정되어지는 경우의 모음들을 가리킨다.

　가령 서두에 적은 수메르어 〈al- a〉의 경우, 수메르어 연구자들이 두 번째 음절로서 파악하여 〈-a〉라고 떼어놓은 바로 이 경우의 모음 /a/가 필자가 칭하는 「**음절적 모음**」인 것이다.

　이러한 「**음절적 모음**」과는 달리 자립(독립)적 음절기능을 수행할 수 없는 모음 성질을 필자는 「음절 종속적 모음」이라 부른다. 즉, 선행하는 자음(자음성질)과 더 이상 떼어놓을 수 없는 모음(모음성질), 다시 말하면 자음성질(자음)이 **'소리'**로써 존재함에 필수적으로(불가피하게) 수반되어지는 어떤 음성적 성질로서의 모음을 「음절 종속적 모음」이라 칭할 수 있다.

　이처럼 모음을 두 종류로 나누는 것은, 필자가 칭하는 「음절적 모음」의 경우는 그 모음 앞에다 연구개음(g·k)을 재구성해볼 수 있으며, 또한 그러한 재구성을 통해 동서양의 많은 어휘들이 본래 동일한 것이었음을 증명하게 되는 경우가 대단히 많기 때문이다. 예를 들어 보이면 다음과 같다.

　　　　(수) **al – a** “괭이로 파다(갈다)” ← * al –(g)a (논밭을) **일구**–다
　　　　　　↖재구성 * (g)al – a = **갈아** '갈다' ①
　　　　　　　　↖재구성 *(g)al –(g)a = 굴ㄱ, 굵ㅇ <**굵어**>, <**갉아**> ②

　“논밭을 **갈다**”라고 할 때의 <**갈아**->와 이 수메르어가 동일한 것임을 보인 것이 ①줄이다. ②줄의 대응어휘들은 지금 논하고 있는 「음절적 모음」에 해당하는 <al- a>의 제2음절 <– a> 앞에다 연구개음(g·k)을 재구성함으로써 확인이 가능한 것들이다.

　즉, 위에서 말한 바의 “어떤 하나의 어휘 구성 안에서 그 자체가 독립(자립)적인 하나의 음절을 이루는 경우”에 해당하여 「음절적 모음」이라 부를 수 있는 이때의 <– a>와 같은 자립적 모음 앞에는 일반적으로 연구개음(g·k)을 재구성할 수 있으며, 이를 통해 ②줄의 예로써 알 수 있는 바와 같이 계통적으로 서로 무관한 언어로 여기기 쉬운 국적어들 간에 우리가 예상치 못한 어휘적 동일성이 존재함을 깨달을 수 있는 것이다.

　인류의 오랜 언어사 가운데 과거 한 때 보편적으로 존재했음이 분명한 **연구개음적 음절**로 환원하는 일은 서로 무관하다고 여겨온 국적언어들끼리의 동일성을 확인하는 작업일 뿐만 아니라, 오늘날 통용되고 있는 **다양한 형태의 어휘들이** 기원적으로는 **몇 안 되는 극소수의 원형들로부터 갈라져 나온 것임을** 확인하는 과정이기도 하다.

가령 수메르어 〈al- a〉를 연구개음적 원형으로 환원함으로써 위의 ①, ②줄의 〈갈아〉, 〈긁어〉, 〈갉아〉라는 어형들이 형태적으로는 모두 〈*(g)al -(g)a〉에서 파생되었음을 확인할 수 있다든가 하는 것이 그러한 사례에 해당하겠는데, 이러한 연구방법론에서의 기초가 바로 모음을 「음절적(자립적) 모음」과 「음절 종속적 모음」으로 나누어 관찰하는 일인 것이다.

조금 전에 언급했었던 《어휘의 형태적 분화》라는 측면에서 이야기하면 다음의 ③, ④의 경우까지도 위의 ①, ②줄의 어휘들과 더불어 수메르어 〈al- a〉의 원형 〈*(g)al -(g)a〉로부터 파생되어진 것으로 추정할 수 있지 않겠나 싶다.

　　　　(수) **al - a** "괭이로 파다(갈다)"　　　　*(g)al - a 〈**갈아**〉 '갈다' ①
　　　　　　↖재구성 * **al** - (g)a 〈**일궈**(일구어)-> '일구다' ③ ↗
　　　　　　　↖재구성 * **(g)al** - (g)a 긁ㄱ 〈**긁어**〉, 〈**갉아**〉 ②
　　　　　　　　　　　　긁ㄱ 〈**갉궈**(갉구어)-> '갉구다' ④

　③줄의 〈**일궈**(일구어)〉는 "논밭을 **일구다**"라고 할 때의 그것으로 "논밭을 **갈다**"라고 할 때의 ①줄의 〈**갈아**-〉와 의미적으로 동일한 것이다.

〈**일궈**-〉는 "밥을 **일구어** 퍼 담다"와 같은 경우에도 쓰이는데, 이때의 이 〈**일궈**〉가 내포하고 있는 어휘적 의미 {**갈아**(갈다)}는 그저 의미적 동질성으로만 〈일궈〉와 관련을 가지는 것이 아니라는 점이 지금 우리가 주목해야 하는 부분이다.

다시 말해 "**오늘날 통용되고 있는 다양한 형태의 어휘들은 몇 안 되는 극소수의 원형태로부터 갈라져 나온 것이다!**"라고 할 때의 그 《**어휘의 형태적 분화**》라는 측면, 그리고 수메르어 〈**al- a**〉를 원형태 〈***(g)al -(g)a**〉로 환원해보는 것과 같은 새로운 연구방법론을 적용해볼 때 〈**일궈**-〉와 〈**갈아**-〉는 동일한 하나의 형태로부터 갈라져 나온 이형태들 즉 상호 **동일기원어** 관계에 있다고 추론함이 마땅하다.

동일한 하나의 원형 〈***(g)al -(g)a**〉에서 제2음절 연구개음(g·k)이 약화·탈락한 것이 ①의 〈**갈아**〉이고, 원형 〈***(g)al -(g)a**〉로부터 제1음절 연구개음(g·k)이 약화·탈락한 것이 ③의 〈**일궈**〉이다.

④의 〈**갉궈**(갉구어)〉는 "자꾸만 나를 **갉구**는 이유가 뭐냐?"와 같은 방언적 표현에 등장한다. 그 뜻은 {집적대 괴롭히다}, {헐뜯고 갉아 내리다} 등으로 여겨지고, 이 예문의 경우 "자꾸만 나를 **긁**는 이유가 뭐냐?"와 같이도 바꾸어볼 수 있는 점에서 〈**갉궈**(갉구어)〉는 ②줄의 '긁다·갉다'의 〈**긁어**〉/〈**갉아**〉와 동일기원어 관계에 있다고 추정될 여지가 있다.

수메르어 ⟨al-a⟩를 위의 ②줄에 적은 바의 연구개음(g·k)적 원형 즉 ⟨***(g)al -(g)a**⟩로 재구성해 살펴볼 수 있는 음운적 근거 가운데의 하나는 ⟨al- a⟩와 의미적으로 같으면서 음운적으로는 연구개음을 지닌 ⟨**ka-al**(-ak)⟩, ⟨**gàr-dar**⟩ 등의 어휘가 동일한 수메르어 내에 존재한다는 점에 있다. 그리고 마찬가지로 의미상 동계이면서 수메르어 ⟨**ka-al**(-ak)⟩, ⟨**gàr-dar**⟩와 같이 연구개음 음절로 구성된 많은 드라비다어들이 존재함에서도 수메르어 ⟨**al- a**⟩를 이와 같이 재구성해 살펴볼 수 있는 근거를 찾을 수 있다. 드라비다어도 한국어와 대단히 밀접한 관계에 있는 언어다.

다른 장에서도 소개한바 있지만 다시 한 번 아래의 드라비다어들을 재인용한다.

(드) **kār** 파다 = ⟨**갈-**⟩,⟨**갈아-**⟩ / ⟨**까~**⟩ '까서 파다' / ⟨**굴**(掘)⟩ '파내다'

　　└ ***(ch)ār** ⟨**채**(採)⟩ '캐다·채굴'

　　　　　　　　　　　　　　　　┌**헐**(헐다)
　　└ ***(h)ār** ⟨hollow⟩ '파내 만들다·도려내다' / ⟨**할**(割)⟩ '쪼개다·나누다'

(드) **kīru** 긁다·긋다 = **kīr -u** ⟨**그려**⟩, ⟨**그어**⟩ / ⟨**기루**(きる)⟩ '깎다·베다'

　　　　　　　　　↖재구성 * ≪**kīr -(g)u**≫ 긁어, 갉아

　　└ ***(y)īr-u** ⟨**오려**⟩ '오려내다' = ⟨**와루**(わる)⟩ '쪼개다·나누다'

(드) **kōru** 긁다 = **kōr -u** '**그려**-' [가려 -ㅂ다]

　　　　　　　　↖재구성 * ≪**kōr -(g)u**≫ 긁어, 갉아

마지막으로 이번 장의 주제인 「**음절적(자립적) 모음**」의 조금 다른 양상에 대해 언급해볼까 한다.

조금 다른(?) 양상이라 함은, 원래 이중모음이었다가 단모음으로 된 경우에 있어 이들이 본래는 이중모음이었던 점에서 그 '이중모음성질' 가운데의 일부를 따로 분리해 이를 「**음절적 모음**」으로 추정하고, 이에 따른 연구개음(g·k) 재구성의 방법을 통해 동서양 어휘들의 동일성을 확인해볼 수 있다는 것이다.

영어 <pad>를 통해 이러한 점을 살펴보겠다. pad에서의 모음 [æ]는 본래 이중모음이었다가 단모음으로 된 경우로서 필자의 「음절적 모음」이란 원리를 적용할 수 있는 대표적인 모음에 해당한다.

모음 /æ/는 라틴어에서 이중모음 ai > ae > æ로 진행되었던 것으로 설명된다.[9]

■ pad [pæd, 패드] '(충격/마찰/손상을 막는)덧대는 것·받침·안장 받침·가슴받이'
　'덧대다·받침을 대다·심을 넣다·구석구석까지 스며들게 하다'

■ pad [pæd]
　∟ (어휘대응 ㉠) <배다>: 냄새·물 등이 배다 = {구석구석까지 스며들게 하다}
　∟ (어휘대응 ㉡) <배다>: 속이 꽉 차다, 촘촘하다 "알이 배다" = {심을 넣다}
　∟ (어휘대응 ㉢) <베다>: 베개를 베다 (받침)　　　　　= {안장 받침}

※ 'pad'의 재구성 = (본래의 이중모음으로 환원하여 살펴봄)
　[pæ -d] ← ㉮ p'ai' – d ← ㉯ pa – i – d
　　　　　　　　　　　　↖ * pa – (g)i – d ㉰ ★
※ ㉰ * pa – (g)i – d
　∟ (어휘대응 ㉠') <배기다>: 냄새·물 등이 배다 "냄새가 배기다" (방언)
　∟ (어휘대응 ㉡') <배기다>: 물건 따위가 들어가 성가시게 눌림 (방언)
　　　　　　　　　　　속에 들어차다 "알이 배기다(배다)"
　∟ (어휘대응 ㉢') <베개>: 방석처럼 완충역할을 하는 머리 베개

영어단어 <pad>를 그 발음형태 [pæd]로 바꾸어 그 모음추이를 참고해 다시 적은 위에서의 ㉮, 즉 <p'ai-d>는 오늘날의 모음 [æ]가 과거 어느 시기에 가졌었던 '이중모음'적 형태인데. 이 ㉮는 이처럼 이중모음적으로 되기 전의 각각의 '개별모음'으로 분리 실현되었던 ㉯의 <pa-i-d>의 시기로 다시 소급되어질 수 있다.

㉯에서의 두 번째 음절격인 모음 [i]는 필자가 위에서 언급한 바의 자립(독립)적 음절기능을 수행할 수 있는 「음절적 모음」으로 추정할 수 있기에, ㉰로 적은 바와 같이 이 음절적 (자립적) 모음 앞에 연구개음(g·k)을 재구성하여 관찰할 수 있으니 그에 의한 어휘대응 추론

---

9)　김석산, 《영어발달사, 을유문화사》 참고.

이 위의 ㉠', ㉡'로 표시한 ⟨배기다⟩, 그리고 ㉢'의 ⟨베개⟩이다.

이 ㉠', ㉡'에 상응하는, 현대영어형 [pæd]로써 어휘대응의 가능성을 살필 수 있는 ㉠㉡의 ⟨배다⟩가 존재함으로써, ㉠', ㉡' ⟨배기다⟩의 어휘대응 가능성이 그만큼 크다고 보지 않을 수 없다.

이 ㉠', ㉡'의 어휘대응 가능성이 높다는 것은, [æ]와 같이 본래 이중모음이었던 모음들을 원래의 단모음 결합으로 환원함을 통해 그 중 일부를 「음절적(자립적) 모음」으로 추정해 볼 수 있는 그러한 가능성의 정도가 높다는 뜻이 된다.

※ (재구성)

[pæd] ← ㉮ p'aí' - d ← ㉯ pa- **i** - d ← ㉰ * pa - (g)**i** - d

어휘대응으로 제시한 위의 ㉡ ⟨배다⟩는 "알이 배다"와 같은 표현이나 "아이를 **배다**"에서처럼 어떤 무엇이 속에 (꽉)들어찬 모습을 나타낼 때 쓰이는데, 단어 뜻 {심을 넣다·구석구석까지 스며들게 하다}와 상통할 수 있다.

㉡의 {어떤 무엇이 속에 들어가(넣어져) 있다}는 그 뜻은 ㉡'로 적은 방언형 ⟨배기다⟩가 가지고 있는 의미이기도 하다. 즉, 방언적 표현으로 "**가시가 있는 건지, 등짝이 왜 이렇게 배기는** 걸까?"라는 말은, 등에 가시와 같은 무엇이 **들어가** 있다는 느낌과 그것이 등에 와 **닿는** 불편한 느낌을 표현하는 것인 점에서 그렇게 볼 수 있다. ㉡'의 두 번째 줄에 적은 "알이-**배다**"의 방언적 표현인 "알이 **배기다**"가 이를 보다 직접적으로 드러내고 있다.

방언형 ⟨배기다⟩에 담긴 불편하게 무엇이 와 **닿는** 느낌은 영어 ⟨pad⟩의 {덧대다·받침을 **대다**}라는 뜻에 존재하는 '**대다·닿다**'라는 요소와 의미적으로 무관치 않다.

⟨배다⟩/⟨배기다⟩는 'pad'가 지닌 대략 다음과 같은 **서로 무관한 두 가지 이상의 의미들과 모두 상통하는 점에서** 이들이 현대영어 ⟨pad⟩의 대응어휘임을 더욱 확신할 수 있다 하겠으며, 이를 통해 이번 장에서 설명하고 있는 「음절적 모음」이라는 음운이해 방법론이 매우 타당한 것임을 분명히 깨달을 수 있다 하겠다.

※ 'pad'가 지닌 2 ~ 3가지 의미요소   ※ 'pad'와의 대응어휘
                                            ↓

1) 스미다, 젖다.   / ⟨배다⟩, ⟨배기다⟩ '**방**'
2) 속에 심을 넣다.   / ⟨배다⟩, ⟨배기다⟩ '**방**'
3) 완충장치로~ 혹은, 몸에 닿도록 무언가를 대다·받치다 / ⟨베다⟩, ⟨베개⟩

현대 영어 'pad'의 제1음절 ⟨pa-⟩는 /p/와 /a(æ)/로 이루어진 ⟨**자음+모음**⟩의 '**1음절**' 형

태이므로 현대어의 실제 발화상(發話上) 이 둘을 분리하는 것은 불가능하다. 그러나 위에서 보았다시피 언어의 역사적 변화를 추적하는 그러한 관점에 의할 때, 〈pa-〉의 모음실현 [æ]는 본래 이중모음이었던 점에서 그 **'이중모음성질'** 중의 하나를 따로 떼어내 이를 「**음절적 모음**」으로 파악할 수 있었으며, 그리하여 이 음절적 모음을 다시 연구개음(g·k)적 음절로 환원함으로써 〈pad〉가 한국어 〈**배다**〉, 〈**베다**〉, 〈**배기다**〉 등과 본디 동일한 어휘임을 확인할 수 있었다.

이러한 사례를 통해 알 수 있는 것은, 〈**자음+모음**〉의 결합형태를 취하고 있는 현대어에서의 모든 음절(syllable)은 그를 구성한 자음과 모음의 사이를 분리해 2음절적으로 관찰되어질 필요성, 그리고 그 본모습이 2음절이었을 가능성을 아울러 가지고 있다는 점이다.

그러한 작업에서 만일 자음과 모음의 사이를 떼어놓을 수 있다면 그 경우에서의 모음을 「**음절적 모음**」이라 부를 수 있겠고, 반면에 자음과 모음을 본원적으로 떼어놓을 수 없는 경우라면 이때의 모음을 「**음절 종속적 모음**」으로 부를 수 있을 것이다.

음절 종속적 모음은 자립적 음절기능을 수행할 수 없는 모음성질로, 자음이 '말소리'로 발화됨에 있어 불가피하게 수반되어져야만 하는 어떤 필수적인 소리성질이라고 정의할 수 있다.

영어 〈**pad**〉 및 그 대응어로서의 〈**배다**〉, 〈**베다**〉, 〈**배기다**〉 등에 나타난 음운변화원리는 아래의 한국어 변화추이들에서도 동일하게 작용하였으리라 믿어진다.

■ 고어 [**버히**-다] > * **버이**-다 > **베**-다 'cut'
■ 고어 [**싸이**-다] > * **쌔**-다 '빼다'
■ * 버(뻐)**기**-다 > * **뻐이**-다 > **빼**-다 '거만·거드름·오만'

> (수) **gàr - dar** : subdue "토지를 개간하다, **목소리를 낮추다**"
>   = [gàr - dar] (목소리를)**깔다** ⑤

〈**al - a**〉와 함께 제시한 수메르어 〈**gàr-dar**〉는 글상자 안의 ⑤에 적은 한국어 〈**깔다**〉와의 어휘대응임이 확실해 보인다.

그러한 점에서 자음 성질로 실현된 /r/이 경우에 따라서는 자음 성질 /L/로 변화했을 가능성을 눈여겨보지 않을 수 없다. 서로 무관한 듯 여겨온 각 국적(國籍) 언어들 간의 어휘 비교 및 음운 대응에 관해 고찰함으로써 조음운동의 변화에 수반한 음운의 변천 또한 함께 추론해 볼 수 있지 않을까, 라는 생각을 해보게 된다.

114

'귀'와 'ear' // 이(耳) '귀'

현대영어 ear [iər, 이어] = 어휘대응 <이(耳)> '귀'

↖재구성① *≪(g)ear≫ = 어휘대응 <귀> '소리를 듣는 귀'

※ 전동성(r) 약화 : <이(耳)> '귀' = 중국음 [ĕr 으 r]

현대영어 <ear>에 연구개음(g·k)을 재구성하면 위 ①줄에 나타낸 것처럼 현대 한국어 <귀>가 된다.

이처럼 <ear>는 그 본래 형태가 어두에 연구개자음성질을 가지고 있던 것으로, 그 자음성질이 탈락한 현대영어 [iər]는 원동북아시아문자(한자) '耳'의 한국 현대음 [이]나 북경식 중국 현대음 [ĕr (으 r)]와 대단히 유사한 점에서 <耳>도 본래는 <귀>였을 가능성을 보여주고 있다 하겠다.

미약하나마 떨림 성질로서의 전동성 'r'이 보존된 <耳>의 현대 중국음 [ĕr (으 r)]가 현대영어발음 [iər]와 유사한 점도 [이] 즉 <耳>의 원형태가 <귀>였을 가능성을 보여주고 있다.

■ ear '귀' ← 재구성 ① ≪(g)ear≫ = 귀

재구성①과 같이 어두에 연구개음(g·k)을 재구성하는 문제는 2014.1월에 펴낸 필자의 책에서 언급했던 "모든 음절(자립)적 모음 앞에는 연구개음(k·g)을 재구성할 수 있다!"라는 음운원리를 상기할 수 있을 터인데, 영어(English)의 음운변천사 가운데 이 재구성 ①을 지지하는 사례가 **실존함**을 통해서도 이에 대한 확신을 가질 수 있다 하겠다.

아래에 ㉠줄로 나타낸 현대 영어 <year>의 변화과정이 바로 그것이다.

┌ *(h)ear <해(태양)> : *(sh)ear <세(歲)> '해·새해'

■ **gear** 고대영어 → 현대영어 **year** [jiə:r]   ※ '해' = 둥근 원(圓) 모양 ㉮

　재구성 *(g)ear = <**귀**>'사람 몸의 귀' → 현대영어 **ear** : <耳 (이)> ①

※ 둥근 원(圓) 모양

㉮의 줄과 ①의 줄은 공교롭게도 그 형태에서 둥근 **원**(圓) 모양이라는 공통점을 지니고 있다. 즉 사람의 몸에 붙어 있는 "**귀**"의 그 둥근 귓바퀴 모양은 완벽한 원(圓)인 "**태양**"과 형태상 일맥상통하는 점이 있다는 것이다.

　이는 바로 제84장에서 살펴본, {바꾸다(바뀌다)}의 뜻으로서 한국어 <갈다>와의 대응이었던 영어 <alter>의 근간 [al-]이 '태양'을 나타내는 말인 점, 그리고 이 [al-]이 태양이 가진 그 둥근 형태성의 어휘로서 새들이 낳는 <**알**>로 실현되었다는 점과 일맥상통하는 것이다.

　다음에 소개하는 <arc>/<arch>라는 단어도 그 연구개음 재구성으로써 '**원을 그리는 제구**(祭具)'인 <**규**(規)>와 동일 기원일 것으로 추정하게 되는바, 그 근거는 이 단어들의 모태가 천구(天球)로서의 '**태양**'에 있다고 여겨지기 때문이다.

　　■ **arch** : '호(弧), **활** 모양, 활모양으로 된 것, **활모양으로 굽히다**'

　　■ **arc** [ɑ:rk, 아-크] : "호(弧), 활모양"

　'arc'의 재구성 = (g)ar – c [k] = 곡(曲) /→ * (zh)ar – k <–**지개**> "무지개"

　　　　　　　└, (g)ar – (w) ㄱ이 <**규**(規)>: 원을 그리는 제구(祭具)'

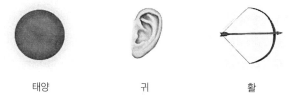

태양　　　　　귀　　　　　활

i). **ear** [iər, 이어] '귀'

ii). **hear** [hiər, 히어] '듣다. ~이 들리다'

* 재구성① **(g)ear** <귀> '사람 몸의 귀' → 현대영어 <ear>, <耳(이)> "연구개음 약화"

　② └, * **(h)ear** = 현대영어 <**hear**> "연구개음의 기식음화"

현대영어 〈ear〉의 어두에 연구개음을 재구성해 그 본래 형태를 ①의 〈*(g)ear〉로 추정함에 대한 또 다른 증빙은 실존단어 〈hear〉를 통해 찾아질 수 있다!

즉, 재구성① 〈*(g)ear〉에서의 연구개 자음 /g/는 영어 음운사를 비롯한 각 나라의 언어현상에서 기식음 /h/로 되는 보편적 성질을 가지고 있기 때문에, 이에 기초해 ②줄의 〈*(h)ear〉라는 다른 형태를 다시 추정하면 **들다·들리다**의 뜻인 현존 단어 〈hear〉로 곧장 연결되므로 'ear'를 〈*(g)ear〉로 소급 재구성할 수 있음에 대한 음운적 타당성을 이를 통해 증명할 수도 있다는 말이다.

다시 말하자면 원형태 ①의 〈*(g)ear〉로부터 변화한 〈ear〉는 "귀"라는 명사로 된 것이고, 원형태 ①의 〈*(g)ear〉로부터 변화한 〈hear〉는 "듣다·들리다"의 동사로 된 셈이다.

*재구성① **(g)ear** = 〈**귀**〉 '사람 몸의 귀' → 현대영어 〈ear '귀'〉, 〈耳(이)〉

"**명사** (Noun)"

② ∟, * **(h)ear** = 현대영어 〈hear〉 '듣다·들리다'　　"**동사** (Verb)"

다음에 소개하는 드라비다어 〈gurru〉 역시 'ear'의 재구성 형태 ① 즉 〈*(g)ear〉에 대한 또 다른 음운적 증빙이 되는지 모른다.

■ **ear** '귀' ← 재구성① * **(g)ear** = 〈귀〉

※ **gurru** (드) 귀 → *(h)urru 〈hear〉 '듣다' ㉯

드라비다어 〈**gurru**〉 및 현대영어 〈ear〉간의 음형태적 유사성은 영어음운사에 등장하는 《음위전환(音位轉換)》 현상을 참고함으로써 보다 잘 이해할 수 있다. 이를 적용하여 위의 재구성①을 다시 표현한 다음, 이를 ㉯줄의 드라비다어와 다시 비교해본다.

*재구성①/ **(g)ear** = 〈귀〉 → 현대영어 〈**ear** '귀'〉
(1) [재구성①]의　　　　　　　　　　↑
'음위전환'적 재구성 = [*(g)r - ea] 또는 [*(g)re - a] 또는 [*(g)er - a]
※드라비다어 〈**gurru**〉 gur(r) - u
'한국어' 구 r 이 ~ 지 〈**귀**〉

(1)줄에 보인 음위전환적 재구성 형태 셋 중 어느 하나를 거쳐 'ear'의 재구형 〈*(g)ear〉가 나타났을 것으로 추정된다.

이 가운데 마지막 세 번째의 밑줄 친 〈*(g)er - a〉가 드라비다어 〈gurru〉와 어형적으로 비교하기가 수월하지만, 그렇다고 나머지 두 재구형태가 드라비다어 〈gurru〉와 어휘적 연관성을 가지고 있지 않다는 뜻은 아니다.

다시 말해 드라비다어가 되었든 고대영어가 되었든 말들의 가장 이른 형태상에서는 -필자의 책 음운론에서 말한바와 같이- **'떨림'**성질이자 **반모음**(半母音)으로서의 /r/이 자음에 결부된 형식으로서의 ≪**자음 + 'r'** (음절핵)≫이 말소리의 최소 단위로서의 음절(syllable)이 실현되는 방식이므로, 위의 (1)줄의 첫 번째 내지 두 번째 재구형이 세 번째의 것보다 더 오래된 형태에 해당하고, 이들은 드라비다어 'gurru'의 여기에 적지 않은 고(古) 형태와 상응할 수 있다는 것이다.

반모음으로서의 /r/이 자음에 결부된 원형적 음절 형식 ≪**자음 + 'r'**≫에 대해서는 향후 〈pride〉/〈grade〉등을 통해 설명할 기회를 가질 것인데, 이 단어들을 간단히 살펴보면 아래 글상자에서와 같이 한국말과 기원적으로 동일한 것들임을 알 수 있다!

원경식 교수님의 ≪영어음성학·음운론, 탑출판사(1990)≫에서는 'r'의 이러한 모음(음절핵)적 성질에 대하여 **"모음 앞에 있는 /r/은 모음과 <u>유사한 이동음이다</u>!"**라고 언급하고 있다.

- pride = pr- i - d '자랑하다' ← (재구성) * **pr** -(g)i- de 〈**뻐**기다〉
- grade = gr- a - de '골라 가려내다' = 〈**가리**-다〉/〈**가래**-다〉: 고르다 '방'

위의 단락에서 한국어 〈**귀** '耳'〉와 대응하는 현대영어 'ear'의 재구형 〈*(g)ear〉 및 드라비다어 〈**gurru**〉 간의 어형적 유사성을 설명하기 위해 동원했던 -영어 음운사에 존재하는- 음의 위치이동, 즉 ≪**음위전환**(音位轉換)≫ 현상에 대해 간략하게 소개하겠다.

　　※ 음위전환의 사례:
　　　　고대 노르만어 hross → 고대 영어 hors → 현대 영어 horse '말'

영어(English) 음운사에서 논해지는 **'음위전환**(音位轉換)'을 간단히 설명하면 본래는 모음 **<u>앞에</u>** 있던 /r/이 모음의 **<u>뒤로</u>** 가게 된 현상이라 할 수 있는데, 이를 동서양 언어의 기원적 동일성이란 관점에서 수 만 단어 이상을 관찰한 필자의 음운관으로서 표현하면 "원형적 음절실현에 결부되었던 떨림 성질로서의 고모음적 'r'이 그 긴장성에서 이완이 발생함에 따라 야기된, 일종의 **모음 하강**(下降) 현상이다!"로 말해질 수 있다.

모음적 'r'이 결부된 원형적 음절 실현은 조금 앞의 글상자 안에 선보인 〈pride〉 및 〈grade〉 등의 한국어 대응을 통해서도 명백히 드러나고 있다.

결국 영어 음운사에서의 **음위전환**(音位轉換)은 떨림 성질로서의 'r'에 발생한 조음운동적 변화로서, 동서양의 어휘들을 비교함에 있어 빼놓을 수 없는 음운현상 가운데 하나라고 할만하다. 이에 대해서는 앞으로도 지속적으로 언급할 것이다.

'태양'을 어휘적 모태로 삼고 있다고 말한, 앞에서 소개한 영어 단어 〈arc〉/〈arch〉는 아래의 ㉬로 적은 바와 같이 색상어 〈**적**(赤)〉으로도 될 수 있을 것이다.

- ■ <u>arch</u> : 호(弧), 활 모양, 궁형으로 된 것, **활모양으로 굽히다**.
- ■ <u>arc</u> [ɑːrk, 아-크] : "호(弧), 활 모양"

　　　　　　　　　　┌ 〈**적**(赤)〉 '붉다' ㉬

'arc'의 재구성 ② * (g)ar - c [k] → * (zh)ar - k 〈**지개**〉 "무지개"

　　　　　　　　〈**곡**(曲)〉 '굽다·휘다'

　　　　　　　　└ (g)ar -(w) ㄱ이 〈**규**(規)〉: 원을 그리는 제구(祭具)

이처럼 '태양'으로부터 색상어가 가능함은 -앞의 제109장에서 살펴보았듯이- 영어 〈alter〉의 근간인 [al-]이 '태양'으로서 태양이 가진 그 둥근 형태상의 어휘로는 새들이 낳는 〈**알**〉로 된 반면, "**붉다**"의 색상어로서는 터키어 〈al〉로 나타난 점을 참고할 수 있다.

arc [ɑːrk] '활모양' = * (zh)ar - k 〈**적**(赤)〉 ← ≪"태양"≫

alter = 태양어휘 / 터키어 〈**al** 붉다'〉 ← ≪"태양"≫

한국어 〈**알**〉　　← ≪"태양"≫

"무지개"에서의 〈-**지개**〉, 원을 그리는 제구인 〈**규**(規)〉, 그리고 〈**적**(赤)〉/〈**곡**(曲)〉 등은 '**태양**'에 기원하여 만들어진 동일 기원어일 가능성이 크다고 본다.

둥근 '원' 모양의 무지개

115

볶아(-먹다), (수레-)바퀴

앞의 제114장에서는 한국어 〈귀〉와 현대영어 〈ear〉의 기원적 동일성을 설명하는 가운데, 사람의 얼굴에 달린 '귀'가 지닌 그 둥근 형태성이 태양의 둥근 형상과 맞닿아 있음으로써 〈귀〉라는 그 언어적 기원이 **태양**으로부터 비롯되었을 가능성이 있다 하였다.

서두의 들어가는 글에서도 언급한 바와 같이, 마치 **빅뱅**(big bang)이 일어나듯, 복잡다기한 수많은 어휘들이 '**태양**'을 가리키는 어떤 원형적 어휘로부터 동시다발적으로 발생해 나왔다고 필자는 추론하고 있다. 이 번 장에서 살펴볼 한국어, 영어, 드라비다어의 밀접한 어휘적 관련성 또한 그러한 관점을 뒷받침해주는 사례라고 할 수 있다.

태양

다음의 글 상자 안에 소개한 드라비다어 〈uri〉는, 필자의 주된 어휘비교 방법인 연구 개음 재구성의 원리를 적용해 살피면 ㉮줄에 적은 한국어들과 그 기원에서 동일한 동일기원어 관계임을 추정하게 된다. 특히 {**타다**}라는 뜻과 관련해서는 "**구리**-빛-으로 **탄** 강인해 보이는 얼굴"과 같은 표현을 통해 그 어휘적(음운적) 동일성이 명백히 드러남을 주목하지 않을 수 없다.

드라비다 **uri** '타다·빛나다'

　　　↖≪(g)ur‐i≫ **구이**; **구워**~ ; **구리**(구리-빛, 피부) ㉮

　　= [ur‐i] **아리**-다 "매워서 혀가 **아리**-다!" // "불에 데어 **아리**-다!"

　　　우리-하다:아리다 '방' ㉯ ㄴ．※ "혀가 **타는** 듯, 입에 **불**이 난 듯 맵다"

　　↖≪ur‐(g)i≫ **야꾸**(やく) '**태우다**·굽다·그을리다' ㉰

　　　야께(やけ) '**탐**·그을림·살갗이 검붉어 짐'

㉯, ㉰줄의 어휘들도 ⟨uri⟩의 뜻인 {타다}의 '불'이 가진 성질과 매우 깊은 관련에 있는 어휘들이라고 할 수 있다. 매운 맛을 표현한 한국어 ⟨**아리**-⟩/⟨**우리**-⟩ 등은 불에 **타거나** 불에 **데었을** 때의 쓰리고 따가운 느낌을 표현한 말에서 비롯되었을 것이라고 필자의 다른 글에서 논지를 편 바 있다. ㉯줄 오른쪽 ※표에 적은 것처럼 "혀가 **타**는 듯"한 느낌이 ⟨**아리**-⟩/⟨**우리**-⟩이므로 이 말들은 곧 {타다}의 드라비다어 ⟨uri⟩와 동일한 것일 가능성이 농후한 것이다.

의미적으로 이러한 내용과 일맥상통하는 영어단어 ⟨parch⟩ 및 이와 기원적 동일성의 관계에 있다고 여겨지는 한국어 ⟨**볶아**~⟩를 살펴보기로 한다.

---

parch [pɑːrtʃ] "(콩 따위를)**볶다**, 굽다·태우다·그을리다"

　　= [par − **ch**]

　　　　　　　　　　　　　　　　　　　　⟨**볶여**-⟩

　↖≪par −**(k)**≫ 프 r 크, 브 크, 복 ㅇ ⟨**볶아**~⟩/ ⟨**볶이**⟩(-다) ①

수 만 단어의 동서양 어휘를 살펴본 필자의 음운관에 의하면, ①줄에 적은 한국어 ⟨**볶아**~⟩/⟨**볶여**-⟩는, [볶]과 같은 폐음절 현대어로 되기 이전의 본래의 개음절 결합 형태로서는 ⟨***브크**⟩ 혹은 ⟨***브키**⟩였다. 그러던 것이 제2음절 [크] 혹은 [키]에 결합된 모음성질이 약화됨에 따라 제2음절 자음성분 /k/가 앞의 제1음절로 옮겨오면서 제1음절이 '**폐음절**'로 되어 현대어 "**볶아**(여)"에서의 [볶]이란 음절이 형성된 것이다. 현대문법에서 기본형으로 삼고 있는 [볶-]과 같은 음절은 상고대에는 존재하지 않았음이 확실하다.

이와 같이 본다면 ⟨***브크**⟩ 혹은 ⟨***브키**⟩의 제2음절 자음성분 /k/가 구강(口腔) 내에서의 앞쪽 이동 즉 전향화를 입어 '**ㅊ**'인 [tʃ] 곧 'ch'로 바뀔 수 있음을 또한 상정할 수 있다 하겠는데, 바로 이러한 제2음절 /k/의 변화로 나타난 어형이 {볶다, 굽다·태우다·그을리다}의 현대 영어 ⟨parch⟩라고 생각된다.

이 그림은 시골 5일장 같은데서 흔히 볼 수 있는 쌀, 보리, 옥수수, 콩 같은 곡식을 튀기는 기계를 대강 비슷하게 그린 것이다. 솥 안에 곡식을 넣은 후 그 밑동에다 장작불 따위를 계속 피워 뜨겁게 달군 다음, 일정 시간이 지나 "**뺑이야!**"하고 외치면서 솥-두껑을 일시에 열어 압력차를 이용한 그 폭발력으로 곡식을 튀기게 된다.

이 튀기는 기계뿐만 아니라 참깨나 들깨 따위와 같은 곡식을 '**볶는**' 일에는 불 즉 열(熱)이 필수적으로 동반되는데, 그 점에서 〈**볶**-다〉는 '**불**' 관련어이고 더 원천적으로는 '**태양**' 관련어일 수밖에 없다.

'**태양**' 관련어로서의 〈***부ㅋ**〉 혹은 〈***부키**〉가 태양이 지닌 그 둥근 모양의 형태어로 나타난 것이 〈**바퀴**(wheel)〉일 것이다.

천구(天球)로서의 '태양'과 그것이 지닌 둥근 원형적 요소가 형태어로 나타난 〈**바퀴**〉와의 어휘적 관련성은 다음에 소개한 {태양}의 뜻인 드라비다어 〈**vera**〉를 통해 좀 더 직접적으로 파악할 수 있기도 하다.

(드) vera '태양' ← * ver -(k)a 비ㅋ, 부키 〈**바퀴** '輪'〉

          ↓   ② 〈**바꿔~**〉 '바꾸다·순환·교체'

    ver - a = 영어   〈**vary**〉 '바꾸다·바뀌다'

---

②줄의 〈**바꿔~**〉는 다른 글에서 이미 말한 것처럼, 매일같이 뜨고 지고를 되풀이하는 태양의 그러한 반복과 순환성(cycle)을 표현하게 된 어휘라고 보면 된다. 지난 글들에서 한국어 〈**바꿔**(바꾸어, 바뀌어)〉와의 대응으로 추정한 영어 〈**vary**〉라든가 〈**buy**〉 등도 이러한 맥락에서 만들어진 말일 것이다.

이처럼 '**태양**'을 원초적 기원으로 하여 오늘날 우리가 쓰고 있는 수많은 말들이 만들어졌다고 보면 아래의 ③ ~⑨줄의 어휘들도 {태양}의 뜻인 드라비다어 〈**vera**〉와 동일 기원어가 아닐 수 없다.

┌ [ver-a] = (눈으로)**보아**, (눈에)**보여** ③

(ㄷ) vera '태양' ← * ver -(k)a 비킈, 부키 <**백**(白)> '희다·날이 새다' ④

      ↓   비r크, 부r크 <**밝**아~> ⑤

                        <**빨가**-타>,<**벨가**-타> '붉다' ⑤'

      ↓   <**벽**(壁)> '울타리' ⑥

    * **ver -(sh)a** (눈이) **부셔** ⑦

    * **ver -(ch)a** (빛이) **비춰** ⑧

       (전을-)**부쳐** ⑨ "불을 이용한 요리법"

이 어휘들 가운데 ③, ④, ⑤ 및 ⑦, ⑧은 태양의 시각적 성질을 표현한 말들로, 특히 ④줄의 '**백**(白)'과 ⑤줄의 '**밝아**'가 기원적으로 동일한 어휘임을 알 수 있는 점에서 음운추이를 적용한 언어연구 방법론이 언어상에 일어난 역사적 변천을 파악하는 데에 얼마나 중요한 역할을 하는지를 알게 해주고 있다.

이른바 문자의 유입 및 그에 동반한 어휘의 유입을 가정하고 만들어진 '한자어(漢字語)'라는 개념은 대다수의 동북아시아 어휘들이 상고시대에 존재한 유라시아공동조어로부터 분기해 나온 것이 틀림없다는 점에서 보면 참으로 성립하기 어려운 허망한 것에 지나지 않는다.

⑤'줄의 어휘들은 산 너머로 혹은 바다 위로 떠오르는 붉은 태양으로부터 시작된 색상어휘이며, ⑥의 <**벽**(壁)>은 태양의 '**따뜻함**'이란 특성을 표현한 어휘가 되겠다. 벽으로 둘러치면 추위와 찬바람을 막을 수 있으니 따뜻해진다는 얘기다.

나무를 엮어 둘러친 벽, 울타리

'벽(壁)'은 다른 말로 〈(담-)**벼락**〉이라고 하기도 하고 방언형으로는 〈(담-)**비락**〉이라고 하기도 한다. 이때의 이형태 〈**벽**〉과 〈-**벼락·비락**〉으로부터 원형적 음절에 결부된 전동성 'r'의 두 가지 변모를 엿볼 수 있다!

즉, 〈**벽**(壁)〉은 전동성 /r/이 약화·탈락한 음형이고, 〈**벼락**〉/〈**비락**〉은 원형적 음절에 결부되었던 전동성 /r/이 약화되지 않고 자음으로 실현된 경우다.

> ※ 영어 '**barrack**' 참고!
> * bar + a - c(k) = 〈(담-)**벼락**·비락〉 * ≪'r'의 자음실현≫
> 　　　　　　〈**벽**(壁)〉 　　　　 * ≪'r'의 약화·탈락≫

> (드) vera '태양' ← * ver -(k)a 비|r크, 브r크 〈**밝아~**〉 / 〈**벽**(壁)〉
> 　　　　└, * ver -(ch)a (빛이)**비춰**
> 　　　　　　　⑨ (전을-)**부처** "불을 이용한 요리법"

⑨줄의 〈(전을-)**부처**〉는 태양을 어휘적 근원으로 한 '불'의 성질과 관련된 어휘로 추정할 수 있으니, 이러한 문맥에서 {**태양**}의 〈vera〉는 다시 아래의 ⑩줄로 나타낸 〈**볶아~**〉라는 말로도 연결되어 질 수 있다.

> (드) vera '태양' ← * ver -(k)a 비크, 브크 〈(음식을)**볶아~**〉 ⑩

바로 이 ⑩줄의 추론은 이 번 장의 주제어인 영어 〈parch〉의 음운 추론과 만나게 된다.

> parch [pɑːrtʃ] "(콩 따위를) **볶다**, 굽다·태우다·그을리다"
> 　= [par - ch] 　　　　　　　　　　　　　　〈**볶여-**〉
> 　　↖≪par -(k)≫ 파 r 크, 브크, 복으 〈**볶아~**〉/〈**볶이**(-다)〉 ①

이번 장에서 소개한 한국어 〈**볶아~**〉/〈**볶여~**〉 및 영어 〈parch〉의 관계는 연구개음 /k/의 자음적 전향화를 보여주는 좋은 어휘 사례가 되어주고 있다.

> ※ k → ch, sh, zh 변화 ≪연구개음 'k'의 전향화≫

116

새끼-줄 / 엮어 / 잘개이(자루) '방' / 잘리(자루) '방'

새끼줄이라고 할 때의 한국어 〈새끼〉와 대응하는 수메르어 하나를 살펴보겠다.

(수) **sa – gi** : bundle of reeds '갈대풀을 **묶은 것**, **꾸러미**, 일단·다발·떼'
(수) **sa** : cord '**새끼**·끈'; string '끈·줄·**실**·시위·한줄'; net '그물·망사'; bundle '묶음'
bunch '다발·떼'; sinew '힘줄·근육·체력·지지물·지지자·원동력'

■ **대응어** : 새끼. 엮어 / [새]: 풀 / [쉬]: 곡식 풀/ **사**(絲)'실' / **수**(樹)'초목' / **초**(草)
제(諸) '여러' / **지**(支) '가지·지탱' / **서, 세워**-(일렬) / **시위**(화살 줄)
계(契) '맺다' / **세**(勢) '무리' / **여**(輿) '동아리·무리' / '**그**'물 / '**꿰**'매다
께(함께) / ~**와** / ~**과**.

〈**sa – gi**〉 시기 = '풀' [새] + **끼·꿰·꼬**~다 "풀(초목)을-끼다, 꿰다, 꼬다" ㉮
└ 〈**새끼**〉 (꼰 새끼줄)★ ㉯ ※ {'**새끼**'로 묶은 **다발**이나 **꾸러미**}
↖*(k)a – gi → (w)a- gi 이기, 익으 〈**엮어**-〉 ㉰ /〈**이까리**〉: 꼰 줄 '**방**'

〈**sa**〉 = [새], [쉬]/ **수**(樹) '나무·초목' ① // **사**(絲) '실' / **세**(勢) '무리'
* (k)a 키, 크 〈**계**(契)〉 / 〈'**그**'물〉 / ~**과** '추가' / **께**(함께) ㉠
* (zh)a **제**(諸)'여럿' / **지**(支) '지지' ㉡ // * (w)a ~**와** '추가' / **여**(輿)'무리' ㉢
* (ch)a 치, 추 〈**초**(草)〉 '풀' ㉣ ※《k 변화 → sh, ch, zh, h, W》

단음절어 〈**sa**〉를 기초로 살펴볼 때 2음절어 〈**sa-gi**〉
는 ㉮줄의 의미결합일 것으로 추정되며, 그에 대응하는 한
국어로 ㉯줄의 〈**새끼**〉와 본 장의 주제인 ㉰줄의 〈**엮어**〉
를 고려할 수 있다.

바람에 날아가는 것을 막기 위해 지붕 위에 둘러 묶은 '**새끼**'줄

'풀·초목' 어휘임이 분명한 수메르어 〈sa〉는 [곡식]의 뜻인 수메르어 〈še〉와 동일기원일 것이다. '곡식풀'의 뜻인 중세 한국어 [쉬]도 그러함이 분명하다.

(수) še : barley '보리·대맥(大麥)'; grain '**곡식**·알곡·곡류'
= 중세 한국어 [**쉬**]'곡식 풀'

(수) še–ba : barley, grain ration '곡식 분배(배부), 식량 할당, 식량배급'

(수) sa : cord '**새끼·끈**'; string '끈·줄·**실**·시위·한줄·일렬'; net '그물·망사'

〈sa-gi〉의 제1음절 [sa]에서의 /s/는 일반적으로 기저음 /k/의 변화에서 온 것이 많은바, 제1음절을 이 연구개음 /k/로 환원하여 그 약화형을 다시 추정한 것이 ㉯줄의 〈**엮어**-〉이다.

<sa-gi> * (k)a – gi /→ (w)a – gi 이기, 익ᄋ 〈**엮어**-〉 ㉯
(w)a – gi'**r**' 이기 r 〈**이까리**〉: 꼬은 줄 '**방**'

한국 중세어 [ᄀ·ᄋᆞᆯ] 및 현대어 〈가-을〉과의 관계가 바로 이러한 음운적 상관관계를 보여주는 사례에 해당한다. 특히 '가을'의 경상도 방언 〈가-**실**〉과 충청도 방언 〈거-**질**〉을 보더라도 이를 명백히 알 수 있으니, 기저음 /k/로부터 [실]의 /s, 'sh'/ 및 [질]의 /'zh'/ 그리고 [을]의 /w/가 파생되었다고 보겠다.

※ (기저음) k → s('sh'), 'zh', w 등 [ᄀ-ᄋᆞᆯ, 가-을]
[가-**실** '경상 방언', 거-**질** '충청 방언']

단음절 수메르어 〈sa〉를 또한 이러한 관점으로 환원하여 어휘대응을 추론한 것이 글상자 안의 ㉠ ~㉣로서, 이들이 단어 뜻 [묶음·다발, 끈·줄, 지지뭄] 등과 잘 호응하는 점에서 연구개음 /k/로 환원하는 관점 및 그 적용 ㉯에 관한 증빙으로 삼을 수 있다.

다른 장에서 살펴본 〈barrack〉〈complect〉〈concrete〉 등에 나타난 '**엮어**(엮다)'와 여기서의 ㉯ '**엮어**'는 어휘론적으로 서로 같은 것으로 볼 수 있을 것인데, 이때의 〈**엮어**-〉라는 행위어는 수메르어 〈sa-gi〉를 통해 관찰할 때 그 물상적 재료가 '풀·초목'임을 알 수 있다. 그런 맥락에서 ㉯줄의 〈**새끼**〉라는 대응어는 ㉮줄의 의미결합으로 된 2음절 결합어 즉 ≪풀 -**끼**다 (꿰다, 꼬다)≫로 볼 수 있다.

<sa- gi> [새] '**sa**' + **gi** ('**끼**·꿰·꼬'다) ← "풀 + 끼·꿰·꼬 ~다" ㉮

└, <**새끼**>(새끼줄)> ㉯

┌' <꼬(으)다>

<concrete> con + * <u>cr –(g)e – te</u> ⇒ cr –(y)e – te, <u>cr –e – te</u>

"끈~ 꼬다/ 엮다" └,(w)r –(g)e – te 여 r 기드, 엮으드 <**엮**(이)**다**>

■ 영어 <u>concrete</u> [kánkriːt, kán- / kón-] 응고한, **굳어진**; 응고물; **굳히다** 굳다.

■ 영어 <u>accrete</u> (하나로) **굳다** 융합하다 **일체가 되다**; 부착[고착]하다, (주위에)모으다.

└, ac –cr – e – te 역ㅋr 이트, 역ㅋㅇ드 <**엮**(ㅇ)**다**>

'**새끼**'줄과 똑같이 꼰 화학섬유 밧줄

이 그림에서의 '**밧줄**'은 다른 말로 "**삿바**" 등에서처럼 〈**바**〉라고 부르기도 하는데, 이때의 [바]는 제125장에서 살펴볼 'frock'의 〈fr-〉, 혹은 〈bar〉 등과 같은 원형적 단음절에서의 전동성 'r'이 탈락한 예에 해당한다!

이 〈**바**〉 즉 〈bar〉/〈fr-〉에서의 'r'이 /L/로 된 경우가 [플] 곧 현대어로 〈**풀**〉이다.

(수) sa – al – kad5 : net sack '그물로 짠 **자루**·마대'

(수) sa : net '그물·망사'; cord '새끼·끈'; string '끈·줄·실·시위·한줄·일렬'

　　　 bundle '묶음·한 무리'; bunch '다발·떼'; sinew '힘줄·근육·지지물·지지자'

(수) sa – gi : bundle of reeds '갈대풀을 **묶은 것**, 꾸러미, 일단·다발·떼'

■ <u>**대응어휘**</u> : **얽다** (옭아매다·엮다) // 〈**잘개이**〉〈**잘래이**〉〈**잘리**〉: 자루 '**방**'

<sa-al-kad5> sa + al – kad5

시 [**새**] '**풀**' ~ 울ㄱ드, 옭으드 ⇒《초목을 + **얽다** (옭아매다·엮다)》 ㉱

<sa-al-kad5> * (zh)**a** + **al - kad5** ⇒ ᄌᆞ올기ᄃᆞ <**잘개이**>: 자루 **'방'** ㉤
㉥ ↑ └→(zh)a + al -(w)a -d ᄌᆞ올ᄋᆡᄃᆞ <**잘리**>/<**잘래이**>: 자루 **'방'**
※《**k** 변화 → sh, ch, zh, h, W》

※ **organize** (단체 따위)**조직**하다, 편제[편성]하다, 구성하다, 노동조합에 **가입**시키다.

위에서 살펴본 〈**sa-gi**〉와 마찬가지로, 이 〈**sa-al-kad5**〉라는 수메르어도 그 물상적 기초가 단음절어 〈**sa**〉 즉 '풀·초목'의 [새]일 것이다.

이를 나타낸 것이 표 안의 ㉣줄로, {그물로 짠 자루·마대}의 〈**sa-al-kad5**〉는 "**얽으다·얽다**"와의 결합임을 알 수 있다.

수메르어 〈**sa-al-kad5**〉와의 대응어휘들, 즉 ㉤, ㉥줄의 '자루'의 뜻인 〈**잘개이**〉/〈**잘래이**〉와 같은 방언형들은 결국 이 ㉣의 의미결합에 의한 어휘인 셈이다!

㉣줄의 〈**얽어-**〉는 글상자 아래 인용한 현대 영어 **organize**의 앞부분 〈**orga-**〉와 동일한 것이다.

이러한 동일성은 전동성(r)의 자음전개에서 나타나는 /r, l/의 동질성을 추정함으로써 이해할 수 있다. 즉, 〈**organize**〉의 제1음절 '**or-**'에서의 /**r**/이 /**L**/로 되어, 제1음절 〈**or-**〉는 〈**ol-**〉로 변할 수 있다는 것이다. 아래 ㉦에서의 [**올**]은 이와 같은 과정에 의함이다.

<sa-al-kad5> sa [새] + al - ka - d5 올ᄀᆞᄃᆞ <**얽**다>/ <**옭**다>
<organize> **orga** ~ : or - ga ᄋᆞ r ᄀᆞ, 올ᄀᆞ <**옭**아>/ <**얽**어>
<'**올가**'미> ㉦

풀/초목을 **얽어**(엮어)서 짠 ㉤, ㉥줄의 '자루' 즉 〈**잘개이**〉/〈**잘래이**〉와 그 모양이나 만드는 방법에서 매우 비슷한 것이, 옛날에 시골에서 초동들이 소에게 먹일 풀을 가득 담아 어깨에 메거나 등에 짊어지고 오가던 **꼴-망태**다.

(좀 더 촘촘히 짠다면 자두와 같은 작은 과일도 넣어도 되는 자루 역할을 충분히 할 수 있어 보이고, 짚을 더 넣어 좀 더 촘촘히 짠다면 아담과 하와가 최초에 입었던 치마와도 같이 사람의 아랫도리도 대강은 가릴 만해 보이는 망태다!)

꼴-망태

짚으로 짠 소쿠리 ('**자루**' 즉 **잘개이/잘래이**와 비슷하다!)

첫 번째 단락에서 소개한 수메르어 〈še-ba〉는 아래 ㉮줄에 보인 것처럼 "**-하고 싶어!**" 혹은 "**-먹고 싶어!**"라고 할 때의 한국어 〈**싫어!**〉의 어휘적 기원일는지도 모른다. 의식주(衣食住)라는 말도 있듯이 {욕구/욕망}의 가장 원초적인 것은 뭐니 뭐니 해도 배고픔을 해결해야 하는 '먹는' 문제일 것이기에 이러한 추정이 가능해 보이는 것이다. 사흘 굶으면 양반도 담을 넘는다는 속담도 있지 않은가!

{곡식풀}의 뜻인 중세 한국어 [**쉬**]도 이러한 추정에 일조하고 있다.

> (수) **še** : barley '보리·대맥(大麥)'; grain '**곡식**·알곡·곡류'
>
> = 중세 한국어 [**쉬**]'곡식 풀'
>
> (수) še-ba : barley, grain ration '**곡식 분배**(배부), 식량 할당, **식량배급**'
>
> └, [še - ba] '**곡식**' ~ **배**(配) '분배' = **še** - (P)a
>
> ㉮ 시푸, 싶으, 싫어 <(-하고·갖고)**싫어!**>

제112장의 말미에서 언급한 한국어 "~하고 싶어라!"의 〈**싶어라!**〉와 상통하는 라틴어 〈spero〉는, 여기 ㉮줄의 수메르어 **<še-ba>**의 한국어 대응 〈**싫어!**〉와 비교할 때 그 본래의 의미기저가 ≪**나도 밥을 먹고 싶어라!**≫ 내지 공동 수렵으로 잡아 온 사냥감을 분배할 때의 ≪**식량을 배분받고 싶어라!**≫일 것으로 여겨진다.

> 라틴 spero '바라다·갈망하다' = s - per- o 시푸 r 오, 싶으ㄹ <~**싫어라!**> ★
>
> '곡식 풀' [**쉬**] ~ **바라**(푸르) "곡식[식량]을 바라다"
>
> (수메르) **še** ~ **바라**(푸르)

117

깨(참깨/들깨), 유(油) '기름', 비계(기름 덩어리)

제115장에서는 영어 〈parch〉가 한국어 〈볶아~〉/〈볶이(-다)〉/〈볶여-〉 등과 기원적으로 동일한 말임을 살펴보았었다.

---

parch [pɑːrtʃ] "(콩 따위를) **볶다**, 굽다·태우다·그을리다"

    = [par − ch]

        ↖≪par -(k)≫ 푸 r 크, 부크, 복오 〈**볶아**~〉/〈**볶이**(-다)〉/〈**볶여**〉

음식을 조리하는 이 행위어들은 '**불**'을 필연적으로 동반하고, 불은 근원적으로 '**태양**' 관련어로 추정되는 점에서 {태양}의 뜻인 드라비다어 〈vera〉 역시 한국어 〈**볶아**〉/〈**볶이**(-다)〉 등과 기원적 동일성을 가질 수 있다고 보았으며, {타다·빛나다}의 뜻을 가진 드라비다어 〈uri〉 또한 이와 동일한 맥락에서 음식을 조리하는 한국어 및 일본어들로 대응이 가능한 것으로 추론했었다.

드라비다 vera '태양' ← * ver -(k)a 비크, 부크 〈(음식을)**볶아**~〉

드라비다 uri '타다·빛나다'

        ↖≪(k)ur - i≫ **구이**; **구워**~ ; **구리**(구리-빛 피부)

    = [ur - i] **아리**-다 "매워서 혀가 **아리**-다" / "불에 데어 **아리**-다"

        우리-하다: 아리다 '**방**'

    ↖≪ur -(k)i≫ **야꾸**(やく) '태우다·굽다·그을리다'

        야께(やけ) '탐·그을림·살갗이 검붉어 짐'

오늘은 제115장에서 살펴본 주제 〈**볶아**~〉와 밀접한 식용 작물로서의 한국어 〈**깨**〉와 기원적으로 연결되는 수메르어를 소개하려고 한다.

자라고 있는 들깨

(수메르어) ì, ìa 기름, 지방이 많은 // (수메르어) ì = **유**(油) '기름' ㉮

ì ← ≪(k)i≫ **깨**(참깨, 들깨) : **계**(비계) ㉯

└ ≪(zh)ì≫ **지**(脂) '기름, 비계' ㉰

(수메르어) **í**, **ía** **오**(5), 다섯 = <**오**(五)> ← ≪(k)í≫ (일본음) **고**(ご) '五' ①

　자립적(음절적) 모음 앞에 연구개음을 재구성할 수 있다는 필자의 음운이론에 따라 수메르어 <**ì**>를 재구성하면 ㉯줄에 보인 것과 같이 참깨/들깨, 라고 할 때의 현대 한국어 <**깨**>로 된다.

　어두에 본래 있었던 연구개 자음성질이 약화(탈락)한 경우에는 {기름}의 <**유**(油)>라는 어휘로 되었을 것인데, 이와 동일한 음운이론을 적용한 두 번째 칸의 수메르어 <**í**>가 <**오**(五)> 및 그 일본음 <**고**(ご)>로 대응 가능함에서 이러한 음운 접근법이 타당함을 확인할 수 있다.

　다음과 같은 의미론적 접근을 해보더라도 여기에 제시한 어휘비교가 틀림없음을 알 수 있다. 즉 '기름'이라고 하면 현대인들은 자동차나 오토바이에 넣는 기름(가솔린)이라든가 보일러에 넣는 난방용 기름(등유) 등을 먼저 떠올리게 마련이지만, 이러한 채굴된 광물자원으로서의 기름(석유)이 등장한지는 지금으로부터 길어야 채 100년 안쪽의 일에 불과하고, 그것이 인류사에 처음 등장할 때는 식물에서 채취된 형태였을 것인 점에서 수메르어가 가진 {기름}이라는 어의는 한국어 <**깨**>와 매우 밀접하리라는 것이다.

　다시 말해 참깨나 들깨를 불에 볶은 다음 이를 압착하여 뽑아낸 식물성 기름이야말로 '기름'의 원조일 가능성이 농후하다는 그 의미론적 배경에서 보더라도 <**ì**>와 <**깨**(참깨, 들깨)>의 기원적 동일성을 짐작할 수 있다는 얘기이다.

　예로부터 들깨기름을 이용해 방바닥을 윤이 나도록 문질러 장판이 닳지 않고 오래 쓸 수 있도록 했다든가, 책을 묶을 때 종이에 들기름이 배도록 해 책을 오래 보존할 수 있도록 했다든가 하는 생활의 지혜를 발휘할 줄 알았던 것도 그만큼 '깨'에서 산출된 기름의 유용성 및 그 성질에 대해 유구한 역사를 통해 잘 알고 있었다는 방증이 될 것이다.

'참깨' 알맹이

㉯줄에 등장하는 '기름 덩어리'로서의 **"비계"**는 아이누어에도 등장한다. 어휘자료는 강길운 교수님의 책에서 인용하였으며, 연구개음 재구성의 어휘대응은 필자의 것이다.

(아이누어) **piye** 비계　　　←　　　≪pi- (k)e≫ **비계**(기름덩이) ②

'기름'에 관해 이야기하다 보니, 호롱불 아래에서 할머니가 내게 옛날이야기를 도란도란 들려주시던 장면, 그리고 그 곁에서 식구들이 입을 옷을 짓고 계신 어머니의 모습 등이 희미하고 아련히 마음속에 떠오른다.

호롱불은 한지나 실타래로 심지를 만들어 호롱 안의 기름에 담구고, 호롱 위로 나오게 한 그 윗부분에다 불을 붙여 방안을 밝히는 것이다.

호롱불

이 호롱불 다음에 등장한 것이 유리갓을 씌운 석유등잔(램프)이다. 갓을 씌운 탓에 웬만한 바람으로도 불이 꺼지질 않으니 어두운 마당이나 들녘에서 활동하는 데에 아주 요긴하게 쓰일 수 있었다.

석유를 넣는 램프

한지를 발라 바람을 막은 전통 등

118

~**와(과)** '추가' / **끼**(끼니) / **과**(果) '열매' / **비계**(건축용 덧널)

앞의 제117장에서는 참깨/들깨라고 할 때의 현대 한국어 〈**깨**〉와 기원적으로 동일한 수 메르어 〈**i**〉를 재구성해 살펴보았다. 글상자의 아래 ①줄의 일본음 〈**고**(ご)〉는 그러한 음 운적 접근에 대한 증빙이 되어 주는 어휘자료로 제시된 것이다.

수메르어 **ì, ìa** 기름, 지방이 많은 // 수메르어 **ì** = **유**(油) '기름'

　　　　ì ← ≪(k)ì≫ **깨**(참깨, 들깨) : **계**(비계) : **고**(膏) '살진 살기름진 땅'
　　　　　　└ ≪(zh)ì≫ **지**(脂) '기름, 비계'

- -

수메르어 **ìa** = 기름, 지방이 많은

　　　　↖≪(k)ì -a≫ ←/ ≪(k)ì -(k)a≫
　　　　　　　　　└ ≪(k)ì -(sh)a≫ '**고소**'한~

■ 수메르어 **í, ía** 오(5), **다섯** = 〈오(五)〉 ← ≪(k)í≫ (일본음) **고**(ご) '五' ①

이번 장에서는 수메르어 〈**i**〉를 이와 같이 연구개음재구성의 방법론으로 관찰함이 보편 타당하다는 것을 수메르어 내의 다른 어휘를 통해 관찰해보려 한다.

그것은 〈**ù**〉 및 〈**ú**〉라는 단어로, 연구개음재구성의 방법으로 살펴볼 때 이 단어들 또 한 아래에서 보는 바와 같이, 현대 한국어들과 기원적 일치를 보인다는 점에서 그러하다 는 말이다.

■ **ù** (수) 그리고, ~와, ~과; ~도 역시, 그 위에, 또한, 더욱이, 게다가.
　　= ~**와** '추가' / ~**위**(그 위에) / ~**외**(外) '추가' / **우**(又) '또' / **여**(輿) '무리' ㉮
　　↖≪(k)ù≫ ~**과** '추가' / **가**(加) '더하다' / **거**(巨) '크다·많다' / **커**(크다) ②
　　　　└ ≪(zh)ù≫ **제**(諸) '여러·모든' ㉯

수메르어 〈ù〉는 그냥 그 자체로도 ㉠줄의 어휘들 특히 그 중에서도 한국어 〈~와〉와 본디 동일한 말임을 알 수 있으며, 자립적 모음 앞에 연구개음(g·k)을 재구성할 수 있다는 필자의 음운추론에 따라 ≪*(k)ù≫로 소급할 경우 ㉡줄의 한국어 〈~과〉와 동일해지는 점에서, 앞의 제117장에서의 수메르어 〈ì〉가 참깨/들깨의 한국어 〈깨〉와 기원적으로 동일한 어휘인 점을 깨닫게 해준다.

이러한 점은 아래에 보인 수메르어 〈ú〉 역시 마찬가지다.

■ **ú** (수) 초목, 식물, 풀, 음식, **먹거리** = **외** '참외' / **오이**
   ↖≪(k)ú≫ **끼**(끼니) / **과**(果) '나무열매' ③ :[방언] **깨이**·끼(토깨이, 토끼 등) ④
     └, ≪(ch)ú≫ **채**(菜) '나물' / **초**(草) '풀·초목'
     └, ≪(sh)ú≫ [쉬] '곡식 풀'

③줄의 '**끼**'는 "**한 끼 두 끼 식사**"라는 말로 보존되어 있고 〈**과**(果)〉는 원시적의 인류가 {음식, 먹거리}로써 손쉽게 취할 수 있었던 나무열매라는 점에서 동계의 어휘로 추정하는 바이다. 음식으로서의 〈**끼**〉는 드라비다어에서도 확인이 되고 있다.

■ korru (드라비다) 식량 = 【**꺼리**(식료품) (강길운)】
■ kür (드라비다) 음식·밥 = **끼**(끼니) / **꺼리**(음식) "때 꺼리"

과일(사과)

④줄의 방언형 '**깨이**'는 토-깨이[토끼], 놀-개이[노루], 살-캐이[살쾡이'고양이'] 등의 말에서 보듯 산짐승이나 들짐승을 가리키는 말에 붙어 다니는데, 이것의 근원은 {음식, 먹거리}로써의 〈**끼**〉나 〈**과**(果)〉일 것으로 짐작된다.

'**음식**'과 같은 하나의 의미단위가 성숙이 되면 온갖 먹을 수 있는 것들에 처음에 쓰던 말이 확대 사용되었으리라는 짐작을 전반적인 어휘비교를 통해 느낄 수 있기 때문이다.

그런 맥락에서 이 번 글에서 소개한 {식물, 음식, 먹거리}의 수메르어 〈**ú**〉는 '**보리**'의 뜻을 가진 아래의 ⑤, ⑥과 동일기원어일 수가 있으며, 지난 편의 {기름}의 뜻인 〈ì〉는 ⑦과 동일기원어일 수가 있다.

⑤줄의 〈과(稞)〉가 {보리}와 {알곡식}이라는 뜻으로서 「알곡식」이라는 비교적 넓은 범위의 곡식을 가리키는 총칭으로도 쓰인다는 점, 이를 통해서도 처음에 쓰던 어떤 하나의 어휘가 동일한 의미 속성을 지닌 여러 가지 사물을 나타내는 어휘로 두루두루 확대 사용되었음을 알 수 있다 하겠다.

■ (수) **ú** 초목, 식물, 풀, 음식, **먹거리**
　　↖≪(k)ú≫ **과**(稞) '보리·알곡식' ⑤
　　　　　　'**개**'떡 ≪거친 **보리** 싸라기를 반죽해 밥 위에 얹어 찐 떡≫ ⑥
■ (수) **ì** 기름
　　≪(k)ì≫ = 〈**고**(膏)〉'살찌다·살진 살기름진 땅' ⑦ / **깨**(참깨, 들깨)

보리

어휘들의 이러한 **의미적 확대재생산** 현상을 고려하면 수메르어 〈**ú**〉는 아래 ⑧줄의 "**고구마를 캐다**" 혹은 "**감자를 캐다**"라고 할 때의, 주요한 **먹거리** 가운데 하나인 구근(球根) 식물을 확보하는 행위어로서의 〈**캐**〉와도 밀접할 것임을 추정할 수 있다.

■ (수) **ú** 초목, 식물, 풀, 음식, **먹거리**　┌ ≪(ch)ú≫ **채**(採) '캐다·파내다'
　　↖≪(k)ú≫ **캐**(캐다)　　　'뿌리식물을 캐다' ⑧

감자

어휘들의 **의미적 확대재생산**이라는 맥락에서 살펴본 것으로는 제115장에 소개했던 '**태양**'이란 뜻의 드라비다어 〈**vera**〉가 있다.

책의 들어가는 글에서도 언급했던바 '**태양**'은 태양처럼 따스하거나 뜨거운 '**불**'로 곧장 어휘적 전사가 일어났을 터이며, '**불**'은 다시 불로 음식을 조리하는 과정이나 행위어를 낳기 마련이 아니었을까?

그러한 어휘 확산의 관점에서 드라비다어 〈**vera**〉를 아래의 글상자 안의 〈**볶아~**〉 등의 조리(調理) 관련어로 연관지어보았던 것이다.

(드) vera '태양' ← * ver −(k)a 비ㅋ, ㅂㅋ 〈(음식을)**볶아~**〉

ㅂ r 키(ㅋ) 〈(불을)**밝혀~**〉, 〈(불이)**밝아**〉

수메르어 "음식" 〈**ú**〉 *(k)ú = **끼** '끼니', **과**(稞) '보리·알곡식' / '**캐**'다

수메르어 "기름" 〈**ì**〉 *(k)ì = **깨**, **고**(膏) '살찌다·살진 살·기름진 땅'

수메르어 오(5)" 〈**í**〉 *(k)í = '五'의 일본음 〈**고**(ご)〉

마지막으로 앞의 제117장에서 선보인 돼지비계, 비계찌개니 할 때의 '기름덩어리'인 〈**비계**〉와 기원적으로 동일한 아이누어 〈**piye**〉를 다시 인용하고, 이들과 의미적으로 연관은 없지만 그 언어음에 있어 동일한 '**비계**' 즉 고층 건물을 지을 때 작업할 수 있게끔 얽어 세우는 긴 나무나 쇠파이프, 그리고 그 위에 걸쳐 디디고 설 수 있도록 만든 발판을 가리키는 건축용어 "**비계**"와 밀접한 연관이 있어 보이는 스웨덴어를 하나 소개한다.

아이누어 **piye** '비계' ← ≪pi−(g)e≫ **비계**(기름덩이)

스웨덴어 **bygge** '건축·건물·빌딩' = [by- gge] (건축용~) **비계**

건축용 비계

119

구리(ore), '으리으리'한, 개발(開發)하다, 꾸려(흐려), 극악타!

앞장의 건축용 비계 사진을 보니 어릴 적 무척이나 나를 다정하게 대해주시던 삼촌 생각이 문득 난다.

삼촌은 자원 개발 쪽을 공부하시고 어느 광물 개발회사에 취직했다고 들었다. 내가 중학생일 때 삼촌한테 들었던 광물에 관한 이야기 대부분은 잊어버렸지만, 사람이 제일 먼저 발견한 금속이 '구리'였다는 것, 그리고 그 구리를 다른 광물과 같이 녹여 보다 단단한 청동을 만들었기 때문에 석기시대 다음으로 청동기 시대가 펼쳐졌다고 말씀해 주신 것은 아직 기억하고 있다.

> ore [오-] **광석**; (시어) **금속**(특히 금) / **ory** [어-리] **광석**의[광석과 같은].
>
> ↖≪(g)or-e≫ **구리**　　　※'금속'문명은 청동(青銅) 즉 '구리' 로부터 시작되었다!
>
> ＝[or- e] '**으리**으리'하다 [금칠, 금빛]　　　※'빛/태양' 어휘 orient 참고!

광물 회사에 근무한다던 삼촌이 뜬금없이 건축업을 하신다는 소식을 들은 것은 내가 군을 제대할 때였다. 제대 인사도 드릴 겸 삼촌을 찾아뵈었더니 하시는 말씀……

지표에 가까운 광물은 고갈되고, 지하 깊이 들어갈수록 개발비가 많이 들어 회사 경영이 열악하다 못해 극악해졌다고 한다.

> evolve [이발브] **개발하다**, 발전시키다 ← ≪(g)e- vol~≫ **개발**(開發)
>
> ↖≪(g)e-vol- ve≫ **개발비**(開發費) "**개발비**로 개발하다"

> evolute [에벌루-트, 이벌-] **발전시키다**, 발전하다 ＝ ≪(g)e- vol -(h)u -te≫
>
> "**개발**해 발전시키다" **개발**(開發)~**하다**
>
> exact [이그잭트] **가혹한**, 엄격한.
>
> ↖≪(g)ex- ac - t≫ **극악**(極惡)**타**!　　"극악하다 싶을 정도로 **가혹한**"

결국 미래가 어두워질 것을 예감하신 삼촌은 과감히 회사를 그만두시고 건축업으로 방향을 바꾼 것이었다.

gray [그레이] **흐린**, **어두운**, 어스레한, 어두컴컴한, **회색**의, 잿빛의, 창백한, 어스레한 빛,

= [gr – a– y] 그r이이, 그러이, 구러 <**꾸려**~>: 흐려 **'방'**

  └, ≪(h)r – a – y≫ <u>흐려</u>   ← ≪(h)r– a–(g)≫ **흑**(黑) '어두울'

120

'떨기'(~나무) / 막-대기, 작-대기 // 세(3)

지난 연재물에서 현대영어 〈pride〉, 〈grade〉를 아래 글상자 안의 내용과 같이 소개한 적이 있다.

pride = pr- i – d '자랑하다' ← 재구성 * **pr** -(g)i- de 〈**뻐기다**〉㉠
grade = gr- a - de '골라 가려내다' = 〈**가리-다**〉/〈**가래-다**〉: 고르다 '방'
　　㧑≪gr- (k)a - de≫ ㉡ → ≪gr- (h)a - de≫ 고어 [**갈히다**]: 가르다

이 단어들에서와 같이 /r/ 뒤에 본디 존재하고 있던 연구개음이 탈락(소멸)한 어휘들은 수백을 헤아릴 정도로 많은 사례가 있으니, 오늘은 그 가운데 '**나무**' 관련의 〈tree〉를 중심으로 한 번 살펴보려 한다.

이처럼 탈락한 연구개음(g·k)을 복원(재구성)해 살펴봄으로써 다양한 국적(國籍) 언어들이 상고시대에는 본래 동일한 언어였음을 잘 알 수 있다.

① <u>tree</u> 나무, 목제 물건(기둥, 말뚝) ← ≪tr-(g)ee≫ **떨기**(식물/나무) ㉮
　　=【**대**(막-대)】　　　　　　　　　　　(막/작-)**대기** : (그루)**터기** ㉯
② **tūru** (드라비다어) 관목 숲【**대**(막-대)】← ≪tūr-(g)u≫ **떨기**(식물) ㉮'
　　　　　　　　　　　　　　　　　(막-/작-)**대기** ㉯'

영어 〈tree〉 및 드라비다어 〈tūru〉는, 한국 중세어라든가 영어 변천사 등에 나타난 /r, l/ 뒤에서의 연구개음 탈락(소멸)이란 음운현상을 적용해 ㉮, ㉮줄의 ≪tr-(g)ee≫, ≪tūr-(g)u≫ 형태로 재구성해볼 수 있다.

이 두 단어는 이러한 재구성 없이 관찰하면 현대 한국어 "**막대**"라고 할 때의 〈**대**〉와

상통하고, 이처럼 연구개음재구성 형태로 관찰하면 ㉮줄의 <**떨기**>나 ㉯줄의 <**-대기**>와 기원적으로 같은 말임이 드러난다.

　현대 한국어 <**떨기**>는 아래 예문에서 보듯 대체로 키가 자그마한 나무에만 쓰이는 경향이 있고 키가 큰 나무, 가령 소나무나 참나무와 같이 쭉 뻗어 높이 자라는 **교목**(喬木)에는 쓰지 않는 편이다.

　드라비다어 <**tūru**>의 {관목 숲}이란 뜻에서의 '**관목**'이란 진달래나무 등과 같이 키가 낮고 여러 줄기가 다발 져 자라는 나무를 가리키는 말인 점에서 아래 예문에서의 한국어 <**떨기**>와 잘 어울린다. 물론 원시어휘에서는 교목이니 관목이니 하는 구별이 없었을 것이기에 '나무'의 총칭으로서의 <**떨기**>가 성립할 것이다.

　　■ 장미 한 떨기 / 한 떨기 장미나무

장미

　위 ①줄의 영어 <**tree**>와 어형이 거의 동일하면서 이처럼 /r/ 뒤의 연구개음이 탈락(소멸)했다고 추정하여 관찰할 수 있는 어휘로는 {3, 3개, 3인, 3시, 3세} 등의 뜻을 가진 <**three**>라는 단어가 있다.

---

three [θriː, 쓰리]　　　　←　　　　≪thr -(g)ee≫ ③ ★
　　　↖≪[θr -(g)i]≫ 쓰 r 기, 씨지 <**세 개**(個)> ③'
　　　　└, ≪[θr -(h)i]≫ **서히**(세 개, 세 명) '**방**' ④
　*발음기호 [θr - i] **서이**(세 개, 세 명) '**방**' ④'

---

　④줄의 방언형 <**서히**>는 사람 수나 물건 등을 셀 때 "하나, 둘, **서히**(서이), 너히(너이)"와 같이 말해지는데, 재구성 ③줄에서의 **제2음절 연구개음이 기식음(h)으로 바뀐 경우**라 하겠다. 이 기식음마저 약화되고 나면 ④'줄의 방언형 <**서이**>로 된다.

방언형 〈서히〉/〈너이〉 등의 음운 실현 형태는 아래에 보인 것처럼, 표준어 〈세-〉/〈네-〉라는 '**축약단모음**'적 음절이 나타나기 직전 단계의 개음절 형태, 즉 2음절형태로서의 선대형 (先代型)이라 규정할 수 있다.

"세 ~ 개 / 네 ~개"

■ **서히, 너히** → 서이, 너이 → (축약 단모음) **세, 네**

＊ thr -(g)ee → thr -(h)ee **서히** : thr -ee **서이** ③

이러한 음운추이를 고려해 영어 'three'를 ③의 ≪thr -(g)ee≫와 같이 소급재구성할 수 있을 것이다.

③줄에 나타낸바, /r/ 뒤에서의 이러한 연구개음 탈락을 참고하면, 앞서 ①로 제시한 영어 단어 〈tree〉의 대응어휘로서의 '나무' 관련어 〈-**대**〉 및 〈-**대기**〉가 기원적으로 같은 것임을 잘 알 수 있다.

이때의 〈-**대기**〉는 책의 '들어가는 글'에서 말한, 道具라고 적는 〈**도구**〉와 같은 말이다. {도구·수단}의 뜻을 가진 영어 〈**tool**〉이 돌-칼, 돌-도끼니 하는 석기시대의 연장(도구)이었던 한국어 〈**돌**〉과 같은 말인 이치에서 그러하다.

① <u>tree</u> 나무, 목제 물건(기둥, 말뚝) ← ≪tr-(g)ee≫ 막- **대기, 도구**(道具)
        = 【**대**(막-대)】   작- **대기**

      ※ 영어 tool [툴-] : 도구, 연장, 공구 = 〈**돌**〉 "돌-칼, 돌-도끼"

이와 같이 오랜 세월에 걸쳐 발생한 음운상에서의 변화원리를 이해하고 보면 동서양의 다수 언어들이 기원적으로 동일한 것임을 파악할 수 있으며, 그저 몇 개의 말들이 동일한 것처럼 보이는 그런 우연한 현상이 결코 아님을 알 수 있다!

아래에 나열한 어휘사례들도 본래는 /r/ 뒤에 연구개음이 존재한 경우로 추정이 가능하다.

<u>arar</u> (포르투갈) 밭갈이하다·밭고랑을 일으키다·이랑을 만들다.

    ↖≪ar -(g)ar≫ (밭을-) **일구어·일궈~**

    ↖≪(g)ar-ar≫ (밭을-) **갈아** :   ↖≪(g)ar-(g)ar≫ (밭을-) **긁어·갉아**

<u>uru4</u> (수메르) **갈아 일구다**, 홈을 파다, 물결 헤쳐 나가다 (전치사): ~**가까이**, ~**까지**.

    ↖≪(k)ur-u4≫ **갈아** ; **가래**(농기구) ↖≪ur-(g)u4≫ (밭을) **일궈**

        └, ≪(zh)ur -u4≫ (밭을) **쪼아** //↘ ≪(sh)ur-u4≫ **사래**(밭골·이랑)

    ↖≪(k)ur-(k)u4≫ (밭을) **긁어** :(물)**갈퀴** '헤쳐 나가다': '**가까**'이

        └, ≪(k)ur-(zh)u4≫ ~**까지**

<u>al-a</u> (수메르) 괭이로 파다(갈다) ← ≪(g)al-a≫ **갈아**(경작하여) ← ≪(g)al-(g)a≫ **긁어**

      ↖ ≪al-(g)a≫ (밭을·흙을) **일궈** '일구다'

gàr- dar (수메르) 토지를 개간하다 = 한국어 **【갈다 / 캐다】**

골(사래)을 타 놓은 밭

121

바늘-'**귀**' / **시야**(視野)

※ 주격(主格) 조사 내지 차이보조사로서의 〈~이〉

eye [ai, 아이] "눈, 눈동자, 시선, **주시**, 주목, **주의**; **과녁의 흑점**"

"(바늘의)**귀**, 작은 구멍; (감자 따위의)**싹**, 눈; (미국속어)젖퉁이, 젖꼭지"

오늘은 '눈'이라는 기본적 뜻을 가진, 우리에게 친숙한 〈eye〉라는 영어단어를 한국어와 비교해본다.

지리적으로 멀리 떨어져 있어 본디 동일한 언어였으리라고는 생각조차 하지 않던 유럽 쪽의 영어(English)와 동북아시아의 한국어는, 지금까지 책에서 살펴본 **연구개음**(g·k) **재 구성**의 방법론을 적용해 관찰하면, 단순히 어근 차원에서 동일한 정도가 아니라 다음절 어휘구성 전체가 오롯이 동일한 경우가 양적으로 실로 방대하다.

그런 맥락에서 "**모든 자립적**(음절적) **모음 앞에는 연구개음**(g·k)**을 재구성할 수 있다!**"라 는 필자의 음운관에 따라 〈eye〉를 재구성해보면, 다음의 ①에서 보는 바와 같이 영어단 어 뜻 **[(바늘의) 귀]**에 상응하는 한국어 〈**귀**〉를 만나게 된다.

> eye '(바늘의) 귀' ← ≪(k)e -ye≫ 기이 〈**귀**〉 ①
>
> ear '귀, 청력' ← ≪(k)ear≫ (소리를 듣는) 〈**귀**〉 ㉠

바늘귀의 '**귀**'라는 어휘대응은 지난 제114장에서 확인한 바의 ㉠줄의 영어 〈ear〉와 한국 어 〈**귀**〉 간의 어휘 대응을 떠올려보면 필자가 꿰어 맞추기식의 억지주장을 하는 것이 아 님을 알 수 있다.

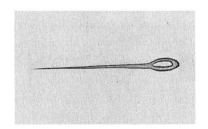

실을 꿰는 바늘귀

'ear'를 살펴본 제114장에서 말했듯이 'ear' 즉 ㉠의 〈귀〉라는 말은 ≪둥근 형상≫을 형태적 특징으로 가진 **태양**을 전사하여 생겨난 것으로 추정되는 점에서, 둥근 원(圓) 모양의 {눈, 눈동자}라는 뜻을 지닌 〈eye〉 역시 그와 동일한 **태양**을 전사한 단어일 가능성이 크다고 짐작된다.

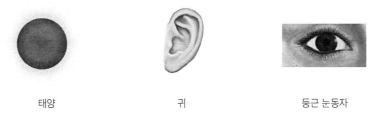

| 태양 | 귀 | 둥근 눈동자 |

어휘생성의 이러한 동일한 **형태적 배경**에서 ①과 ㉠의 [귀]라는 음형적 일치가 발생한 것으로서, 곰곰이 생각해보면 대나무 따위를 깎아 만든 원시적 바늘에 **동그란 눈알**(eye) 모양의 **'구멍'**을 뚫어 실을 꿰었음에서 〈바늘-'귀'〉라는 말이 만들어졌을 가능성이 높을 것이다. 즉 이때의 [귀]는 '**태양**' 관련어인 **year**(해)의 고대 영어 형태 〈gear〉와 동일기원어로서, 언어적 **빅뱅**(Big Bang)을 통한 의미 분화의 한 단면에 해당할 것이다.

eye '(바늘의) **귀**' ← ≪(g)e -ye≫ 기이 '**귀**' ①
ear '**귀**, 청력' ← ≪(g)ear≫ '(소리를 듣는) **귀**' ㉠
※ 고대영어 〈gear〉 : '태양'관련어!

태양은 '**빛**'을 통해 세상만물이 드러나고 인식되게끔 하는 '**시각**(視覺)' 작용의 원천이 되는 점에서 '**눈**(eye)'을 통해 세상만물을 **바라본다**고 할 때의 바로 그 시각작용의 수단으로서의 {눈, 눈동자}인 〈eye〉 또한 마땅히 '**태양**' 관련어일 수밖에 없을 것이다. 때문에, 동일한 〈eye〉가 가진 {바늘의 귀}라는 어의도 '태양'의 둥근 형상에서 전사된 것일 가능성이 크다 하겠다.

그러한 증거가 바로 ①줄에 적은 한국어 〈귀〉와의 대응이며 '태양' 즉 **year**(해)의 고대 영어 〈gear〉가 또한 음형태상의 증거가 되어주고 있음이다.

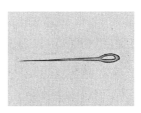

실을 꿰는 바늘 귀

①줄에서의 〈**eye**〉/〈(바늘-)**귀**〉 간의 어휘적 동일성에 기초하면, 우리가 지난 글들에서 몇 번 경험한 적이 있는 연구개음의 전향화(前向化) 즉 k → 'ch', 'sh', 'zh' 변화를 이 ①에 적용하여 관찰해볼 가능성을 또한 놓칠 수 없다.

---

① * (k)e - ye → * (sh)e - ye 〈**시야**(視野)〉 ②

　　　　　　　　　　Ⓛ 〈show〉 '보이다·나타나다·나타내다·밝히다'

시야(視野)는 "시야가 탁 트이니 **보기**가 한결 수월하다."에서처럼 눈으로 무엇을 보는 행위와 밀접하기에 **eye**와 관련지을 수 있겠다.

---

① * (k)e - ye → * (zh)e - ye 〈**주의**(主意)〉 ③

---

③줄의 '**주의**(主意)'는 **eye**의 단어 뜻에 포함되어 있는바 그대로다.

> **eye** "눈, 눈동자, 시선, **주시**, 주목, **주의**; 과녁의 흑점"
> "(바늘의)**귀**, 작은 구멍; (감자 따위의) **싹**, 눈; (미국속어)젖퉁이, **젖꼭지**"

한편 "**모든 자립적(음절적) 모음 앞에는 연구개음(g·k)을 재구성할 수 있다!**"라는 필자의 음운추론은 '**eye**'의 분절 ①에서의 제2음절에도 동일하게 적용할 수 있다. 이에 의한 관찰이 아래 ㉮이다.

---

① * (k)e - ye ← ≪(k)e -(k)e≫ ㉮ /→ * (k)e -(zh)e (행동)**거지** ④

　　　　└, * (zh)e - ye 〈**주의**(主意)〉

　　　　└, * (zh)e -(sh)e 〈**주시**(注視)〉 ⑤

　　　　⑥ 〈**제시**(提示)〉 '보이다' = 'show'

　　　　⑦ 〈(하는~)**짓**〉: 겉으로 보이는 행동**거지**

원형태 ㉮에 의한 추정치 ⑥의 '**제시**(提示)'는, 두 번째 글상자 Ⓛ에서 어휘대응으로 가능하다고 보아 제시한 'show'의 뜻과 관련이 된다.

원형태 ㉮에 의하면 〈eye〉와 연관이 깊은 어휘들을 더 찾아낼 수 있으니, 아래 글상자에 나타낸 것들이 그에 해당한다.

㉮ ≪(k)e -(k)e≫ ⇒ * (zh)e -(k)e **지켜**(~보다) '주시하다' ㉢

적(的) '과녁'

└, * (sh)e -(k)e <(감자-)**싹** -이> ⑧

└, * (ch)e -(k)e <(감자-)**촉** -이> '싹'

└, * (zh)e -(zh)e <**찌찌**> '젖' ㉣ // <'**젖**' -이> ⑨

글 상자 안의 ㉢, ㉣을 제외한 나머지 ⑧, ⑨ 등은 1음절로의 축약에 의한 폐음절화를 상정할 때 고려될 수 있는 어휘들이다.

이러한 음변화 과정에 의해, 예를 들어 <**싹** -**이**>에서 보는 바처럼 현대한국어에서의 주격(主格) 조사 내지 차이(差異) 보조사로서의 <~**이**>라는 형태가 점차 문법적으로 고정(형성)되었을 것으로 추정된다!

<eye>의 원형태로 ㉮의 ≪(k)e-(k)e≫를 상정할 수 있음은 다음에 보인 ⑩⑪의 기원적 동일성을 통해서도 알 수 있다.

* ≪(k)e -(k)e≫

└, * (ch)e -(k)e <(~하는)**척**> '보여주기 위한 행동거지·show' ⑩

└, * (ch)e - e <(~하는)**체**> '보여주기 위한 행동거지·show' ⑪

└, * (sh)e -e <show> '보이다·나타나다·나타내다·밝히다'

지금까지 {눈, (바늘의)**귀**}의 뜻을 가진 <eye>의 연구개음 재구성을 통해 여러 다양한 어휘들의 기원적 동일성을 가늠해볼 수 있었던바, 앞에서 보았듯이 <**주의**(主意)>/<**주시**(注視)>라든가 <**지켜**->/<(바늘)**귀**> 등이 '태양'을 의미 기초로 삼아 거의 동시다발적으로 산생되었을 개연성이 크다는 점에서, 이른바 한자어(漢字語)니 순수 한국어니 하는 구별이 무의미하다는 생각을 다시 한 번 하게 된다.

122

고기(괴기 '방') / 가시(뼈) / '아가'리, '아구'통
※ 전동성 'r'의 세(3) 가지 전개 양상!

앞의 제121장에서는 {눈, 바늘 귀}라는 뜻을 가진 현대 영어 〈eye〉를 재구성해 살펴보았었다.

※ eye [ai] "눈, 눈동자, (바늘의)**귀**"
　↖《(k)e -ye》 기이 '**귀**'

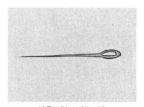

실을 꿰는 바늘 귀

오늘은 이 'eye'에서처럼 모음 /e/ 앞에 연구개음(g·k)을 재구성해 살펴볼 수 있는 드라비다어를 소개하려 한다.

드라비다 kaye, **kāra** '물고기' ← 《ka- (g)e》 **고기, 괴기**(고기) '**방**'	
↖ 《kār- (g)a》 **고기, 괴기**(고기) '**방**'	
수메르 **kua** '물고기' ②	수메르 **ku6** '물고기' ①
↖《ku-(g)a》 **고기, 괴기**(고기) '**방**'	┗ 《(w)u6》 **어**(魚) '물고기'
(가) ※ (수메르어) 모음연속 u -a	⇒ u6 "축약된 모음 이형태"

'**자립적 모음**' 앞에 연구개음(**g·k**)을 재구성할 경우, 글상자에서 소개한 드라비다어와 수메르어는 "**물-고기**"라고 할 때의 현대 한국어 〈**고기**〉/〈**괴기**〉와 본디 같은 말임을 알 수 있다.

자립적 모음이라 함은, 상고시대 언어음에서는 연구개자음(**g·k**) 성질을 동반한 하나의 음절(syllable)이었으나 음절의 초성인 자음[연구개음]성질이 점차 약화/탈락한 결과로 현대 언어음 체계에서는 /**a, i, u, e, o**···/와 같은 모음 알파벳으로 표기되어질 수밖에 없는 어떤 '**말소리 성질**'을 가리킨다. 그리고 그러한 모음으로 되었다가 인접한 다른 자립적[음절적] 모음과 결합해 변용/축약된 말소리 형태까지를 아울러 지칭하기 위해 필자가 제안한 명칭이다.

①줄의 수메르어 〈**ku6**〉에 실현된 모음 이형태 /**u6**/은 ②줄의 수메르어 〈**kua**〉 즉 [**ku-a**]로 된 2음절이 축약되는 과정에서 나타나게 된 **모음 이형태**다. 글상자 안의 (개줄은 이처럼 수메르어 모음 이형태가 나타난 과정, 즉 음운 축약과정을 함축적으로 표현한 것이다.

생선(고등어)

'물고기'라고 하면 산골에서 자란 필자에게 가장 먼저 생각나는 것은 사진에서와 같은 바다 생선이 아니라 어린 시절에 도랑에서 잡던 미꾸라지다. 비 오는 날엔 논들 사이의 그리 넓지 않은 도랑 한 쪽을 대나무로 엮은 통발로 막은 다음 위에서부터 맨발로 도랑을 철벅이며 미꾸라지를 통발로 몰아넣어 잡곤 했었다. 그렇게 잡은 미꾸라지를 집에 가져가면 어머니께서는 호박을 썰어 넣고 추어탕을 끓여주셨는데, 향신료의 일종인 지피(제피) 가루를 넣어서 먹는 그 미꾸라지 국 맛은 지금 생각해도 입에서 군침이 돌 정도로 별미였었다.
생선 하면 또 생각나는 것이 생선 가시가 아닐 수 없다.
자립적 모음 앞에 연구개음(**g·k**)을 재구성해볼 수 있음에서, 아래에 소개한 라틴어에다 이를 적용하면 "**생선-가시**"라고 할 때의 현대 한국어 〈**가시**〉와 이 단어가 본디 같은 것임을 알게 된다.

라틴어 **ŏs** [ɑs / ɔs] (의학·해부학) **뼈**.
　　↖ * (g)ŏ - s = 〈**가시**〉 "생선 **가시**(뼈)" ③

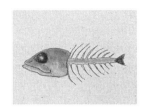

〈가시〉와 대응하는 국적(國籍) 언어들로 아래의 단어들을 또한 제시할 수 있다.

acicula (영어) 바늘, **가시**, 바늘모양의, 침(針) 모양 ← ≪(g)a-ci ~ cul-a≫

가시, 가시-꼴의

yasu (몽고문어) 골'骨' [출처: 강길운] ← ≪(g)a-su≫

가시 (생선-뼈/가시)

os (불어) 인간·동물의 뼈 =**['으시']다 (억세다) '방']**

↖≪(g)o-s≫ **가시** (생선-뼈/생선-가시)

여기에 제시한 국적 언어들을 가만히 보면 첫 어절이 [a], [ya], [o]로서 모음상의 변이만 약간 일어났을 뿐 이들 모두 연구개음(g·k) 재구성을 통해 살펴볼 때 한국어 "**생선 가시**"에서의 〈**가시**〉와 상통함을 알 수 있다.

위 ③줄에서의 라틴어 〈**ŏs**〉 및 한국어 〈**가시**〉와의 대응을 고려하면 아래의 단어들은 글상자 안의 한국어 ㉮, ㉯와 관련이 있음이 분명하다!

ossifragus (라) **뼈를 부러뜨리는**.

ossuary 납골당; **뼈단지**; 뼈 동굴(고대인의 유골이 있는 동굴)

ossuarius (라) 뼈의; 유골상자, 납골당, 유골단지.

(라) ŏs (복수형: ossa [ásə/ ósə]) **뼈**.

<ossifragus> *재구성 (g)o - ssi - fra-gu-s "뼈를 부러뜨리는"

└, (g)o - ssi ~ **fra-(zh)u-s** 가시[뼈] ~ **부러져서** ㉮

<ossuary> os (뼈) + **su -ar -(g)y 씌우기** /(감)**싸기** / **싸개** ㉯

이왕에 **라틴어**와 **한국어**를 비교한 김에 이처럼 기원적 동일어로 여겨지는 단어를 두 그룹 더 소개할까 싶다.

abeo (라) **가다·가버리다**, 물러가다·떠나가다; 없어지다**사라지다**·지나가다, 죽다; 물러나다.

abito (라) **나가다**, 훌쩍 떠나가 버리다.

aborior (라) 멸망하다·**죽다**·소멸하다, **사라지다**.

aufero (라) 떠나**가다·사라지다**; 없어지게 하다, 제거하다, (죽음이)**데려가다**; 떼어 놓다.

\<abeo\> (g)a –be – o {가다} '**방**' \<가삐, **가삐어~**\>: 가버려	*(g)a –beo ← (g)**a – b'r'-o** *전동성 구성 ↗ \<**가버려~**\>: 가버리어
\<aborior\> (g)a -bori- or **가버리어** \<aufero\> (k)au - fer- o **가버리어** └, (sh)au-fer-o **새버려~** ㉣ 사별(死別)	\<abito\> (k)a -bi -to {나가다} '**방**' **가삐다, 가뿌다** :가버리다 '**방**' └, (sh)a-bi -to **새삐·새뿌~다**: 새버리다

이처럼 연구개음(**g·k**) 재구성이란 음운 방법론을 고려하고, 라틴어 말뜻 내에 {가다}, {사라지다}, {죽음이 데려가다}가 공존하는 점을 참고하면, ㉣줄의 '**사별**(死別)'이란 어휘가 글상자 안의 다른 말들과 본디 같은 것일 가능성이 높아 보이는 점에 눈길이 가지 않을 수 없다! 이러한 언어 비교 방법론을 통해 한자어니 순수 한국어니 하는 구별이 무의미함을 깨달았으면 좋겠다.

căra (라) 머리, 얼굴.

căr – a ㅋ r 으(이), ㅋ ㄹ(리) 일본어 \<**가오**(かお)\> '얼굴' ㉠	\<căra\> căr – a ㅋ r 이, ㅋ리(ㄹ) ㉡ \<대-**가리**\>: '**머리**'의 방언 ㉢ \<대-**갈**-통\>, \<대-**갈**-빡\>: 머리

㉠줄의 일본어 \<**가오**(かお)\>는 제1음절의 /r/이 약화·탈락한 경우에 해당하고, ㉡줄의 \<(대-)**가리**\>는 /r/이 소멸하지 않고 **본래의** 제2음절 모음 /a/로 전이되어 자음 'r' 형태로 된 **새로운** 제2음절 [리]가 만들어진 경우다.

㉢줄의 \<(대-)**갈**\>은 제1음절 /r/의 구강(口腔) 내 공명성이 강해지면서 'ㄹ'로 된 경우라고 하겠다.

이처럼 원초적 음절 실현 형태 ≪자음 + 'r'≫에서의 전동성 /r/은 **약화·탈락, 자음 'r'실현**, **자음 'l' 실현**이라는 세(3) 가지 음운전개를 보인다는 점을 참고하면 한국어와 유라시아 제언어를 비교함에 있어 좋은 길잡이가 되어 줄 것이다.

위에서 [③줄] 한국어 〈가시〉와의 어휘대응 가능성을 살핀 {뼈}라는 뜻의 라틴어 〈ŏs〉를 제시한 바 있다. 이 〈ŏs〉와 거의 동일한 음형태로 {입, 구멍}의 뜻을 가진 라틴어 〈os〉가 있다. 이 단어 또한 아래 글상자에 적은 바와 같이 한국어와의 기원적 동일성을 보여주고 있다.

ŏs (라) [ɑs / ɔs] (복수형: ossa [ásə/ ɔ́sə]) (less-) : **뼈**.

os (라) [ɑs / ɔs] (복수형) ora [ɔ́:rə, 오-러] : **입**, **구멍**, 터진 틈.

| 〈os〉 o- s ← * **o** -(k) ④ **아구** '**방**': 입
'**아구**'통, '**아가**'리: 입
(동네)**어귀**: 입구 | ※'os'의 복수형 〈ora〉 or - a
⑤ 고어[**오래**] '문'
[④] o-(k) ← **o** -k'r' **아가리**
※전동음 'r' 재구성! ↗ |

※ 'os'의 복수형: 〈ora〉 or - a = 고어 [**오래**] '문'
　　　④' \≪or -(k)a≫ **아구**(입) '**방**' / '**아구**'통 / '**아가**'리 ㉣
　　　㉤ 〈(동네)**어귀**〉: 입구 ∟, ≪or -(s)a≫: 단수형 **os**

{**입·구멍**}은 동굴생활을 한 원시적 배경에서 보면 문(門)이나 입구(入口)와도 관련이 깊다.

{**입**}과 {**구멍·어귀**}의 뜻을 함께 지닌 "**구**(口)"의 쓰임을 보더라도 이러한 점을 잘 알 수 있다. 따지고 보면 "입구"라는 말에서의 〈들-**입**(入)〉이나 밥 먹고 말을 하는 통로서의 〈**입**(mouth)〉도 '구멍'으로서 본디 동일한 말임을 짐작할 수 있다. 한자어니 순수 한국어니 하는 구별은 다시 강조하지만 가공된 허상의 개념일 뿐이다.

　　　※ **구**(口) = [뜻] **입**(먹는 입), **구멍**, **어귀**.

{**입·구멍**}의 〈os〉의 복수형 〈**ora**〉는 그런 맥락에서 ⑤줄의 '문(門)'의 중세어 [**오래**]와 본래 같은 말임을 추정할 수 있다.

원형태 추정 ④ ⟨*ㅇ-(k)⟩는 's'가 /k/의 구강(口腔) 앞쪽 이동 곧 전향화에 의한 것이라는 필자의 일반적 음운론을 적용함인데, ⟨os⟩의 복수형 ⟨ora⟩의 연구개음적 재구성 ④' ⟨*or -(k)a⟩에 의한 ⟨**아구**⟩/⟨'**아가**'리⟩/⟨(동네)**어귀**⟩등의 어휘 대응이 그 형태적 증빙이 되어주고 있다.

※ "**아구**가 아프다" = "**입**이 아프다" = "**아가리**가 아프다"

성문, 입구, 어귀, 아가리

123

(구두·발-)**굽**, **굽어**(-보다), **굽어**(-살피소서!), **엎어~**, **게워~**

"**발-굽**"이라고 할 때의 〈**굽**〉, 그리고 "**굽어보다**"라고 할 때의 〈**굽어-**〉가 현대 영어 〈up〉 및 〈over〉와 기원적으로 동일한 어휘임을 살펴보기로 한다.

---

up 「위로의 방향」 (낮은 위치에서)**위로**, 위에, 올라가; 토하여, **게워**.
　　「위쪽의 위치」 높은 곳에(서), 위에(서); (천체가)**하늘에 떠올라**.
　　　　　　　　　　　　　　　　　　　　　　　　　　　※ over 참고!

　　↖≪(g)u –p≫ 구(끼)ㅂ, 굽ᄋ 〈**굽어**(-보다)〉 ①
　　　　　　　　　　　　　　　　　 〈**굽어**(-살피소서!)〉 ㉮
　　　　　　　　　　　　　　　　　 〈(구두-)**굽**〉 ②

"**모든 음절적(자립적) 모음 앞에는 연구개음(k)을 재구성할 수 있다!**"라는 이 책의 핵심 음운이론을 적용하면, 글상자에 보인 것처럼, 현대영어 〈up〉은 한국어 〈(구두-)**굽**〉이란 말과 〈**굽어**(-살피소서!)〉라는 어휘와 같은 것임을 알 수 있다.

　폐음절인 ②의 〈(구두-)**굽**〉은 키 따위를 (위로-)높이기 위한 수단인 점에서 영어단어 뜻 {**위쪽으로**}와 상통하며, 폐음절로 진행함과 동시에 그 과정에서 발생하는 현대한국어의 문법적 어사 〈~**어**〉 생성까지를 보여주는 ①의 〈**굽어**(-보다)〉는 영어단어 뜻 {높은 곳에서, 위에서}와 상통한다.

키를 위로 높이는 '**굽**'

①줄의 〈굽어(-보다)〉는 높은 언덕이나 산마루 따위에 올라 아래를 내려다본다는 뜻이기에 영어단어 뜻 [높은 곳에서, 위에서]와 상통하며, 바로 그 점에서 'up'은 ㉮줄의 "굽어 살펴주소서!"라고 할 때의 〈굽어-〉와 같은 말임을 알 수 있다. 즉 "굽어 살펴주소서!"라는 것은 '햇님/달님'을 비롯한 하늘 높은 곳에 존재한다고 믿는 신(神)에게 아래쪽의 이 지상 세계가 처한 어려움과 고난을 **내려다보아** 헤아려주시고 도움을 달라는 탄원이기에 그러한 것이다.

이러한 탄원과 기원이 하늘 높이 떠 있는 천체물과 연결될 수 있음은 단어 뜻 [(천체가) **하늘에 떠올라**]를 통해 유추할 수 있으며, 임금의 옥좌 뒤에 놓는 병풍에 해와 달을 수놓았던 점을 통해서도 이를 짐작할 수 있다.

고대에는 하늘에 제사를 지내는 권한과 하늘과 직접 소통하는 일이 임금(사제)에게 주어졌고, 더 오랜 고대에는 가뭄이 계속 이어지면 임금이 이를 책임졌다고까지 하니 하늘의 대리자로서의 권한과 책임을 아울러 표현한 내용이 용상 뒤에 놓는 병풍에서의 해와 달 그림이 아닌가 한다.

용상 뒤의 병풍에 수놓은 해와 달

'up'의 어휘 원천이 천체임은 연구개음(k)을 재구성한 ①줄의 형태를 **개음절로 상정함**으로써 나타나는, 아래 글상자 ③줄의 [가비]를 통해 확인할 수 있다.

추석을 "한[큰]-가위"라고 하고, 이때의 '가위'는 태양/달의 운행과 주기를 측정하여 나온 절기로서의 천구(天球) 어휘이기에 〈up〉의 어휘 원천이 천체임을 증명해주고 있다는 뜻이다.

---

up 「위로의 방향」 위로, 위쪽으로, 위에, 올라가; **토하여, 게워** ※ over 참고!

up ← ≪(k)u -p≫ ㄱ풔 ㄱ비 = 고어 [가비] '가위·추석' ③

up ← ≪(k)u -p≫ 지ㅍ, 지ㅂ, 지ㅸ = 〈**게워**-〉 "위로 토해" ㉯

글상자 안의 ⑭줄 〈**게위**-〉는 단어 뜻 {게위}에 호응하는 것으로 "**위로 토하다(올리다)**"라고 할 때의 그 「위」라는 물상에 기초하여 생성된 말뜻일 것으로 여겨진다. 이로써 보건대 'up'은 본디 개음절로서의 '**2음절**' 어휘였을 가능성이 매우 높다.

단어 〈up〉이 본래는 개음절(2음절) 어휘인 점에서 〈up〉을 통해 관찰한 이 모든 어휘적 내용은 〈over〉라는 단어에도 그대로 적용된다. 이를 간단히 보이면 아래의 ㉠, ㉡, ㉢과 같다.

over [óuvər, 오우버], (시어) o'er [ɔːr / óuər]
  -(의) 위에[의], **-위쪽에[의]**; (수량·정도·범위가)-을 넘어, **-보다 많은**, 더 되는
  -의 위를[에] **덮어** [가리어, 걸치어]; **-에 걸치어**
over [óuvər, 오우버] -을 **지배하고**, -의 위에, -보다 나아, -을 능가·우선하여

over ← ≪(k)o -ver≫ 쿠ㅂ, 쿱 〈(구두-)**굽**〉 ㉠
        쿠ㅂ, 쿱오 〈**굽어**(-보다)〉 ㉡
            〈**굽어**(-살피소서!)〉 ㉢

이 ㉠, ㉡, ㉢외에 단어 〈over〉와 기원적 동일성을 갖는 어휘들에는 아래와 같은 것들이 있다.

over ← ≪(k)o -ver≫ 쿠ㅂ, 쿱 ※ **고패**(枯孛), **고발**(枯孛)
        갑(甲) '첫째 천간' ㉣ {지배·우월·우위}
        갑(鉀) '갑옷'; **갑**(匣) '상자' ㉤ {덮어 가리어}
    ★ 영어 〈cover〉 '덮다' ㉥ {덮어 가리어, 걸치어}
        '**곱**'배기, '**갑**'절 ㉦ {(수량이) -보다 많은}

단어 뜻 {**덮어 가리어, 걸치어**}에 기대어 그 어휘적 동일성을 추정한 ㉥줄의 〈cover〉는 'over'의 연구개음적 재구성 〈*ko -ver〉와 어형이 동일한 점에서 단어 'over'를 이처럼 연구개음 재구성의 방법으로 관찰함에 대한 직접적 증빙이 되어주고 있다!!
이러한 음운적 증빙은 ㉤줄의 〈상자-**갑**(匣)〉과 일맥상통하는 **고려말**을 통해서도 입증이 된다.
즉, 송나라 사람 손목(孫穆)이 사신을 따라 고려에 왔다가 듣게 된 고려어를 고려발음 그

대로 적었다는 《**계림유사**(鷄林類事)》에서 '**함**' 즉 "**궤짝**"이라고 할 때의 '**궤**(匱)'를 〈**고패**(枯孛)〉 또는 〈**고발**(枯孛)〉이라 한다고 기록했기에, {**덮어 가리어**}와 통하는 물건 즉 '**궤**(匱)'가 〈**고패**〉 또는 〈**고발**〉로서 〈cover〉와 거의 동일하게 발음되었음을 확인할 수 있음에서 그러한 것이다.

이 〈cover〉/〈**고패**〉 등은 전반적 어휘관찰을 토대로 확언하건대 폐음절(1음절)어인 ㊐ 줄 〈갑(匣)〉과 본디 동일한 어휘로, 이처럼 **고려 때까지**는 **개음절형**을 많이 유지하고 있었다는 음운적 증거를 발견하게 됨은 **언어사적으로 참으로 귀중하면서도 중대한 일대 사건이 아닐 수 없다**!

〈cover〉와 동계로 추정되는 〈고패〉/〈고발〉이 고려 때에 동시에 사용되었다는 점으로부터 또 다른 **중대한 음운적 사실을 하나 더 발견할 수 있다**.

무슨 말인가 하면 앞의 **제122장**에서 정리한 전동성 'r'의 세(3) 가지 음운 전개 양상 가운데 'r'의 **약화·탈락** 및 자음 'L' 실현이라는 두 가지 음운사실을 확인할 수 있다는 것이다.

즉 cover에서의 끝부분 'r'이 〈고패〉에서는 현대 영어 cover에서와 같이 **약화·탈락**되었으며, 〈**고발**〉에서는 이 'r'이 구강(口腔) 내의 공명성 강화를 입어 **자음 'L'**로 실현되었다는 추론이 가능하다는 말이다.

이 가운데 〈**고패**〉에 나타난 'r'의 음운 현상을 좀 더 정밀하게 논하면 'r'의 단순한 탈락은 아니고, 'r'이 일단 「모음」으로 바뀐 다음 앞에 있던 선행모음과 결합해 다른 축약-모음으로 전환되었다고 설명함이 음운적 사실에 부합한다.

즉, "**고패**"의 제2음절 '**패**'에 존재하는 축약-모음 [**애**(æ)]는 본래 [아-이]의 결합이므로, 이 [아-이]의 뒷부분 [-이]는 cover에서의 끝부분 'r'이 변화된 결과라는 이야기다. (*필자의 첫 번째 책 ≪한국어 충격≫ 참조)

※ <cover> co ~ ve – r ᄫᆡ, ᄫ이 → **ᄫᅵ [ᄑᆡ]** ※/æ/모음으로 축약!

ᄏᆞᄫᆡ, ᄏᆞᄫ이, ᄏᆞᄫᅵ [ᄀᆞᄑᆡ] = 고려어 <**고패**>

이처럼 상세히 논구하는 것은, **전동성 'r'의 전개 양상**이 제122장에서 논한 세(3) 가지 양상 외에 지금 설명한 「모음화」까지를 더하여 **모두 네(4) 가지임**을 말하고자 함이다.

축약-모음에 관해서는 영어 pad를 통해 설명한 **제113장**의 내용을 참고하자.

시어(詩語)에서 'over'를 <o'er> 즉 [óuər, 오우에]라고 하는 점에서 제2음절 어두초성 /V/의 약화를 발견하게 된다. 그런 맥락에서 가능한 어휘대응이 아래 ◎의 <우월(優越)> 및 ㉡줄의 <우에->가 아닌가 한다.

<over> o -ver 으볼, 우왈 <**우월**(優越)> ◎ {지배·우월·우위}

으비, 우볕 <**우에**->: 위에 '**방**' ㉡

<over> '위에, 위쪽에' o -ver = **요우비**(ようび): 요일(曜日) '일본음'

㉡줄의 <우에->는 'over'의 {(-의)**위에**}라는 공간적, 위치적 말뜻 그 자체다. 이 <**우에**->에 대한 음운적 증빙은 현대 한국어 <**되다**>가 나타난 과정 즉 문헌상 나타난 바의 음운 변화 과정을 참고할 수 있다.

※ 중세어 [**드뵈**-다] > 중세어 [**드외**-다] > '**되**-다'

{위에}라는 뜻인 'over'를 시어(詩語)에서 제2음절 어두초성 /V/의 약화로서 [óuər, 오우에]라고 발음하는 것에서 몽고어 <**오보**>/<**어워**>를 연상할 수도 있다.

즉 우리나라의 풍습과 비슷하게 고갯마루 정상에 오며가며 돌을 포개 탑처럼 쌓고는, 그 윗부분에 나무를 세워 천을 두르고 신성시하는 것이 몽고의 <**오보**>/<**어워**>라는 점에서 {위 '上'}의 <over>가 연상된다는 것인데, 신성시(神聖視)한다는 그 자체가 이미 '**하늘**' 내지 '**위**'와 의미상 상통할 뿐더러 <**오보**>/<**어워**>라는 그 명칭이 또한 {위에}의 <over>와 매우 흡사하지 않은가!

요일(曜日)의 일본음 **요우비**(ようび)도 <over>와 어휘적 관련성이 커 보인다. 요일은 날짜를 헤고 날짜의 순서를 정한 것으로서, 앞의 글들에서 여러 차례 언급했듯이 그 '**날짜**'라는 개념의 원천은 다름 아닌 하늘 '**위로**' 떠오르는 태양, 곧 천구(天球)이기 때문이다.

이번 장의 표제어 <up>은, 아래 글상자로 재인용하였다시피, 그 제2음절 순음(입술소리)의 약화로서 {**계워**}라는 단어 뜻 그대로의 한국어 <**계워**->로 대응함을 추정해볼 수 있었다.

----

up 「위로의 방향」 위로, 위쪽으로, **올라가**; 토하여, **계워**.

↖ ≪(g)u -p≫ 기픅, 기봅, 기볕 = <**계워**-> "위로 토해(올려)"

이 'up'과 마찬가지로 한국어 〈**게워~**〉로 대응함이 분명한 수메르어 〈**á- è**〉를 참고삼아 간단히 소개해본다.

　　á－è (수) **기르다**·사육하다, **일으키다**, (회당 등을) **세우다**, (차가)멎다, 가르치다,
　　　　　토해 내다, 기소하다, 처리하다.

　　　↖≪(g)á- è≫ **게워**(토해); (잠)**깨워** : ↖≪(k)á- è≫ **키워**[키우다] "기르다"

　　á－è (수) **기르다**·사육하다, **일으키다**, (회당 등을) **세우다**, (차가)멎다, **가르치다**,
　　　　　기소하다, 처리하다.

　　　↖≪(k)á- (k)è≫ **가꿔**(가꾸어) '길러' ㉓

　　　↖≪á- (k)è≫ **야기**(惹起) '발생·야기함' ㉔

　　※㉓ ≪(k)á-(k)è≫ → ≪(sh)á-è≫ **세워** '일으켜·멈추어·건립해'
　　　　└, ≪(g)á-(sh)è≫ **기소**(起訴); 고소(告訴) └, ≪(g)á-(zh)è≫ '**고자**'질
　　　　└, ≪(ch)á-(ch)è≫ **처치**(處置) └, ≪(g)á-(h)è≫ **교화**(敎化) '가르침·깨우침'

　이 수메르어의 {토해내다}에 호응하는 한국어 〈**게워**(토해)〉는 다른 어의들 가령 {일으키다}라든가 {회당을 세우다}에 나타난 "**위로-올리다**(올라오다)"라는 물상과 밀접한 연관성을 지닌 것으로 여겨진다. 그 점에서 영어 〈**up**〉에서의 〈**게워**(토해)〉라는 대응 및 그 어의적 기초 역시 그러할 걸로 추정이 가능하다.

　수메르어 〈**á- è**〉의 또 다른 한국어 대응으로 가능한 〈**키워~**〉 즉 "작물을 (**위로** 자라게~) **키우다**"가 지닌 의미문맥 또한 그러한 뒷받침이 되어준다 하겠다.

　단어 뜻 {**일으키다**}의 발생적 요소에 호응하는 ㉔줄의 〈**야기**(惹起)〉라는 어휘로 대응이 가능한 아래의 **드라비다어** 〈**eru**〉로써 보면, 이러한 "**위로-올리다**(올라오다)"라는 물상은 태양/달과 같은 천체(天體)에 그 의미적 기원을 두고 있는 게 아닌가 싶다.

　드라비다어 〈**eru**〉의 {**밝다**}라는 뜻은 이 단어가 천체 어휘임을 말해준다.

　　eru (드) 나타나다, 밝다 = er－u 【일본어: **아라와**(あらわ) '드러남·노출' (강길운)】

　　　　　　　　　=[er－u] **일어**-나(발생), **이루어**(발생), **알아**(인식되어지다)

↖≪er- (g)u≫ **야기**(惹起) '발생'

↖≪(k)er-u≫ **깨어, 개**(開) → ≪(sh)er-u≫ **시**(視) '보이다'

└, ≪(h)er-u≫ '**희**'어(밝아) : [희] '태양' : **효**(曉) '밝다'

아래의 <ēru>는 천구(天球)의 "**위로-오르다**"라는 물상적 형용을 나타낸 어휘로 {나타나다, 밝다}의 <eru>와 동일 기원어로서 어형상 분화된 이형태 관계라고 추정된다. 그 점에서 앞서 말한 up이나 수메르어 <á- è>의 {**게워**(토해)}라는 뜻의 의미적 배경을 보여주고 있다고 생각된다.

ēru (드) 오르다 =【(강길운) 오루(오르다)】//【**일어**-나, **위로**~ / **일으-켜**】

↖≪(k)ēr-u≫ **기**(起) '일어날' ↖≪ēr-(g)u≫ **야기**(惹起) '발생' : **욱**(旭) '해 뜨다'

└, ≪(sh)ēr-u≫ (건물이-) **서** : └, <**일으켜**(세워)>/<**이룩**~해>

(건물을-) **세워**

수메르어 <á- è> 및 드라비다어<eru>를 연구개음(g·k) 재구성으로 살펴볼 때 드러나는 <**일어**(-나)>/<**일으켜**>/<**깨어**~>/<**야기**(惹起)> 등의 기원적 동일성으로부터 이른바 한자어니 순수 한국말이니 하는 개념이 허구임을 다시 깨달을 수 있다.

모음적 이형태 관계에서 보면 다음에 소개한 수메르어 <uru17>가 위에서 살펴본 수메르어 <á- è>와 동일 기원어일 가능성을 또한 엿볼 수 있다.

uru17 (수) 높다, 높은, **치솟은**, **지위 높은**, 고결한, 고위의.

= [ur-u] **오야**(おや) '조상·좌장' / **오야**-붕[두목] / **오르**-다 / **위로**~

↖≪ur -(k)u17≫ **일으켜**~ : 이라크(나라이름), 우루크(수메르의 도시국가)

↖≪(k)ur-u17≫ [그위][구위][구외][구의] '관청' : **고위**(高位)

└, ≪(zh)ur-u17≫ **지위**(地位) //↘ ≪(sh)ur-u17≫ **수리**(정-수리)

※ á - è (수) **일으키다**, (회당 등을) **세우다**, 기르다.

이번 장의 표제어인 'up'이 현대 한국어 <**굽**>과 기원적 동일성의 관계에 있음은 다음의 글상자 아래에 소개하는 두 어휘들이 또한 증빙이 되어주고 있다.

up 「위로의 방향」 위로, 위쪽으로, 올라가; 토하여, 게워

↖≪(g)u－p≫ (발-)**굽**, (구두-)**굽**

■ <u>hoof</u> **발굽**, (굽 있는 동물의) 발, (**발굽** 있는)동물.

↖≪(g)oof≫ **굽** → ≪(w)oof≫ 영어 **up** '위에·위로'

■ <u>hüf</u> (독어) 말굽 // <u>hüb</u> (독어) (끌어·들어)올림, 올라간 높이.

↖≪(g)üb≫ **굽** → ≪(w)üb≫ 영어 **up** '위에·위쪽의'

124

어쩜(어쩌면) '추측' / 웃짜마(어쩌면) '방'

assume [어슘-] 추정하다, **추측**[가정]하다.
= [as - su - me] 웃주무 ~ 웃줌 <**어쩜**>: 어쩌면 '**추측**' ①
　　　　　　　　　　<**엇점**~>: 위의 '어쩜'을 이렇게도 말한다!
　　　　　　　<**웃짜마, 웃짜마**(어쩌면)> '**방**' ②

현대영어 'assume'은 ①, ②줄에 나타낸 한국어와 본디 같은 말이라고 생각된다. 단어 뜻인 {추정·추측}의 의미로 쓰는 ②줄의 방언형의 사례를 들어보겠다.

　　　"날이 흐리니까, **웃짜마**(어쩌면) 운동회가 취소될지도 모른다!" = '추측'
　　　"날이 흐리니까, **웃짜마**(어쩌면) 운동회가 취소될지도 모른다!" = '추측'

{**추정하다, 추측하다**}라는 단어 뜻은 고대 사회가 점술(占術)에 크게 의지했다는 점을 참고할 때 점을 치는 행위 즉 '**점**(占)'과 밀접한 어휘적 관련성을 지닌다고 추론하게 된다. 그런 관점에서 이 단어의 뒷어절 <-sume>은 제19장에서 소개한 적이 있는 {예언}의 라틴어 <sermo>를 떠올리게 한다.

sermo (라틴) 말, 이야기, 담화, 이야깃거리; **예언**.
= [ser-mo] 스 r 무 <**스무** (-고개)> / 중세어 [말'슴']: 말씀, 말
　　　쓰무 ~ 씀오 <말-'**씀**'> / <**점**(占)> '점치다' ㉠

이와 같이 이해하면 {추정하다, 추측하다}의 **assume**은 전체적으로 아래의 ③, ③'줄에 나타낸 어휘구성일 수가 있다.

assume '추정하다, 추측[가정]하다'

= [a - s - su - me] ㅇㅅㅈㅁ ~ 잇즙 <**어쩜**>/<**어짜마**>: 어쩌면 '**추측**'

ㅇㅅㅈㅁ ~ ㅇㅅ즙 ≪**ㅇㅅ** (as) + **점**(占)≫ ③

≪**우주**(宇宙) '별' + **점**(占)≫ ③'

즉 {추정하다, 추측하다}라는 뜻으로서 '**점**(占)'과 밀접한 상관성을 지닌 <assume>은 고대 점술(占術)에서의 최상위 수준 내지 지배적 비중을 차지하는 점성술(占星術) 관련어로 추정이 가능하다는 것이다.

'assume' 곧 ③에서의 앞 어절 <**as~**>가 '**우주**(宇宙)' 내지 '**별**' 관련 어휘일 수 있음은 아래의 글상자 안에 소개한 단어들을 보면 알 수 있지 않은가 싶다.

---

astr-, astro- '별·천체·점성술 따위'의 뜻

astrology 점성학, 점성술 / **astrogate** **우주** 비행하다.

astronomer 천문학자 / **ascend** (공중 따위로)오르다. (지위에)오르다

ascension 오름, 즉위; 예수의 **승천**; (천체가) 지평선상에 오름

Asgard [북유럽 신화] **아스가르드**(여러 신들의 천상의 거처)

<**as ~**>가 점성술과 연관된 '**별**' 관련어일수 있음은 이 단어들뿐만 아니라 우리와 친숙한 영어 단어 <**ask**>를 통해서도 유추할 수 있다.

ask [애스크, 아-스크] (의문을)**묻다**, 물어보다; **요청**[요구]**하다** = as -k [**엇캐**(어떻게?)]

└ ≪a-s-(zh)≫ 이ㅅ즈, 잇즈 <**엿쭤~**>: '여쭤'를 이렇게도 말한다! [여쭤-보다]④

잇지 <**엇찌~**>: '**어찌**'를 이렇게도 말한다! [어찌-할까?]⑤

= [a-s-k] ㅇㅈㅋ <**우짜까? '방'**>/<**어쩌까?**>: '**어쩔까**'를 이렇게도 말한다! ⑥

이 책 '들어가는 글'에서도 말했지만, 어휘들의 근저에는 상고시대의 사유방식 즉 신(神)이나 **태양/달**과 같은 천구를 중심으로 형성된 의미론적 토대가 존재하고 있다.

그런 측면에서 'ask'의 단어 뜻 {요구하다, 요청하다}라는 것이 "**신**(神)**에게 무엇을 빌어 간곡히 요청하다**"라는 원형에서 나타난 의미로 추정할 수 있다 할 때, 이 다음절어에서의 앞부분 <**a-s ~**>는 고대 세계에서 신(神)으로 숭배된 천구(天球) 즉 태양/달/별을 지칭하는

것일 개연성이 매우 높다.

⑥줄의 〈**어쩌까?**〉와 상통하는 단어 뜻 {묻다, 물어보다}라는 것도 이와 동일한 맥락인 "**태양/달/별에게 묻다**" 즉 점성술(占星術)로 연결되는 내용일 가능성이 크므로, 'ask'의 앞 두 음절 〈a-s ~〉는 점술의 대상인 '별'을 지칭하는 어휘일 개연성이 높다.

단어 'ask'에 대한 이러한 추론을 통해 바로 위에서 소개한 {추정하다, 추측하다}의 〈**assume**〉 곧 그 앞부분 〈**a-s ~**〉가 점술(占術)의 대상인 '**별**'과 밀접한 어휘임을 추정할 수 있을 것이다.

이러한 맥락에서 이 번 장의 표제 단어, {추정·추측}의 〈**assume**〉은 아래에 적은 ㉡, ㉢ 줄의 의미와도 기원적으로 무관치 않음을 짐작할 수 있다. 즉 ㉡, ㉢의 어법은 신적(神的) 존재인 태양/달/별에게 가뭄과 질병 등 생존을 위협하는 문제들을 **어찌하면** 해결할 수 있는지를 묻거나, 그것을 해결해달라는 탄원적 의미에서의 〈**ask**〉와 일맥상통하는 의미구현 인 셈이다.

> **assume** [어슘-] 추정하다, 추측[가정]하다.
> = [as - su - me] 읏쯔무 ~ 읏쫌 〈**어쩜**(엇쩜)〉: 어떻게 하면 [방법] ㉡
> 〈**웃짜마, 웃짜마**(어떡하면)〉 '**방**' ㉢

이 ㉡, ㉢의 뜻으로 쓰인 어휘용례로는 다음과 같은 것이 있다. 물론 곤란한 일을 당했 을 때 쓰는 "**어쩜**(어떡하면), **좋아?**"라든가 혹은 "**어쩜**(어떡하면), **될까?**"라는 말에서의 방법 을 묻는 〈**어쩜**〉도 아래의 어휘 용례와 동일하다.

> "홍수가 났는데, **어쩜**(어떻게 하면) 안전하게 귀가할 수 있을까?"
> "홍수가 났는데, **웃짜마**(어떻게 하면) 안전하게 귀가할 수 있을까?"
> "홍수가 났는데, **웃짜마**(어떻게 하면) 안전하게 귀가할 수 있을까?"

마지막으로 〈**as ~**〉 즉, 천체(天體) 관련의 단어 하나를 간단히 살펴본다.

■ **Asgard** [북유럽 신화] 아스가르드 (여러 **신**들의 천상의 거처)

= [As- gar- dʻtʼ] **별**(As)에 ~ + **거**(居)**타**! "거주하다"

별의 **신**(As)들이 ~ + **거**(居)**타**! "거주하다"

우주(As)'宇宙'에 ~ + **거**(居)**타**! "거주하다"

〈**as~**〉라는 어휘는 제27장의 〈**아침**〉이란 말이 형성되는 데에 참여한 {**시작·기원**}의 라틴어 〈**arche**〉, 그리고 {**원**(原), **지배자**}의 〈**archi**〉 등과 본원적으로 동일한 어휘임을 말해 두고 싶다.

제27장에 등장한 〈**~에서**〉라는 한국어, 그리고 '**태양**'관련어임에 분명한 {**아침**}의 일본어 〈**あき**(아사)〉 등은 이 **assume, ask, Asgard**에서의 〈**as~**〉와 동일기원어일 가능성이 높다는 것이다.

{**희다**(밝다)}는 뜻으로 쓴다는 캄차카반도의 〈**아시**〉라는 말, 그리고 고조선의 '**첫**'도읍지로 기록된 〈**아사-달**〉에서의 "**아사**" 등등도 모두 이와 동일한 천구(天球) 관련어일 것으로 짐작된다.

신(神) 또는 **태양/달/별**과 같은 천구를 중심으로 형성된 의미론적 토대가 어휘들의 근저에 깊이 뿌리내리고 있다는 관점은, 여러 다양한 어휘들의 상호 연관성 및 그 의미적 계열성이 이러한 관점에 의해 명쾌하게 설명되어진다는 점에서 합당한 추론이 아닌가 싶다!

125

복(服), 복무(服務), 복(卜), 목(牧) / 덮어, 도포, 치마 / <풀~ 엮어>

- frock **성직자의 옷**·성직, 일옷·작업복. 아동복·여성복, 군복.
  성직에 취임케 하다.
- unfrock −의 제의(祭衣)를 벗기다, **성직[특권]을 박탈하다,** (직업·집단 등에서)**제명**하다.
- tapa **타파**(꾸지나무의 속껍질); **타파 천.**

  (꾸지나무 껍질 등을 두들겨 만든 천; 옷·깔대 등으로 씀)

<frock> fr − oc − k ㉠ (x) 　　　fr − o − c(k) ㉡ (o) ㉮ 프 r 옥 ~ 폭, 복 <복(服)>: 옷	← (참고) 고대영어 <**bæc**> 　　　└ 현대영어 'back'
	<frock> fr − oc − k 　　'풀' [플] + **엮어**(이크, 익오) ㉢
<tapa> ta− pa 투푸, 두푸 　　<도포> ㉯ 투푸, 두우 <**덮어**->: 입어	ta−pa → (ch)a− pa **치부**(恥部): 가리는 부위 　　　**차폐**(遮蔽): 막아 가림 └ (ch)a −(m)a 추무(치미) <**치마**> 　　　㉰ '밤' <**처마**>: 치마

　　글상자 안의 ㉠, ㉡줄 <fr->와 같은 음구성, 즉 원형적 전동성(r)이 결합되었다는 의미의 ≪**자음 +r**≫이란 형태가 1음절 기능을 수행한다는 점을 지난 글들에서 살펴본 적이 있다. 책에 실은 <**뻐기다**>/<pride>, <**가르다**>/<grade> 등의 어휘대응이라든가 <**빠꼼**(해박함)>/<from>의 대응 등 그러한 사례는 차고 넘칠 정도로 많다.

　　이번 장에서 관찰하려는 <frock>이란 다음절 어휘 또한 1음절 기능을 수행하는 <fr->라는 음형을 -어휘를- 중심으로 형성되었다고 추정한다.

'pride'를 비롯하여 지난 글들에서 확인한 바 있는 ≪자음 +'r'≫ 형태의 원형적 음절 구성 사례를 재인용해 기억을 되살려본다.

> pride '자랑하다' ← (재구성) * pr −(g)i −de = **뻐기다**
> grade '등급' ← (재구성)* gr −(g)a−de, gr −(h)a−de = [**굴히다**] '분별하다'
>   └, gr − a −de **가래다**('방')/ **가르다**
> from '−에서, −로부터' 「때·공간의 기점, 출처·기원·유래, **모범·본뜸**, 원인·이유, 근거」
>   ↖(재구성) * fr −(g)om = **빠꼼** (능숙·숙련·해박) **'방'**

재인용한 이 단어들에서와 같이 원형적 음절구성으로서의 ≪자음 +'r'≫ 형태가 하나의 음절(syllable) 기능을 수행할 수 있음에서, 이번 장의 표제 단어 〈frock〉은 글상자 안의 ㉮줄에 적은 바의 〈**복**(服)〉과의 대응이 가능하다.

> 〈frock〉 **fr −o − c(k)** [플]'풀' ~ **엮어**(이크, 익어) ⇒ "**풀 엮어**(옷을-짓다)" ㉲
>   프 r 이크(으크) ~ 프 r옥으 ~ 프옥, 폭 ⇒ 〈**복**(服)〉㉮

'frock'의 세부적 분절은 ㉠보다 ㉡일 가능성이 높다. 'back'의 고대영어 〈bæc〉를 참고할 때 그러하다.**10)**

㉡의 분절은 대체로 ㉲에 적은 것과 같은 의미 단위들의 결합으로 여겨지고, 이 낱낱의 의미를 실은 음형[어휘]들의 다음절 결합 및 한국어에서의 '**음절축약**' 형태가 다름 아닌 ㉮줄의 〈**복**(服)〉인 셈이다. 즉 〈**복**(服)〉의 본래모습, 최초형태는 ㉲줄의 ≪**프 r 엮어**≫ 즉 "**풀-엮어**"인 것이다!

㉲에 나타난 〈**엮어~**〉라는 음형은 라틴어, 영어, 수메르어 등의 다음절 어휘 안에 녹아들어가 있는바, 지난 제116장에서 살펴본 내용과 {함께 짜다}의 〈complect〉 같은 경우를 참고하면 이해가 될 것이다.

'**옷**'을 의미적인 면으로나 어휘생성론적으로 ㉲줄 "**풀−엮어**"와 같은 결합으로 추정할 수 있음은, 다른 단어 〈tapa〉에서 보다시피 **나무껍질을 두들겨 옷을 만들었다는 그러한 원시적 생활상**을 엿볼 수 있음에서도 그 근거의 일단을 찾아볼 수 있다.

---

10) 고대영어 〈bæc〉는 → bæ-h 변화로 〈배후(背後)〉로 대응한다!

■ <u>tapa</u> = 꾸지나무 **껍질** 등을 **두들겨** 만든 **천**; **옷**·깔대 등으로 씀.

아래에 예를 든 구약성경 창세기에서의 사건도 '**옷**'의 이러한 원형적인 모습을 잘 보여주고 있다.

> 하나님께서 가라사대 "동산에 있는 모든 나무의 열매는 네가 먹고 싶은 대로 먹어도 좋다. 그러나 선과 악을 알게 하는 나무의 열매만은 먹어서는 안 된다. 그것을 먹는 날에 너는 정녕 죽으리라!" (중략) 뱀이 여자에게 말했다. "너희가 그 나무 열매를 먹으면, 너희의 눈이 밝아지고 하나님처럼 되어…" (중략) 여자가 그 나무의 열매를 보니, 먹음직도 하고 슬기롭게 할 만큼 탐스럽기도 한 나무였다. (중략) 이에 그들의 눈이 밝아 자기들의 몸이 벗은 줄을 알고 **무화과나무 잎을 엮어 치마를 하였더라.** (중략) 산책 중이던 하나님께서 이들을 찾으시매 두 사람은 허둥대며 나무 사이로 숨는다. (중략) "너희가 부끄러운 모습을 하고 있음을 누가 알려 주더냐?"

우리가 익히 알고 있는 성경의 이 내용이 교훈을 주기 위한 하나의 비유이든, 아니면 실재했던 역사적 사실을 기록한 것이든 간에 "**무화과나무 잎을 엮어 치마를 하였더라!**"라는 구절을 통해 우리가 물상적으로 유추해낼 수 있는 것은 까마득한 원시 적에는 나뭇잎을 '**엮어**' 옷을 만들기도 했다는 점, 그리고 그렇게 만들어진 옷은 오늘날의 기준으로 볼 때 아랫도리를 가리는 정도의 '치마' 역할을 할 수 있었다는 점 등이다.

사족(蛇足) 같지만, 집의 옷이라 할 수 있는 지붕도 초가지붕이니 갈대지붕이니 하여 모두 풀로 **엮어** 만들었으며, 머리에 쓰는 '**삿갓**'이나 팔에 끼는 '**토씨**' 따위도 모두 초목을 **엮어** 만드는 것이 아니던가. 하와이에서 홀라춤을 출 때 입는 옷을 비롯해 지구촌 여러 곳의 전통의상들이 풀로 치마를 **엮어** 아랫부분을 가린 것임을 떠올려 보라!

이런 맥락에서 〈frock〉 곧 〈복(服)〉은, ㉢줄의 "**풀 -엮어**"와 같은 개별적 어휘(의미)들이 결합하여 만들어진 어휘라고 추정하게 된다.

밀짚을 엮어 만든 밀짚모자   풀이나 볏짚을 **엮어** 덮은 초가지붕

■ **tapa** 타파(**꾸지나무의 속껍질**); 타파 천.

(꾸지나무 껍질 등을 두들겨 만든 천; **옷**·깔대 등으로 씀)

<tapa> ta- pa 투포, 두포 <도포> ㉯ 투포, 둪오 <**덮어**->: 입어	ta-pa → (ch)a- pa **치부**(恥部): 가리는 부위 **차폐**(遮蔽): 막아 가림 └, (ch)a -(m)a 추무(치미) <**치마**> ㉱ '**방**' <**처마**>: 치마

표제단어 중의 하나인 〈**tapa**〉가 지니고 있는 물상적 요소가 아래에 소개한 우리의 전래 설화 ≪지리산-마고할미≫ 이야기 속에 그대로 존재하고 있음에 또한 주목하게 된다. 즉 세계 각지의 원주민들의 실생활에 전하는 옷의 재료(tapa) 및 그 제작방법의 실재함을 통해 과거의 기록인 우리의 설화에 나타난 **나무껍질 옷 이야기**가 아무렇게나 허구로 지어낸 것이 아님을 알 수 있다는 점에서 그러하다.

이로 미루어 보아 성경에 나오는 **무화과나무 잎**을 엮어 **치마**를 만들었다는 이야기 또한 그저 지어내거나 추측하여 적은 것이 아닌, 옛날에 실재했던 삶의 모습을 반영한 내용일 가능성이 크다 하겠다.

다시 말하면, 신화나 설화라는 것이 그 주제에 있어서는 다소 비현실적으로 들리는 부분이 있을지 모르지만 그 이야기를 만들어나가는 세부에 있어서는 실생활의 구체적인 모습·풍경들을 일정부분 담아낼 수밖에 없다 할 때, 성경이나 우리나라의 설화 등 세계 각지에 흩어진 이야기 속에 등장하는 '**옷**'의 원형에 대하여 상당한 정도의 사실성·역사성을 인정해야 한다는 것이다.

마고는 우리나라 창세신화의 주인공이다. 낮과 밤도 없던 혼돈의 세상에서 그녀가 기지개를 쭉 펴자 하늘이 갈라지며 해와 달이 얼굴을 내밀었으며, 그녀가 오줌을 누자 바다로 변하였고, 그녀가 손가락으로 땅을 긁어 파자 그대로 오늘날의 강이 되었다는 이야기이다.

그러했던 마고가 지리산에서 도를 닦고 있는 반야와 만나 천왕봉에 살게 되었는데, 그러던 어느 날 반야는 더 깊은 수행을 해야 한다면서 반야봉으로 떠났고, 그 뒤론 영영 소식이 없었더란다.

마고는 백발이 되도록 반야를 기다리며 반야가 돌아오면 입히겠다고 **나무껍질로 옷을 짓고 또 지었지만** 끝내 반야는 돌아오지 않는 것이었다. 기다림에 지친 그녀는 결국 옷을 산산조각 찢고는 그만 숨지고 말았고, 찢어진 옷은 바람에 날려 반야봉에 닿아 풍란이 되었다고 한다.

지리산 일대에 전해온다는 이 마고(麻姑) 할미 이야기를 통해 이번 장의 표제어 가운데 하나인 〈tapa〉의 물상적 모습을 발견할 수 있다. 즉, 마고가 "반야를 기다리며 **나무껍질로 옷을** 지었다"에 나오는 **나무껍질 옷**이 바로 'tapa'의 {나무껍질을 두들겨 만든 옷}과 일맥상통하고 있다는 얘기다.

결국 무화과 잎을 엮어 옷을 만들었다는 구약성경 이야기, 그리고 지리산의 마고할미가 나무껍질로 옷을 지었다는 이야기 등은 원시 시절의 '옷'을 만드는 재료와 방법 등이 고스란히 구전으로 남아 보존된 형태라 아니할 수 없다.

이와 같은 '옷'의 원형적 물상들을 통해 추정할 때 〈frock〉의 〈복(服)〉이란 어휘는 앞서 추정한 ㉡의 다음절 구성일 가능성이 높다 하겠다.

> 〈frock〉 fr −o − c(k) '풀' [플] ~ **엮어**(이크, 익이) ㉡ "풀 엮어(~옷을 짓다)"
> **frock 성직자의 옷·성직**, 일옷·작업복. 아동복·여성복, **군복; 성직에 취임케 하다.**
> **unfrock** −의 제의(祭衣)를 벗다, **성직[특권]을 박탈하다,** (직업·집단 등에서)**제명하다.**

'복(服)' 즉 〈frock〉이 {**사제**(司祭), **성직**(聖職)}의 뜻을 가짐은, 일정 기한의 역(役)에 종사한다는 의미를 띤 "군(軍)-**복무**(服務)"와 같은 말에 {옷}의 이 〈**복**(服)〉이란 어휘가 쓰이게 된 모종의 역사적, 문화적 배경과 관련이 있는지도 모른다.

즉, **태양[신]-사제-왕**의 어휘계열에서 나타나고 있는 제정(祭政)일치적 양상에 기초할 때 **사제**(司祭)는 신과 직접 통하는 존재, 신의 대리자이므로 그 힘과 권위를 집단에 인식시키기 위한 장치로서 오늘날의 법복(法服)과도 같은 화려하고 엄숙한 의복(의관)을 착용하였던 점에서 그 직역(職役)을 가리키는 주요한 어휘가 "복(服)"으로 자리매김 되었을 가능성이 크다고 추정이 되며, 나아가 **사제**라는 직역이 가진 그 《**신에 대한 복무(복종)**》라는 특성이 일종의 의미적 투사로 조직 생활에 반영됨으로써 군-**복무**(服務)라든가 {명령을 추종해 따르다}인 **복종**(服從) 등에 "**옷**"으로서의 이 〈**복**(服)〉이 쓰이게 된 것이 아닐까 하는 추론이다.

역사기록에도 나오는바, 어떤 큰 나라에 순종하고 따르겠다는 표시로 관복(官服)을 그 대국(大國)의 것으로 바꾸었다는 일화도 이러한 문맥의 연장선일 것이다. 군복·제복과 같이 일정한 집단의 표징으로 옷[유니폼]을 우선적으로 채택하고 내세우는 오늘날의 풍속도 이러한 점에 기원을 두고 있지 않은가 싶다.

단어 〈frock〉, 〈unfrock〉을 통해 확인되는 또 하나의 사실은 사고의 동일성, 문화의 동일성이다. 무슨 말인가 하면, 부정어사 'un'이 결합한 〈unfrock〉이 가진 {옷을 벗기다}라는 말뜻이 {**성직을 박탈하다, 직(職)에서 제명하다**}로 되는 그 의미변용의 과정·결과물이 우리네의 그것과 완전히 동일하다는 것이다.

오늘날 우리가 쓰는 어법에서도 군인이나 경찰이 "**옷을 벗다**"라고 하거나 아니면 "**군복(경찰복)을 벗다**"라고 하면 그 직(職)에서 떠나거나 그만두는 것을 의미한다는 점에서 〈unfrock〉의 의미내용과 완전히 일치하고 있다는 것이다.

이를 좀 더 깊이 들여다보면, 인도-유럽어권(영어권)에서나 한국어권 양쪽 모두에서 '**옷**'이 그냥 아무나 입는 흔한 옷으로서 출발된 것이 아니라 그 기원 자체에서 〈**제복**(制服)〉, 사제들이 입던 〈**제복**(祭服)〉적인 요소를 서로 공히 가지고 있었음에서 이처럼 의미변용에서도 공통된 양상이 나타난다고 볼 수 있을 것이다.

'frock'이 특별히 {**성직**}이란 의미요소와 밀접하다는 점이나, [**복**]이란 음형이 〈점-**복**(卜)〉과 일견 통한다든지, 혹은 신농씨(神農氏)가 사람들에게 옷 짓는 법을 가르쳤다는 옛 이야기에서 짐작할 수 있듯이 神과 가까이 있던 소수의 인물(사제)들이 우선적으로 '**옷**'을 입었을 가능성 등에서 옷의 원형적 모습은 동서양 양쪽에서 공히 〈**제복**(制服)〉, 〈**제복**(祭服)〉이 아니었겠는가, 라는 추정을 하게 된다.

■ frock = **복**(服) '복무·복종' = **복**(卜) '점·점치다' ≪사제, 직분≫

'**옷**'이 벼슬의 상징 내지 벼슬과 밀접함은 벼슬의 품계(品階)에 따라 옷의 색깔을 달리한 역사적 사실에도 잘 나타나고 있다.

〈unfrock〉의 의미변용 즉 옷을 매개로 한 사고법에서의 동일성은, 필자가 주장하는바 동서양 주요 언어들 간의 동일성까지를 참고해 볼 때, 결코 우연히 그렇게 된 것이 아니라 과거 어떤 시기에 같은 말을 쓰고 같은 하나의 문화를 일구며 같은 지역에서 함께 살았기 때문에 가능한 것이 아니었겠나 싶다.

〈**복**(服)〉/〈frock〉의 대응이라든가 다른 글에서 살펴본 〈**벽**(壁)〉〈(담-)**벽락**〉/〈barrack〉의 대응을 통해 관찰할 수 있는 바와 같이, 어떤 단어의 구성에는 그 단어의 뜻을 성립하게 하는 어떤 **중심적 재료나 소재**가 그 어휘구성에 포함되는 경우가 자주 있다.

'frock'의 제1음절 〈fr-〉가 이 단어의 '옷'이라는 의미를 형성함에 있어 중심 소재가 된 '**풀**(플)'을 가리킨다는 주장은 다음에 소개하는 두 영어단어의 분석을 통해서도 증빙을 얻을 수 있다.

complect [kəmplékt, 컴플렉트] (고어) **함께 엮다**, 섞어 짜다.

 ↖≪com(함께) ~ **pl** – ec – t≫ 함께(com) + **플**(풀) – **엮다** ㉕

 ※ com = 고어 [셋**쿰**]: 셋씩, 셋씩 묶음.

plait [pleit, plæt] 땋다, **엮다**; –에 주름잡다, 접다.

 ↖≪**pl** ~ (g)ai – t≫ 고어 [플] '**풀**' + 꼬ᅌᅩ두 <**꼬다**>

 행위를 표현한 이들 두 단어 모두 그 행위의 재료가 되는 '**풀**'을 다음절 구성 안에 포함하고 있다는 점, 그리고 ㉕줄에서 보다시피 'complect'라는 단어에도 <frock>의 음구성과 동일하게 "**엮다**"의 <**엮**~>이라는 어휘가 포함되어 있음을 눈여겨보았으면 한다.

 <frock> fr – o – ck ⇒ (m)r – o – ck 므 r 으ㅋ, 므옥 <**목**>

       ※ **광목** : '목화 실이나 목화실로 짠 천' / 목화의 '**목**'

       ※ **목**(牧) = 목사(牧使), 목사(牧師)

 <frock> 프 r 옥, 폭, 복 <**복**(卜)>: 점. 점치다 / '**박**수 (무당)

 'frock'과 관련하여 마지막으로 살펴볼 것은 **p, f, b(v) → m** 으로의 순음(脣音) 변화를 상정할 때 드러나는 어휘대응이다. <**목**>이 바로 그것이다.

 '옷' 관련어인 <**frock**>이 앞에서 보았다시피 초목을 근간으로 만들어진 어휘일 가능성이 높은 점에서, 목화실로 짠 천 등을 뜻하는 '**광목**'에서의 <**목**>이란 어형이 <**frock**>의 변화형일 가능성을 엿볼 수 있다.

 <**목**(牧)>에서의 '목사(牧使)'는 고려와 조선 때의 지방의 각 '**목**'을 맡아 다스리던 정삼품 문관을 뜻하며, '목사(牧師)'는 오늘날 기독교에서의 성직자를 말하므로 'frock'이 지닌 {**사제**(司祭), **성직**(聖職)}의 요소 및 거기서 비롯된 관직·왕의 의미요소와 두루 통한다고 하겠다.

 '점치다'의 <**복**(卜)>이란 어휘를 제시함은 사제를 원형적으로 볼 때 그러하다는 것이고, 남자무당을 가리키는 <'**박**'수>도 같은 맥락으로 이해할 수 있을 것이다.

 이처럼 <**복**(卜)>과 <'**박**'(-수)>을 원형적 사제의 관점에서 보면 하늘에서 내려온 백마(白馬)가 가져온 자줏빛 알에서 태어났다고 하는 신라 제1대 왕(王) **박혁거세**(朴赫居世)의 '**박**(朴)'도 그런 관련에서 이해할 수 있는지 모른다. 팔괘(八卦)를 만들었다고 전해지는 전설적인 존재 '**복희여와**'의 [복]도 마찬가지가 아닐까?

입술에서 나는 말소리, 즉 순음(脣音)에서의 변화[비음화]가 고대 언어음에서 확인되는 것으로는 다음과 같은 사례가 있다.

㉐ 수메르어 ada - **pa** → 히브리어 ada - **ma** → 현재의 Adam (아담) '음절축약'
한국 중세어 [다**ᄆ**사리], [다**ᄇ**사리] = '더**부**'살이

■ **tapa** 타파(꾸지나무의 속껍질); 타파 천.

(꾸지나무 껍질 등을 두들겨 만든 천; 옷·깔대 등으로 씀)

\<tapa\> ta- pa 투프, 두프 \<도포\> ㉯ 투프, 듶으 \<**덮어**~\>: 입어	ta-pa → (ch)a- pa **치부**(恥部): 가리는 부위 **차폐**(遮蔽): 막아 가림 └, (ch)a -(m)a 추무(치미) \<**치마**\> ㉲ '**방**' \<**처마**\>: 치마

'**옷**' 관련의 \<tapa\>가 한국어 \<**덮어**~\>로 대응할 수 있음은 옷이라는 물건이 몸을 **덮어** 가리는 용도인 점에서 이해가 된다.

지금까지 여러 차례 말한 바와 같이 고대 어휘는 다양한 현대적 의미들로 분화되기 이전의, 일종의 원형적 ≪의미덩어리≫였으므로 'tapa' 하나로써 명사적 \<tapa '**옷**'\>과 동사적 \<tapa '**덮어**'\>가 모두 가능할 수 있다 하겠다.

\<도포(塗布)\>는 "**덮어**-바르다"인 점에서, 그리고 "**도포자락을 휘날리다**"에서의 \<도포\>는 옷인 점에서 이 \<tapa\>와 관련이 있을 수 있다.

㉲줄의 \<**치마**\>는 앞서 인용한 구약성경에서의 아담과 하와가 무화과 잎을 엮어 만든 바로 그 '**치마**'를 연상할 수 있다. '**바지**'는 원시적 관점에서 보아 나름의 세밀한 재봉(바느질)을 거쳐야 만들 수 있기에 이것이 출현한 지는 그리 오래 되지 않았을 것이다.

TV를 보면 스코틀랜드에서는 백파이프를 부는 **남자**들이 '**치마**'를 입고 있질 않던가!

\<**치부**(恥部)\>도 의미덩어리 이론으로 보면 옷인 \<치마\>와 원형적으로 무관할 수가 없다. 아담과 하와가 치마를 만들어 입어야만 했던 바로 그 **부끄러운 부분**이 치부(恥部)가 아니겠는가!

126

여래(如來). 야훼, 女神-여와 / 거리껴, 우려(憂慮), 비기다(parity)

■ care [케어] 걱정, 조심. 배려. 돌봄, 보살핌, 간호. **거리끼다**. 관심을 갖다. **좋아하다**, 염려하다, 걱정하다.

■ ware [웨어-] 주의하다, 조심하다, 삼가다, 신중하다; 눈치 채고 있는.

care = [car-e] **꺼려**(삼가 해·주의해)/ **가려**(삼가 해)/ **고려**(考慮)/ **기우**(杞憂)

↖≪car -(g)e≫ **거리껴** ㉮ ※잘못된 분절! [ca-re] 꺼려(X), 가려(X) ㉮'

└, ≪car -(h)e≫ **가호**(加護) '보살핌·돌봄': **기호**(嗜好) "기호식품' ㉯

care → ≪(w)ar -e≫ = 영어 <ware> **우려**(憂慮) ① ★

ware = [war- e] **유의**(留意) '조심' / **우려**(憂慮) / **알아**

↖≪(k)ar-e≫ **꺼려**, **가려**(삼가 해), **기우**(杞憂) = <care> ② ★

care의 어두 자음 'C' 즉 연구개음 /k/가 약화되어 반모음 /W/로 된 어휘형태가 다름 아닌 ⟨ware⟩라는 단어다. 제55장에서도 이미 살펴본 내용으로 ★표한 ①, ②줄로 이러한 점을 표현해보았다.

이번 장에서 눈여겨볼 것은 ㉮, ㉯줄이다.

care의 기본적 분절 [car-e]에서의 ⟨car-⟩는 원초적으로 하나(1)의 음절이다. 즉, 책 제12장 grand편 등에서 설명한 ≪**자음+r**≫이란 원형적 1음절 형태로서의 ⟨cr-⟩가 최초의 음형이며, 이 ⟨cr-⟩라는 고모음적 실현으로부터 모음 하강[이완]이 발생한 결과로서의 중모음[저모음]적 ⟨car-⟩이므로 단어 care를 [car-e]로 분절하는 것이다.

※ 최초의 전동음적 음절 <cr-> '고모음 실현' → ※ 모음하강 <car-> '중[저]모음 실현'

영어와 한국어, 한국어와 영어 간의 어휘적 동일성이라는 새로운 관점에 따라 형태론적 분석을 이처럼 정밀하게 수행함으로써 단어 care는 ㉮줄의 ≪car-(g)e≫ 즉 "**거리껴**"로 복원되어질 수 있다. 이 ㉮와 같이 'r' 뒤에서 연구개음(g·k)이 소멸한 어휘들은 지난 글들에서 소개한 아래의 사례들이 있다.

> parity [패러티] 동등, 동격, 등가 ← ≪par-(g)i-ty≫ (서로)**비기다**
> variety [버라이어티] 변화, 다양 ← ≪var -(g)i-e-ty≫ 바뀌어~타 "**바뀌다**"

"**거리껴**" 즉 care의 복원형태 ㉮줄 ≪car-(g)e≫에서의 제2음절 〈-ge〉가 지닌 연구개음 (g·k) 성질은 다수의 인도유럽어 및 한국어에서 기식음(h)으로 변하는 사례가 매우 흔하다. 이러한 점을 적용하여 살펴 본 것이 ㉯줄의 〈**가호**(加護)〉 등이다.

한편, care의 분절 [car-e]에서의 제1음절 〈car-〉의 경우처럼 -선행 음절에 존재하는 전동성[후굴성] 'r'이 소멸되지 않고 그에 후행하는 〈-e〉 등과 같은 음절적 모음으로 이동해 결합된 결과로- 전동성[후굴성] 'r'이 후행음절에서의 자음 /r/로 활성화된 사례 역시 한국어 어휘 갈래에서 매우 흔하다.[11] 이러한 일반적 음운과정을 고려함으로써 〈**꺼려**〉/〈**가려**〉/〈**고려**(考慮)〉 등이 care와 기원적으로 동일한 어휘임을 발견할 수 있다.

> ■ ware [웨어-] 주의하다, 조심하다, 삼가다, 신중하다; 눈치 채고 있는.
> ■ care [케어] 걱정, 조심. 배려. 돌봄, 보살핌, 간호. 거리끼다. 관심을 갖다. **좋아하다**, 염려하다, 걱정하다.
> care = [car-e] **꺼려**(삼가 해·주의해)/ **가려**(삼가 해)/ **고려**(考慮) '배려' ㉯
> ↖≪car -(g)e≫ **거리껴** ㉮ → ≪car -(h)e≫ **가호**(加護) '보살핌·돌봄' ㉯

care의 단어 뜻 {돌봄·보살핌}과 연관이 있는 ㉯줄 〈**가호**(加護)〉는 흔히 "**신의 가호가 있기를!**"이라는 표현에서처럼 신(神)과 밀접한 어휘로 추정된다. care의 {조심·걱정}이라는 뜻과 연관이 있는 〈**가려**〉/〈**꺼려**〉라는 어휘대응은 "**삼가다**"의 의미로, 이 또한 신(神)과 밀접한 어휘일 가능성이 매우 높다.

---

11) 'r'의 음운 전개에 관해서는 제58장, 제122장~123장에서 정리해 두었다.

이러한 의미적 기초에 근거해 〈ware〉를 care의 형태론적 분석과 동일하게 한 번 살펴 볼 수 있는지도 모른다. 서두에 말했듯이 care의 어두 자음 'C' 즉 연구개음 /k/가 약화되어 반모음 /W/로 된 어휘형태가 다름 아닌 〈ware〉이기 때문이다.

ware = [war-e] 야 r이, 여 r이, 여러 <**여래**(如來)> ③

<**여와**(복희-여와)> ④

↖≪war -(g)e≫ → ≪war -(h)e≫ 야 r히, 여 r히 <**여호~아**>

<**야훼**> ⑤

③~⑤까지는 'r'의 음운 전개 법칙을 기계적으로 적용해 본 결과이지만, 한국어/영어가 과거 어느 시기까지는 언어적 동일체였던 점에서 언어가 몸담았던 그 정신문화적 측면에서도 어떤 동일성이 없겠는가, 하는 탐구도 가능하리라 본다.

그런 관점에서 ④줄의 "**복희-여와**"라고 할 때의 〈**여와**〉가 우리의 눈길을 끈다.

동아시아 전설에 따르면 '**여와**' 신(神)은 문자(文字)와 8괘(卦)를 만든 것으로 알려진 태호 복희씨와 부부 사이로, 벽화에도 복희씨와 나란히 꽈배기처럼 몸을 꼰 그림으로 등장한다. 손에 각각 굽자와 캠퍼스를 들고 있는 꽤 알려진 그 그림을 독자 분들도 한 번 쯤 보았을 것이다.

(국립중앙박물관 소장) 복희여와도

복희신과 여와신을 그려 모신 곳은 고구려 고분 벽화, 돈황석굴 벽화, 투르판 아스타나 무덤 벽화 등이 있으며, 예로부터 석관(石棺)이나 돌에 새긴 조각, 그리고 비단에 그린 그림 형태로 많이 존재해왔다고 한다.

이들 두 부부 신(神)은 동아시아 신화에서 우리 인류와 문명을 창조한 신으로 등장한다. 후한(後漢) 때의 응소라는 사람이 지은 풍속통의(風俗通義)라는 책에 여신(女神) 여와가 인간을 창조한 과정이 실려 전해온다.

"천지가 개벽한 이래 산과 냇물 그리고 초목, 새, 벌레, 짐승 들은 생겨났지만 아직 인간만은 존재하지 않았다. 그래서 여와는 황토를 파내 물과 섞은 후 그것을 빚어 인형처럼 만들었다. 빚은 것을 땅에 내려놓자 곧 살아 움직이며 사람이 되었다. 몸집은 작았지만 신의 모습을 닮은 사람이었다. 여와는 황토반죽으로 수많은 사람을 만들어냈지만 넓은 대지를 가득 채우기까지엔 너무 많은 시간이 걸릴 것 같았고 점차 피곤해졌다. 그래서 생각해 낸 것이 물렁물렁하게 만든 반죽 속에 노끈을 집어넣은 후 적당히 휘저은 다음 줄을 홱 잡아당기는 것이었다. 노끈에서 떨어진 진흙 덩이들도 모두 사람이 되었는데, 손으로 정성스레 빚은 것보다 훨씬 못한 작품이 되었다."

여신 여와가 진흙으로 인간을 창조했다는 이야기와 진흙을 빚어 만든 후 코에 숨을 불어넣어 사람을 창조했다는 구약성경 창세기 편의 인간 창조 이야기는 매우 흡사해 보인다. 이런 맥락에서 위 ③, ④, ⑤줄 호칭어들의 유사성이 그저 음운적 법칙에 의해서만 가능한 것이 아니라, 상호 동일한 고대의 문화적 배경에 의해서도 그 밀접한 어휘적 유사성이 해명되어질 수 있는지도 모른다.

영어(英語)가 인도-유럽어족이라고 할 때의 그 인도(India)는 ③줄의 〈**여래**(如來)〉 즉 불교에서의 석가여래가 탄생한 곳이다.

<u>ware</u> = [war-e] 야 r이, 여 r이, 여러 〈**여래**(如來)〉/〈**여와**(복희-여와)〉

↖≪war -(g)e≫ → ≪war -(h)e≫ 야 r히, 여 r히 〈**야훼**〉

※'h'탈락! ┕, 〈war -e〉 여r이 〈**여와**(-여신)〉 ㉱

이 호칭(呼稱) 어휘들의 유사성을 한 번 더 정리하면, **첫째는** 〈care〉/〈ware〉의 어휘적 동일성으로부터 추론되어진 음운과정을 그대로 적용함으로써 드러나는 유사성이고, **둘째는** 동아시아의 구전으로 전해 내려온 여신 '**여와**'의 인간창조 이야기와 근동 지방의 구약성경에서의 인간 창조 이야기가 매우 흡사하다는 그 문화적 상관성을 참고함으로써 추정하게 되는 유사성이다.

여기에 언급한 첫 번째 측면, 즉 음운변화라고 하는 학문적 방법을 적용해 이 호칭어들이 상호 밀접한 연관성을 가졌음을 알 수 있다, 라고 할 때의 그 음운변화의 한 단면을 아래에 소개한 한국어 변화 사례를 통해서도 관찰할 수 있다. 기식음(h) 소멸에 관한 내용으로서, 위의 ㉣줄에 적은 음운적 가능성과 관련이 있다.

■ 고어 [별학]: 벼락 * 별학 > 별악 > 벼락 ⑥　　※ 기식음⒣ 소멸!
■ 고어 [불휘]: 뿌리 * 불휘 > 불위 > 부뤼, 뿌리 ⑦ ※ 기식음⒣ 소멸!

127

개밥바라기 - 별('금성, 샛별'의 다른 이름)

(수메르어) **é - babbar** : 라르사와 시파르에 있는 '**우투**(Utu)' 신(神)의 사원(寺院)

※ 라르사, 시파르 = 수메르 지역의 고대 도시

■ **é - babbar** ← ≪(g)é - bab-bar≫ **개밥바라** ~기 ㉮

수메르어 〈é-babbar〉는 ㉮줄에 적었다시피 〈**개밥바라**~기〉와 밀접한 연관이 있는지도 모른다.

개밥바라기-별은 저녁에 서쪽 하늘에 보이는 금성(金星) 즉 '**샛별**'을 지칭하는 다른 이름이다. 한국에서는 초저녁에 나타나는 금성을 장경성(長庚星), 새벽에 보이는 금성을 샛별, 명성(明星), 계명성(啓明星)이라 불렀고 밝고 커서 태백성(太白星)이라 불리기도 했다 한다.

수메르의 '우투(Utu)' 신을 모신 사원 〈**é-babbar**〉는 제카리아 시친의 책에 의하면[12] "**빛나는 집**"이란 뜻이다.

이 명칭에서의 의미 중추인 '빛'은, 공전궤도 상 지구 바로 옆에 위치하고 있어 밤하늘에서 달 다음으로 가장 밝은 천체인 금성(金星)의 그 '빛'이란 특성과 일맥상통한다고 볼 수 있다. 그런 까닭에 금성을 "**개밥바라기**-별"이라 칭하게 된 것이 아닌가 싶다. 이를테면 ≪**아주 밝게 빛이 나는 별**≫이란 의미를 담아 그렇게 부르게 된 것일 가능성이 커 보인다는 얘기다.

밝고 커서 태백성(太白星)이라 부르기도 했다는 그 명칭의 연원을 보더라도 사람들에게 인식되어진 금성(金星)의 주요 특성이 ≪밝은 빛≫임을 알 수 있으며, 그런 맥락에서 "**빛나는 집**"이란 뜻의 〈**é-babbar**〉 즉 '**개밥바라**'가 **밝은 금성**(金星)을 가리키는 하나의 명칭이 될 수 있었을 것으로 추정하게 된다.

---

12) ≪수메르, 혹은 신들의 고향≫, 제카리아 시친, 이근영 옮김, 도서출판 이른아침, 2004, 서울.

금성은 다른 어떤 행성보다 지구에 가까이 접근하며 내합일 때, 즉 금성이 지구와 태양 사이에 위치할 때 약 4천만km 이내까지 지구에 접근한다고 한다.

'**우투**(Utu)'는 수메르의 최고신인 안(AN)의 증손자로 지구에서 우주로 올라가는 로켓기지 틸문을 관리하는 책임자였다고 한다. 「우투」는 수메르어로 '**빛을 내며 가는 자**'라는 뜻이며 아카드어에서의 그의 이름 「쉠에시」는 '**불을 뿜는 로켓**'이란 뜻이라고 한다. 각주에 적은 제카리아 시친의 책에 나오는 내용이다.

128

보내(수송해) / 시골[농사짓고 사는 농촌] / '**소용**'돌이 / 얼레 / 고와(곱다)

제79장부터 제102장 사이의 글들은 어린 시절을 시골에서 자란 필자의 추억을 소재로 삼아 "**모음 앞에 연구개음(g·k)을 복원할 수 있다!**"라는 법칙을 적용할 수 있는 영어단어들을 소개한 것이다.

a-ĝar(수메르어) 물을 대다, 잠기다, 흠뻑 젖다, 스미다, 씻어내다. ※(수메르어) a = 물
a-gàr(수메르어) 농경지, 구획된 **농경지역**, 관개(灌漑)지역.

= 영어 agriculture 〖**agri** ~culture〗'농업, 농경, 원예'

↖≪(k)a -gàr(≫**가꿔**(가꾸어) → ≪(sh)a -gàr≫ **시골**(농촌)

이제 책의 마지막 장에 이르러 필자의 어릴 적 추억 한 토막을 다시 되돌아보면서 영어와 한국어, 한국어와 영어가 얼마나 계통적으로 밀접한 언어인가를 이야기체의 글과 함께 보여주려고 나름 애를 쓴 긴 글을 마무리하려 한다.

수로(水路)

airborne [에어본-] 공중 수송(輸送)의, 공중에 떠, 이륙하여, 풍매(風媒)의.

waterborne [워-터-본-] **수상 수송**(輸送)의, 물 위에 뜨는.

　　= [water ~ **bor-ne**]　　　　　"수상(水上) 수송의"

　　　water (물로, 물에 띄워) ~ **보내** 「운송해」 ㉮

　어린 시절의 시골은 무료할 틈이 없이 항상 놀이로 가득했다. 학교 마당에 금을 긋고 그 선에 맞추어 세워둔 돌을 맞추어 쓰러뜨리는 놀이, 골목에 구덩이를 파 구슬을 몰아넣는 놀이, 비료포대와 같은 질긴 종이로 커다란 딱지를 접어 상대의 딱지를 내리쳐 뒤집으면 내 것으로 가져가는 딱지 따먹기 놀이, 작은 나무토막을 땅에서 튕겨 올림과 동시에 긴 막대로 그것을 멀리까지 쳐서 날리는 자치기 놀이, 헝겊으로 만든 채찍으로 쳐 누가 더 오래 쓰러뜨리지 않고 팽이를 돌리는가를 겨루던 팽이놀이, 땅에 떨어질 때까지 한쪽 발로 계속 위로 차올리며 누가 더 많은 횟수를 찼는가를 내기하던 제기 차기 놀이 등등 남자 애들이 재미나게 놀 수 있는 놀이는 참으로 적지 않았다.

　이러한 놀이를 하는 틈틈이 다 쓴 공책을 뜯어 종이배를 접기도 했다. 그렇게 종이배를 접은 다음엔 친구들과 함께 위 사진에 나오는 것과 비슷한 작은 수로나 도랑으로 가 누구의 종이배가 뒤집어지지 않고 멀리 가는지를 시합하기도 했다. 배가 쉬 뒤집히지 않도록 적당한 크기의 자갈돌 둘을 균형을 맞추어 종이배에 잘 올려두면 배는 아주 멀리까지 흘러갔었던 것 같다.

　종이배를 접어 놀던 그 때를 생각하노라니 위에 소개한 〈waterborne〉이라는 단어가 연상이 된다. 이 단어는 ㉮줄에 나타내었다시피 물을 이용해, 물에 띄워 〈**보내**-〉라는 어휘구성이다.

　아이들이 개울에 띄워 보낸 종이배는 어느 지점에 이르러선 더 이상 앞으로 나아가지 못하고 물 위에서 빙빙 돌기만 하는 경우도 있었다. 물이 원을 그리며 빙빙 도는 소용돌이 지역에 들어선 것이었다.

　　swing [스윙] **빙 돌다**, 돌리다, 회전하다, 흔들다, 흔들어 움직이다, 진동하다, 휘두르다,

　　　= [s-wing] **'소용'**돌이 「물 따위가 빙빙 도는 현상」

종이배는 소용돌이에서 빠져나오지 못하고 꼬로록 물속으로 가라앉아버렸었다.

wreck [렉] 난파시키다 = [wr-e-ck] (이)r익) **익**(溺) '빠질-익사'
　ㅏ≪(g)r-e-ck≫ **꼬록**(꼬로록) '물에 빠지는 소리'

　겨울철엔 물을 담아 꽝꽝 얼도록 해 둔 논이 있기 마련이었다. 집에서 나무판자를 잘라 다듬은 다음, 미끄럼판 역할을 해줄 나무에다 굵은 철사를 감은 후 이 둘을 못질해 조립 하면 앉아서 타는 스케이트가 되어주었다. 이 스케이트 하나만 있으면 겨울방학을 내내 재미있게 지낼 수 있었다.

얼음판 위를 지쳐 달리는 나무 스케이트

　바람이 많이 부는 날엔 얇게 쪼갠 대나무로 골격을 잡고, 두꺼운 종이를 발라 만든 연 을 들고 논둑으로 가 연을 날리기도 했었다. 얼레에 감은 연실을 바람의 세기에 따라 풀었 다 감았다 하면 연은 하늘 끝 간 데를 모르고 높이 높이 날아올랐었다. 요즘 같으면 테이 프도 있고 접착제도 있어 연을 만들기가 한결 수월하겠으나 그 때는 달력종이를 길게 오 려서 밥풀로 하나하나 긴 연 꼬리를 이어 붙여야만 했었다. 그렇거나 말거나 연은 우아한 자태를 뽐내며 멀리 멀리 날아올라 마치 내가 하늘 위로 올라 세상을 내려다보는듯한 묘 한 성취감을 느끼게 해주었었다.

whirl [휘얼] 빙빙 돌다(돌리다), 급히 방향을 바꾸다; 핑 돌다; **현기증**이 나다. **연속.**
　　=【**휠**~(휘어 회전함)】
　　　　└, ≪w-(∅)irl≫ **이을**-(연속) // **얼**(얼레) ※ 'h'탈락

grace [그레이스] **우아**(優雅); 세련·매력, 품위·얌전· **호의**·은총·은혜
　　　　　　　　= [gr-a ~ce [(sh)e] **고와**(곱다)~**서**
　└, ≪(w)r-a ~(h)e≫ **우아**(優雅)~**해** :우호(友好)

골목길로 굴렁쇠를 굴리며 뛰어다니던 놀이도 있었다.

1988년 우리나라에서 치른 올림픽 개막식 때 소년 하나가 굴렁쇠를 굴리며 메인 스타디움을 가로지르던 바로 그 장면에서의 **'굴렁쇠'** 말이다!

wheel [휘-일] 수레**바퀴**, **회전**; 빙글 **뒤집다**, 방향을 바꾸다·**원활**히 진행되다,
　　　세력가.
　　　=【**활**(滑) '원활' / **휠**~ (회전·굽을)】★【**홀**(왕홀) '세력가'】
　　┌ ≪w -Øeel≫ ㅇ일, 일 <'**얼**'-레> ※ 'h'탈락
　= [w-heel] ← ≪w-(g)eel≫ → ≪w-(zh)eel≫ **어질**어질(어지럼·빙빙 돌기)
　　　↖≪(g) -(g)eel≫ '**거꿀**(거꾸)'로~『뒤집다』
　　　└, ≪(g) -Øeel≫ 고어 [**그울**다]: 구르다 / '**굴**'러~

문득 어린 시절 하늘로 날린 연이 멀리 멀리 날아올라 하늘에 있는 어떤 존재에게 가 닿았을까, 하는 어린 아이 같은 공상을 해보게 된다. 어쩌면 어릴 적에 막연하게라도 그런 생각을 했던 것이 무의식 속에 남아있다 이제야 의식 위로 떠오르는 건 아닐까?

angel [에인절] **천사**, 수호신 = [an-gel] **연결**(連結) □하늘과 연결해주는 <천사>
= [an-(zh)el] **연줄** '신에게 통하는 끈' :**언질**(言質) '조언해주는 사자(使者)의 역할'
　　　※**연줄**(연을 날리는 줄, 실)
　↖≪(g)an-(zh)el≫ '**간절**'히　　□간절히 빌면 <천사, 수호신> 이 나타나 도와준다.

어휘 비교 검증,

「G원리 검증」

■ **어휘 비교 검증** ('G'음운법칙으로 관찰한, 한국어와 영어의 동일성)

- 'G' 음운법칙이라 함은 책의 들어가는 글에서부터 지금 이곳까지 오면서 수많은 어휘 사례를 통해 소개가 되었다. 즉 '**모음**'이란 말소리 성분 앞에는 본래 연구개음 **g**(k) 성질이 존재했었다는 것, 그리고 오랜 세월을 거쳐 오는 동안 이 말소리 성분 **g**(k)가 점차 약화되고 사라진 어휘 형태가 대단히 많다는 점, 그리하여 그처럼 소멸한 연구개음 **g**(k)를 현대어의 '**모음**' 앞에 복원·재구성하여 어휘들을 관찰해볼 수 있다는 음운 이론이다.
- 이러한 'G' 음운법칙을 적용해 어휘들을 살펴보면 계통적으로 서로 다른 언어로 알고 있던 상당수 국적언어들이 매우 밀접한 관계를 가진 언어임이 드러나기도 한다.
- '**모음**'과 결부되어 있던 연구개음 **g**(k)는 어떤 음운작용으로 약화되거나 소멸하였을까? 이에 대한 가장 합리적인 설명으로는 입을 크게 벌려 발음하게 된 조음(造音) 운동 상의 변화를 상정하는 것이다.

※ **입을 크게 벌리는 개구(開口) 확대 경향**

연구개음(**g·k**)은 목구멍의 시작 지점(후두)과 매우 가까운 곳에서 조음된다. 때문에 입을 크게 벌려 발음하려는 경향이 생기면, 연구개음이 가진 **목구멍 막음(폐쇄) 성질**이 약화될 수밖에 없다. 다시 말해, 기도에서 올라온 발음상의 공기흐름이 덜 막아짐으로써 /k, g/ 즉 [ㅋ], [ㄱ]의 파열하는[터뜨려지는] 정도가 점차 약해지는 결과가 초래되는 바, 바로 이러한 조음 작용에 의해 연구개음 **g(k)**가 소멸한 어휘갈래가 나타나게 되었던 것이다.

예 *(g)al-ter **갈다** → [개구확대] *(w)al-ter → (현대영어) **alter**

예 *(g)en-dur-e **견디어** → [개구확대] *(y)en-dur-e → (현대영어) **endure**

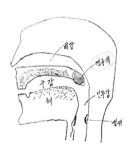

---

001. allot [얼랕, 얼라트] 나누다, 할당하다, 분배하다.

➤ ≪(g)al-lo-t≫ **갈르다** (가르다)   □ 콩 한 조각도 **갈라** <나누다, 분배하다>

빵을 '**갈라**' 먹다, 빵을 <나누다, 분배하다>

---

002. allocate [앨러케이트] 할당하다, 배정하다, 배분하다.

➤ ≪(g)al-lo-ca-te≫ **갈라-가다** ➔ ≪(g)all-o-(zh)a-te≫ **갈라 -주다**

갈라-가다(하다). 갈라 가져가도록 <할당하다, 배분하다, 배정하다>

---

003. allow [얼라우] 주다, 지급하다.

➤ ≪(g)al-lo -w≫ **갈라 여**(갈라서) '**방**' // **갈라-여**(興) '줄·베풀'

갈라-여(興), 갈라 나눌-**여**, 는 <주다, 지급하다> 의 행위!

---

004. alter [올터, 얼터] 바꾸다, 변경하다, 바뀌다, 개조하다.

➤ ≪(g)al-ter≫ **갈다**(바꾸다) // **갈대**(-같은 마음) '잘 바뀌는 마음'

연탄불을 **갈다**, 갈 때마다 방은 더욱 따끈따끈하게 <**바뀌다**>

---

005. alternate [올터닛] 번갈아 하는, 교대의; 대리인, 대역(代役), 교체자.
　　　　　　 [올터네이트] 번갈아 일어나다[나타나다], 교체[교대]하다.

➤ ≪(g)al-ter~ nate≫ **갈다**(바꾸다)~ **내다**(꺼내다) / **나다**(나타나다)

갈다-나다. 번갈아 나타남은 <번갈아 나타나다, 번갈아 일어나다>
갈다-내다. 번갈아 내어 놓음은 <교체하다, 번갈아 하는, 대역>

---

006. arrear [어리어] 늦음, 더딤, 지체, 연체금.

➤ ≪(g)arr-ear≫ (시간이) **걸리어**   □ 한참 **걸리어** 도착한 <지체> 된 기차

---

007. tardy [타 -디] 지각, 늦은, 느린, 더딘.

= [tar -dy] (시간이) **더디** [더디다]   □ 버스가 **더디** 가서 **지각**하겠군!

---

008. ear [이어] 귀, 청각, 청력, 경청 = **이**(耳) '귀'

➤ ≪(g)ear≫ **귀**

---

009. Muse [그리스신화] 뮤즈 (시·**음악**•학예를 주관하는 **9여신**(女神) 중의 하나)
010. amuse [어뮤-즈] 즐겁게 하다, 재미나게 하다,~의 기분을 풀게 하다.

➤ ≪(g)a-mu~se≫ **가무**(歌舞)~**지**!

가무(歌舞)**지**! <즐겁게 하다, 기분을 풀게 하다> 엔 **가무**가 최고지. ex) 음주가무

---

011. smell [스멜] 냄새, 향기. 악취, 후각, 냄새 맡다, -의 냄새가 나다, 악취를 풍기다,
= [s-mell] **스멜** "스멀스멀 냄새가 피어오르다"

---

012. vary [베어리] 변하다, 바뀌다, 바꾸다, 변화를 주다.

➤ ≪var -(g)≫ **바꿔**(바꾸다) / **바뀌**(바뀌다)　"계절이 바뀌다"

---

013. **various** [베어리어스] 변화가 많은, 가지가지의, 여러 가지의, 가지각색의.
　　　　↖≪var-(g)i-ous≫ **바뀌어서** (변하여서)

나뭇잎이 울긋불긋 **바뀌어서** 단풍 드는 까닭은, 봄부터 겨울까지 <**변화가 많은, 여러 가지의**> 계절이
존재하기 때문.

014. **anniversary** [애너버-서리] (해마다의)**기념일, 기념제**, 주기(周忌), 기일(忌日); 기념일의,
　　　　↖≪ann-i -ver-(k)ar-y≫ **연**(년) '年'-**이** -**바뀌어** 「연도가 바뀌어」
　　　　　　　　　　　　　　　　　　　　　　　　　　　　※ 'S' 는 /k/에서 변화한 것!

연('年') -**이** -**바뀌어**. 한 해가 가고 새로운 해가 시작되는, '**설날**'과 같이 **연도**가 **바뀌**는 **때**를 기념하는 <**기념일,
기념제**> 의 전통.

015. **endure** [엔듀어] 견디다, 인내하다, 참다.
　　　　↖≪(g)en-dure≫ **견디어**(참아)

016. **u n d e r g o** [언더고우] 견디다, 참다,	**017.** **contain** [컨테인] 참다,(속에)　　담고 있다.
(고통, 시련)겪다.	안으로 억누르다.
↖≪(g)un-der-go≫ **견디고**	= [con-tain] **견딘**

018. **buy** [바이] **사다**, 사오다, 구입하다, 물건사기.
　　　　↖≪bu- (g)≫ (물물교환으로) **바뀌**　※ 반모음 /w, y/는 /g/에서 변한 음이다!

'**돈**'이 발명되기 전의 거래는 물물교환, 즉 내 물건과 네 물건을 서로 "**바꾸**"는 거래였다.

019. **purchase** [퍼-처서] 사다, **구입하다**, (관료를)**매수하다**; (노력·희생을 치르고)획득하다,
　　　　　　손에 넣다. 사들임, 구입, (노력·희생을 치른)**획득**, 입수; 구입품.
　　　　　　　　　　　= [pur-cha-se] **바쳐서** [노력을 바쳐, 대가를 바쳐, 뇌물을 바쳐 "**치르다**"
　　　　　　　　※ 'buy' 참고!　↖≪pur -(k)a-se≫ **바뀌서** [물물교환으로 물건을 구입하기]

바쳐서-. 금전 등의 대가를 **바쳐서** 물건을 <**사다, 구입하다; 구입, 구입품**>

020. **event** [이벤트] 사건**,** 대사건.
　　　　= [e-ven -t] **이변**(異變)~ **타**　↖≪(g)e-ven -t≫ **괴변**(怪變)~ **타**

이변(異變)~**타**! 이변이다! 소달구지 다니던 마을길에 철로가 놓이게 되니 산골 마을엔 경천동지할 <**사건,
대사건**> 의 **이변타**!,가 아닐 수 없었다.

| **021.** **pride** [프라이드] 자랑하다, 자존심, 긍지. | (라틴) ostendo 자랑하다 |
| ↖≪pr-(g)i-de≫ **뻐기다** | = <**으스댄다**> |

'**뻐기다**' <**자존심, 긍지**> 가 지나치면 <**뻐기다, 자랑하다**>가 되고 만다.

022. **cry** [크라이] 울다, 소리치다, 요구하다, 애원하다, 짖다, **흐느껴 욺**, 울음소리, 탄원.
　　　　= [cr -y] **꺼이**꺼이 (우는 소리)　↖≪cr-(g)≫ ㅋ그, ㄲ그 <**곡**(哭)> '울다'

　　　　　　　　　　　　※ '**r**'은 떨림(후굴) 성질의 **모음역할** 또는 **자음** /r, l/로 된다.
꺼이꺼이 목 놓아 우는 저 <**울음소리, 흐느껴 욺**> 은 대체 무슨 까닭이오?
흉년으로 배 고파 <**울다, 요구하다, 애원하다, 탄원**> 하는 소린 줄 아뢰오.

023. **dry** [드라이] 마른, 건조한, 물기 없는, **말라붙은**, 목마른, 목이 **타**는; 가뭄, 말리다, 마르다.
　　　　= [dr -y] **더위**, **더워**　:　≪(t)r -y≫ (목이-)**타**
　　　　↖≪dr-(g)≫ 득이 <**딱딱**->: 물기 없이 마른 / **닥**(꼬닥꼬닥) '굳은 모양'

더위. 더위로 <**목마른, 목이 타는, 가뭄, 물이 말라붙은, 물기가 없는**>

024. item [아이텀, 아이팀] (신문 등의) **기사**; [속어] 이야기 거리, **소문** 거리.
➤ ≪(g)i -tem≫ **귀띔** (소식·소문)

누가 **귀띔**-해 준 <이야기 거리, 소문> 만을 듣고 <신문기사> 를 쓰진 않는다.

025. up [업] <부사> 위로, 위에, 올라가, 위쪽에, 올라, 높은 곳에, 높아져, **겹쳐 쌓아**.
　　　　　<전치사> -을 **올라가**, -을 올라간 곳에, (흐름·바람을)**거슬러**
➤ ≪(g)up≫ **굽**(발굽)/ **겹**(겹쳐 쌓아) / **곱**(곱배기)/ **거부**(拒否) "흐름 거부, 거슬러"

굽 높은 신발을 신음은 <높은 곳에, 위로, 위에, 올라가> 무엇을 잡으려 함이다.

026. use [유-스] 사용하다, 이용하다, 습관적으로 **쓰다**, 사용, 행사, 이용, **습관, 관습**. 쓸모.
　　　= **예사** (방언: 여사)
➤ ≪(g)u-se≫ **구사**(驅使) '사용'// **구시**(求是) '실사구시'
　　　　　　　　　　　　　　　　　　　※ 일본 <**구세**(くせ)>: 버릇·습관

예전부터 **여사/예사**로 <사용, 이용> 하던 <습관, 관습, 관행> 이라고 한다.

027. ordeal [오-디얼, 오-딜-] 고된 체험, 호된 시련.
➤ ≪(g)or -deal≫ **고될** (고되다 → ≪(h)or -deal≫ **호될**

028. out [아우트] 바깥쪽, 외부, 출현, 외출; 밖에 **나가**, 밖으로. 나타나다, 드러나다.
➤ ≪(g)ou-t≫ **겉**(바깥쪽)

029. attitude [애티튜드] **태도**, 몸가짐, 자세, 마음가짐.
➤ ≪(g)at-ti-tude≫ **겉테**(**겉**에)~ **태도**(態度)

030. attire [어타이어] 의복, 옷차림새, 복장; (문어) 차려 입히다.
➤ ≪(g)a-t~tir-e≫ → ≪(g)a-t~(ch)ir-e≫ **겉치레** ; **겉-차려**

031. parity [패러티] **동등**, 동격, 등가(等價), 동률, 동량; 유사**.**
➤ ≪par-(g)i-ty≫ **비기다** [실력이나 수가 동등하여 비기다]

com-(접두사) '**함께, 전혀**' 의 뜻 (b, p, m 의 앞) = con
032. compare [컴페어] **비교**(比較). 비교하다, 비유하다, **비기다**, 필적하다.
　　　= [com~ **par-e**] 함께(com)~ **비유**(比喻)
➤ ≪com~ par-(g)e≫ 함께~ **비겨** [서로 비기다] / **비교**(比較)
　　　　　↳ * (h)om = **함**(함께) ※ **com** = 고어 [셋콤]: 셋씩 묶음으로

033. attribute [애트리뷰-트] 어떤 인물에 **붙어** 다니는 것, **상징, 속성**, 특성.
➤ ≪(g)at -tri -bute≫ **곁**(곁에)~ **들러**[따라]**붙어** // **곁다리**~ 붙어
➤ ≪(g)at -tr-i -bute≫ 곁트익~붙어 <곁테(**곁**에)~ **붙어**>

곁테[**곁**에]-**붙어**. 곁에 들러붙어 어떤 것의 <상징, 속성, 특성> 이 되어버린 것.
※ 어떤 사람의 **곁에 붙어** <어떤 인물의 부속물> 이라 할 만한 것으로는 김구 선생님의 금테 안경,
찰리 채플린의 **지팡이** 같은 것.

034. unsure [언슈어] **불확실한, 불안정한, 확신이 없는**, 신용할 수 없는.
　　　= [un-sur-e] **운수**(運數)에 / 운세(運勢)
➤ ≪(g)un -sure≫ **괜스레** (괜히)'후회' // '하늘' **건**(乾)~**수리**(數理)

운수(運數)에 나의 미래를 맡긴다면, 얼마나 <**불확실한, 불안정한**> 인생이 되고 말까!

035. **enchant** [엔챈트, 엔찬트] 이 몹시 마음에 들다, 매혹하다, 황홀케 하다.
  ▶ ≪(g)en-chant≫ **괜찬타!** (괜찮다) = 매우(썩) 좋다!

036. **charm** [참-] 매혹하다, 황홀하게 하다, 아름다운 용모, 요염함; 아름다운 점, 매력,
  = [charm] **참** (참하다·매력적이다, 아름답다, 예뻐다)

037. **even** [이-번] (승산 등이) **반반**이다, 균형이 잡힌; 반반의, **반반한**, 울퉁불퉁하지 않은.
  = [e-ven] **이분**(二分) // **예쁜·이쁜** (반반한) ※(참고) 얼굴이 '반반'하다!
  ▶ ≪(g)e-ven≫ **거반**(거의 반) : **고븐**(고운·곱다) 「비례, 균형미」

이분(二分). 둘로 나눠 $\frac{1}{2}$ 씩 <반반의, (절반씩)균형이 잡힌> 예쁜 <반반한> 얼굴.

038. **wall** [월-] 벽, 담, 방벽·성벽, **높이 솟은 것**; 칸 막다, 경계 짓다, **담을 싸다.**
  = **울**(울타리) ※ 울-이 > **우리** '돼지우리' ※ 울-이 > **우리** '산봉우리'
  ▶ ≪(g)all≫ **갈**(갈라놓다)

울. 울은 울타리, 어릴 적 시골집은 <벽, 담> 대신 탱자나무를 심어 **울**을 했었지.

039. **occlude** [어클루-드, 오클루-드] **못 나오게**[들어오게] **막다**; **폐쇄**하다, **방해**하다.
  = [oc~ cl-u-de] '감옥' **옥**(獄)~ **걸으다**(걸다) 『옥에 넣어 걸어 잠그다』
  ▶ ≪(g)oc~ cl-u-de≫ **꼭**(꼭꼭)~ **걸으다**(걸다) 『꼭꼭 걸어 잠그다』

040. **security** [시큐어리티] 안전, 무사, 보호, 보안, 방어, 방호물.
041. **secure** [시큐어] **쇠고리**를 걸다; 단단히 잠그다. 채우다. 가두다; **안전한.**
  = [se-cur-e] **쇠~ 걸어** // **쇠-고리** "쇠-고리로 단단히 잠그다"

042. **secure** [시큐어] **쇠고리**를 걸다; 잡아매다, 단단히 잠그다. 안전한, 도망칠 염려 없는.
043. **security** [시큐어리티] 안전, 무사, 보호, 보안, 방어, 방호물.
  = [se-cur-i-ty] **쇠~ 걸어~ 다** // **쇠-고리다!**

쇠-고리다! 쇠고리를 채웠으니 얼마나 <안전, 무사, 보호> 가 잘 되겠니!

044. **write** [라이트] 쓰다, 기록하다, 써 넣다, 써서 보내다[알리다], 기재[기록]하다, 서명하다,
  ▶ ≪(g)r-i-te≫ **그리다** [그림을 그리다, **상형문자**를 '그리다'] = 원시 문자

그리다. 문자가 발명되기 전에는 '그림'을 그려 문자(文字)로 삼았다. 그림을 '그리다'가
글을 <쓰다, 기록하다, 써 넣다> 인 시대였다.

045. **wee** [위-] (소아어·방언) **작은.** =【**유**(幼) '어릴' / **왜**(矮) '왜소'/ **애**(아이) '작은 아이'】
  ┌ **코**(乙) '작은'   '어릴'
  ▶ < (g)e-e≫ **귀여**(-운) '소형' :   ▶ ≪(k)ee≫ **깨** (깨알) ➜ ≪(ch)ee≫ **치**(稚)
  겨우   ↳ ≪(zh)ee≫ **째**-째   ↳ ≪(sh)ee≫ **소**(小), **시**시

"**애**"는 아이. 애-벌레/호박 <작은> 호박 / "**왜**(矮)"는 왜소하게 <작은>
"**귀여**-" 운 느낌은 갓난 애 같이 <작은> 것에서 느끼는 감정.

046. **undone** [언던] 하지 않은, 다 되지 않은, **미완성의.** = [un-done] **안 된**
  ▶ ≪(g)un-done≫ **관둔** (그만 둔) "쓰다가 관둔 미완성의 일기장"

047. unseeing [언싱-] **보려고 하지 않는**, 보고 있지 않는. ※ <see> 참고!
= [un-seeing] **안**(부정)~ seeing(보는) '보지 않는'
▶ ≪(g)un-seeing≫ **건성** (제대로 보지 않는 태도)

건성으로 대충 보거나 제대로 <보고 있지 않는, 보려고 하지 않는> 태도.

048. urge [어-쥐]~하도록 **촉구하다**, 재촉하다, 주장을 **역설하다**.
= [ur-ge] **우겨**~ (우기다·역설하다) ※ <-ge>는 구개음화되었다.
▶ ≪(g)ur-ge≫ **궐기**(蹶起) '궐기하다·궐기대회' : **거지**(어거지, 억지)

우겨~. 끝까지 굴하지 않고 <주장을 역설하다> **궐기**(蹶起). 무엇을 <주장하다, 촉구하다>의 **궐기** 대회.

049. afraid [어프레이드] **두려워하는, 무서워하는**, -하기를 겁내는, 주저하는, 걱정하는, 불안한.
▶ ≪(g)a-fr-ai -d≫ **가버리다** '도망 가버리다' <두려워하는, 무서워하는> 기색

050. abeo (라틴) **가다**·가버리다, 사라지다 ◀ ≪(g)a-be-o≫ **가삐어**(가버려) '방'
051. aufero (라틴) 사라지다, 없어지게 하다, 떠나가다, 떼어 놓다, (죽음이)데려가다.
= [au-fer-o] **이별**(離別)~ 이
▶ ≪(g)au-fer-o≫ **가버려 : 고별**(告別)이

052. or [오어] ~혹은 -, ~ 또는 -. 「선택의 상황」
▶ ≪(g)or≫ **고르** (고르다·선택하다) // **골** (골르다) '방'

'포도' <혹은> '사과' 중에서 하나만 **고르** -라고 하니, 둘 다 먹고 싶은 이 마음!

053. quality [콸러티, 퀄러티] **양질**(良質), 질, 품질, 우수성; 질 좋은.
= [qual-i-ty] **골르다** (고르다·선별하다) '방'

골르다. 여럿 중에서 고르니 역시 <양질(良質), 질 좋은> 제품을 만나게 되는구먼.

054. olig(o) (프) 소수의 ◀ ≪(g)ol-i-go≫ **골라가**(골라서) / **골리가**(골라서) '방'
055. elite [엘리-트, 일리-트] **선발된**, 정예의; 「집합적」 **엘리트, 선발된 것**[사람], 정예.
=[el-i-te] (쌀을) **일으다** '일다·골라내다'
▶ ≪(g)el-i-te≫ **걸러다** (걸러내다) / **골르다** (고르다·선별하다) '방'

걸러다. 기록이 부실한 사람은 **걸러내**고 <선발된, 정예의> 선수만 대회에 나간다.
골르다. 고르고 골라 <선발된 사람, 소수정예, 엘리트>

056. excellence [엑셀런스] 우수, 탁월, 탁월성, 미점, 장점, 뛰어남, 뛰어난 소질[솜씨]
057. excellent [엑셀런트] 우수한, 일류의, 훌륭한, 뛰어난.
= [ex-cel-lentl '방' **억시** (아주·매우)~ **골른다** (고르다·선별하다) '방'
▶ ≪(g)ex-cel-lent≫ **각** (각별히)~ **골른다** (고르다·선별하다) '방'

'방' **억시**(아주·매우)~ **골른다**. 지겹도록 **아주** 몇 시간째 골라낸 끝에
<우수한, 일류의, 훌륭한> 제품을 찾아내었다!

058. ex-[엑시] (접두사) **아주**, 전적으로 = 【**억시**】: 아주·매우·대단히 '방'
▶ ≪(g)ex -≫ **격**(激) -스 <격함, 격심함, 격렬함> "**억시**(매우) 아프다!"

059. order [오-더] **명령**, 지휘, 규칙, 준법, 질서, 순서. [상업] **주문**; 명령하다, 지시하다,
▶ ≪(g)or-der≫ **고대로** '방' (그대로)

시킨 **고대로**(그대로) 그림을 그려 오너라! 하고 선생님께서 <지시하다, 명령하다>

379

고대로(그대로) 가져다주세요! 하고, 가구를 <주문> 하다.

---

060. awe [오-] 두려움, 두려운 마음을 들게 하다; 경외(敬畏).
　　　↖ ≪(g)a -we≫ **가위** (가위눌리다) "두려움이 커 **가위**까지 눌리다"

---

061. urine [유어린, 유린] 소변, 오줌.
　　　↖ ≪(g)u -rine≫ **구린** (구린-내) → ≪(zh)u -rine≫ '**지린**'내 / 찔은~

어디선가 **구린**-내가 솔솔 나는구나! 누나에 의해 가차 없이 들추어진 이불엔 <**소변, 오줌**> 으로 그려진 부끄러운 세계지도. 난생 처음 그려 본 나의 세계지도.

---

062. error [에러] 잘못, 틀림. ⬅ ≪(g)err-(g)or≫ '**그르**'-게
063. err [어러, 에러, 에어러] 잘못하다, 실수하다, 그르치다, 틀리다.
　　　↖ ≪(g)err≫ **그르**~ (그르치다) // 가로 '**방**' (잘못) = 가로 넘김(잘못 넘김)

일을 **그르** -게 (틀리게, 잘못, 실수) 했다가는 크게 혼날 줄 알라!

---

064. parody [패러디] **야유**적으로 가사를 고쳐 부른 노래, (**풍자적·해학적**)모방시문.
　　　↖ ≪par-(g)o-dy≫ **비꼬다** [비꼬아 풍자하다, 야유하다]

비꼬다. 어떤 인물이나 시대 현실을 **비꼬아** <**야유**>하고 <**풍자**>하기.

---

065. each [이-치] **각각의**, 각자의, 각기의, 제각기의, 각~.
　　　= [ea -ch] **이체**(異體)　※ 이(異) : 다르다
　　　↖ ≪(g)ea-ch≫ **개체**(個體) '각각의 몸·각각의 생물체'

개체(個體). 수많은 각각의 **개체**들이 <**각각의, 각자의, 제각기의**> 삶을 살아간다.

---

066. ark [아-크] (고어·방언) 상자, 궤, 언약궤, 방주; [미국] 집.
　　　= [ar-k] **옥**(屋)　'가옥·집'
　　　↖ ≪(g)ar-k≫ **곽**(성냥-곽/상자)

---

067. ambi-(접두사) '**양쪽**' 의 뜻 ⬅ ≪(g)am-bi~≫ **겸비**(兼備) '아울러 갖춤'
068. amphi-(접두사) '**양**(兩)~, 두 가지** ⬅ ≪(g)am-phi~≫ **겸비**(兼備)

"**겸비**(兼備)" 는 <**양쪽, 두 가지**> 를 모두 갖춘, 모두 겸비한 것.

---

069. way [웨이] 길, 도로, 통로, 진로, 방향, **구역**. (특정한) **방식**, 방법, 방침.
　　　↖ ≪wa- (g)≫ **역**(域) '지경·땅의 경계'　※ **폐음절** 진행
　　　　예규(例規), **의규**(儀規) '따르도록 정한 방식' ※ **개음절** 진행
　　　↖ ≪(g)a-y≫ 기이 <**궤**(軌)>: 길·궤도 "지구**궤도**"　※ 음절축약

역(域) 은 <**구역**(區域)>, 경계를 중심으로 나눈 일정한 면적의 땅.

---

070. wise [와이즈] **슬기로운**, 현명한, 총명한, 사려[분별]있는. 박식[박학]의, 현인 같은, 교활한.
　　　= [wi-se] **이지**(理智) / **예지**(叡智)
　　　↖ ≪(g)i-se≫ **기지**(機智) '슬기·지혜'

이지(理智). 이지적인 사람이 아무래도 <**슬기로운, 현명한, 총명한**> 법이다.
기지(機智). 기지란 '꾀' <**슬기로운, 현명한, 총명한**> 방안을 내놓기 마련이다.

---

071. old [오울드] **나이 많은**, 늙은, 노년의, 낡은, **오래된**.
　　　↖ ≪(g)ol-d≫ **골다** (쪼글쪼글 골다) □ 쪼글쪼글 **골**아 **낡은, 오래 된** 사과

골다. 골골 아픈 <**나이 많은, 늙은, 노년의**> 사람들.

072. ago [어고우] (지금부터)~전에. 이전에. = [a-go] **아까** [아까 전에 '과거']
➤ ≪(g)a-go≫ **과거**(過去) "전에, **과거**에 일어난 일은 깨끗이 잊어버려!"

073. accurate [애큐리트] **빈틈없는, 정확한**; 정밀한, 신중한.
➤ ≪(g)ac-cur-a-te≫ **꼭**[꽉]~ **끼이다!** <빈틈없는, 정밀한> 물건

074. economy [이카너미, 이코너미] **절약**, 절검(節儉), 값싼, 경제적인.
= [e -co-nom-y] **'방' 애껴** [아껴]~ **남아**
➤ ≪e -co-nom-(g)≫ **'방' 애껴** [아껴]~ **남겨**

075. enemy [에너미] **적, 원수**, 적수, 적군, 경쟁 상대. = [e-nem-y] **이념**(이놈)**이!**
➤ ≪(g)e-nem-y≫ **개념-이!** (개놈이...)

<적수, 적군, 원수> 를 **개놈**(개념 **'방'**)**이!**~라고, 욕하지 않는다면 누구에게 이런 욕을 한단 말인가?

076. ensure [엔슈어] **지키다**, 안전하게 하다, 책임지다 □ 간수가 감옥의 죄수를 <지키다>
➤ ≪(g)en-sure≫ **간수** (지키기·지키는 사람) // **건사**(지키기) **'방'**

077. security [시큐어리티] 안전, 무사, **보호, 보안**, 방어, 방호물.
078. secure [시큐어] **쇠고리를 걸다**; 단단히 잠그다. 안전하게 하다, 굳게 지키다, **안전한**.
= [se-cur-e] **쇠~ 걸어** // **쇠-고리**

079. occlude [어클루-드, 오클루-드] **못 나오게**[들어오게] **막다**; **폐쇄**하다, 방해하다.
= [oc~ cl-u-de] **옥**(獄) **'감옥'~ 걸으다**(걸다)『옥에 넣어 걸어 잠그다』
➤ ≪(g)oc~ cl-u-de≫ **꼭**(꼭꼭)~ **걸으다**(걸다)『꼭꼭 걸어 잠그다』

080. guard [가-드] **방호물**·위험 방지기·**안전장치**; 경계, 망을 봄, 조심·보호, 경호인, 수위.
= [guar-d] **가리다**(방호) / **가르다**(분리) "위험으로부터 사람을 **분리**하는 **방호물**"

가리다. 위험한 것을 가리는 <**방호물, 안전장치**> 난로 앞의 철망 따위.

081. aware [어웨어] **깨닫고, 의식하고, 알고**; (~에 대한) **의식**[인식]**이 있는.**
➤ ≪(g)a-war-e≫ **깨의어**~『의식이 깨어 있는』// **고의**(故意)**로**~『알고서』★

"**깨이어**" 의식이 깨어 있어 <**깨닫고, 의식하고, -에 대한 인식이 있는**> 상태.

082. arm [암-] **팔**, 앞발, **무기**, 무력, **전쟁**; (정부·법률 따위의) **힘**, 권력.
= [ar-m] **아름** (두 팔을 벌린 길이)   ➤ ≪(g)arm≫ **검**(劍) **'칼'**

아름. 두 <**팔**> 을 벌린 넓이가 '**아름**' 이다. 한-**아름**으로 안기가 벅찬 굵은 나무.
검(劍)은 '칼'이니 칼로 <**전쟁**> 을 했던 시대, **검**(劍)이 유일한 <**무기, 무력**>이었던 시대.

083. wear [웨어] **의류**; 입고[신고· 쓰고] **있다, 기**(旗)**를 내걸다, 수염을 기르고 있다,**
-의 지위에 있다; 때가 서서히 지나다; 길을 뚫다; 기억을 간직하다.
= **의류**(衣類) **'옷'** // **외어**(암기·기억) // **위**(位) **'지위'**
➤ ≪(g)e-ar≫ **끼어**(껴) **'착용'** / **기**(旗) / **길**(도로), **궤**(軌) **'길'** / **계**(階) **'계급·지위'**
   (몸을)**가려, 걸**(걸쳐) /(시간 걸려)**끌, 걸**[시간 걸려] / **과**(過) **'지날'**
   (수염)**기르~, 구레**(-나루) / **괘**(掛) **'내걸다'**

위(位), 는 <-의 지위에 있다> **외어**(암기), 는 <기억을 간직하다>

084. desire [디자이어] **바라다**, 욕구하다, 구하다, 욕망을 느끼다, 희망하다. 욕구, 욕망.
= [de-sir-e] **되자요!**(되자구요) / **되 줘요!**
≪de-sir-(g)e≫ **되자구!**, **되자고!** [-이 되자구!]

되자요!~이 **되자구요!** <바라다, 욕구하다, 희망하다>

085. earn [언-] (**비난** 등을) **받다**, (**명성을**) **획득하다**, (지위를)얻다, 생활비를 벌다.
= **여론**(輿論) ≪(g)earn≫ **견**(譴) '꾸짖다·꾸지람' <비난을 받다>

여론(輿論)의 전폭적인 지지를 얻어 <**명성을 획득하다**>
명성을 얻으면 <지위를 얻다, 생활비를 벌다> 가 해결된다.

086. evade [이베이드] **벗어나다**, 빠져나가다, (의무·지급 등을) **회피하다**, 피하다, 비키다.
≪(g)e-va-de≫ **가삐**[뿌]**다!** '가버리다' (방) : **기피**(忌避)~**타!**

가삐[뿌]**다**, 는 '가버리다' 의 방언. <빠져나가다, 벗어나다>
요리저리 빠져나감은 <(의무·지급 등을)회피하다>

087. abeo (라틴) 가다•가버리다, 사라지다 ← ≪(g)a-be-o≫ **가삐어**(가버려) '**방**'
088. aufero (라틴) 사라지다, 없어지게 하다, 떠나가다, 떼어 놓다, (죽음이)데려가다.
= [au-fer-o] **이별**(離別)~ **이**
≪(g)au-fer-o≫ **가버려 : 고별**(告別)**이**

089. ally [얼라이, 앨라이] **연합하다**, 동맹하다, 결연하다, 제휴하다, 제휴하다; 동맹국, 협력자, 친척.
= 고어 [**얼**의-**다**]: 엉기다
≪(g)all-**y**≫ **걸어** (서로 걸어·결합하여)   ※ ≪(g)all- (g)≫ **걸기**
≪all- (g)≫ **얼기** (얼기-설기 엮어) // 고어 [**얼거**]: 얽혀 : [**얼기**]**다**: 얽히다
≪all-(k)≫ 얼켜 <**얽혀**>: 서로 얽히어

걸어-, 서로 목숨을 **걸어** 놓고 <연합하다, 동맹하다, 제휴하다, 연합국>
※이런들 어떠하리 저런들 어떠하리 만수산 드렁칡이 **얽혀진들** 어떠하리「이방원, 하여가」
얼켜-. 이방원의「하여가」는 서로 **얽혀** <연합하다, 동맹하다> 의 뜻을 타진한 시조다.

090. allied [얼라이드] **결연**(結緣)**한**, **동맹한**, **연합**[제휴]**한**   [**얼우다**]: 혼인하다
= [all-i-ed] 고어 [**얼**의**다**]: 엉기다
≪(g)all-i-ed≫ **결**(結)~ **이으다**(잇다) □ 결합해 이어 <**결연한, 동맹한, 연합한**>
≪all-(g)i-ed≫ 고어 [**얼기다**]: 얽히다 // **얼기**(-설기)

091. ardor, ardour [아-더-] **열정**, 열성, 열의, 열렬.
= [ar-dor] **알뜰**(알뜰히) // **열**(熱)-**띠어**
≪(g)ar-dor-≫ **골똘** "골똘히 열의를 가지고 공부하다"

알뜰. 알뜰히 <열성, 열의, 열정> 을 가지고 구석구석 청소하다.

092. wash [워쉬, 와쉬] **씻다**, 씻어내다. "개수-대에서 과일을 씻다, 씻어내다"
≪(g)a-sh≫ **가새**-'씻어' (방언) // '**개수**'-대

093. waste [웨이스트] 쓰레기·**구정물**, 낭비; **죽이다**; 쇠약해지다, 약화되다, 때가 지나다.
=[wa-s-te] **잊으다**(망각) ≪(g)a-s-te≫ **교수**(絞首)~**대** / **고사**(枯死)~**되**
≪(g)a-s-te≫ **개수-대**(씻는 곳)『구정물』: **가시다**(가다·지나다, 한물가다)

개수대. 개수대에 <구정물, 쓰레기> 가 넘친다.
"**고사**(枯死)**되**" 어 <쇠약해지다> "**교수**(絞首)**대**" 에 걸어 <죽이다>

094. wind [윈드] 바람, 바람에 풍겨오는 냄새, 위[장] 안의 가스; <u>누설</u>,
냄새 맡아 알아내다, 바람에 **쐬다**. 소문, 낌새.
➤ ≪(k)in -d≫ (방귀) **뀐다** → ≪(sh)in -d≫ (소문) **샌다!** (바람) **쐰다!** / **쐰다 '방'**

뀐다. 방귀 뀌니 <바람> 을 타고 <바람에 풍겨오는 냄새>가 지독하다.

---

095. worm [웜-] (금속·도자기 따위에) **금**이 가다.
➤ ≪(g)or-m≫ **금**(-가다) → ≪(h)or-m≫ **홈**(홈집) ※ 기식음 'h' 되기!

---

096. wad [와드] (작은 덩이로) **뭉치다**, (충전물을) **채워 넣다**, (탄환·화약을) **재다**.
➤ ≪(k)ad≫ (이불·흙을) **개다** → ≪(zh)ad≫ (탄알) **재다** // ≪(ch)a-d≫ (알) **차다**,
채우다

개다. 흙을 개어 <(작은 덩이로) **뭉치다**> 뭉친 후, 담장 빈틈에 <채워 넣다>
개다. 이불을 개다 <뭉치다> 뭉친 다음, 장농에 <재어 넣다>

---

097. easy [이-지] **쉬운, 힘들지 않는**, 편안한, 평이한, 마음 편한, 느긋한; 무사태평하게.
➤ ≪(g)ea -sy≫ **거저** (힘들지 않고) // **거지** (노력하지 않고 살려는 사람)

거지. 남들이 **거지**라 부르건 말건 <무사태평하게, 쉬운, 힘들지 않는> 삶을 택한 거지들.

---

098. autumn [오-텀] 가을, 가을의 **수확**, 성숙기, 조락기, 초로기(初老期).
= [au-tumn] 어텀, 어둠 <얼음> "만물을 **거두어**들이는 가을, 수확"
➤ ≪(g)au-tum~ n'r≫ **거둠~** 날(계절) ※ 원형적 전동성 'r' 재구성.

어둠. **얼음**. 얼음의 계절은 <가을> 이다. <가을의 수확> 이 기다리기 때문이다.

---

099. allure [얼루어] **꾀다, 부추기다, 유혹하다**; 애교, 매력.
=[all-ur -e] **얼루어**(얼러) "꾀어·부추겨" ➤ ≪all-(g)ur-e≫ **알개**(꾀어) '방'
➤ ≪(g)all-ur -e≫ **끌리어**(매료되어·유혹되어) : **꼴려**(유혹되어) '속어'

얼루어(얼러). 장난삼아 아이를 **얼러** <꾀어, 부추겨> 아이스크림을 뺏아 먹다.
"꼬마야, 이 구슬, 마법구슬이야! 아이스크림 한 입 주면 구슬을 네게 주마!"
끌리어-. <애교, 매력, 유혹하다> 에 **끌리어** 결혼한 사람 많으리라!

---

100. charm [참-] 매혹하다, 호리다, 황홀하게 하다, **아름다운 용모**, 요염함, 매력.
= **참** (참하다·매력적이다) □ **참** (-하다!) = 아름답다, 예쁘다.

---

101. illusion [일루-전] **환영**(幻影), 환각, 환상, 망상, 착각.
➤ ≪(g)ill-u-sion≫ **끌려진~** → ≪(h)ill-u-sion≫ **홀려진~**
끌려-상(想) '생각' / **상**(像)

끌려진-. 끌려지는 대로 가보니 <환영(幻影), 환상. 환각, 망상, 착각> 이더라!
끌려-상(像). 상에 끌려 따라 가보니 <환영(幻影), 환상. 환각, 착각>이더라!

---

102. oval [오우벌] **달걀 모양**; 달걀 모양의 물건, 타원형 물체; 달걀 모양의, **타원형의**.
➤ ≪(g)o -val≫ 고볼 <**곱을**>: 고울 '방' [곱다] ※고볼 > **고울**

고볼> **고울**. 곱다고 칭송받던 고전적 미인은 <달걀모양> 의 갸름한 <타원형> 얼굴이다.

---

103. shell [쉘] 딱딱한 외피, 겉껍데기, 껍질, 깍지, 조개, 조가비, 갑각류, (거북의)등딱지.
= (껍질로-) **씌울, 쌀** [싸다] / (껍질을-) **쓸**

씌울/쌀. 외부의 습기나 공격으로부터 보호하는, 내용물을 **씌울/쌀~** 것으로는
<껍질, 겉껍데기, 깍지, 딱딱한 외피> 가 제격이다.

104. shield [쉴-드] <u>보호물</u>, 방어물, 차폐물, 방패, 차폐. 보호, 흙받이. 감싸다, 막다, 보호하다.
= [shi-el-d] **씌울, 쌀**(감쌀)~**다!**

씌울[쌀], 씌우거나 **싸**는 <보호물, 방어물, 방패, 감싸다, 막다>

105. asphyxiate [애스픽시에이트] 질식시키다, 질식 상태로 되다. ※ 피(皮): 껍질·겉·가죽
▶ ≪(g)as-phy-xia-te≫ **겆-피**(皮)~ **씌**으듯 [씌우다]
겆피 [거피] '껍질'~ **씌우다**
갖 프 <(숨이)**가빠**> ~ **씌우다**

겉-피(皮)~ **씌우다**. 겉에 껍질을 씌웠더니 연약한 새싹이 죽어버렸다.
공기 순환을 막아 <질식시키다, 질식 상태로 되다>

106. capsule [캡슐] (약•우주 로켓 등의) 캡슐, 덧싼 박(箔); 피막(被膜).
= [cap-sule] **쿱실, 굽실** <**껍질**>

껍질은 속을 싸고 있는 <피막(被膜)>. 먹기 좋게 '**껍질**'을 씌운 <캡슐> 약.

107. own [오운] 「**소유를 강조해**」 (남의 것이 아니라) **자기 자신의, 자신의 것.**
「**독자성을 강조하여**」 (자기 자신에게) **고유한, 특유한.**
「**명사적으로**」**자신의 소유물.** · This is my own car. 이건 내 소유의 차다.
▶ ≪(g)own≫ **권**(權) '**권리·권한**' ※ <**crown**> 참고!

권(權), 즉 **권리** 중에서 가장 원초적인 권리는 <u>소유권</u> <소유하다, 자기 자신의, 소유물>
권(權), 권한은 <(자기 자신에게)**고유한**> 권한, 즉 남을 배제하는 <u>배타적</u> **권한**이다.

108. crown [크라운] 왕관, 왕권, 왕의 통치, 왕의 영토, -에게 왕관을 씌우다; 왕위에 앉히다.
= [cr-own] **관**(冠) '**왕관·벼슬**' // **권**(權) '**권세·권력·권리**'

※ **규원**-사화(史話)

※ '**r**'은 떨림(후굴) 성질의 **모음**역할 또는 **자음** /r, l/로 된다.

관(冠). 관은 <**왕관**>이라, 왕관을 쓰면 <**왕권, 왕의 통치**>를 할 수 있다.
권(權). 권은 <**왕권**>이라, 왕권을 가지면 <**왕의 영토**>를 가질 수 있다.
※ **규원**-사화(史話)의 '**규원**'은 crown, 즉 '**왕권**'이 전해 내려온 것에 관한 이야기(역사).
≪揆園史話(규원사화)≫는 조선 숙종 2년(1675년)에 북애노인이라는 호를 가진 이가 **고조선** 47대 단군의
재위기간과 치적을 기록한 역사책.

109. act [액트] 하다, 행동하다, 직무를 다하다; -의 흉내를 내다, -처럼 행동하다, **연기** 하다.
= [ac-t] **역**(役)~**타!** (직무·역할을 하다) // **익**(익살)**타!** '익살·흉내 냄'
= [a-c-t] **이끼다**(우기다) '웃기다' ※ '개음절' 형태.
▶ ≪(g)ac-t≫ **겪다** "-하다(경험)" // **극**(劇)**타!** '연기하다'

역(役)**타**. 노역/병역, 과 같은 **역**(役)을 행함이니 <하다, 행동하다, 직무를 다하다>
극(劇)**타!** 연극에서 역할을 맡아 함 <-의 흉내를 내다, **연기**를 하다>

110. enact [이낵트] -의 **역**(役)을 무대에서 **공연**하다, **행하다**, **법률**을 제정하다.
= [en -ac-t] **언약**(言約)~**타!** (약속하다)
▶ ≪en-(g)ac-t≫ **연극**(演劇)~**타!** '**역**(役)을 무대에서 공연함이 연극이다'

언약(言約) -타, 말로 약속함은 '글'을 모르던 때의 일종의 <**법률을 제정하다**>
말로 **언약**(言約)하기보다는 <**법률을 제정하다**>가 <**행하다**>를 강제하기 쉽다!

111. waive [웨이브] <u>보류</u>하다, <u>미루어놓다</u>; (권리·요구 따위를) 포기하다 =【**유보**(留保)】

112. bore [보-, 보어] **지루하게**[따분하게, 싫증나게] **하다.**
= [bor-e] **보류**(保留) [뒤로 미룸] "보류해 미루기만 하니 **지루하게 하다**"

113. **over** [오우버] 과도한, 여분, 과도 ← ≪(g)o-ver≫ '곱'으로, '곱'배기 : '갑'절 거푸
= [o -ver] **여벌**(여분) <여분> ∟, ≪(h)o-ver≫ 허벌~나게 (많다)

고브로 "**곱으로**" 주시오면 <과도, 과도한> 분량입니다!

114. **either** [이-더, 아이더]~도 또한, 게다가, 그 위에, 그런데.
↖ ≪(g)ei -ther≫ **게다**(-가) [그 위에] ↖ ≪(g)ei -thr-(g)e≫ **게다가** ※음위전환
↖ ≪(g)e-(g)i -ther≫ **거기다**(-가) [그 위에] ↖ ≪(g)e-(g)i-thr-(g)e≫ **거기다가**

게다~, 는 '게다가'. 어떤 무엇에 다른 무엇이 **증가**됨에 쓰이는 말.
밥을 먹고 <그 위에, 게다가> 자장면까지 먹었더니 배가 터질 듯하다.

115. **alight** [얼라이트] (말이나 탈것에서)내리다, **하차하다**, 착륙하다, (새가 나무에)내려앉다.
〖문어〗 발견하다, **우연히 만나다**.
↖ ≪(g)al-i-gh-t≫ **걸리**(ㅎ)**다** [걸리다, 걷게 하다]
(우연히 얻어) **걸리다**. <우연히 만나다, 발견하다>

걸리다. 내려 걷게 하다의 뜻. 걸어가려고 <(말이나 탈것에서) 내리다, 하차하다>

116. **ichn -, ichon** - '발자국, 자취'의 뜻의 결합사.
↖ ≪(g)i-chon≫ **끼친**- "선현들이 **끼친**(남긴) 발자국, 발자취"

117. **meter** [미-터] 계량기, (가스•수도 따위의)**재**는 사람, 계량하다. **미터로 재다**.
118. **odometer** [오우다미터] **주행**(走行) 거리계. ※ **go** : 가다.
↖ ≪(g)o -do~ meter≫ **가다**(이동)~**계량기**(meter)
『나아간 거리를 재는 계량기』

가다 -미터. 가면서 **미터**를 재는, 몇 미터를 갔는지 재는 <주행(走行) 거리계>

119. **graph** [그래프, 그라-프] **그래프**, 도식, 도표; 기록한 것, 쓰는 도구. 도표로 나타내다.
120. **odograph** [오우더그래프] 항행 **기록계**. **보수계**(步數計) ※ go : 가다.
↖ ≪(g)o -do~ graph≫ **가다**(이동)~ **기록**(graph)『나아간 거리를 기록하기』

가다 -그래프. 가면서 **그래프**를 그려 나타냄은, 얼마나 갔는지 **기록**하는 <보수계>

121. **slow** [슬로우] 느린, 더딘, 늦은, 느릿느릿한, 더디 가는, 침체한, 활기 없는.
↖ ≪sl-(g)ow≫ **슬**(슬슬)~ **가여**[가서] '**방**' □ 슬슬 가여[가서] <느린, 더딘>
※/r, l/뒤의 모음 앞에 'g'를 재구성할 수 있다.

122. **tardy** [타-디] 지각, 늦은, 느린, 더딘. 완만한 = [tar -dy] (시간이) **더디** [더디다]

123. **merit** [메리트] 공적, 공로, 공과, 우수함, 가치, **장점**, 취할 점, **시비**(곡직).
※ demerit [디메리트] 결점, 결함, 단점, 벌점.
↖ ≪mer-(g)i -t≫ **매기다** [평가하다] <공로, 우수함, 가치> 의 우열을 매긴다.
※/r, l/ 뒤의 모음 앞에 'g'를 재구성할 수 있다.

매기다. 점수 매겨, 매긴 점수가 'De'로 **뒤**(de)쳐지면 <**단점**(demerit)>으로 작용한다.
매기다. 공정하게 점수를 **매겨**야만 <시비, 시비곡직> 을 차단할 수 있다.

124. **withdraw** [위드로-] 거두다, 철수하다, 철회[회수]하다, (손 따위를)움츠리다.
↖ ≪(g)i-th~ dr-a-w≫ **거둬**(걷어)~ **들이어·들여**
↳ ≪(h)i-th~ dr-a-w≫ **후퇴**(後退)~ **들여**(들이어)

wood [우드] 나무, 목재.

125. wooden [우든] **아둔한**, 무뚝뚝한, 어색한, **나무로 만든**, 생기 없는, 부자연스런.
= [woo -denl **우둔** '愚鈍' (우둔한)/ **아둔** (아둔한) ▶ ≪(g)ood -en≫ **굳은**

우둔(愚鈍). 우둔해 말귀를 못 알아듣는 <아둔한> 사람,
말귀를 못 알아들으니 마치 <나무로 만든> 목석(木石)같은 사람이다!
구든 "굳은-" 표정의 <무뚝뚝한> 사내가 <나무로 만든> 사람처럼 서 있다.

126. yak [액] (속어) **쓸데없는 말**, 수다, 수다 떨다, 재잘거리다. ≪(zh)a-k≫
▶ ≪(g)a-k≫ **객** (객-쩍은 소리, 실없는 소리) →구개음화 **지껴/주께**(떠들어) '방'

객. '객'쩍은 소리는 <쓸데없는 말, 수다> → 동사로는 <수다 떨다, 재잘거리다>

127. out [아우트] **밖에 나가**, 밖으로, 제거해, **끝나**, 불 꺼져, 밖의, 떠나, 멀리 떨어져, 떠나다,
외출, 바깥쪽, 외부, 출현, 나타나다. **드러나다**; (밖으로)내다, **좇**아내다.
▶ ≪(g)ou-t≫ **끝**(종료) / (불을)**끄다** / **가다**(외출·떠나다) / **겉**(바깥쪽)
겉어~내다/치우다 [종료]   ※전동성 ≪(g)ou-t'r'≫ (불)꺼트려
                                                       ※전동성 ≪ou-t'r'≫ 외따로 [떨어진]

끄다. 불을 끄더니 <불 꺼져, 밖으로> 나가버린다. **끝**. 끝내고 <떠나> 버린다.
겉어. 끝났다고 <걷어 내> 버린다. **겉**. 겉으로 <나타나다, 드러나다>

128. enter [엔터]~**에 들어가다**, (가시 등이)**박히다**. 가입[참가]하다, 새 시대에 들어가다.
(새로운 생활을) 시작하다, 입회[입학, 입대]하다; 넣다, 박다.
=[en-ter] **연다** □ 문 열고 <~에 들어가다>, 시대를 **연다** <새 시대에 들어가다>
▶ ≪(g)en-ter≫ **낀다** [-에 끼이다·참가하다·가시가 끼다(박히다)]

낀다. -에 끼어들다. <(가시 등이)**박히다**. (단체 등에)**가입하다, 참가하다**>
손톱 밑에 가시가 **낀다**. / 얘들아, 너희 동아리에 좀 **끼어**도 되니?

129. inter (라틴) 가운데에, 틈에, 속에, **중간에**, **사이에**, 동안에, 서로, 끼리[공동·협력]
130. inter-[인터] 【접두사】**사이**, 간(間), 중(中), 상호 ※ intercede, international
▶ ≪(g)in-ter≫ **낀데** [사이에 낀 곳] // **낀다** [사이에 끼우다]

낀데. 낀데, 는 <사이에, 틈에, 중간에> 끼어 있는 자리[곳].

131. intercede [인터시-드] 중재하다, 조정하다. ※ inter-: 틈에, 사이에, 중간에.
▶ ≪(g)in-ter~ ce-de≫ **낀데** '가운데'~ **서다** "낀 중간에 서서 중재하다"

132. separate [세퍼레이트] **떼어**[갈라]**놓다**, 별거시키다, 분리하다, 구별하다. **이탈하다**.
= [se-par-a-te] **새**(사이)~ **벌리다** / **새버리다** ⌒ 별거(別居)**타**!
▶ ≪se-par- (g)a-te≫ **새**(사이)~ **벌기다**(벌리다) '방'

새(사이)~**벌리다**. 사이-벌리다. 사이를 벌려 <떼어놓다, 갈라놓다>
새버리다. 대열에서 새버리다. <이탈하다>

133. agent [에이전트] **주선인**, 대행자, 대리인, 취급인, 대리점,【미국】정부 직원, **관리**.
134. agency [에이전시] **매개**, **주선**, 대리 행위, 대리, 매개 수단, 매체, 매개자. 대리점.
【미국】(정부 따위의) **기관**, 청(廳), 국(局).
▶ ≪(g)a-gen-t≫ **거간**~**타**!「거간 노릇하다」 <중개자, 주선인, 대행자>
▶ ≪(g)a-gen-cy≫ **거간**~ **사**(事) [중개해 거간해주는 일] <매개, 주선>
기관(機關)~ **사**(事) ※ 정부기관이 직접 상업에 관여하였음!

기관(機關)~**사**(事). 옛날에는 정부**기관**(관청)에서 '**상업**'을 직접 지배하고 세금을 거두었다.

기관이 하는 일[事]은 <중개, 주선>, '거간'이 곧 <기관(機關)> 이었던 것이다!

---

135. agreement [어그리-먼트] 동의·승낙·협정·협약, 합치·부합·일치·호응.
136. agree [어그리-] 합치하다, 일치[부합]하다, 마음이 맞다, 동의하다, 의견이 맞다, 응하다,
    = [a-gree] '아귀' 맞다 ↖ ≪(g)a-gr-ee≫ 기꺼이~ <응하다, 동의하다>
        "마음이 맞아 가까이 지내다" 가까이 <합치 / 일치-하다>

아귀. 아귀 맞다. 이 쪽 저 쪽이 서로 아귀 맞음 <합치하다, 일치하다, 부합하다>

---

137. agreeably [어그리-어블리] 쾌히, 기꺼이; 일치하여.
    ↖ ≪(g)a-gr-ee~ (h)a-bly≫ 기꺼이~ 해볼래!

---

138. galore [걸로-]「명사 뒤에 쓰여」 풍부한, 푸짐한.
                                        ※ /r, l/ 뒤의 모음 앞에 'g'를재구성할 수 있다.
    ↖ ≪gal-(g)or-e≫ 골고리[골고루] '방' 나누어줄 만큼 <풍부한, 푸짐한> 음식.

---

139. elide [일라이드] 빠뜨리다, 생략하다, 무시[묵살]하다, 삭감하다.
    ↖ ≪(g)el-i-de≫ 걸러다 '빠뜨리다, 빼먹다' // 꿀리다 [월반 등에서 빼다]

걸러다. 바빠서 점심을 걸러다. 점심을 <빠뜨리다, 생략하다>

---

140. augment [오-그멘트] 늘리다, 증대시키다, 증가시키다, 늘다, 증대하다; 증대.
141. augmented [오-그멘티드] 증가된.
    ↖ ≪(g)au-g -men -ted≫ 크게~ 맨드다 [만들다] '방' ※ instrument 참고

크게-맨드다[만들다]. 극장을 크게 맨들어[만들어] 놓으니 관중이 <증가된> 다.

---

142. aggrandize [어그랜다이즈] 힘[세력•부]을 증대[증강]하다, 강화하다, 확대[확장]하다.
    = [ag~ gr-an-di-ze] '영역' 역(域)~ (기 은, 키 은) 키운다지!
        '힘' 역(力)~ (기 r은) 기른다지!

역(力)~기른다지(키운다지)! 힘을 기른다지! <힘을 증강하다>
'영역' 역(域)~키운다지! 영역, 영토를 <확대[확장]하다, 크게 해 보이다>

---

143. grand [그랜드] 웅대한, 장대한, 호화로운, 성대한, 규모가 큰, 대(大)~, 높은, (최)고위의.
    = [gr -an-d] (그은, 근) 큰 / (기 은다, 키 은다)키운다 / 그란다[키운다]'방'
        (그인, ㄱ인) 거인(巨人)
    ↖ ≪gr-(g)an-d≫ 가관(壯觀)~이네! // 고관(高官)~이네!『최고위의』
      ↳ ≪gr -(h)an -≫ 거한(巨漢)

---

144. stímŭlo (라틴) 찌르다, 쏘다, (짐승을) 막대로 찔러서 몰다, 자극하다, 격려하다.
145. stimulate [스티멀레이트] 자극하다, 북돋우다, 격려[고무]하다, -의 격려가 되다.
    = [s-ti-mul-a-te] 소떼~ 몰으다『막대기로 소떼를 몰고 가며 찌르다』
    ※ 찌를-자(刺) '자극' 소~ 떠밀으다『막대기로 소를 떠밀어 찌르다』

---

146. weak [위-크] 약한, 무력한, 연약한, 박약한. 힘[박력]이 없는, 가냘픈, 희미한, 묽은.
    = [weak] 약(弱) '연약·허약·쇠약' ※ 음절축약
    = [we-ak] 유약(柔弱)

---

147. weep [위-프] 눈물을 흘리다, 울다; (물기 따위를) 스며나오게 하다.
    = [we-e-p] 어여삐~ = 고어 [어엿비(가엾게)]
    ↖ ≪(g)e-e-p≫ 가엽-다 ➡ ※(개음절로~) 가여봏 > 가여워~

---

148. wee [위-] (소아어·방언) 작은 =【유(幼) '어릴' / 왜(矮) '왜소'/ 애(아이) '애-벌레/호박'】
↖ ≪(g)e-e≫ **귀여**(-운) '소형' ↖ ≪(k)ee≫ **깨** (깨알) ⇨ ≪(ch)ee≫ **치**(稚) '어릴'
거우   일본 <코(こ)>: 작은

"**귀여**-" 운 느낌은 갓난 애 같이 <작은> 것에서 느끼는 감정.

149. ugly [어글리] 모양이 <u>보기 흉한</u>, 추한, 보기 싫은, 못생긴.
= [u-gl-y] 어글어 <**어그러~진**> // <**우글어** -진> "우그러져 보기 흉한"
↖ ≪(g)u-gl-y≫ **꾸글어** (쭈글어, 구기어져) '**방**' ➜ ≪(zh)u-gl-y≫ **쭈글어**

꾸글어-. 꾸그러들어 팽개쳐진 <모양이 보기 흉한, 보기 싫은> 개 밥그릇.

150. wander [완더-] (걸어서)<u>돌아다니다</u>, 배회하다, 헤매다, <u>어슬렁거리다</u>, 옆길로 빗나가다.
↖ ≪(g)an-der≫ **건달** '놀기만을 즐기는 사람' // **건들**건들 '일없이 다니는 모양'

※ 'w'는 /g/ 에서 온 변화 형태!

건달. 건달처럼 일은 않고 **건들**건들 <돌아다니다, 어슬렁거리다>

151. write [라이트] 쓰다, 기록하다, 써 넣다, 써서 보내다[알리다], 기재[기록]하다, 서명하다,
↖ ≪(g)r-i-te≫ **그리다** [그림을 그리다, 상형문자를 그리다] '원시 문자'

그리다. 문자가 발명되기 전엔 '그림'을 **그려** 글을 <쓰다>

152. graffito [그러피-토우] 벽에 <u>긁어</u> 쓴 고대 회화나 글씨 모양의 <u>긁힌</u> 자국.
=[gr-a-ffi-to] **그려 파다** // 까래비다 [할퀴다] '**방**'
↖ gr-(g)a -ffi -to≫ (글ㄱ픠 ℃, 글ㄱ 프다) **긁어 파다** [긁어서 그림을 그리다]

153. al -a (수메르어) 괭이로 파다(갈다) ⬅ ≪(g)al-a≫ (밭을)**갈아**
↖ ≪al-(g)a≫ (밭을) **일궈** '일구다' ⬅   ↖ ≪(g)al-(g)a≫ (밭을)**긁어**

154. grafar (포르투) 나무나 돌에 <u>새기다</u>, 조각하다, 마음속에 <u>그리다</u>.
= [gr-a-far] **그려 파** (새기다·조각하다) / 그리붕 <**그리워**->
↖ ≪gr-(g)a -far≫ **긁어 파**

155. wag [왜그, 웨] (꼬리 따위)<u>흔든다</u>. 흔들거리다, 연신 움직이다, 흔들리다, 흔들어 신호하다,
(시세가) **변하다**, (머리·꼬리 따위를) 흔듦.
(영국속어) 학교를 빼먹다, 일 등을 **게을리 하다**. = 역(易)'바꾸다·바뀌다'
↖ ※ 폐음절
↖ ≪(g)a-g≫ **개기**-다 '해야 할 것을 하지 않고 게으름 피우다' : **고개** (목-아지)

역(易),은 **주역**(周易)이라는 말과 같이 운명이 '**바뀌**'어 나가는 현상. <시세가 변하다>
개겨-. 개기는 데는 둘째가라면 서러워할 친구 녀석은 수시로 <학교를 빼먹다>
고개. 얌전히 있지 못하고 **고개**를 연신 <흔들다. 연신 움직이다>

※ 궤(潰) : 헐어 무너질
156. ulcer [얼서-] 궤양, 종기, (비유) 병폐.   ※ 알파벳 'C'는 본래 /k/음이다!
↖ ≪(g)ul-cer≫ (글커) **긁혀~** [긁히어 헐어] / **긁어**-/ 갉아-
↳ ≪(h)ul-cer≫ **할켜**(할키어) ➜ ≪(h)ul -(y)er≫ **헐어~**

글커. **긁혀**. 긁히게 되면 상처가 헐어 <종기, 궤양> 으로 진행된다.

157. corrode [커로우드] 좀먹다, <u>침식하다</u>, 부식하다, (마음에) 파고들다.
↖ ≪corr-(g)o-de≫ (글ㄱ다) **갉으다** [갉다] // **긁으다** [긁다]
↳ ≪(h)orr -o-de≫ **헐으다** ↘ ≪(sh)orr-o-de≫ (좀)**쓸으다**

※ /r, l/ 뒤의 모음 앞에 'g'를 재구성할 수 있다.

갉으다. 물이 바위를 갉으다 <침식하다>, 좀이 옷을 갉으다 <좀먹다>
녹이 쇠를 갉으다 <부식하다>

---

158. arar (포르투) 밭갈이하다, 이랑을 만들다 ◀ ≪(g)ar-ar≫ (밭을)갈아
➤ ≪ar-(g)ar≫ (밭을)**일궈** '일구다' ◀ ➤ ≪(g)ar-(g)ar≫ (밭을)**긁어**

---

159. erode [이로우드] 좀먹다, 침식하다, 침식되다, 부식하다, 썩다.
➤ ≪(k)er-(g)o-de≫ (긁ㄱ다) **갉으다** [갉다] // **긁으다** [긁다]
↳ ≪(h)er -o-de≫ **헐으다** ＼ ≪(sh)er-o-de≫ (좀)**쓸으다**

갉으다. 물이 바위를 갉으다 <침식하다>, 좀이 옷을 갉으다 <좀먹다>
녹이 쇠를 갉으다, 갉아먹다 <부식하다>

---

160. arable [애러블] 경지(耕地)**; 개간할 수 있는, 경작에 알맞은.**
➤ ≪(g)ar~able≫ 갈(갈아 '경작')~ able(가능한) "갈아볼만한, 경작에 알맞은"
➤ ≪(g)ar-a-ble≫ **갈아** + **벌** (벌판·들판) : **갈아~ 볼** (볼 만한)

"갈아-벌(벌판)" 갈 수 있는 벌판 <경지(耕地), 개간할 수 있는>

---

161. al -a (수메르) 괭이로 파다(갈다) ◀ ≪(g)al-a≫ (밭을)**갈아**
➤ ≪al-(g)a≫ (밭을) **일궈** '일구다' ◀ ➤ ≪(g)al-(g)a≫ (밭을)**긁어**

---

162. awry [어라이] 일그러져, 휘어서, 굽어서.
➤ ≪a-(g)r-y≫ **어그러**~져 [휘어 안 맞아, 일그러져] ┌ ≪(zh)a-(g)r-y≫ **찌그러**~
➤ ≪(g)a-(g)r-y≫ **꾸그러, 구기어**~져 [일그러져] ※ 'w'는 /g/에서 온 변화 형태!

어그러~. 주전자가 **어그러**-져 <일그러져, 휘어서, 굽어서> 보기 흉함.

---

163. wry [라이] 뒤틀린, 비틀어진, 곧잘 **비꼬는**, 비뚤어진, 심술궂은, 찌푸린 얼굴의.
비틀어지다. 일그러지다, 뒤틀다, 비틀다; (뜻을)**왜곡한.**
=[wr-y] 이이 <왜(歪)>: 비뚤다·왜곡
➤ ≪(g)r-y≫ **꼬여**~ [꼬여 뒤틀린] // **꼬아**~ [비꼬아]
➤ ≪(g)r-(g)≫ **구겨**~져 ※ 어두의 'w'는 중세영어 시기까지 발음되었다!

꼬여-. 꼬여 있어 매사를 부정적으로 보는 <뒤틀린, 비뚤어진> 성격.
꼬아-. 꽈. 꽈-배기는 두 가닥의 반죽을 서로 <뒤틀다, 비틀다> 의 공정으로 만든다.

---

164. war [워-] 전쟁, 싸움, 교전상태, 군사(軍事), 병법, 전략, 다툼, 불화, 투쟁; (고어)전투.
➤ ≪(g)ar≫ **겨뤄**~ □ 서로 겨루는 <전쟁, 싸움, 다툼, 불화, 교전상태>

---

165. wave [웨이브] 파도, 물결, 요동, 파동, 굽이침. (그래프상의)곡선, 기복. 물결[파도]치다.
(기·가지 등이)흔들리다, 손을 흔들어 신호하다 =[wa-ve] **이봐!, 여보!**
➤ ≪(g)a-ve≫ **구비** '요동' "**이봐(여봐)!**, 라고 소리치며 신호하다"

구비. 구비치는 <파도, 물결> 이 <굽이침, 파동>을 일으켜 뱃전에 <물결치다>

---

166. wrong [롱-, 랑] 그른, 나쁜, 잘못된, 틀린, 올바르지 못한, 부당한, 그릇되게, 해(害).
부정하게, 나쁘게, 악, 부정, 사악, 부당, 부정행위, 과실. 악(惡).
= 룽, 능 <낭(狼)>: 짐승 ※ **낭인**(狼人) = 불량배 // **낭**(浪)설 = 잘못된 이야기
➤ ≪(g)r-on-g≫ **그른 -거** [것] 『그른 -일·행동, 잘못된 -일·행동』
<**껄렁**-패>/<**깡**-패>: 불량배: <**꿍**-심(心)>: 흑심, 엉큼한 마음
※ '-ng'는 고대영어에서 **분리된** 형태였다. 결합하여 '응'이 됨.

389

랑. 낭. 낭설(浪說)은 <그른, 틀린, 잘못된> 이야기.
그른-거[것]. 그른 것은 <그른, 틀린, 잘못된> 일이나 행위.
껄렁. 깡. 껄렁-패, 깡-패 같은 사람들은 <나쁜, 악, 부당한> 짓을 밥 먹듯 저지른다.

---

167. **error** [에러] 잘못, 실수, 틀림.
168. **err** [어러, 에러, 에어러] 잘못하다, 실수하다, 그르치다, 틀리다.
➤ ≪(g)err≫ <u>그르</u>~ (그르치다) // 가로 '<u>방</u>' (잘못) = 가로 넘김(잘못 넘김)

---

169. **compact** [컴팩트] 빽빽이 채워 넣다, 압축하다, 죄다; 천이 <u>촘촘한</u>.
= [com-pact] <u>꼼</u>(꼼꼼히)~ <u>박다</u>(박아 넣다) ※~pa-c-t : <u>빽</u>빽~<u>타</u>!
↳ ≪(ch)om -pa-c-t≫ <u>촘촘</u>~<u>박다</u>(박아 넣다)

꼼(꼼꼼히)~ <u>박다</u>. 꼼꼼히 박으니까 <천이 촘촘한>
꼼(꼼꼼히)~ <u>박다</u>. 꼼꼼히 박아 넣음은 <빽빽이 채워 넣다, 압축하다>

---

impacted [임팩티드] 꽉[빽빽하게] 찬, 빈틈이 없는.
170. **impact** [임팩트] 충돌·충격, 쇼크·영향력, 충돌하다, 강한 충격을 주다, 세게 <u>부딪치다</u>.
~에 꽉 채우다.
※~ pa-c-t : <u>빽</u>빽~ <u>타</u>!, <u>박다</u>!
=[im-pact] 임박(臨迫)<u>타</u>! 가까이 다가와 <충돌, 충격>이 일어나다.
➤ ≪(k)im-pac-t≫ <u>꼼</u>(꼼꼼히)~ <u>박다</u>(박아 넣다) // compact(압축하다)
↳ ≪(ch)om -pa-c-t≫ <u>촘촘</u>~<u>박다</u>(박아 넣다) <충돌/충격>이 임박타!

꼼~ <u>박다</u>. 꼼꼼히 박아 넣음은 <빽빽이 채워 넣다, 꽉 채우다>

---

aroma [어로우머] 향기, 방향(芳香).
171. **aromatic** [애러매틱] 향기로운; 향료; 향기 높은 식물. <향기로운, 향료> 코로 맡아!
➤ ≪(k)ar-o-ma-ti-c≫ <u>코로</u>~ (마트키) <u>맡으께</u>!

---

172. **amrit** [애므리트], amrita [어므리-터] [힌두신화] 불로불사의 음료, <u>감로</u>(甘露).
➤ ≪(g)am-ri~ ta≫ <u>감로</u>(甘露) -<u>다</u>!

---

173. **attach** [어태츠] 붙이다, 달다, 바르다, 부착[첨부]하다, <u>붙어 다니다</u>, 따라 다니다,
~에 들러붙다. 부속시키다.
➤ ≪(g)at-ta-ch≫ <u>갖다~처</u> 갖다 처바르다 <바르다, 부착하다>
➤ ≪(g)at~ ta -(k)≫ <u>같</u>(같이)/ <u>곁</u>(곁에)~ <u>대기</u> [대다·대기(待機)]

<u>곁</u>~ <u>대기</u>. 곁에 대어 <붙이다, 부착하다, 달다>
<u>곁</u>~ <u>대기</u>. 곁에 대기(待機)함은 <붙어 다니다, 따라 다니다>

---

174. **ecad** [이-캐드, 에캐드] 【생태학】<u>적응형</u>(適應型), 환경에 적응해서 <u>변화된</u> 생물.
= [e-ca-d] 이키ᄃ, 익히다 <<u>익히다</u>> : 변화/환경에 적응하려고~ <u>익히다</u>.
➤ ≪(g)e-ca-d≫ 기ᄏ드, 긱으다 <<u>겪으다</u>> : 겪으면서 익히다.

---

175. **acquire** [어콰이어] (버릇·기호·학력 따위) 몸에 <u>익히다</u>, <u>습득</u>하다, 손에 넣다, 획득하다.
= [ac-quir-e] 익키ᄋ 익히어 <<u>익히어</u>> : 배우고 익히어 <몸에 익히다, 습득하다>
➤ ≪(g)ac -quir-e≫ 긱콰이 <<u>겪어어</u>~> : 겪어서 <몸에 익히다, 습득하다>

---

176. **end** [엔드] 끝, <u>결말</u>, 끝맺음, 결과, 멸망, <u>최후</u>, <u>죽음</u>, 종말.; 목적; 끝내다, 끝나다,
마치다. 멸망시키다, 죽이다. 끝마치다, 종말을 고하다, -으로 끝나다.
= [en-d] 인드, 은도 <<u>언도</u>> : 선고함. 형을 선고함.

<u>언도</u>. 피고에게 사형이 '<u>언도</u>'되면 피고의 삶은 <죽음, 최후, 멸망, 끝, 죽이다>

177. increase [인크리-스] 늘리다, 불리다, 증대[확대]하다, **강하게 하다.** 증진시키다, 늘다,
증대하다, 붇다, **번식하다;** 증가, 증대, 증진, 증식, 번식, **자손.**
= [in-cr-ea-se] '사람' **인~** 끓어서 // '사람' **인**(ㅅ)~ **키워서**
'사람' **인~** (ㅋㅇ서, ㅋ서) **까서** [낳아서]

'사람' **인**~(ㅋㅇ서) **까서.** 사람을 까서/낳아서 <번식하다, 번식, 증가, 늘리다, 자손>
'사람' **인**~ **키워서.** 사람을 키워서 <강하게 하다>

---

178. floor [플로어] **마루,** 마룻바닥, 마루방, 밑바닥, **바닥재, 지면, 노면;** 평탄한 작업장,
입회장, 참가자; 마루청을 깔다, -에 돌을 깔다, 상대를 바닥에 때려눕히다.
▶ ≪fl-(g)oor≫ **풀**[풀]~ **깔아** [깔다] '풀을 깔아 잠자던 **바닥, 바닥재**'

※ /r, l/ 뒤의 모음 앞에 'g'를 재구성할 수 있다.

풀~ 깔아. 원시 적에는 바닥에다 '풀'을 **깔아** 잠을 잤다. 풀을 깐 <지면, 노면> 이 곧
<마룻바닥, 마루> 였고 '풀'이 곧 <바닥재> 였다.

---

179. police [펄리-스] **경찰, 경찰관,** 경찰청, 치안, 보안, **경비대;** -에 경찰을 두다,
경비하다, 단속하다, -의 **치안을** 유지하다.
▶ ≪pol -(k)i-ce≫ **불~ 켜서**[켜기] // 불 켜서 <**밝혀서~**>:사람들의 시비를 **밝혀**

불-켜서 야경을 돌던 일에서 <경비대, 경비하다, 치안, 경찰, 경찰관>이 유래했다!

---

appearance [어피어런스] 출현·출두·출연·발표·출판, 기색·징조·현상·외관·겉보기·형세·상황.
180. appear [어피어] **나타나다, 보이게 되다,** 출현하다, 출연[출두]하다, 세상에 나오다,
뚜렷해지다, 명료해지다, 명백하게 되다, -로 보이다, -같다, -로 생각되다.
= [ap-pear] '**앞**'~ **뵈어** // '**앞**'~ **보여** // '**앞**'~ **표**(表) '표시가 나다'

앞~뵈어. 앞~**보여.** 눈앞에 보여 <나타나다, 보이게 되다, 출현하다, 뚜렷해지다>
앞~표(表). 앞으로 표 나게 <보이게 되다, 뚜렷해지다, 나타나다, 출현하다>

---

181. I [아이] **나, 나 자신.** ※ 1인칭 대명사. ◀ ≪(g)i≫ → ≪(zh)i≫ **지**('방')/**저**
= **아**(我) '**나·우리**' "**아**(我)"는 <나, 나 자신>

---

182. you [유-, 유, 여] **너, 당신,** 당신은, 당신들은, 당신들에게, 자네는, 자네들은.
= **여**(汝) '**너**' ※ 2인칭 대명사! (주격·목적격)

---

183. technique [테크니-크] **기술,** 전문기술, 수완, **솜씨,** 역량, 수법, 기법, 기교.
= [te-ch-ni-que] 트크니ㅋ, 특으니까 <**닦으니까~**>: 닦으므로

닦으니까~ <기술, 수완, 솜씨, 역량, 기교> 가 느는 법이지!

---

184. credit [크레디트] **신용, 신용거래,** 외상 판매, 채권, 신망, 명성, 면목, **신용하다, 신뢰하다**
= [cr-e-di-t] 크이듸 드, 쿠ㅇ 되다 <**꾸어대다**> // 쿠ㅇ 되다 <**꾸어지다**>

꾸어대다. <신용, 신용 거래, 신용하다, 신뢰하다> 가 있기에 돈을 마구 **꾸어대다.**

---

185. charge [차-지] **부담, 요금,** (처러야 할)셈, 청구 금액, 부과금, **돈, 비용, 책임, 의무.**
직무, 맡고 있는 것, **짐, 화물,** 충전, 위탁, **돌봄, 보호.** 요금을 과하다.
짐을 싣다, 담다, 충전하다, 부담시키다, 청구하다, (의무·책임을)지우다.
= [char-ge] **차지** [소유·몫] ※ <차지> = 몫·분담량·의무
차게-차게 [차곡차곡] '**방**' // **착**[착착, 싣다] ※구개음화 이전의 '**g**'

차지. 물건을 내가 **차지**하려면 <요금, 셈, 청구액, 돈, 비용> 을 내야 한다.
<부과금, 책임, 의무> 를 다해야만 내 **차지**가 된다!
저 환자는 내 **차지**다. <돌봄, 보호> 해야 하는 나의 <책임, 의무> 다.

'방' 차게-차게[차곡차곡]/ **착-착** <짐, 화물, 짐을 싣다, 담다, 채우다>

---

186. cart [카-트] 짐마차, 달구지, **손수레**, 경마차, **수레로 나르다**, 짐마차를 몰다.
= [car-t] ㅋr트, 클트 <**끌다**> // ㅋr트, ㅋ 트 <car -다!>
'수레' **거**(車)-**다!** ※ 인력-거, 자전거 <**수레로 나르다, 손수레**>

쿨타, 클타, 끌다. <짐마차를 몰다, 수레로 나르다, 짐마차, 손수레>

---

187. forward [포-워-드] **앞으로**, 전방에, 밖으로, **표면으로 나와**, 앞의, 앞부분의, 전진의,
↖ ≪for-(g)ar-d≫ '겉' **표**(表)-**가다**: 표면으로 가다 <**표면으로 나와**>
파r 가다, ㅂr 가다 <**발 가다**>   <**앞으로**> 발이 가다
<**보러~가다**>: 무엇을 보려고 "**앞으로, 밖으로**"가다.

---

188. origin [오리진, 오-러진] **기원·유래, 발단, 원천, 원인**; 태생·가문·혈통.
= [o-ri-gin] **오래-전** ↖ ≪(g)o-ri-gin≫ **고래**(古來)~ **전**(前)

"**오래-전**"에 시작되었던 것이 현재의 <**기원, 유래, 발단, 원천, 원인**> 이다.

---

189. deserve [디저-브] -**할 가치가 있다.** -**할 만하다**, 보상받을 가치가 있다.
받을 가치가 있다, 상당하다.
= [de-ser-ve] 디ㅈㅂ, 대즙ㅇ <**대접**>: -대접을 받다.
영웅 대접. 영웅에 <**상당하다**> 의 전공이 있어야 한다.

"**대접**"은 대접받을 만하다. <**받을 가치가 있다,~할 만하다, -에 상당하다**>

---

190. reward [리워-드] 포상, **현상금**, 사례금, 보수, 보답; **상을 주다**, 보수를 주다, 보답하다.
↖ ≪re-(g)ar-d≫ 리 ㄱr다, 뇌 ㄱr다 <**내거다, 내걸다**>: 상을 내걸다.

내거다. 상이나 상품을 내걸다 <**현상금, 사례금, 포상, 상을 주다**>

---

191. flat [플래트] 평지, 평면, 편평한 부분, **납작한 것.** 편평하게 펴다, 납작해지다. 평면적인,
『음악』반음 내리다, 반음 내린 음(b); **편평한**, 평탄한, 편, 펼친, 편평하게.
↖ ≪fl-(g)a-t≫ 플가트, 블가다, 블 까다 <**벌~까다**>: 벌판을 까다 <**평지**>

※ /r, l/ 뒤의 모음 앞에 'g'를 재구성할 수 있다.

---

192. shore [쇼-] **바닷가**, 해안, 해변, (바다·호수·강의) **기슭**. 해안지방, 육지.
↖ ≪shor-(g)e≫ '물' **수**(水)-**기** <**가**> "물 가"

---

193. ashore [어쇼-] 물가에, 물가로, **해변에**, 해변으로; 육상에서
↖ ≪(g)a~ shor-(g)e≫ 기~ **수r** [ㅅr]~ 기 ➔ 기슭기 <**기슭에~**>

---

194. blond(e) [블란드, 블론드] **금발의**, 금발의 사람, (피부가)희고 혈색이 좋은.
※ 금발의 여자 : blonde
↖ ≪bl-(g)on-d≫ 블근~ **두**(頭) '머리·머리털' <**붉은~두**(頭)>

붉은~**두**(頭)/ 빨간~**두**(頭). 붉은 머리털은 <**금발의, 금발의 사람**>

---

195. shy [샤이] **수줍어하는**, 부끄럼타는, 소심한, 겁 많은, 조심성 많은, 겁내다, 피하다,
↖ ≪sh-(g)≫ ㅅ기, 숙이 <**숙여~**>: 고개를 숙여 ➔ ≪sh-(zh)≫ 수주-ve
<'**쑥**'~>: 쑥스럽다.   "**수줍어**"

숙여. 고개 숙여 <**수줍어하는, 부끄럼타는, 소심한, 겁 많은**> 성격.

---

196. explode [익스플로우드] **폭발하다**, 폭발시키다, **격발하다**, 작렬하다, 폭발적으로 불어나다,
↖ ≪(g)ex-pl-o -de≫ 격플ㅇ 드, 격폴ㅇ 다 <**격발**(擊發)**하다**>

---

197. idea [아이디어] **이상**(ideal), **취향**, 의견, 사상. 착상, 고안, 생각, 이해. 의식, **느낌**, 환상
  ↟ ≪(g)i-de-a≫ **기대**(期待) 기대하고 있는 <이상, 취향, 환상, 생각, 느낌>

198. plug [플러그] **마개를 하다**, 막다, 채우다; 마개, **틀어막는 것**, 충전물(充填物).
  ↟ ≪pl~ (g)ug≫ **'풀'~꼭** 풀 뜯어 물병의 주둥이를 꼭꼭 <막다, 채우다, 마개>

199. flag [플래그] **기**(旗), **깃발**, 표지, 기 모양의 것; 날개; 깃털. 기를 세우다[신호하다]
  = [fl-æ-g] 플익그, 플익, 플릭 <**펄럭**->: 깃발이 나부껴 **펄럭**이다.

200. flame [플레임] **불길**, 불꽃, 화염, 정열, 불꽃을 내다, **불타오르다**, 빛나다, 확 붉어지다.
  ↟ ≪fl~ (g)a-me≫ 플가미, 블가무 <**'불'~가마**>~에 <불길, 불타오르다, 불꽃>

201. plain [플레인] **분명한**, **명백한**, 똑똑히 **보이는**, 솔직한, 꾸밈[거짓] 없는, 검소한, 간소한,
  순수한, 철저한, **평탄한**, 트인. 평지, 평야, 평원, 알기 쉽게, 솔직히.
  ↟ ≪pl-(g)ain≫ 플긴, 블킨 <**'불'~ 켠**>: 불을 켠 // <**빨건**~>: 붉은, 빨간
  플긴, 블킨, 블 쿤 <**'벌'~ 깐**>: 벌판을 깐/까낸

'**불**'~**켠**. 불을 켠 듯 **명약관화**한 <**분명한, 명백한, 똑똑히 보이는**>
'**벌**'~**깐**. 벌판을 불도저로 밀어 **깐** 모양이 <**평탄한, 트인, 평지, 평야, 평원**>

202. avoid [어보이드] **피하다**, 회피하다. ⬅ ≪(g)a-voi -d≫ **가뿌다**(가버리다) '**방**'

203. vacate [베이케이트, 버~] (짐 따위를) **비우다**, 물러나다, 떠나가다 =**【비키다】**
  ↳ ≪va -(w)a -te≫ **비우다** 비켜서 <물러나다, 비우다>

204. abrupt [어브럽트] **험준한**, **가파른**(벼랑). 돌연한, 갑작스러운, 뜻밖의. 비약적인.
  ↟ ≪(g)a -br-up-t≫ 가브r웁 틋, 가 브 룹 드 <**가파르**~ **웁다**(apt) '접사'>: 가파르다

spumo (라) 거품 내다 // spuma (라) 거품·포말(泡沫) ⬅ ≪(k)-pum-a≫ **거품이**
205. ephemera [이퍼머러] 덧없는 것, 아주 단명한 것.
  ↟ ≪(g)e-phem-er-a≫ **거품일어**~ // **거품이라!** <덧없는 것, 단명한 것>

206. door [도-] 문, 출입구, 문간, -에 이르는 길; 집 ⬅ ≪do-(g)or≫ **드가**(들어가) '**방**'
207. dwell [드웰] **살다**·거주하다·머무르다 ⬅ ≪d-(g)ell≫ (~에)**드갈**[들어갈] '**방**'
  □ 드갈[들어갈]~곳을 찾아내어 <살다, 거주하다>

208. ore [오-] **광석**; (시어) 금속(특히 금) // ory [어-리] **광석의**[광석과 같은].
  ↟ ≪(g)or-e≫ **구리** ≪'**금속**'문명은 청동(靑銅) 즉 '**구리**'로부터 시작되었다!≫
  = or-e '**으리으리**'하다[금칠-하다] ※ '빛/태양' 관련어휘로서 '**or**'는 태양을 뜻한다.
"**구리**"는 인류가 발견한 최초의 <금속> 청동기-시대. 그 빛은 <금>과 흡사하다.

209. corporate [코-퍼레이트] (고어)**결합한**·통일된, 단체의·집합적인·공동의.
  ↟ ≪cor-por-(g)a-te≫ **꽈-배기~다!**『결합해 꼰 것』= cor-por~ **과부**(동업) '**방**'
210. incorporate [인코-퍼레이트] **통합**(합동)된, **일체화된**; 법인[회사]의.
  = [in-cor~] **잉꼬** "(금슬 좋은·화목한)잉꼬-부부"
  = [in-cor-por-(g)a-te] '사람' **인**(人)~**꽈배기다!** 뭉쳐 <통합된, 일체화된>
  ↟ ≪(g)in-cor~ por-(g)a-te≫ '**방**' **낀가**(끼워)~ **포개다**『같이 끼워 결합하다』
  꼰~ **꽈배기다!**

211. **print** [프린트] 찍다, 눌러서 **박다**, **인쇄**하다, **출판**하다.　　　　　　※ "책을 박다"
　　　　　　　　　　　　　　　　　※ /r, l/ 뒤의 모음 앞에 'g'를 재구성할 수 있다.
　　➤ ≪pr-(g)in-t≫ **박은~다** (박다) "활자에 잉크를 바르고, 눌러 **박아** 인쇄하다"

---

212. **pound** [파운드] 울(타리), 짐승우리·유치장; 울에 **넣다**, **가두다**; 사정없이 **치다**[두드리다].
　　　　　　　　　　때려**부수다**.
　　＝ [po-un-d] 픠은 두 <(때려)**팬다**> ┌ ≪po-(sh)un-d≫ **부순다**
　　➤ ≪po-(k)un-d≫ **빠갠다**(부순다) // **보관**(保管)**타**! / 보금-자리
　　팬다 <사정없이 치다>　　　(푼 근다, ᄇ 근다) **박은다** [처박아 넣다]

　　박은다. 처-**박아** 넣어 둠은 <가두다, 울에 넣다>

---

im-(접두사) ＝ IN-1,2 (b, m, p의 앞에 쓰임)
213. **impound** [임파운드] (가축을) 울안에 **넣다**; (사람을)**가두다**.
　　➤ ≪(g)im-po-(g)un-d≫ **감**(監)~(처)**박는다** 감옥에 처박아 <**가두다**>
　　➤ ≪in -po-(g)un-d≫ **안**(안에)~(처)**박은다**! {가두다}/~**보관**(保管)**다**!

---

214. **immure** [이뮤어] **감금**하다, **가두다**, 벽에 **붙박아** 넣다[끼워 넣다]
　　➤ ≪(g)im-mur-e≫ **감**(監) '감옥' **몰아**(몰아넣어) "몰아넣어 **가두다**"
　　➤ ≪(g)im-mur- (g)e≫ **감**(監)~ **막아**　"막아 넣어 **가두다**"

---

215. **moderate** [모-더-레일] 웬만한, 보통의 ＝ [mo-der -a-te] **모두~ 아다**[알다]
　　➤ ≪mo-der -(k)a -te≫ **모두-카다**(하다) '**방**' "모두(다들) 그렇게 하다 (보통의)"
　　　↳ ≪mo-der -(h)a -te≫ **모두 -하다** "모두(다들) 그렇게 하다 (보통의)"

　　모두~ 아다(알다). 모두가 **알**고 있을 정도로 <웬만한, 보통의>

---

216. **moderate** [마: 더-레일] 조정역을 맡다, 누그러지다, 가라앉다, 온건[온화]한, 알맞은.
　　＝ [mo-der~a-te] ᄆ 디 ᄋ 트 <**무디다**>: 무던하다, 날카롭지 않다. 온화하다.
　　➤ ≪mo-der-(g)a-te≫ **매**(媒)/ **마**(ま) '사이' + **드가다**(들어가다) '**방**' {중재}
　　　↳ ≪mo-der -(h)a-te≫ '**무두**'하다 「가죽을 부드럽게 무두질-하다」

　　무디ᄋ 트. **무디다**. 무디어지니 <누그러지다, 가라앉다>
　　매(媒)~ **드가다**(들어가다). '중매' 서듯 가운데 들어가 <조정역을 맡다>

---

217. **sideror** (라틴) 별의 악영향을 받다, **말라서** 마비되다, 일사병에 걸리다.
　　＝ [si-der-or] **시들어~** ◀ ≪si-der-(k)or≫ **시들카**(시들게 해) '**방**'

---

218. **wither** [위더-] **시들다**·이울다·**말라**[시들어] 죽다·쇠퇴하다·**쇠약**해지다, **움츠러**들게 **하다**.
　　＝ [wi-ther] **위**(萎)~ **다**! 위축되다 <움츠러들게 하다, 시들다>
　　➤ ≪(k)i -ther≫ **기**(기어) **들어** '의기소침·움츠러' → ≪(sh)i -ther≫ **시들어~**

---

219. **usher** [어셔] **안내역**을 **맡다**, 전갈하다, **선도**하다; 선도원; 의전관, 조교사.
　　＝ [u-sher] **유사**(有司)'집사' ➤ ≪(g)u-sher≫ '**방**' **끄실/ 끄시**-다 ＝ **끌**(끄)**다**
　　어서~오십시오[웁쇼]! 「안내하다」:　　　거사(居士) // 기사(技士)

　　'**어서!**' 어서 오십시오!, 어서 웁쇼!, 의 <안내역을 맡다, 선도하다>
　　'**끄시**'다, 는 '끌다' 의 방언. 무리를 이끌어 <선도하다, 선도원>

---

220. **warn** [원-] -에게 **권하다**, 훈계하다, (경찰 등에)**알리다**, 경고하다.
　　<권하다>　　　＝**[언**(言) '가르치는 말' / **이른**(-다)**】**
　　➤ ≪(g)arn≫ **권**(勸), **간**(諫), **견**(譴) '견책' → ≪(h)arn≫ **훈**(訓) ↑"알리다"

간(諫). 사간원은 임금에게 '간'하는 정부 부서. 임금을 <타이르다, 훈계하다>

---

221. oracle [오러클] 신의 **계시**, 예언, 성서; **신탁**(神託); 지성소(至聖所); 신탁을 전하는 사람
　　　　　　　예언자; 사제(司祭); 하느님의 사자.
　　= [or-a-cle] 태양신(or)~**의** + 클 (말)　※고어 [글오딕]: 말하되
　　▶ ≪(g)or -a-cle≫ **가르ㅇ킬** '[방언]**가르킬**(가르칠)『신께서 인간을 가르칠』
　※ 참고: orient, orior(라틴), ortus(라틴)　<신의 계시, 예언, 신탁> 으로 가르칠

---

222. orb [오-브] 둥글게 하다, 공 모양으로 하다, 둘러싸다.
　　= [or-b] **오바**(에워싸·말아 오므려) '**방**' ➡ ≪or-(m)≫ **오마**['방'], 여며, 오므려
　　▶ ≪(g)or-b≫ **굴어**~[휘어] // (손가락이)**곱아**~ :　curve

곱아. 추위로 손이 곱아짐은 손가락이 안으로 **굴어** <둥글게 하다, 공 모양으로 하다>

---

223. essay [에세이] **시험하다, 해보다**　= [e-s~say] '**방**' **아시**(처음) + **써**(사용해)
　　▶ ≪(g)e-s~say≫ **개시**(開始)/ **갓**(첫)~ **써**(사용해) "개시로 써 보아 시험하다"

---

224. broil [브로일] 불에 굽다, 쬐다; **쨍쨍** 내리쬐다, 타는 듯이 덥다, 발끈하다; 염열, 혹서.
　　= [br-oil] 발열(發熱) /(브 올) 땀을-**뻘뻘**[혹서]　※ boil 끓다 <펄펄-'끓다'>
　　▶ ≪br-(g)oil≫ **보글**보글, **부글**부글『끓다』:　빨갈~; **벨갈**(빨갈) '**방**' / 붉을~

뻘. 땀을 뻘뻘 흘릴 만큼 <염열(炎熱), 혹서(酷暑), 타는 듯이 덥다>
부글. 속이 부글부글 끓고 머리끝까지 화가 나 <발끈하다>

---

225. ubiety [유-바이어티] 일정한 **장소에 있음**, 소재　= [u-bie-ty] **유비**(有備)~**되**
　　▶ ≪(g)u-bie-ty≫ **구비**(具備)~**되**　　　(준비가 되) "유비무환"

구비(具備)~ **되**. 구비되어 있음은 <일정한 장소에 있음, 소재>

---

226. awe 경외·두려움;~에게 두려운 마음을 일게 하다　◀ ≪(g)a-we≫ '**가위**'-눌림 (공포)
227. weird [위어-드] 수상한, 섬뜩한·무시무시한. 기묘한·이상한　= [weir~] **우려**(憂慮)
　　▶ ≪(k)eir~ d≫ **꺼리다** // '꺼림'-직 → ≪(sh)eir~ d≫ (몸을)**사리다.**

꺼리다. <섬뜩한, 기묘한, 이상한, 수상한> 것이어서 왠지 **꺼려**진다.

---

228. awe 경외·두려움,~에게 두려운 마음을 일게 하다　◀ ≪(g)a-we≫ '**가위**'-눌림(공포)
229. eerie, eery [이어리] 섬뜩한, 무시무시한, 기분 나쁜, **기괴한**, (미신적으로)**두려워**하는.
　　▶ ≪eer-i -(h)e≫ **우려**(憂慮)~**해**　▶ ≪(g)eer-i-e≫ **꺼리어**~
　　▶ ≪(g)eer-y≫ **꺼리**(-다) / **괴이**(怪異) / **가위**(-눌려)

---

230. ware [웨어-] 주의[조심]하다, **삼가다**, 신중하다; 눈치 채고 있는(aware)
　　= [war-e] **유의, 우려**(憂慮) // **알아** 유의(우려)해 <조심하다, 주의하다>
　　▶ ≪(k)ar-e≫ **꺼려, 가려**(삼가해)/ **기우**(杞憂) / 영어<care>★/ **고의**(故意): 알고서
　　↳≪(sh)ar-e≫ (몸)**사려**·(몸)**서리** /\≪(zh)ar-e≫ 주의(主意)/**쫄아** /저어(-함)

가려. 가려가며 무엇을 함은 <삼가다, 조심하다, 신중하다>

---

231. incise [인사이즈] **절개하다, 째다**,~에 표[문자, 무늬]를 새기다.
　　▶ ≪(k)in-ci-se≫ **끈켜셔**(끊어져서) '**방**'　※ 영어 concise(컨사이스): 간결한

끈켜서. 끊어져 있는 까닭은 누군가가 <절개하다, 째다> 때문.

395

232. **vary** [베어리] 바꾸다·**바뀌다**·변화를 주다·변하다 ◀ ≪var-(g)≫ **바뀌**(-어), **바뀌**
233. **variety** [버라이어티] **변화, 다양, 다양성,** 상이, 불일치. **가지각색**의 것; 종류.
　　　　↖≪var-(g)i-e-ty≫ 바뀌어~타 **바뀌다!**> 바뀜은 <**변화, 다양, 상이**>

234. **vary** [베어리] 바꾸다·바뀌다·변화를 주다·변하다 ◀ ≪var-(g)≫ **바뀌**(-어), **바뀌**
235. **variable** 변하기 쉬운, 변덕스러운. ⌒≺in-var-(g)ia~ ble≫
236. **invariable** [인베어리어블] **변화하지 않는,** 불변의 ◀ └ **안**(부정)~ **바뀌어**

안-바뀌어~**쁠**. 바뀌지 않음은 <**변화하지 않는, 불변의**>

237. **erect** [이렉트] **세우다, 똑바로 세우다** = 개음절 [er-e-c-t] **일으키다**
　　　　↖≪(g)e-rec-t≫ **기력**(氣力)-**타** 기력이 있어 몸을 <**세우다, 똑바로 세우다**>

238. **sane** [세인] **제 정신의,** (정신적으로)**온건한, 건전한** ※ /n-k/ 연접에서 [ŋ] 발생!
　　　　↖≪san-(g)e≫ **생 거**(것) : ≪saŋ-(h)e≫ **'성'~해**(제정신인) : **상**(常) '상식적'
　　　　↖≪(k)an-(k)e≫ 젱키(げんき) '건강': **건**(健) '건강·건전'
239. **insane** [인세인] **미친 것 같은, 미친,** 광기의, 비상식적인, 어리석은.
　　　　↖≪in~ san- (g)e≫ **안**(부정)~ **생 거**(것) '성한 것'

생-거(것). **성-거**(것). **성**한 것은 <**제 정신의, 온건한, 건전한**>
안-생-거(것). **안-성-거**(것). **성**하지 않음은 <**미친, 비상식적인**>

240. **sto** (라틴) 서 있다; 서다; 일어서다; 보초서다; (건물이) 서다, 공사가 끝나다.
241. **cease** [시-스] **멈추다,** 그만두다,~하지 않게 되다, **그치다,** 끝나다; **중지, 정지.**
　　　　　　　　　　　　　　　　※ ceaseless [시-슬리스] 끊임없는, 부단한
　　　= [ce-a-se] **쉬어서~// 쉬세!** 일을 쉬어 <**멈추다, 그치다, 중지, 정지**>

242. **cease** [시-스] 그만두다, 멈추다,~하지 않게 되다, 그치다, 끝나다. 중지, 정지.
243. **incessant** [인세선트] **끊임없는,** 그칠 새 없는, 간단없는.
　　　= [in~ ce-ssan-t] '부정' **안~쉬잖다!** <**끊임없는, 그칠 새 없는**> 일 독촉

244. **adequate** [애디퀴트] **충분한,** (목적에)**어울리는,** 적당한, 적임의 = [a-de~ qua-te] **어디~끼이다**
　　　　↖≪(g)a-de~ qua-te≫ ㄱㄷㅋㄷ <**가득하다**> {**충분한**}
　　　　↖≪(g)a-'t'e~ qua-te≫ **같이**(함께)~ **끼이다** {어울리는, 함께 어울리는}

어디~ 끼이다. 어디든 끼일만하므로 <-에 적임의, 어울리는>
가드ㅋㄷ "**가득하다**" 가득하니 <**충분한**>

245. **adequate** [애디퀴트] **충분한,** (목적에) 어울리는 *≪(g)a-de~ qua-te≫ **가득하다**
246. **inadequate** [인애디퀴트] **불충분한,** 부적당한.
　　　　↖≪in~ (g)a-de~ qua-te≫ **안**(부정) -ㄱㄷㅋㄷ <**안 -가득하다**> "**불충분한**"

247. **accurate** [애켜리트] **빈틈없는. 정밀한** *≪(g)ac-cur-a-te≫ **꼭**(꽉) -**걸리다**/
248. **inaccurate** [인애켜리트] **정밀하지 않은,** 부정확한, 틀린. **끼이다**
　　　　↖≪in-(g)ac-cur-ate≫ **안**('부정)-**꼭**[꽉] -**끼이다** <**정밀하지 않은**>

249. **pro** (접두사) **공공연히, 밖으로, 대신해, 대용**으로, **부**(副),~**에 따라, 앞**(에), **앞으로,**
　　　　　=[pr-o] **부러**(드러내어) // 프ㅇ, 브ㅇ **부**(副)>, <**부**(附) '**따를**': 조건부
　　　　↖≪pr-(g)o≫ **바꿔**(바꾸어, 대용) // **밖에**(드러내어) □ 대신 바꿔 <**대신해, 부**(副)>

부러~. 일-부러 <공공연히, 밖으로> 드러내! 바께, 밖에. <밖으로>

---

250. elute [일루-트] 뽑다, 추출하다.
> ▶ ≪(g)el-u-te≫ '방' 골르다, **걸러다** □ 술을 걸러 <뽑아내다, 뽑다>

---

251. growth [그로우쓰] 재배, 생산물, 성장 ← ≪gr-(g)o -w~th≫ **가꾸어서**
252. agriculture [애그리컬처] 농업, 원예, 임업, 목축, ※'목축'도 작물을 먹이로 먹인다!
> ▶ ≪(g)a-gr-i~ cul-ture)≫ **가꾸어-골**(밭골)-**타**

가꾸어~ 골(골을) **타**. 작물을 가꾸고 (길러) 골을 타고 하는 일이 <농업, 원예> 다.

---

253. wind [윈드] 바람, 바람에 풍겨오는 냄새, 위[장] 안의 가스; 누설, 냄새 맡아 알아내다,
> ▶ ≪(k)in -d≫ (방귀) **뀐다** → ≪(sh)in -d≫ (소문)**샌다!**

뀐다. 방귀 뀌니 <바람> 을 타고 <바람에 풍겨오는 냄새>가 지독하다.

---

254. wind [와인드] **휘감다; 돌리다; 감기다;** (목재가)**굽다·휘다** =**【에운다** (에우다· 두르다)】
> =**【윤(輪) '바퀴】** ※(참고) □ = '에운담 -부(部)'
> ▶ ≪(g)in -d≫ **꼰다**(새끼줄을 감아 꼬다) // **권**(捲) '감아서 돌려 말다'
> ↳ ≪(h)in-d≫ **휜다**(휘다) ※ 전동성 ≪win-d'r'≫ **연달아**(계속 돌고 돌아)

인드 "에운다" 에우다, 감아 두르다 <휘감다, 돌리다; (시계가)감기다>
긴드. 근드 **"꼰다"** 함은 새끼를 꼬아 <돌리다, 휘감다; 감기다> 의 공정.

---

255. slide [슬라이드] **미끄러지다**, 미끄러져 가다, 미끄럼 타다, 흐르다, 활주하다, 미끄러짐,
> **활주, 부지중에 빠지다**, 어느새 -이 되다; 비탈길, 미끄럼길; **사태**.
> = [sl-i-de] 슬이드, 슬리다 **쓸리다>**: 휩쓸리다 "나쁜 친구와 휩쓸리다"
> 슬이드, 슬이다, 슬리다 **<쏠리다>**: 기울어 <미끄러지다, 비탈길>

슬리다, **"휩-쏠리다"** 휩쓸려 내려감 <흘러내리다, 흐르다, 미끄럼 타다, 비탈길>
슬리다, **쏠리다**, (나쁜 친구들과) 휩-쏠리다 <부지중에 빠지다>

---

256. glide [글라이드] **미끄러지다**, 미끄러지듯 나아가다, 활주하다, 활공하다, 흘러가다,
> 조용히 걷다[가다] 미끄러져 떨어지다; **활주, 미끄러지기, 활공**.
> = [gl-i-de] 글이드, 글리다 <**끌리다**> 지면에 끌리듯이 <미끄러지다>

[미-나리, 미-꾸라지]의 '물' = '미' → 미 -glide <미끌리다, 미끄러지다>

---

257. win [윈] **끌어당기다**, (노력해)손에 넣다, 확보하다, **닿다**, (광석을)**찾아 파내다; 이득,**
> 이문, (경쟁에서)**이기다, 겨우 할 수 있다**, (곤란을 물리치고) -에 **도달**하다.
> =**【윤(潤) '이윤'】<이득>** //**【연**(宴) '잔치·연회'】//**【인**(뀌) '끌어당기다'】
> ▶ ≪(g)in≫ **견**(牽) '끌' / 끈, **끈**(끌다)/ **근**(근근이)/ **간**(간신히), **간**(도달)/ **캔**(캐다)

연(宴). 연회 열어 '잔치' 함은 <(경쟁이나 경기에서)**이기다>** 를 축하하기 위함이다.

---

258. inborn [인본-] **타고난, 천부의, 선천성의, 고유의 = 원본**(原本) / **원**(原)**판**
> ▶ ≪(g)in-born≫ **근본**(根本) ※ born 타고난, 선천적인, -태생의 = <**본**(本)>

근본(根本),~이라 함은 <타고난, 천부의, 선천성의, 고유의> 자질.

259. wait [웨이트] 기다리다, 대기하다,【영국】정착하다. 기대하며 <기다리다>

　　　『전동성 ≪(g)a-i -t'r≫ 기다려

　　➤ ≪(k)ai-t≫ 기대(期待) '기대감' → ≪(sh)a-i-t≫ 서다/세우다

　　교대(交代) "교대로 오는 그 무엇을 기다리다"

---

260. wite [와이트] (왕이 과하는) 벌금 · 속죄금,【Sc.】벌, 질책, 비난, 책하다, 비난하다.

　　➤ ≪(g)i - te≫ 과태(過怠)　　※ 전동성 ≪(g)i - te'r≫ 과태-료(料)

---

261. other [어더-] 다른, 그 밖의, (자기 외의)남, 나머지 사람[것], ~아닌(not).
　　　　　　옛날의, 미래의.

　　　『전동성 ≪o'r'-ther≫ 아의다!(아니다) '방'

　　= [o-ther] 여타(餘他) '나머지' // 어데!(아니다!) '방' // 오다(미래)

　　➤ ≪(g)o -ther≫ 그들, 걔들/쟈들(타인) '방': 기타(其他): 고대(古代)「옛날」

　　　　　　　고대(기대)/ 기대(期待)/ 기다려「미래」

---

262. guard [가-드] (차의) 흙받기, (권투의) 방어 자세, 난로의 울, 방호물, 경계·조심·안전장치

　　= [gua-r-d] 가리다(분리·방어) / 가르다(분리) / 꺼리다(경계)

263. ward [워-드] 보호; 억류·구금··감방 ◄ ≪(g)ar-d≫ 가르다(격리)/ 가리다 /(문)걸다

　　　　　　　　　　　　　　　　　　　※ 영어 'guard'로 입증됨!

가르다. 따로 격리해 가름은 <보호> 와 <억류, 구금> 의 두 가지 목적이다.

---

264. wavy [웨이비] 굽이치는, 물결 이는, 흔들리는 ◄ ≪(g)a -vy≫ '구비(굽이)'치는

구비. <굽이치는, 물결이 이는> 현상.

---

265. warp [워-프] (목재 등을) 휘게 하다, 구부리다. 굽혀서 <구부리다, 휘게 하다>

　　➤ ≪(g)ar-p≫ (구펴) 굽혀~ // 구부-려, 구푸-려 // 굽어 // curve

　　　　　　　　　　※ 전동성 : (g)ar -p'r 구푸[부]려~

---

266. wall [월]【미국】(눈알을) 굴리다　◄ ≪(g)all≫ '굴'-리다

267. wallow [왈로우] (진창·물에서)뒹굴다, (주색 따위에)빠지다, 남아돌아갈 만큼 있다.
　　　　　[월로우]

　　➤ ≪(g)all-ow≫ 굴러(-다니다) '흔함' / 굴러(-먹다)/ 글러(-먹다) /(좍-)깔리어~

굴러. 굴러다닐 만큼 흔하니 <남아돌아갈 만큼 있다>

굴러. 굴러~뒹구니 <(진창·물에서)뒹굴다> 글러먹어 <(주색에) 빠지다>

---

268. weather [웨더-] (물이 흘러내리게)경사지게 하다, 공기에 쐬다. 기후, 날씨. (운명의)변천.

　　➤ ≪(k)e-a-ther≫ 기우다(기울다)// 까탈(변덕) 변덕이 심한 <날씨, (운명)변천>

　　　　　　　　　　　　※ 전동성 ≪(g)e-a'r'-ther≫기울다

　　➤ ≪(k)e-(h)a-ther≫ 기후(氣候)타! ↳ ≪(sh)e -a-ther≫ (바람)쐬이다

---

269. yaw [요-] 한쪽으로 흔들리다, 침로에서 벗어나다, 흔들리며 나아가다. = 요(搖) '흔들릴'

　　➤ ≪(g)a -w≫ 기우(-다), 기우(~뚱), 갸우(~뚱) 기우-뚱 <한쪽으로 흔들리다>

---

270. crazy [크레이지] (건물 따위가)흔들흔들하는, 무너질 듯한. 비뚤어진; 얼빠진 짓의, 미친.

　　= [cr-a-zy] 크으 지 <(땅이-)꺼져-> "건물이 흔들흔들하는, 무너질 듯한"

---

271. weed [위-드] 잡초를 뽑다, (유해물 등을) 치우다.

　　➤ ≪(k)e -e-d≫ 캐다 "잡초를 캐다" → ≪(ch)e -e-d≫ 치우다

272. wand [완드, 원드] 장대, 막대기, 권표[직권을 표시하는 관장(官杖)], 지휘봉.
> ≪(g)an -d≫ **간대**(장대) '**방**' / '장대' **간**(竿) / **꼰대**(선생) '**방**' / **관**(官)·**권**(權)

<u>꼰대</u>. 선생님을 가리키는 속어. 선생님께서 <막대기, 지휘봉>으로 학생들을 훈육하신다.

---

273. want [원트, 완트] -을 **원하다**, 해 줄 것을 바라다, 생활이 군색스럽다·곤궁
= 【'원할·바랄' **원**(願)+**타!**】
> ≪(g)an -t≫ **간**(懇) '간절하게 바람' / **곤**(困) '곤궁' / **군**(窘) '군색'
간(艱) '어려울, 간난신고' **간타**. 간청하다 <해 줄 것을 바라다>

---

274. yen [옌] **열망하다·간절히 바라다**; 열망·야심; 강한 욕구. ※ 'want (원하다)' 참고!
= 【**연**(戀) '그리움' / **원**(願) '바라다'】
> ≪(g)en≫ **간**(懇) '간절하게 **바람**' **연**(戀), 연인을 연모하여 <**열망하다**>

---

275. yarn [얀-] **꼰 실**, 뜨개실, (자은)**실**, 털실. = ≪yarn +(k)≫ **융**(絨) '두툼한 모직물'
> ≪(g)arn≫ **꼰**(꼬은) // **끈**(실을 굵게 꼰 것) **양**(羊)

<u>끈</u>. '끈'은 <꼬은 실> 여러 가닥으로 만든다. <털실>로 만든다.

---

276. weave [위-브] (직물·바구니 등)**짜다, 뜨다·엮다**, 겯다, (거미가 집을)**얽다**, 감기다, 엉키다.
> ≪(g)e-a-ve≫ 기웇 붛 "**기워~**", "**깁-어**" // "**꽈배-기~처럼 감기다**"

기ㅂ "**깁어**" 옷을 **깁**는 일은 바늘로 <뜨다>, 실로 <엮다, 얽다>의 공정.

---

277. wed [웨드] -와 **결혼하다**, -와 융합[통합·합체]하다, (단단히)**맺어지다** = **유대**(紐帶)
※ wedding: 혼례, 결혼식
> ≪(g)e-d≫ **곁어**(엮어) // **거다** (함께 걷다) // **꿰다** (함께 끼우다) "코가 꿰다"
↳ ≪(h)e -d≫ **회**(會) '모이다' **꾀다**(유혹하다)

<u>꾀다</u>. 꾀어서 <-와 결혼하다> <u>끼다</u>. 끼고 살려고 <-와 결혼하다>

---

278. engird [엔거-드] **띠로 감다**, 에워싸다, 둘러싸다. 사이-**간**(間)에 끼워 <에워싸다>
> ≪(g)en -gir-d≫ '**끈**'-**거**(걸)**다** / **낀기다**(사이에-끼다)'**방**'/ '사이' **간**(間)-**끼다**

---

279. wax [왝스] (영국구어) 불끈함, **욱함**, 불뚱이 = 【'**욱**'~하는】
> ≪(g)ax≫ **격**(激) '격함' **겨스, 격**(激)하게 반응해 <욱함, 불끈함>

---

280. collision [컬리젼] 충돌, 격돌, 대립, 불일치, 부딪힘. = [col-li-sion] 갈라선~
281. collide [컬라이드] **충돌하다**, 충돌시키다, 상충[저촉]되다, 일치하지 않다, 대립하다.
= [col-li-de] **갈리다** 의견이 갈리다, 의견이 <**충돌하다, 대립하다, 상충되다**>

---

282. alliance [얼라이언스] 동맹·맹약(盟約), **결혼, 결연·인척 관계**, 협력·제휴
= [all-i-] (고어)**얼우-다** '혼인'
> ≪(g)all-i-an~≫ **결**(結)~ **이은** '잇다' // **결연**(結緣) <결연, 동맹, 제휴>
> ≪(g)all-(h)i-an~≫ **결혼**(結婚) ≪(h)all-i-an~≫ **혈연**(血緣)

결(結) **이은** 모양새가 <**결연, 동맹, 제휴**>다. 결합해 이은 <**결연**>

399

283. union [유-년] 결합·동맹, 병합·합체·융합·혼인 = [un-i-on] **연**(連/緣)~**이은** '잇다'
　　　　　　　　　　　　　　　　　　　　　　　□ 연결해 이은 <결합>
　▶ ≪(g)un-i -on≫ 끈-**이은** '잇다'　◀ ≪(g)un-(g)i-on≫ 끈-**끼운**
　　↳ ≪(h)un-i -on≫ **혼연**(渾然)-일체 // 혼인(婚姻)
　▶ ≪un-(g)i-on≫ **연**(連) + **끼운** 『연결해서 끼운』 // 연관(聯關)

끈~**이은**. 끈을 이어 <결합, 동맹, 융합, 혼인> 의 징표로 삼다.

284. unite [유-나이트] 하나가 **되다**, 결합[결속]**하다**, 연합[합병·합체]하다; 결혼-하다[시키다]
하나로 **묶다**·**맺다**.　　　　　　　　　　　　　　※ 큰 거 되, 려고 <연합하다/합병하다>
　▶ ≪un-(g)i-te≫ 온 거 **되**(되다) : 　연계(連繫)-**타!** :　**연**(連)-**끼다**!
　▶ ≪(k)un-(g)i -te≫ 끈 -**거다** '걸다' // 큰-거[기]-**되**(되다) ※ 연결해 끼다
　　↳ ≪(h)un-(g)i -te≫ 한 개(個)**다!** ※ '한'은 크다는 뜻!

끈~**거다**. 끈을 걸어 묶어 <하나로 묶다, 결합하다, 맺다, 하나가 되다>

285. artel [아-르텔] (옛 소련의)**협동조합** ◀ ≪(k)ar-tel≫ **거들~** (서로 도울·협동)
거들. 함께 거든다 함은, '협동/협력'　cartel(카르텔) // **끼어-들** (함께 참여)

286. cartel [카-르텔] 카르텔, 기업 **연합** = [car-tel] **거들~**(서로 도울·합동·연합)
거들. 함께 거든다 함은, '협력/연합'　　　 **끼어-들** (함께 참여)

287. entail [엔테일] (필연적 결과로)**일으키다**, **수반하다** = [en-tail] **연달**(연달아/**수반**하여)

288. wake [웨이크] 야기시키다·잠깨다·**일어나다**, **각성**하다, **소생**시키다,
　　　　　(기억·노염)불러일으키다.　 = **약**(藥)「**소생**」// **억**(憶) '기억'
= [wa-ke] **야기**(惹起) // **욕**(慾) '마음이 일어나다. 욕망'
　▶ ≪(g)a-ke≫ (잠)**깨기, 깨우기** / 각(覺) '각성'　➡ ≪(g)a -(w)e≫ **깨어**

289. evoke [이보우크] (기억·감정을) **불러일으키다**·환기하다; (영혼 따위) **불러내다**.
　▶ ≪(g)e-vo-ke≫ **깨부기**(깨우기) '**방**' ※<awake> 참고! "영혼 **깨워**, 불러내"

290. evolute [에벌루-트, 이벌-] **발전시키다**, 발전하다 // evolve 발전시키다·**개발**하다.
　▶ ≪(g)e-vol -(h)u -te≫ **개발**(開發)~**하다** 개발해 <발전시키다>

291. alow [얼로우] 아래쪽에, 아래쪽으로　= [al-o-w] **알로**(아래로) '**방**'
　▶ ≪(g)al-o-w≫ (내리-) **깔아-여** // **깔**(-보다) '낮추어 아래로 보다'

292. advert [애드버-트, 어드~] **주의를 돌리다**·유의하다, **광고.**
　　　┌▶ ≪(ch)a -d-vert≫**쳐다보다**
　▶ ≪(k)a-d-vert≫ **거떠보다** (관심을 가지고 쳐다보다, 거들떠보다) '**방**'
　　　　　가다-보다 「지나가다가 보다·주의를 돌리다」 <광고>

거떠보다. '쳐다보다' 의 방언, <주의를 돌리다, 유의하다> 봐주길 바라는 <광고>

293. acicula [어시켤러] 바늘, 가시, 바늘모양의, **침**(針) 모양의.
　▶ ≪(g)a-ci [shi]~ cul -a≫ **가시-꼴의** "침(針)모양의, 바늘모양의"

294. abase [어베이스] **깎아내리다**, (지위 등을)**낮추다**; 창피를 주다.
　▶ ≪(g)a -ba-se≫ **까뿌서**(까버려서·깎아내려) '**방**' // **까~ 빼서** <깎아내리다>
　　　　　까~ 뺏아 □ 까내려 **뺏**아 <지위 등을 낮추다>

295. abate [어베이트] (값을)내리다; 수(양·정도)를 줄이다; (고통·기세를)덜다·누그러뜨리다.
　▶ ≪(g)a-ba-te≫ 가(價)-빼다 // 까(까서)~빼다 <수나 양을 줄이다>
　　≪(g)a -ba~≫ **가벼**-워 // 고어 [가비-압다]: 가볍다 가볍도록 <수나 양을 줄이다>

296. cavate [케이베이트] (돌을 **빼낸 자국**처럼) 휑하니 **구멍**이 난; (동)굴 같은.
　= [ca-va-te] **캐~ 빼다** 캐내어 빼고 보니 <휑하니 구멍이 난>

297. blaze [블레이즈] **타오르다,** 불태우다·빛내다·밝게 빛나다·격노하다; 불길·화재
　▶ ≪bl- (g)a-ze≫ **벌개져·빨개져** '붉게 빛나' = [bl-a-ze] **불이지!**

불이지! 불이므로 <불길, 화재, 타오르다>

298. abound [어바운드] (동물·물건이~에) **많이 있다,** (~로) 그득하다·풍부하다.
　▶ ≪(g)a-boun-d≫ **과분**(過分)~**타** 이토록 <그득하고/많이 있다>니 과분하다!

299. about [어바웃] 「서술적」 (침상에서) **일어난,** 움직여 다니는, **활동하는.**
　▶ ≪(g)a-bou-t≫ (방언) **깨부다** '깨우다' <활동하는, 일어난> 시각이 되었다.

300. about [어바웃]~의 둘레[주변·**주위**]에;~을 에워싸고. <둘레에, 주위에> 껴붙어.
　= 오붓【'**오붓**'~하게 (둘러 모여)】 ▶ ≪(g)a-bou-t≫ **껴**(끼어·기)~ **붙어**

껴 붙어. 옹기종기 껴 붙어 있음은 <둘레에, 주위에> 가까이 모여 있음.

301. abutter [어버터-] 인접하는 것, 이웃 땅 임자.　　「【이 붙어 '이웃'?】
302. abut [어빝] (다른 곳과)경계를 접하다, 이웃[인접]하다, 접촉하다, 연하여 있다.
　= [a-but]~에 붙어 / '오붓'하게 붙어 <인접하다, 경계를 접하다>
　▶ ≪(g)a -bu-t≫ **껴**(기)~ **붙어** 『가까이 붙어』 ※ **가부**(같이 하는 동업) '방'

303. abrade [어브레이드] 비벼대어 **벗기다,** (바위 따위)침식하다·문질러 닳리다, 벗겨지다.
　▶ ≪(g)a~br -a-de≫ **까~버리다** / 까부리다(껍질을 벗겨 키질해 바람에 날리다)
　▶ ≪(g)a~br-(g)a-de≫ **까~버끼다**[벗기다] '방' 까서 껍질을 <비벼 벗기다>

까-버리다(버끼다). 까버리니 껍질이 <벗겨지다, 비벼 벗기다>

304. peel [필-] 껍질을 **벗기다** ◀ ≪pe-(g)el≫ **버낄**(벗길)/ **베낄**(벗길)/ **비낄**(벗길) '방'

305. bark [바-크] 나무껍질; 나무껍질을 벗기다. 까다, **벗기다.** 나무 껍질로 **덮다**[싸다].
　= [bar-k] ㅂㅋ, **버껴** [벗겨] '방' ※ 개음절 // **박**(剝) '벗길' ※ 폐음절
　　복(服) '옷'

306. abridge [어브리쥐] **축소하다, 줄이다,** 단축[생략]하다; 요약하다. 까서 버림 <축소>
　▶ ≪(g)a-br-i-dge≫ **까 -버리지!** / **깨 -버리지!** 깨어서 <축소하다, 줄이다>

307. abstruse [애브스트루-스] 난해한, 심원한 = [ab -s-tr-u-se]
　　　　　　　　　　　　　　　　 없애~ (뜨ㅇ시)뜻이
　▶ ≪(g)a-b-s-tr-u-se≫ **깊**(깊이), **갑**(갑갑하게)~ **싸=둬서**(두어서)

"(업새)없애 -뜻이" 뜻을 없애니 <난해한, 심원한>

308. absurd [업서 : 드, 앱저-드] **불합리한·부조리한,** 터무니없는; 부조리.
　= [a-b-sur~] 고어 [**업**다] '없다'~ **사리**(事理) /**조리**(條理) '이치'
　　　　　　　　　　　　　　　　　　 『사리/조리-가 없다』

업(없는)~사리(事理)다. 사리가 없으니 <불합리한, 부조리한, 부조리>

---

309. **accent** [액센트] **강조**[역설]하다, 뚜렷하게 하다, **강하게 발음하다**; 강조·**강음**, 지방 사투리.
=[ac-(sh)en~ t] **억센**(강한) // (바락바락)**악-쓴다!** "바락바락 악을 써 **강조하다**"

"억센타" **억센**-발음의 <(억센)지방 사투리, 강하게 발음하다>

ac-[접두사] AD-의 변형 (c, qu 앞에서).

---

310. **access** [액세스] (병·노여움의)**발작**, 격발; (재산의)**증대**
= [ac-ce~ss] **액껴서**(아껴서) '**방**'
= [ad-ce~ ss] **얻어-가서~**   ▶ ≪(g)ad~ ce-ss≫ **거둬-가서**
▶ ≪(g)ac~ ce-ss≫ 격키서 **격해서**   ※ 알파벳 'C'는 본래 /k/음이다!

'**방**' 액껴서/애껴서, 아껴 모아 <재산의 증대> 를 이루다.
격(gac)키서 "**격해서**" 는 <병의 발작, 노여움의 격발>

---

311. **economy** [이카너미, 이코너미] **절약**, 절검(節儉), 값싼, 경제적인.
= [e -co-nom-y] '**방**' **애껴** [아껴]~**남아** // ≪-nom-(g)≫~**남겨**

---

312. **steal** [스틸-] 훔치다, 몰래 빼앗다, 교묘히 손에 넣다, **도둑질하다**, 몰래 가다[오다],
숨어 들어가다, 몰래 움직이다[나르다], **도둑질, 훔침**, 절도, 훔친 물건.
= [s-teal] 소~ **털** [털다] ※ 남의 집을 '**털다**' = 도둑질하다, 훔쳐 나오다
수탈(收奪): 부당하게 빼앗아 감 <도둑질해 가다, 빼앗다, 절도>

---

313. **ac**-[접두사] AD-의 변형 (c, qu 앞에서).
314. **accomplish** [어캄플리쉬] 이루다, **성취**하다, 완성하다; 목적을 **달성하다**; 기간을 만료하다.
※ 발음 [ə-kám-pliʃ] ← ≪(g)ə-kám-pliʃ≫ 거금(트쇼)~**벌어서**
= [ac-com- plish] **억**(億)-**금**(金)~**벌어서** <달성하다, 성취하다>
= ≪ad-com~ plish≫ **얻어-감~벌어서**

---

315. **accident** [액시던트] (뜻하지 않은)**사고, 재난**; 재해, 상해, 우연한 사태.
= [ac-ci-dent] '재앙' **액**(厄)~ **끼**(끼어)**든다** 액이 껴들어 <사고, 재난>이 잦다

---

316. **ac**-(접두사) = AD-의 변형(c, qu 앞에서) <일치/융화>의 상징으로 같이 **엮다**
317. **accord** [어코: 드] **일치시키다·조화시키다, 일치·조화·협정** = [ac-cord] 익 키다
▶ ≪(g)a-t~ cord≫ **같이~꼬다**   (함께)**엮으다**

---

318. **concord** [캉코: 드] 일치·화합·조화·호응, 협조·**협정**·친선·협약
= [con-cord] **끈**[con '함께']~**꼬다** 끈을 (풀리지 않게)**꼬아** <협정> 의 증표로 삼다.
공고(鞏固) "협정/협약을 공고히 하다"

---

319. **acquaint** [어쿠에인트] **숙지**시키다, (~에)**익숙**하다, 소개하다, 친분을 맺어 주다.
= [a-(c)-qua~ in-t] 익키 ㅇ, 익 키 <익히~ 안다(익숙): 익 킨, 익 힌 <**익힌다**>
<**엮안다**(친분을 엮어 주다)> '**방**' <**소개하다**>

익키 온다 "**익히 안다**" <-에 익숙하다>   익 킨다 "**익힌다**" <숙지시키다>

---

320. **accuse** [어큐-즈]~에게 **죄를 씌우다**·고발하다·고소하다, 비난하다.
▶ ≪a-(c)-cu-se≫ 애꾸ㅈ/액꾸ㅈ <**애꿎어**> 애꿎은 <누명을 씌우다>
= [ac~ cu-se] **역**(逆)~ **고소**(告訴)   맞받아 역으로 <**고소하다**>

321. **aciform** [애서폼-] 침(針) 모양의, 끝이 **뾰족한** ← ≪(g)a-ci + form(모양)≫
　≪(g)a- (sh)i~ form(모양)≫ '**가시**'~ form(모양) ↵ <뾰족한 침 모양인>

---

322. **acerbate** [애서베잍] 쓰게[떫게] 하다, 성나게[짜증나게] 하다 = <**아, 써! ~ 뱉아!**>

<아, 써! -**뱉아**> 쓰다고 뱉음 <쓰게 하다, 짜증나게 하다>

---

323. **acid** [애시드] 신, **신맛의**, 산성의, 언짢은 = <**아, 시다!**> "찡그리는 신맛의"
　▶ ≪(k)a~ ci-d≫ (과일) 과(果)~ **시다** → ≪(sh)a~ ci-d≫ 스기ㄷ <**삭으다**>

"과(果), 시다!" 과일이 신 것은 <신, 신맛의, 산성의> 맛이다.

---

324. **sour** [사워] **시큼한**, 신, **시어진**·산패(酸敗)한. = [**so-ur**] **시어!**(시다) / **써**(쓴맛)
　▶ ≪so -(k)ur≫ '**방**' 새그라(-워) 『시어-』: **삭아**, 삭혀 / 삭카·사카(삭혀) '**방**'

---

325. **acid** [애시드] 신, 신맛의, 산성의·언짢은. = <아, 시다!>
326. **acidulous** [어시절어서] 다소 신맛이 도는 = [a-ci-dul-ou-s] 신맛(aci)~**돌아서**
　　　　　　　　　　　　　　　　　　　　　　　　　　　~**들어서**
　▶ ≪(g)a~ ci-dul-ou-s≫ (과일)**과**(果)~ 시들어서 <다소 신맛이 도는>

"아, 시(신 맛)-**돌아서**" 신 맛이 돌아[들어] <다소 신맛이 도는>

---

327. **acid** [애시드] 신, 신맛의, 산성의·언짢은. = <아, 시다!>
328. **acidulate** [어시절레이트] 다소 신맛을 가하다[갖게 하다]
　　= [a-ci- dul-a-te] 신맛(aci) + **들이다**(가미하다) / **절이다**

---

329. **wish** [위쉬] **바라다**, 원하다 ← ≪wi -(k)≫ **요구**(要求) ※ 'sh'는 /**k**/의 변화 형태!
　▶ ≪(g)i -sh≫ **고사**(告祀) 원을 이루고자 고사를 지냄, 풍년을 <**바라다/원하다**>

---

330. **acquiesce** [에퀴에스] **마지못해 따르다**, 묵묵히 따르다, 묵인하다.
　▶ ≪a-(c) -qu-i-e-s~ **ce**≫ **엮이어서**[억지로 연루되어]~ **가**
　　　※ ≪a-c- (zh)ui -e-s'**r**'~(w)e≫ 억지-스레~

Akra (그리스) 정상(頂上)
331. **acr**(o)-[애크러~] 처음·끝·꼭대기 =[A-kr~a] ♀크이, 옥이 <**악**(岳)**에**> '높은 산-에'
　▶ ≪(g)a-kr~ a≫ **꼭**(꼭지·꼭대기)에 : <**극**(極)**에**> '끝에' : **고꾸라/거꾸로**

고꾸라-지기 쉽다 <정상, 꼭대기, 끝> 에 올라서면 고꾸라지기 쉽다.
거꾸로 계속 가면 <처음에> 로 되돌아갈 수 있다.

---

332. **arch**-[아: 치] **첫째의**, **수위**(首位)**의**. ┌▶ **아치**(벼슬아치) 『우두머리 위치, 수위』
　　= [ar-ch] **애초**(애시당초) // ≪a-(sh)≫ **아시**(처음) '**방**'
　▶ ≪(k)a-ch≫ **기초**(基礎) "첫~기초" → ≪(sh)a-ch≫ **시초**(始初)

애초. 애시당초는 <첫째의> 시간이요, **아치**-벼슬아치는 <우두머리 위치의> 자리.
기초(基礎)는 <첫째의> 해야 할 일이요, <첫째의> 건축 작업이다.

---

333. **acumen** [어큐-먼] **예민**, 총명, **날카로운** 통찰력, **뾰족한 끝**.
　▶ ≪(g)a -cu -men≫ 가끄면(**깎으면**) └▪ ≪a-(w)u -men≫ (이ㅇ민) **예민**(銳敏)

가끄면 "**깎으면**" <뾰족한 끝> 이 되고, 감각이 <예민, 총명> 해진다.

334. **acute** [어큐-트] 살을 <u>에</u>는 듯한·**격심한**; 날카로운·**뾰족**한, 모진; 예형(銳形)·예두(頭)의.
= [a-cute] <u>애</u>(창자)~**cut**(끊다)/[긋-다]:긋다 ※ [애긋다][이긋다]: 창자를 끊다
↳≪a-(w)u-te≫ (살을) **에이다** '에다'
▶≪(g)a-cu-te≫ (날카롭게-)**깎**다 / (날카롭게-)**껌**다 / 각(角) "각지다"

가끄대, <u>깎아</u>-니 <뾰족한, 예각(銳角)의, 날카로운, 예리한 형태> 가 된다.

---

335. **acuminate** [어큐-머네이트] (잎·잎끝이) **뾰족한 모양의**; 뾰족하게[날카롭게] 하다.
▶≪(g)a-cu-min-a-te≫ **깎으면~이다** 깎으면 <뾰족한 모양의> 물건이 됨!

---

336. **ad**-(접두사) '접근·**방향**·변화·**첨가**·증가·강조' = [a -(t)] **여타**(넣다·첨가) '**방**': **어디**(방향)
▶≪(g)a-t≫ **가다**(접근) : **가**(加)~**타**!『더하다·첨가』: **곁에**~ '접근'

---

337. **add** [애드] **더하다**·덧셈하다; 증가[**추가**]하다, 합산[합계]하다, 포**함**하다.
= [ad-**d**]~**에다 더**(더하다·추가하다) // = [ad-**d**] **옅타**!(끼워 넣다) '**방**'

---

338. **adroit** [어드로잍] **교묘한**, **솜씨** 좋은·기민한, 빈틈없는.
「▶≪(sh)a-dr-oi-t≫ **쉬**(쉽게)~**다루다**
▶≪(k)a-dr-o-i-t≫ **꾀-돌이-다**! : **꽤**(잘)~ 다루다 <솜씨 좋은, 교묘한>

---

339. **upper** [어퍼-]「up의 비교급」**위쪽의**, **위편의**, 상부의, 높은, 상위의, 상류의, 고지의,
내륙의. 북부의. (허리보다 위에 입는) 옷. 윗니.
= [up·per] 엎퍼, **엎어**(~놓다) 바닥이 <위쪽의, 위편의> 위치에 오도록 엎어!

---

340. **address** [어드레스] 받는 이의 주소 성명을 쓰다, (편지)**보내다**; (받을)주소·성명; 구애.
▶≪a-d~ dr-(g)e-ss≫ **어디**~ '**방**' **드가소** (들어가라!)/ 드가 **줘**! (들어가 줘) '**방**'

"**어디**(어디로) **드가소**!" 하며 <받는 이의 주소/성명> 을 쓴 다음 <편지 보내다>

---

341. **address** [어드레스] 청원·**요청**,~에게 말을 걸다; (청중에의) 인사말·연설.
▶≪(g)a-d~ dr-e-ss≫ **기도**(祈禱) -**드려서** 신(神)께 <청원, 요청> 하기!

---

342. **adduce** [어듀-스] (이유·**증거** 따위를)**제시하다.** ※ 부절(符節)을 같이-대기에서 유래
▶≪(g)a-t~du-ce≫ **같이**(서로)~ **대기**('부절을 서로~붙여-대어보다')『증거제시』
갇(간다)~ **대서**('부절을 서로~붙여-대어봐서')『증거제시』

갇-대서. "**갖다**-**대서**" 부절(符節)을 서로 맞추어 <증거로써 갖다 대다[제시하다]>

---

343. **admeasure** [애드메저] **달다·재다·계량하다.** // measure [메저] **재다**, 계량[측정]하다.
▶≪(g)a-t~ mea -(k)ur-e≫ **같이**(비교해)~ **매겨** / **무게**『무게를 비교해 계측』
※ 's'는 /**k**/의 변화 형태다! ↳≪(g)a-t~ mea -sur-e≫ **같**(같은)~ **매수**

갇-매수(買受). 지불한 돈과 **같**은 가치의 물건을 **매수**하려 <달다, 재다, 계량하다>

---

344. **parity** [패러티] 동등·동격·유사·등가(等價), 동량 ◀≪par-(g)i-ty≫ **비기다**(필적·대등)
345. **measure** [메저] **재다**, 계량[측정·측량]하다. 비교하다. ※ 's'는 /**k**/의 변화 형태다!
= 매수(買受) ▶≪mea-(k)ur-e≫ **매기어** 값을 매겨 <측정하다> // <**무게**> '**재다**'

매기어 (매겨). 값을(가치를) 매김은 무게·크기 따위를 <재다, 측정하다> 의 행위.
매수(買受). 물건 값을 정해 매수하려고 무게·크기 따위를 <재다, 측정하다>

346. **admire** [애드마이어] ~에 감복[찬탄·**감탄**]하다; 칭찬하다; (고어) 놀라다.
= [a-d -mir-e] **아따메요! / 어따메! / 와따메요!** ※ '감탄·놀라움'의 탄성.

347. **noesis** [노우이-시스] 지성[이성]의 인식 작용. = [no-e~si-s] **뇌**(腦)**-써서**
□ 두뇌를 사용함으로써 가능한 <지성(이성)의 인식작용> '**나이**'-**써서** ('경험적 지식'을 사용)

348. **noetic** [노우에틱] 지력(知力)의; 지식인 = [no-e~] **나이** '경험적 지식'
□ 두뇌 덕에 <지력(知力)의, 지식인>이 존재한다. **뇌**(腦) '머리·두뇌'
= [no-e~tic] **뇌**(腦)-**덕**(덕분) ※'지식'의 원형은 **나이**(연륜)에 의한 **경험적 지식!**

349. **admit** [애드밋] **신분**[특권] 취득을 인정하다·들이다·**입회**[입국]을 허가하다, **인정하다**, **고백하다**.
▶ ≪(g)a-d~mit≫ God(신께서)~ **믿어**(인정해줌): God(신을)~ **믿어**(신앙고백)
거두어~ 밑에(아래)『입회를 허용하다』

God(신)~**믿**, 신을 믿는다고 <**인정하다, 고백하다**> → 그러자 <u>신께서</u>
<**신분**(특권) 취득을 인정하다, 입회를 허가하다>

adorable 존경[숭배·찬탄]할만한; (구어) 사랑스러운·귀여운
350. **adore** [어도-어] **신**(神)**을 받들다**·신을 찬미하다, 숭배하다; (-하기를) 매우 좋아하다.
▶ ≪(g)a-d~ or-e≫ God(신을)~ **우러**(우러러)/ **올려** : 기도(祈禱)~ **올려**/ 기ᄃ ᄋ려 <**기다려**>
※ or-e = ᄋr이, 올이 <**올려**>

기ᄃ ᄋ려 "(-을)**기다려** <(-하기를) 매우 **좋아하다**>, 그래서 그것을 **기다려.**
기ᄃ ᄋ려, 기ᄃ ᄋ려 "기도(祈禱)-**올려** <신(神)을 받들다, **신**을 찬미하다>
※ angel**olatry** 천사숭배 ≪천사~ <u>ol-a-try</u> 올려드려≫ ※ angel 천사, 수호신
※ icon**olatry** 우상숭배 ≪우상~ <u>ol-a-try</u> 올려드려≫ ※ icon 성상(聖像)·우상

351. **adverse** [애드버스] 역(逆)의, **거스르는**·반대의[하는], **해로운**·불운[불행]한.
▶ ≪(g)a-d~ ver-se≫ **가다~ 벗어** 벗어나서 가다간 <**해로운**> 일을 당한다
※제정일치 시대 참고! God(신을)~ **벗어** 신을 벗어남은 <**역의, 거스르는**> 행위

352. **adry** [어드라이] **말라서**·마른; **목말라·목마른** = [a-dr-y] **아~더워!**, 아~ **더워!**
아~**더워! <목말라, 목마른**> ≪(sh)a-dr-y≫ **시들어, 시들시들 / 새들새들~**

umbrella 우산, **양산**, 우산으로 가리다[보호하다]
353. **adumbral** [애덤브럴] **그늘의**·그늘이 된 양산을 **켜니** <**그늘이 된, 그늘의**>
▶ ≪(k)a -d~ umbral≫ **켜다** + umbral (양산)

354. **adumbrate** [애덤브레이트] **어둡게** 하다, **흐릿하게** 하다; 윤곽을 **어렴풋이** 나타내다.
=[a-d-um-br-a-te] **어둠~배이다** 어둠이 배어 깔리니 시야를 <**흐릿하게 하다**>
어둠~ (브리다)**뿌리다** 어둠을 뿌려 <**어둡게 하다**>
≪a-(th)um -(p)r-a-te≫ '**어슴프레**' 하다 ★ ※ [참고] <u>throw</u> [ɵrou]

355. **advanced** [어드밴스트] (밤이) **으슥한**; (철이) 깊어진; (나이 들어) **늙은**.
= [a-d-van~ ce -d] '**방**' **어드븐**[어두운]~ 기(期)/**시**(時)-**다!**
※알파벳 'C'는 본래 /k/음이다. **어드븐**[어두운]~ **귀**(듣는 귀)~**다!**

"**어두븐**(어두운)~**시**(時)**다!**" 어두운 시간은 <**밤이 으슥한**> 시간.
"**어두븐**(어두운)-**귀다**"는 <**나이 들어 늙은**> 탓이다. ※ 늙어서 귀가 **어둡다.**

405

356. **advance** [어드밴스] 앞으로 내보내다[나아가다]; (반대·비판을) 감히 하다.
　　　　❧ ≪(g)a-d~ van-ce≫ **가다~반겨** // **거다** + **반기**(叛起)

가다 -반겨. 반기려고 <앞으로 나아가다, 앞으로 내보내다>
거다(gad) -**반기**(叛旗). <반기를 들고 감히 반대/비판을 하다>

357. **aeon,** eon [이-언] 무한히 긴 시대; 영구　= [e-on] **언**... 300년! ★
　　　　❧ ≪(g)e-on≫ **기~인, 긴** "무한히 긴 시대, 영구(永久)" 한 시간.

　　　adsorption [애드숍-션] **흡착**(작용)
358. **adsorb** [애드소-브,~조-브] **흡착**(吸着)하다. 습기를 거두어들여 <흡착하다>
　　　　❧ ≪(g)a-d~ sorb≫ **거둬**(거두어)~ **습**(濕) '습기'

359. **vantage** [밴티쥐] 우월, 유리한 상태 = [van-ta-ge] **본댁**(本宅)**에** '자기 집', '자기 동네'

본댁에. 자기 집/자기 동네에선 <우월, 유리한 상태> 가 됨은 자명하다.
※ 똥개도 자기 동네에선 50점 따고 들어간다!

360. **advantage** [어드밴티쥐] 이익을 얻다, 이익을 가져오다, 우세·우월·**이점**·장점·유리·이익.
　　　　= [a-d~'vantage'] **얻어~** 우월/이점/우세(vantage)
　　　　❧ ≪(g)ad~ 'vantage'≫ **가다** + **본댁**(本宅)**에**

가다(gad) -**본댁**(本宅)**에.** 자기 동네로 가 <우세/우월/이점/유리함을 얻는다>

361. **adventure** [어드벤쳐] (목숨 따위를) 걸다, 위험을 무릅쓰고 하다; 모험·투기.
　　　　❧ ≪(g)a-d~ven-tur-e≫ **가다** (go)　+ **변두리**(위험한 경계지역) ★
　　　　　　　　거다(걸다 '투기') + **반대**(反對)**로**

가다(gad) -**변두리.** 위험한 변두리로 가 <목숨을 걸다, 위험을 무릅쓰고 하다>
거다(gad) -**반대로.** 반대로 걸어 <모험, 투기, 위험을 무릅쓰고 하다>

362. **venture** [벤쳐] 위험을 무릅쓰고 가다[해보다], 위험에 내맡기다 = **변두리**(위험한 경계)
363. **boundary** [바운더리] 경계•경계선, 한계·영역 = [boun-dar-y] **변두리**(경계 지역)
"**변두리**"-로 가면 <경계/경계선> 이 있고 거기까지가 바로 <영역, 한계> 다.

364. **adverse** [애드버스] 역(逆)의, **거스르는**·반대의[하는], **해로운**·불운(불행)한.
　　　　❧ ≪(g)a-d~ ver-se≫ **가다~ 벗어** "벗어나서 가다간 **해로운** 일을 당한다"
　　　　　　　　God(신을) + **벗어**(벗어나) ※ 제정일치 시대 참고!

God(신, 神) -**벗어.** God(신)을 벗어남은 <역의, 거스르는> 행동.

365. **diverge** [디버-쥐] 갈리다, 빗나가다, (진로를)벗어나다.　⌜ 뒤바꿔 (**뒤바뀌어**)
　　　　= [di- ver-ge] '길' **도**(道) + **바뀌어** / **별개**(別個)
　　　　= [di- ver-ge] '길' **도**(道) + ᄇ 기 '**밖에**'→ 「길 밖으로 벗어남」

도(道 '길') -**밖에.** 길 밖으로 나감은 <진로를 벗어나다, 빗나가다>
도(道 '길') -**바뀌어.** 길이 바뀌어 남들과 <길이 갈리다>
"**뒤** -**바뀌어**" 운명이 뒤바뀌어 본래 정해진 운명과 <갈리다, 벗어나다>

366. **breeze** [브리-즈] 산들바람, 미풍, 산들바람이 불다. 타다 남은 재; 연탄재.
　　　　(미국속어)**홱** 가버리다, 사라지다, 도망치다, 딱 멈추다.
　　　　= [br-ee-ze] 브r이직 <**버려**-**재**> // 브r이직, 블어 져 <(바람이)**불어쥐**->
　　　　　　　　　　　　　　　　　　　　<**뿌리쳐**->: 뿌리치고 홱 가버리다

버려-**재.** <타다 남은 재, 연탄재> 를 버려!

불어져 **"불어줘"** 바람이 불어 <산들바람이 불다, 산들바람, 미풍>

---

367. **air** [에어] 공기·대기·**바람**, 하늘·공중; 모양·외견·풍채 ← ≪(g)air≫ 꼴 '모양' /**꼬라** -지
  ↖ ≪(g)ai-r≫ 기류(氣流) / **기**(氣) '공기' // **가라**(から) '하늘' / **가라**(がら) '몸집·체격'

"꼴"은 <모양, 외견, 풍채>/ **"꼬라-"**는 꼬라-<u>지</u>, 라고 할 때의 꼴 <모양, 외견>

---

368. **air** [에어] 공기[바람]에 **쐬다**, 바람을 통하게 하다[넣다] = [ai-r] (문을-) **열어**
  공기·대기·바람, 하늘·공중. **"열어** 바람을 통하게 하다, 바람에 쐬다"
  ↖ ≪(g)ai-r≫ **개**(開) '열다·통하다' // 기류(氣流), **기**(氣) '공기'

개(開). **"열-개**(開)" 하여 <바람에 쐬다, 바람을 통하게 하다>
"기류(氣流)"는 <바람/공기/대기>의 흐름, <하늘, 공중>에서 불어댄다.

---

369. **aerate** [에어레이트] 공기에 쐬다· 공기를 **통하게** 하다 = [aer-a-te] (문을) **열어 터**
  ↖ ≪(g)ae-ra-te≫ 기류(氣流)-**터** "문을 열어 **터** 공기를 통하게 하다, 공기에 쐬다"

기류(氣流)-**터**. 기류를 **터** <공기를 통하게 하다>

---

370. **aerial** [에어리얼] 공중에 치솟은, 공기의·대기의; 꿈같은, 천상의, 공허한.
  =[aer-i-al] **어릴~** (으리으리한 것에 압도될) ↱ ※ 뜬구름 같은-
  ↖ ≪(g)aer-i-al≫ **구라** (가짜)/**가라**(から) '가짜' **일**
  기류(氣流)~**일** 『바람이 일어나는』기류가 일어남은 <공기의, 대기의> 흐름

어릴~, 으리으리한 <공중에 치솟은, 천상의, 꿈같은> 궁전에 **어리**다[넋이 나가다]
구라(가라, 가짜)-**일**, 것만 같은 <공허한, 꿈같은> 이야기.

---

371. **afar** [어파ː] 멀리, 아득히 ←≪(g)a-far≫ **가버려~** → ≪(g)a-(m)ar≫ 가물가물 "멀다"
  "아득히, 멀리 가버려"

"가~파(派)" 파견을 <아득히, 멀리> 가게 되다.

---

372. **afore** [어포-] (고어·방언) (-의) 앞에, [항해] 앞쪽에.
  = [a-for-e] 아 프ㄹ 이, 아 프리 <**앞으로~**>

아프로 **"앞으로"** 는 <앞에, 앞쪽에>

---

373. **after** [애ː터] 「순서·시간」**나중에**, 뒤[후]에·다음에·~지나; 「모방·순응」~을 **따라·본받아**
  = [af-ter] (다가올) **앞-때**(시간) "다가올 앞 때, 뒤에, 나중에" (지나간 과거의) **앞-따라** 『따르다, 모방하다』

"앞-따라" 는 앞서 살아간 선대의 것을 <따라, 본받아>

---

374. **ante-** '~의 **전**(前)의,~보다 **앞의**' = [an-te] **안~** 때(시간) // 원(原)때
375. **antique** [앤티ː크] 골동[고미술]품의; 시대에 뒤진·고대풍의, 구식(취미)의.
  = [an-ti-que] **안**(과거) -**때** + **꺼**(것) '**방**' ※ 현재보다 '**안**'쪽의 때『과거』
  ↖ ≪(g)an-ti -que≫ **간**(지나 간)-**때**-**꺼**(것) : ≪(h)an-ti-≫ **헌**(낡은)때~

간-때-꺼(것). 지나간 과거의 <골동품의, 시대에 뒤진, 구식의> 것.

안-때-꺼(것). 지금보다 안쪽의 과거 <골동품의, 구식의> 것.

---

376. **ante**-mortem [~ 모-팀] 【라】죽기 (직)**전의** ※무덤(죽음)보다 안 때('이전')
  = [an-te- mor-tem] **안-때**('전/이전') + **무덤**(죽음) "무덤에 가기 전의"

377. antenatal [앤티네이틀] 출생 전의·태아의·임신 중의.
= [an-te-na-t~ **al**] <u>안-때</u>(이전·때)~ <u>나다</u>(출생) + <u>일</u> (-이다)『출생 전일』

<안-때('이전') -나다(출생)~일> 태어나기보다 안 쪽인 때인 "출생 **전**의, 태아의"
<안('부정') -태(태어) -나다~일> '안' 태어났을 때인 "출생 전의, 태아의, 임신 중의"

378. agon [애고운, 애간] (주요 인물간의)갈등 = [a-gon] <u>이견</u>(異見) "의견충돌, 갈등"
↖ ≪(g)a-gon≫ <u>고우겐</u>(こうげん) '항변·항의'

"<u>이견</u>(異見)", 은 <주요 인물간의 갈등> 으로 표출된다.

379. agonistic [애거니스틱] 논쟁의, <u>논쟁하는</u>, 논쟁을 좋아하는.
= [a-gon-i~ s-t~] <u>이견</u>(異見) + (이스득) <u>있으다</u>!

"<u>이견</u>(異見) 있어, 탁!" 탁자를 치며~ <논쟁하는>

380. against [어겐스트]~에 <u>반대해</u>,~에 <u>적대하여</u>,~에 거슬러;~을 향해.
= [a-gain-s-t] <u>이견</u>(異見)/ 의견(意見)~ <u>서다</u>/<u>세우다</u>(우기다) '방'

"<u>이견</u>(異見)~서다!" 이견을 세우며 서로 <-에 반대해, 적대해>

381. sto (라) 서다, 멈추다 = [s -to] <u>서다</u>(서다·멈추다), <u>쉬다</u>(멈추다)

382. again [어겐, 어게인] <u>다시</u>, 또, 다시[또] 한번, <u>본디</u> 상태로[있던 곳으로] 되돌아와.
↖ ≪(g)a-ga-in≫ <u>과거</u>(過去)~ in '<u>안</u>' (안으로·속으로) "과거 안(속)으로!"
↖ ≪(g)a -gain≫ <u>구</u>(舊) '옛·옛날'~ <u>간</u> "옛날로 (돌아)간" : '<u>구관</u>'이 명관!

'옛' <u>구</u>(舊)~간. 옛날로 돌아간 <다시, 또, 다시 한 번, 본디 있던 곳으로 되돌아와>
"<u>과거</u>(過去)~ in <u>안</u>" 과거 안으로 <다시, 또, 다시 한 번> 돌아가다.

383. ago [어고우] (지금부터)~전에. 이전에. = [a-go] <u>아까</u> [아까 전에 '과거']
↖ ≪(g)a-go≫ <u>과거</u>(過去)

384. age [에이쥐] (술 등이) <u>익다</u>, 원숙하다; <u>나이 들다</u>, 노화하다; 늙다; 나이·햇수.
= [a-ge] 이ㄱ <u>익어-</u>   *≪(h)a-ge≫ <u>해</u>(해가) <u>가</u>(가다) 『나이 들다, 늙다』

385. aged [에이쥐드] 「한정용법」늙은, 나이 든, <u>오래된</u>. ≪(h)a-(zh)e-d≫
↗ <u>후지다</u>!(낡은 구식)
= [a-ge -d] 이ㄱ다 <<u>익으다</u>> ↖ ≪(g)a-ge-d≫ (겨ㄱ다)<u>겪으다</u>!

"<u>익으다</u>" 익다, 는 <오래된, 늙은, 나이 든> 곡식과 사람에 두루 쓰는 표현.
"<u>겪으다</u>" <오래된, 늙은, 나이 든> 사람들은 산전수전 다 겪었다.

ag-(접두사) = <u>AD</u>-(g 앞에서)
386. agglomerate [어글러머레이트] **한 덩어리로** 하다[되다], 덩어리진, 덩이, (정돈 안 된)집단.
= [ag~ gl-o-mer-a-te] <u>억</u>(억지로)/<u>엮어~ 끌어-모으다</u>
↖ ≪(g)a-t~ gl-o-mer-a-te≫ 같이~ 끌어-모으다(모이다)

"<u>엮어~ 끌어 모으다</u>" 는 <집단/덩어리, 한 덩어리로 하다>

387. conglomerate [컨글러머러트] 밀집하여 <u>뭉친</u>, 뭉치어 덩이진; <u>집단</u>, 결합체, 결합하다[시키다].
= [con-gl-o-mer-a-te] <u>깡그리-모이다</u>[모으다]/ <u>걍</u>[마구]~끌어모으다
'함께' <u>공</u>(共)-끌어-모이다 <뭉친, 집단, 결합체>

388. or [오-] (고어·시어) (시간적으로) -**보다 전에**, -보다도 일찍(ere) = [**오라**-다]: 오래다
➤ ≪(g)or≫ **고**(古) '옛' / **고루**(固陋) / **구**(舊) '옛·옛날'

고루(固陋). 고루한 사고방식은 <-보다 전에> 가졌던 **고리타분**한 생각.

---

389. aggravation [애그러베이션] 짜증, 화남, 짜증나게 하는 것[사람], 악화[격화]시킴,
390. aggrieve [어그리-브] 기분을 상하게 하다. "**역겨워**지도록 기분을 상하게 하다"
= [ag-gr-ie-ve] 역그이ㅂ, 역겨붓 <**역겨바~**'**방**'>: 역겨워 『기분이 더러워』

---

391. agro, aggro [애그로우] (영국속어) 도발·분쟁 ← ≪(g)ag-gr-o≫ '다리' **각**(脚)
392. aggress [어그레스] 싸움을 걸다, 공격하다. ~ **걸어**
➤ ≪(g)ag-gr-e-ss≫ '다리' **각**(脚)~ **걸어서** "다리 걸어 도발함은 싸움을 걸다"

---

393. agitate [애져테이트] **쑤석거리다**, 휘젓다, 흔들어대다, 선동하다, 부추기다.
➤ ≪(k)a-(k)i-ta-te≫ **고기**[괴기 '방'] **뜨다** → ≪(sh)a-(sh)i-ta-te≫ **쑤셔대다**

고기 뜨다. 뜰채로 물고기를 뜨느라 개울을 <**쑤석거리다, 휘젓다**>

---

394. aglow [어글로우] (이글이글)**타올라·벌개져서**. = [a-gl~ ow] **이글**(이글이글) ㅇ

이글-어. 이글이글 <**타올라, 벌개 져서**>

---

395. aglare [어글레어] 번쩍번쩍 **빛나는**(빛나서) =[a-gl~ (g)ar-e] (불빛·눈빛)**이글거려~**
※ **Aglaia** [그리스신화] 아글라이아 ('빛'의 여신)

이글-거려. 이글거리는 눈빛 <**번쩍번쩍 빛나는**> 눈빛.

---

396. galore [걸로-] 「명사 뒤에 쓰여」 풍부한, 푸짐한.
➤ ≪gal-(g)or-e≫ **골고리** [골고루] '**방**' 골고루 나누어 줄 만큼 <**풍부한, 푸짐한**>

※ /r, l/ 뒤의 모음 앞에 'g'를 재구성할 수 있다.

---

397. agley [어글리-]【Sc.】기대[계획]에 반하여 = [a-gl-e-y] 어글이ㅇ "**어그러~짐**"
어글이ㅇ, 어글려 "**어그러~**"져 <**기대에 반하여, 계획에 반하여**> 어그러지다.

---

398. agreeably [어그리-어블리] **기꺼이**, 쾌히 ← ≪(g)a-gr-ee≫ **기꺼이**
➤ ≪(g)a-gr-ee~ (h)a -bl-y≫ **기꺼이~해 볼래!**

"**기꺼이~ 해 볼래**" <기꺼이, 쾌히> 해 볼 테야!

---

399. growth [그로우쓰] 재배, 배양, 생장물; 성장, 증대, 증가,
= [gr-o-w-th] **키워서** : 거라서·**기라서**(키워서) '**방**' / 길러서
➤ ≪gr-(g)o-w~ th≫ **가꾸어**(키워·재배해)~**서**

"**키워서**(길러서), **가꾸어서**" <생장물> 을 얻는 것이 <재배, 배양> 이다.

---

400. grass [그래스, 그라-스] 풀, 풀의 잎, 풀줄기, 목초; 풀밭, 목초지, 잔디.
볏과(科)의 식물(곡류·사탕수수 등).
= [gr-a-ss] **키워서** / **거라서**(키워서·길러서) '**방**' ⌐ '**우거지**'국 [나물국]
➤ ≪gr-(g)a-ss≫ **가꿔서**(키워서·재배해서) →≪(w)r-(g)a-ss≫ (풀이)**우거져~**

"**키워서**(길러서), **가꿔서**" <목초, 풀> 을 키워 축산업을 발전시킨다.

401. ahimsa [어힘사:] [힌두교·불교] **비폭력; 불살생계** (不殺生戒).
= [**a**(부정어) + him -sa **힘-씰**] "**힘**(폭력)~쓰지 않는 비폭력"

-aholic, -oholic (속어) 중독자,~광(狂), 탐닉자,
= [**a**(-에) + holi -c]~**에 홀리 -개**(사람) : **홀리커**(홀려서) '**방**'
↳ ≪**a**(-에) + holi -(**w**)≫~**에 홀리어** ※ 'C'는 [~**개**(사람)/**코홀리-개**]
'**방**' <~**에 홀리커**> 는 "-**에 홀려서**" 홀린 사람은 <중독자, -광(狂)>

402. aid [에이드] ~**을 거들다, 돕다, 원조하다; 원조·도움, 원조자, 보조물**[자].
▲ ≪(g)ai-d≫ **거드**~**다** [거들다] ▲ ≪(g)ai-d'r'≫ **거들**~다
거드-, 는 <**거들다, 돕다**>, 거드는 <보조자, 보조물, 원조자>

403. egret [에그리트] [조류] **해오라기; 해오라기의 깃털** = [e-gr-e~t] **왜가리**~**다!**
404. aigret(te) [에이그레트] [조류] **해오라기**(egret), **백로.**
= [ai -gr-e~t] **왜가리** "해오라기과의 새"~**다!**
"**왜과리-다**" 왜가리는 <**해오라기**> 과의 새.

405. aim [에임] **마음먹다·목표삼다.~하려고 노력하다, 목적·계획; 겨누어~을 던지다; 조준·과녁.**
=【**염**(念) '생각·마음'】 ▲ ≪a-i-m≫ 아이므 <**아마**>『대강 겨눔』
▲ ≪(g)aim≫ **겸**(겨자) '조준막대' // **꿈** 꿈, 희망 <목표삼다, 계획>
염(念)~은 '마음/생각' 염두에 두니 <-**하려고 마음먹다, 계획**>

406. akin [어킨] **유사한, 가까운, 같은 종류의; 혈족**[동족·친척]**의.**
= [a-kin] **어근**-비근(어금-비금) '어슷비슷함' : 익근, 익은 <(낯)**익은**>
▲ ≪(g)a-kin≫ **가**(家)-**근**(近) = 가까운 집안(家) "친척의·혈족의"
어근은 "**어근**-비근" 으로 <비슷한, 유사한, 가까운>
익근 "**익은**" 낯이 익은 <비슷한, 유사한, 같은 종류의>

407. alarm [얼람] **경보, 경종; 자명종. 경보기, 경보를 발하다** =【**알림**】
408. alert [얼러-트] **경보를 발하다,~에게 경계시키다, 경보, 경계.**
= [al-er-t] 알익 트, **알리다, 일러다**(일러-주다): **얼레!** (놀라움·주위환기의 표현)
▲ ≪(g)al -er-t≫ [**글 오다**]:말하다 : ▲ ≪(g)al -(k)er-t≫ **갈키다**(가르치다)
▲ ≪al -(k)er-t≫ (방언) **알**(아르)-**키다** '가르쳐주다·지적'
"**알리다**"는 알려주어 <**경보를 발하다, 경계시키다, 경보**> 의 유래를 가진 말.

409. alien [에일련] **성질이 다른, 이질의, 생각이 맞지 않는; 따돌림을 받는 사람, 외국인.**
▲ ≪(g)al-i-en≫ (갈리인)**갈린** : (따로)**갈라**~ '사람' **인**(人)
"**갈린**" 서로 갈린(갈라 선) 이유는 <**성질이 다른, 이질의, 생각이 맞지 않는**> 탓.

410. alone [얼로운] **홀로, 혼자서, 고독한, 남의 힘을 빌리지 않고** = 욀오운 <**외로운**>
▲ ≪(g)al -o-ne≫ 갈ㅇ닉, 갈ㅇ놔 <**갈라-놔**>: 갈라놓아
↳ ≪(h)al -o-ne≫ 홀ㅇ닉, 홀ㄹ네 <**홀로-네!**>
갈라-놔, 갈라놓아. <**홀로, 혼자서, 고독한**> 삶을 살도록 집단에서 갈라놓아.

411. alienate [에일려네이트] **따돌리다, 멀리하다, 양도하다.** "갈라내 따돌리다"
▲ ≪(g)al-i-e~ na-te≫ **갈라**(갈리어·분할해), **골리어**(골라)~ **내다**(내보내다)
갈리어 내다. "**갈라내다**" 집단이 커져 분가시킬 때 일부 **재산**을 <**양도하다**>

412. **allele** [얼릴-] 대립 유전자, 대립형질 ◀ ≪(g)all-el~e≫ (따로) 갈릴-애(씨)

갈릴-애(씨). 갈려서 대립하는 애기-씨 <대립-유전자(애/씨), 대립형질>

┌【월(越) '빼어날' / 열(10) "손가락 열 개 모두"】
413. **all** [올-] 모든, 전부의·전체의, 온, 전(全), 한껏의, 할 수 있는 한의·최대[최고]의, 엄청난.
※ 손가락을 편 최대의 수 '열(10)'

↖ ≪(k)all≫ 클~ (크다) : 굴(굴-지의) : 걸(걸-출/ 걸-물)

열(10)은 손가락 <모든> 손가락을 <할 수 있는 한의, 최대의, 모두> 사용하다.
"월"은 월등함. <최고의, 엄청난> 능력을 가진 월등(越等)함.
"클~" 크다, 는 <최대의, 엄청난> 크기. "걸" 걸출하게 <엄청난> 능력.

414. **allay** [얼레이] (노염·불안 따위를)가라앉히다·(고통·슬픔 등을)누그러뜨리다 ·완화시키다.
= [all-a-y] (얼우어) 어루어 [어루만져] // 얼러 '어루만져·달래어'

↖ ≪(g)all-a-y≫ 갈이 ㅇ, 갈ㅇ <가라(~앉히다)> // <(아래로-)깔아>

얼우어. 어루어 "어루-" 만져 <고통·슬픔을>누그러뜨리다, 가라앉히다>

415. **alley** [앨리] 【영국】오솔길·좁은 길·샛길;【미국】뒷골목 =[all-ey] 올레(오솔-길)
416. **alleyway** [앨리웨이] 샛길, 골목길; (건물 사이의) 좁은 통로.
= [all-ey -way] 올레(오솔)~way(길) 'e'리로 가면 <사잇길, 샛길, 골목길>

↖ ≪(g)all-ey + way≫ 갈래(갈래이)~way(길) 갈래져 나간 <샛길, 골목길>

417. **allocate** [앨러케이트] 할당하다, 배분하다, 배정하다.

↖ ≪(g)all-o-ca-te≫ 갈라-가다 "갈라 나누어 가다, 배분하다"

418. **alligator** [앨리게이터] (칠한 것이)갈라지다 = [all~i-ga-] '찢길' 열(裂) -이-가다

↖ ≪(g)all-i -ga-tor≫ 갈래~가다 ➜ ≪(g)all-i-(zh)a-tor≫
갈라~ 깨다   갈라~지다(째다)

<열(裂)이 -가다>/<갈래-가다>, 는 균열이 간 현상 <(칠한 것이)갈라지다>
"갈라~깨다" 갈라져 깨짐은 <(칠한 것이)갈라지다>

419. **worm** [웜-] (금속·도자기 따위에) 금이 가다.

↖ ≪(g)or-m≫ 금(-가다) → ≪(h)or-m≫ 흠(흠집)

420. **allow** [얼라우] 주다, 지급하다. 값을 깎다. (깔아우)까라우!/까라! <값을 깎다>

↖ ≪(g)all-o -w≫ (갈아여) 갈라 여(갈라줘서) : (깔아우) 까라우! "값을 까라!"

421. **alms** [암-즈] 보시(布施), 의연금, (고어) 자선행위.

↖ ≪(g)alm-s≫ 감사(感謝), 감지(-덕지) <의연금>을 주니 감지-덕지 하다

422. **almost** [올: 모우스트] 거의~라고 할 수 있는, 거의.
= [al -mo-s-t] 알모 스다 "알맞으다!" (-에 적합하다·일치성)

↖ ≪(g)al -mo-s-t≫ 걸맞으다! (-에 적합하다·일치성)

알마스다 "알맞으다" <거의, 거의~라 할 수 있는> 정도.
걸마스다 "걸맞으다" <거의, 거의~라 할 수 있는> 정도.

423. **alpha** [앨퍼] 처음; 그리스 알파벳의 첫 글자 (Α, α; 로마자의 a에 해당)
= [al-pha] = 고어 [알퍼][알피]: 앞에 '처음'

---

424. **dead** [데드] **죽은**, (식물이)**말라 죽은**, 죽은 듯한, 무감각한, 신경이 없는,
활기[기력] 없는, 잠잠한, (빛깔이)산뜻하지 않은, **맑지 않은**, **탁한**,
= [dea-d] 딛드, 디다 ➔ ≪(zh)ea-d≫ 지드, **지다** "꽃이~지다"
<(국물이-)**되다**>: 맑지 않다, 탁한. ※고어참고[뎔]: 절

디다 → **지다**. 꽃이 지다 <(식물이)말라 죽은, 죽은, 죽은 듯한>
되다. 국물이 되다. 국물이 <맑지 않은, 탁한>

---

425. **ambi**-(접두사) '**양쪽**' 의 뜻 ⬅ ≪(g)am-bi~≫ **겸비**(兼備) '아울러 갖춤'
426. **amphi**-(접두사) '**양**(兩)~, 두 가지' ⬅ ≪(g)am-phi~≫ **겸비**(兼備)

"**겸비**(兼備)"는 <양쪽, 두 가지>를 모두 갖춘, 모두 겸비한 것.

---

427. **ambiguous** [앰비규어스] **애매**[모호]**한**, 분명치 않은, 두[여러] 가지 뜻으로 해석되는.
▶ ≪(g)am-bi~guous≫ **겸비**(양쪽에)~**끼어서** □ 양쪽에 끼어 이것 같기도 저것
같기도 해 <애매모호한>

---

428. **amalgamate** [어맬거메이트] (회사 등을) **합병[합동]하다.**
▶ ≪(g)am~ al-ga-ma-te≫ '아울러' **겸**(兼) + 옭아[**얽어**] **매다**
≪(g)am~≫ 영어 com(함께) : 고어[셋-**콤**]: 셋씩 '묶음'

"**겸**(양쪽)/ com(함께)~얼거(**얽어**) **매다**" 겸하여 둘을 얽어매니 <둘을 합병하다>

---

429. **bush** [부쉬] 더부룩한 **털**, 덤불, 수풀 = 부스, 붓ᄋ【털을 묶어 만든) **붓**】
▶ ≪bu -(k)≫ (보리)깜-'**부기**' [식물·풀] ※ '**Sh**'는 /**k**/에서 변화된 것!

부시 "**붓**-이" 붓글씨 쓰는 '**붓**'이 <더부룩한 털>로 만들어진다는 건 상식이다.
"**부시시**-" 헝클어진 머리는 <덤불, 수풀>과 같다.

---

430. **ambush** [앰부쉬] **숨어서 기다리다, 잠복하다**; 잠복, 매복 공격.
= [am-bush] '가릴' **엄**(掩) + bush (수풀)『숲에 숨어 몸을 **엄폐**하다(가리다)』
▶ ≪(g)am~ bush≫ **감**(감추다) + bush (수풀)『숲에 몸을 감추다』

가릴' **엄**(掩) -bush(수풀). 숲에 엄폐한 채 <숨어서 기다리다, 잠복하다, 잠복>
감(감추다) -bush(수풀). 숲에 몸을 감춘 채 <숨어서 기다리다, 잠복하다, 잠복>

---

431. **amend** [어멘드] **고치다, 수정하다.** ⬅ ≪(g)a-mend≫ **꿰맨다**(보수하다)

"**꿰-맨다**" 옷을 꿰맨다. 짚신을 꿰맨다. 옷을/짚신을 <고치다, 수정하다>

---

432. **ameliorate** [어밀-려레이트] **좋아지다, 고쳐지다.**
= [a-mel-i-or-a-te] 아물리ᄋ ᄋ드 <(상처 따위가) **아물리다**>
▶ ≪a-mel-i-or-(g)a-te≫ **아물리어~가다** ★

아물리ᄋ ᄋ트 "**아물리다**"는 상처가 아물다. 상처가 <좋아지다, 고쳐지다>
"**아물리어-가다**" <좋아지다, 고쳐지다>

---

433. **enchant** [엔찬: 트] -이 몹시 마음에 들다, 매혹하다. =【**괜찬타!** (마음에 들다)】
434. **amenity** [어메너티] (장소·기후의)**기분 좋음·쾌적함.** 쾌적한 설비[시설]; (교제상의) **예의.**
▶ ≪(g)a-men-i-ty≫ **그만이다**(썩 마음에 들고, 좋다!) "소풍장소론 딱 **그만이다!**"
가면(假面)~**이다!**『꾸며 차림·가식』

그만이다! 딱~그만이다!(좋다!). 소풍의 <장소/날씨/시설-로서-쾌적함, 기분 좋음>
가면(假面)**이다**. 꾸며 차린 **가면**은 <(교제상의) 예의>다.

435. amount [어마운트] (총계·금액이)~이 되다; 총계, 총액; (어느 상태에)이르다·되다.

▶ ≪(g)a-mo-un-t≫ 그만 둬! (이쯤에서 됐다, 이제 그만둬!)

▶ ≪(g)a-mo-un-t≫ 계(計)~모은다 // 꽤~ 많타! (많다)

"그만둬!" <(어느 상태에) 이르다, (어느 상태가) 되다> 이제 그만둬!
계(計)~모은다. 합계해 모으니 <총계, 총액, (총계·금액이)~이 되다>

---

436. fail [페일] 끝내 -하지 않고 말다, -을 이루지 못하다, -을 하지 못하다, **실패**하다, 실패,
모자라다, 딸리다, 동나다, 결핍되다, 없다, 낙제하다, 약해지다, 기대를 어기다.

▶ ≪fa -(h)il≫ 패(敗)할 "실패할"

↳ ≪(m)ail≫ 미일, 밀, 물 <말~>: 하다가 말, 하다가 그칠

패(敗)일~. 실패일. 패하여 <이루지 못하다, 하지 못하다, 실패하다, 실패>

---

437. bloom [블룸-] 꽃의 **만발, 만개, 활짝 핌,** 개화기, 한창때; 꽃; (볼의)도화색, 홍조.
꽃이 피다, 번영하다, 꽃이 피게 하다, 한창때이다, 화려하게 되다,

= [bl-oom] 블임, 블림 <**벌림~**>: 활짝 벌림, 만개 ※ blossom 참고!

블임, 브림, **보름**「보름 -달」

블임, **벌림.** 활짝 **벌림** <활짝 핌, 만개, 꽃이 피다, 꽃의 만발, 한창때>

---

438. ana [애너, 에이너, 아: 너] 각각 같은 양으로.

▶ ≪(g)an-a≫ 균여(均與) "균등하게, 균여하게 각각 같은 양으로 나눔"

---

439. ana-(접두사) 분리, 산산조각. ◀ ≪(g)an-(h)a≫ (끈ㅎ) 끊어~

▶ ≪(g)an-a≫ (끈ㅇ)끊어~ "산산조각으로 끊어져"

---

440. ancient [에인션트] 선조(先祖)·고대인, 노인; 옛날의, 고대의.

= [an-ci-en~t] 원시인(原始人) + 때(시기)

원시(原始)~ 연대(年代)『고대의』

"원시인-때" 는 <선조, 고대인, 노인> 들이 살던 <고대의, 옛날의> 때다.
"원시 연대" 는 <선조, 고대인, 노인> 들이 살던 <고대의, 옛날의> 연대다.

---

441. ancestor [앤세스터] 원종(原種)·원형(原型); 선조·조상.

= [an-ce~ s-tor] 원시(原始)~ **씨톨**(씨앗)『원종(原種)』

원시(原始)~ **씨**(氏)-들『선조』

"원시(原始) -**씨톨**"은 <원형(原型), 원종(原種)> 이고, <선조, 조상> 이다.

---

442. anchored [앵커-드] (당구공이) 서로 **가까이 있는,** 정박하고 있는.

= [an-kor-ed] 언(앵·엉)**키**으다『엉겨 · 붙다』

※ /n-k/ 연접에서 [ŋ] 소리 발생함!

언키으다 "엉키으다" <공이 서로 가까이 엉기어 있는>
<an-chor-ed> 안치으다 → "앉히다" 배를 주저앉혀 <정박하고 있는>

---

443. and [언드, 앤드] ①~와 _ ; 그리고, 또(또한)~ = 【연대(連帶)】
②『동시성을 나타내어』 (~와 동시에) 또,~하면서[하면서도].

"연대(連帶)" 둘(2) 이상의 연대(연결)이니 <~와 _ , 그리고, 또한>

---

444. but [벝, 버트] 『등위접속사』 그러나, 하지만, 그렇지만,
『종속접속사』 -을 **빼놓고는**[제외하고는], -외에는[-빼놓고는].

= [bu-t] 비 트 <**배타**(排他)>, <**빼다**>: 제외하다

445. angel [에인절] 천사, 수호신 = [an-gel] **연결**(連結) 하늘과 연결해주는 <천사>
= [an-(zh)el] **연줄** '신에게 통하는 끈': 언질(言質) '조언해주는 사자(使者)의 역할'
↖ ≪**(g)an-(zh)el**≫ '**간절**'히~빌면 <천사, 수호신> 이 나타나 도와준다. ※연줄(실)

446. angle [앵글] **낚시질**하다, 낚다.
↖ ≪**(g)an -gl-e**≫ **끈-걸어** "끈-걸어 낚시질하다(낚다)"

447. anility [어닐러티, 애닐러티] **늙어빠짐**. ※≪**(sh)a~ nil-(g)i-ty**≫
'**나이**' 세(歲)~ **늙어**다.
↖ ≪**a~ nil-(g)i-ty**≫ **아!~** (늘그다)**늙으다 : 아!~ 날 가다**(날이 가다)
아!~ 늘ㄱ다(늙으다) // 아!~ 날-가다. 날이 가다 <늙어빠짐> 이여!

448. animate [애너메이트] **기운을 돋우다, 생기를 주다**, 생명을 불어넣다, **움직이다**.
※ [메오다]: 메우다(채우다) ※ 목이-**메다**
↖ ≪**an-(g)i-ma-te**≫ **원기**(元氣) + **메다**(메우다·메이다) "원기를 채워주다"
원기(元氣) + 고어 [**뮈다**]: 움직이다 "원기 있게 움직이다"
"**원기**(元氣)~ **메우다**(채우다)" 목이~메듯, 원기로 가득 메이도록 원기를 가득 **채우다.**
<생기를 주다, 기운을 돋우다>
원기(元氣)~ 고어 [**뮈다**(움직이다)]. 원기가 있어 <**움직이다**>

449. animal [애너멀] (인간까지 포함시켜) **동물, 짐승**, (인간 이외의) 동물.
↖ ≪**an-(g)i-mal**≫ **원기**(元氣) + **물**(物) 『원기 있게 움직이는 만물』
↖ ≪**(k)aŋ-i~**≫ **쾡이/깽이** [살-쾡이, 놀-갱이 '노루', 토-깽이 '토끼'] + **물**(物)
↳ ≪**(sh)aŋ-i-mal**≫ **생이물** <생물(生物)>
원기(元氣)~ **물**(物). 원기가 있어 움직이는 만-**물**(物) 즉 <**동물, 짐승**>

450. notate [노우테이트] **기록하다, 적어두다** = [no-ta(h)-te] **노**(노끈)~(따ㅎ 다)**땋다**
= [no-ta~ te] **노트~ 대** 노트에 대고 <**적어두다**> "노끈(결승)문자"
"**노~따ㅎ 트(땋다)**" 노끈을 **땋**아 원시적 기록을 행한 결승문자에서 유래함 <**기록하다**>

451. anomaly [어노멀리] **편차**(偏差), 이형(異形), 이상, **변칙적**[예외적]인 것.
452. anomalous [어나멀러스] **이상한, 변칙의** = **안** ('부정')~**오물려**서 ※ 오믈리다 = 다믈리다
= [an~ o-mal-y] **안** ('부정') + **오물려** (아믈어·오므려) 『부정교합·편차』
※ 부정교합(不正咬合): 서로 딱 맞물리지 않는 증상
"**안**(부정 '否定')~**오믈려**(오므려·다믈어)" 이가 맞지 않아 안 오믈려짐은 <**편차**>가 있고
<**이형**(異形), 이상, 변칙적인 것> 이기 때문.

453. other [어더] **다른, 그 밖의. 나머지 사람**[것]. = [o-ther] **여타**(餘他) '나머지'
454. another [어나더] **또 다른 한 개**(한 사람); **다른 물건, 다른 사람. 또 하나**[한사람]의.
= [an-other] '사람' **인**(人)-other(**여타**) 여타(餘他)의 사람 <**또 다른 사람**>
↖ ≪**(g)an-other**≫ '물건' **건**(件)-other(여타 '餘他')
<'물건' **건**(件) -other(**여타**)> 여타의 물건 <**또 다른 한 개, 또 하나의**>

455. anti [앤티, 앤타이] (접두사) '**반대, 적대, 배척**' = [an-ti] **안 돼!** (반대·배척)
↖ ≪**(g)an-ti**≫ **관둬!** (그만둬!) 『배척·반대』 "**안돼**" 하며 <**반대, 배척**> 함.

456. ante -(접두사) '~의 **전의**,~보다 **앞의**' = [an-te] **안~ 때**(시간) // **원**(原)**때**
↖ ≪**(g)an-te**≫ (지나~) **간-때** 『과거』 ※ 현재기준의~ '**안 /밖**'의 때.
지나**간** 때는 '과거' <~전의.~보다 앞의> ↳ ≪**(zh)an-te**≫ '앞' **전**(前)~때

457. antecedent [앤터시-던트] 앞서는·선행(先行)의, (-보다)이전의; 선례·원형·전신·조상.

458. antecede [앤터시-드] (시간·공간·순위적으로)~에 선행[우선]하다.
= [an-te~ ce-de] '과거' 안 -때/ 원(原)때 + 꺼다·끼다(것이다) '방'
‣ ≪(g)an-te~ce-de≫ (지나~) 간 -때 『과거』 + 꺼다·끼다 '방'

"간=때-꺼다(것이다)" // 지나간 때 -시(時)다, 는 <-에 우선[선행]하다>

459. antedate [앤티데이트]~보다 먼저 발생하다. (시기적으로)~에 앞서다,
= [an-te~ da-te] 안-때('먼저') /원(原)때 -되다(발생)
‣ ≪(g)an-te~ da-te≫ (지나~) 간 -때 『과거』~ -되다(발생)

"안-때~되다" 는 <~보다 먼저 발생하다, 시기적으로~에 앞서다>

460. colon [코울런] 결장(結腸), (때로는) 대장 전체.
= [co-lon] 쿨 은, ㅋ 른 <꼬린(-내)>, <꼬랑(-내)>, <꾸렁(-내)> "똥-냄새"

"꼬린(-내)·꾸린(-내)" 는 똥-냄새! 똥은 <결장(結腸), 대장(大腸)>에서 만들어진다.

461. anus [에이너스] 항문(肛門)   ※ /n-k/연접에서 [ŋ 응] 발생.
‣ ≪an-(g)u~s≫ 응가(대변)/ 응아(대변) '소아어'~ 싸다(싸다)

은가/응아 -싸, "응가/응아 (똥)~싸" 는 <항문(肛門)>으로 싼다.

462. any [에니, (약하게) 어니] 어느[어떤]~도, 어느[어떤]~라도, 어느 정도의.
= [a -ny] 고어 [어ㄴ][어ㄴ][어늬][어누]: 어느 것·무엇·무슨·어떤

463. apace [어페이스] (문어) 급히·빨리 ◀ ≪(g)a-pa -ke≫ (숨-)가쁘게 /급(急)하게~
≪(g)a-pa-(sh)e≫ (숨이-)가빠서 /급(急)해서~

"가빠서~" 가빠서 숨을 몰아쉼은 <급히, 빨리> 내달렸기 때문이다.

464. appello (라) 빚을 갚도록 독촉하다, 청구하다, 법정에 호출하다 =【(갚팔아)갚아라!】

465. apology [어팔러쥐] 사죄, 사과, 변명. "손해를 갚아 사죄하고 사과하기"
‣ ≪(g)a-pol-o~≫ ㄱ 폴 ㅇ <(손해를)갚아라!>: 배상/변상 <사죄, 사과>하려거든
‣ ≪(g)a-pol~o-gy≫ (손해를) 갚알 ㅇ~게 『갚아라 하게!』 갚아라 하게!

---

ap-(접두사) = AD-(p 앞에서)   ※ 같은 자음이 겹쳐 하나는 발음이 생략되었다!

466. apparent [어패런트] 보이는, (눈에)또렷한, 명백한; 겉치레의.
= [ap- par-en-t] 앞(눈앞에) + 보인다! /(빈 인 ㅌ)빈다!
‣ ≪(g)a-t~par-en-t≫ 겉(겉) -보인다 / 벼른다 ※ [벼ᄅ다]: 겉을 꾸미다

"앞(눈앞에) -보인다/빈다" 앞에 보임은 <보이는, 눈에 또렷한, 명백한>
"앞(눈앞)-바른다" 눈에 드러난 앞만 바름은 <겉치레의>

---

ap-(접두사) = AD-(p 앞에서)   ※같은 자음이 겹쳐 하나는 발음이 생략되었다!

467. appose [어포우즈] (두 가지 것을) 병렬(竝列)하다; 옆에 두다, 붙이다.
= [ap-po~se] (옆페)옆에~ 세(세우다) // 옆-벗이 벗이 되라고 <옆에 두다>
‣ ≪(g)a-t~ po-se≫ 같의 /곁에~ 벗이 '벗 삼다·동료' / [붓]: 붙어
    ※고어 [붓좇다]: 붙어 좇다/[붓안다]: 붙어 안다

"옆(ap)페-세" 옆에 세워 <옆에 두다, 병렬하다>

415

ap-(접두사) = AD-(p 앞에서) ※ 같은 자음이 겹쳐 하나는 발음이 생략되었다!

468. approach [어프로우취]~에 가까이 가다·접근하다; 여자에게 **지근거림**.
= [ap- pro-a-ch] **옆~ 보채** / **옆**~ (프ㅇ처, 부처)**붙여**
▶ ≪(g)a -t~ pro-a-ch≫ 곁에 + 부처 <**붙여**> / **보채**(보채다)『지근거림』

"옆(ap)-부쳐(**붙여**)" 옆으로 붙어 <**가까이 가다, 접근하다**>
"옆(ap)-(프ㅇ체)**보채**" 옆에서 보채는 <**지근거림**>

469. apt [애프트] 차라리~하고 싶은 기분인. ╱ (영화를 보고 싶은 기분)
▶ ≪(g)a-p-t≫ 가푼 ㄷ, 까ㅂ다 <(~할)**까보다!**>: "영화를 볼-**까보다!**"

-arch [아: 치] '지배자·왕·군주'『왕·관료의 어휘』 = [ar-ch] (벼슬)**아치 ★**
▶ ≪ar-(k)≫ **악**(嶽) '제후(諸侯)/대신(大臣)' ➔ ≪ar-(h)≫ **어라하** (백제의 '왕칭')

아치. "벼슬-**아치**" 중의 으뜸은 <**왕, 군주**(君主), **지배자**>

470. arc [아: 크] 호(弧) '활'; **굽은 활 모양**(호형 弧形) = [ɑr-k] **욱**(旭) '돋는 해'
▶ ≪(g)ar-c≫ **곡**(曲) '굽다' 곡선처럼 굽은 <**활, 활모양**> ▶ ※ '**태양**' 기원어!
둥근 '**해**'에서 유래

⊙ **악!, 아크!** 소리 지르며 적들이 쓰러지는 것은 <**활, 활모양**>에서 날아온 화살 때문.

471. acrobat [애크러뱉] 곡예사. "거꾸로 매달려 잘 버티는 곡예사"
▶ ≪(g)a-cr -o~ ba-t≫ **거꾸로~ 버텨**
ㄱ크이, ㄱ이 <**곡예**(曲藝)> + **버텨**

472. archetype [아: 키타잎] 원형(原型), 전형(典型).
= [ar-che + type] '시초' **애초**~ 타입(type) 시초의 <**원형, 전형**>
▶ ≪(g)ar-che≫ **기초**(基礎) + type (형태)

473. arctic [악: 틱] 북극의, 북극 지방의, 북극 지방. "지구본의 꼭대기는 북극지방임"
▶ ≪(g)ar-c-ti-c≫ **꼭대기** 『윗 지방 북쪽 꼭대기』: ≪(g)ar-c~ ≫ **극**(極)

474. area [에어리어] 면적, 범위; 구역·지역,
▶ ≪(g)ar-e-a≫ **거리**(距離) : (발로-)**걸어**~ : **길이**(크기·면적)
※ **feet** = 피트 (약 30cm. 발길이에서 기인)

"**거리**(距離)" 발로 걸은 **거리**로 <**면적, 범위**>를 잰 후, <**구역, 지역**>으로 나눈다.

475. Areopagus [애리아퍼거스] **최고 법원**; 고대 아테네의 최고 재판소.
▶ ≪(g)ar-eo~ pa'**r**'-gu-s≫ **가리어~ 밝혀서** 『재판·판결』
▶ ≪(g)ar-eo~ pa-gu-s≫ **가리어~ 박아서**(확정해서)

"**가리어-박아서**" 잘잘못을 **가려내 박아** 확정하는 곳이 <**최고법원**> 이다.

476. arret 【프】(재판소의)**판결**, 결정·명령 ⬅ ≪(k)ar-re-t≫ (잘잘못을) **가리다**
『추상같은~』 ≪(sh)ar-re-t≫ '**서릿**'-발 같은 명령 ↲ □ 잘잘못을 **가려**주는 <**판결**>

477. aridity [어리더티] 빈약, 건조 = [ar-i-di~ ty] **야위**(여위)~ **대다** {빈약}
▶ ≪(g)ar-i-di~ty≫ **골아 대다**(골다) ▶ ≪ar-(g)i -di-ty≫ **열기**(熱氣)~대다.

야윈-대다, **골아**-대다. 야위고 비쩍 골더니 <**빈약**> 한 체형으로 바뀌었다.

열기(熱氣)~대다. 열기에 갖다 대었더니 <건조> 해져버린다.

---

478. arouse [어라우즈] (자는 사람을)**깨우다**, (아무를)**자극**하다. = [ar-ou-se] **일어서!**
'찌를-자(刺), 자극'
↟ ≪(g)ar-ou-se≫ (잠)**깨워서**, (잠)**깨워줘**~라고 하길래 <쿡쿡 찔러 자극하다>

일어서!, 라고 소리쳐 <**자는 사람을 깨우다, 쿡쿡 찔러 자극하다**>

---

479. aristo-'최적(最適)의, 최상위의, 귀족(제)의' **가려낸**(골라낸) <최적의, 최상위의> 것
↟ ≪(g)ar-i~ s-to≫ **가려**(뽑아) **쓰다 //** **골라~ 쓰다** 『선발』

---

480. grade [그레이드] (달걀 등을) **골라 가려내다. 등급을 매기다.**
= [gr-a-de] **고르다**(선별), **가르다**(분리), **가래다**(선별)'방'/ **걸러다**(걸러내 선별하다)
↟ ≪(k)r-a-de≫ → ≪(ch)r-a-de≫ **추리다**(추려내다)

가래다, 가르다, 여럿 중에서 "**고르다**" <**가려 골라내다, 등급을 매기다**>

---

481. elite [에일리-트, 일리-트] **선발된** 것·선발된 사람·소수정예 = [el-i-te] **일으다 <일다>**
↟ ≪(g)el-i-te≫ **걸러다, 골르다** "걸러내 선발된 소수정예" (쌀을)**일다**

---

482. olig(o) (프) 소수의 ⬅ ≪(g)ol-i-go≫ **골라가**(골라서) / **골리가**(골라서)~ '방'
여럿 중에서 골라낸 <**소수의**>

---

483. armature [아: 머츄어] (군함 등의)**장갑판**(裝甲板), 보호 기관(껍질 등); (고어)**갑옷·갑주**
↟ ≪(g)ar-ma~tur-e≫ **감아~대어**/ 둘러 두른 것이<**장갑판, 보호기관, 갑주**>

---

484. armor,【영국】**armour** [아: 머] **갑주를 입히다, 장갑하다**; (전깃줄의) **외장**(外裝);
방비·갑옷·갑주·장갑
↟ ≪(g)ar-mor≫ **감아~** 감아서 <**장갑하다, 갑주/갑옷/장갑/외장/방비**> 하다.

---

485. capsule [캡슐] **덧씌운 박**(箔), **피막**(被膜);~로 **싸다.** = [cap-sule] **껍질**
□ "**껍질**은 피막(被膜)/덧싼 박(箔)이다. ~로 싸다" '껍질' **갑**(甲) + **씌울**

---

486. around [어라운드] **빙**(둘러싸다 따위), **주위**에[를], **주변에·근처에** ※【□ : 에운 담】
= [ar-oun-d] **에운다**(에워싸다) : (눈앞에) **어른**-거리다 『근처에』
= [ar-oun-] 이은 <원(圓)> '빙 둘러' ↟ ≪(g)ar-oun-d≫ (발에)**걸린다**
ㄱ r 은, 근 <**권**(捲)>: 둥글게 말다

"**에운다**" 는 <빙 둘러싸다, 주위에, 주위를> 둘러싸다.
"**어른다**" **어른**-거리다, 는 <주위에, 주변에, 근처에> 얼쩡거린다는 뜻.

---

487. round [라운드] **원**(圓), **구**(球); **원형의 것**. 한 바퀴, 순환; 순회, 연속, 되풀이; 윤무(輪舞)
고리, 둥근, 원형의; 한 바퀴 도는; 부근에, 둘레로, -을 돌아서, 빙, 사방에;
↟ ≪(g)r-oun-d≫ 그r은 ㄷ, 근 ㄷ <**구른다**>: 도는 모양 / <**권**(捲)>: 둥글게 말다
↳ ≪(w)r-oun-d≫ **에운다**(에워싸다) // 이은 ㄷ <**원**(圓)>
↳ <roun-d>: **륜**(輪) '바퀴' ※(참고) □ = 에운담-부(部) ※write 참고

"**구른다**" 는 <원(圓), 원형의 것, 구(球), 둥근> 물건이라서 잘 **구른다.**

---

ar-(접두사) = AD-(**r** 앞에서의)
488. arrange [어레인쥐] **가지런히 하다**, (머리를) **매만지다, 정리하다.**
↟ ≪(k)ar-ran-ge≫ (머리)**칼** [론 기]**넘겨 ★** <머리를 매만지다>
↟ ≪(g)a-d + ran-ge≫ **걷어 + 론 겨**(넘겨) <가지런히 하다>
↳ ≪(g)a-(zh) + ran-ge≫ **가지린케**(가지런하게) 『정렬·배열』

489. tardy [타: 디] 늦은, 더딘, 느린; 지각. = [tar-dy] 더디·더뎌~

490. tardigrade [타: 더그레이드] (걸음이) 느린 (동물); [동물] 완보류(緩步類)
= [tar-di- gr-a-de] 더디(느리게)~ **걸으다** "더디 걸어 걸음이 느린"

---

491. arrest [어레스트] 체포·구류·저지; 구속[체포]하다·막다·저지하다; (눈·주의 등을)끌다.
= [ar-re- s-t] **오라** + **쓰다** [씌우다] : '오랏'줄 <체포하다>
↖《(g)arr-e -s-t》 **가려**~ **서다** '막아서다' : **구류**(拘留)~ **사다**(살다)
끄으시다 <끄시다(끌다)> '**방**' 『끌다·끌고 가다』

가려-서다. 막아~서다 <막다, 저지하다; 정지/저지/체포/구속> 하기 위해서.

---

492. arrive [어라이브] 도착[도래]하다, 닿다; 성공하다.
↗ 이 ㄹ 붓 > 이르ㅇ <이르(-다)>: 도착: <이루어(이루다)> 「성공하다」
= [arr-i -ve] **이루어** **봐** <성공하다> // **이르러**~ **봐** <도착하다>
↖《(g)arr-i-ve》 **걸어**(걷다) + **봐!**(보아) "걷다보면 도착한다, 닿다"

---

493. write [라이트] 글을 쓰다, 기록하다 ← 《(g)-ri-te》 (상형문자를)**그리다**

494. art [아: 트] **미술**(美術), 예술; (잡지·신문의)**삽화**; 기교·솜씨; 기초과목.
↖《(g)ar-t》 (그림)**그리다** : (상형문자)**그리다** 『학문』

"그리다" 그림은 <미술, 예술> 이기도 하지만 삼형문자를 "그리다" 에서 유래했기에
글쓰기를 익히는 <기초과목> 의 뜻도 가진다.

-ary (접미사) '~의 장소, -하는 사람' 의 뜻.
= [ar-y] **이 이**(이 사람) ← 《(g)ar-y》 **그 이**(그 사람) : **가**(家) [작가, 화가]
↖《ar-(g)》 **여기**(이곳) / **여게** '**방**': ↖《(g)ar-(g)》 **거기**(그곳)

"이이/그이"는 사람이니 <-하는 사람> "여기/거기"는 장소 <-의 장소>

---

495. aslant [어슬랜트] 비스듬하게·**기울어져** = [a-sl-(h)an~] **아슬**(아슬아슬)-**한**
↗《(h)a-sl-(h)an》 **허술한** '기울어질 듯'
↖《(g)a-sl-an-t》 (눈에)**거슬린다** <비스듬히, 기울어져> 걸린 그림이 눈에 **거슬린다**

---

496. austere [오-스티어] **가혹한**, 엄(격)한, 준엄한; 꾸미지 않은, 내핍의, 금욕적인,
↖《(g)au-s-ter-e》 '**가죽**' **[갓]** + **때려** "가죽으로 때려" <가혹한, 엄한>
※ '**갓**'바치(가죽 장인) '가죽' **[갓]** + **대로** "가죽인 채 그대로 거칠어 **금욕적인** 복장"

어시[아주·매우] '**방**'~ **때려**. 아주 세게[많이] 때릴 정도로 <가혹한, 엄한>

---

497. asphyxiate [애스픽시에이트] **질식시키다**, 질식 상태로 되다 ※ '**s**'는 <as> 참고!
↖《(g)a-s-phy + xi-a-te》 것피 **[거피]** '껍질' + **씌우다**
□ 가빠지도록 씌워 <질식시키다> ㅈ ㅍ <(숨이)**가빠** + **씌우다**

---

498. espy [에스파이] **정찰**하다. 관찰하다 = [e-s-py] **엿봐** 엿보아 <정찰하다>
↖《(g)es~ py》 **곁**~ **봐** 곁눈질로 힐끔힐끔 보며 정찰/관찰하다

---

as-(접두사) = AD-(s 앞에서) ↗ 발음기호 [어사: 이] **어세**(억세) '**방**'

499. assai [어사: 이] 【이태리】[음악] 대단히·극히 ← 《(g)a-d~ sai》 **굳세**~
= [a-s~ sai] **어시**(아주·매우) '**방**'~ **세**[세다] <아주, 대단히> 세다.
↖《(g)a-s~ sai》 **거세**(억세)~ **세**[세다]

---

500. assay [애세이] **시험하다, 시도하다, 평가**하다(evaluate); **(고어)** 시도·시음·시식,
(어려운 일을) **꾀**하다.
※발음 [애세이]= **애**(애를)~ **써** {애써 어려운 일을 꾀하다}
= [a-s~say] **'방' 아시**(첫) + **써**(사용해) 처음으로 써 보고 <시험·평가·시도하다>
애써~ 시(試) 애써 <어려운 일을 **시도**(꾀해보다)>
➤ ≪(g)a-s~ say≫ **갓**(이제 막)/ **개시**(開始) + **써**(사용·써 보아)

---

501. assisto (라) **곁에 서 있다**, 옆에 서다, 옆에서 **거들다**·도와주다, 참석하다.
as-(접두사) = AD-(s 앞에서)
502. assist [어시스트] **거들다, 돕다** = [a-s~ si + s-t] **앗시**(품-**앗이**)~ **서다**
➤ ≪(g)a-t~si-s-to≫ **곁에/같이~ 서시다** 서로 품앗이 서서 거들다. 돕다.

---

503. aster [애스터] **'소**(小)~, 덜된~, 엉터리~'** 따위 경멸의 뜻(접미사).
= [a-s -ter] **'앳'~되어** 『어려·미숙해~』 ➤ ≪(g)a-s -ter≫ **갓**(이제 막) **되어**

"**앳되어**-" 는 미숙하여 <덜 된, 작은> **갓**(막) 되어서 <덜 된, 작은>

---

504. asthma [애즈머, 애스머] **천식**(喘息) **'숨 쉴 때 헐떡거리고 기침이 나는 증상'**
➤ ≪(g)a-s -th-ma≫ **깃즈/깃츠 + 마 → 깃츰ㅇ** ⇒ **[기츰]:** 기침 ※ 폐음절화
≪(g)a-(w)-th-ma≫ **기ㅇ즈/기ㅇ츠 + 마 → 기츰ㅇ** → **[기츰]:** 기침

깃씀아, 깃츰아 "기침이-" 나는 것은 <천식(喘息)> 때문이다.

---

505. asunder [어선더] **산산이 흩어져, 조각조각으로, 서로 떨어져서, 따로따로.**
=[a-sun-der] **이산**(離散)~**타!** ⌐→ **깨진다**(산산이 흩어진다)
➤ ≪(g)a-sun-der≫ **괴산**(壞散)**타!** "무너져 흩어져 산산이 흩어져"

이산(離散)**타!** 이산가족처럼 <서로 떨어져, 따로따로, 산산이 흩어져>

---

506. at (전치사) ①「위치·지점」**~에,~에서.~으로**(부터). ②「시점·시기·연령」**~에,~때**에
③「행동·종사」**~을 하고 있는,~에 종사**하여.
④「방향·목적·목표」**~을 노리어,~을 향해,~을 목표로.** = [a-t] **에다**(장소)
➤ ≪(g)a-t≫~**께다**(에다) **'방'**『지점·방향』 : (-에)**가다**『방향』: 그때『시점』
get(얻다)『목적』: **기대**(期待)『목적』: **카다** (-을 하다) **'방'**

※ **at** (전치사) = **그때**(때에), **가다**(위치·방향·지점·목표), -**카다**(-하다·직책·종사)

---

507. ate [에이트, 에트] (접미사) **'~의 특징을 갖는, (특징으로서)~을 갖는'**
➤ ≪(g)a-te≫~**같애!**(같아!) "동일·유사.~특징" "꽃-**같애!**, 나무-**같애!**"

-atory (접미사) ① '**~의 경향**이 있는,~**적**(的)'의 뜻의 형용사를 만듦. <어디에>
② '**~하는 장소**'의 뜻의 명사 = [a-tor-y] **어드럭 이 [어드러]:** 어디로
➤ ≪(g)a-tor-y≫ **가타여(-같아여!) '방'** 학자 **같아여,** 지(知)**적**인~ <~**적**(的)>

"**어디에**?" / 고어 **[어드러], "어디로**-" 라는 <~하는 장소>

---

508. athletic [애쓸레틱] **운동**의·체육의, 운동가와 같은·운동을 잘하는, **완력이 센·체력**□ 있는.
509. athlete [애쓸리-트] **강건한**[정력적인·활발한] 사람, 운동가. "완력을 뽐내다"
➤ ≪(g)a-thl-e-te≫ **거들ㅇ대** <**거들대**> '거들'먹 대는 <체력 좋은 사람, 운동가>

---

510. athwart [어쓰워-트] (~에) **거슬러서,~뜻에 반**(反)**하여.**
➤ ≪(g)a-th-war-t≫ **거쓰ㅇr다** <**거르르다**>, <**거슬다**>

419

511. **atonable** [어토우너블] 갚을 수 있는 ※ 원형적 어의: 동일한 것으로 갚음(보상함)

512. **atone** [어토운] 보상하다, 벌충하다; 속죄하다. ← ≪(g)a-to-ne≫ 가트-내 '같으네!'
  ↗ ≪(g)a-ton-(g)e≫ ㄱ 튼거 "**같은~거**(것)" 같은 것으로 <**벌충하다, 보상하다**>

---

513. **atrophia** [어트로우피어] 위축증(症)

514. **atrophy** [애트러피] **위축**(萎縮), 감퇴, 쇠퇴, 위축시키다[하다].
  ↗ ≪(sh)a-tr-o≫ 시들어~
  ↖ ≪(k)a-tr-o~≫ **겨**(기어)~**들어-피** 움츠려들어 피하니 <**위축/쇠퇴/감퇴**>

---

515. **withdraw** [위드로-] **거두다**, 철수하다, 철회[회수]하다, (손 따위를)움츠리다.
  ↖ ≪(g)i-th~ dr-a-w≫ **거둬**(걷어)~ 들이어·**들어** "**거두다, 철수하다**"
   ↳ ≪(h)i-th~ dr-a-w≫ 후퇴(後退)~ 들여(들이어)

---

516. **tack** [택] 부가하다, 덧붙이다 = **덕** (덕지덕지, 더덕더덕)// **떡~**처럼 <**덧붙이다**>
   ↳ [tæ -(w) -**k**] 대으 기 <(-에)**대기** '부착하기' 대기, 덧대어 <**덧붙이다**>

---

517. **attache** [애터쉐이] 【프】(대사 ·공사의) **수행원**. ↗ **사**(使) '사자'/ **수**(隨) '수행'
  ※ 'ch'는 /k/의 변형 ※ [~ʃéi] (마당)**쇠**, (돌)**쇠**
  ↖ ≪(g)a-t~ ta-(k)≫ **곁~대기**(待機) 곁에 대기 중인 <**수행원**>
  ↖ ≪(g)at -ta-che≫ 곁테(**곁에**)~**쇠** "마당-**쇠**/돌-**쇠**처럼 **곁**에 대기 중인 **수행원**"

---

at (접두사) = **AD**-(t 앞에서의 변형) ↗ [a-t~tend] **어디**(어디에)~**든다** <**출석하다**>
518. **attend** [어텐드] -에 **출석하다**, 동행[동반]하다·수행하다, 섬기다·시중들다, 보살피다.
  ↖ ※ 발음기호로... ≪(g)ə-tén-d≫ **거든다** (거들다)『**시중들다**』
  ↖ ≪(g)a-t~ ten-d≫ **곁에~ 든다** □ 곁에 들어 <**시중들다**>
    God (신의 무리·사제그룹에) + **든다**『**출석, 수행, 섬기다**』

※ 'at-'의 '**신**(God)'적 의미요소는 <adore><address><admit><administer> 참고!
※ **신**(神)을 모시는 **사제**가 수행하는 전반적 업무!
  God(신의 무리)~**든다**(들어가다), 는 <-에 출석하다, 섬기다, 시중들다, 수행하다>

---

519. **attack** [어택] **공격**[습격]하다; (병이)**침범하다**; (정력적으로)착수하다.
  (왕성하게) 하기 시작하다; 개시·착수·공격·습격·발병·발작
        ※ 발음기호로~ [ə -tǽk] **어뜩**(빨리)
  = [a-t-tack] **얻뜩/ 어뜩**(얼른 후다닥) '**방**' ★해치우려고 <**왕성하게 하기 시작하다**>
  ↗ ≪(h)a-t-tack≫ **홋딱, 후딱** (얼른 후다닥·일제히·왕성하게)
  ↖ ≪(g)a-t-tack≫ 끈떡/**끄떡**(-없다!) = "**공격**이 (-없다!)"고, 문제없다고 장담함.
   '**방**' **까딱**(끄떡)-없다!

깐딱, 끈떡 "**끄떡**" 없다, 함은 <공격/습격/발병, 공격하다, 습격하다> 가 없다.

---

at (접두사) = **AD**-(t 앞에서의 변형)
520. **attain** [어테인] (명성·부귀 따위)**얻다, 손에 넣다**·이루다, (장소·위치에) **이르다·도달하다**,
  (목적을) **달성하다**.
           ※ 승리를 거두다!
  = [a-d~ tain] **얻어**(획득)~**든** // **어디 -댄** ↖ ≪(g)a-t~tain≫ **거두어 든**[쥔]
  ↖ ≪a-t~ ta-(h)in≫ **어디** /-에다 + (다흔)**닿은**『**도달**』

어디(at)~다은 /댄(tain). 차를/배를 어디에 댄 것은 <(위치에) 이르다, 도달하다>
어더 "**얻어**(at)-**든**" 얻어서 손에 든다 함은 <손에 넣다, (목적을)달성하다>

521. **attaint** [어테인트] [법률]~의 사권(私權) 박탈을 선고하다, **(고어)** 명예를 더럽히다.
> ⟪(g)a-t~ tain-t⟫ 고어 [갇] '갓(벼슬) + 떼인다 / 뗀다 (떼어내다)

고어[갇](gat) 즉 "갓~떼인다" 함은 <명예를 더럽히다>
고어[갇](gat), 벼슬의 상징물인 '갓'을 "갓~뗀다" 함은 <권리박탈을 선고하다>

522. **tempt** [템프트]~의 마음을 끌다, 유혹하다; (고어) 해보다, (시어) 위험을 **무릅쓰다.**
= [tem-p-t] 덤비다 /'방' 뎀비다(덤비다) "위험을 무릅쓰고 덤벼들어 해보다"

덤비다. <-의 마음을 끌다, 유혹하다> 불나방처럼 마구 **덤벼**드는구나!

523. **attempt** [어템프트] 시도·기도; [법률] 미수; 도전하다; 시도하다·꾀하다.
(인명 등을) 뺏고자 시도하다 [보통, '미수'에 그친 경우]
> ⟪(g)at~ tem-p-t⟫ 겉~ 덤비다[뎀비다]

"겉~덤비다" 덤벼들지만 결과 없이 그친 <미수 행위> 그럼에도 <시도하다>

524. **attire** [어타이어] 의복, 옷차림새, 복장; (문어)차려 입히다. "겉치레엔 **복장**이 필수"
> ⟪(g)a-t~tir-e⟫ → ⟪(g)a-t~(ch)ir-e⟫ 겉치레 / 겉=차려

525. **tire** [타이어-] (여자의) 머리쓰개, 머리 장식; 꾸미다; (고어)차려 입다; (고어) 옷, 의상.
= [tir-e] 족 -'두리'(여자의 머리 장식, 머리쓰개) → ⟪(ch)ir-e⟫ 치레

526. **attenuate** [어테뉴에이트] 가늘게 하다·얇게 하다·얇아지다·줄다·덜다; 묽게 하다.
> ⟪(g)a-t~ te-nu-a-te⟫ 겉(겉을)/ [근]: 끊어 + 떼 내으다 {얇게 하다}
> ⟪a-t~ te -nu-(h)a-te⟫ -에다 + 탈 넣다[너타] "(묽게)타다"

"겉-떼내으다" 겉부분을 떼 내어 <얇게 하다, 가늘게 하다, 줄다>

"-에다(at)~ 탈-너으다"~에다 탈 넣으니 <묽어지다, 묽게 하다>

---

at (접두사) = AD-(t 앞에서의 변형)

527. **attribute** [어트리뷰-트] (~에) 돌리다, (~의)탓으로 하다,~의 행위로[출처로] 하다.
= [a-t~ tr-i-bu-te]~에다 + 돌리뿌다(돌려버리다) '방'
> ⟪(g)a-d~ tr-i-bu-te⟫ God(신에게) + 돌리뿌다(돌려버리다) '방'
> 같트 r ♀ 부텨 <갖다 붙여->★ ※「못 되면 조상/신(God)~탓!」

-에다(at)~돌리-뿌다[버리다 '방'] <-에 돌리다, -탓으로 하다, -의 출처로 하다>

같(gat)트아~붙여. 갖다 붙여 <-에 돌리다, -탓으로 하다, -의 출처로 하다>

528. **trend** [트렌드] 경향·추세·풍조·유행 양식; 방향·기울기; 향하다·기울다
= [tr-en-d] 따른다 『추종』// (술)따른다! 술병 기울여 따르니 <기울다>
> ⟪tr-(g)en-d⟫ 따라 간다 『추종』

따른다, 함은 <경향/유행/추세/풍조> 를 따라 <기울다, 기울기>

529. **attrition** [어트리션] 마찰·마멸·마손, 소모. ※(참고) 고어 [댜ㄹ 다]: 짧다
530. **attrite** [어트라이트] 마멸한 ← ⟪(g)a-t~ tr-(g)i-te⟫ 겉(외피)~달그다(닳다) '방'
> ↳⟪(g)a-t~tr-(h)i-te⟫ 겉(외피)~들 ㅎ다 "닳으다"
> 겉(gat) -닳으다. 겉이 닳아 없어지도록 <닳은, 마멸한> (닳다)

531. tune [튜-운] 곡, 곡조, 멜로디, 장단; 올바른 가락, 음의 고저, 성조(聲調); 조화·일치
　　　　　(악기를)조율하다, 조음하다; 일치[조화]시키다. (고어)노래하다·뜯다·불다·연주하다.
　　　┌ ※[n-k 연접]에서 [ŋ]이 발생함!
　　▶《tun-(g)e》(악기)튄겨 / (악기)튕겨·퉁겨『뜯다』 : 댱구('장구'?)
　　　　　　통(統) '통일성·일치' ; 통(通)/동(同) '서로 통하거나, 같음'

퉁격 "퉁겨" 악기를 퉁겨 <연주하다, 조율하다, 곡조/멜로디/가락/장단>을 맞추다.
"퉁겨" <곡조, 장단>을 모르면 퉁기지를 마라! 둥! 북에 맞춰 행동을 <일치시키다>

---

532. attune [어튜-운] (음악) 가락을 맞추다·조율하다; (마음·이야기 등을) 맞추다.
　　▶《(g)a-t~ tun-(g)e》 같(같게)~ (악기)튄겨 / 튕겨·퉁겨 "조율·조음"

같(gat)/ 같도록~ 퉁격(튄겨) <가락을 맞추다, 조율하다>

---

533. ought [오-트] (틀림없이)~할 것이다,~임에 틀림없다.
　　　　　　　　　　　　　　　　　　~할 것이다!
　　▶《(g)ou -(h)-t》 (거흐 튼)~할 꺼다 : ~일 꺼다 /끼다 '방' =~일 것이다!

거흐타, 거으다 <꺼다> -할 꺼다! /-일 꺼다! <(틀림없이)~할 것이다, (틀림없이)~일 것이다>

---

534. august [오-거스트] 당당한, 존엄한. 고개 세우고 다녀도 좋을 만큼 당당한 지위.
　　↳《au-(zh)u~ s~ t》 ㅇ즛스닷, ㅇ줏ㅇ듯 <의젓하다!>: 당당하다
　　▶《(g)au-gu~ s -t》 고개~ 서다(세우다)★ "면목이 서다, 당당하다"

---

535. aura [오-러] 향기·방향(芳香); (발산하는)기운. (주위를 감싸고 있는) 분위기, 느낌
　　= [aur -a] '우러'나옴 (우러나오는 기운) / (기운이-)어리어
　　　　▶《(k)aur-a》코로 '냄새기관' / (기운이-)끼어 / 기(氣) '기운·공기·분위기'

우러. 우러나오는 것은 <분위기, 느낌, (물체에서 발산하는)기운>
'코'로-. 코로 느껴지는 것은 <향기, 방향(芳香)>

---

536. out-[아웉] (접두사) 바깥(쪽)에, 떨어져:~보다 훌륭하여,~을 넘어서, 능가하여.
　　　　▶《(g)out》 겉(외피·바깥) : '끝'내-주다 {훌륭하다} : 끝 (멀리 떨어진)

"끝"은 <(멀리)떨어져> 끝에 있거나 <끝내주게 훌륭하여>

---

537. auspice [오-스피스] (새점(占)에 의한) 전조, (특히) 길조.
　　▶《(g)a-u-s~ pi-ce》 (새털)깃~ 빼서(뽑아 새-점 치기) : 깃뻐서(기뻐서) '길조'

"(새털)깃~ 빼서(뽑아)" 깃을 빼 새-점을 치니 <전조>가 보인다.

---

538. augur [오-거] (고대 로마) 복점관(卜占官);「일반적」점쟁이, 예언자
539. augur [오-거] 예고하다, 예언하다, 점치다, 전조가 되다.
　　= [a-u-gur] 예고(豫告) / 예기(豫期) / 야기(惹起) '발생'『전조』

---

autarkic, -kical (경제적) 자급자족의, 경제 자립(自立) 정책의.
540. autarky [오-타· 키] (국가의) 경제적 자급자족, 경제 자립 정책, 경제 자립 국가.
　　= [au-tar-ky] 오뚜기(넘어져도 잘 일어나는) 《(g)au-tar-ky》 고독(孤獨)-이
　　　　　　　　　우뚝이 "우뚝 서는 자립국가"

오뚜기~처럼 넘어져도 일어서는, 독립심 강한 <자립국가, 경제자립 정책>

---

541. auxo- [옥서] '생장·증대'의 뜻의 결합사 = 방언【억시-/ 억수 -로(많이·매우)】
　　　▶《(g)auxo》 국수[면]// 곡수(곡식) '방' 밀알 심어 포기 거둔 곡식의 <생장·증대>

"국수" 결혼 잔칫날 국수 먹는 이유는 자손을 낳아 무럭무럭 <생장·증대>를 바라기 때문!

542. auxin [옥-신] 옥신 (식물 성장 물질의 총칭)
　　　　「‹식물 성장물질의 총칭› 으로 손색이 없다
　　▶《(g)aux~ in》 곡신(穀神) '곡식을 자라게 해 주는 신'

---

543. available [어베일러블] 이용할 수 있는, 쓸모 있는, [법률] 유효한.
544. avail [어베일] 이익, 효용, 효력.
　　　　「《(sh)a -vail》 써(사용)~볼 "써볼만한-"
　　▶《(k)a -vail》 개발(開發): '개뿔'도 없다！ ‹이익, 쓸모› 라곤 하나도 없다！

　개발(開發),을 함은 ‹효용성, 이익› 을 증가시키기 위함이다.

---

545. avert [어버-트] 피하다, 비키다, (눈·얼굴 따위를) 돌리다. 가버리다 ‹피하다›
　　▶《(g)a-ver-t》 기피(忌避)~타！ : 가=버리다！ = 가뿌다 '방' : 거부(拒否)타！
　　　↳《(h)a-ver-t》 회피(回避)~타！ 거부하듯 ‹(눈길·얼굴을)돌리다›

---

546. aversive [어버-시브] 혐오의 정을 나타낸, 기피하는.
　　▶《(g)a-ver-si-ve》 가버려~씨바！ 없는 게 차라리 나아！ ‹혐오의 정을 나타낸›

---

547. aviculture = 조류 사육　　　※ culture = 재배, 경작, 사육.
548. aviform [에이(애)버폼] '새'모양을 한, 새 모양의 ※ form = 형태·모양
　　▶《(g)a-vi~》 고어 [가]비야온): 가벼운 '새(조류)처럼~ 날아오르기 쉬운 성질'
　　　↳《(g)a-(m)i~》 가미(かみ) '신(神)'『태양조 등 '새'로 표상된 神』

　"가비-모양(form)" 가벼-운-모양은 가장 가벼운 ‹새(조류) 모양의, 새 모양을 한›

---

549. aviform '새 모양의' // **Aves** [에이비: 즈] 조류(鳥類)~ =《(g)a-ve~》 = [가]비압다]
550. aviate [애비에이트] 비행하다.　※‹**a-vi**~› = over(위로/위에/위에서)
　　▶《(g)a-vi~ a-te》 가벼 ㅇ 트 ※고어 [가]비압다]: 가볍다 ※ '압다' 접사
　　□ 가벼 -우니 ‹비행하다›에 적합함.

---

551. avulsion 무리하게 떼어놓음[벗겨 냄], 잡아 뗀 부분, (조직의) 박리(剝離), 적출(摘出)
552. avulse [어벌스] (조직을) 벗겨 내다.
　　▶《(g)a-vul-se》 까~벌셔(벌려·떼어내) '방' 『까-벌려』까 벌려 ‹벗겨내다›

---

553. separate [세퍼레이트] 잘라 떼어 놓다·분리[구별]하다, 별거시키다. 이탈하다.
　　　= [se-par-a-te] 새(사이)~ 벌리다 / 새버리다 ⌒ 별거(別居)타！
　　▶《se-par-(g)a-te》 새(사이)~ 벌기다(벌리다) '방'

　새(사이)~벌리다. ‹사이를 떼어 놓다, 갈라놓다, 분리하다›

　새버리다. 대열에서 새버리다. ‹이탈하다›

---

554. avow [어바우] 자백하다.　◀ /w/는 **[ga, go]** 등의 변화 형태임！
　　《(g)a-vo-w》　　※ avouch 참고！
　　▶《(g)a-vo -[ga]》 고백(告白)이 ※ 'bow'의 고어 ‹boga› 참고！
　　　　↳《(zh)a-vo-ga》 자백(自白)이, 자복(自服)이.

　"고백(告白)이" 는 고백하다, ‹자백하다›

---

555. awake [어웨이크] (잠에서)깨우다, 눈뜨게 하다; 각성시키다, 깨닫게 하다, 깨닫다.
　　　　　　(기억·의구·호기심 따위)불러일으키다, 깨어나다·각성[자각]하다.
　　　= [a-wa-ke] 의구(疑懼)심 / 의욕(意慾) '욕구'
　　▶《(g)a-wa-ke》 (잠)깨우기 ★ / 기억(記憶)이 / 교육(教育)이
　　　↳《(g)a-wa-(ch)e》 깨우쳐 교육이 사람을 ‹각성시키다, 깨닫게 하다›

깨우기. 잠을 <깨우다, 눈뜨게 하다> 기억이. 기억나도록 <불러일으키다>

---

556. aware [어웨어] 「서술적」깨닫고, 의식하고, 알고; (~에 대한) 의식[인식]이 있는.
  ↖ ≪(g)a-war-e≫ **깨이어**~『의식이 깨어 있는』// **고의**(故意)**로**~『알고서』★

"고의(故意)로"는 <의식하고, 알고, -에 대한 의식이 있는> 상태.
"깨이어" 의식이 깨어 있어 <깨닫고, 의식하고, 알고> 있는 상태.

---

557. award [어워-드] 심사, 판정; (심사해)상을 주다; 상(賞)·수상(授賞)·상품, 상금.
  ↖ ≪(g)a-war-d≫ (ㄱ ㅇ 르다) **가르다·고르다**『심사·판정』// **겨루다**『경쟁하다』

가을르다 "가르다"는 잘한 사람 못한 사람 <심사/판정>을 해 <상, 상을 주다, 상금>
"겨루다" 경쟁하여 겨루니 <심사/판정>을 해 <상, 상을 주다, 상품>

---

558. or [오-, (약하게) 어] 혹은, 또는,~ 또는 -. 「선택의 상황」
  ↖ ≪(g)or≫ **고르**다 『선택·선별』 "-혹은~, 중에서 고르-다"『선택』

---

559. away [어웨이] 옆에, 옆으로, 떨어져서, 멀리; 사라져. 가에 <옆에, 옆으로 떨어져서>
  ↖ ≪(g)a-wa-y≫ **가에**(옆에, 떨어져서) // **'방' 가여**(가서) <멀리, 사라져> 가서-

---

560. afar [어파-] 멀리, 아득히 ← ≪(g)a-far≫ (멀리)**가버려**~ "가버려 멀리"

---

561. e (산업 단체에 주는) 표창기(旗), 선급(船級) 제2등급. = 【**이**(二)】'2등급'
  ↖ ≪(g)e≫ **기**(旗) '깃발' 「표창으로 주는 기(旗)」 ※ flag(깃발) 참고!

---

562. ear [이어] (보리 등의)이삭, (옥수수의)열매 =【**열**~ (열다)】 <열매, 이삭> 열다
  ↖ ≪(g)ear≫ **결**(結) '열매 맺다': 과(果): **개**떡(보리-떡): 과(稞) '보리·알곡식', '결실'

---

563. effete [에피-트] 지친, 쇠약해진, 맥 빠진, 활력을 잃은, 정력이 다한[빠진]
  = [e-ffe-te] **에비다**(여위다) '방' ↖ ≪(g)e-ffe-te≫ **기**(기운) **빼다**

"에비다"는 '야위다'의 방언 <야윈, 쇠약해진, 지친>
"기(기운) 빼다" 기가, 기운이 빠지니 <맥 빠진, 쇠약해진, 활력을 잃은>

---

564. ecdysis [엑더시스] (뱀 따위의)허물벗기, 탈피 ← ≪(g)e-c~ dy -si~s≫
  □ 각질[껍질]을 떼셔서 <허물벗기, 탈피> '껍질' **각**(殼)~ **떼셔서**(떼어서)

---

565. echinate [에커네이트] 가시가 있는 ← ≪(g)e-(k)i-nate≫ ※ acicula 참고!
  ≪(g)e-(sh)i-nate≫ '**가시**' **나다**(내다) ↵ <가시가 있는>

---

566. educate [에쥬케이트] 교육하다; 기르다·훈련하다, (동물)길들이다. 계도해 <교육하다>
  ↖ ≪(g)e-du~ ca-te≫ → ≪(g)e-du~(h)a-te≫ **계도**(啓導) **하다** ★
  ※ ca~te = **카다**(하다) '방'   가두ㅋ다 <**가두으다**> "가둬 길들임"

가두-**카다**[하다 '방'] 즉 "**가두으다**"는 <(동물을)가두어 길들이다, 기르다>

---

567. egress [이-그레스] 밖으로 나가다; (우주선으로부터) 탈출하다.
  = [e-gr-e-ss] '밖' **외**(外)-**걸어서** "외부로, 밖으로 걸어서 나가다"

---

568. tardigrade [타: 더그레이드] 느린 (동물) = 【**더디**~ **걸으다**】

---

569. eject [이젝트] 몰아내다, 쫓아내다, 배척하다.
= [e-jec-t] **외적**(外敵)**타**! "외적 타도! 외적을 몰아내다, 쫓아내다"

---

570. eke [익-] (고어·방언) **크게** 하다, 더하다 = [e-ke] 익 키, 익 ㅇ <**익**(益)> '더할'
□ **익**, 다다익선, 많을수록 이익이라 <**더하다**>
↖ ≪(k)e-ke≫ **크게**~ <**크게** 하다, 더하다>

---

571. elect [일렉트] **뽑다, 선택하다.** = [el-e-(h)-t] 일어ㅎ 드 <(쌀을)**일다**> '선별'
↖ ≪(g)el-e-c-t≫ → ≪(g)el-e-(h)-t≫ 길이ㅎ다 <**걸러다**>/<**골르다**> "**뽑다**"
골라가다 ※ '-ct, -ck' 형에서의 'C'는 대개 /h/로 약화된다!
□ 좋은 것을 골라 가 <**선택하다, 뽑다**>

걸러 가다. 많은 것들 중 **걸러**서 가져가니 <**선택하다, 뽑다**>

---

572. collect [컬렉트] 수집하다, 모으다, 모이다.
= [coll-e-c-t] **골라**~ **카다**(하다 '**방**') → 골라ㅎ다 <**골르다**> '**방**' ※ 개음절!
= [coll -e-c-t] **골라~가다** 필요한 것만 **골라 가** <**수집하다, 모으다**>

---

573. elevate [엘러베이트] (들어)**올리다, 높이다, 승진시키다.** ※ 들어올리는 엘리베이트.
= [el-e~ vate] **올려**/ '**방**' **울로**(위로)~**빼다**
↖ ≪(g)el -e-vate≫ **골라**/**걸러**(선발)~**빼다** 걸러, 선발해 빼내어 <**승진시키다**>

'**방**' **울로**(위로)/**올려~ 빼다.** 위로 올려 빼내어 <**높이다, (들어)올리다**>

---

574. emanate [에머네이트] (냄새·빛·소리·증기·열 따위) **나다.** "김이 나다, 증기 나다"
↖ ≪(g)e-ma~ nate≫ '**김**'**의~ 나다** // **기미**(幾微)「냄새·소리」~ **나다**

---

575. encourage [엔커-리쥐] **격려하다, 용기를 돋우다; 권하다.**
↖ ≪(g)en-cour -a-ge≫ '**간**(담력)' -**키우기**(기르기)★ <**용기를 돋우다**>
≪(g)en-cour -(h)a-ge≫ **권고**(勸告) -**하기** <**권하다**>

---

576. energy [에너쥐] **힘, 정력, 원기, 활기. 기/기운~내기** <**힘, 원기, 활기**>를 내다.
↖ ≪(g)e-ner-gy≫ **기**(기운) + **나기**(내기) /(나오기): (부하를-)**거느리기**

"**거느리기**" 부하를 많이 거느림은 <**힘, 정력, 원기**>가 넘치기 때문.

---

577. engage [엔게이쥐] **계약하다·관계하다; 마음을 끌다; 연동하다·(톱니를) 맞물리□ 하다.**
※ **연계**(連繫) '잇대어 묶다(매다)'
= [en -ga~ ge] **인기**(引氣) -**끈**[끌어]// **엉기기** // **연계**(連繫)~ **키**[하기]
↖ ≪(g)en-ga~ ge≫ **관계**(關係)~ **키**[하기] ☑ <engird> 참고!

인기-끄(끄다). 인기를 끈다는 것은 <**마음을 끌다**>
연계(連繫)**키.** 서로 연계되어 있어 <**연동하다, 관계하다**>

---

578. enlarge [엔라-쥐] (고어) **방면하다**(release)
↖ ≪(g)en-lar-ge≫ **끈 -놔저**(놓아줘) '**방**' 묶인 끈을 놓아줘 <**방면하다**>

---

579. enjoin [엔조인] (순종 따위를) **요구하다, 강요하다.** =【**인종**(忍從)】
↖ ≪(g)en-join≫ '**끈**'-**조인**(죄다) 끈을 묶어 조인 채 <**순종을 강요하다**>

425

580. join [조인] 결합[연결·동맹]하다, (결혼 따위로) 아무를 맺어 주다 =【(끈)조인~】
=【조인(調印)】 조인-식을 열어 <동맹/연결/결합~하다>

581. enormous [이노-머스] 거대한·막대한·매우 큰. 나누어주고도 꽤 남아
➤ ≪(g)e-norm-ous≫ 꽤(많이·상당히)~ 남아서 <거대한, 막대한, 매우 큰>

582. enough [이너프] 충분, 충분한 양·수, 많음; 상당히, 꽤. 꽤나 퍼주고도 남는
➤ ≪(g)e-nou-gh[흐]≫ 꽤나(많이도·퍽도) // 꽤나~퍼 <상당히, 충분한 양>

583. rich [리취] 기름진·기름기가 많은·비옥한·부유한 ◀ ≪ri -(k)≫ 느끼(니끼) '기름진'
※ large 참고! = 넉넉(낙나) -히
'ch'는 /k/의 변형. <ri -'k'> 리끼, 니끼('방') "느끼"함은 <기름진, 기름기가 많은>

584. enrich [엔리취] 부유하게 만들다, 유복하게 하다; 넉넉하게 하다.
➤ ≪en-ri-(k)≫ (인리키, 은 르 키) 안락(安樂) -히 『유복하고 편안하게』
'ch'는 /k/의 변형. <en-ri -'k'> 안락(安樂)히~ 지닐 만큼 <부유하게 만들다>

585. ens [엔즈] 존재(자), 유(有) ◀ ≪(g)en-z≫ 건재(健在) → ≪(zh)en-z≫ 존재
건재함은 잘 있음이니 <존재, 유(有)> 와 상통한다.   (存在)

586. enshroud [엔스라우드] 덮다, 가리다 「⟶ 건사/간수~하다 (가려 숨기다·보관하다)
➤ ≪(g)en-shr-ou-d≫ 건(巾) '헝겊' + 씌우다 <덮다, 가리다>

587. enswathe [엔스와드] 싸다, 감다.
➤ ≪(g)en -s-wa-the≫ 건(巾) '헝겊'~ 씌우다 /싸다 <싸다, 감다>

588. enthrone [엔쓰로운] 왕위에 앉히다, 즉위시키다.
➤ ≪(g)en-thr-one≫ 관(冠)~ 씌운 왕관을 씌운 대관식 <왕위에 앉히다>

589. crown [크라운] 왕관, 왕권, 지배권 = [cr-own] 관(冠)/ 관(官)/ 권(權) '권세·권리'
관(冠)은 왕관 <왕관, 왕권, 지배권> 을 의미. 규원-사화(史話) ★

590. ensue [엔수-] 계속해서[잇따라] 일어나다 = [en-sue] 연쇄(連鎖)
"연쇄(連鎖)" 연쇄적으로 <잇따라 일어나다, 계속해서 일어나다>

wind [와인드] 감기어 붙다, 휘감기다. ※ ㅁ = 에운-담, 부(部)
591. enwind [인와인드]~에 감기다, 얽히다 ◀ ≪en-(g)ind≫ (감겨)엉긴다
➤ ≪(g)en-(g)ind≫ 간긴다 <감긴다>   엔긴다(얽혀 안긴다)
※(참고) 고어 [근초다]: 감추다   "엉긴다"는 감겨 <얽히다, 감기어 붙다>

592. epi- (접두사) 그 위,~의 위. ◀ ≪(g)e-pi≫ 겹이(겹겹이 위에 포갬)
= [e-pi] 이피, 이비 <예배(禮拜)> ※ 'over' 참고 「하늘 위에 예배를~」
"겹이~" 겹겹-이 포갬은 <그 위에,~의 위> 에 계속 포갠다.

593. escort [에스코-트] 호송하다, 파트너[상대] 노릇을 하다.
= [e-s-cort] 고어 [잇그다]: 이끌다 ※ 폐음절로 된 경우임!
고어 [잇그다], 이끄다, 이끌어 <파트너로서 이끌어 주다, 호송하다>

594. etiquette [에티켙] 에티켓, 예절, 예법, 예의(禮儀).
= [e- ti-que-tte] **예(禮)** + (디키다)**지키다** ※ 구개음화 d(t) → zh

"예(禮)~디키다" 예를 지키다 <예절, 예의, 예법>을 지키다!

-ette (접미사) 작은·모조(模造)·집단 = [et-te] **앳-되어** 어리고 크기도 <작은>
↖≪(g)et-te≫ **갤티**, **갈티** <같애 (같은 '모조')> // <**갯떼**(개떼같이-)>

갤티 "**갯떼**" 같이 몰려드는 <집단>

595. etymology [에터말러쥐] 어원, 어원학, 어원론.
= [e-ty-mol-o-gy] **예(옛)-때-'말'의~기(記)** '기록'
↖≪(g)e-ty-mol-o-gy≫ **고대(古代)-'말'의~기(記)**

"**예(옛)때/고대(古代)~ '말'의-기(記)**" 고대 말에 관한 기록은 <어원학, 어원(語源)>

596. Euphrosyne [유-프라서니-]【그리스신화】**기쁨의 여신** (Graces의 한 여신).
↖≪(g)eu -phr-o-syne≫ **기뻐~ 여신(女神) / 기뻐-의~신(神)**

597. euphoria [유-포-리어] 행복감. [심리학] 도취(증).
↖≪(g)eu -phor-ia **기뻐~여**(이야!) 기뻐 '이야!'하고 소리칠 만큼의 **행복감**

598. eureka [유어리-커] (그리스) 알았다, 됐다! → ≪e-ur-e-(ch)a≫ 올으치**!**, 옳지!
= (요러케)**요렇게** 된 거구나! (바로 그렇지!)
※ 아르키메데스가 왕관의 순금도를 재는 방법을 발견했을 때에 지른 소리.
↖≪(g)e-ur-e-ka≫ **그러케**(그렇게!): **그래가!** (그렇게 되어 가지고/그랬구나!) '방'
↳≪(g)e-ur-e-(ch)a≫ **그러치!** (옳지, 바로 그렇지!) ★

요러케(요렇게~)!. **요렇게** 된 거구나! <알았다!>
그러케(그렇게~)!. **그렇게** 된 거구나! <알았다!>

599. euroky [유어로우키] 광범한 환경변화에도 생존 가능한 성질(광환경성)
↖≪eur-o-ky **여러~ 기**(여기·저기) '장소' "여러 여기저기서 생존 가능한 성질"
↖≪(g)eur-o-ky≫ **기러기** [철새]

"**기러기**"처럼 살기 좋은 곳을 골라 이동하는 <광범한 환경변화에도 생존 가능한 성질>

600. uruya (아이누어) 가지가지 ◀ ≪(g)ur-u-(g)a≫ **개개**(個個) '여러 낱낱'
↖≪ur-u- (g)a≫ **여러-개(個)** ↳≪(g)ur-u-(zh)a≫ **가지**(가지가지)

601. vacate [베이케이트, 버~] (짐 따위를) 비우다, 물러나다, 떠나가다 =**【비키다】**
602. evacuate [이배큐에이트] (집 등에서) 물러나다; 피난시키다. ※ 수메르 e = '집'
↖≪(g)e~ va-cuate≫ **가(家) '집'** + **비키다** : ≪~ va-(w)uate≫ **비우다**

'밖' 외(外)~**비키다**. 밖으로 비키니 <집에서 물러나다, 피난시키다>

603. gray [그레이] **흐린, 어두운**, 어스레한, 어두컴컴한, 회색의, 잿빛의, 창백한, 어스레한 빛,
= [gr-a-y] 그r이이, 그리이, 구리 **<꾸려~>**: 흐려 꾸린 날씨 <흐린, 어두운>날씨
↳≪(h)r-a-y≫ **흐려** ◀ ≪(h)r-a-(g)≫ **흑(黑)** '어두울'

604. evirate [에버레이트, 이-브~] **거세하다** ◀ ≪(g)e-vir-a-te≫ (불알)**까버리다**
"**까버리다**" 불알을 까버림은 <거세하다>

605. evolve [이발브] 개발하다, 발전시키다 ← ≪(g)e-vol~≫ 개발(開發)

➤ ≪(g)e-vol-ve≫ **개발비**(開發費) 개발비로 <개발하다, 발전시키다>

---

606. exact [이그잭트] 가혹한, 엄격한.

➤ ≪(g)ex-ac-t≫ **극악**(極惡)**타**! 극악하다 싶을 정도의 **가혹한, 엄격한** 처리

---

607. exfoliate [엑스포올리에이트] **벗기다**, 박리시키다.

※ "고기를~ 뼈 **발라**(벗겨내·뜯어내) 먹다"

➤ ≪(g)ex~ fol -i-a-t≫ **각**(殼) '껍질' + **발르**ㅇ**다**(발르다·벗기다) **'방'**

➤ ≪(g)ex~ fol-(g)i-a-t≫ **각**(殼) '껍질' + **발기다**(발르다·벗기다) **'방'**

'껍질' **각**(殼)**-발르**ㅇ**다**(발라내다·벗기다), 껍질을 발라내 <벗기다>

---

608. excoriate [익스코-리에이트] **껍질**을 **벗기다**, (피부)**까진·벗겨진.**

= [(g)ex~ cor-i-a-te] '껍질' **각**(殼)~ **까이다**(까지다) "껍질이 까지다"

➤ ≪(g)ex~ cor-(g)i-a-te≫ **각**(殼) '껍질' + **긁으다**(긁어내다)/ **깎으다**

↳ ≪~ cor-(zh)i-a-te≫~ **까지다**

<'껍질' **각**(殼)**-까이으다**> 껍질~ 까이다 <껍질이 까진, 벗겨진>

---

609. bark [바: 크] 나무껍질을 **벗기다**; 나무껍질로 **덮다** = [bar-k] **버껴**-(벗겨) **'방'**

'**벗길**' 박(剝) / 복(服) '옷·덮다'

610. debark [디바: 크] 껍질을 **벗기다** =[de-bar-k] **떼어**~**'방' 버껴**(벗겨)/ **박**(剝) '벗길'

"**떼어**~ **버껴**(벗겨 **'방'**)" 떼 내어 벗기다. <껍질을 벗기다>

---

611. eye [아이] (바늘의) **귀**, (감자 따위의) 싹, 눈, **눈동자**, 시력, 보는 눈[관찰력]**.**

※ **바늘귀** = 눈동자처럼 동그란 모양

➤ ≪(k)e-ye≫ **귀**(바늘-귀)**에** → ≪(sh)e-ye≫ **시야**(視野)

"**귀에**" <바늘의 귀>에 <눈, 눈동자>를 대고 실을 꿰니 <시력>이 좋다!

---

612. eyesore [아이소-] 눈의 아픔 = [eye~ sor-e] 눈(eye)~ **쓰려** "쓰려 아픔"

---

613. icon, **ikon**, **eikon** [아이칸, 아이콘] 성상(聖像), 우상; (회화·조각의) 상.

➤ ≪(g)i-con≫ ㄱ큰 <(성상을·조각을) **깎은**> ★ 깎은 것은<조각상, 성상, 우상>

---

614. imam, imaum **이맘**(모스크에서의 집단예배의 지도자), 이슬람 사회에서의 **지도자**.

➤ ≪im-(g)am≫ **임금**(-님) ※ 종교 지도자(수장)에서 기원한 어휘인 듯!

"**임금**" 이란 말은 <이슬람사회에서의 예배 지도자>와 밀접한 **어휘**인 듯.

---

615. image [이미지]~의 **상**을 **그리다**; 문채(文彩), 말의 **꾸민** 표현(은유 등), **상**(像), 성상(聖像), 모습**.**

➤ ≪(g)i-ma-ge≫ **꾸미기** / **끼미기**(꾸미기) **'방'** : **끼미지!**[꾸미지] **'방'**

≪(g)i-ma + ge≫ **가미**(かみ) '신'~ **기**(記)『신(神)의 상(象)을 그린 **그림** 기록』

≪(g)i-ma + ge'r'≫ 가미(かみ) '신'~ **그려** 『신(神)의 상(象)을 그리다』

※ <i-ma> 혹은 <i-mi>는 신(神)의 뜻인 <가미(かみ)>/<곰, 검> 이다!

"**끼미지!/꾸미지!**" <말의 꾸민 표현, 문채(文彩)>

사원(寺院)을 **꾸미기** 위해 <**상**(像)·**성상**(聖像)·**모습**>을 배치하다**.**

616. **immunity** [이뮤-너티] (책임·의무·소추의) 면제; 면역, 면역성.
- ≪i-m-mun-(h)i-ty≫ '책임' 임(任) + 면(免)하다
- ≪(g)im-mun-i-ty≫ 감면(減免)~**이다** <책임/의무의 면제> 다!

617. **impair** [임페어] (완전히 상실할 정도로 힘·질·가치 따위를) 해치다, 손상하다.
- ≪(h)im-pair≫ 힘-**빼어** "힘을 빼 의욕/힘/질-을 손상하다, 해치다"
- ≪(g)im-pair≫ 김-**빼어** "김을 빼 의욕/힘/질-을 손상하다, 해치다"

618. **impoverish** [임파버리쉬] 허약[무력]하게 만들다.
- ≪(g)im-po-ver-i-sh≫ 김-**빼버려서** "무력하게, 허약하게 만들다"
- ≪(h)im-po-ver-i-sh≫ 힘-**빼버려서** "무력하게, 허약하게 만들다"

619. **impotence** [임퍼턴스] 무력·무기력·허약 김 빠진 모양새는 <무기력, 무력, 허약>
- ≪(g)im-po-ten [(zh)en]~≫ 김~(빠딘) **빠진-거**(것) '방'
- ≪(h)im-po-ten [(zh)en]~≫ 힘~(빠딘) **빠진-새**(모양새)

620. **imbrue, em**-[임브루-] [엠브루-] (손을/칼을)더럽히다, 물들이다 =【염(染)~**배어**】
- ≪(g)im-br-ue≫ '칼' 검(劍)-**버려** 검(劍)을 버려 <칼(검)을 더럽히다>

'물들일' 염(染)~ 배어. 염색물이 배어 <물들이다>

621. **agreement** [어그리-먼트] 동의·승낙·협정·협약, 합치·부합·일치·호응
- ≪(g)a -gr-ee~ment≫ **기꺼이**~ 멘다! 기꺼이 <동의/승낙, 협정/협약>을 맨다.
  가까이-면대(面對) <합치/일치>하니 서로 **가까이** 대면한다.

622. **inception** [인셉션] 처음, 시작, 개시.
623. **incept** [인셉트] (고어)시작하다 =【연습(練習)**타!**】
- ≪(g)in-cept≫ 견습(見習)**타!** '보고 배우다' 연습/견습으로 무엇을 시작하다

※(음운참고) 고어 [근 초다]: 감추다
624. **incept** [인셉트] (생물) 섭취하다 ≪(k)in-(sh)ep-t≫ 끈(끊어)~ **씹다**
- ≪(k)in-ce-p-t≫ ➡ ≪(sh)in-ce-p-t≫ 슨키붓 드 "삼키우다" <삼키다>

끈 -씹다. 끊어 씹음, 은 음식을 <섭취하다> 의 동작이다.

625. **include** [인클루-드] 넣다, 포함시키다, 포함하다. = [in-cl-u-de] 안(내부)~**끌어다**
- ≪(g)in-cl-u-de≫ 큰글이 드 <**깡그리-다**(모두 포함)>/ **걍-끌어다**~ "넣다"

안(안으로)~ 끌어다. 안으로 끌어다 <넣다, 포함시키다, 포함하다>

626. **corporate** [코-퍼레이트] (고어) 결합한·통일된, 단체의·집합적인·공동의.
= [cor-por~] 가부(동업) '방'
- ≪cor-por-(g)a-te≫ 꽈=**배기-다**『결합해 꼰 것』: 꽈(꼬아)-**포개다!**
  └ ≪(w)or-por-a-te≫ **어불리다**(함께 어울리다·함께-하다) '방'

"꽈배기~다" 꽈배기는 두 가닥 이상 <결합한, 집합적인> 꼬기의 형태.

627. **incur** [인커-]~에 부딪치다, (위해-)당하다, (빚-)지다, (손해-)입다, (분노·위험을)초래하다.
= [in-cur] **인고**(忍苦)   신고(辛苦)   ┌ 손해(損害)
- ≪(k)in-cur≫ **곤고** → ≪(sh)in-cur≫ 손괴(損壞) //≪(sh)in-(h)ur≫

인고(忍苦)의 세월 <~에 **부딪치고**, (손해)**입고**, (위해)**당하고**, (빚)**지고**> 하는 세월.
곤고(困苦)의 세월 <~에 **부딪치고**, (손해)**입고**, (위해)**당하고**, (빚)**지고**> 하는 세월.

628.　indwell [인드웰] (~의)**안에 살다·내재**(內在)**하다**, (정신이)**깃들이다** =【**안**(안에)**~들**】
　　　▶≪in-d-(g)ell≫ **안**(안으로)~ **드갈**(들어갈) '**방**' 『~안에 들어가다』

"**안**(안에)**~들**" 안에 들어 있음은 <**내재하다**>
"**안**(안에)**~드갈**[들어갈]" 때에는 <(~의)**안에 살다**> 가 목적이다.

629.　inert [이너-트] **둔한**, 활발하지 못한, 생기가 없는, 활동력이 없는.
　　　▶≪(g)i-ner-t≫ **꽤**(많이·제법)~**느리다** → ≪(sh)i-ner~≫ **시나**(-브로) '**천천히**'

꽤(많이·제법)~**느리다**. <**둔한**> 모습.

※ '占': 중국음 [zhan 짠]

630.　infer [인퍼-] **추론**[추찰]**하다·추리**[추단]**하다**, 암시하다 ≪(zh)in-fer≫**점**(占)~**봐**(보아)
　　　▶≪(k)in-fer≫ '하늘·괘' **건**(乾)~**봐**(보아)/ **간파** →≪(sh)in-fer≫ **신**(神)~**봐**(보아)

'하늘' **건**(乾)~**봐**(보아). 하늘을 보아 점쳐 <**추리**[추론·추찰]**하다**, 암시하다>
간파. 간파함은 <**추리하다**, 추론하다, 추단하다> 로 단번에 알아냄.

631.　ingenious [인지-녀스] **창의력이 풍부한**·(발명품 등)**독창적인**· (폐어)**머리 좋은·천재의**.
　　　= [in-ge-ni-ous] **인재**(人才)~ **나서!** : ≪(ch)in-(zh)e~≫ **천재**(天才)~**나서!**
　　　　　'**사람**' **인**(人)-**지내서**(지어내서)!

인(人)~ **지내어서**(지어내어서). 사람이 무언가 지어냄은 <**창의력이 풍부한**> 머리 때문.

632.　ingle [잉걸] **화롯불**, 화로(火爐) =【**잉걸-불**】: 다 타지 아니한, 화톳불로 쓰는 숯불
'**잉걸**'불, 은 화톳불로 쓰는 숯불이니 <**화롯불**> 과 같은 뜻이다.

633.　innate [이네이트] (성질 따위) **타고난**, 선천적인, 내재적(內在的)**인**, 생득의.
　　　= [in-na-te] '근원' **원**(元) + **나다**
　　　▶≪(k)in-na-te≫ '하늘' **건**(乾)[하늘에서] + **내다**
　　　　　↳ ≪(sh)in-na-te≫ **선**(先) '선천적으로'~ **나다**(내다·내리다)

원(元)-**나다**. 원래 타고난 것은 <**타고난**, 선천적인, 생득의, 내재적인> 것.
'하늘' **건**(乾)-**내다**. 하늘이 낸 것은 <**타고난**, 선천적인, 생득의> 것이다.

634.　inmost [인모우스트] **맨 안쪽의**.　// ut**most** 「out의 최상급」**맨 끝의**, 가장 먼.
　　　= [in-mos~] **안**~ [밋] '**가장**' :　　　▶≪(g)ut-mos~≫ **끝** + [밋] '**가장**'
　　　　　　　　　　　　　　　　　　　　　　　※ mos = 마수(첫) '**방**'

안~ [밋] '**가장**' ⇒ 가장 '**안**'이니 <**맨 안쪽의**>
끝~ [밋] '**가장**' ⇒ 가장 '**끝**'이니 <**맨 끝의**, 가장 먼>

635.　input [인푸트] **투입·투입량·입력**　// out**put** [아웃푸트] 배출, 산출.
　　　= [in-pu-t] **안**(안으로)~ **퍼다** [퍼넣다]　　　▶≪(g)out-put≫ **겉**(밖)-**퍼다**
　　　　　겉(밖)-**빼다**

안(안으로)~ **퍼다**. 안으로 **퍼다** 넣으니 <**투입**, 투입량, 입력>
겉(겉으로)~ **퍼다**. 겉(밖)으로 **퍼다** 내니 <**배출**, 산출>

636.　inosculate [인아스큘레일] (섬유 따위가) **결합하다**, **결합시키다**, 합체하다, 혼합하다**.**
　　　▶≪(g)in-o-s-cul-a-te≫ **끈**~ **엇걸으다** 끈을 서로 엇걸어 <**결합시키다**>

637. inseminate [인세머네이트] (씨앗을) 뿌리다, (마음에) **심다**.
  ▸ ≪in -sem -i-na-te≫ **안**(안에) + **심어** + **너타**(넣다) '방'
  * ≪~ sem-(g)i-≫ 고어 [심거]: 심어 / [심구다]:심다

안(안으로)~ **심어-너타**[넣다]. <마음 안에 심다, 씨앗을 뿌리다>

638. hang [행] **목매달다, 교수형에 처하다, 매달다, 걸다**, 늘어뜨리다, 교수형에 처해지다,
    매달리다, 늘어지다, 걸리다, 허공에 뜨다. **속력**[움직임] 등의 **느려짐**, 둔해짐.
    ※ hang up = 매달다 ;「수동태」-의 진행을 늦추다, 지체시키다.
  = <**형**(刑)>: 형벌 // <**항**(抗)>: 저항, 항력(抗力), 들다, 들어 올리다.

형(刑). 형벌로서 <목매달다, 교수형에 처하다, 매달다, 걸다>
항(抗). 항거/저항하여 <교수형에 처해지다, 교수형에 처하다, 목매달다>
'**항**(抗)',은 항력, 저항-력(力)이니 <**속력**[움직임] 등의 느려짐, 둔해짐>을 야기함.

639. institute [인스터튜-트] **임명하다·취임시키다, 성직을 수여하다**, (제도·습관을)**만들다**,
    (정부/기관을)**설립하다**. 『서임(敍任) 언어』
  ▸ ≪(k)in-s-ti~tu-te≫ **큰-소도**(蘇塗)[종교성지]~ **두다** ★『기관을 설립하다』
      큰-사도(使徒)/**사또**(원님)~ **되다**!『임명하다·취임하다』

큰~수도(首都)/**소도**[성지]-**두다**. 종교적 성지인 큰 소도를 두어 <기관을 설립하다>
큰~사도(使徒)-**되다**. 사도 중에 큰 사도, 성직자가 되니 <성직을 수여하다, 임명하다>

640. install [인스톨-] **임명하다, 자리에 앉히다, 취임시키다**, 장치하다·설치하다.
  ▸ ≪(g)in-s-tall≫ **관**(官)/**관**(冠) + **쓰**(씌워)~ **달**(부착) 『서임(敍任)언어』

관(冠)~**쓰**(쓰다)~**달**(달다). 관을 쓰게 달아줌은 <임명하다, 취임시키다>

641. insure [인슈어] (아무를 위험 등에서)**지키다**·안전하게 하다, 책임 맡다, 확실히 하다,
    보험을 **인수하다**[맡다]. =【인수(引受)】
  ▸ ≪(g)in-sur-e≫ **간수**(看守) "**지킴**" / <**보험**을 **인수하다**> 로 책임을 맡다
      간수가 죄수를 지키다 ▸ ≪(g)in-sur-(h)e≫ **간수**(看守)~**해** / '방' **건사**~**해** "**지켜**"

642. social [소우셜] **사회적인·사회생활을 하는·사교적인**.
  = [so-ci-al] (스킬) **섞일~** / **사귈~** ※ 알파벳 'c'는 본디 /k/음이다.
    ≪so-ci -(h)al≫ **사교**(社交)**할~**

"**사귈~**" 사귈 친구가 많을수록 <사교적인, 사회생활을 하는> 사람이다.
"**섞일~**" <사회적인, 사회생활을 하는> 사람은 이런 저런 사람과 **섞일** 기회가 많다.

643. intromit [인트러밑] (고어)**들어가게 하다, 삽입하다**. 안으로 들여 밀어 <삽입하다>
  = [in-tr-o -mit] **안**(안으로)~ **들여 미다**(밀다)

644. intrude [인트루-드] **밀고 들어가다, 밀어 넣다, 침입하다**.
  = [in-tr-u-de] **안**(안으로)~**들오다** / 틀으 드 **뚫으다** 안으로 뚫어 <침입하다>
  = [in-tr-(g)u-de] **안**(안으로)~ **드가다**(들어가다) '방'
    └ ≪in-tr-(h)u-de≫ **안**(안으로)~ **뚫으다**(뚫다)

안(안으로)~ **드가다**(들어가다 '방') <밀고 들어가다, 침입하다, 밀어 넣다>

645. invoke [인보우크] (신에게 도움 따위를)**기원하다·빌다**, (악마 따위)주문으로 불러내다.
    ≪(sh)in~ vo'r'-ke≫ **신**(神)~ **부르기**/ **빌기**/ **바라기**
        /**신**(神)-**복**(福)『신에게 복을 빌다』
  ▸ ≪(k)in-vo-ke≫ '하늘' **건**(乾)~**복**(福)-**이** 하늘이 주는 복을 받고자 <**빌다**>
      큰~복(福)-**이** ↘ ≪(g)in-vo-(w)e≫ 근ㅂ익 <건배>

431

'사람' 인(人)~복(福). 사람이 복을 받기를 원하는 행위 <빌다, (신에게)기원하다>

---

646. iso- [아이소우, 아이서] '같은, 유사한' 의 뜻의 결합사 = [i-so] 유사(類似)

---

647. isolate [아이설레이트, 이-] 격리된 것·격리 집단, 고립시키다·격리하다, 분리시키다.
= 【외】(외따로)~살리다】 외따로 살도록 함은 <고립시키다, 격리하다, 격리 집단>
➤ ≪(g)i~ sol-ate≫ 고(孤)~ 살으다 「고독하게/고립되어~ 살다」
➤ ≪i-(k)ol-ate≫ '나눌' 이(離)/외(외따로)~ 갈르다 (갈라놓다)

※ 'S'는 /k/에서 변화된 것!

---

648. it [일] 그것. 그것은·그것이·그것을 (일반적으로 앞서 말한 사물, 생물을 가리킴); 바로 그것.
➤ ≪(g)i -t≫ '그' 기(其)~다! "기다, 아니다.... 말을 하게나!"

"기(其)~다!" 는 "그것이다!" 이므로 <그것, 그것은, 그것을, 바로 그것>

---

649. it [일] (구어) 이상(理想)·지상(至上)·바람직한 수완.
➤ ≪(g)i-t≫ 기대(期待) '기대치·이상' 「기대치에 부합하는 이상(理想)적인 것」

---

650. itch [이취]~이 탐이 나서 못 견디다, 하고 싶어서 좀이 쑤시다.
➤ ≪(g)i-tch≫ 기차(~다)! 기가 막히게 좋으니~이 탐이 나서 못 견디다.

---

651. iterant [이터런트] 되풀이하는 "주기적으로 되풀이함 = 주기성(週期性)"
➤ ≪(g)i-ter-ant≫ (다음 차례를)기다린다 : 기(期)[주기]~ 돌은다(돈다)

기다린다. <되풀이하는, 되풀이되는> 다음 차례를 기다린다.
기(期)~ 돌은다[돈다]. 주기적으로 돌고 도는 <되풀이하는> 주기.

---

652. it -shay (미국속어) 역겨운 놈, 똥-싸개 같은 녀석 ⬅ ≪it-sha-(g)≫ 잇-새끼! [이새끼(욕설)]
➤ ≪(g)it-sha- (g)≫ 갯-새끼! [개새끼(욕설)] ㄴ, sha-(g) '싸개' (똥-싸개, 발-싸개)

잇-새이! [잇-새끼, 이-새끼(욕설)] <역겨운 놈; 똥-싸개 같은 녀석>

---

653. ob -(접두사) 노출; 대면·충돌·방향·저항·반대•적의(敵意) ⬅≪(g)o-b≫ 거부(拒否)
= ≪o(p)≫ (노출된-)앞(앞면) ➤ ≪(g)o-b≫ 겁(두겁·두껑)/ 껍(-질)/ [거피]: 껍질

"앞"은 <노출, 대면> 하는 <방향>, '뒤'는 노출을 꺼리는 곳.
"거부(拒否)"는 거절 <반대, 저항> "껍"은 껍질 <노출, 대면> 하는 부위.

---

654. obdurability [오브뎌러빌러티] (몸의) 튼튼함, 강건함.
= [ob-dur~ a-bili-ty] over(과도하게)~(위로)들어~가능성(ability)

over(과도하게)~들어~삐리다(버리다) <튼튼함> 을 뽐내고자 over해 들어버린다!

---

655. obiit (라틴) 그[그녀]는 죽었다 (묘비 따위에 씀; 略: ob)
656. obit [오우비트, 아비트] 기일(忌日) ⬅ ≪(g)o -bit≫ 가삐[뿌]다 (가다/돌아가시다) '방'

가삐다 (가버리다 '방'). 저세상으로 가삐니 오늘이 <기일(忌日), 제삿날> 이로구나.

---

657. object [어브줵트, 업줵트] 반대하다, 항의하다, 이의를 말하다,
➤ ≪(g)o -b -je -c -t≫ 거부(拒否)~ 제끼다(보이콧·거절) '방' ※ 개음절

"거부(拒否)~제끼다" 거부하여 보이콧을 함은 무엇을 <반대하다, 항의하다>

658. oblique [오우블리-크] **구부러**지다; 굽은, 바르지 못한; 빗나간, 벗어난, **기울어진**.
　　↘ ≪(g)o -bl -i -que≫**꼬불이가/구불이가**(구부리어) '**방**' : 고어 [**기블어**]: 기울어
　　　　　　　　　　　　　　　　　　　　　　　※(고어적 표현) **기블어가**(기울어서-)

꼬불이가, 는 "**구부려서**" 의 방언. <구부러지다, 굽은>
[**기블어**] 는 "**기울어**" 의 고어. "**기블어-가**" 는 기울어 가 <기울어진>

---

659. curve [커-브] 굽음, 휨. 곡선, 만곡부, 만곡물. ※전동성 ≪cur-ve'**r**'≫ **구부려~**
　　= [cur-ve] (구뷔)**굽어~** / (손가락)**곱아** "추위로 둥글게 오그라듦"

구뷔 "**굽어**" <**굽음, 휨, 곡선; 굽은 부위**>

---

660. absum (라) 있지 않다, 이 자리에 없다, **없다**, 결석하다 = [a-b -sum] **없음** '無'
661. obscure [업스큐어] **가리다**, 덮어 감추다, **어둡게 하다**, 흐리게 하다; 알기 어렵게 하다.
　　　　　　　　어두운·잔뜩 흐린·모호한, 알기 어려운. (시어) 암흑; 야음.
　　　　↗ [~s-cure] 새꼬리(날이-흐림) '**방**'
　　= [ob- s-cure] **아비**(태양/over)~ 싸 -가려 『**어둠**』: **없애~ 가려 ★**
　　　↘ ≪(g)o -b -s-cure≫ '상자' **갑**(匣)/**갑**(갑갑하게)~ **싸-가려** 『덮어 싸 가려』
　　　　↳ ≪(g)o -(m) -s-cure≫ **감싸~ 가려**

업새가려 "**없애 가려**" 없애 가리니 <가리다, 덮어 감추다, 어두운, 모호한>

---

662. obvious [압비어스] **눈에 잘 띄는**, 명료한·명확한·맑은, 속이 **들여다뵈는**, 알기 쉬운.
　　= [ob-vio-us] **앞**[앞이]~ **뵈어서**(눈에 보여서) 『앞이 틔어 선명함』
　　　　아비(태양/over)~ **뵈어서**(눈에 보여서) 『태양이 떠 선명함』

앞~뵈어서(보여서). 앞에, 눈앞에 보이니 <눈에 잘 띄는, 명료한, 맑은>

---

663. obsession (귀신·망상·공포 따위가) 사로잡음; 붙어서 떨어지지 않는 관념; **강박관념**, 망상.
664. obsess [업세스] (**귀신**·망상 따위가)**들리다**, 들러붙다, 괴롭히다 = [**ob**] **압**(壓) '**누를**'
　　↘ ≪(g)o -b~ se-ss≫ **갑쎅서**(갑갑해서) '**방**' <귀신이 들씌워, 귀신이 들러붙다>
　　　　[**가비**]: 가위 + **쎅어서** 『가위눌리다』
　　　└ ≪(g)o -(m)~ se-ss≫ '신·귀신' **가미**(かみ)~ **씌워서**

'누를' **압**(壓)~**씌워서**. 눌러 씌워 <(귀신·망상이)들러붙다, 들러붙어 괴롭히다>

---

665. odd [아드, 오드] **끄트러기**, 자투리, 나머지, 우수리의; (장소가) 멀리 **떨어진**.
　　= [od-d] 욑두, 욋두 <**외따**(-로)> ※전동성 ≪od-d'**r**'≫ 욋따로(**외따로**)
　　↘ ≪(g)od -d≫ 긑딕, 끝되 <**끝에~**> 남은 것은 <**자투리, 나머지**>
　　↘ ≪(g)od -t≫ **끝티**(끝부분·남는 것) '**방**' <끝부분, 끄트러기>
　　　　　　　　　　※전동성 ≪(g)od-d'**r**'≫ **끝다리**(우수리·끝부분) '**방**' : **끄트러-기**

---

666. off [오-프, 오프, 아프] **가 버려**; 떠나(버려); 떨어져, 저쪽으로, 멀리; 앞에, 앞으로.
　　　　　　줄어·줄이어; 끊어져, 없어져; 빼어; 덜하여 =**[앞]★**
　　↘ ≪(g)o -ff≫ **가삐**(가뿐) -다[가버리다] '**방**' ※ 전동성 ≪(g)o-ff'r'≫ **가버려**

---

667. oligarchy [알러가: 키] 과두정치, 소수 독재정치, 과두제 국가.
668. oligarch [알러가: 크] 과두제 지배자, 과두정치의 집정자; 과두제 지지자.
　　↘ ≪(g)ol-i -g~ arch≫ **골라가·골리가**(골라서) '**방**' + (벼슬)**아치**
　　　　　　　　　　　　　　※ ≪(g)ol -> **골**(骨) 『골품 귀족제』

"**골라가**[골라서]~**아치**" 소수정예로 골라서 임명한 **벼슬-아치** <과두정치체제의 지배자>

669. **omen** (라) 전조, 징조, 예시; 예언; 축원, 상서로움.

670. **omen** [오우먼] 전조가 되다,~를 **예시**하다; **예언**하다; 전조·징조·조짐; 예언; **예감**.

> ▶ ≪(g)o-m-en≫ '신' 가미(かみ)~ **온**(오다)『신이 와서 미래가 보인다/신들림』
>
> ※ 폐음절로 된 경우! '느낌' 갑(感)-**이**~ **온**(오다) <예감> 이 오다.
>
> ▶ ≪(k)o-m-en≫ 고문(顧問) → ≪(sh)o-m-en≫ 샤먼(무속인)

※ "고문(顧問 '자문역')"과 "샤먼(무속인)"이란 단어가 본래 동일한 단어임을 눈여겨보라!

---

671. **on** [안, 언, 온] -의 표면에, -**위에**, -에[의]; -에서; -에 **걸려**[매어져].「때·기회」-때에.
(시간·무게 따위)-에 **가까운, 대략**; -에 근거하여; (마약 따위)-에 **중독**되어.
【부사】몸에 걸치고[지니고·입고·쓰고];「**달라붙음**」떼지 않고, 꽉; -에 **더하여**
(공간적·시간적으로) **이쪽으로**, 향하여; (시간이) **진행**되어; (전기·라디오 등) **켜져**
(구어) -의 상대가 되기를 몹시 원해.

> =【원(願) / '**안**'달 / '**인**'배겨 (중독)】
> = **언**(-따!) '위에-얹다·더하다' // [**겨**-]**안**(-다)『달라붙음』 **온**(오다)『이쪽으로』
> ▶ ≪(g)on≫ '하늘' **건**(乾)= '**위**'의 원형: **컨**(가스-컨): '가까울' **근**(近)『가까운, 대략』
> **간**(가다)『진행』: **근**(根)『근거』 : '**근**'이~배어(중독) : **끈**(끈적)『달라붙음』

"**언**-따" 얹다 <-**위에**, -에 더하여> 얹다. ※ 아래 (라틴) onero 참고!
"**안**-따" 안다 <떼지 않고, 단단히, 꽉> 껴-안다.
'가까울' **근**(近)은 <-에 가까운, 대략, 거의> **근**(根)은 <-에 근거하여>
컨은 <(가스·라디오·수도를) **컨**> **간**은 <(얼마만큼)간, 진행되어>

---

672. **oozy** [우-지] **진흙의**[과 같은], 진흙을 **포함**한; 질척질척한.

> = [oo-zy] "**오지**"-그릇 = 붉은 진흙으로 만들어 볕에 말리거나 구운 질그릇

오지, 진흙으로 만든 질그릇이 "오지 -그릇" 이니 <oozy>는 <진흙의, 진흙과 같은>

---

673. **open** [오우픈] (문이) **열린**, 공개(개방)된; **뚜껑이 없는,** 펼친; 틈이 있는; (직물)올이 성긴,
촘촘치 않은: 열다, 열리다, **풀다**, 펴다, 뜯다, 마개 따다, 시작하다.
절개하다, 털어놓다, 꽃이 **피다**, 벌어지다, 통하다, 넓어지다, 개간하다.

> ▶ ≪(g)o-pen≫ '**고**'~**푼**(풀다) // **까**(까서-) **편**
> = [op-en] '**앞**'~**연**(열다) ▶ ≪(g)op-en≫ **갑**(匣) '상자·우리'~ **연**(열다)

고(庫)~**푼**(풀다). 창고를 푸니 <풀다, 열다, 열린, 개방된, 공개된>
고~**푼**(풀다). 옷고름의 고를 푸니, 풀어헤치니 <풀다, 펼친, 열리다, 뜯다>
앞~**연**(열다). 앞이 열렸으니 <열다, 열리다, 열린, 개방된>
'상자·우리' **갑**(匣)~ **연**(열다). 상자가 열렸으니 <열다, 열리다, 열린, 개방된, 펼친>

---

674. **oppono** (라틴) 앞에 놓다; 맞은편에 놓다; 대립시키다

> =[op-po-no] 앞에(앞페) +**놔**(놓아)

675. **oppose** [어포우즈] **맞서게** 하다; (장애 따위를) 앞에 놓다; -에 대비[대립]시키다.
-에 **반대**(대항·적대)하다; -의 **방해**를 하다.

> = [op-po-se] 앞에(앞페)~ **서**/**세** : (어포우즈) **엎어져**~라고 <(장애를)앞에 놓다>

앞페~세 "**앞에 세**" 앞에 세우다 <앞에 놓다, 맞서게 하다, 대항하다>

---

676. **towel** [타우-얼] 세수수건, 타월, 타월로 **닦다**[훔치다].

> ▶ ≪to-(g)el≫ 타굴, 두굴, 독 올 <(얼굴을)**닦을**~> "**닦**을려면 수건이 있어야 해!"

---

677. **oppress** [어프레스] 압박하다, 억압하다, 학대하다. 괴롭히다, 답답하게 하다.

> ▶ ≪op -pr-(k)e-ss≫ '누를' **압**(壓)~ ㅂ 키쓰 <**압박**(壓迫)**해서**-> <압박하다>
> ∟ ≪op~ (m)r-e-ss≫ **압**(壓)~(똥·오줌) **마려워서**

'r' 뒤에서 /k/ 의 약화 <op-pr-(k)e-ss> 압푸 r 케서 **"압박-해서"** <압박하다>

---

678. word [워-드] **말**, 낱말, 단어, **이야기**, 소식, **알림**, 기별, 소문, 짧은 담화, 지시, 암호,
(연극의)**대사**, (노래)**가사**; 약속, 언질; 말다툼, 논쟁.
= [wor-d] **이르다**(말하다) / **외다**(외치다) / **아뢰다** = 【요(謠) '가요'】
↖ ≪(g)or-d≫ **가로다**(말하다) : **카다**(말하다) **'방'**: 고(告) '알릴': **구두**(口頭) '말'

"구두(口頭)**"**는 구도체 = '입말' 이니 <말, 낱말, 이야기>
"이르다/아뢰다"는 <알림, 기별, 소식; 명령, 지시> 를 일러주다.
"외다"는 '외치다' <알림, 기별, 소식> 을 **외**고(외치고) 다니는 벼슬이 있었다.

---

679. ordure [어-져, 오-뎌] **상스러운 말**; 음탕한 일.
↖ ≪(g)or -dure≫ '입' **구**(口)~ **더러**(더럽다) 입이 **더러워**질 정도의 <**상스러운 말**>
※≪(g)or -≫ = 고어 [ᄀ로딕], [굴**오**딕]: 말하되

---

680. orchardist 과수 재배자.
681. orchard [오-쳐드] **과수원**; (과수원의) **과수. 과**(果)~**처**(處). 과일이 있는 <**과수원**>
↖ ≪(g)or-chard≫ [고ᄋ] **과**(果) + **치다**(기르다)/ **처**(處) '장소'

"과(果)**~치다"**는 과일을 기르다, 과일을 기르는 <**과수원**>

---

682. ore [오-] **광석**; (시어) **금속**(특히 금) // **ory** [어-리] 광석의[광석과 같은].
↖ ≪(g)or-e≫ **구리** ≪'금속'문명은 청동(靑銅) 즉 '**구리**' 로부터 시작되었다!≫
= [or-e] '**으리으리**'하다! ※ '빛/태양' 관련어휘로서 '**or**'는 **태양**을 뜻한다.

---

683. organ [오-건] (생물의) **기관**(器官), (인간의) **발성기관**; **오르간**, (특히) 파이프 오르간.
(정치적인)**기관**; 기관지(紙·誌)
= [or-gan] **오관**(五官) '오장육부'
↖ ≪(g)or-gan≫ **기관**(器官) // **기관**(機關)

오관(五官). **"오장-육부"** 라고 하는 배(신체) 속의 다섯 가지 <(생물의)**기관**(器官)>
기관은 <(생물의)**기관**(器官), (인간의)**발성기관**, (정치조직의)**기관**(機關)>

---

684. organize [오-거나이즈] (단체를)**조직하다**, 편제[편성·구성]하다; 노동조합에 **가입시키다**.
창립[설립]하다; (계획·모임 따위)준비하다; (속어)**우려내다**.
= [or-ga-ni-ze] '**방**' **울궈** -**내지**! [우려내지!]
↖ ≪or-ga-ni-(k)e≫ ᄋ rᄀ너키 <**옮아~넣기**> ⇒ ≪or-ga-ni-(w)e≫
└ ≪or-ga-ni-(h)e≫ ᄋ rᄀ너ᄒ <**옮아~넣어**> // '**방**' 울궈 **내어**(우려내어)

올가 "**옮아-넣기**(너키)" 는 <가입시키다, (단체를)**조직하다**>
"**울궈**(우려 '방')**~내지**" 는 우려-내지. <우려내다>

---

cavate [케이베이트] 동굴 같은; (돌을 빼낸 자국처럼) 횡하니 구멍이 난. = [**캐-빼다**]
685. orifice [아러피스, 오-러~, 오리~] **구멍**, (동굴·상처 따위의)**뻐끔한 구멍**.
=【**오려-파서**】
↖ ≪(g)or-i~ fi-ce≫ **골이**/ **굴**(窟)**이** + **패서**(패어서)

골이/ **굴**(窟)**이~ 패서**, 골이 파이더니 <구멍, 뻐끔한 구멍> 이 나버렸네.

---

686. origin [오리진, 오-러진] **기원·유래**, 발단, 원천, 원인; 태생·가문·혈통.
= [o-ri -gin] **오래-전** ↖ ≪(g)o-ri -gin≫ **고래**(古來)~ **전**(前)

"오래-전"에 시작되었던 게 현재의 <기원, 유래, 발단, 원천, 원인> 이다.

687. orth(o)-'정(正), 직(直)' 의 뜻의 결합사 = ≪or-to≫ 올타(옳다)!
= [or-tho] 올쏘(옳소!) ▶ ≪(g)or-tho≫ 고드 <(바로)곧아>

고드 "곧아!" 는 <곧을-직(直), 바를-직(直), 바를-정(正)> 이다.
"올쏘(옳소!)/ 올타(옳다!)" <정직(正直)>하게 정치하면 모두 "옳소!" 하고 따른다.

---

688. orthodox [오-써닥스] 종교상의 정설(正說)의, 정통파의, 정통의. 옳다고 인정된.
= [or-tho~ dox] 올쏘(옳소!)~ 독서(讀書)

"올쏘(옳소!)~독서" 는 <옳다고 인정된, 정설의, 정통파의> 책만 읽는 것.

-ose (접미사) '~이 많은,~을 가진'의 뜻으로 형용사를 만듦.
┌ '가지'가지(많다)
= [o -se] 오져(오지다) [많다] '방' ▶ ≪(g)o -se≫ 가져~(가지다)

오져[많아-'방']. 오지구나! 많구나! <~이 많은>
"가지" 가지가지로 <~이 많은>   "가져~" <~을 가진>

---

689. used [유-스트]~하는 것이 예사였다, 늘~했다,~하는 버릇[습관]이 있었다.
=【예사~다!】/ '방'【여사~다!】
▶ ≪(g)u-se~ ≫ 구세(くせ) '버릇'

예사다! (여사다! '방') <~하는 것이 예사였다, 늘~했다>

---

690. ought [오-흐트]【스코틀랜드】= (possess) '가지고 있다·지니다'
▶ ≪(g)o -gh -t≫ ㄱㅎ드 <(내/네)-꺼다!> =『소유』
※ 'gh'는 /k, g/의 변화형!

"(내-)꺼다!" 하고 소유하고 있으니 <지니다, 가지고 있다>

---

691. over [오우버]~의 위에, 위의,~위쪽에, 위쪽의, 위를 덮어
= [o-ver] 우뷕 > 우이 > 우에(위에), 위

= 일본어 <요우비(ようび)>: 요일(曜日) '천체어휘' ※ over (위/천체/하늘-신)

= [o-ver] 아비, 어버이【사람을 창조한 神, 신이 계신 하늘(위)】/ 예배(禮拜)

▶ ≪(g)o-ver≫ 고비 (위로 힘겹게 오름)/ 고어 [가빅]: 가위(한-가위) ≪달. '월(月)'≫
꺼풀/[거풀] ※(지명 추정: 고비-사막, 고베)

아비(태양)/ 어버이. 어버이는 자식들의 <위에, 위쪽의, 위의> 세대(世代)에 해당한다.
"고비"는 <위에, 위의, 위쪽에> 올라갈수록 느끼게 되는 힘겹고 고통스러움을 표현한 말.
꺼풀/[거풀]. 눈-꺼풀이 눈-알의 <위를 덮어, 가리어, 뒤덮여>

---

692. over [오우버] 과도한, 여분, 과도 ◀ ≪(g)o-ver≫ '곱'으로, '곱'배기 : '갑'절 거푸
= [o -ver] 여벌(여분) <여분> └, ≪(h)o-ver≫ 허벌~나게 (많다)

고브로 "곱으로" 주시오면 <과도, 과도한> 분량입니다!

---

693. overbrim [오우버-브림] 넘쳐흐를 정도로 붓다 = [~ br-im] 과도하게~ 부음
▶ ≪(g)o-ver~ br-im≫ 거푸(연거푸)/곱으로 + 부음(붓다)

"거푸(연거푸)/곱으로~ 부음"은 <넘쳐흐를 정도로 붓다>
"Over~ 부음" 오버해서(과도하게) 부음은 <넘쳐흐를 정도로 붓다>

---

694. overcare [오우버케어] 지나친 걱정 = [over~ car-e]
"거푸(연거푸)~ 꺼려는 지나친 걱정" 과도하게(over)~ 꺼려 / 기우(杞憂)

"Over~ 꺼려" 오버해서(과도하게) 꺼림은 <지나친 걱정>

---

695. **ullage** [얼리쥐] 부족량, (액체의 누출·증발로 인해 생기는) 누손(漏損)량; (속어)찌꺼기.
- ≪(g)ull-a-ge≫ 굴익기 <찌-꺼래기 '방'> = 찌-끼기
- ≪(h)ul-la-ge≫ 흘리기(누출), 흘리지!

굴익기, 꺼래기 "찌-꺼래기" 는 <찌꺼기> 의 방언
흘리기 "흘리기" 는 <누출·증발로 인해 생기는 누손(漏損)량>

696. **unaffiliated** [언어필리에이티드] 동아리에 못 끼는; 무파벌인. 연계가 없는.
- = [un~ a-ffili-a-] '부정' 안-어불리어(어울리어) '방'

안-어불리어(어울려) -대다. 함께 안 어울리니 <동아리에 못 끼는>

697. **under** [언더] 아래에, 밑에, 안에,~미만['~이 안 된다'], 열등, 불충분.
- = [un-der] '부정' 안-따라『불충분』: 안-되(돼)『기준미달』
- ≪(g)un-der≫ 근뎌 "근저(根底)"[밑] ≪un-(zh)er≫안-자래(불충분해) '방'

"안-되 / 안-따라" 기준에 안 따라가는 미달 <~미만, 불충분, 열등, 밑에>
안-데['장소]. 안쪽의 어디 장소 <~안에>

698. **age** [에이쥐] 나이, 연령, 햇수, 성년.
699. **underage** [언더에이쥐] 미성년의, 성년에 달하지 않은.
- = [un-der +age] '부정' 안-되(돼) + age (성년·나이)

"안 돼 + 나이(age)" 나이가 안 됨은 <미성년의, 성년에 달하지 않은>

700. **unmeet** [언미-트] (고어·문어)어울리지 않는, 부적당한 ➜ ≪un-mee-(zh)≫ 안 -맞아
- = [un-meet] '부정' 안 + 맡아[못-맡아] <부적당한> 사람은 벼슬을 못 맡아!

701. **grace** [그레이스] 우아(優雅); 세련·매력, 품위·얌전·호의·은총·은혜
- = [gr-a~ce [(sh)e] 고와(곱다)~서
- ≪(w)r-a~(h)e≫ 우아(優雅)~해 : 우호(友好)

고와서~ <우아(優雅)> 해 보이고, <세련, 매력, 품위> 까지 있어 보인다.

702. **ungraceful** [언그레이스펄] 보기 흉한·우아하지 않은; 예의 없는, 버릇없는.
- = [un-gr-a-ce~ ful] '부정' 안 + 고와서 + 뿔(ful)

※ ful = 형용사화 접사

안('부정')~고와서 <보기 흉한, 우아하지 않은>
한~고와서-뿔. 뿔이 안 고와. 엉덩이에 뿔난 못된 송아지처럼 <예의 없는, 버릇없는>

703. **learn** [런-] 배우다, 익히다, 공부하다, 연습하다, 외다, 암기하다, 기억하다, 듣다,
들어서 알다. 겪어 알다, 체득하다.
- =【는】'실력이 늘어난' 실력이 는 것은 <배우다, 연습하다, 암기하다>의 과정이 있었기 때문이다.

704. **unlearn** [언런-] (배운 것을) 잊다. □ 실력이 안 느는 것은 (배운 것을)잊다 때문이다.
- = [un~ learn] 안 + 는 (는다 = '숙달하다·향상되다')

705. **unary** [유-너리] 단일체의, 단일 요소로 된
- ┌ ≪(h)un-(g)ar-y≫ 한~ 겨레 / 갈래
- ⬅ ≪(k)un-(g)ar-y≫ 큰-거[것]-의
- ≪un-(g)ar-y≫ 온-거(것)-의 / 온~개(個)-의 / 온(분리되지 않은)~ 겨레
- ≪(k)un -ar-y≫ 큰-우리 → ≪(h)un-ar-y≫ 한~ 우리

"온 거[것]의" / "온 개의" 분리되지 않은 <단일체의, 단일 요소로 된>
"큰 거[것]의" 분리되지 않은 큰 것으로서의 <단일체의>

706. **uniform** [유-니폼-] 한결같은, 같은(형상·빛깔); 제복. ┌ ≪(h)un-(g)i≫ 한 개(個)
707. **uni-** '일(一), 단(單)'의 뜻 ⬅ ≪(k)un-(g)i≫ (분리되지 않은) 큰 거(것)
- ≪un-(g)i≫ 온 거(것) '방' / 온-개(個) / 연계(連繫)

437

"온 거(것)"/ "온-개(個)" 분리되지 않은 온_개는 <하나, 일(一), 단일> 의 물건.
연계(連繫). 서로 연계되어 있음은 <하나, 일(一), 단일(單一)> 한 관계.

---

708. united [유-나이티드] 하나가 된, 결합된, 맺어진, 합병한, 연합한, 제휴한, 단결된, 일치한.
  ➤ ≪un-(g)i-ted≫ **연계되다** // **온 거**(것)-**되다** ※ (뒤)엉기다.
  ※≪(h)un-(g)i-ted≫ 한_개(個)_되다.

  ➤ ≪(k)un-(g)i≫ (분리되지 않은) 큰 거(것)~되다

"**온 거** 되다, 한 개 되다" <하나가 된, 결합된·맺어진·합병한·연합한·단결된>
"**연계**(連繫)-되다" <하나가 된, 결합된·맺어진·합병한·연합한·단결된>

---

709. ur-'원시의·초기의·원형의' = 고어 [**오라**-다 '오래다' // 유래(由來)
  ➤ ≪(k)ur≫ 고(古) '옛' : **구**(舊) '오랠·옛' 구시대, 옛날의 <원시의, 초기의>
  └, ≪(ch)ur≫ 초(初) '처음' / └, ≪(sh)ur≫ 서(序), 시(始)

---

710. urb [업-] **읍**(邑); **도시**, (교외 구역에 대하여) 시가지, 시가지 구역.
  = [**ur-b**] **읍**(邑) '국도(國都)' ※ 폐음절 진행에서의 '**읍**'이란 어휘다!
  ➤ ≪(k)ur-b≫ ➜ ※ 전동성 ≪(sh)ur-b'**r**≫ 고어 [셔블]: 서울

"**읍**(邑)"은 '영화 보러 **읍**내에 가다!' 에서처럼 <읍, 도시(都市), 시가지(市街地)>의 뜻.

---

711. usance [유-전스] (고어)관례, 관습. (고어)이자; 이익 = [u-san~] **유산**(遺産)/ **유전**(遺傳)
  ➤ ≪(g)u-san~≫ **구전**(이문·이익): 고전(古典): **구전**(舊傳) '옛부터 전해 옴'

"**유산**(遺産)/**유전**(遺傳)"은 전해오는 문화적 유산 <관례, 관습> 과 밀접하다.
"**구전**" 구전을 먹다 <이익, 이자> 를 취하다. **구전**(舊傳)해온 <관례, 관습>

---

712. uttermost [어터모우스트] 가장 멀리 떨어진, 가장 끝의; 극도의.
  ➤ ≪(g)ut-ter~ mos-t≫ '방' 끝티(끝에)/ 끝테(끝에) + [뭇] '가장' 『가장 끝에』

끝테 [끝에] + '가장' [뭇]-**다** ⇒ 가장 '끝에' 는 <가장 멀리 떨어진>

---

713. wad [와드] (작은 덩이로) **뭉치다**, (충전물을) **채워 넣다**, (탄환·화약을) 재다.
  ➤ ≪(k)ad≫ (이불·홈 따위)**개다** → ≪(zh)ad≫ (탄알)**재다** // ≪(ch)a-d≫ (알)**차다**, 채우다

---

714. gather [개더-] 그러모으다, 모으다, 거두어들이다, 수확하다, 얻다, 수집[입수]하다, 따다,
  채집하다, 걷어 올리다, 점차 늘리다, 모이다, 증가시키다, 주름을 잡다.
  = [ga-ther] **거둬**, **걷어**, **거두어** [거두어-들이다] // (이불을-)**개다** [그러모으다]
  □ 바짓단을 걷어 올리다 └, ≪(zh)a-ther≫ 재다 (쌓다) ※구개음화

개다. 이불을 **개다**. 이불을 <그러모으다, 모으다, 모이다>
걷어. 볏단을 **걷어** <수확하다, 거두어들이다> 이삭을 **걷어** <주워 모으다>

---

715. wade [웨이드] (강 따위를) 걸어서 **건너다**, (진창·모래밭·풀숲 따위를) 힘들여 걷다,
  맹렬히 공격하다. = [wa-de'**r**] **와다루**(わたる) '건너다'
  ➤ ≪(k)a-de≫ **깨다** 깨부숴 <맹렬히 공격하다> → ≪(ch)a-de≫**치다**(공격하여 치다)
  ➤ ≪(g)a-de≫ **기다** "슬슬 기다" <힘들게 걷다>: 게다(けた) '굽 높은 일본 신발'

---

716. wafter [왜-프터] (송풍기의)**회전날개** ⬅ ≪(g)a-f -ter≫ (바람-)**개비**~돌(돌다)

"**개비**~**돌**(돌다)" 바람-개비 돌아가는 것은 <(송풍기의) 회전날개> 돌아가는 모양.

717. wagon [왜건] -을 ~으로 운반하다. 수레-<u>거</u>(車)를 끌어 <-을 ~으로 운반하다>
➤ ≪(g)a -gon≫ '수레' <u>거</u>(車)- <u>끈</u>(끌다) : '가마' 교(轎)~ 꾼

---

718. waive [웨이브] <u>보류</u>하다, <u>미루어놓다</u>; (권리·요구 따위)포기하다 =【<u>유보</u>(留保)】

---

719. wake [웨이크] 지나간 <u>자국</u>, 배 지나간 <u>자국</u>, <u>항적</u>(航跡) =【'지날' <u>역</u>(歷)-<u>이</u>】"역사"
➤ ≪(g)a -ke≫ ┌≪(zh)a-(ch)e≫ 자취
└ ≪(zh)a-ke≫ 자귀(짐승의 발자국) / 적(跡) '흔적·자취·항적'

'지날' <u>역</u>(歷). 지나간 <u>역사</u>는 <지나간 자국, 배 지나간 자국, 항적>을 연상시킨다.

---

720. wall [월-] 벽[담]으로 에워싸다[차단하다, 막다, 경계 짓다], **가두다**, 감금하다,
벽, 담, 외벽, 내벽, 방벽, 성벽, 벽[담]의, 벽쪽의. = [울(울타리)]
721. walled [월-드] 벽이 있는, (성)벽으로 둘러싸인, 방어진을 구축한.
= [wall-e-d] 울(울타리)~<u>이다</u>! ➤ ≪wall-(h)ed≫ 울(울을)~<u>하다</u>
➤ ≪(g)all -ed≫ <u>갈르다</u> [갈라놓다, 갈라놓는 벽] 울타리 있음 <벽이 있는>

---

722. wall [월-][미국] (눈알을) 굴리다, (눈이) 크게 움직이다 ⬅ ≪(g)all≫ '굴'-리다
□ "굴"은 <눈알을 굴리다> "깔"은 <눈깔을 굴리다 > 깔 '눈깔(눈알)'

---

723. wan [완] 창백한, <u>힘없는</u>, 희미한, (별·불빛 따위)음침한·회색의 =【<u>연</u>(軟) '연약한'】
'힘없는'
➤ ≪(g)an≫ '<u>곤</u>' [비적~곤] 골아서 <힘없는>
➤ 전동성 ≪w'r'-an≫ 아련(-한) '희미한' : 여린(연약한) : 여윈(약한·마른)

---

724. wanton [원턴-, 완턴-] 바람난·음탕한·부정(不貞)한, 터무니없는, 무성하게 우거진,
➤ ≪wan-ton (k)≫ 엉뚱『터무니없음』: 온통(왠통)『우거진』: 음탕(淫蕩)
➤ ≪(g)an-ton(k)≫ 간통(姦通) ※[ŋ]은 n-k 연접에서 발생! ⬆※淫: 중국음 [yin]

왠통, 온통 <무질서하게 우거진, 무성한>
언툰, 언뚱 "엉뚱" <터무니없는> 간톤 "간통(姦通)" <바람난, 음탕한> 짓.

-ward '-<u>쪽의</u>, <u>쪽으로</u>' 의 뜻 = [war-d]~<u>에다</u> / <u>어디</u>(장소)
➤ ≪(g)ar-d≫~<u>께다</u>(에다) '<u>방</u>' : (어디로)<u>가다</u> / (편을)<u>가르다</u> ※ at(장소) 참고!

"~에다/어디"는 장소이니 <-쪽의, 쪽으로> 의 뜻을 가진다.
<u>가르다</u> <-쪽의, 쪽으로> 편을 가르다.

---

725. water [워-터] 물, 넘칠 듯한 많은 물, 등급, 홍수, 눈물이 나다, 소변을 보다 = **우다**(울다)
= [wa -ter] '오줌' <u>요</u>(尿)~ <u>따라</u> '따루어내다' : '비' <u>우</u>(雨)~<u>따라</u>(뿌부어)
➤ ≪(k)a-ter≫ → ≪(sh)a-ter≫ 싸다 (오줌-싸다) // 쏟아 / 사태(沙汰) '홍수'
※ 전동성 ≪wa'r'-ter≫ 일다(선별하다)『등급』/ 울다(우다)/ 일(溢) '넘치다'

"우다" 울다 <눈물이 나다>
'비' <u>우</u>(雨) -<u>따라</u>(뿌부어). 비가 따르니(뿌부으니) <홍수, 넘칠 듯한 많은 물, 물>
'오줌' <u>요</u>(尿)-<u>따라</u>. 오줌을 따루어 내니 <소변을 보다>

---

726. airborne [에어본-] 공중 <u>수송</u>(輸送)의, 공중에 떠, 이륙하여, 풍매(風媒)의.
727. waterborne [워-터-본-] <u>수상 수송</u>(輸送)의, 물 위에 뜨는.
= [water~bor-ne] (물로, 물을 이용해)<u>보내</u>~ "수상 수송(輸送)의"

728. **worn** [워언] 닳아빠진, 야윈, 초췌한 = 'wear'의 과거분사형 = **연**(硏) '갈다' / **야윈**
　　　▶ ≪(g)orn≫ **간**(갈아서 닳게 한)　▶ *음위전환 ≪**wr-on**≫ **야윈**
　　　　　　곤 (비쩍 곤, 비쩍 마르고 야윈) : **건**(乾) '건조하게 마른'

"**연**(硏)"은 갈아 **연마**함이니 마찰되어 <**닳아빠진**>
간. "갈다"의 **간**. 갈아서 <**닳아빠진**>　□ **곤**. "골다"의 **곤**. 비쩍 골아 <**야윈**>

---

729. **waver** [웨이버-] 흔들리다 ◀ ≪(g)a-ver≫ (다리를)**까불어** [이리저리 흔들어]
　　　　　　　　　　　　　　　　　　(물결이-)**구비** '굽이치다' 굽이쳐 <**흔들리다**>

까불어~. 다리를 **까불**까불 흔드니 의자가 <**흔들리다**>

---

730. **wealth** [웰쓰] 부(富)·재산·부유, 풍부·다량
731. **wealthy** [웰씨] 넉넉한·유복한·풍부한.
　　　= [weal-thy] 일쓰, 일쌋 <**얼싸!**>/<**얼쑤!**> : 매우 기쁜 일이 있을 때의 경탄사

"**얼싸**!" 얼싸 좋네! 살림이 <**넉넉한, 풍부한, 유복한**> 지고, **얼싸** 좋구나!

---

732. **wealth** [웰쓰] 부(富)·재산·부유, 풍부·다량 // **wealthy** [웰씨] 넉넉한·유복한·풍부한.
733. **weal** [윌-] (문어)**번영·행복·안녕·복리** =【(살림이~) '**일**'다 = 살림이 불어 잘 살게 되다】
　　　　▶ ≪(g)e -al≫ **가을**(결실의 계절) : **걸**(잘 자랄) : **길**(-하다) 『길하다, 번영하다』

"**일**~" 살림이 일어 <**번영, 행복**> 하고, <**복리**> 가 넘친다.
"**가을**" 가을은 추수한 곡식이 넘치니 <**번영, 행복**> 하고, <**복리**>가 넘친다.

---

734. **weary** [위-어리] 간절히 **바라다**, 동경하다, (없는 것을) 몹시 **쓸쓸히 여기다**.
　　　　　　　　　　　지루하게 하다·진저리나게 하다.
　　　= [wear-y] **외로워** ▶ ≪(g)ear-y≫ **그리~워** // 기리-버(그리워·아쉬워 해) '**방**'
　　　　　　　　└ ≪(zh)ear-y≫ **지리·지루~한** / (진-)**저리**

외로-워. <(없는 것을) 몹시 쓸쓸히 여기다>
"**그려-**" 그리워~하다. <간절히 바라다, 동경하다>
"**그려-**" 두구를 그리워 기다림은 <지루하게 하다, 진저리나게 하다>

---

735. **web** [웹] 피륙·직물·한필의 **천**, **거미집**, 거미집 모양의 것, 계획적으로 **꾸민 것**. 그물망.
　　　▶ ≪(g)e-b≫ 기ㅂ <**깁-어**> / **기워**~ : 기ㅂ, 겹웟 <'**겹**'겹-이>
　　　└ ≪(g)e-(m)≫ **거미**; **꾸며**~ ; 감아 ◀ ※ 본래의 '개음절'로 환원함!

기ㅂ, 깁읏 "**깁어-**" <직물, 피륙, 한필의 천> 으로 양말을 **깁**다.
기ㅂ, 겹웟 "**겹**" 겹겹이 쳐져 있는 <**거미집**>, 거미줄처럼 짜서 만든 <**직물, 천**>
거미줄에 걸려들도록 <계획적으로 꾸민 것>

---

736. **ween** [윈-] (고어·시어) **생각**하다, **믿다**, 기대하다, 예기하다.
　　　　= [we-en] **예언**(豫言), 애인(愛人), **연**(戀) '생각' 연인을 <**생각하다**>
　　　▶ ≪we-(g)en≫ **의견**(意見)『생각』: 예견(豫見) 일어날 일을 <**예기하다**>
　　　　　　　　※ 전동성 ≪we'**r**-en≫ **어련**-히 (알아서~잘 하리란 믿음)『**믿다**』

---

737. **weld** [웰드] 접착[밀착]시키다, 밀착되다, 용접하다; (비유) **결합**시키다 ·합치다.
　　　▶ ≪(g)el-d≫ **결**(結)**다** '맺다·묶다' : (서로) **걸다** "**결**(結)"은 <**결합시키다**>
　　　　　　　※ meld 섞이다·융합시키다 = (서로) **맬~**

---

738. **well** [웰] 우물·샘·광천·사방이 **막힌** 깊은 공간, **솟아 나오다**. "샘의 깊이는 한-**길**, 두-**길**"
　　　▶ ≪(k)ell≫ **굴**(堀)'동굴/땅을 파다': 우물물-'**길**'어 : **콸콸**(-샘솟다) / **걸**(냇물) '**방**'
　　　└ ≪(ch)ell≫ **철철·콸콸**(솟다·넘치다) /≪(zh)ell≫ **줄줄·콸콸·졸졸**·질질~흘러나와

길. 두레박으로 물을 길어 올리는 곳 <**우물, 샘**; **솟아 나오다**>
굴(堀). 동굴은 <사방이 막힌 깊은 공간> '**콸**'콸 <**우물, 샘, 솟아 나오다**>

739. well [웰] 이것 참[원], 원 이거(놀라움); 「망설임」글쎄(요) ◀ ≪(g)ell≫ 글(글쎄)

글. <글쎄(망설임); 글쎄 -말입니다! (놀라움)>

---

740. welter [웰터-] (많은 사람·물건이)혼란하다, (파도·바다가) 넘실거리다, 혼란상태, 뒤범벅.
▶ ≪(g)el-ter≫ 글타 <(들-)끓다!> "많은 물건과 사람들로 들끓어 혼란하다"

---

741. wend [웬드] (고어)went 행차하다, 가다 ◀≪(g)en-d≫ 간다(go): 견(遣) '보내다'

"간다(go)" <가다, 행차하다> "견(遣)타!" 파견(派遣)을 <가다>

■ 'wh' 단어에서의 /w/는 본디 /g/, /k/였다가 반모음 'w'로 약화되었다!
※ 결합된 'h'음은 약화되기도 했다. 약화는 Ø로 표시한다! ■

---

742. which [휘치] 어느 것, 어느 쪽(의 사람) 『한정된 수의 것으로부터의 선택』
↳ ≪w-Øi -ch≫ ㅇ이치, 이치 <(어느-) 위치(位置)> ※ 'h'탈락

휘치/이치 "위치(位置)"는 <어느 쪽, 어느 것, 어느 쪽의 사람> 이라는 방향 선택.

---

743. what [왙, 홭] 무엇, 어떤 것; 무슨(일), 무엇 하는 사람, 얼마, 얼마나[쯤]
=[w-hɑ-t] ➔ ≪w-Øɑ -t≫ 워ㅇ 트, 얼 <엇> <무엇. 무슨 일> ※ 'h'탈락
▶ ≪(g) -hɑ-t≫ 그ㅎ 트, ㄱ 홑, ㄱ 옷 <것>: 어떤 것 <어떤 것, 무엇, 무슨 일>

---

744. when [웬] 언제, 어떤 때에, 어느 정도에서·얼마쯤에서; (특정한) 때, 시기.
-할 때에, -할 때는 언제나; -하면[이면]; 그러나/그리고- 바로 그 때.
=[w-hen] ◀ ≪(g)-hen≫ 기한(期限) ◀ ≪(g)-(g)en≫ 기간(期間)
※ 'h'탈락 ↳≪w-Ø-en≫ 언(언제) // 웬~만큼[어느 정도만큼] : 고어[언-맛]: 얼마

웬/언 "언"이라고 하면 <언제, 어떤 때에, (특정한) 때, 시기>
"기한(期限)"은 <언제, (특정한)때, 시기>의 정한 기일.

---

745. while [와일] 시간; -하는 동안; 잠시; (시간을) 한가하게 보내다; (고어)~까지.
(고어·방언) 특정한 때[경우] = [w-hil-e] '머물' 유(留) -할
▶ ≪(k)-hil-e≫ ➔ ≪(k) -(Ø)il-e≫ 기일(期日)에~ ※ 'h'탈락
↳ ≪(sh) -(Ø)il-e≫ 시일(時日)에~ : 쉴(쉬다)

기힐에 "기일(期日)에" 기일은 <~까지, (정해진)특정한 때>
유(留)할. 머무를 동안, 유하는 동안 <-하는 동안, 잠시>

---

746. whacked [홱트] (영국구어) 몹시 지친 = [whack-e-d] <헉 -이다(하다)>: 지쳐 헉헉대다
▶ ≪(g) -hac-ked≫ 가혹-카다(하다) 가혹하게 부려먹어 <몹시 지친> 상태.

---

747. whack [홱] 철썩 때리다, 세게 치다, 쳐서 끊다 = 학(虐) '학대'하여 <철썩 때리다>
= [w-hack] ➔ 'h'탈락 ≪w -(Ø)ack≫ '우악'스럽게 <세게 치다>
▶ ≪w-(g)ack≫ '우격'다짐
▶ ≪(g) -hack≫ 가혹(苛酷), 가학(苛虐) ◀ ≪(g)-(g)ack≫ 가격(加擊)『때리다』

"가학(苛虐)"은 타인을 <철썩 때리다, 세게 치다>

---

748. wheel [휘-일] 수레바퀴, 회전; 빙글 뒤집다, 방향을 바꾸다·원활히 진행되다, 세력가.
=【활(滑) '원활' / 횔~ (회전·굽을)】★【홀(왕홀) '세력가'】
ㅑ≪w -Øeel≫ ㅇ 일, 일 <얼'-레> ※ 'h'탈락
= [w-heel] ◀ ≪w-(g)eel≫ ➔ ≪w-(zh)eel≫ 의질어질(어지럼·빙빙 돌기)
▶ ≪(g)-(g)eel≫ '거꿀(거꾸)로~ 『뒤집다』
↳ ≪(g) -Øeel≫ 고어[그울다]: 구르다 / '굴'러~

≪w-Øeel≫ 으일, 일 <'얼'레> 를 감는 동작은 <회전, 회전하는 움직임>
"휠"은 휘다/굽다 <방향을 바꾸다; 빙글 뒤집다>

---

749. whirl [휘얼] 빙빙 **돌다**(돌리다), 급히 방향을 바꾸다; 핑 돌다; **현기증**이 나다. **연속.**
　　=【**휠~**(회전)】　　┌ 이어지는 것은 <(사건 등의)**연속**>
　　└ ≪w-(Ø)irl≫ 이을-(연속) // **얼**(얼레) ※ '**h**'**탈락**
　　= [w-hirl] ◀ ≪w-(g)irl≫ → ≪w-(zh)irl≫ 어질어질(현기증·빙빙 돌다)

어헐. 어얼 <'얼'레>는 연-실을 감는 것 <빙빙 돌리다, 빙빙 돌다>

---

750. whereas [웨어래즈] -인 **까닭에**, -라는 사실에서 보면.
　　　　　= [wher-ea-s] **왜~여서**(어떤 까닭이어서)
　　▶ ≪w-(Ø)ere-as≫ 의-이리-애서 <**이래서**>: 이리 된 까닭에-※ '**h**'**탈락**
　　=[w-here-as] ◀ ≪(g)-here-as≫ 그흐리~애서 <**그리해서**>: 그래서
　　□ 그리해서, 그래서, 그 된 까닭 <-인 까닭에> 　　<**그래서**->: 그 된 까닭에-

---

751. whimsy [휨지] **종작없는 생각, 변덕, 별난 생각**, 기발한 언동.
　　= [w-him-sy] 의힘시 <**임시**(臨時)> '잠시' ※ '**h**'**탈락**
　　▶ ≪(g)-him-sy≫ '**방' 기함**(기가 차서 놀람) + **사**(思) '생각'
　　　　　그흠시 <**금새**(금방)> '순식간에' ~바뀌는 <**변덕**>

의힘시 "**임시**(臨時)" 임시 때때로 바뀌는 <**종작없는 생각, 변덕**>
기함사 "**기함**(깜짝 놀랄) -**사**(思)" 기함할 만큼의 <**별난 생각, 기발한 언동**>

---

752. whip [휘프] (실·끈으로)**칭칭 감다, 꿰매다, 감치다, 잡아채다, 움켜잡다**, 끌어올리는 **고패.**
　　▶ ≪(g) -hi-p≫ → ≪(g) -(Ø)i-p≫ **고패** // **집어**「깁다」※ '**h**'**탈락**
　　　　└ ≪(zh) -(Ø)i-p≫ 잡아 : 집어(집어) '**방**'
　　※**고패**: 두레박 따위를 올렸다 내렸다 할 때 줄을 걸치는 높이 달아맨 작은 바퀴나 고리

ㄱ히패. ㄱ이패. "**고패**" 고패는 <**끌어올리는 고패**>
기히ㅂ. 기이ㅂ. **집**으 "**집어**" 는 바느질로 <**깁다, 꿰매다, 감다, 감치다**>

---

753. whittle [휘틀] **조금씩 깎다[새기다], 깎아서 어떤 모양을 갖추다, 조금씩 줄이다.**
　　=[w-hi-ttle] ◀≪(g) -(k)i-ttl-e≫ ㄱㅋ틀으<**깎아~들어**>, <**깎아~틀**(모양)>
　　※ '**h**'**탈락** └ ≪(g) -(Ø)i-ttl-e≫ **까~들어** "까 들어가다, 줄이다"
　　　　　ㄱ이틀어, 기뜰여 <**깨뜨려**>

가히틀어, 까이 들어 "**까들어**" 가며 <**조금씩 줄이다, 조금씩 깎다**>
가이틀어, 기뜰여 "**깨뜨려**" 가며 <**조금씩 깎다, 조금씩 줄이다**>

---

754. whither [휘더] (시어·문어) **어디로**; 어느 방향으로, 행선지, 목적지.
　　▶ ≪(g) -hi-ther≫ 가히더, 가이드 <**가다**> ※ '**h**'**탈락** "가다. 어디로 가다"
　　= [w-hi-ther] 어히드르 <**어디로**>/ 고어 [**어드러**][어더러]: 어디로 ※ '**h**'**탈락**
　　　　└ ≪w-(Ø)i-ther≫ 어이드르 <**어디로**> ※ '**h**'**탈락**

어히드르, 어이드러 <**어디로, 어느 방향으로**; 행선지, 목적지> 로.
어히딕, 어이딕, **어딕** <**어디로, 어느 방향으로**; 행선지, 목적지> 로.

---

755. who [후-] **누구, 누구에게**, 누구를, 어느 사람, 어떤 사람.
　　= [w-ho] 의흐, 의으 <-**에**> ≪(g) -ho≫ (누구누구-) **귀하**(貴下)
　　▶ ≪w-(g)o≫ (누구누구-) 에게 //: 기흐, 기으 <-**께**>

기흐 "**귀하**(貴下)" 는 편지 보낼 때 <**누구에게, 누구, 누구를**>
기흐, 기으 "-**께**" 는 <**누구에게, 누구, 어느 사람, 어떤 사람**>

756. whosis [후지스] (미국구어) 그 뭐라든가 하는 것[사람]

      ↱≪(zh)-ho-si-(k)≫ 저시기(거시기)

  = [w-ho-si-s] ⬅ ≪(g) -ho-si-(k)≫ 그ㅎ 시기 <__거시기__(그 뭐라는)> ★

    ↖≪(g) -ho-(k)i-s≫ ㄱㅎ 거시 <__그것이~__>, <고것이(그것이)> '__방__' ※ 'h'탈락

그ㅎ 시스, 그ㅎ 시기 "__거시기-__"는 <그 뭐라든가 하는 것, 그 뭐라든가 하는 사람>

---

757. whole [호울] 전체·전부·통째, 완전한 모습, 모든, 자질을 다 갖춘 [SYN.] ⇨ **ALL** (모두)

          있는 그대로의; 가공[정제]하지 않은 = [허울], ['**활**'-짝, '**홀**'딱]

           └╴≪w-(∅)ole≫ 으홀, 으올 <__ALL__ (모두)>: ★ (손가락) __열__(10) -개 ※ 'h'탈락

    ↖≪(k) -hole≫ 크홀 <__클__ '크다'> ⬅≪(k) -(k)ole≫ 까끌까끌(까칠) '무가공'

        └╴≪(g) -(∅)ole≫ (밀-)__기울__ '껍질': __클__(크다): __깔__(깔깔-한)

호울, 휠, 활 "**활**-짝" <전부, 통째, 모든> 꽃잎이 다 **활**짝 피었네!

호울, "**홀**-" 홀딱 <전부, 전체, 통째> 옷을 다 홀딱 벗게 만드는 무더위!

호올 "**허울**"을 덮어쓰다. 껍질 쓰다. 껍질 그대로 <가공하지 않은, 있는 그대로의>

껍질 채 그대로 <전부, 전체, 통째, 있는 그대로의, 모든>

오홀, 오올, 올-"**ALL**"은 <전부, 전체, 통째, 있는 그대로의, 모든>

 으홀, 으올, 올 "**얼-얼**"하니 아픈 껍질 그대로의 <가공[정제]하지 않은>

---

758. whoreson [호-선] 사생아, (경멸적)놈, 녀석 =[whor-e] __후레__·호로~ son(아들)

759. whore [호-] 매춘부, 매춘 행위를 하다.   "__호로__['방언']·__후레__ (~자식, 아들)"

    ↖≪(g) -hor-e≫ __개__-호로/__후레__

개 -호로/후레. "__후레__-자식(son)"이니 <사생아> or <매춘부, 매춘행위를 하다>

---

760. why [와이] __왜__, 어째서, 이유·까닭 = [w-h-y] __여하__(如何) "여하-튼·왜 그렇든 간에"

                                       (이유-불문하고)

       └╴≪w -(∅)-y≫ 으이 <__어이__(왜)>/ __왜__ ★/ __이유__(理由) : __우얘__(왜)·__우야__ (어찌) '방'

               "어이 해?"   ※ 'h'탈락   "우야다가?"

    ↖≪w -h-(k)≫ (와히케) __와이캐__? / __왜캐__? / __어캐__? = [왜?, 왜 그래?] '방'

             "어캐(어찌) 된 거냐?, 어캐(왜) 그래?"

       └╴≪w-h-(zh)≫ __어찌__ / __어쩌__(~다)★/ 어째·우찌·우짜(왜·어떻게) '방'

어히 "어이/왜~그러십니까?" 할 때의 <왜, 어찌하여, 어째서, 이유, 까닭>

와이. (방언) "__와이~캐?__" = 왜 그래? <이유, 까닭, 왜, 어이 하여, 어찌하여>

여하 "__여하-튼__" 이유불문하고, 의 <이유, 까닭; 왜, 어이 하여> 의 이유.

---

761. why [와이] 「뜻밖의 발견·인식을 나타내어」 아니·저런, 어머; 그야, 물론(이지).

  = [w-h-y] 이햐, 이야 <__이야__!> ※ 'h'탈락 // __어휴__·아유! (어휴, 아유 -저런!)

  = [w-h-y] ↱≪w -(∅) -(k)≫ 애고! / 애구! / O·K~!(동조)/ 우야꼬!

    ↖≪w-h -(k)≫ 아히쿠 <__아이쿠__! >/<아이고!> "아이쿠 저런!"

    ↖≪(g)-h -(k)≫ 그흐케 '방' <__그케__! (그렇고말고! '동조)> ※ 'h'탈락

       └╴≪(g) -(∅) -y≫ __그야__!(그야 물론) ★ ※ 'h'탈락

이햐 → 이야, "__이야__!" <(이야 -) 저런!, 어머!> 「뜻밖의 발견·인식」

"__어휴__!" <(어휴) 저런!, 어머!> 「뜻밖의 발견·인식」

그햐 → "__그야__-" <__그야__, 물론(이지)!> 「동조·수긍」

---

762. widely [와이들리] 널리·크게·대단히.

763. wide [와이드] 크게 열린·(차이·간격이)동떨어진·폭넓은·__헐렁__한·낙낙한, 널리·일반적인.

    =[__여다__(열다)]// [__이__(離)타!] ※전동성 ≪wi'r'-de≫ 열다

    ↖≪(k)i-de≫ __크다__ (헐렁하다) '大' : ≪(g)i -de≫ '__열__ __개__(開)다!'

       └╴≪(h)i -de≫ __허다__(-함) '널리·일반적임'

이다. "__여다__" 열리니 <크게 열린, (차이·간격이)벌어진, 폭넓은>

"__개__(開)다" 개방 <크게 열린, 폭넓은> □ 키 듯 "__크다__" <헐렁한, 넉넉한>

764. wife [와이프] 아내, 부인, 처, 마누라. <아내/부인/처>가 예뻐 -보이다
= [wi-fe] **여보!** / **예뻐!**   <아내/부인/처>를 부를 때 "**여보!**"

---

765. wieldy [월-디] 쓰기[다루기] 쉬운, 알맞은 ◀ ≪(k)i -el-dy≫ **길**'~드-다[길들다]
↗ ≪wi- (g)el~≫ '**이골**' -난(숙달)   └~≪(sh)i̱ -el-dy≫ 수월타(쉽다)!

기일딕, 길딕, 길드 <**길-드**> 길들어 있어 <**쓰기[다루기] 쉬운**>

---

766. wild [와일드] (움직임이)**거친**, 난폭한, (동물이)**사나운,** 길들지 않은, (바람 따위가)사나운.
열중[**골똘**]한, 야단법석 떠는. = 【**왈**(왈패)/ **왈**(왈왈-짖다)】
↗ ≪(k)il-d≫ **걸다**(걸걸: '거친 것'의 형용) : **괄다**(괄괄: '거친 것'의 형용)
  골(골똘) "입이-걸다(거칠다)!"   └, ≪(sh)il≫ **셀**~(세다)

왈드. 왈-패처럼 <**거친, 사나운, 난폭한, 길들지 않은**>
왈왈 짖어대는 <**거친, 사나운, 난폭한, 길들지 않은**> 개!
길드, 굴다. "**골**"은 골똘이라 <**골똘한, 열중한**> 성격이 걸걸하니 <**거친**>

---

767. wile [와일] 꾀어 들이다; 간계·계략, 농간, 교활. ┌ ≪(h)ile≫ **활**(猾) '교활'
↗ ≪(k)ile≫ **꾈**(꾀다), **꾀일**   → ≪(sh)ile≫ **술**(術) '술책·계략'

길. "**꾈**" or "**꾀일**"이니 '**꾀다**' <**꾀어 들이다, 간계, 계략**>

---

768. will [윌] 「의향·결의」**결의**하다, -할 작정이다, -하겠다 //「단순미래·상상」-일[할]것이다
↗ ≪(g)ill≫ (~할/일)**걸!** 『상상』: **결**(決) <**결심/결의**~하다, -할 작정이다>

길. "**걸**"이니 <(~일)**걸!**;~일 것이다; (~할)**걸!**,~할 것이다> 「단순미래·상상」

---

769. wilt [월트] (초목이) **시들다**, 시들게 하다, **이울다**; 풀이 죽다·약해지다 = (쭈글쭈글)**울다**
↗ ≪(g)il-t≫ **골다**(시들다) →≪(zh)il-t≫ **줄다** '쪼글쪼글 줄어들다' ※ '**old**' 참고!

일트 "**울다**" 천이 쪼글쪼글 <**풀이 죽다, (줄어)시들다**>
길트. 굴 드 "**골다**" 는 <(골아)시들다, 시들게 하다, **이울다**>

---

770. wimble [웜벌-] (고어) (송곳 따위로) -에 구멍을 뚫다.   **벌려**[벌리다]
↗ ≪(g)i-m + ble≫ 고어 [구무][구모][**굼**][**굼**]: 구멍 + **팔**(파다)

---

771. wingy [윙이] 날아 올라가는; (속어)우뚝 **솟은** = 윤기【**융기**(隆起)】융기해 <**솟은**>
=[wing-y] **용**(龍)~**이** <**날아올라가는**> ※ /n-k/연접에서 [ŋ 응] 발생

---

772. winked-at 간과된, 눈감아 준, 못 본 체해준 ◀ ≪(g)in-ke-d≫ **간과**(看過)~**다**
긴기드, 근ㄱ다 "**간과**(看過)**다**" 간과하다 <**간과된; 못 본 체해준, 눈감아 준**>

---

773. chill [칠] **차가운, 냉랭한,** 냉기, 한기, 오한; 흥을 깸; 식히다, 냉각하다, **춥게 하다.**
= 칠, 출【**찰**(차다, 차갑다)】 온도가 <**차가운, 냉랭한;** 냉기, 한기, 식히다>

---

774. wit [위트] (고어) 알다   = [wi-t] **아다**(알다) ※ 전동성 ≪wi'**r**'-t≫ 알다
↗ ≪(g)i-t≫ **꿰다** (꿰고 있다)   **외다**(외우고 있다) "외우고 있음은 **알다**"

기트 "**꿰다**" 줄줄 꿰고 있음은 <**알다**>와 동일한 뜻.

---

775. wit [위트] 꾀바름, 기지, 재치·지혜·이지, 이해력 ◀ ≪(g)i~≫ **꾀** / **끼**(꾀) '방'
= [wi-t] **외다**(외우고 있다) ≪(h)i~≫ **혜**(慧) '지혜'   └, ≪(zh)i~≫ **지**(智) '지혜'

"**외다**" 외울 줄[암기할 줄] 안다는 것은 <**이해력, 이지, 지혜**>가 출중하다는 뜻.
기트 "**꾀다**" 꾀가 있음은 <**꾀바름, 기지, 재치**> 있음이다.

---

776. wizard [위저드] (구어) **비상한 재능**을 가진 사람, **귀재**(鬼才), 천재; (영국속어)홀륭한.
　　▶ ≪(g)i-zar-d≫ **귀재**(鬼才)~**다**! ← ≪(g)i-(k)ar~≫ **'기깔'**-난 (신기하고 비상한)
　　　≪(g)i-(ch)ar-d≫ **기**-차다!(기막히다!)『기가 막힌 재주다!, 훌륭하다!』

---

777. with [위드] = [wi-th] **유대**(紐帶), **얻어**, -여도, **여타**[넣다] **'방'**
　　　　　[뜻] 같이·더불어·함께 = **유대**(紐帶):　[뜻] -을 얻어서 = ㅇ 드 <**얻어**>
　　　　　[뜻] -에도 불구하고 =~**에도**·**여도** : 　[뜻] -을 가해·섞어·타 = **여타**(넣다)**'방'**
　　▶ ≪(g)i-th≫ [뜻] 섞어·타 = **가**(加)**타**! : [뜻] -의 일원으로·같이 = **끼다**, **곁**에, **같**~, (서로) **기대**
　　　　　[뜻] -에도 불구하고 =~**케도**(여도) **'방'**　　**기대**(서로 기대어)
　　　└, ≪(h)i-th≫ [뜻] 몸에 지니고 = **휴대**(携帶)

"여타" 는 <넣다> 의 방언, <-을 가하여, 섞어, 타(타서); -의 일원으로, 같이>
"기대" 는 서로 **기대**는 관계 <같이, 더불어, 함께> 공생하는 관계.

---

778. withdraw [위드로-] **거두다**, **철수하다**, **철회**[회수]**하다**, (손 따위를)**움츠리다**.
　　▶ ≪(g)i-th~ dr-a-w≫ **거둬**(걷어)~**들이어**[들여] <**거두다, 철수**[회수]**하다**>
　　　└, ≪(h)i-th~ dr-a-w≫ **후퇴**(後退)~ **들여**(들이어)

---

779. withhold [위드호울드] (세금 등을)**원천징수하다**; (고어)**구류**, **감금**하다.
　　▶ ≪(g)i-th~≫ **거둬**(걷어·거두어)~ hold(차지)　※ hold : 차지·장악·지배·소유
　　　가둬(가두어)~ hold(지배)『감금』 거두어 차지하려 <**원천징수하다**>

---

780. woe [워우] **고뇌**; **화**·**재난**; **비애**·**비통**, 슬프다 =【애(哀)】『≪(h)o-e≫ **화**(禍) **'재난'**
　　▶ ≪(g)o-e≫ **고**(苦) **'괴로움'** / ᄀ에 <**괴**> ←≪(g)o-(g)e≫ **'기구'**한~『비참』
　　　'가여'워라!　　└,≪(zh)o-(h)e≫ **재해**(災害)

워에, 이 "애(哀)" 애통하다! <비애·비통·슬프다!> ※ 음절축약
ᄀ에, "괴" 괴롭도다! <고뇌> 여! <비애·비통> 이여!
ᄀ에, "가여"워라! <화, 재난> 을 당하다니 **가여**워라!

---

781. woeful [워우펄] **흉한**; 슬픈·비참한·애처로운.　※≪(g)o'**r**'-e≫ **괴로워**
　　　『★ **가여**~ㅂ 다 <가엽다>: 애처롭다
　　▶ ≪(g)o-e~≫ **[고이**ㅎ**다]**: 괴상하다 / **괴이**(怪異) 괴이하여 <보기흉한>
　　▶ ≪(g)o-e~ful≫ **가여**블 > **가여울**~ <애처로운, 비참한> 느낌!
　　▶ ≪(g)o-(g)e~≫ **기괴**(奇怪), **'기구'**한

워우-펄 / ㅇ이-펄 "애(哀)-펄" 애처로운 feel <애처로운> 느낌.

---

782. wonderful [원더: 펄] **놀랄만한**. 이상[불가사의]**한**, 굉장한, 홀륭한.
783. wonder [원더] **호기심을 갖다**, **알고 싶어 하다**, **놀라다**, -인가 하고 생각하다.
　　　　　　　　의심하다, 의아하게 여기다; 불신감, 의심, 불가사의한 것,
　　　=[won-der] **'안달'**-함 // **안~따라 '의심'** ★: [won-(t)er] 엉터리 **'불신'**
　　▶ ≪(g)on -der≫ **'간'-떨어**(질, 뻔~) **'놀라다'** : **겐또우**(けんとう) **'추측**·**짐작'**

ㅇ 드 r. "**안달**(-하다) <알고 싶어 하다, 호기심을 갖다> 그래서 **'안달'**하다.
ㅇ 드 r. "**안-따라** <의심하다; 의아하게 여기다; 불신감> 으로 따르지 않다.
간 떨어(-지게) <놀라더니, 의심하다, 의심> 끝에 **안달** 나서 <알고 싶어 하다>

784. wont [원-트] 버릇처럼 된, 늘 -하는; 관습; (고어)~을 예사로 하다.
≪(g)on~≫ 관(慣) '버릇·습관' / 꾼(술꾼·노름꾼) '늘~하는 사람'

<관(慣)타!>/ <꾼-타!> 술-'꾼', 노름-'꾼'처럼 <버릇처럼 된; 늘 -하는; 관습>

785. woo [우-] 구애하다, 구(求)하다· 추구하다·(아무를)조르다 ◀≪(g)oo≫ 구(求) '구할'
≪(g)o -o≫ 구애(求愛) ┌‵≪(ch)o-(g)o≫ 추구(追求)/≪(h)o-(g)o≫ 희구(希求)
≪(k)o-(g)o≫ 기구(祈求) ➡ ≪wo-(g)o≫ 요구(要求)

구(求). <구하다, 추구하다, 구애하다> □ 구애(求愛). <구애하다>

786. woody [우디] 나무의, 나무와 비슷한, 목질의 ⇒≪woo-(zh)y≫ 요지(나무 이쑤시개)
≪(g)oo -d-y≫ 곧아(직립성) : 고디(곧이)~곧 대로 「정직(正直)」: 구디(굳이)
≪(g)oo -d- (g)≫ 구드기, 굳으기 <굳게(꿋꿋하게)> '직립성질'

구드기, 굳으기 "굳-게"서 있음은 <나무의, 나무와 비슷한> 성질이다.

787. woof [우-프] 가죽[피륙], 천, 직물 = [woo-f] (익피) 입혀~/ 외피(外皮) / 입어~
≪(g)oo -f≫ 고어 [거피][거플]: 껍질   □ "입혀"는 <가죽, 천, 직물>을 몸에 둘러 줌
        ※ "껍질-옷이나 껍질을 벗겨 만든 직물(삼베 따위)"

"외피(外皮)"는 겉-껍질 <가죽>이고, <직물, 천>이 생산되기 전의 외피다.

788. wool [울] 양털, 털실, 모직물(의 옷); (식물의)솜털; (구어)북슬 털, (특히 흑인의)고수머리
=【한-올 (오라-기)】한-올 한-올 '실'을 뽑으려 <털실, 양털>을 준비하다
≪(g)o-ol≫ 꼬을~(꼬다)/ 꿀(꼬다) ┌‵wo-(g)ol≫ 오글오글(고실): 엮을-
≪(k)o-(k)ol≫ 꼬글꼬글(구불구불) '방' ➡ ≪(g)o- (sh)ol≫ 고슬[곱슬]~머리
└,≪(sh)o-(sh)ol≫ 사슬(연쇄-고리) : ≪(sh)o-ol≫ 실

"꼬을~" 꼬을려니 '실'이 필요해 <양털, 솜털, 털실> 을 준비하다.

789. wordy [워-디] 말의, 구두의; 말 많은, 수다스러운, 장황한.
≪(k)or-dy≫ 구두(口頭) "구두전달" ➡ ≪(sh)or-dy≫ 수다(~떨다)
<가로되>: 말하되   └,≪(zh)or-d-y≫ 조디·주디(입) '방'

귀딕/구듸 "구두(口頭)"로 전달하자 <구두의, 말의, 말 많은> 사람으로 놀림을 받다.
"가로되~"는 말하되, <말의, 구두의, 말 많은, 수다스러운> 사람이 될 수밖에.

790. work [워-] 일·노동·노력, 직업·제작·토목·건축물, 효과, 발효, 겨우 나아가다, 일시키다.
        경작하다. 속이다; (어떤 상태를)일으키다, 생기게 하다, 바느질하다, 꿰매다,
        (얼굴이) 실룩거리다, (약이)듣다.
        =【역(역경) '겨우 나아가다'】
        =【역(役) '일·역할'】【'욕'보다(수고) / 욕(慾) '마음 생기다' / 약(藥) 】이룩-하다!
        = [wor-k] 얽어(꿰매 바느질), (토지)일궈, 야기(惹起), 익어(발효), 알개(속여) '방',

"역(役)"은 <노역, 역할> 이니 <일/노동/직업/제작/토목> 공사에 노역 나가다.
<'욕' 보십니다!> 는 <일/노동/제작/토목> 하는 사람에게 하는 인삿말.
"야기(惹起)"는 야기하다 <(어떤 상태를)일으키다, 생기게 하다>
"약(藥)"은 <약효가 듣다; 작용> "일궈-"는 토지를 일궈 <경작하다>
"익어"는 <발효> "알개('방언')"는 "알개-먹다" 의 <속이다>
"얽어"는 <바느질 하다; 꿰매다> "일그"-러지다. <(얼굴이)실룩거리다>

        ※ 역(役), 역(역경), 약(藥), 익어, 얽어, 일궈(경작), 일그(-러), 알개(속여), 야기(惹起)

⌐ ≪(h)orn~≫ '헌'것

791. worn -out 기진맥진한; 닳아빠진, 케케묵은 ◀≪(g)orn~≫ 곤(困) "피곤(기진맥진)"

"곤-out" 곤하여/피곤하여~ out 됨은(나가떨어짐은) <기진맥진한> 상태.

792. worse [워-스] 더욱 나쁨, 더욱 나쁜 쪽, 불리, 패배, 불화.
　　　▶ ≪(g)or-se≫ (남이 잘못되어) '고소'해~ 하다.
　　　　　　　　구즈 <굿어~>: 궂은 일(안 좋고 나쁜 일)

"고소" -해 하는 심보는 남이 <더욱 나쁜 쪽, 더욱 나쁨, 불리, 패배> 함을 즐긴다.

구즈 "궂어~" 궂은 날은 <더욱 나쁨, 더욱 나쁜 쪽, 불리, 패배, 불화> 만 생겨!

793. worth [워-쓰] 가치, 값어치, -어치, -의 값만큼의 분량 ◀ ≪wor-'**t**'≫ 어티 <어치>
　　　　　　　　　　　　　　　≪wor-(ch)≫ (몇 원)**어치** ⌐
　　　　　　≪(g)or-(ch)≫ 가치(價値) ↗ 가치는 <가치(價値), 값어치>

워쓰, "워치/**어치**" <(몇 원)**어치**. 값어치, 가치(價値)>

794. wound [운-드] 부상, 상처, (정신적)고통, 타격; (감정을)해치다; 상처 입히다 = **운다**
　　　▶ ≪(k)oun -d≫ 깐다(때려-까다) ➔ ≪(ch)oun-d≫ 친다(때린다)/(발로-)찬다
　　　　　　　　　　　　 ※ 전동성:≪(g)oun-d'**r**'≫ 건드려(접촉) = {상처 입힘}

운드 "**운다**" <부상, 상처, 고통, 타격>을 입고 엉엉-운다!
"**깐다**" 때려-까 <부상, 상처, 고통, 타격>을 입히고 <해치다>

795. wreck [렉] 난파시키다 = [wr-e-ck] (익)r익)**익**(溺) '빠질'「익사」 ※ 'r' 소멸!
　　　▶ ≪(g)r-e-ck≫ 꼬록(꼬로록) '물에 빠지는 소리' ※ 'r'의 자음 실현!

"**익**(溺)"은 익사하도록 <난파시키다> "**꼬록**" 물에 꼬로록~하도록 <난파시키다>

796. wrap [랩] 감싸다, 싸다, 감다, 가리다, 숨기다, 포함하다, (냅킨을)접다, 겹쳐지다,
　　　　　　　휘감다, 두르개·덮개·외피·싸개·억제.
　　　　= 랩, 롭 <**납**(納)> '넣어둠·수납공간' ※ 'r' 소멸! = [wr-a-p] 외피(外皮)
　　　▶ ≪(g)r-a-p≫ = 고어[거피] '껍질'
　　　▶ ≪(g)r-a-p≫ '**겹**'쳐 / **갑**(匣) '상자' / **갑**갑 / **갑**(甲) '껍질'

랩. 롭 "**납**(納)"은 수납. 수납공간에 넣어 <가리다, 숨기다, 감싸다, 덮개>
"**갑**"갑 하게 <감싸다, 가리다, 숨기다, 싸다> "**겹**"은 <겹쳐지다, 접다>

797. wrench [렌취] (생활양식 등을) 싹 바꾸다, (세게)비틀다, 비틀리다, 삐다, 접질리다.
　　　▶ ≪(g)r-en-ch≫ 곤쳐(고쳐) '방' : '방' (뚝)-근쳐 "하던 것을 멈춰·중단해"
　　　　≪(g)r-en-(zh)'**r**'≫ 근절(根絶) / 관절(關節) '접질리는 부위'

곤쳐. "고쳐"의 방언. <(생활양식 등을 고쳐)싹 바꾸다> 싹 바꾸려니 <비틀리다, 삐다>
"**근쳐**" 뚝-근쳐(그쳐·멈춰) <(생활양식 등을)싹 바꾸다> 바꾸려니 <접질리다>

798. wrest [레스트] 비틀다, 잡아떼다, (사실을) 왜곡하다. **어거지-다**(왜곡하고 잡아떼다)
　　　　　　　　　　　　　　　　　↗
　　　▶ ≪wr-(g)e~ s-t≫ 우겨-싸타(대다)! '방' (왜곡)　우겨대다 <잡아떼다>
　　　▶ ≪(g)r-e~ s-t≫ 꼬아~ 싸타(대다)! '방' 꼬아서 <비틀다, 왜곡하다>

799. wrick [릭] (목·등뼈·관절 따위를) 통기다, 접질리다, 삐다.
　　　▶ ≪(g)r-ick≫ 그익, 긱 <삐'**격**'>// 그릭 <**끼릭**!>~소리 나며 <뼈가 접질리다>
　　　▶ ≪wr-(g)i-c~≫ 유격(어긋나 벌어진 정도): 이격(離隔)『어긋나 벌어진 정도』
　　　　⌐ ≪(v)r-(g)i-c~≫ 삐격~『접질리다』 이격은 <접질리다, 삐다> 의 정도

447

(그익, 긱) "극" → 삐걱 <접질리다, 삐다>

---

800. wretch [레취] **가엾은** 사람· **비참한** 사람. ※ ≪(g)r-e-(zh)≫ 거지

801. wretched [레취드] **가엾은**·불쌍한·비참한·초라한, **불행한**(생활), 야비한·비열한.
　　➤ ≪(g)r-e-tch~ ed≫ 그ᄎᄋ드 **<구차**(苟且)~ **하다!>**

"구차-ᄋ다" 구차하게 살아야 하는 <비참한, 초라한, 불행한, 불쌍한> 삶.
레취다 **"내치다"** <가엾은, 불쌍한, 비참한, 불행한> 사람을 **내치다.**

---

802. writhe [라이드] (몸을) **비틀다**·굽히다, 몸부림치다·몸부림치며 **괴로워하다,**
　　　　　　　　　구불구불 움직이다, **기어가다.**　　　⌐ **<꼬이다>**
　　➤ ≪(g)r-i-the≫ **꼬ᄋ다** <(몸을~비비)**꼬다>** :　ᄀᄋ이다, 기다 **<기다>**
　　□ **"기다"** <구불구불 기어가다> ※ 앞 두 음절에서≪(g)r-i-≫ **[거의][거위]**: 지렁이

ᄀᄋ이다. 꼬ᄋ다 **"꼬으다"** <(몸을~비비)**꼬다·비틀다>**
ᄀᄋ이다. **"꼬이다"** 창자가 비비**꼬여** <몸부림치다, 몸부림치며 괴로워하다>

---

803. wrinkle [링클] ~에 **주름**을 잡다·**주름**(살)이 지다; (피부·천 따위의) **주름**·주름살, 구김·**구김살.**
　　➤ ≪(g)r-in -kle≫ 고란-결 **<고랑-결>**: 고랑처럼 결이 진 주름
　　➤ ≪(g)r-(g)in -kle≫ **구긴 결** ★ → ≪(g)r-(g)in-(sh)le≫ **구긴**(구김)~**살**
　　　　　　　　　　　　　　　　　　※[ŋ]은 /n-k/ 연접에서 발생했다!

고란-결/ **"고랑-결"** 밭-**고랑**처럼 **결**이 진 모양 <주름살이 지다, 주름/주름살>
"구긴-결" 구겨져 **결**이 진 모양 <구김살, 주름살, 주름이 지다>

---

804. wrong [롱-] **거짓된,** 잘못된, 그릇된, 틀린, 올바르지 못한; **사취**하다.
　　　　　　　　　　　　　　　　　　　　=【**낭**(浪) '낭설(잘못된 얘기)'】
　　➤ ≪(g)r-ong≫ 그ᄋ **<꽁>**: 거짓·거짓말 **'방'**　　　(틀린 이야기)

---

805. yare [예어-, 야-] **활발한**·재빠른; (배 따위가)다루기 **쉬운;** (고어)**준비** 된 = **예**(豫) '미리'
　　➤ ≪yar-(g)e≫ 야기, 야ᄀ **<약아->**: 약고 재빨라 : **<알개>**: 활발한 개구쟁이들
　　➤ ≪(k)ar-e≫ **쾌**(快)**이** ← ≪(k)ar-(g)e≫ → ≪(zh)ar-(g)e≫ **재게**(재빨리)
　　　　└ ≪(sh)ar-e≫ **쉬워** └ ≪(sh)ar-(g)e≫ **싸게·새기**~ (빨리) **'방'**

예어 **"예**(豫)" 미리 **예습**을 해 온 학생은 배울 <준비가 된> 것이다!
약아-. 얼마나 **약아**빠진 토끼인지 쏘기도 전에 <재빠른> 걸음으로 도망 가버렸다!
쾌(快)**이.** 쾌활함은 <활발한> 성격!

---

806. yawn [욘-] **하품하다,** (입·틈 따위가) 크게 벌어지다　=【**연**(열다)】
　　➤ ≪(g)awn≫ **곤**(困) '피곤' **곤**(困). 피곤해서 <하품하다>

---

807. yea [예이] **긍정**·찬성; 찬성투표, 찬성투표자　=【**예**! / **예이**!】
　　➤ ≪(g)e-a≫ **거**(擧) '거수'(찬성 손) **"예이!"**하고 신하들은 임금의 말에 <찬성> 했다.

---

808. year [이어] **연**(年), 연도, **해**(1.1~12.31), **시대, 연령**(age), **동기생.** 다년(ages), 노령.
　　➤ ※ 고대 영어 <gear> = ➤ ≪(k)ear≫ **기**(期) '때·기수'
　　　　　　└ ≪(h)ear≫ **해** / 고어[히] '태양' └ ≪(sh)ear≫ **세**(歲) '나이·해'

기(期)는 몇 **기**-졸업생, 의 **기수**이니 <연령, 연도, 해, 동기생, 시대> 별로 따진다.
이야! "이" 치아로 나이를 가늠해 <연령, 연도(年度), 해, 시대, 동기생>을 찾는다!

---

809. yell [옐] **고함치다,** 소리 지르다·**외치다;** 큰 소리로 외치며 말하다 =【**욀** '외다·외칠'】
　　　　　　　　　　　　　　　　　　　　　　　　　　　'**외**'다 <외치다>
　　➤ ≪(k)ell≫ **갈**(일갈/대갈) ★ :　**call**(소리쳐 부르다·외치다)
　　□ **"갈"**은 일갈~하다 <소리 지르다, 고함치다> └ ≪(zh)ell≫ (소리)**질-러**

810. **yet** [옛] ①「부정문에서」 아직(-않다), 아직[지금]까지는(-않다)**; 현재**로서는.

= [ye-t] **여태**(지금까지·아직·지금껏) ★ // **이때**(현재·이제) ★

②「긍정 의문문에서」 이미, 벌써, 이제 ◀ ≪(g)e-t≫ '이미' **기**(旣) +때 ★

③ 그럼에도·그런데도, (-)했음에도. = [ye-t]**~여도,~에도** ★

④「비교급을 강조」 더 한층, 더욱(더), 그 위에 = [ye-t]**~에다** ★

---

811. **yield** [이 : 일드] 생기게 하다·산출하다; (이익을)**가져오다**; 양보하다, 주다·포기하다; **지다,** **굴복**하다. -만 못하다, 뒤지다; **구부리**[휘어]지다, 무너지다; (치료로-)**낫다**; (땅이)**농작물을 산출하다.** (비밀을)**밝히다.**

= [yiel-d] (곡식·열매)**열다** ★/ (살림이)**일다** '늘다·가져오다' / (문을)**열다** [열어주다]

↖ ≪(k)iel-d≫ **결**(結) '결실·결과' : (돈을)**끌다** '벌다·이익' : (돈을)**꼴다** '잃다·지다'

꼴(-찌) : **굴**(屈) '굴복' ★ : **길**(기다) '굴복' : (비밀을) **캘** '캐다'

결(한-결 '호전') : 영어<curl>: 꼬다·비틀다·뒤틀리다·굽이치다 : **굴**(굴곡)

일다. 살림이 **일**~도록[분도록] <(이익 따위를)**가져오다**>

열다. 곡식이 **열**다, 함은 <(땅이~)**농작물을 산출하다**>

열다. 성문을 **열**어 <(내어-)**주**다, 굴복하다, 포기하다; (비밀을 열어~)**밝히다**>

일다. 잃다! 돈을 잃음은 <지다, 뒤지다, 굴복하다>

꼴다. 돈을 꼴게(잃게) 됨은 <뒤지다, 굴복하다, 지다> 의 결과.

끌다. 돈을 끄니 <(이익 따위를)**가져오다**> "**결**" 한-결 좋아지다 <(병이)**낫다**>

"**결**(結)"은 결실/결과 <(이익 따위를)**가져오다**, 생기게 하다>

"**굴**"은 굴복이니 <굴복하다, 지다, 뒤지다> "**굴**"은 굴곡이니 <구부러지다>

"**캘**" 캐내다 <(비밀을)**캐다**, (비밀을)**밝히다**>

---

812. **yoke** [요우크] 멍에, (멍에로 맨) 한 쌍, 연결·이어 매는 것, **인연**; 멍에로 **연결**하다, **결합**하다; (마소를 수레·쟁기에)**매다**; 이어 맞추다; -을 **결혼시키다,** 일을 시키다, 짝이 되다, 동행이 되다; (고어)**속박**[압박]하다.

= [yo -ke] **엮어** / **역**(役) / **욕**(수고함) ※ ≪yo'**r**'-ke≫ 얽어

↖ ≪(k)o'**r**'-ke≫ **걸기**

↖ ≪(g)o-ke≫ **곡**(梏) '묶다·쇠고랑·수갑' : ≪(ch)o -ke≫ **차꼬**(수갑) ↵

"**엮어**"-진다는 건, <짝이 되고, 결합하여, 한 쌍, 인연> 을 맺어 <결혼시키다>

결혼과 함께 <멍에를 얹고, 일을 시키니, 마소를 수레/쟁기에 매다>와 같이 '**욕**'을 본다.

"**곡**(梏)"은 질곡/묶다, 이니 <연결, 이어 매는 것, 멍에, 속박하다>

---

813. **yonks** [양크스, 용크스] (영국구어) **오랜 기간.** ※[ŋ 응]은 **n-k** 연접에서 발생했다!

= [yon-k +s] '오랠' **영구**(永久) + **시**(時) '때' 영구한 시간 <오랜 기간>

= [yon-k + s] '오랠' **영**(永)~**시**(時) 영원한 시간 <오랜 기간> 계속되는 시간

---

814. **young** [영] 젊은, **어린**, 나이가 아래인. 새로운, 된 지 얼마 안 되는; 젊은이들. 새끼.

한창 젊은, **쌩쌩한**, 기운찬. 경험 없는, **미숙한**. (과일·술 따위가) **익지 않은,**

= young, **영**(嬰) '갓난아이·영아' // '**용**'을 쓰다. [기운찬·쌩쌩한]

↖ ≪(g)young≫ **경**(硬) '단단할'[익지 않은]≪중국음: ying≫ // **경**(輕) '가벼울'

영(嬰). 영아(嬰兒), 영유아(嬰幼兒), 라고 할 때의 '갓난아이-**영**(young)' 이니

<어린, 젊은, 새끼, 젊은이들>을 가리킨다.

경(輕). "가벼울-**경**(輕)" <어린, 젊은, 젊은이들>은 가볍고 **경**솔한 것이 흠이다.

경(硬). "단단할-**경**(硬)" <익지 않은, 안 익은> 과일은 단단하다.

449

815. **eat** [이 -트] **먹다, 마시다**, 식사를 하다, 음식을 먹다, **부식하다**, 좀먹다, **침식하다**; (구어) 음식, 식사.
　▶ ≪(g)ea-t≫ **끼** [식사·끼니]~ **다**. '한 끼 두 끼' <식사를 하다, 먹다>
　▶ ≪(g)e-(g)a -t≫ ㄱㄱ트, ㄱㅇ타 **껶으다**: 한 잔 껶다. <마시다>
　　　　　　　　　　　　　　　　※ **끽**(喫): 마시다, 먹다, 피우다 [끽연, 끽다]

816. **aside** [어사이드] **곁에**·곁으로; **떨어져서**.
　= [a-si-de] '**방**' **아서**[사]**다** (곁에다·곁으로다)~**주마!** <**곁에**> 가져다주마!
　▶ ≪(g)a-si~ de≫ **가새 다**(~가에다·옆에다) '**방**' □ 가에다 <~가에 떨어져서>

817. **anchorman** [앵커-맨] **중심**인물, 종합사회자.
　= [an-chor -man] **안코**(중심) + man (사람·인물)

안코~없는 찐빵은 맛이 없다네. <**중심**(속)>을 단팥으로 가득 채워야 맛이 좋다네.
찐빵 집 아저씨는 재주도 많아, 구수한 입담으로 언제나 <**종합 사회자**>
노래까지 잘하니 인기 짱, 동네의 <**중심인물**> 이라네.

| **818.** **lip** [립] 입술. 입술의, **입**, 말. 말뿐인.
　　　　　　　　　　　　　　속삭이다.
　= 립 <**입**> | **819.** **leaf** [리-프] **잎, 나뭇잎**, 풀잎, 꽃잎
　※(전동성) leaf'**r**' 리프리 = **이파리**
　= 리프, 맆 <**잎**>// <**엽**(葉)> '잎' |

820. **two** [투-] 2, 2의, **2개**, 2개의, **두 사람**, 두 사람의, 두 살.
　= **두** (두 개, 두 사람, 두 마리...) // **또** (하나 다음에 추가되는 다른 '또' 하나)
　~**도, 더,~두,** (이것 외의 두 번째 '**더**' 하나가 첨가됨)
　타 (물을 **타**, 물을 더해) "본래의 하나에 두 번째 것을 첨가함"

821. **too** [투-]~**도,~도 또한**, 너무, 너무나, **지나치게**, 필요 이상으로.
　　　= two [두 개, 두 사람] ※ **two** : 2, 2의, 2개, 2개의, 두 사람, 두 사람의.
　　≪(d)oo≫~**두** [추가·증가] /~**도~** [추가·증가] / **또~** [추가·증가]/ **더~** [추가·증가]

822. **double** [더벌] 짝지어, **함께**. 두 배의, 갑절의, **이중의**, 두 겹의, 두 배, 이중, 이중으로.
　= **더불** (더불어, 함께) // 고어 [두블]: 둘 // **두벌·두불** (두 번 거듭) '**방**'
　　　　　　　　　　　　※(음변화) 두블 > 두블 > 두을 > '**둘**(2)' ★

더불. 더불-어 <짝을 지어, 함께> 라면 힘든 일도 <**두 배**> 는 쉬워진다.

823. **three** [쓰리-] 3, 3개, 3인. 3시, 3세, 3의 기호; 3의, 3인의, **3개의**.
　= [thr-ee] **서이** (세 개) '**방**' ※ ≪thr -(h)ee≫: 서히(셋) '**방**'
　　　　　　　　　　*(축약) 서이 > **세** (3)★ *(참고 방언) 너이[너히 '4'] > **네**(4)

824. **one** [원] 1, **하나**, 한 사람, 한 개; 한 시(時); 한 살; (O-) **신, 하느님**,
　　　　　　한 사람의, 하나의, 한 개의, **한 살**인: .같은, **일체**(一體)의, 일치한, **합일의**,
　=【**원**(原) '근원' / **원**(元) '으뜸'】▶ ≪(g)one≫ 권, **건**(乾) '하늘·임금'
　　　　　　　　　　　≪(k)one≫ **큰**(분리되지 않은 **하나**)
　　　≪(h)one≫ **한** "한 개·하나" ↵

'one'의 {**신**(神)}이란 뜻은 만물의 **근원**이자 **으뜸**이라는 의미임. <**원**(原), **원**(元)>
'one'은 {**하느님**}이라는 뜻이 있으니 '하늘'의 존재 곧 '하늘'을 가리키는 <**건**(乾)>
'one'은 {일체의, 합일의} 뜻에서 볼 때 분리되기 전의 {하나}를 의미하므로 <**큰**('크다')>
→ 이러한 /k/음에서 변한 ≪(h)one≫으로서 "한 개"에서의 **수사**(數詞) <**한**>이 된다.

825. eight [에이트][eit] **여덟**, 8, 8개, 8명, 8살, 8시, 여덟의, 8의, 8개[사람]의; 8살인.
　　　　※[ei -t] : 발음기호
　　▶ * 전동성 재구성 ≪ei -t(r)≫ 이이트r, 여틀, 여덜 [**여덜** + 배 → '**여덟**(8)']

'eight'는 "여덜"로 재구성할 수 있다. 이 **여덜**에 '차례·순서'의 <배>가 결합한 다음
　　　　　　　　　　　→ 폐음절로 진행한 것이 현대 한국어 <**여덟**>으로 추정된다.

---

826. burn [번-] 타다, 태우다, 분사하다, (빛이) **빛나다**, 성나다, 흥분하다.
　　= **분**(焚) '태울' / **분**(忿) '성낼' / **반**(반-짝)(반-들)
　　번(燔) '불사를' / **번**-개 / **번**(번-쩍)(번-들)

대머리가 "**번**-들, 번들" <**빛나다**>, 유리창이 "**반**짝반짝" <**빛나다**>
닦은 그릇이 "**반**들반들, **번**들번들" 눈부시게 <**빛나다**>
번개가 **번**쩍-번쩍 <**빛나다**>
향을 태워 분향할 때의 '태울' **분**(焚) <**타다, 태우다**>
제물을 태워 제사 지내던 **번**제의 '불사를' **번**(燔) <**타다, 태우다**>
분에 못 이겨 할 때의 '성낼' **분**(忿) 　　<**성내다, 흥분하다**>
　→ 이 모두가 <burn>과 본래 같은 말이었음을, 이제 깨닫네!
'**불**'을 보듯 명백하다는 뜻의 '**명약관화**(明若觀火)'라는 말처럼
너무 **뻔**(burn)한, 이러한 이치가 왜 널리 알려지지 않은 것일까?

---

827. sire [사이어-] 종마(種馬), **씨말**, (짐승의) **아비**, (시어) 아버지, 조상, 창시자.
　　　　창시하다, (씨말이 새끼를) **낳게 하다**, 책을 저술하다.
　　= [sir-e] **새로~** [신규로-] // **시료**(試料) '바탕의 재료' // **씨로~** [씨앗으로-]

'**새로~**'는 무엇을 **새로**[처음으로] 만들다 <**창시하다, 낳게 하다**>
'**씨로~**' 쓰이는 말을 <**씨말, 종마**(種馬)> 라고 한다.

---

828. do [두-, 두, 더] (행동·일 따위를) **하다**, 행하다, -을 **끝내다**, 다 해버리다. 만들다,
　　　　　　그리다, 주다, 가져오다, 나아가다, 답파하다. **충분하다**, 속이다.
　　= **되**(-가 되다) // **도**!(다오!, 주라!) '**방**' // **도**(到) '**다다를**' // **떼**(시치미 떼) [속이다]
　　물건을 '**떼**' 와 판매하다. [가격와 판매하다] // **다** (끝냄) // **되** (되다) [충분하다]
　　도 [시도(試圖)/도모(圖謀) '하다'/그림-도(圖)] // **도**(徒) '건다'
　　　　　　　　※ 'd'와 't'는 음운적으로 같은 기원이다 ⇒ **to** = **타**(배급 타, 곗돈 타) '가져오다'

<**일을 하다**>의 결과물은 "~가 **되**" 밥이 **되**, 색칠이 **되**.
<**일을 하다**>의 시작은 **도** "시**도**(試圖), 도모(圖謀)"
<**그리다**>는 도면/도화지 라는 말에서의 "그림-**도**(圖)"
<**충분하다**>는 뜻으로는 **되** "그 정도면 **되**, 이틀이면 **되**"
<**나아가다**> 관련어는 도보(徒步)의 "걸을-**도**", 도달(到達)의 "다다를-**도**"
<**가져오다**> 관련어는 **떼** "서울에서 옷을 **떼**-와 시골 장에서 판다네!"

---

829. done [던] 'do'의 과거분사 형태 [문법적으로 완료형 등에 쓰임]
830. done [던] **끝난, 다 된**. 일을 끝낸(마친).
　　= **된**(-가 된, 완료된) "다 **된** 밥" / **던** [완료어사] "했**던** 것, 먹었**던** 것, 갔었**던** 길"

---

831. undone [언던] 하지 않은, 다 되지 않은, 미완성의. = [un-done] **안** (부정어)~ **된**

---

832. done [던] 【부사】 (방언) **아주**, 전연. 　　　　　　┌ "단단히 결심했다."
　　　　　　　　　　　　　　　　　　　　※[사전인용] I have **done** made up my mind.
　　= **단** (아주) "**단단**히(아주) 벼르다" // **된** (아주) "**된**통(아주) 혼나다"

---

833. clear [클리어] 맑은, 깨끗한, 밝은. = [cl-ear] 클리 익 <**걸레**>
걸레로 닦고 훔치고 했더니 <**맑은, 깨끗한, 밝은**> 교실이 되었다!

834. hand [핸드] 손, 팔, (동물의)앞발·뒷발, 손 모양의 것, 수단, 수법. 힘, 작용. 영향력, 솜씨 손길; (오른쪽·왼쪽 따위의) 쪽, 건네주다, **수교하다**, 손을 잡고 인도하다
= [han -d] 힌드, 흔드 <**흔드**-다>: 흔들다 <**팔**>을 흔들며 행진하다.

흔드-. 반갑게 <**손, 팔**> 을 흔들어 맞이해 <**수교하다**>

---

835. turn [턴-] 돌다, 돌리다, 뒤엎다, 거꾸로 하다, 구부리다, 구부러지다, (머리를)돌게 만들다 (날을) **무디게** 하다; -으로 **바꾸다**[만들다]; (스위치·마개 따위를) 틀다, **켜다**.
= **돈** (돈다) [회전, 실성함] / **둔** [무뎌 둔하다] / **돈** [바꾸는 수단으로서의 돈]
튼 (튼다) [방향을 튼다(돌리다)] / **튼** (튼다) [스위치를 튼다(켠다)]

튼. 튼다. 방향을 **튼**다. 방향을 <**돌리다, 돌다**>
튼. 튼다. 라디오 스위치를 **튼**다. 라디오를 <**켜다**>
돈. 돈다. 선풍기 날개가 빙빙 **돈**다. 선풍기를 <**돌리다, 돌다**>
돈. 돈다. 정신이 **돈**다. <(머리를) 돌게 만들다>
돈. 돈이다! 물건으로 바꾸어주는 **돈**이다. <-으로 바꾸다>
둔(鈍). 무디고 **둔**하다! <날을 무디게 하다, 둥그스름히 하다>

---

836. vary [베어리] 변하다, **바뀌다, 바꾸다**, 변화를 주다, 변경하다. "계절이 **바뀌-다**"
↖ ≪var-(g)≫ **바뀌**(바꾸다) / **바뀌**(바뀌다) ※ (둥글게 굴러가는)**바퀴**

---

837. connect [커넥트] **잇다, 연결하다**, 접속하다, 이어지다, 연속하다, 연결되다.
= [conn-ect] **끈-엮다** [끈으로 엮다, 잇다, 연결하다]

---

838. free [프리-] 자유로운, **속박 없는**, 얽매이지 않는, **구속 없는**, 마음대로의, **방종한**, 해방돼 있는, 면한, **비어 있는**, 쓸 수 있는. **무료의**. 입장 무료의.
= [fr-ee] 플이, 플으 <**풀어**~> <**속박 없는**> 삶을 살도록 도예를 **풀어**주다.
픠으, 빕으 <**비어**~>: 비어 있는

※ 'r'은 떨림(후굴) 성질의 **모음**역할 또는 자음 /r, l/로 된다.

풀어-. 통제 않고 **풀어**놓으니 <**마음대로의, 방종한**> 행동을 일삼는구나!
출입문을 잠그지 않고 **풀어**놓으니 <**무료의, 입장 무료의**> 손님이 많구나.

---

839. natural [내처럴] 천연의, 자연 그대로의, 자연 발생적인, 가공하지 않은, 타고난.
840. nature [네이처] **자연**, 자연현상, 자연 상태, 천성, 본성, **본래의 모습**, 미개상태, 충동,
= [na-ture] **놔**(놓아)~ **두라!** / **둬라!** 「자연 상태 그대로 내버려 두다」
「내버려 두라!」 **내**(놓아)~ **뚜라!** '**냐**' <자연> 그대로 살게 **놔**(놓아) 두라!

---

841. native [네이티브] **타고난**, 선천적인, 나면서부터의, 본래의, **자연 그대로의**, 원산의. 출생의, 출생지의, 제나라의. 토착의, 그 지방 고유의. 원주민, 토착민, 자생종.
= [na-ti -ve] **놔**(놓아)~ **두 -삐** -라! [놔 둬버려!] '**냐**'
놔(놓아)~ **둬버** -려! <**타고난**> 대로 살도록 **놔**[놓아]**둬버려!**

---

842. go [고우] **가다**, 떠나다, 나가다, 나아가다, 향하다, 뻗치다, (어느 기간 동안) 지속하다.
= **가** (가-다) // **거**(去) '가다·떠나다' // **과**(過) '지나가다'

---

843. gad [개드] **돌아다니다**, 어슬렁거리다; 나돌아 다니기.
= [ga-d] **가** -**다** [어디론가 가다, 돌아다니다]

844. abeo (라틴) 가다·가버리다, 사라지다 ◀ ≪(g)a-be-o≫ **가삐어**(가버려) '방'

845. aufero (라틴) 사라지다, 없어지게 하다, 떠나가다, 떼어 놓다, (죽음이)데려가다.
= [au-fer-o] **이별**(離別)~ **이**
◀ ≪(g)au-fer-o≫ **가버려 : 고별**(告別)**이**

---

sócǐo (라틴) 공동으로 **같이** 하다, **함께 나누다**, 참여시키다, 연합하다
=【**사귀어 / 사교**(社交)】

846. society [서사이어티] **사회**, 집단, 세상, **사교계**, 상류사회, **사교**, 교제, 협회, 단체.
= [so-ci-e-ty] 스 키 으 티 <**사귀다**> // <**사교**(社交)**타!**>
(서로-)**섞이다**

사귀다. 사교(社交)**타!** 서로 사귀는 <**사교계, 사교**(社交), 교제>
섞이다. 사람은 <**사회**(社會), 세상, 단체>를 통해 서로 **섞이며** 살아간다.

---

847. shame [쉐임] **부끄러움**, 수치, 수치심, **창피**, 치욕, 불명예.
= [sham-e] 쉼 으, 슴 으 <**숨어->** **부끄러움, 수치** 때문에 **숨어**-버린다.

---

848. fresh [프레쉬] 새로운, **갓** 만들어진[생긴, 나온], **싱싱한**, 신선한, 맑은; 선명한, 생생한.
생기 있는, 기운찬, 건강한, 이제까지 없는, 경험 없는, 싱싱하게 만들다.
= [fr-e-sh] 프r 으 쉬 (플-**아시**), 프릇이 <**파릇->**, <**푸릇->**
프읏이 <**풋** (풋풋)> 파릇파릇 <**싱싱한**> 풀들.
◀ ≪fr- (g)e-sh≫ 프r 기쉬 (플-**개시, 갓**) 『**갓** 돋는 풀, 개시로 돋는 풀』

※ '**아시**'는 처음·첫이란 뜻으로 쓰는 방언.

---

849. blow [블로우] **바람이 불다**, 바람에 날리다, -을 **불다**, 불어넣다, 말을 퍼뜨리다,
= [bl-ow] 블으 <(바람)**불어->** : <**불어->**: 실토해, 소문내, 말을 퍼뜨려

---

850. preserve [프리저-브] **보존하다**, 유지[보호]**하다**, 지키다, 마음에 간직하다, 잊지 않다,
저장식품으로 만들다, 통조림으로 하다, 보존 식품, 통조림, 보존구역.
= [pr-e-ser-ve] 프 r 이지빗, 브여즈 빗 <**부여잡아->**: 꼭(꽉) 잡아

부여잡아. 부여잡고 놓지 않음 <**지키다, 잊지 않다, 유지하다, 보존하다**>

(이하, 제2권으로 출간 예정)

이 책을 쓰는데 도움이 된 책들

⊙ 「영어발달사(英語發達史)」, 김석산. 을유문화사. 1989.

⊙ 「영어 음성학·음운론」, 원경식. 탑출판사. 1990.

⊙ 「현대영어학 개론」, 빅토리아 프롬킨외2인. 경문사. 2004.

⊙ 「간결하게 쓴 독일어의 역사」, 요아힘 쉴트(1991), 한국문화사, 1998.

⊙ 「불어사(佛語史)」, 마르셀 꼬엥(1947). 김동섭 역(1996), 도서출판 어문학사.

⊙ 「음운론」, 전상범. 서울대학교출판부. 2004.

⊙ 「고대사의 비교언어학적 연구」, 강길운. 한국문화사. 2011.

⊙ 「문자에 숨겨진 민족의 연원」, 유창균. 집문당. 1999.

⊙ 「아이누어 연구」, 김공칠. 한국문화사. 2000.

⊙ 「고대국어 형태론」, 최남희. 도서출판 박이정. 1996.

⊙ 「보증 고어사전」, 남광우(南廣祐) 편. 일조각. 1995.

⊙ 「라틴-한글 사전」, 가톨릭대학교고전라틴어연구소. 가톨릭대학교출판부.

⊙ 「만주어·몽고어 비교어휘사전」, 김형수. 형설출판사. 1995.

⊙ 「지중해문명과 단군조선」, 박용숙. 집문당. 2001.

⊙ 「수메르·이스라엘 문화를 탄생시킨 한민족」, 정연규. 한국문화사. 2004.

⊙ 「수메르, 혹은 신들의 고향」, 제카리아 시친. 이른 아침. 2004.

⊙ 「마야의 예언, 시간의 종말」, 에이드리언 길버트. 말·글빛냄. 2007.

abase	294	adore	350	ahimsa	401	amuse	10
abate	295	adroit	338	aholic	401	ana	438
abeo	50	adry	352	aid	402	ana-	439
abound	298	adsorb	358	aigret(te)	404	ancestor	441
about	299	adumbral	353	aim	405	anchored	442
about	300	adumbrate	354	air	367	anchorman	817
abrade	303	advance	356	airborne	726	ancient	440
abridge	306	advanced	355	akin	406	and	443
abrupt	204	advantage	360	al-a	153	angel	445
abstruse	307	adventure	361	alarm	407	angle	446
absum	660	adverse	351	alert	408	anility	447
absurd	308	adverse	364	alien	409	animal	449
abut	302	advert	292	alienate	411	animate	448
abutter	301	aeon,eon	357	alight	115	anniversary	14
accent	309	aerate	369	all	413	anomaly	451
access	310	aerial	370	allay	414	another	454
accident	315	afar	560	allele	412	ante -	456
accomplish	314	afar	371	alley	415	ante-	374
accord	317	afore	372	alleyway	416	antecede	458
accurate	73	afraid	49	alliance	282	antedate	459
accurate	247	after	373	allied	90	ante-mortem	376
accuse	320	again	382	alligator	418	antenatal	377
acerbate	322	against	380	allocate	2	anti	455
acicula	293	age	384	allot	1	antique	375
acid	323	aged	385	allow	420	anus	461
acidulate	328	agency	134	allow	3	any	462
acidulous	326	agent	133	allure	99	apace	463
aciform	321	agglomerate	386	ally	89	apology	465
acquaint	319	aggrandize	142	almost	422	apparent	466
acquiesce	330	aggress	392	alms	421	appear	180
acquire	175	aggrieve	390	alone	410	appello	464
acr(o)-	331	agitate	393	alow	291	appose	467
acrobat	471	aglare	395	alpha	423	approach	468
act	109	agley	397	alter	4	apt	469
acumen	333	aglow	394	alternate	5	arable	160
acuminate	335	ago	72	amalgamate	428	arar	158
acute	334	ago	383	ambi	67	arc	470
ad-	336	agon	378	ambiguous	427	arch	470
add	337	agonistic	379	ambush	430	arch-	332
address	340	agree	136	ameliorate	432	archetype	472
adduce	342	agreeably	137	amend	431	arctic	473
adequate	244	agreeably	398	amenity	434	ardor	91
admeasure	343	agreement	621	amount	435	area	474
admire	346	agriculture	252	amphi	68	Areopagus	475
admit	349	agro	391	amrit	172	aridity	477

aristo-	479	attribute	33	burn	826	dwell	207
ark	66	attribute	527	bush	429	e	561
arm	82	attrite	530	but	444	each	65
armature	483	attrition	529	buy	18	ear	8
armor	484	attune	532	capsule	106	ear	562
aromatic	171	aufero	51	capsule	485	earn	85
around	486	augment	140	cart	186	easy	97
arouse	478	augur	539	cartel	286	eat	815
arrange	488	august	534	cavate	296	ecad	174
arrear	6	aura	535	cease	241	ecdysis	564
arrest	491	auspice	537	charge	185	echinate	565
arret	476	austere	496	charm	36	economy	74
arrive	492	autarky	540	charm	100	educate	566
art	494	autumn	98	chill	773	eery	229
artel	285	auxin	542	clear	833	effete	563
ary(접미사)	494	auxo -	541	collect	572	egress	567
ashore	193	avail	544	collide	281	egret	403
aside	816	aversive	546	collision	280	eight	825
aslant	495	avert	545	colon	460	either	114
asphyxiate	105	Aves	549	compact	169	eject	569
asphyxiate	497	aviate	550	compare	32	eke	570
assai	499	aviculture	547	concord	318	elect	571
assay	500	aviform	548	conglomerate	387	elevate	573
assist	502	avoid	202	connect	837	elide	139
aster(접미사)	503	avow	554	contain	17	elite	55
asthma	504	avulse	552	corporate	209	elite	481
asunder	505	avulsion	551	corporate	626	elute	250
at	506	awake	555	corrode	157	emanate	574
ate(접미사)	507	award	557	crazy	270	enact	110
athlete	509	aware	81	credit	184	enchant	35
athwart	510	aware	556	crown	108	enchant	433
atone	512	away	559	crown	589	encourage	575
atory(접미사)	507	awe	60	cry	22	end	176
atrophy	514	awe	226	curve	659	endure	15
attach	173	awry	162	dead	424	enemy	75
attaché	517	bark	305	debark	610	energy	576
attack	519	bark	609	deserve	189	engage	577
attain	520	blaze	297	desire	84	engird	278
attaint	521	blond(e)	194	diverge	365	enjoin	579
attempt	523	bloom	437	do	828	enlarge	578
attend	518	blow	849	done	830	enormous	581
attenuate	526	bore	112	done	832	enough	582
attire	30	boundary	363	door	206	enrich	584
attire	524	breeze	366	double	822	ens	585
attitude	29	broil	224	dry	23	enshroud	586

ensue	590	free	838	increase	177	obit	656
ensure	76	fresh	848	incur	627	object	657
enswathe	587	gad	843	indwell	628	oblique	658
entail	287	galore	138	inert	629	obscure	661
enter	128	gather	714	infer	630	obsess	664
enthrone	588	glide	256	ingenious	631	obvious	662
enwind	591	go	842	ingle	632	occlude	39
ephemera	205	grace	701	inmost	634	occlude	79
epi-	592	grade	480	innate	633	odd	665
erect	237	grafar	154	inosculate	636	odograph	120
erode	159	graffito	152	input	635	odometer	118
err	63	grand	143	insane	239	off	666
error	62	graph	119	inseminate	637	oholic	401
escort	593	grass	400	install	640	old	71
espy	498	gray	603	institute	639	olig(o)	482
essay	223	growth	251	insure	641	oligarch	668
etiquette	594	growth	399	inter-	129	oligo	54
ette(접미사)	594	guard	80	intercede	131	omen	669
etymology	595	guard	262	intromit	643	omen	670
euphoria	597	hand	834	intrude	644	on	671
Euphrosyne	596	hang	638	invariable	236	one	824
eureka	598	I	181	invoke	645	oozy	672
euroky	599	ichon-	116	iso -	646	open	673
evacuate	602	icon	613	isolate	647	oppose	675
evade	86	idea	197	it	648	oppress	677
even	37	illusion	101	it	649	or	52
event	20	image	615	it-shay	652	or	558
evirate	604	imam	614	itch	650	or	388
evoke	289	imbrue	620	item	24	oracle	221
evolute	290	immunity	616	iterant	651	orb	222
evolve	605	immure	214	join	580	orchard	681
ex-	58	impact	170	leaf	819	ordeal	27
exact	606	impair	617	learn	703	order	59
excellent	57	impotence	619	lip	818	ordure	679
excoriate	608	impound	213	measure	345	ore	208
exfoliate	607	impoverish	618	merit	123	organ	683
explode	196	inaccurate	248	moderate	215	organize	684
eye	611	inadequate	246	muse	9	orifice	685
eyesore	612	inborn	258	native	841	origin	188
fail	436	incept	623	nature	840	origin	686
flag	199	inception	622	noesis	347	orth(o)-	687
flame	200	incessant	243	noetic	348	orthodox	688
flat	191	incise	231	notate	450	ose(접미사)	688
floor	178	include	625	ob -	653	other	261
forward	187	incorporate	210	obdurability	654	other	453

ought	533	society	846	urine	61	water	725
ought	690	sour	324	uruya	600	waterborne	727
out	28	steal	312	usance	711	wave	165
out	127	stimulate	145	use	26	waver	729
output	635	sto	240	used	689	wavy	264
oval	102	tack	516	usher	219	wax	279
over	691	tardigrade	490	utmost	634	way	69
over	692	tardigrade	568	uttermost	712	weak	146
over	113	tardy	7	vacate	203	weal	733
overbrim	693	technique	183	vacate	601	wealth	730
overcare	694	tempt	522	vantage	359	wealthy	731
own	107	three	823	variety	233	wear	83
parity	31	tire	525	various	13	weary	734
parity	344	too	821	vary	12	weather	268
parody	64	towel	676	vary	232	weave	276
peel	304	trend	528	venture	362	web	735
plain	201	tune	531	wad	96	wed	277
plug	198	turn	835	wade	715	wee	45
police	179	two	820	wafter	716	wee	148
pound	212	ubiety	225	wag	155	weed	271
preserve	850	ugly	149	wagon	717	ween	736
pride	21	ulcer	156	wait	259	weep	147
print	211	ullage	695	waive	111	weird	227
pro	249	unaffiliated	696	waive	718	weld	737
purchase	19	unary	705	wake	288	well	738
quality	53	under	697	wake	719	well	739
reward	190	underage	699	wall	38	welter	740
rich	583	undergo	16	wall	266	wend	741
round	487	undone	46	wall	720	whack	747
sane	238	undone	831	wall	722	whacked	746
secure	41	ungraceful	702	walled	721	what	743
security	40	uni -	707	wallow	267	wheel	748
separate	132	uniform	706	wan	723	when	744
separate	553	union	283	wand	272	whereas	750
shame	847	unite	284	wander	150	which	742
shell	103	united	708	want	273	while	745
shield	104	unlearn	704	wanton	724	whimsy	751
shore	192	unmeet	700	war	164	whip	752
shy	195	unseeing	47	ward	263	whirl	749
sideror	217	unsure	34	ward(접미사)	724	whither	754
sire	827	up	25	ware	230	whittle	753
slide	255	upper	339	warn	220	who	755
slow	121	ur-	709	warp	265	whole	757
smell	11	urb	710	wash	92	whore	759
social	642	urge	48	waste	93	whosis	756

why	760	wrap	796
why	761	wreck	795
wide	763	wrench	797
wieldy	765	wrest	798
wife	764	wretched	801
wild	766	wrick	799
wile	767	wrinkle	803
will	768	write	44
wilt	769	writhe	802
wimble	770	wrong	166
win	257	wry	163
wind	94	yak	126
wind	253	yare	805
wingy	771	yarn	275
winked-at	772	yaw	269
wise	70	yawn	806
wish	329	yea	807
wit	775	year	808
wite	260	yell	809
with	777	yen	274
withdraw	515	yet	810
withdraw	124	yield	811
wither	218	yoke	812
withhold	779	yonks	813
wizard	776	you	182
woe	780	young	814
woeful	781		
wonder	783		
wonderful	782		
wont	784		
woo	785		
wooden	125		
woody	786		
woof	787		
wool	788		
word	678		
wordy	789		
work	790		
worm	95		
worm	419		
worn	728		
worn-out	791		
worse	792		
worth	793		
wound	794